ŒUVRES COMPLÈTES

DU CHANCELIER

D'AGUESSEAU.

TOME PREMIER.

SE TROUVENT AUSSI

CHEZ L'ÉDITEUR, RUE CHRISTINE, N°. 3, A PARIS;

ET CHEZ LES PRINCIPAUX LIBRAIRES DE FRANCE ET DE L'ÉTRANGER.

DE L'IMPRIMERIE DE I. JACOB, A VERSAILLES.

HENRI FRANÇOIS D'AGUESSEAU,

Né le 27 Novembre 1668. Mort le 9 Février 1751.

à 82 Ans 2 Mois 12 Jours.

R. Tourniere pinx. — M.F. Dien sculp.

ŒUVRES COMPLÈTES

DU CHANCELIER

D'AGUESSEAU.

NOUVELLE ÉDITION,

AUGMENTÉE DE PIÈCES ÉCHAPPÉES AUX PREMIERS ÉDITEURS, ET D'UN DISCOURS PRÉLIMINAIRE

PAR M. PARDESSUS,

PROFESSEUR A LA FACULTÉ DE DROIT DE PARIS.

TOME PREMIER,

CONTENANT L'ÉLOGE DE D'AGUESSEAU, PAR THOMAS ; LES DISCOURS POUR L'OUVERTURE DES AUDIENCES ; LES MERCURIALES ; LES RÉQUISITOIRES ; ET HUIT PLAIDOYERS.

PARIS,

FANTIN ET COMPAGNIE, LIBRAIRES,
QUAI MALAQUAI, N.° 3.

H. NICOLLE, A LA LIBRAIRIE STÉRÉOTYPE,
RUE DE SEINE, N.° 12.

DE PELAFOL, RUE DES GRANDS-AUGUSTINS, N°. 21.

M. DCCC. XIX.

TITRES

DES DIFFÉRENS OUVRAGES

CONTENUS DANS LE TOME PREMIER.

Pag.

Avis de l'Editeur . . . . xj

Discours sur les Ouvrages de d'Aguesseau, par M. Pardessus, *professeur à la Faculté de Droit de Paris* xv

Eloge de d'Aguesseau, et Notes historiques, par Thomas, *de l'Académie française* . . . lix

DISCOURS POUR L'OUVERTURE DES AUDIENCES DU PARLEMENT.

1.er DISC. *Indépendance de l'Avocat* 1

2. *La Connoissance de l'Homme* . . . 14

3. *Des Causes de la décadence de l'Eloquence* 31

MERCURIALES.

1.re MERC. *L'Amour de son État* 47

2. *La Censure publique* 59

3. *La Grandeur d'Ame* 68

4. *La Dignité du Magistrat* 82

5. *L'Amour de la Simplicité* 95

6. *Les Mœurs du Magistrat* 107

7. *De l'Esprit et de la Science* 119

Pag.

8. Merc. *L'Homme public, ou l'Attachement du Magistrat au service du Public.* 129

9. *L'Autorité du Magistrat, et la Soumission à l'autorité de la Loi.* . . 135

10. *La Justice du Magistrat dans sa vie privée.* 146

11. *La vraie et fausse Justice.* 153

12. *Le Magistrat doit se respecter lui-même.* 161

13. *La Science du Magistrat.* 168

14. *L'Attention.* 179

15. *La Fermeté.* 188

16. *L'Emploi du Temps.* 991

17. *La Prévention.* 208

18. *De la Discipline.* 218

19. *L'Amour de la Patrie.* 226

Réquisitoires et Discours.

1.er Req. *Sur un Réglement entre le Châtelet et les Juge et Consuls.* 237

2. *Pour la suppression du Libelle intitulé :* Problême ecclésiastique. . 246

3. *Concernant le Barrois.* 251

4. *Sur les Prises à Partie.* 255

5. *Pour l'enregistrement de la Bulle contre le livre des Maximes des Saints.* 258

Récit *fait au Parlement, au mois d'août* 1699, *sur le même sujet.* 270

6. *Sur la présentation des lettres de M. le chancelier de Pontchartrain.* 272

Pag.

7. CONCLUSIONS, *données pour l'enregistrement des lettres de M. le chancelier Voisin.* . . 281

PLAIDOYERS.

1.er PLAID. *Dans la cause des héritiers de la dame de Vaugermain, contre les religieuses du Saint-Sacrement.* . . 284

2. *Dans la cause des enfans du sieur Desnotz et de Henriette d'Avril, contre une prétendue fille de Pierre d'Avril et d'Anne de la Val.* . . 314

3. *Dans la cause de Marguerite d'Hémery, dame d'Espainville, femme non commune en biens du sieur Desharbes, contre M. Bazin, seigneur de Bandeville, maître des requêtes.* 339

4. *Dans la cause de Mirlavaud, et de ses créanciers.* 357

5. *Dans la cause des sieurs Gantheron et Thomassin, contre un ancien vicaire de la paroisse de Champigny, pourvu par dévolu de la Chapelle de Notre-Dame, dans cette paroisse.* 377

6. *Dans la cause de François et Gabrielle de Senlis, contre Pierre Sparvuart, ayant repris l'instance, au lieu de la prétendue Jacquette de Senlis.* 398

7. *Dans la cause de Pierre l'Escuyer, Anne Pousse, sa première femme, et la fille dudit l'Escuyer et de ladite Anne Pousse; la demoiselle de la Sanserie, seconde femme; Anne de Cormeille, troisième femme dudit l'Escuyer, et la veuve l'Escuyer, sa mère.* 425

Pag.

8. PLAID. *Dans la cause de M. le duc de Brissac, contre les cordeliers de Bressevic, les créanciers de la maison du Bellay* 481

FIN DES TITRES DU TOME PREMIER.

AVIS

DE L'ÉDITEUR.

Les soins de la famille de M. le chancelier d'Aguesseau, sous les auspices de laquelle fut publiée la première Édition, n'ont point empêché que quelques pièces importantes n'échappassent aux recherches des Éditeurs. On n'y trouve ni les questions adressées aux Cours supérieures, pour préparer les belles ordonnances des donations, testamens et substitutions, ni le travail de M. d'Aguesseau sur les réponses de ces Cours ; travail dont la perfection fait regretter qu'il ne soit pas complet.

Ces pièces, et quelques autres non moins

utiles à la jurisprudence, enfouies dans des Recueils peu connus, sont, pour la première fois, placées dans la collection complète des Œuvres de leur illustre auteur.

Nous y avons joint également le texte des ordonnances et lois qu'a rédigées M. le chancelier d'Aguesseau; elles ne sont pas son moindre titre à la gloire, considérées même sous le rapport purement littéraire. Ce texte est accompagné de l'indication des lettres générales ou particulières, des instructions ou réponses que M. le Chancelier écrivit aux divers parlemens du royaume, sur des questions ou difficultés que ces lois firent naître dans les premiers temps.

Ce travail avoit été fait par M. Pardessus, professeur à la Faculté de Droit de Paris, pour son usage particulier; il a bien voulu nous en aider. Nous lui devons aussi l'indication des pièces qui avoient échappé aux premiers Éditeurs, des conseils précieux sur le classement des Matières, et le Discours préliminaire, destiné à remplacer, dans cette nouvelle Édition, les longs Avertissemens qui précédoient chacun des 13 volumes de la première.

Ces Avertissemens avoient le plus souvent pour objet d'expliquer la cause et l'excuse des retards qu'éprouvoit l'Édition (1), ou d'indiquer l'objet et la classification des pièces; mais l'ordre des Matières, qui donne à cette nouvelle Édition une incontestable supériorité sur la précédente, rend inutile aujourd'hui tout ce qui avoit alors pour but de remédier au désordre inévitable dans une Collection imprimée au fur et à mesure qu'on découvroit des pièces éparses, dont une foule de circonstances entravoient la publication.

Les soins de l'Éditeur, pour l'exactitude du texte et la rectification d'un grand nombre de fautes qui s'étoient glissées dans l'Édition

(1) Elle a duré trente ans; le premier volume a été imprimé en 1759, et le dernier en 1789.

de 1759-1789, répondent à l'importance de son entreprise. Aucun obstacle ne pouvant plus retarder les livraisons, il renouvelle la promesse de les faire paroître exactement aux époques annoncées par le *Prospectus*.

DISCOURS

SUR LES OUVRAGES

DU CHANCELIER D'AGUESSEAU,

Il seroit aujourd'hui superflu de discuter le mérite et l'utilité d'une collection des ouvrages du chancelier d'Aguesseau. Ce n'est pas seulement aux orateurs, aux jurisconsultes français que ses harangues éloquentes, sa vaste érudition, sa sage philosophie, présentent des préceptes et des modèles; l'Europe lui a payé le même tribut d'admiration que sa patrie.

L'objet de ce discours n'est point d'écrire la vie ou de tracer l'éloge historique d'un homme dont la France n'oubliera jamais les services et les talens. Notre désir, en esquissant les divers genres de mérite que réunissent ses ouvrages, seroit de ranimer, dans ceux qui se destinent à la magistrature et au barreau, le zèle de la science, le goût des saines doctrines, l'amour de la vertu, sans lequels on ne peut être véritablement jurisconsulte et orateur (1).

La vie de d'Aguesseau présente une suite de situations différentes qui fournissent un classement naturel de ses OEuvres.

Chargé des fonctions du Ministère public, il a rempli, avec autant de courage que de talens, la mission délicate d'instruire les hommes qui jugent leurs sem blables.

Dans les causes des particuliers, il a été l'organe impassible de la loi, qui doit être égale pour tous; dans celles du Domaine, le défenseur à la fois le plus zélé et le plus impartial des droits qui lui étoient particulièrement confiés.

Dans les mémoires et les observations qu'il fournissoit aux ministres, au Roi lui-même, il préludoit dignement au rôle qu'il devoit bientôt remplir, comme chef de la justice.

On voit dans quel ordre les discours, les conclusions, les requêtes et les mémoires que d'Aguesseau a faits en qualité d'Avocat et de Procureur général, formeront la première division.

Les lois qu'il a rédigées comme Chancelier, et les matériaux qu'il avoit réunis pour en préparer les projets; sa correspondance avec les magistrats; les écrits divers que les devoirs de sa place l'ont porté à composer sur quelques parties du droit public ou privé, formeront la seconde.

(1) *Jus est ars œqui et boni.* Dig. *de orig. juris.* L. 1. — *Oratorem autem instituimus illum perfectum, qui esse, nisi vir bonus, non potest.* Quint. Inst. orat. Lib. I. Cap. 2.

La troisième se composera de tout ce qu'il a été possible de découvrir des ouvrages particuliers de d'Aguesseau; soit que se préparant de dignes successeurs, il traçât pour ses fils des instructions qui devoient un jour servir de règle aux magistrats; soit que dans ses méditations il s'élevât jusqu'à la divinité, pour connoître de ses attributs ce qu'il est possible à la raison humaine d'en découvrir; soit enfin que se délassant de ses longs et sérieux travaux, par des occupations d'un autre genre, il portât dans la littérature et les sciences la rectitude de goût, et l'amour du vrai, qui forment le caractère le plus distinctif de son talent.

Au moment où d'Aguesseau fut revêtu de la place d'Avocat général au parlement de Paris, le barreau français ne jetoit point l'éclat dont il brilla peu de temps après.

L'éloquence de la chaire, qu'un savant distingué trouvoit au commencement du dix-septième siècle, *si basse qu'on n'en pouvoit rien dire* (1), étoit arrivée sous Louis XIV au plus haut degré qu'elle pût atteindre; tandis que celle du barreau, qui avoit cependant commencé la première à sortir de la barbarie, étoit restée dans l'enfance, et ne consistoit que dans l'enflure, l'accumulation de citations de toute espèce, l'emploi sans discernement de toutes ces figures de rhétorique, dont la comédie des Plaideurs offre un tableau piquant.

Si Patru, qu'on ne sauroit soupçonner d'être

(1) Du Vair, Préface du Traité de l'éloquence française.

arrivé par le crédit des gens de cour, ou la bassesse des sollicitations, à siéger dans l'Académie auprès de Bossuet et de Fénélon, dut cet honneur à sa grande supériorité sur les autres avocats, quelle idée faut-il que nous ayons de l'éloquence du barreau à cette époque !

On ne sauroit cependant, comme l'ont fait quelques écrivains, s'en prendre à l'imperfection des études, et au défaut d'instruction véritable.

Lamoignon et Domat s'élevant dans leurs écrits jusqu'à l'origine et à la raison des lois, avoient substitué la simplicité du style et la sagesse de la méthode, à la stéryle abondance et à la savante obscurité de leurs devanciers.

Les matières susceptibles d'exciter le zèle des avocats et d'exercer leurs talens ne manquoient point aussi. Patru lui-même, avance, dans une de ses lettres, que le champ de l'éloquence étoit aussi étendu, aussi riche, aussi favorable pour les modernes, qu'il l'avoit été pour les anciens. Cette assertion est exagérée, nous l'avouons; mais au moins faut-il reconnoître que, dans un temps où la différence des conditions, les droits des dignités et l'importance des priviléges attachoient autant d'intérêt que d'éclat, aux procès relatifs à l'état, à la fortune, quelquefois à la vie des hommes, ce ne fut point faute de sujets dignes de l'exercer, que l'éloquence du barreau n'obéit pas à l'impulsion du grand siècle (1).

(1) Il n'est pas hors de propos de remarquer que la défense de Fouquet, le plus beau monument d'éloquence judiciaire qui ait paru dans le siècle de Louis XIV, n'appartient point à un avocat.

L'âge suivant produisit Aubry, Normant, Cochin ; et cependant ces mêmes distinctions sociales étoient presqu'effacées dans l'opinion, sans être remplacées par aucun des nouveaux intérêts que la révolution a fait naître. D'ailleurs, en tout temps, sous tous les gouvernemens, les passions des hommes, la bizarrerie des esprits ou la singularité des événemens, surtout les droits sacrés du malheur ou de l'innocence, n'offrent-ils pas, même dans les causes des citoyens les plus obscurs, une carrière assez étendue à l'éloquence du barreau ?

Il est donc plus simple de reconnoître que le même âge qui produit les hommes supérieurs dans un genre, en est quelquefois avare dans un autre. Les deux plus célèbres avocats du siécle de Louis XIV, Lemaitre et Patru, méritoient sans doute par rapport à leurs contemporains, le rang qu'ils occupoient. Ils l'emportoient certainement sur leurs émules pour la science d'appliquer les lois, d'établir et de disposer les preuves ; ils ne manquoient même, ni de force dans les raisonnemens, ni quelquefois de chaleur ou de pathétique dans le style ; mais ils ne connoissoient pas ce bon goût, qui fait vivre les productions de l'esprit ; ou s'ils l'ont connu, ils n'ont pas eu la force de quitter la route commune, et de secouer le joug des préjugés. Ils ne surent pas, pour employer les expressions du plus célèbre de nos critiques modernes (1), « se mettre au-dessus

(1) Laharpe, Cours de littérature, II.e Part. Liv. 2. Chap 1. Sect. 1.

« de cette mode ridiculement impérieuse, qui « obligeoit tout avocat, sous peine de paroître « dénué d'esprit et de science, à faire d'un plai- « doyer un recueil indigeste d'érudition sacrée et « profane, toujours d'autant plus applaudie qu'elle « étoit plus étrangère au sujet ».

Un jeune homme de vingt-deux ans devoit faire une révolution complète. Élevé par un père qui connoissoit le prix d'une éducation solide, admis, dès sa plus tendre jeunesse dans la société de Racine et de Boileau, d'Aguesseau n'avoit négligé aucune des études qui peuvent former l'orateur.

Nourri de tout ce que la poésie offre de plus riche et de plus brillant, l'histoire de plus solide et de plus instructif, les mathématiques de plus exact et de plus profond, la philosophie de plus grave et de plus élevé, l'éloquence de plus sublime et de plus gracieux, il fixa, par ses premiers essais, les regards et l'admiration. Le public fut étonné et comme transporté par des discours qui réunissoient aux charmes de l'imagination, aux richesses de la science, à la noble simplicité du style, la force et l'autorité de la raison; et jamais prédiction ne fut plus vraie et mieux accomplie, que celle du fameux Denis Talon : *Je voudrois finir comme ce jeune homme commence !*

Chaque année multiplioit ses succès et développoit en lui les traits auxquels on reconnoît l'orateur jurisconsulte. Ce titre si rare lui fut déféré de son vivant : il en étoit d'autant plus digne qu'il n'en fut point ébloui; et l'on pouvoit dire de lui comme de Caton, que *moins il recherchoit la gloire, plus elle le suivoit* (1).

Sa juste admiration pour les grands modèles l'avoit amené à se former un style qui réunît les beautés particulières à chacun d'eux. On trouve dans ses harangues, la sévérité et l'énergie de Démosthène, le nombre et l'harmonie de Cicéron, la hauteur de pensées de Bossuet, et la douceur persuasive de Fénelon.

Ce qu'il a écrit sur la nécessité de se former par l'étude des grands écrivains, ne doit pas moins que son exemple, encourager les jeunes athlètes du barreau à puiser dans ces sources d'immortelles beautés. En voyant un homme qui, né avec un génie véritable, s'honoroit de suivre les exemples et les leçons des maîtres de l'art, ils se convaincront que l'esprit ne suffit point; qu'il faut apprendre pour bien penser; savoir, pour bien dire; qu'il n'y a qu'une imprudente témérité à prétendre s'ouvrir une route nouvelle, et que c'est en marchant sur les traces des anciens qu'on parvient à les égaler.

Il est plus aisé, lorsqu'on étudie d'Aguesseau, de découvrir, que de mettre en usage le secret de sa composition. L'analyse de ses discours apprend qu'il commençoit par choisir une proposition capable d'exciter l'attention et l'intérêt. Dès qu'un scrupuleux examen lui en avoit garanti la vérité, il disposoit les preuves dans une espèce de gradation, qui « les faisant naître l'une de l'autre,

(1) Sallust. Bel. Catilin. Cap. 54.

« les fortifioit mutuellement ». Il les rangeoit ensuite, « dans un plan qui, sans être trop marqué, « se faisoit sentir par la seule harmonie des pro- « portions; et marchant ainsi de vérités en vé- « rités, la simple méthode servoit de preuves, et « l'ordre seul conduisoit à la conviction (1) ».

Dès qu'une fois il avoit préparé son plan et s'étoit rendu maître du sujet, son imagination et sa mémoire lui fournissoient à l'envi les termes les plus choisis et les plus convenables : il éprouvoit, pour employer encore ses expressions, « que ces mêmes paroles qui fuient ceux qui les « cherchent uniquement, s'offrent en foule à un « orateur qui s'est nourri pendant long-temps de « la substance des choses mêmes : l'abondance « des pensées produit celle des expressions; « l'agréable se trouve dans l'utile; et les armes « qui ne sont données au soldat que pour vaincre, « deviennent son plus bel ornement (2) ».

Ce qui frappe surtout dans ces discours, c'est le ton de vérité et de conviction qui y règne. Il est impossible de n'y voir que les jeux d'un rhéteur qui cherche à persuader aux autres ce dont il doute lui-même, et de soupçonner que celui qui parloit ainsi, ne crût pas aux vérités qu'il développoit si bien.

Une lecture suivie et méditée des ouvrages de d'Aguesseau seroit, pour celui qui voudroit en profiter, le cours de morale et de rhétorique le plus

(1) Deuxième discours.

(2) Deuxième discours.

parfait et le plus utile à la fois. Lorsqu'on voit que l'homme qui en expose les principes, en fournit aussi les plus beaux modèles, il n'est personne qui ne lui applique ce qu'il disoit lui-même du parfait avocat dont-il traçoit quelquefois le portrait dans ses éloquentes harangues : *Il pense en philosophe et parle en orateur* (1).

On peut aussi reconnoître combien il étoit convaincu d'une vérité trop peu sentie, que la clarté est la première qualité du style. Cette qualité brille éminemment dans tout ce qu'il a composé ; on y voit avec quelle attention il évitoit ces périodes longues, embarrassées, si fréquentes dans les écrits qui, de son temps, étoient cités comme des modèles de beau langage (2).

Il portoit particulièrement cette attention sur ce qui tient à l'exactitude des mots ; persuadé qu'en tout, mais bien plus quand il s'agit de poser les règles des devoirs ou de fixer des droits, l'expression propre n'admet point d'équivalent.

Personne aussi n'a mieux réussi que lui à s'exprimer sur les matières les plus éloignées de l'intelligence commune, d'une manière qui les mît à la portée de tous les esprits. Il savoit que le soin qu'on donne à la composition d'un discours, embellit le style, le rend plus précis et plus nerveux ; et sa maxime favorite étoit que la plume n'agit jamais plus utilement que lorsqu'elle efface

(1) Deuxième discours.

(2) On peut voir les sentimens de Cléante, sur les entretiens d'Ariste et d'Eugène, par Barbier d'Aucourt.

et qu'elle réforme ses premiers traits (1). Il ressentoit « l'utile déplaisir de ne pouvoir jamais se « contenter lui-même (2) ». L'idée qu'il avoit conçue de la perfection étoit si sublime, qu'il ne croyoit jamais en avoir approché : et voilà ce qu'un de ses contemporains, habitué à présenter sous un point de vue ridicule les choses les plus respectables, lui reprochoit comme une petitesse (3) !

Mais la clarté, pour être la première et la plus indispensable qualité du style, ne suffit pas à l'orateur. D'Aguesseau savoit qu'il n'est point de sujet si épineux, si abstrait, auquel la beauté du discours ne puisse donner un nouveau prix (4), l'abondance et les ornemens lui paroissoient inséparables de la vigueur des pensées ou de la solidité des raisons.

Il ne les confondoit point toutefois avec les fausses richesses d'un luxe qui ne s'attache qu'à ce qu'il y a de frivole, et ne s'entoure que de parures recherchées ou mal assorties (5). On ne trouve dans ses écrits aucun exemple de ce style ambitieux qui pique la curiosité sans instruire, ou cause la surprise sans exciter l'admiration. Il

(1) Troisième discours.

(2) Deuxième discours.

(3) Saint Simon, Mémoires, tome VI, page 49.

(4) *Nihil tam horridum, tam incultum, quod non resplendescat oratione, et tanquàm excolatur.* Cic. Parad. præf.

(5) *Nec effeminatam levitatem, nec fuco eminentem colorem amet.* Quint. Instit. orat. Lib. VIII, Cap. 3.

étoit convaincu qu'un discours qui ne sert qu'à faire paroître l'esprit de l'auteur, sans rien prouver à celui qui l'écoute, n'est pas véritablement éloquent.

Ces qualités plus nécessaires, sans doute, dans les harangues solennelles, n'abandonnoient point d'Aguesseau, lorsque ses fonctions l'appeloient à s'expliquer sur les contestations des particuliers. Mais ce genre de travail exige en outre une sorte d'esprit et de talens qu'il sut porter au même degré de perfection.

Les conclusions du ministère public diffèrent essentiellement des plaidoyers que les avocats prononcent dans l'intérêt de leurs clients.

Le plaidoyer admet tout ce qui peut émouvoir, intéresser en faveur d'une partie; il n'interdit pas même, pourvû qu'on se renferme dans de justes bornes, l'emploi de traits vigoureux, pour dévoiler et dénoncer à l'indignation des magistrats, la mauvaise foi, l'injustice d'un adversaire; ou d'une ironie qui livre au ridicule des prétentions exagérées ou absurdes.

Impassible et sévère comme la loi dont il est l'organe, grave comme la puissance qu'il représente, l'Avocat-général doit fixer les véritables circonstances de la cause, si souvent dénaturées et tronquées dans les débats des parties; mettre sous les yeux des juges l'analyse des moyens respectifs réduits à ce qui appartient à la contestation; critiquer ou réfuter les principes faux ou hasardés; rechercher et établir les véritables, proposer enfin les motifs qui lui paroissent les plus propres à déterminer le jugement.

L'ordre et la clarté, sous le premier de ces rapports; l'exactitude et l'impartialité, sous le second; la science du droit et la force du raisonnement, sous le troisième, sont le mérite propre de ses conclusions.

La nature des causes dans lesquelles il doit être entendu, le titre de sa mission, annoncent qu'il a moins à s'occuper des intérêts particuliers, que des intérêts de la société dont le Roi qu'il représente est le conservateur nécessaire. Il ne doit pas être moins énergique et moins fidèle au but de son institution dans les procès des plus obscurs citoyens, ou dans ceux qui semblent offrir le moins d'intérêt pécuniaire, que dans ces causes où la fortune et le rang des parties, la réputation des avocats, la singularité, et quelquefois, hélas, le scandale des faits, attirent la foule aux audiences qu'on nomme *solennelles*.

Les recueils des plaidoyers d'avocats célèbres ont toujours été recherchés; mais il ne faut consulter ces sortes d'ouvrages qu'avec une certaine réserve : ils peuvent offrir des erreurs de droit, qu'on ne sauroit toujours attribuer à l'ignorance. L'avocat fait quelquefois des sacrifices au désir d'entraîner les suffrages en faveur de sa cause; et tel hasarde en plaidant, un principe qu'il n'avoueroit pas dans une consultation. « Les véritables opinions « des avocats, disoit Cicéron, ne sont pas tou- « jours consignées dans leurs plaidoyers, et sou- « vent les propositions qu'ils avancent sont moins

« les principes qu'ils professent, que des moyens « probables tirés du sujet et présentés dans l'in- « térêt de la cause (1) ».

Aussi, les vrais jurisconsultes recherchent-ils toujours avec empressement les recueils qui contiennent les conclusions des officiers chargés du ministère public.

S'il eût été possible de rassembler toutes celles de d'Aguesseau, cette collection seroit d'un prix inestimable. Le nombre des affaires qui lui ont fourni l'occasion de porter la parole est considérable. Souvent même une seule cause présentoit plusieurs questions; il se faisoit un devoir de les traiter; et tout en écartant celles qui lui paroissoient inutiles pour la décision, il en disoit assez pour indiquer ce qui auroit pu servir à les résoudre. Quelle utile instruction pour ceux qui ont eu le bonheur de l'entendre! Quel sujet de regrets pour notre siècle qui n'a pu recueillir qu'une partie de ces richesses!

L'extrême facilité que lui donnoit l'habitude des affaires, la science du droit, qui lui faisoit trouver sur-le-champ, avec la solution convenable, les motifs qui devoient la justifier, lui procurèrent l'avantage de parler souvent sans avoir rédigé ses

(1) *Errat vehementer, si quis in orationibus nostris, quas in judiciis habuimus, auctoritates nostras consignatas se habere arbitratur. Omnes enim illæ orationes, causarum et temporum sunt, non hominum ipsorum ac patronorum.... Nunc adhibemur, ut ea dicamus, non quæ nostra auctoritate constituantur, sed quæ ex re ipsa causaque dicantur.* Cic. pro. Cluent. cap. 50.

conclusions par écrit; et ce qui fut pour lui un titre de gloire, est pour nous un nouveau suje de regrets.

Jamais cependant il ne crut devoir se contenter d'apprendre d'une affaire ce que la plaidoierie pouvoit laisser dans sa mémoire; ni s'épargner la peine de motiver une opinion, en se référant d'avance à celle des juges qu'il étoit chargé d'éclairer. S'il n'écrivit pas toutes ses conclusions, il n'en proposa jamais qu'il n'eut méditées ; il pensoit que l'organe de la loi ne doit s'exposer ni à présenter des assertions douteuses, ni à laisser échapper des principes inexacts.

On a conservé quelques-uns des extraits dans lesquels, après l'exposition du fait, l'analyse des actes, des moyens, la citation des lois, des arrêts ou des auteurs, il traçoit le plan qu'il devoit suivre, et dont il n'indique les différentes parties que par des sommaires très-courts. On y trouve tant de clarté, de justesse et de précision, qu'on peut leur appliquer cette expression d'une loi romaine, *minùs scriptum, plus nuncupatum* (1) : ce sont les études d'un grand maître.

Mais il se présentoit chaque année des causes dans lesquelles l'immensité des faits, l'importance ou la difficulté de la question, le forçoient de rédiger entièrement ses conclusions.

Elles sont principalement remarquables par l'esprit d'équité et la science des lois. Le magistrat et le jurisconsulte s'y montrent sans cesse,

(1) *Cod. de testam. L.* 7.

l'orateur ne se laisse apercevoir qu'autant que le sujet l'exige; moins pour parer la vérité que pour l'insinuer plus aisément dans les esprits.

S'il veut relever l'importance d'un développement, peut-être fastidieux, mais nécessaire, c'est par une réflexion vive et concise, ou par un trait qui jaillît du sujet et ranime l'attention. S'il se sert de l'éloquence, on peut dire qu'il n'y a jamais recours; et ces peintures animées, ces situations présentées d'une manière si frappante, qu'on ne peut les suivre sans se livrer à l'interêt que commandent la vérité et la singularité des circonstances, semblent naître du fond de la cause, et non du travail de l'écrivain. (1) C'est ainsi que, dans le procès relatif aux testamens de l'abbé d'Orléans, la triste et longue démence d'un homme en qui s'éteignit un des plus beaux noms que célèbrent les annales françaises (2), lui inspira un trait de sentiment et de morale sur la vanité des grandeurs humaines, si frappant qu'il s'étoit conservé au barreau par une sorte de tradition.

Cependant, quelques soins qu'il eût donné à rédiger ses conclusions écrites, d'Aguesseau ne s'assujettissoit jamais à les prononcer littéralement. Il croyoit que le récit, et surtout la lecture d'un discours, ont quelque chose de contraint,

(1) *Potius à causâ quam ab oratore profecta credantur.* Quint. Inst. orat. Lib. V. cap. 2.

(2) Il étoit le dernier descendant du fameux comte de Dunois.

de froid et d'inanimé (1); et que, pour faire impression par la parole, il faut que l'orateur, dans l'instant où il communique ses pensées, paroisse agir, et agisse en effet sur ceux qu'il veut persuader.

Cette méthode devint pour lui une source de beautés nouvelles; l'entraînement du débit faisoit éclore des images plus brillantes, des pensées plus sublimes que celles qui s'étoient présentées dans la composition. Ainsi, les conclusions que nous admirons le plus, auroient un degré supérieur de beauté, s'il avoit été possible de les recueillir telles qu'il les a prononcées; et l'on peut, en quelque sorte, appliquer à l'orateur français ce qu'un rival fut forcé de dire de l'orateur d'Athènes: *Que seroit-ce donc si vous l'eussiez entendu lui-même!*

Les fonctions de Procureur général ouvrirent à d'Aguesseau une carrière aussi glorieuse, quoique moins éclatante. Ceux qui ont écrit sa vie et fait son éloge historique, ont célébré sa vigilance et son activité qui redoublèrent dans l'affreuse disette de 1709; sa constante sollicitude pour le maintien de l'ordre, la surveillance des juridictions, l'administration des établissemens publics et surtout de ceux qui sont destinés au soulagement des malheureux. Nous n'avons entrepris que de parler de ses écrits.

La défense du patrimoine de la couronne, spé-

(1) Troisième discours.

cialement confiée à son zèle et à sa fidélité fournit un nouvel objet à ses travaux (1).

La science de l'histoire et des antiquités de la législation française le mirent à portée de remonter aux sources des droits domaniaux ; de suivre les différentes formes sous lesquelles ces droits, toujours inaltérables dans leur essence, se sont produits à toutes les époques de la monarchie, et de développer des connoissances qui étonnèrent les personnes les plus versées dans ces matières obscures et difficiles.

Les requêtes qu'il a composées à ce sujet, qui seules auroient suffi pour lui assurer la réputation de savant jurisconsulte et d'habile écrivain, sont les plus riches trésors de jurisprudence sur l'origine du domaine, des grands fiefs, de leurs démembremens et de leurs réunions successives à la couronne. En dégageant les notions relatives à ces matières, jadis si importantes dans le droit public français, de tout faux système et de toute vaine conjecture, il a su également les dépouiller de la sécheresse qui sembloit en être inséparable, et y répandre un intérêt dont elles ne paroissoient pas susceptibles.

(1) « L'élévation de la majesté royale a fait établir que le « Roi, qui ne dédaigne pas de plaider devant des juges qui sont « ses sujets, n'y comparaîtroit que par un officier chargé du « ministère honorable de le défendre ; et cet officier est le « procureur-général, seul dépositaire, par le titre de sa « charge, de la conservation des droits du domaine de la « couronne ». *D'Aguesseau*, seconde requête sur la mouvance de la terre de St. Maigrin.

Ses fonctions le mirent aussi dans l'obligation de fournir souvent des mémoires aux ministres du Roi et quelquefois au Roi lui-même, sur les lois projetées ou proposées.

Ces sortes d'écrits sont, en général, peu susceptibles d'ornemens. Ils doivent unir la force à la précision, et tirent leur intérêt de la question agitée, bien plus que de la manière dont on pourroit la traiter.

D'Aguesseau, destiné à servir de modèle dans tous les genres qu'il a embrassés, ne fut point inférieur à lui-même dans une position que les formes du gouvernement et les circonstances rendoient si délicate.

Souvent il étoit consulté sur des mesures déjà résolues par un Monarque que trente ans de prospérité, avoient accoutumé à n'éprouver aucune contradiction; plus souvent c'étoit sur des lois *scellées, afin que ce fût chose ferme et stable*, qu'il étoit chargé par son corps de porter des réclamations aux pieds du trône.

Les hommes d'état apprendront, en lisant les mémoires qu'il rédigea dans ces occasions, comment on peut faire sentir les inconvéniens, ou même les dangers d'une opinion, sans en attaquer les auteurs; comment un esprit droit et sans ambition peut concilier des sentimens contraires et terminer des débats que les passions personnelles feroient dégénérer en factions; comment enfin, sans s'écarter d'une fidélité naturellement gravée dans des cœurs français, et plus solide encore lorsqu'elle est le fruit de l'étude réfléchie des lois, on peut combattre avec respect cette fatale présomption du pouvoir qui, suivant les belles expressions de Bossuet, *se croit dégradé lorsqu'on lui montre des bornes* (1).

On a regretté quelquefois, et pour la gloire du barreau français, et pour celle de d'Aguesseau lui-même, qu'il n'eût pas vécu sous une législation qui rendît publiques les procédures criminelles et donnât aux arrêts qui décident de l'honneur ou de la vie des citoyens, la même garantie qu'à ceux qui règlent leurs intérêts pécuniaires.

Mais il est facile de juger comment celui qui, dans le simple ministère de la censure, peignit si éloquemment le danger des mauvaises mœurs et les beautés de la vertu, savoit, armé du glaive de la justice, imprimer la terreur au crime, défendre l'innocence, rassurer la foiblesse et couvrir l'erreur du manteau de l'indulgence.

Celui qui, dans la cause de la Pivardière, avouoit avec tant de noblesse et de convenance les imperfections de l'ordonnance criminelle, pouvoit-il ne pas prêter tout le secours de son zèle et de sa raison à l'accusé que cette loi privoit de l'assistance d'un conseil !

Celui qui disoit qu'on peut encore, quand la volonté du législateur *ne laisse plus que la gloire d'obéir*, corriger, par l'esprit de la loi tout ce que la lettre présente d'excessive sévérité : celui qui, chargé de diriger et surveiller les magistrats dans l'instruction des affaires criminelles, leur faisoit

(1) Discours devant l'assemblée du Clergé de 1682.

envisager comme une injustice, la justice qui se fait trop attendre, et répétoit sans cesse que plus les formes étoient sévères et rigoureuses, plus l'humanité et la justice commandoient de régularité dans les procédures (1); celui-là sera toujours le plus parfait modèle qu'on puisse offrir aux hommes investis par le Prince de la plus belle et de la plus redoutable des fonctions.

Nous sommes loin de croire que nous ayons donné une juste idée de d'Aguesseau, considéré comme magistrat. Mais quand une main plus habile et des talens plus dignes de louer ce grand homme, l'auroient présenté comme le plus éloquent, le plus savant, le plus sage, le plus juste des magistrats de son siècle, ce ne seroit pas encore avoir dit tout ce que fut d'Aguesseau.

Dépositaire de l'autorité suprême dont il avoit été le digne organe, il sentit tout ce qu'exigeoit de lui cette noble fonction. Il sut reconnoître et démêler les vices de la législation; il forma l'entreprise de la réformer; entreprise, dit un célèbre publiciste, qui ne peut être exécutée que par un citoyen sage, chéri du peuple, et dont la constance soit au-dessus de tous les obstacles (2).

Il rendit à son Prince, à sa patrie, le plus grand service que puisse rendre un sujet, un citoyen; il sentit et fit connoître la possibilité de soumettre

(1) Lettre du 7 septembre 1730.

(2) Machiavel, Discours sur Tite-Live. Liv. I. Ch. 11.

tous les Français à la même loi, comme ils obéissoient au même Roi. Ses lumières ont éclairé les parties les plus obscures du droit civil, ramené l'unité dans les matières qui divisoient le plus la jurisprudence, et donné à cette science épineuse, avec une perfection dont elle avoit paru jusqu'alors si peu susceptible, une simplicité qu'elle n'avoit jamais eue.

La révocation (1) d'un édit rigoureux qui sembloit aggraver la douleur des mères, en les privant d'hériter de ceux que la nature destine à les secourir, fut le premier acte par lequel d'Aguesseau annonça ce grand dessein; la raison et l'humanité applaudirent également à cet heureux début.

Une matière d'un intérêt plus général fut bientôt l'objet de ses méditations. Il remplaça la diversité des principes sur la nature, les formes et les effets des donations entre-vifs, par une sage uniformité (2).

Les avantages de la nouvelle loi furent si évidens, que la voix publique, devançant le jugement des jurisconsultes eux-mêmes, lui apprit qu'on attendoit et qu'on recevroit avec reconnoissance celle qui devoit régler les dispositions à cause de mort. Il ne tarda point à justifier ces espérances : il sut garder un juste milieu entre les maximes d'une législation qui portoit, jusqu'à

(1) Edit du mois d'avril 1729.

(2) Ordonnance du mois de février 1731.

l'excès, la faveur accordée aux testamens, et des mœurs qui sembloient ne les considérer qu'avec une sorte de défiance (1).

La liberté indéfinie accordée à chaque citoyen d'appeler à sa succession une foule d'héritiers, en les substituant l'un à l'autre, étoit une source intarissable de difficultés et de procès ruineux. La fortune et le repos des familles n'étoient jamais assurés, et les créanciers perdoient ce qu'ils avoient prêté sur des héritages qu'ils ne supposoient point inaliénables. Une loi depuis long-temps désirée (2) restreignit les abus de ce droit, en conservant ce qu'il avoit d'utile et de monarchique. L'uniformité et la simplicité des principes dissipa tout ce que la subtilité des jurisconsultes et les incertitudes de la jurisprudence avoient répandu de doutes et de difficultés dans cette matière : ainsi, le système de la législation sur les dispositions à titre gratuit, fut complet.

Les abus et le désordre qui s'étoient glissés dans la rédaction et la conservation des actes authentiques, destinés à constater les trois grandes époques de la vie, et à devenir la source de tous les droits civils, n'échappèrent point à la vigilance de d'Aguesseau : il soumit à une révision impartiale les lois existantes, et les usages introduits pour suppléer ce qu'elles avoient omis (3).

(1) Ordonnance du mois d'août 1735.

(2) Ordonnance du mois d'août 1747.

(3) Déclaration du 9 avril 1736.

La sagesse des lois est souvent inutile et presque dangereuse, si les citoyens n'ont pas encore pour exercer ou défendre leurs droits, des moyens sûrs et simples qui mettent la vérité à l'abri des ruses de la chicane. Parmi les réformes qu'appeloit la procédure civile, d'Aguesseau distingua ce qui concernoit les faux. Déjà par ses soins, une loi dont une foule de crimes avoit indiqué la nécessité, offroit de sages précautions contre l'abus des blancs-seings, genre de faux d'autant plus redoutable qu'il est plus difficile à découvrir (1). L'instruction et la poursuite de toutes les espèces de faux, jusque-là si difficiles et si obscures, furent réformées; et la nouvelle ordonnance, en éclairant les magistrats, enleva pour jamais aux faussaires, l'espoir d'échapper aux recherches de la justice (2).

Une autre partie de la procédure appeloit aussi d'indispensables réformes. Les évocations et les réglemens de juges réduisoient presque toujours le plaideur indigent, à subir la loi que son adversaire vouloit lui imposer, par l'impossibilité où il étoit de fournir aux frais immenses qu'exigeoient de semblables instances: si la nature et l'ordre des choses ne permirent pas d'anéantir ces sortes de demandes, la loi nouvelle en rendit l'instruction si courte et si peu dispendieuse, que la mauvaise foi ne trouva plus d'intérêt à y recourir (3).

(1) Déclaration du 22 septembre 1733.

(2) Ordonnance du mois de juillet 1737.

(3) Ordonnance du mois d'août 1737.

D'Aguesseau avoit conçu un projet plus vaste, celui d'abréger et de simplifier la procédure dans toutes les jurisdictions de la France. Il crut devoir commencer par le conseil d'état (1); et le beau travail qu'il publia laissa voir qu'il étoit possible d'introduire partout la même simplicité.

Pénétré d'un respect et d'un amour pour la religion, que pouvoit seul égaler son amour pour la justice et son dévouement au Prince, d'Aguesseau, avoit souvent gémi de voir la classe d'ecclésiastiques, la plus utile, la plus laborieuse, réduite à une indigence qui dégradoit ses augustes fonctions; et quelquefois obligée de les quitter, soit pour réclamer le droit de ne reconnoître d'autres supérieurs que ceux mêmes que l'Église a préposés, soit pour disputer à des usurpateurs les biens que la piété avoit consacrés au service des autels. La loi qui réforma cette partie de la jurisprudence, ne fut pas un des moindres bienfaits de son administration (2).

Mais en acquittant ainsi la dette du Souverain envers la religion, il ne crut pas que ce fût en méconnoître les droits, que de mettre un obstacle à la multiplication des établissemens ecclésiastiques, et à la facilité qu'ils avoient d'acquérir des biens-fonds. L'édit de 1749, posa des limites avouées à la fois par la piété éclairée et la sage politique : en deçà il y avoit abus et danger pour

(1) Règlement du conseil, du 28 juin 1738.

(2) Déclaration du 15 janvier 1731.

l'état; le douzième siècle en avoit offert de nombreux exemples : au-delà il y auroit eu injustice et spoliation; le dix-huitième siècle en a été le témoin, et la propriété, ébranlée dans ses fondemens, a menacé les sociétés d'une dissolution générale (1).

Nous sortirions des bornes et de l'objet de ce discours, si nous donnions plus d'étendue à l'indication des lois dont la France fut redevable à d'Aguesseau. Mais puisque nous avons pour but principal de faire connoître les divers genres de mérite qu'il a réunis dans un si haut degré, comment pourrions-nous omettre de remarquer qu'il porta dans la rédaction de toutes ces lois, la même clarté, la même précision, dont il avoit donné tant d'exemples dans ses autres ouvrages?

Il étoit persuadé que les lois doivent une partie de leur force à la manière dont elles sont rédigées; et que pour les rendre inaltérables, il faut éviter tout prétexte à l'interprétation qui peut dégénérer en arbitraire.

Sa correspondance nous apprend ce qu'il avoit fait pour prévoir les difficultés, ou résoudre les questions que l'intérêt et la mauvaise foi ne manqueroient pas d'élever bientôt, et les soins qu'il continua de prendre pour lever les doutes des magistrats, et prévenir le retour de l'ancienne diversité de jurisprudence.

On lui a reproché l'extrême importance qu'il

(1) Gibbon, Mémoires, tom. II. p. 418.

mettoit à ses lettres, que, suivant l'expression d'un critique, « il limoit et retouchoit sans « cesse (1) ». Comme si les lettres que le chef de la justice adresse aux magistrats, étoient d'assez frivoles compositions, pour qu'on dût, sous peine de ridicule, s'y interdire une perfection qui ne déplaît pas même dans la correspondance des particuliers !

Cette scrupuleuse attention à ne donner que des réponses mûries avec soin, étoit d'autant plus nécessaire, que dans ce temps où la plénitude de l'autorité législative appartenoit au Monarque, la fonction de rédiger, d'interpréter les lois et d'en maintenir l'exécution, étoit exclusivement confiée au magistrat, que nos pères appeloient *la bouche du prince* et le *premier homme du royaume*.

D'ailleurs, quelle que soit la forme du gouvernement, les ministres, et surtout celui de la justice, seront souvent consultés. Les questions se multiplieront, en raison de la haute idée qu'on aura des lumières et des vertus de celui à qui on s'adresse ; et nous osons le dire, sans crainte d'être accusés d'une injuste rigueur, le ministre qui résoudroit avec négligence, les questions que lui adressent les fonctionnaires placés sous sa direction, qui ne mettroit pas dans ses réponses, l'exactitude scrupuleuse du magistrat ou du législateur, seroit indigne de la haute confiance dont il se trouve investi.

(1) Saint Simon, Mémoires, tome VI, p. 49.

D'Aguesseau vouloit dans la société civile, comme dans la religion, une soumission éclairée et raisonnable (1); et jamais législateur ne fut mieux convaincu de la nécessité d'expliquer aux peuples les motifs des lois qui leur étoient données. Toutes celles qu'il a rédigées sont accompagnées de préambules qui ne le cèdent point aux plus parfaites de ses harangues. « Que la loi soit « sourde, si l'on veut, disoit-il, pour ne point « entendre des murmures injustes et téméraires: « mais elle ne doit pas être muette sur ses motifs, « et si elle-même ne prouve pas sa justice, je sens « que mon esprit se révolte. Je n'y reconnois plus « une domination légitime, et peu s'en faut que « je ne la prenne pour une tyrannie (2) ».

Quelle différence entre ces maximes, et la pensée de Sénèque tant de fois citée par le despotisme : « Je ne trouve rien de plus froid, de plus « inconvenant qu'un préambule à la tête d'une « loi: ordonnez, il est inutile que vous cherchiez « à m'instruire, il suffit que j'obéisse (3). « Maxime tyrannique, par laquelle le précepteur enseignant à son élève qu'il pouvoit tout ordonner à son gré, ratifioit à l'avance sa propre condamnation, et fit de Néron l'exécration de Rome et la honte de l'humanité!

(1) *Rationabile obsequium vestrum*. B. Paul. *Epist. ad Rom. cap.* 12, *vers.* 1.

(2) Première méditation métaphysique.

(3) *Nihil videtur mihi frigidius, nihil ineptius, quàm lex cum prologo : mone, dic quid me velis fecisse; non disco, sed pareo.* Senec. *Epist.* 94.

Cependant le mérite de d'Aguesseau, considéré comme législateur de sa patrie, sera difficilement apprécié par ceux qui ne connoissent que la France actuelle ; qui n'ont jamais vécu sous l'ordre de choses si violemment détruit en 1789 ; sont accoutumés à voir vingt-cinq millions d'hommes soumis à la même loi, et mettent, en quelque sorte, au rang des exagérations, ce que d'Aguesseau, lui-même, disoit de notre ancienne France : *que dans une si grande diversité de coutumes, le fond de la contestation se trouvoit décidé par le seul jugement qui régloit la compétence du tribunal* (1).

Les codes qui composent l'ensemble de la législation actuelle sont, nonobstant de grandes imperfections, d'une utilité généralement avouée. Mais lorsqu'ils ont paru, tout étoit façonné pour l'uniformité ; aucun obstacle local ne s'opposoit à ce que la loi, la plus opposée aux mœurs d'une province, ne fût substituée aux usages les plus anciens, aux habitudes les plus chères.

Sans nous reporter aux temps désastreux qui ont produit ce grand changement, sans chercher à réveiller de tristes souvenirs, il faut reconnoître avec sincérité que le retour à l'ancien ordre de choses, fût-il facile, n'entraînât-il aucun désordre, seroit un mal qu'on devroit éviter. Ce n'est pas l'origine d'une institution qui doit en faire apprécier les avantages ou les inconvéniens ; les orages ont quelquefois leurs bienfaits.

(1) Préambule de l'ordonnance de 1731.

Mais lorsque d'Aguesseau conçut le projet de donner à la France des lois uniformes, lorsqu'il en commença l'exécution par de si heureux essais, il n'étoit point dans la position du gouvernement qui a fait rédiger les nouveaux codes.

La France étoit, à vrai dire, plutôt une fédération d'états distincts, qu'une patrie commune. Le territoire étoit un, et les habitans divisés par les mœurs et les lois. Un grand nombre de provinces n'avoient été réunies, que par des capitulations ou des traités qui leur garantissoient la législation existante. Elles y trouvoient le souvenir, et comme les consolations de leur ancienne indépendance; cette situation étoit pour elles une barrière contre les volontés mobiles du pouvoir arbitraire. Un tel ordre de choses étoit vicieux sans doute: le gouvernement avoit projeté et essayé d'y remedier (1); les jurisconsultes avoient tenté de soumettre toutes ces coutumes à des règles générales. Mais les préjugés populaires sont plus forts que les volontés des princes et la sagesse des philosophes. La bizarrerie et les inconvéniens d'une loi locale ne sont jamais absolus; ils ne résultent que de la compa-

(1) L'ordonnance de Charles VII, de 1453, sur la rédaction des coutumes, étoit, suivant Dumoulin, un préalable pour les refondre en une loi uniforme. Le même essai fut tenté sous Henri III, par l'ordonnance de 1579; et le savant et illustre Brisson en avoit préparé le travail. Ce fut aussi l'objet des arrêtés rédigés par les soins et sous les yeux du président Lamoignon, avec le concours des plus habiles jurisconsultes de son temps.

raison, et le peuple renfermé dans un cercle étroit d'idées et d'habitudes, ne jette jamais les yeux au-delà de cette circonférence; il voit ce qu'il est accoutumé de voir, sans se douter, sans même comprendre qu'il y ait quelque chose de mieux: fixé, sur le moment actuel, sur le coin de terre qu'il occupe, il ne peut saisir, ni l'ensemble de l'édifice social, ni la succession des temps; il changeroit plutôt de domination, que de lois.

Une grande révolution pouvoit seule commander, plutôt que persuader, ce passage prompt et général d'une législation à une autre. D'Aguesseau croyoit sagement que son prince n'en avoit ni le droit, ni le pouvoir. Les véritables hommes d'état ne projettent des réformes qu'en silence, et ne font leurs essais qu'avec réserve. Il eût craint d'affoiblir ou de détruire par des mesures violentes les liens communs de l'autorité et de l'obéissance. De son temps, on n'étoit pas encore arrivé à rechercher une révolution, comme on va au-devant d'une découverte heureuse pour l'humanité; à recevoir les idées subversives de l'ordre existant, et même de tout ordre social, avec autant d'ardeur et de légèreté qu'on adopte des modes nouvelles.

Il est facile maintenant d'apprécier le reproche d'indécision et de déférence excessive pour les Cours de magistrature, qu'ont fait à d'Aguesseau deux hommes que la lenteur des formes et la maturité des réflexions importunoient (1).

(1) Saint Simon, Mémoires, tome VI, page 40. — D'Argenson, Loisirs d'un ministre d'état, tome II. pag. 8 et suiv.

D'Aguesseau étoit convaincu que l'autorité n'a pas toujours droit de faire tout ce qu'elle pourroit ; et sans qu'il crût pour cela, ni à la souveraineté des peuples, ni au droit d'insurrection contre un Roi qui auroit le malheur de violer des franchises solennellement accordées, la voie de la persuasion lui sembloit préférable à celle de la force, même pour introduire les changemens les plus utiles.

Quand la circonspection de d'Aguesseau n'auroit été que l'effet de cet esprit de conciliation, de cette délicatesse de conscience (1), de cette crainte de s'égarer, si rares, et qu'il a possédées à un si haut degré, il faudroit l'en glorifier; il faudroit souhaiter qu'il eût trouvé souvent et long-temps des imitateurs parmi ceux qui lui ont succédé.

Mais cette circonspection venoit encore d'une autre source ; il redoutoit également pour l'autorité du souverain, et les mécontentemens qu'entraîne une loi imparfaite, et les inconvéniens de ces corrections tardives arrachées par la nécessité, et que moins de précipitation ou de plus mûres réflexions auroient prévenu. Aussi, les projets qu'il méditoit étoient-ils l'objet de communications nombreuses aux Cours souveraines, de conférences fréquentes dans une commission de magistrats et de jurisconsultes qu'il présidoit. Il portoit les précautions jusqu'à rédiger des

(1) Saint Simon, Mémoires tome VI, page 49. — D'Argenson, tom. II, page. 7.

mémoires, pour et contre, sur les observations qu'il avoit reçues (1).

Une fatale expérience nous a fait assez connoître les suites déplorables de ces improvisations législatives, le danger de ces discussions d'un jour dans lesquelles des orateurs plus ingénieux que sages ne voient qu'un des côtés de la question, et la décident avec la même sécurité que s'ils l'avoient approfondie.

La marche de d'Aguesseau fut lente et circonspecte, parce qu'il pensoit que les lois les mieux observées sont celles que la conviction a fait adopter. Cette marche étoit la seule légale, et d'Aguesseau ne pouvoit désirer de faire le bien autrement que par des voies légitimes.

Alors, l'enregistrement des lois par les Cours supérieures étoit l'unique garantie possible contre les surprises faites à la sagesse du Prince; et les remontrances des magistrats, le seul moyen d'indiquer les inconvéniens ou les imperfections d'une loi nouvelle.

Ces précautions avoient leur origine et leur sanction dans les plus anciens monumens de la monarchie; les souverains les plus éclairés en avoient reconnu les avantages. « Loin de nous, « disoit le meilleur et le plus malheureux de nos « rois, cette crainte de la lumière et de la vérité, « et surtout la moindre défiance d'adresser nos lois

(1) Ces questions, circulaires et extraits sont, pour la première fois, compris dans la nouvelle Édition des Œuvres de d'Aguesseau.

« à l'enregistrement de nos Cours; comme si le « secours de leurs observations, et les éveils de « leur zèle pouvoient jamais nous être inutiles et « indifférens (1) ».

D'Aguesseau lui-même avoit éprouvé tout ce qu'a de noble et de difficile à la fois, cette situation d'un magistrat réduit à combattre l'opinion personnelle de son Roi, pour demeurer fidèle à ses intérêts.

Les égards qu'il eut pour la magistrature n'ont donc pu être blâmés que par des hommes mal instruits de l'ancienne constitution de la France, ou qui ne prévoyoient pas le danger de méconnoître les usages d'une nation, et d'ébranler des établissemens que le temps a consacrés.

D'ailleurs il jugeoit les magistrats dont il avoit si long-temps été le collègue et l'ami, d'après lui-même, d'après ce qu'il avoit vu. Il savoit que si nos Rois, recouvrant la plénitude de la puissance, étoient devenus l'unique source de la force et de la justice; si les agitations de la tyrannie féodale avoient fait place au sage et paisible exercice de leur autorité, les parlemens avoient eu la plus grande part à cette heureuse révolution. Il ne pouvoit oublier que la fidélité et le courage de celui de Paris avoient proclamé la légitimité jusque sous les poignards des Seize; et que, dans les troubles de la Fronde, Mathieu Molé avoit rappelé le courage des sénateurs romains.

Pouvoit-il prévoir, et ces temps funestes où

(1) Déclaration du 13 février 1780.

l'esprit de sédition, profitant des fautes et de l'incapacité des ministres, descendit des classes les plus élevées jusqu'aux derniers rangs de la société, et préluda, par la lutte imprudente des magistrats contre l'autorité royale, à la révolte du peuple contre toutes les autorités ; et ces jours plus déplorables où cette résistance fut punie par les moyens même qui en avoient assuré le succès ! Semblable à l'homme qui tomba de sa grandeur pour avoir voulu devenir l'égal de son dieu, cette magistrature si respectée en France, si vantée dans l'étranger, tant qu'elle sut se borner à éclairer l'autorité sans la combattre, osa disputer la puissance à son Roi : bientôt, brisée par le peuple qu'elle avoit si indiscrètement appelé à son secours, dépouillée de ses honneurs, frappée dans ses membres, elle devint dépendante, parce qu'elle avoit voulu commander; privée de toute influence politique, parce qu'elle avoit voulu combattre le pouvoir par qui elle existoit; sans force, parce qu'elle avoit abusé de celle qui lui étoit confiée pour punir, et non pour tolérer la désobéissance.

Tel sera, tôt ou tard, le sort de toute institution qui sortant de ses limites, osera s'élever au-dessus de la puissance dont elle est émanée.

Les écrits dont nous avons parlé jusqu'ici furent dictés par le devoir même des emplois dont étoit revêtu d'Aguesseau. Peut-être croira-t-on que cette circonstance, élevant son esprit à la hauteur des objets qu'il avoit à traiter, dut influer sur la perfection qu'on y remarque, et même sur les éloges qu'ils ont obtenus.

Il n'y auroit sans doute à cela rien d'extraordinaire, rien même qui pût diminuer son mérite; cependant il n'en est point ainsi. Toutes les perfections qu'on admire dans les écrits de l'homme public, on les retrouve dans ceux de l'homme privé, jusque dans ceux qu'il destinoit à ne jamais sortir de sa famille, ou du cercle d'un petit nombre d'amis. Ces derniers l'emportent même sur les autres, par l'universalité des connoissances qu'ils attestent, et l'extrême facilité d'un esprit qui savoit passer des matières les plus difficiles et les plus sérieuses à ce que la littérature offre de plus agréable.

Il faudroit, pour se disposer à rendre un compte fidèle et complet de tous ces ouvrages, dire comme Fontenelle du grand Léibnitz, avec qui d'Aguesseau eut plus d'un trait de ressemblance : « Une lecture universelle et très-assidue, jointe « à un grand génie naturel, le fit devenir tout ce « qu'il avoit lu. Ainsi, je suis obligé de le par- « tager, et pour parler philosophiquement, de le « décomposer pour le faire connoître ».

S'il ne nous est pas donné de tenter une telle entreprise, nous essayerons du moins d'indiquer ce qui peut avoir plus de rapport aux études destinées à former le jurisconsulte et l'homme d'état.

Le *Mémoire sur le commerce des actions*, mérite d'obtenir le premier rang, et par l'importance du sujet, et par les circonstances qui l'ont produit.

D'Aguesseau, chancelier et garde des sceaux, après avoir inutilement combattu un système dont il prévoyoit les suites désastreuses, avoit mieux aimé encourir la disgrâce du Prince, que de revêtir des marques les plus respectables de l'autorité souveraine, des résolutions que réprouvoit sa conscience.

Cet écrit, si remarquable par des principes d'économie politique vraiment extraordinaires dans un temps où le nom même de cette science étoit inconnu aux Français, contient sur le commerce en général, les règles les mieux déduites du droit naturel, du droit des gens et du droit civil. Il pose les justes limites entre les prétentions légitimes des vendeurs et des acheteurs : il établit par la seule raison, ce que l'expérience a tant de fois prouvé, que dans toutes les spéculations, dans toutes les entreprises, la cupidité immodérée doit trouver un abîme au terme de sa course.

Appliquant ces principes à l'espèce de négociation qu'il avoit plus spécialement en vue, d'Aguesseau démontre ce qu'ont de redoutable pour la société ces systèmes hardis, ces innovations subites, qui changent inopinément la proportion des valeurs et la direction des industries; les désastreux effets des emprunts, des anticipations qui, sous le nom de *crédit*, ne consistent qu'à dévorer à l'avance le patrimoine des générations futures; la pauvreté réelle cachée sous des dehors trompeurs, et la folie de ceux qui considèrent ce dernier terme de la ruine d'un état, comme la plus brillante époque de sa prospérité pécuniaire.

Avec quelle hauteur de vues il annonce aux gouvernemens tout ce que le succès même d'un tel système a de dangereux pour la morale publique, par le jeu honteux de l'agiotage et la soif des richesses qui en sont la conséquence inévitable! Avec quelle force de raison il indique aux particuliers les règles qu'ils doivent suivre dans ces temps de crise et d'ivresse, pour se garantir des illusions d'une cupidité toujours aussi injuste qu'imprudente!

Les *Considérations sur les monnoies* écrites l'époque où l'ébranlement de la fortune publique, causé par le bouleversement de toutes les fortunes particulieres, rendit la législation monétaire si vacillante et si fatale au véritable crédit, offrent de nouveaux développemens de ces principes de justice universelle.

Les intérêts de circonstances et les raisons de politique disparoissent aux yeux de l'auteur : il s'attache à ce qui doit être la base de toutes les lois, de toutes les transactions, à l'inviolabilité des droits acquis et des propriétés : il combat sans ménagement tout ce qui pourroit y donner atteinte; ne sépare jamais les droits du Prince de ceux des citoyens, et ne s'occupe du bien de l'état, dont il est sujet, qu'après avoir apprécié les devoirs de la justice envers tous les hommes.

Les *Méditations métaphysiques* qu'il a composées sur l'origine des idées du juste et de l'injuste, attestent à la fois et la profondeur et le succès de ses études dans une matière aussi importante que difficile.

Elles n'eurent, dans l'origine, d'autre objet que de répondre à la confiance d'un ami (1). Mais, entraîné par le désir de considérer toutes les questions qui naissoient d'un sujet aussi fécond, et de ramener aux sources les plus pures, aux idées les plus élevées, la jurisprudence qui fut toujours la plus chère et la principale étude de sa vie, d'Aguesseau en fit un ouvrage étendu.

Les routes obscures et difficiles de la métaphysique ne pouvoient effrayer un homme qui ne marchoit jamais qu'avec le double flambeau de la raison la plus saine, et de la logique la plus exacte. Egalement éloigné des systèmes audacieux et des spéculations chimériques, qui ne prouvent que l'abus ou le vide de l'esprit, d'Aguesseau fonde ses raisonnemens et toute sa doctrine sur l'idée de Dieu.

Cette idée trop ancienne, trop universelle, trop uniforme, trop contraire aux passions, pour qu'on puisse la reléguer dans la classe des préjugés d'éducation, ou des ressorts d'invention humaine, est a ses yeux la base de toute philosophie, et le dogme sans lequel l'homme, livré nécessairement à l'incertitude et à l'erreur, s'agite, s'égare et se perd.

(1) Valincourt, connu par ses liaisons avec Boileau et les autres grands écrivains du siècle de Louis XIV.

C'est en Dieu qu'il place et qu'il montre la source des devoirs et le premier fondement de la justice ; la connoissance du juste et de l'injuste est son ouvrage immédiat : c'est de Dieu, seul maître et seul souverain de tous les hommes, qu'est émanée cette loi éternelle, invariable, donnée à toutes les nations, en tout temps (1). Par une conséquence indispensable, les règles qui en découlent ne peuvent avoir rien d'arbitraire ; elles sont absolues, immuables comme Dieu même; antérieures à toutes les institutions humaines, indépendantes de tous les systèmes politiques, comme de toutes les convenances individuelles.

Cette justice primitive s'étend à toutes les parties d'une administration bien réglée ; rapproche et maintient tous les membres du corps social; dirige toutes leurs démarches; prescrit tous leurs devoirs ; assure la jouissance des droits de chacun, et, par ce moyen, consolide le bien général.

De là d'Aguesseau déduit la nécessité de distinguer, dans les lois humaines, celles qui n'ont pas une liaison nécessaire avec les premiers principes de la justice, et celles qui en émanent directement. Les unes peuvent tomber en désuétude, en perdant leur caractère et leur autorité : les autres sont irrévocables, parce qu'elles sont des conséquences directes d'une loi suprême, qu'aucune puissance ne peut altérer, ni changer.

(1) Cicero, *de Repub. in Lactantii Instit.* 1. *Lib. VI, Cap.* 8.

Cette distinction si féconde, si importante pour le législateur, d'Aguesseau fait voir qu'elle n'est pas moins utile au magistrat qui doit prononcer dans le silence ou l'obscurité des lois positives. C'est ainsi que le jurisconsulte philosophe agrandit la carrière de la jurisprudence, et dissipe le déplorable préjugé des esprits superficiels, qui ne la considèrent que comme un amas de règles arbitraires; préjugé funeste qui, soumettant tout au caprice des juges, dégraderoit leur ministère, et substitueroit à la stabilité de leurs décisions, le vague et l'hésitation du scepticisme!

Les méditations de d'Aguesseau avoient une base trop solide, elles étoient l'ouvrage d'un cœur trop pur, d'un esprit trop éclairé, pour qu'elles pussent ébranler sa croyance religieuse. Il justifia la belle pensée de l'illustre Chancelier dont il étoit le digne émule : *Que si peu de philosophie fait incliner vers l'athéisme, une philosophie profonde affermit de plus en plus dans la religion* (1). D'Aguesseau fut chrétien, avec la soumission de Pascal, la conviction de Bossuet, et la piété de Fénélon.

Au milieu des plus vastes occupations, il consacroit chaque matin quelques instans à extraire, ainsi qu'il le conseille à ses enfans, « tous les « endroits des livres saints qui regardent les

(1) *Verum est tamen, parùm philosophiæ naturalis homines inclinare in atheismum, at altiorem scientiam eos ad religionem circumagere.* Baco, *p.* 1165; *edit.* 1665.

« devoirs de la vie civile et chrétienne, et à les « ranger par ordre pour s'en faire une espèce « de morale qui lui fût propre (1) ».

Le plus considérable de ces extraits a été rendu public (2). Il ne présente, ni dans l'exécution, ni même dans son plan, aucune intention de discuter. L'auteur ne cherche point à prouver ce dont il ne doute pas; il ne se propose de convaincre personne; il ne confie au papier ses pensées que pour lui-même, et ne se laisse aller, ni aux questions de controverse qui ne servent souvent qu'à nourrir des doutes, ni à de fausses mysticités qui conduisent à tant d'illusions dangereuses.

Mais si l'on ne doit pas mettre cet Ouvrage au nombre de ceux que les apologistes ou les défenseurs de la religion chrétienne pourroient opposer à ses adversaires, il a un mérite qui n'eût pas moins touché d'Aguesseau: il prouve la sincérité de sa foi, et témoigne que ce grand homme ne rapportoit point à de pures considérations politiques l'importance et l'exactitude qu'il mettoit aux pratiques de la piété.

Il n'étoit pas du nombre de ces prétendus hommes d'état, qui, ne voyant dans la religion qu'un instrument d'administration, repétoient avec une si inconséquente légèreté, *qu'elle n'est*

(1) Première instruction à ses fils.

(2) Caractères divers de Jésus-Christ dans sa doctrine et ses œuvres.

bonne que pour le peuple ; sans prévoir qu'à son tour le peuple se croiroit assez sage, assez instruit, pour n'avoir pas besoin d'une religion que ses maîtres sembloient lui laisser comme le vain épouvantail de son ignorance, ou la puérile occupation de sa simplicité !

Celui qui réunissoit tant de vertus publiques et privées ne pouvoit manquer d'être un modèle de sollicitude paternelle et de piété filiale.

D'Aguesseau satisfit au premier de ces sentimens en composant pour l'éducation de ses fils des instructions sur la religion, la morale, les sciences, les belles-lettres, le droit public et privé, qui, malgré l'état d'imperfection où se trouvent quelques-unes, seront toujours les meilleures leçons que des pères vertueux puissent offrir à leurs enfans.

Le plaisir d'écrire la vie de son père, qu'il composa pendant un de ses exils, fut, comme il le dit lui-même, « la plus douce et la plus solide « consolation de sa disgrâce » ; et cette histoire d'un magistrat parfait, tracée par un fils qui se glorifioit de lui devoir tout ce qu'il étoit devenu lui-même, « est aussi le tableau le plus accompli « qu'on puisse jamais proposer en tout genre de « mérite et de vertu (1) ».

Ce magnifique éloge sembleroit une exagération de la tendresse filiale, si d'Aguesseau lui-même ne prouvoit qu'il peut être mérité.

(1) Discours de d'Aguesseau sur la vie de son père.

La voix publique le lui a décerné : les palmes littéraires ont couronné l'écrit qui le présentoit à l'admiration des siècles (1) : la munificence royale a placé ses traits sous les yeux des citoyens, et ses ouvrages, dans la bibliothèque des premiers magistrats (2), afin qu'il pût être, comme le grand homme qu'a célébré Tacite, « honoré à la fois, « par les louanges publiques, et par les efforts « de ses successeurs pour lui ressembler (3) ».

Le temps, quelquefois si fatal aux réputations, a confirmé ces glorieux suffrages. Tandis que les orateurs trouvent, dans ses discours éloquens, des préceptes et des modèles, les magistrats interrogent sa sagesse : ils ont pour ses décisions autant de respect que pour celles de ces jurisconsultes à qui, seuls, suivant ses expressions, « la justice avoit pleinement dévoilé ses mys- « tères (4) ».

Les lois dont il fut l'auteur ont survécu aux institutions de son temps; et, placées dans le Code uniforme dont il avoit prouvé la possibilité et commencé l'exécution, elles en sont encore les parties les plus sages et les plus utiles.

(1) L'Éloge de d'Aguesseau, par Thomas, a remporté le prix de l'Académie française, en 1760.

(2) Le Roi a donné un exemplaire des Œuvres de d'Aguesseau à tous les Présidens des Parlemens, et fait exécuter sa statue en marbre.

(3) *Vita. Agric. Cap.* 46.

(4) Troisième mercuriale.

Il prête son esprit à celles qu'il n'a pas faites ; et, par l'immense étendue de la science, dont ses écrits sont un dépôt si précieux, il nous sert de guide, lors même que nous marchons dans une route qui lui étoit inconnue.

C'est ainsi qu'un grand homme, après avoir travaillé pour son siècle, peut encore être utile à la postérité, l'instruire par ses ouvrages, et la guider par ses exemples.

ÉLOGE

DE

HENRI-FRANÇOIS D'AGUESSEAU,

CHANCELIER DE FRANCE;

QUI A REMPORTÉ LE PRIX DE L'ACADÉMIE FRANÇAISE EN 1760,

PAR THOMAS.

Il fut un temps parmi nous où la plus belle fonction de l'humanité, celle de rendre la justice, étoit avilie par le mépris. Les nobles, aussi fiers qu'ignorans, tyrans subalternes d'un peuple esclave, du sein de leur oisiveté, ou du milieu de leurs tournois, osoient insulter aux travaux de la magistrature. La raison, qui s'avance lentement sur les pas des arts et des sciences, commence enfin à dissiper ce préjugé barbare. Ceux qui servent également la patrie ont un droit égal à ses éloges. Depuis que les hommes sont méchans et corrompus, il leur faut des armes et des lois. Les armes, ces instrumens de la destruction et de la vengeance, servent de barrière à l'état, et font fleurir la liberté à l'ombre de la victoire. Les lois, image de l'éternelle sagesse, font servir toutes les passions et tous les talens au bien public, protègent les foibles, répriment les grands, unissent les peuples aux rois et les rois aux peuples. Sans les armes, l'Etat deviendroit la proie de l'étranger; sans les lois, il s'écrouleroit sur lui-même.

Aussi, la Grèce répétoit avec admiration les noms des Solon et des Licurgue, avec ceux des Miltiade et des Léonidas. Rome se glorifioit autant de la censure de Caton, que des victoires de Pompée : et les Chinois, ce peuple antique, si fameux dans l'Asie, par la sagesse de ses lois, élèvent des arcs de triomphe aux magistrats comme aux guerriers.

Le même sentiment anime parmi nous l'Académie française. L'honneur d'un éloge public qu'elle a accordé à Maurice, comte de Saxe, elle l'accorde aujourd'hui à Henri-François d'Aguesseau, chancelier de France.

Heureux qui est digne de peindre la vertu! Je n'espère point l'embellir ; elle est trop au-dessus des ornemens frivoles de l'esprit ; mais je lui rendrai hommage : je la présenterai dans sa majestueuse simplicité. Je peindrai dans d'Aguesseau le magistrat, le savant profond, l'homme juste. Cet éloge ne peut être étranger à aucun pays, ni à aucun siècle. Mais si parmi nous il se trouvoit quelqu'un qui fût insensible au charme des vertus, et qui n'aimât que le récit des siéges et des batailles, la nature s'est trompée en le faisant naître dans ces climats, et parmi des hommes instruits. Il y a des pays encore barbares où l'industrie et le talent se bornent à l'art de se détruire, qu'il aille vivre parmi les sauvages et les tigres de ces déserts ; je parle à des citoyens et à des hommes.

Si la distinction de la naissance n'est point une chimère, si elle a quelque chose de réel, c'est lorsque les ancêtres ont été vertueux : car la succession des dignités n'est rien, si on la compare à celle du mérite. D'Aguesseau recueillit en naissant ce double héritage de gloire et de vertu (1). Né d'une famille distinguée dans la robe, ses aïeux, toujours utiles à l'état, lui avoient préparé un nom illustre. Mais, ne craignons pas de le dire, un homme tel que lui honore bien plus sa famille, qu'il n'en est honoré. Le ciel, qui veilloit sur lui, l'avoit fait naître d'un père capable de lui donner toutes les lumières avec tous les exemples (2).

Ne croyez pas qu'il confie à des mains étrangères

une si importante éducation; l'honneur de former un citoyen à l'état est trop grand à ses yeux pour qu'il le cède à d'autres. On vit alors se renouveler l'ancienne discipline des Spartiates et des premiers Perses, qui enseignoient les vertus à leurs enfans, comme ailleurs on enseigne les sciences.

C'étoit le temps où le calvinisme, trop persécuté peut-être, agitoit par ses dernières secousses les provinces méridionales de la France (3). Chargé, dans ces provinces, du dépôt de l'autorité, le père du jeune d'Aguesseau remplissoit ce dangereux honneur avec la fidélité d'un sujet et l'humanité d'un citoyen. Au milieu de ces fonctions orageuses, il instruisoit son fils (4); il lui donnoit des leçons de courage, en réprimant un peuple rebelle; de générosité, en prodiguant ses biens pour les malheureux; d'humanité, en épargnant le sang des hommes. Ainsi, parmi le fanatisme et la révolte, se formoit cette ame noble et vertueuse, semblable à ces plantes salutaires qui croissent et s'élèvent au milieu des poisons qui les environnent.

Il est des grands hommes qui ne le sont que par les vertus : d'Aguesseau étoit destiné à l'être encore par les talens. Démosthène et Tacite, Platon et Descartes achèvent son éducation commencée par son père. Bientôt il se consacre à la défense de la justice. L'entrée du sénat lui est ouverte (5); il y devient l'organe des lois et l'orateur de la patrie. Dès ce moment, il se regarde comme une victime honorable, dévouée au bien public. Je crois l'entendre, dans un de ces momens où il méditoit sur ses devoirs, dire à la patrie (car il croyoit qu'il y en avoit une) : « Je n'ai à t'offrir « que ce que m'a donné la nature, une vie courte « et passagère, mais j'en déposerai dans ton sein « tous les instans. Reçois le serment que je fais de « ne vivre que pour toi ». Ce serment, qu'il fit dans son cœur, il le remplit pendant quatre-vingts ans. Ainsi, consacré à l'état, il renonce à toute autre passion. Appliqué, sans relâche, aux travaux de la magistrature, le devoir le ramène à des détails épineux, lors même que le génie semble les fuir; et par un héroïsme bien rare, il préfère quelquefois l'avantage d'être utile, à l'honneur d'être grand.

Démêler l'erreur et le mensonge à travers le labyrinthe des procédures; dissiper les ombres dont la vérité est toujours couverte par elle-même, et celles dont l'obscurcit encore la méchanceté des hommes; approfondir les plus grandes questions et ne pas négliger les plus simples; suppléer par la réflexion aux secours tardifs de l'expérience; arracher les épines dont les affaires sont semées, et y répandre l'ordre et la lumière; mêler partout la profondeur du raisonnement aux charmes de l'éloquence; diriger la balance de la justice, et lui donner le mouvement du côté où elle doit pencher, tels sont les soins et les travaux qui l'occupent sans cesse dans la place d'avocat général.

Ce parlement, qui, depuis tant d'années, étoit accoutumé à voir des hommes célèbres remplir cette honorable et pénible fonction, parut étonné lorsqu'il entendit d'Aguesseau pour la première fois. Le sénat crut voir revivre tous ses anciens oracles; le siècle de Louis XIV compta un grand homme de plus.

La gloire, qui, pour tant d'autres, n'est que le fruit du temps, et quelquefois même le tribut tardif de la postérité, plus juste pour d'Aguesseau, l'accompagne dès sa jeunesse. Cette gloire lui présageoit son élévation. Un roi sous qui la France a développé toutes ses forces, sans qui, peut-être, elle n'auroit eu ni Colbert, ni Turenne, ni Bossuet, qui créa les grands hommes, et, ce qui est une seconde création pour l'état, qui sut les employer, Louis XIV, parmi la foule des magistrats, avoit démêlé le jeune d'Aguesseau, et dès-lors il l'avoit regardé comme un de ces hommes nés pour être l'instrument du bonheur public.

Ce n'est point assez que dans une monarchie il y ait un corps qui soit dépositaire des lois, qui les fasse exécuter par le citoyen, qui les rappelle au prince, dont le zèle courageux et sage concourre à l'ordre politique, et dont l'autorité inviolable préside à l'ordre civil : il faut que dans ce corps il y ait un homme qui représente la patrie, qui veille à tous ses intérêts, qui les porte sous les yeux des magistrats, et qui suive tous ses ressorts multipliés, dont l'accord produit l'ordre général. D'Aguesseau est chargé d'un ministère si important (6). Sa jeunesse n'alarme point la France. La médiocrité se forme avec lenteur; les grands hommes le sont tout à coup, et ne passent point par ces degrés qui sont les marques de notre foiblesse. Placé entre l'autel et le trône, il veille, tel qu'un génie tutélaire, à la garde de ces bornes immuables qui séparent le sacerdoce et l'empire. L'étendue de ses fonctions ne rallentit point ses travaux. Son ame se multiplie pour ses concitoyens et pour son prince (7). C'étoit à Caton à être le censeur de Rome : c'étoit à d'Aguesseau à l'être du sénat de la France. Sous lui le foible apprit que ce n'est point être criminel que d'être odieux à un homme puissant; et le pauvre connut avec étonnement que malgré sa misère, il lui étoit encore permis de réclamer les lois (8). Protecteur des malheureux, ce titre qu'il tient de l'état, il le préfère à tous les titres qu'inventa la vanité, et que la bassesse donne à l'orgueil.

Pourquoi ne puis-je louer un homme illustre, sans retracer les maux de la France? Attaquée par des ennemis heureux et implacables, elle soutenoit avec peine une guerre ruineuse. Huit ans de combats avoient été huit ans de désastres. Ce fut alors qu'un hiver cruel (9), resserrant les entrailles de la terre, fit périr toute l'espérance des moissons; et Louis XIV, presque chancelant sur son trône, voyoit d'un côté ses troupes fugitives et ses villes ouvertes; de l'autre un peuple immense et mourant, dont les mains tendues vers lui, demandoient inutilement du pain. Le dirai-je? il y avoit des hommes qui tenoient renfermés dans des magasins, les blés, aliment nécessaire des malheureux; des hommes qui espéroient la famine et la mort, et calculoient chaque jour le degré de la misère publique, pour s'assurer du profit qu'on en pouvoit tirer. D'Aguesseau combat ces hommes affreux. Il perce tous les détours où s'enveloppe la cruauté avare. Les secours se multiplient, les canaux de l'abondance sont rouverts; le barbare monopoleur frémit d'être obligé de rendre la vie aux malheureux.

Un cœur tel que le sien devoit être inaccessible à tous ces vils intérêts qui dégradent les ames communes. Sera-t-il réduit par la faveur? il ne voit rien dans l'univers qu'un homme puisse recevoir en échange pour sa vertu. Sera-t-il intimidé par la crainte? après la gloire de faire le bien, la plus grande est celle d'être malheureux pour l'avoir fait.

Louis XIV trompé (10) car les plus grands rois peuvent l'être), veut le forcer de se plier à une entreprise que réprouvent les lois : rien n'ébranle sa fermeté ; il préfère à la volonté de l'homme, qui n'est que passagère, celle du législateur, qui est immuable. Cependant l'orage se forme; d'Aguesseau ne voit que le bien de l'état. Je dois tout à mon roi, excepté le sacrifice de ses intérêts ou de ceux de son peuple. Il attend une disgrâce pour récompense, mais les temps n'étoient pas encore arrivés. Tout change; la tempête se calme; Aristide, quoique juste, reste encore dans sa patrie.

On eût dit que le ciel, prêt à l'élever à la première place de la magistrature, vouloit l'éprouver. Le chancelier meurt (11). Au même instant d'Aguesseau est revêtu de cette dignité. S'il en avoit été moins digne, il auroit cru la mériter. Son élévation ne lui coûta pas même un désir. O vertu! tu n'es donc pas toujours persécutée sur la terre! Il est doux de pouvoir apprendre aux hommes que quelquefois aussi les honneurs te cherchent et viennent embellir ta simple modestie.

Porté tout à coup dans une place qu'il n'attendoit pas, ne désiroit pas, mais dont il sent toute la grandeur, le nouveau chancelier contemple avec un effroi mêlé de respect, le nombre et l'étendue de ses devoirs. En effet, qu'est-ce qu'un chancelier ? C'est un homme qui est dépositaire de la partie la plus importante et la plus sacrée de l'autorité du prince, qui doit veiller surtout l'empire de la justice, entretenir la vigueur des lois qui tendent toujours à s'affoiblir, ranimer les lois utiles, que les temps où les passions des hommes ont anéanties, en créer de nouvelles, lorsque la corruption augmentée, ou de nouveaux besoins découverts exigent de nouveaux remèdes; les faire exécuter, ce qui est plus difficile encore que de les créer; observer d'un œil attentif les maux qui, dans l'ordre politique, se mêlent toujours au bien; corriger ceux qui peuvent l'être; souffrir ceux qui tiennent à la constitution de l'état, mais en les souffrant, les resserrer dans les bornes de la nécessité; connoître et maintenir les droits de tous les tribunaux; distribuer toutes les charges à des citoyens dignes de servir l'état; juger ceux qui jugent les hommes; savoir ce qu'il faut pardonner et punir dans des magistrats dont la nature est d'être foibles, et le devoir de ne pas l'être; présider à tous ces conseils où se discute le sort des peuples; balancer la clémence du prince et l'intérêt de la justice; être auprès du souverain le protecteur et non le calomniateur de la nation.

Tel est le fardeau immense que porte d'Aguesseau. Il veut que la justice qui est dans son cœur, règne autour de lui. Elle l'accompagne dans les conseils des rois. Les viles intrigues, les noirceurs de la politique, tous ces crimes que l'on appelle science du gouvernement, disparoissent devant lui. Il ose croire que ce qui est utile n'est pas toujours juste.

Je ne louerai point d'Aguesseau d'avoir eu assez d'humanité pour détester ces abus, qui font que la justice, destinée à soulager le pauvre et le foible, n'est plus que pour le riche et le puissant; qui écrasent le bon droit par les formalités, et l'anéantissent par les lenteurs; qui égorgent le malheureux avec le glaive des lois; nourrissent l'avarice de quelques hommes de la substance de mille citoyens, et font un brigandage de la justice même. Pour détester de pareils abus, la probité suffit. Mais ce que je louerai dans lui, c'est d'être remonté jusqu'à la source du mal, en réformant les lois.

Le plus grand, le plus beau caractère de la législation, c'est l'unité de principe; c'est de partir toujours d'après les mêmes idées; de tendre au même but; d'établir une harmonie générale entre toutes les lois, de l'approprier tellement à un peuple, qu'elle lui appartienne, comme ses mœurs, son sol et son climat. Celle de la France n'eut jamais ce caractère. Elle fut presque toujours un mélange informe de lois qui se combattoient.

Dès l'origine, et sous la première race de nos rois vainqueurs des Romains, les lois des conquérans barbares se choquèrent contre les lois du peuple vaincu, et ces deux législations se mêlèrent sans pouvoir s'unir. L'une étoit celle d'un peuple guerrier, sauvage et simple, qui n'a à réprimer que l'abus de la force; l'autre celle d'un peuple instruit, voluptueux et corrompu, et chez qui tous les besoins, développés, avoient fait naître toutes les lumières et tous les vices. Le christianisme adopté bientôt par les vainqueurs, vint encore mêler de nouvelles lois religieuses aux lois barbares et aux lois romaines.

Sous la seconde race, des lois portées dans l'assemblée de la nation par le souverain, les grands et le clergé (car le peuple n'étoit pas au rang des hommes), créèrent, sous le nom de capitulaires, un nouveau droit, qui, fait pour suppléer aux lois des barbares, ne les changea point et ne fit que les suivre. Les lois se multiplièrent, et il n'y eut point encore de législation.

Bientôt l'anarchie féodale s'éleva : des usages prirent la place des lois. La fantaisie des tyrans imposa des régles bizarres à des esclaves. Les haines créèrent des législations opposées. La différence des lois devint une barrière entre les peuples. Chaque ordre de citoyen eut ses principes. On vit en même temps le code de la servitude pour le peuple, le code d'un honneur barbare pour la noblesse, le code romain pour le clergé, le code des combats pour les grands.

Après quelques siècles d'orages, la souveraineté commença à se ressaisir des droits usurpés sur elle. Pour réprimer la tyrannie des nobles, et combattre avec plus d'avantage une aristocratie tumultueuse et terrible, la domination appela à son secours la liberté, et brisa par intérêt les fers des peuples; alors la nation exista. Ce fut l'époque d'une nouvelle espèce de droit, qui, sous le nom de chartes et d'affranchissemens, créa des lois pour cette portion des Français jusqu'alors avilie et esclave. Mais cette partie de la législation choquoit les principes ou les abus de la législation féodale, qui, à son tour, réagissoit contre elle. Les nouveaux droits des peuples se heurtoient contre les droits usurpés par les nobles, et ceux-ci combattoient de toutes leurs forces les lois du souverain qui combattoient contre eux.

Cependant, à travers tant de chocs, s'élevoit un autre pouvoir : le clergé réclamant du pied des autels contre la loi du brigandage et du meurtre, et mêlant avec art les intérêts sacrés aux intérêts humains, marchoit par la religion à la grandeur. On le vit peu à peu élever des tribunaux dans ses temples, mettre les lois religieuses à la place des lois politiques, et régler les droits des Français d'après les décrets des pontifes de Rome; de là, l'autorité du droit ecclésiastique et des canons, qui décidèrent presque toujours les affaires civiles par des vues sacrées.

Il semble que la nation agitée par ses malheurs et ses abus, également tourmentée et par les lois qu'elle avoit, et par celles qui lui manquoient, se tourna de tous côtés, comme pour chercher un remède à ses maux. Vers le milieu du douzième siècle, le recueil des lois de Justinien, enseveli pendant près de cinq cents ans, reparut et passa, dans le treizième, d'Italie en France. Bientôt le respect pour la grandeur romaine, et surtout le contraste de la grossièreté sauvage de nos lois, avec la profondeur et la sagesse de ces lois antiques, les firent adopter également par les magistrats et par les rois. Mais la législation d'un peuple maître de l'univers pouvoit-elle convenir à un peuple pauvre et opprimé, qui secouoit ses chaînes? L'état politique, les besoins ou les vices du climat, la forme des tribunaux, les distinctions des personnes, les distinctions des biens, chaque genre ou d'oppression ou de priviléges; enfin, la servitude, la noblesse et la souveraineté même, tout étoit différent; comment les lois auroient-elles pu être les mêmes? On voulut concilier ces lois étrangères qu'on admiroit, avec les lois nationales, qui, nées des abus et les combattant, paroissoient insuffisantes et nécessaires. Mais toutes ces parties mêlées ensemble se repoussoient. C'étoit vouloir assortir des ruines avec l'architecture d'un temple.

Enfin, les ordonnances de nos rois, multipliées sous chaque règne, selon les intérêts et les besoins, expliquant, commentant, réformant tant de lois différentes, ou en créant de nouvelles, détruisant tour à tour et détruites, vinrent se mêler à nos premières lois barbares, aux capitulaires, aux lois féodales, au droit ecclésiastique, au droit romain et aux deux cent quatre-vingt-cinq codes de coutumes qui partageoient la France.

Tel a été pendant douze cents ans le chaos des lois françoises. Ce n'est pas que dans différentes époques, plusieurs grands hommes ne se soient occupés de notre législation. Charlemagne commença, Charlemagne, l'ornement de son siècle, et qui auroit pu être l'étonnement du nôtre; mais le contraste étoit trop grand entre son siècle et son génie. Il fut obligé de suivre les anciennes idées en les dirigeant. La constitution même de l'état, et par conséquent la base des lois, n'étoient point fixes. Ce prince avoit dans sa tête toute la vigueur de la souveraineté; mais la constitution penchoit à l'anarchie, et n'attendoit que les vices de ses successeurs. Tout se divisa; et ses lois, auxquelles il avoit donné son caractère, ne purent subsister dans un état d'avilissement et de foiblesse.

Saint Louis, qui n'eut pas un vice, qui eut toutes les vertus peut-être, et qui ne fit des fautes que parce qu'il abusa quelquefois de ses vertus même, quatre cents ans après fut aussi le réformateur des lois; mais il chercha plutôt à corriger des abus, qu'à établir des principes. Sa législation, resserrée dans ses domaines, fut plutôt un exemple qu'une loi. Il prépara une révolution et ne la fit pas.

Charles VII, maître et conquérant de son royaume, voulant cimenter par les lois une réunion faite par les armes, ordonna de rédiger toutes les coutumes pour en faire une seule. Cent ans suffisent à peine pour cette rédaction. L'infidélité, la barbarie, l'ignorance, tout corrompit cet ouvrage; et ces matériaux informes, amassés depuis trois siècles, attendent encore une main qui les emploie.

Louis XI conçut le même projet d'uniformité; mais Louis XI ne méritoit point de donner des lois à la France.

Sous Charles IX, le chancelier de l'Hôpital, grand homme parmi des furieux, et modéré au milieu de deux fanatismes qui se heurtoient, publia les lois les plus sages; mais il n'embrassa qu'une petite partie de la législation; et ceux qui vouloient commettre impunément des crimes, ne lui permirent point de servir plus long-temps l'état, le prince et les lois.

Enfin, Louis XIV, né dans un siècle de calme et de grandeur, environné de tous les talens, avide de tous les genres de gloire, occupé tour à tour de tous les objets d'utilité, surtout de ceux qui avoient de l'éclat, maître absolu de tous les états, de tous les rangs, de toutes les provinces, joignant à l'autorité du trône celle de sa réputation et de ses conquêtes, tout-puissant et par les forces réelles et par les forces d'opinion, enfin, dominant avec cette supériorité de pouvoir qui peut asservir le préjugé même, conçut l'idée d'une réforme générale des lois. Tout favorisoit ce dessein. Destiné à un règne de soixante et douze ans, il pouvoit trouver en lui-même cette opiniâtreté pour les grands projets, qui manque à la nation.

Il pouvoit, par la fermeté de son caractère et de ses vues, réparer les changemens de ministres ou de magistrats. Il pouvoit surtout mettre à profit toutes les lumières de son siècle, ou en faire naître de nouvelles; mais les petites passions particulières traverseront éternellement les grandes vues du bien public. On réforma les procédures, on régla l'ordre de tous les tribunaux, on laissa subsister l'ancien désordre des lois; et la France, en voyant les belles ordonnances de Louis XIV, éprouva en même temps l'admiration, la reconnoissance et les regrets.

D'Aguesseau, après tant de siècles et d'efforts, frappé des mêmes abus, s'occupe aussi de la même réforme : mais soit que l'exemple de plusieurs de nos rois, qui avoient inutilement pensé à cette grande entreprise, lui fît croire qu'elle étoit presqu'au-dessus des forces humaines, soit que par les places qu'il avoit remplies, trop accoutumé aux formes et à une certaine lenteur, qui dans les monarchies arrêtent les secousses, il portât encore les principes du magistrat dans les vues du législateur; soit même que son caractère qui avoit plutôt la marche de la circonspection que celle d'une hardiesse vigoureuse et forte, s'imprimât sans qu'il s'en doutât lui-même à toutes ses opinions, en pensant que la réforme de nos lois étoit nécessaire, il crut qu'un si grand changement ne pouvoit être fait que par degrés : que les lois sont pour le peuple, presqu'aussi sacrées que la religion; qu'il y a des abus que leur antiquité même rend respectables et qui se confondent presque avec les fondemens des états; qu'il est quelquefois dangereux de trop se hâter de faire du bien aux hommes; qu'au lieu de renverser tout à coup ce grand corps, il valoit mieux l'ébranler peu à peu, ou le réparer insensiblement, en travaillant sur un plan uniforme et combiné dans toutes ses parties; et qu'enfin, malgré le zèle des magistrats et des rois, cet ouvrage immense ne peut être que le fruit des siècles et du temps.

Nous exposons ces idées d'un chancelier célèbre sans les attaquer ni les défendre, et nous croyons que c'est aux hommes d'état et aux philosophes à les juger : nous dirons seulement que c'est d'après ces principes qu'il travailla sur les lois de la France. Pour célébrer les travaux d'un législateur, il faudroit l'être soi-même : ce seroit à Platon ou à Montesquieu à peindre d'Aguesseau. Vous les verriez dans la rédaction des lois parcourir d'un coup d'œil tous les avantages qu'une loi peut offrir, tous les abus qui en peuvent naître, toutes les difficultés qui peuvent en retarder l'effet, tous les moyens par où l'artifice peut l'éluder, tous les rapports qu'elle peut avoir avec les mœurs, avec les préjugés, avec les autres lois; comparer les avantages avec les abus; chercher le terme où le bien est le moins altéré par le mélange du mal; car c'est-là toute la perfection dont est capable notre foiblesse. S'il ne changea point l'édifice entier de nos lois, du moins il s'occupa vingt ans à en reconstruire différentes parties, et il mérita, dans l'histoire de notre législation, de voir son nom joint au nom de Charlemagne, de S. Louis, de François Ier., du chancelier de l'Hôpital, de Louis XIV et du fameux président de Lamoignon (12).

Tant de travaux et de vertus prenoient leur source dans l'amour de la patrie. Ce sentiment tendre et sublime, qui est l'ame des républiques, qui dans les monarchies est à peine connu, et que les esclaves n'ont jamais senti, eût pu produire en lui ces mêmes prodiges que nous admirons dans l'antiquité, sans les croire; et si, pour sauver l'état, il eût fallu un Décius, d'Aguesseau l'eût été.

Déjà vous pensez à ses disgrâces et à la noble fermeté qu'il y fit paroître. Voici le plus grand spectacle que la terre puisse donner : l'homme vertueux aux prises avec la fortune.

Je vois une cour voluptueuse et politique, les intrigues de l'ambition au milieu de la licence, le génie des affaires dans le centre des plaisirs, un prince né avec tous les talens, plein d'excellentes vues, ami de la justice, mais trop facile, manquant d'un point fixe pour appuyer ses vertus, environné de trop de méchans pour estimer les hommes; des courtisans ivres de nouveautés, se jouant de tout par flatterie, se calomniant par intérêt, courant à la fortune par la volupté; parmi eux deux hommes dont l'un avoit honoré l'état dans une place importante, ardent, plein de courage, d'un esprit délié, capable des plus grands projets, mais qui peut-être n'étoit pas insensible à l'ambition de la faveur; l'autre souple, adroit, connoissant mieux les hommes que les affaires, ami peu sûr, ennemi dangereux, habile à se rendre nécessaire, indifférent sur le choix des moyens.

Un étranger d'une imagination vaste, d'une réflexion profonde, mais plus habile à concevoir qu'à exécuter, cherchoit alors par inquiétude ou par ambition à mêler sa fortune avec celle de la France. Déjà ce système qui changeoit la mesure commune des biens, substituoit le crédit à la réalité, utile et dangereux en ce que dans un instant il créoit des richesses, avoit ébloui la cour de Philippe. D'Aguesseau ose le combattre (13); il en reconnoît les avantages, mais il en prévoit les abus, et refuse d'être complice des maux de la France : tant de vertu est un crime. Déjà les intrigues et les cabales se forment contre lui. La nation est alarmée; lui seul demeure inébranlable : le coup le frappe sans l'étonner; il reçoit l'arrêt de son exil d'un air aussi calme que lorsqu'assis sur les tribunaux il rendoit la justice au peuple.

Les malheurs de la nation suivent de près sa disgrâce (14); ce système qui paroissoit établi sur de vastes fondemens chancelle tout à coup et menace d'écraser l'état. La présence de d'Aguesseau peut seule ranimer la confiance; le fier étranger, auteur de tous nos maux, va lui-même implorer son secours. En le voyant on crut revoir le sauveur de la nation; mais parmi les convulsions violentes qui agitent l'état, une nouvelle secousse l'enlève encore à la France (15).

L'histoire, qui venge la vertu, conservera le souvenir du jour où d'Aguesseau, rappelé enfin de ce long exil, reparut dans la capitale. On eût dit que c'étoit la justice exilée qui rentroit dans son empire. Les citoyens lui prodiguèrent cet accueil qui fait pâlir l'envie, que l'autorité ne peut arracher et qu'il faut bien qu'elle respecte; jamais il ne fut plus honoré; car le malheur imprime au grand homme un caractère qui a je ne sais quoi de sacré.

Depuis ce temps il fut permis à d'Aguessau d'être juste. Tant de vertus seroient assez pour la gloire d'un autre, mais ce n'est-là qu'une partie de son éloge. Il étoit né pour être le modèle des savans et des sages, comme celui des magistrats.

La vérité n'habite point parmi le tumulte; elle s'est cachée dans la solitude, où elle se plaît à vivre en silence, et pour la posséder, il faut, pour ainsi dire, s'exiler du milieu des hommes. Cependant à travers l'étendue des siècles, on aperçoit de temps en temps quelques génies rares, qui parmi les soins pénibles du gouvernement, se sont occupés à la chercher, et l'ont trouvée.

Tel fut dans Rome ce consul aussi vertueux qu'éloquent; tel en Angleterre ce chancelier Bacon, qui devança son siècle et traça aux siècles suivans la route qu'ils devoient prendre; tel en France le chancelier de l'Hôpital, le bienfaiteur de la nation par ses travaux, et l'honneur de son siècle par ses lumières; tel parmi nous parut d'Aguesseau. Par quelle fatalité ces quatre grands hommes ont-ils tous éprouvé des disgrâces (16)? Est-ce que la nature voulut leur vendre à ce prix les grands talens qu'elle leur accorda? Ou bien étoit-ce pour consoler le vulgaire, qu'elle avoit mis à une si grande distance au-dessous d'eux? Ou enfin est-ce là la marque distinctive des grands hommes? et faut-il, par un ordre irrévocable, que tout ce qui est petit persécute tout ce qui est grand?

Dans les hommes ordinaires, les connoissances sont limitées par les bornes d'un seul objet. D'Aguesseau ne met à ses connoissances d'autres bornes que celles des sciences.

Rien de tout ce qui a été pensé sur la terre ne peut lui échapper. Instruit de toutes les langues (17), il les rapproche l'une de l'autre, compare les différens degrés de leur énergie, étudie dans le langage les caractères des peuples, juge par le nombre de signes, du progrès de leurs connoissances, examine l'influence des mots sur les erreurs.

Tandis que sa mémoire recueille les trésors des langues, sa raison s'exerce à ranger ses idées dans l'ordre le plus naturel (18). Guidé par cette science, il perce les profondeurs de la métaphyisique; mais aussi éloigné de la folle ambition de tout connoître, que de l'obstination plus insensée encore à douter de tout, il sait s'arrêter. Il ramène ses regards sur lui-même, et aperçoit une chaîne de devoirs qui le lie d'un côté à l'Être suprême, de l'autre à l'univers où il est placé.

L'étude de la morale le conduit à celle des lois, qui n'en est qu'une branche. Je crois le voir élever d'abord ses regards vers la divinité, y contempler la justice, telle qu'elle est dans sa source; descendre de là jusqu'aux lois des hommes, et les juger sur ce grand modèle (19).

Les lois de ce peuple qui fut conquérant et législateur, fixent d'abord son attention par cette hauteur de sagesse, qui a été le caractère des maîtres du monde.

Les lois émanées de cette puissance sacrée, qui, sagement combinée avec le gouvernement, produit le bonheur et la tranquillité des peuples, mais qui, dans tous les siècles a causé de violens orages, lorsque des mains hardies en ont ébranlé les limites, offrent à ses travaux des objets aussi délicats qu'importans.

Les lois de la France, malgré leur confusion, ne peuvent ni rebuter son génie, ni lasser sa patience.

De là il s'élève à des objets plus grands. Il considère les lois nées avec le genre humain pour maintenir la paix, pour limiter les maux de la guerre, et sur lesquelles un petit nombre de sages méditent en silence, tandis que l'ambition des rois tâche de les effacer dans des flots de sang.

Il passe ensuite au gouvernement des nations, décompose les ressorts de toutes ces machines immenses, observe celles qui, avec le moins de force, produisent les plus grands mouvemens.

Je parcours toutes les sciences, et partout j'y trouve les pas de d'Aguesseau. Je le vois qui s'élève jusqu'à la sphère d'Euclide, d'Archimède et de Neuwton (20). Il franchit les barrières qui sont entre l'homme et l'infini ; et le compas à la main , mesure les deux extrémités de cette grande chaîne.

De ce monde intellectuel , l'histoire le ramène au sein de l'univers. Cette longue suite de révolutions , c'est-à-dire , de malheurs et de crimes, qui ont tant de fois changé la face du monde , vient s'offrir à lui ; il apprend l'art profond de connoître les hommes, et l'art plus difficile encore de profiter de leurs foiblesses, pour les diriger au bien.

Je crains que la vie d'un seul homme ne paroisse trop courte pour de si vastes connoissances. J'ose attester tous ceux qui l'ont connu; ils savent si je mêle la flatterie à l'éloge.

Dans l'âge des passions et des erreurs, d'Aguesseau n'a d'autre passion que l'étude; c'est là ce qui l'unit avec les écrivains les plus célèbres du siècle de Louis XIV (21). Il étoit digne d'avoir pour amis le sage auteur de l'*Art poétique* , et l'auteur sublime d'*Athalie*. Il n'avoit point l'orgueil de protéger ces deux hommes, l'honneur de leur siècle, mais il apprenoit d'eux à honorer un jour le sien.

Les grands hommes de l'antiquité ne sont plus, mais la partie la plus noble d'eux-mêmes, éternisée dans leurs écrits, survit à leurs cendres. D'Aguesseau admire cette ame forte ou sensible empreinte dans leurs monumens , et en les admirant, il s'exerce à les imiter (22).

On sait avec quel succès il cultiva cet art qui fut celui des premiers philosophes, et qui embellit la pensée des charmes de l'harmonie : art ingénieux, souvent utile et toujours agréable, nommé frivole par ceux qui méprisent tout ce qu'ils ignorent, mais estimé par les vrais sages qui respectent tout ce qui tient aux talens (23). Ainsi , ce grand Leibnitz, historien, jurisconsulte , philosophe, et géomètre snblime , après avoir rencontré Newton sur les routes de l'infini, venoit quelquefois parmi les muses ranimer son génie et en détendre les ressorts.

Mais déjà la carrière de l'éloquence s'ouvre devant d'Aguesseau. Il semble tenir dans sa main toutes les passions et les distribuer à son gré. Soit que dans de grandes causes il pèse de grands intérêts (24); soit que dans une censure salutaire, il trace d'un pinceau hardi les vices des magistrats; soit que par ses discours il ranime l'éloquence dans ce corps d'orateurs, qui, libres par état, justes par devoir, utiles à la société sans en être esclaves, doivent toute leur dignité à leurs lumières, et joignent l'indépendance du philosophe à l'activité du citoyen; partout il présente l'accord et des talens et des vertus. O jour où d'Aguesseau prononça l'éloge funèbre d'un grand magistrat (*a*), enlevé à la France dans la fleur de son âge! jour aussi honorable pour l'humanité que pour la magistrature! les larmes du parlement, les cris de l'admiration, les traits touchans de l'éloquence, le sentiment profond qui, de l'orateur, passoit dans l'assemblée, l'orateur lui-même obligé de s'interrompre, et son silence plus admirable que son discours, quel spectacle! qu'une telle éloquence est au-dessus de cet art frivole qui s'amuse à compasser froidement des mots!

C'étoit l'assemblage de tant de talens et de lumières qui faisoit regarder d'Aguesseau comme un homme extraordinaire dans l'empire des lettres. Cette passion basse et cruelle, qui pardonne quelquefois aux vertus, mais jamais aux talens, l'envie n'ose pas même lui disputer cette gloire. Déjà son siècle prend pour lui le caractère de la postérité, et les hommes lui rendent justice comme s'il n'étoit plus. Les étrangers, que nos arts, nos goûts, et peut-être nos vices agréables attirent en France, s'empressent de le voir (25), et remportent avec

(*a*) M. le Nain, avocat-général.

un sentiment d'admiration pour lui, une idée plus grande de l'esprit humain.

Mais il est un spectacle encore plus grand que celui de son génie, c'est son ame. Je ne crains pas de la peindre. En lui le savant est un sage, et le magistrat n'a point à rougir des foiblesses de l'homme.

Le caractère de la véritable grandeur est la simplicité : j'ose le dire à ce siècle. La vertu dédaigne un vain faste qui ne pourroit que l'avilir en l'énervant. Ainsi pensoient nos ancêtres, simples dans leurs mœurs, comme rigides dans leur conduite. Foible postérité de ces grands hommes, qu'est devenu entre nos mains ce précieux héritage? Nous avons substitué une fausse grandeur à une grandeur réelle. Cette antique simplicité ne subsiste plus que dans les images de nos aïeux, et dejà même nos yeux corrompus par le luxe ne peuvent plus soutenir la vue de ces images sacrées.

D'Aguesseau, parmi la décadence générale de nos mœurs, sut conserver ces vertus que perdoit la nation. Environné de luxe, le poison qui circuloit autour de lui ne put pénétrer jusqu'à son ame. C'étoit un Spartiate austère parmi le faste de la Perse. Sa maison fut l'asile de la simplicité, et sa vie la censure de son siècle.

Il savoit que les vertus se forment à l'école de la frugalité : elle veille à la porte de sa maison, comme d'un sanctuaire, pour en écarter la foule des vices qui escortent le luxe. Ennemi de la molesse, une vie dure et laborieuse entretient sans cesse la vigueur de son ame.

O vous qui consumez le temps dans l'indolence et les plaisirs, qui le vendez pour un lâche intérêt, qui le tourmentez dans de péuibles bagatelles, qui payez même ceux qui vous en délivrent, contemplez d'Aguesseau, et apprenez à exister (26)! Il voit la durée, comme un espace dont il n'occupe qu'un point; il se hâte de jouir de cette existence passagère qui s'enfuit ; il calcule les jours, les heures, les momens ; il en ramasse toutes les parties, à mesure qu'elles naissent pour disparoître ; il s'en empare, il les enchaîne par le travail, et fixe leur rapidité.

Celui qui étoit si saintement avare du temps, auroit-il été le prodiguer dans les intrigues de l'ambition ? Que ceux que cette passion dévore briguent, à force de bassesses, l'honneur de s'élever : qu'ils jouent le rôle d'esclaves, pour parvenir un jour à être tyrans : qu'ils prostituent leur dignité pour obtenir le droit de déshonorer l'état dans une grande place : ces moyens honteux ne sont pas faits pour d'Aguesseau (27). Semblable à une divinité que la solitude consacre, et qui ne paroît que dans son temple, son destin est d'être nécessaire aux hommes, et de ne leur rien demander.

Ne seroit-ce pas insulter à une ame aussi généreuse, que de lui faire un mérite d'avoir foulé aux pieds l'intérêt ? Je sais que l'amour des richesses est la dernière et la plus vile des passions ; mais à la honte de l'humanité, cette tâche a souvent flétri de grands hommes : chaque nation en a des exemples ; chaque siècle a de quoi rougir. D'Aguesseau se fût reproché à lui-même d'avoir, je ne dis pas d'autres récompenses (car les richesses n'en sont une que pour les cœurs bas), mais d'autre fruit de ses travaux, que celui de faire du bien aux hommes (28). Il ne peut donc pas compter les trésors qu'il a amassés, les palais qu'il a construits, les terres qu'il a enfermées dans ses domaines ; mais des biens plus nobles et plus dignes de l'homme, les vertus qu'il a acquises, les grandes actions qu'il a faites, les malheureux qu'il a sauvés, les familles indigentes qu'il soutient : ce sont là ses richesses.

Il est digne d'être le bienfaiteur des hommes, car il ne s'en fait point un droit pour être leur tyran. Ses bienfaits n'ont rien de redoutable, ni d'humiliant pour ceux qui les reçoivent. Il n'exige pas même de reconnoissance : en servant l'infortune il croit n'être que juste. Heureux encore s'il peut être caché !

L'amitié est faite pour le sage; les cœurs vils et corrompus n'y ont aucun droit. L'homme puissant a des esclaves, l'homme riche a des flatteurs, l'homme de génie a des admirateurs, le sage seul a des amis. Quel homme fut plus digne d'en avoir que d'Aguesseau? Ce sont les talens et les vertus qui désignent son choix. Ce seroit à ceux qui ont joui de cet honneur, à le peindre tel qu'il étoit dans le commerce de la société. On verroit la modestie avec la gloire, la défiance de soi-même avec la plus vaste étendue de lumières. On remarqueroit ce caractère de bonté, qui sied si bien aux grands génies : car il en est d'eux comme des rois, on leur sait gré de daigner être hommes.

Que ceux qui ne protègent les gens de lettres que par ostentation, et qui abusent de leurs besoins pour les avilir, soient humiliés par l'exemple de d'Aguesseau. Il respectoit les savans, comme une portion choisie de citoyens qui ont renoncé à la fortune, pour l'art pénible et dangereux d'éclairer les hommes. Confident de leur génie, censeur de leurs ouvrages, digne de les apprécier, il leur prodiguoit cette considération qui est le seul prix digne des talens.

Suivons-le dans l'intérieur de sa famille, nous y verrons un spectacle aussi noble que touchant. Père, époux, fils vertueux, il remplit ces devoirs sacrés, comme dans les premiers âges du monde (29). Il adore la vertu dans son père, il l'a reçue en dot avec son épouse, il l'enseigne lui-même à ses enfans. Je vois cette famille auguste et simple, unie par les nœuds les plus tendres, vivre sous la garde d'une austère discipline, dans cette joie que la paix, la concorde et la vertu inspirent; c'est là que l'on apprend à ne pas rougir de la nature. Quel spectacle de voir un père savant et vertueux, revêtu de la pourpre, assis sur le trône de la justice, entouré de ses jeunes enfans, former ces ames encore tendres, transporté de joie en voyant leurs vertus éclore, les serrer dans ses bras, les baigner de larmes de tendresse, les offrir à la patrie! O luxe! ô dignité de notre siècle! jamais ta fausse grandeur ne donna un pareil spectacle au monde!

Avec tant de ressources, d'Aguesseau pouvoit-il n'être pas heureux, même dans l'exil? On sait trop combien pour les hommes ordinaires, il est difficile de passer tout à coup de la vie active et tumultueuse des grandes places, à une vie tranquille et privée. L'ame accoutumée aux affaires, aux honneurs, aux courtisans et aux esclaves, transportée tout à coup dans la solitude, séparée de tous ces objets qui servoient d'aliment à son inquiétude ou à sa vanité, est réduite à se dévorer elle-même. Pour soutenir une pareille épreuve, il faut cette philosophie de l'ame qui est si supérieure à celle de l'esprit, qui, peut-être, est la seule utile, et que les vastes connoissances ne donnent pas toujours.

D'Aguesseau, partout égal à lui-même, porte dans la retraite ce calme profond qui l'avoit accompagné dans les orages de la cour. La religion, les lois, l'amitié, sa famille, les sciences, les arts, c'est-à-dire tout ce qu'il a de plus doux et de plus sacré sur la terre, occupent et partagent son temps (30). Autour de lui tout est tranquille. La vie champêtre retrace à ses yeux l'innocence des premiers âges du monde. Il cultive de ses mains l'héritage de ses pères. Souvent il se délasse à tracer lui-même le plan de ses jardins, où il réunit, comme dans sa conduite, ce double caractère de simplicité et de grandeur qui lui étoit naturel; tant il vrai que les goûts des hommes portent presque toujours l'empreinte de leurs mœurs.

Ainsi couloient dans l'exil les jours d'un sage. Rappelé enfin aux fonctions de sa place, il ne s'arracheroit qu'avec peine à sa retraite, s'il n'étoit consolé par la douceur de servir encore sa patrie; il va lui consacrer les derniers jours de sa vieillesse. Chaque instant semble ajouter quelque chose à sa dignité. Tous ceux qui le contemplent voient autour de lui soixante ans de services et de travaux pour l'état. Sa vie toute entière l'environne, et répand sur lui un éclat qui attire tous les regards. Magistrats, courtisans, tout l'honoroit, tout faisoit des vœux pour lui; mais la nature ne fait que prêter les grands hommes à la terre; ils s'élèvent, brillent et disparoissent. Les maux de la vieillesse attaquent d'Aguesseau, et son ame n'habite plus que parmi des ruines.

Dans cet état, il se compare à ses devoirs, et rougit d'être encore puissant, lorsqu'il ne peut plus être utile. Il sait que l'homme est aux dignités, et que les dignités ne sont pas à l'homme. Il a accepté les honneurs en citoyen, il les a remplis en sage, il les quitte en héros dès qu'il ne peut plus les remplir, et donne encore un grand exemple, lorsqu'il ne peut plus rendre de grands services (31).

Dès ce moment, libre des liens qui l'attachoient à la terre, il ne s'occupe plus que des sentimens augustes de la religion. Cette vertu, si capable de nous élever l'ame, si nécessaire pour la consoler, avoit accompagné d'Aguesseau dans tout le cours de sa vie (32). Chrétien sans ostentation et sans foiblesse, il voit la mort d'un œil serein, et l'attend avec confiance. Un ancien dit en mourant: « O nature, je te rends un esprit plus parfait que je ne l'avois reçu. Etre éternel, j'ai ajouté à ton » ouvrage ». D'Aguesseau, après quatre-vingts ans de vertus et de gloire, pouvoit se rendre le même témoignage; mais il eut une grandeur modeste à sa mort, comme pendant sa vie (33).

Tous ceux qui meurent sont honorés par des larmes. L'ami est pleuré par son ami, l'époux par l'épouse, le père de famille par ses enfans; un grand homme est pleuré par le genre humain. Lorsque la pompe funèbre de d'Aguesseau traversoit Paris, l'admiration et la douleur étoient le sentiment général de tous les citoyens. Le corps où avoit habité cette ame vertueuse, quoique froid et inanimé, imprimoit encore le respect. Semblable à ces temples qui long-temps ont servi de demeure à la divinité, la vue de leurs débris porte encore dans l'ame un sentiment involontaire de religion. Le vieillard disoit à ses enfans : « Mes » fils, l'homme juste est mort ». Le foible et le malheureux s'écrioient : « Nous n'avons plus » d'appui ».

Des milliers d'hommes meurent et sont aussitôt remplacés; mais la mort d'un grand homme laisse un vide dans l'univers, et la nature est des siècles à le remplir. Que du moins l'exemple de cet homme illustre, qui n'est plus, vive sans cesse parmi nous. Il n'est pas donné à tout le monde d'être grand; mais chacun peut apprendre de lui à être juste.

M'est-il permis, en finissant, de faire un vœu pour le bonheur de la patrie? Je souhaiterois qu'au milieu du palais sacré qui sert de temple à la justice, on élevât la statue de ce grand homme; ce seroit parmi nous un monument éternel de religion, de simplicité et de vertu. Ce marbre muet exerceroit sans cesse une censure utile sur les mœurs des magistrats; et lorsque nous ne serions plus, il annonceroit encore la vertu à nos derniers neveux.

NOTES HISTORIQUES.

Page lx. (1) Henri-François d'Aguesseau naquit à Limoges, le 27 novembre 1668. Sa mère, Claude le Picard de Périgny, étoit fille d'un maître des requêtes. Du côté de son père, il descendoit d'une ancienne famille qui a possédé des terres en Saintonge et dans l'île d'Oleron. L'histoire fait mention, en 1495, d'un Jacques d'Aguesseau, gentilhomme de la reine Anne de Bretagne, femme de Charles VII. Antoine d'Aguesseau, aïeul du chancelier, fut successivement maître des requêtes, président du grand-conseil, conseiller au conseil d'état, intendant de Picardie, enfin, premier président du parlement de Bordeaux. La réputation qu'il y a laissée s'est perpétuée jusqu'à-présent. Son éloge est consacré dans l'histoire de Saintonge.

Idem. (2) Henri d'Aguesseau, père du chancelier, fut d'abord conseiller au parlement de Metz, ensuite maître des requêtes, président du grand-conseil, intendant de Limoges, de Bordeaux, de Languedoc, conseiller d'état, conseiller au conseil royal des finances, et enfin conseiller au conseil de régence. Il mourut âgé de plus de quatre-vingt-un ans, en 1715. Il avoit tout le mérite que les grandes places supposent, mais qu'elles ne donnent pas. Juste, désintéressé, bienfaisant, ami des peuples, homme d'état, excellent père de famille. A tous ces titres il en joignoit encore un, qui étoit commun à tous les grands magistrats, celui de savant.

Page lxj. (3) On sait combien les places d'intendans de provinces sont difficiles à remplir : il faut soutenir les droits du prince, et ne point opprimer les sujets, être juste sans être dur. La ligne qui marque les limites du devoir est quelquefois imperceptible ; un intendant marche sans cesse entre la haine des peuples et la crainte de la disgrâce. Cette place, si difficile par elle-même, le devenoit encore plus par les circonstances, dans un pays où les peuples étoient révoltés par un esprit de religion. On connoît la sévérité des édits de Louis XIV contre l'hérésie ; il falloit les faire exécuter, et cependant ménager des sujets utiles, poursuivre des rebelles et ramener ceux qui pouvoient l'être, joindre la fidélité que l'on doit aux ordres du prince avec la pitié que l'on doit à des fanatiques. Telle fut la conduite que tint le père du chancelier ; aussi étoit-il adoré dans une place où c'est beaucoup que de n'être point haï. A la première nouvelle de sa mort, toutes les provinces où il avoit été intendant firent célébrer un service en son honneur. Cette marque de l'attachement des peuples après sa mort, le loue mieux que toutes les oraisons funèbres. Il avoit beaucoup contribué à la construction du fameux canal du Languedoc, qu'on peut citer parmi le petit nombre d'ouvrages où l'utilité se joint à la grandeur.

Page lxj. (4) M. le chancelier n'eut presque d'autre maître que son père. Celui-ci s'appliquoit à l'instruire au milieu de ses pénibles occupations. Son fils l'accompagnoit dans tous ses voyages, qui devenoient pour lui des espèces d'exercices littéraires. Il seroit à souhaiter que tous les pères de famille qui sont éclairés suivissent un pareil exemple, et qu'ils pensassent davantage qu'ils sont comptables de tout le bien que leurs enfans pourroient faire un jour.

Idem. (5) M. d'Aguesseau fit le premier essai de ses talens dans la charge d'avocat du roi au châtelet ; il y entra à l'âge de vingt-un ans, le 29 avril 1690. Il ne l'exerça que quelques mois. On créa alors une troisième charge d'avocat-général au parlement ; M. d'Aguesseau le père la demanda pour son fils. Louis XIV la lui accorda, par préférence à un autre sujet, en disant *qu'il connoissoit assez le père, pour être assuré qu'il ne voudroit pas le tromper, même dans le témoignage qu'il avoit rendu de son fils.* Il fut reçu avocat-général le 12 janvier 1691. Il y parut d'abord avec tant d'éclat, que le célèbre Denis Talon, alors président à mortier, dit *qu'il voudroit finir comme ce jeune homme commençoit.*

Page lxiij. (6) Après avoir exercé dix ans la place d'avocat-général, il fut nommé procureur-général le 19 novembre 1700 ; il succéda dans cette charge à M. de la Briffe. Il étoit à la campagne, dans le temps des vacances, lorsqu'il en apprit la nouvelle. Il n'avoit que trente-deux ans. Louis XIV l'avoit choisi pour remplir cette grande place, sur ce que le premier président de Harlay lui avoit dit de son mérite. Cet illustre magistrat avoit assez de lumières pour apprécier M. d'Aguesseau, et assez de vertu pour n'en être pas jaloux. Il sut rendre justice à un homme qui devoit l'effacer un jour.

Idem. (7) Dans cette place, l'étendue immense de ses fonctions ne ralentit point l'activité de ses travaux. Un procureur-général est l'homme du roi, de la patrie et de la religion. M. d'Aguesseau remplit tous ses devoirs avec autant de sagesse que de zèle. Les affaires du domaine fournirent un champ vaste à ses recherches. Il déterra un grand nombre d'anciens titres ensevelis jusqu'alors dans l'obscurité. Il les fit valoir par des écrits solides, qu'on peut regarder comme d'excellens morceaux d'histoire et d'érudition. Attentif à tout ce qui pouvoit intéresser son zèle, dans toute l'étendue du ressort du parlement, il régloit les juridictions, maintenoit l'ordre des magistratures, entretenoit la discipline dans les tribunaux, corrigeoit les abus, prévenoit l'effet des passions, arrêtoit les excès même du zèle. Ses réponses, aux lettres des officiers qui le consultoient, formoient comme une suite de décisions sur la jurisprudence. Il fut l'auteur de plusieurs réglemens autorisés par des arrêts, et chargé de la rédaction de plusieurs lois par le chancelier Pontchartrain, qui le consultoit souvent, et lui prédit qu'il le remplaceroit un jour. Desmarets, contrôleur-général, et le meilleur ministre des finances, depuis Colbert, avoit pour lui la plus grande estime, et lui demandoit souvent ses avis. Dès sa jeunesse, il étoit uni avec M. de Torci, par la conformité des vues et des principes. Ainsi, sans chercher la faveur, sans empressement pour les affaires, il avoit souvent part aux résolutions qui étoient prises dans le conseil de Louis XIV. Il fut plus d'une fois consulté par ce prince, et il composoit alors, sur les affaires d'état, des mémoires également profonds et bien écrits; c'étoit pour lui un nouveau genre de travail aussi utile que caché. On pouvoit le comparer à ces sources dont les eaux conduites par de secrets canaux jusqu'aux lieux les plus élevés, sont ensuite versées par les fontaines publiques pour l'avantage des peuples. M. d'Aguesseau, dans la place de procureur-général, traita surtout d'une manière supérieure l'instruction criminelle. Une partie publique qui poursuit les crimes au nom de l'état, est un des plus sages établissemens de nos gouvernemens modernes; par là l'état peut se passer de la ressource vile et dangereuse des délateurs, qui, dans les gouvernemens anciens, trafiquoient de l'honneur et du sang de leurs concitoyens. Mais, pour bien remplir cette fonction, il faut un magistrat qui sache ce que vaut la vie d'un homme. M. d'Aguesseau regardoit la condamnation d'un citoyen comme une calamité publique. On a remarqué que, pendant tout le temps qu'il fut procureur-général, les exécutions furent extrêmement rares. C'est l'éloge ou de sa vigilance ou de son humanité.

Page lxiij. (8) De toutes les fonctions attachées à la charge de procureur-général, celle qui lui fut la plus chère fut d'être par état le protecteur des foibles et des malheureux. Il seroit à souhaiter que ces noms ne fussent pas même connus parmi nous; mais puisque l'imperfection des lois, l'inégalité qui est la suite de notre nature et de nos vices, rend ce désordre nécessaire, nous devons du moins savoir gré aux magistrats qui réparent ce désordre, autant qu'il est en eux, par la protection qu'ils donnent aux foibles. On conseilloit un jour à

M. d'Aguesseau de prendre du repos : *Puis-je me reposer*, répondit-il, *tandis que je sais qu'il y a des hommes qui souffrent?* Il descendoit dans tous les détails qu'exigent l'administration des hôpitaux. Ces maisons, monumens de grandeur et de misère, qui accusent la constitution de l'état par le grand nombre de malheureux qu'elles renferment, mais qui font l'éloge de l'humanité par les secours qu'y reçoivent tous les besoins, étoient éclairées par sa vigilance, et soutenues par son zèle; il en étoit le protecteur, encore plus par inclination que par devoir.

Page lxiij. (9) Le fameux hiver de 1709 est une époque que la nation n'oubliera jamais. On faisoit une guerre malheureuse; les sources du commerce étoient taries, les finances épuisées, le crédit anéanti, le peuple entier dans l'abattement. La famine vint encore se joindre à tant de maux. On n'exagère rien en disant que, dans les campagnes, les hommes se disputoient la pâture des plus vils animaux, et que des familles entières mouroient dans le désespoir. M. d'Aguesseau fut un de ceux qui contribua le plus à sauver la France. Il avoit prévu le premier cette calamité sur des observations qu'il fit à sa campagne. Il en avoit indiqué le remède, en conseillant de faire venir des blés, avant que le mal eût produit une alarme générale. On le vit alors paroître souvent à la cour pour solliciter des secours trop lents. Il présentoit l'affreux tableau de toutes es misères humaines dans des lieux où l'habitude d'être heureux ne rend que trop souvent les cœurs insensibles. En sollicitant des secours étrangers, il ne négligea point ceux qu'il pouvoit trouver dans le sein de l'état. Il fit renouveler des lois utiles; il réveilla le zèle de tous les magistrats, il étendit sa vue dans toutes les provinces. Son activité et ses recherches découvrirent tous les amas de blés qu'avoit faits l'avarice pour s'enrichir du malheur public.

Page lxiv. (10) Sur la fin du règne de Louis XIV, on crut M. d'Aguesseau menacé d'une disgrâce. Il refusa constamment de donner ses conclusions pour une déclaration qu'il regardoit comme contraire aux libertés de l'église gallicane; et, pour servir le prince, il hasarda de lui déplaire. Cependant M. d'Aguesseau est mandé à la cour. Dans Paris, on craignoit pour lui plus qu'une disgrâce : il n'en est point ébranlé. Toutes les fois qu'il alloit à Versailles, avant de partir, il avoit coutume de dire adieu à son épouse : ce jour il partit sans la voir, et elle, de son côté, évita sa présence, de peur de s'attendrir mutuellement dans leurs adieux. Le public, qui aime toujours qu'il y ait un peu d'appareil à tout, et qui, dans les affaires qui font du bruit, veut ordinairement avoir un mot à citer, mit alors dans la bouche de Madame d'Aguesseau un mot plein de courage; mais la vertu la plus pure est celle qui a le moins de faste dans les paroles. Le mot put être pensé, mais ne fut point dit. M. d'Aguesseau part en silence; arrive à la cour, parle à Louis XIV avec tout le respect d'un sujet et toute la fermeté d'un magistrat, et revient tranquillement à Paris, où le public étoit plus alarmé pour lui que lui-même. Louis XIV mourut peu de jours après.

Page lxiv. (11) M. le chancelier Voisin mourut d'apoplexie la nuit du 2 février 1717. Dès le matin, M. le régent envoya chercher M. d'Aguesseau. Il étoit sorti. Ce prince envoya chez lui de nouveau; l'on dit que M. d'Aguesseau étoit à l'église. On y alla; M. d'Aguesseau répondit qu'il entendroit après la messe ce qu'on avoit à lui dire. Après la messe, il monte en carrosse, arrive au Palais-Royal. M. le régent, en le voyant, lui donne le nom de chancelier; M. d'Aguesseau s'en défend, fait des représentations au prince, allègue son incapacité pour une si grande place. M. le régent, pour la première fois, refusa de le croire. M. d'Aguesseau se vit enfin obligé de consentir à son élévation. En revenant du Palais-Royal, il rencontra M. Joly de Fleury, qui étoit aussi mandé par M. le régent. Il lui annonça qu'il étoit chancelier; *mais ce qui me console,* ajouta-t-il, *c'est que vous êtes procureur-général.* Il prêta serment au roi le lendemain. Il n'avoit que quarante-huit ans et quelques mois. Jamais choix ne fut plus approuvé. Tout le corps de l'état ressentit cette joie qu'un événement heureux et imprévu donne à une nation sensible.

Page lxxij. (12) Il y a long-temps qu'on se plaint de la diversité des lois en France, et du nombre prodigieux de coutumes qui la divisent. On souhaiteroit que la nation, unie sous un même prince, le fût aussi sous une même loi. Mais c'est là une de ces entreprises qui frappent par leur grandeur, et qui étonnent par leurs difficultés. M. d'Aguesseau, qui, depuis long-temps, avoit conçu de grandes vues sur la législation, songea enfin à les remplir. Son dessein étoit d'établir une entière conformité dans l'exécution des anciennes lois, sans en changer le fond, et d'y ajouter ce qui pouvoit manquer à leur perfection. Pour bien exécuter son plan, il se proposa de travailler successivement à des lois qui se rapporteroient à trois objets principaux : les questions de droit, la forme de l'instruction judiciaire, et l'ordre des tribunaux. M. d'Aguesseau, malgré l'étendue de ses connoissances, ne crut pas qu'il dût se contenter de ses propres lumières. Il avoit trop de génie pour ne point avoir recours à celui des autres. D'abord, par une lettre aussi éloquente que raisonnée, il annonce son plan de législation à toutes les cours souveraines. Il leur envoie ensuite la matière de chaque loi réduite en questions. Les mémoires envoyés par les cours étoient fondus et rédigés par les avocats les plus célèbres que M. le chancelier honoroit de son choix. Le tout étoit ensuite discuté par les membres les plus savans du parlement de Paris, et le procureur-général faisoit son rapport à M. le chancelier. La matière ainsi préparée, étoit de nouveau distribuée aux maîtres des requêtes, et la loi étoit fixée enfin dans un bureau de législation, auquel M. d'Aguesseau présidoit. C'est ainsi qu'un seul homme répandoit l'émulation et le travail dans tout le corps de la magistrature. Chaque loi étoit l'ouvrage de tout ce qu'il y avoit de plus savans hommes dans l'état.

Le premir fruit de ces travaux parut en avril 1629. En révoquant le fameux édit de Saint-Maur, il rendit aux mères la succession de leurs enfans, succession que réclamoit la nature, et dont cet édit les avoit privées.

Le 15 janvier 1731, une déclaration du roi, concernant les curés primitifs et les vicaires perpétuels, les mit en état d'obtenir une justice prompte sur les dîmes destinées à leur subsistance.

Le 5 février 1731, une déclaration du roi sur les cas prévôtaux et présidiaux, limita la juridiction des prévôts, des maréchaux et des présidiaux, étendue à un point qui devenoit dangereux pour les citoyens.

En février 1731, parut encore une ordonnance des donations, qui prescrivit des règles simples sur cette manière de disposer de ses biens.

En août 1735, l'ordonnance des testamens établit un juste milieu entre la liberté excessive de tester et une contrainte rigoureuse, et fit cesser la diversité de jurisprudence sur une matière aussi importante.

En juillet 1737, l'ordonnance du faux débrouilla le chaos de l'ancienne procédure sur cette matière, et y répandit une clarté inconnue jusqu'alors.

En août 1737, l'ordonnance des évocations et réglemens de juges remédia aux abus qui avoient coutume de naître de ces procédures préliminaires, et diminua les frais et la longueur de l'instruction.

En 1738, parut ce fameux réglement du conseil, qui substitua dans ce tribunal suprême une forme de procéder courte et facile à des procédures trop longues, et mit les parties en état de supporter la justice.

En août 1747, l'ordonnance des substitutions leur donna le juste degré de faveur qu'elles doivent et qu'elles peuvent avoir, et fit cesser les contestations éternelles sur cette matière, en mettant la clarté des principes à la place de la subtilité des anciennes lois.

En août 1748, l'édit sur les gens de main-morte, en leur assurant les biens qu'ils ont déjà, leur défendit d'en acquérir de nouveaux, et assura le France, qui craignoit que ces corps, qui ne meurent point, n'engloutissent à la fin tous les biens du royaume.

Enfin, en avril 1749, parut un édit pour réunir ensemble différens siéges royaux établis dans les mêmes villes, et diminuer par là le nombre des tribunaux subordonnés les uns aux autres.

Outre ces lois, qui s'étendoient à tous les temps et à tout le corps de l'état, il en fit quelques autres qui n'étoient pas moins sages, quoique d'une utilité plus bornée.

Le 6 février 1732, parut une déclaration du roi, portant défense de saisir la feuille de mûrier; loi qui protège et encourage l'industrie dans les provinces méridionales de la France, où l'insecte qui produit la soie forme un des principaux objets du commerce.

Le 29 octobre 1740, parut une déclaration concernant la police des grains; loi importante pour mettre un frein à l'avarice, et prévenir les malheurs que la disette des grains produit dans un état.

Telles sont les lois que M. d'Aguesseau a données à la France. Nous osons dire que c'est le plus beau monument de sa gloire.

Page lxxiij. (13) Le duc d'Orléans, au commencement de sa régence, tint un conseil où le système de Law fut proposé. Quoique M. d'Aguesseau ne fût encore que procureur-général, il y fut appelé par le prince : il fut d'avis qu'on rejetât le système. Son esprit, accoutumé à envisager les objets sous toutes les faces, vit d'un coup d'œil tous les avantages, mais aussi tous les dangers de ce projet; il savoit combien les bornes qui séparent le bien du mal sont incertaines, combien il étoit aisé d'être emporté par le succès, dans une matière aussi glissante, dans une cour où les principes étoient si arbitraires. Le système fut en effet rejeté pour lors. Depuis les choses changèrent; l'intérêt, soutenu par l'intrigue, l'emporta sur la prudence. On vint à bout de séduire le prince; mais on désespéra de fléchir la résistance de M. d'Aguesseau, qui étoit alors chancelier. Il fut donc éloigné de la cour; il partit pour l'exil avec la même gaîté qu'ont ordinairement ceux qui en reviennent. On connoît les vers qu'il reçut alors du cardinal de Polignac, et ceux qu'il fit pour y répondre : ce badinage de l'esprit montre combien sa tête étoit libre; car lorsqu'on est profondément rempli d'une disgrâce, on n'a guère le loisir de faire des vers légers.

Idem. (14) En 1718, après la disgrâce de M. le chancelier, la banque que Law avoit tenue d'abord en son nom, fut déclarée banque du roi. Elle se chargea du commerce du Sénégal; elle obtint le privilége de l'ancienne Compagnie des Indes fondée par Colbert, et depuis tombée en décadence; enfin elle se chargea des fermes générales du royaume. Toutes les finances de l'état dépendirent d'une compagnie de commerce; ses actions augmentèrent vingt fois au-delà de leur première valeur. Law, emporté par l'ivresse publique, fabriqua un nombre prodigieux de billets; et, en 1719, la valeur chimérique des actions valoit quatre-vingts fois tout l'argent qui pouvoit circuler dans le royaume : une disproportion aussi énorme épouvanta tous les gens sensés. On se hâta de réaliser; les anciens financiers, ennemis du système, tirèrent sur la banque royale des sommes considérables, et l'épuisèrent. Ce fut en vain qu'on chercha à changer les effets en espèces; le crédit tomba, et le mouvement de cette machine immense et rapide s'arrêta tout à coup : c'étoit en 1720. Le gouvernement chercha les moyens de rétablir la confiance; on rappela de l'exil M. d'Aguesseau qui étoit l'idole de Paris. Law alla lui-même à Fresne le chercher. Les sceaux, qui avoient passé entre les mains de M. d'Argenton, lui furent rendus; mais les maux de la France n'étoient plus susceptibles de remèdes; il eut seulement la douleur de voir de plus près le bouleversement des familles et les malheurs de la nation.

Page lxxiij. (15) La seconde disgrâce de M. le chancelier arriva au mois de février 1722; les sceaux lui furent ôtés pour la seconde fois, et il retourna à Fresne. Il n'en fut rappelé qu'au mois d'août 1727 : l'état fut redevable de son retour au cardinal de Fleury. Dans le même temps, M. d'Armenonville remit les sceaux; mais ils ne furent point encore rendus à M. le chancelier. Le parlement lui fit une députation avant d'enregistrer les lettres de M. Chauvelin; M. d'Aguesseau répondit qu'il vouloit donner l'exemple de la soumission. Les sceaux ne lui furent remis qu'en 1737.

Page lxxiv. (16) C'est une chose remarquable que ces quatre grands hommes aient été malheureux : Cicéron fut exilé par ses ennemis pour avoir sauvé sa patrie; Bacon, chancelier d'Angleterre, sous le roi Jacques I.er, et le plus grand peut-être des philosophes, fut accusé de s'être laissé corrompre par argent, condamné à une amende de quatre cent mille livres, et à perdre sa dignité de chancelier et de pair; aujourd'hui les Anglois révèrent sa mémoire. Le chancelier de l'Hôpital, qui avoit été sans cesse occupé à réparer les ruines de l'état ébranlé par les guerres civiles, devint suspect à la reine Catherine de Médicis, et prit le parti de se retirer de la cour. M. d'Aguesseau fut exilé deux fois. Il est bon de remarquer ces exemples pour apprendre à se consoler lorsqu'on est malheureux.

Idem. (17) Les langues sont pour ainsi dire les avenues qui conduisent à l'empire des sciences. Pour parvenir à connoître les vérités, il faut commencer par connoître les signes. Cette étude ingrate, qui a rempli la vie entière de tant de savans, n'étoit, pour M. d'Aguesseau, qu'un amusement, comme il le disoit lui-même; il savoit la langue françoise par principes, le latin, le grec, l'hébreux, l'arabe et d'autres langues orientales, l'italien, l'espagnol, l'anglais et le portugais. On pouvoit dire de lui qu'il étoit contemporain de tous les âges, et citoyen de tous les lieux ; il n'étoit étranger dans aucun pays, ni dans aucun siècle.

Page lxxiv. (18) Il avoit étudié à fond la logique qui n'est autre chose que l'art de conduire successivement l'esprit de ce qu'il connoît à ce qu'il ne connoît pas. On lui fit lire d'abord ces ouvrages prétendus philosophiques, où l'on débitoit, sous le nom d'Aristote, des sottises que ce philosophe n'avoit jamais dites. Un esprit tel que celui de M. d'Aguesseau n'étoit pas fait pour s'en contenter. Bientôt on lui mit Descartes entre les mains; il en sentit aussitôt la différence. Il admira les avantages de cette méthode, qui, en partant d'un point évident, conduit à une démonstration assurée. Dans la suite, il en fit toujours usage, soit pour s'instruire lui-même, soit pour convaincre les autres.

Page lxxv. (19) Personne n'a plus approfondi que M. d'Aguesseau la science des lois; son génie ardent l'entraînoit à toutes les autres sciences, mais il s'appliquoit à celle-ci par devoir. Il avoit remonté aux principes du droit naturel, du droit des gens, du droit public : il avoit lu et médité les lois romaines, les lois ecclésiastiques, les ordonnances de nos rois, les différentes coutumes de la France; il en avoit recherché la source dans les antiquités du droit féodal, et s'étoit encore instruit des lois de tous les pays étrangers.

Page lxxvj. (20) Il avoit un goût dominant pour les mathématiques; son génie l'avoit conduit jusqu'à ce qu'il y a de plus abstrait dans ces sciences. On l'a vu souvent, lorsqu'il étoit fatigué des affaires, prendre, pour se délasser, un livre de géométrie ou d'algèbre.

Idem. (21) Dans sa jeunesse, il étoit étroitement lié avec Racine et Boileau; leur société faisoit ses délices, et il ne s'en permettoit point d'autre. Boileau, qui n'a été flatteur que pour Louis XIV, nomme M. d'Aguesseau avec honneur dans plusieurs endroits de ses ouvrages.

Idem. (22) La lecture des autres poètes fut, selon son expression, *une passion de sa jeunesse.* Un jour il lisoit un poète grec avec M. Boivin, si connu par sa vaste érudition : *Hâtons-nous,* dit-il, *si nous allions mourir avant d'avoir achevé !* Il avoit une mémoire prodigieuse; il lui suffisoit, pour retenir, d'avoir lu une seule fois avec application. Il n'avoit point appris autrement les poètes grecs, dont il récitoit souvent des vers et des morceaux entiers. A l'âge de quatre-vingt-un ans, un homme de lettres ayant cité peu exactement devant lui une épigramme de Martial, il lui en récita les propres termes, en avouant qu'il n'avoit point vu cet auteur depuis l'âge de douze ans. Il retenoit quelquefois ce qu'il avoit seulement entendu lire. Boileau lui ayant un jour récité une de ses pièces qu'il venoit de composer, M. d'Aguesseau lui dit tranquillement qu'il la connoissoit, et sur-le-champ la lui répéta tout entière. Le satirique, comme on s'en doute bien, commença par entrer en fureur, et finit par admirer.

Page lxxvj. (23) M. d'Aguesseau faisoit de très-beaux vers latins et français; il conserva ce talent jusqu'à ses dernières années. Ayant été menacé de perdre son épouse, il composa une très-belle pièce sur sa convalescence, et M. Boivin traduisit en vers grecs cette pièce latine d'un chancelier de France. Le talent de la poésie est un trait de ressemblance qu'il a de plus avec le chancelier de l'Hôpital.

Page lxxvij. (24) Il s'étoit fait, par son éloquence, la réputation la plus brillante: on disoit de lui qu'il pensoit en philosophe et parloit en orateur. Son éloquence, pour se former, avoit emprunté le secours de tous les arts et de toutes les sciences. La logique lui prêtoit la méthode inventée par ce génie aussi hardi que sage, qui a été le fondateur de la philosophie moderne. La géométrie lui donnoit l'ordre et l'enchaînement des vérités; la morale, la connoissance du cœur humain et des passions. L'histoire lui fournissoit l'exemple et l'autorité des grands hommes; la jurisprudence, les oracles de ses lois. La poésie enfin répandoit sur ses discours le charme du coloris, la chaleur du style et l'harmonie du langage: aussi, dans M. d'Aguesseau, aucune science n'étoit oisive, toutes combattoient pour la vérité. On auroit cru que chacun de ses plaidoyers étoit le fruit d'un long travail; cependant il n'en écrivoit ordinairement que le plan, et réservoit les détails et les soins d'une composition exacte pour les grandes causes, pour les réquisitoires, ou pour les mercuriales qu'il prononçoit à la rentrée du parlement. Il étoit pour lui-même le censeur le plus rigide de ses ouvrages, et l'idée qu'il s'étoit formé du beau étoit si parfaite, qu'il ne croyoit jamais en avoir approché: c'est pourquoi il corrigeoit sans cesse. Un jour il consulta M. d'Aguesseau son père sur un discours qu'il avoit extrêmement travaillé, et qu'il vouloit retoucher encore; son père lui répondit, avec autant de finesse que de goût: *Le défaut de votre discours est d'être trop beau: il seroit moins beau si vous le retouchiez encore.* Dans la mercuriale qu'il prononça après la mort de M. le Nain, son ami et son successeur dans la place d'avocat-général, il plaça un portrait de ce magistrat, qui fit une si forte impression sur lui-même la sur ses auditeurs, qu'il fut obligé de s'arrêter par sa propre douleur et par des applaudissemens qui s'élevèrent au même instant. Quel moment pour un orateur! On en compte peu de pareils dans l'histoire de l'éloquence.

Page lxxvij. (25) Beaucoup d'étrangers, attirés par la grande réputation de M. d'Aguesseau, s'empressoient de le voir. L'abbé Quirini, depuis cardinal et bibliothécaire du Vatican, passionné pour les arts et pour tous les genres de connoissances, fut curieux, dans un voyage qu'il fit en France en 1722, de voir et d'entendre M. d'Aguesseau. Il alla le voir à Fresne, où il étoit alors. Né en Italie, et entrant chez un magistrat chargé de défendre les maximes de France : *Me voici*, dit-il, *dans le château où l'on forge les foudres contre le Vatican.* — *Au contraire*, reprit d'Aguesseau, *ce sont les boucliers contre les foudres du Vatican, qui se forgent ici.* Le savant Italien admira beaucoup la vaste érudition du chancelier français, et dans la suite entretint avec lui un commerce de lettres. M. d'Aguesseau étoit de même en correspondance avec la plupart des savans de l'Europe, qui le consultoient sur leurs ouvrages. Dans la dernière année de sa vie, il reçut un honneur très-flatteur de la part de cette nation philosophe, qui porte dans les sciences cet esprit de hauteur et d'indépendance, l'ame de sa politique, et nous dispute la gloire de l'esprit, comme celle des armes; l'Angleterre consulta M. d'Aguesseau sur la réformation de son calendrier; M. le chancelier fit une réponse savante et pleine de réflexions utiles, que les Anglais suivirent.

Page lxxviij (26) M. d'Aguesseau ne connut jamais les plaisirs et ce qu'on appelle amusemens; son principe étoit, qu'il n'est permis de se délasser qu'en changeant d'occupations. Il ne faisoit aucun voyage, même à Versailles, sans lire ou se faire lire en chemin quelqu'ouvrage de philosophie, d'histoire ou de critique. Ainsi la durée, qui est si courte pour nous, s'étendoit pour lui, et il vivoit plus que le reste des hommes.

Page lxxix. (27) Il ne demanda, ne désira jamais aucune charge ; les honneurs vinrent le chercher. Au commencement de la régence, lorsqu'il n'étoit encore que procureur-général, il refusa de faire des démarches pour son élévation, quoiqu'il fût presque assuré du succès : *A Dieu ne plaise,* dit-il, *que j'occupe jamais la place d'un homme vivant.*

Idem. (28). Son désintéressement étoit tel qu'on le représente ici. Il n'aspiroit qu'à être utile; et pendant soixante ans, passés dans les premières charges de l'état, il n'eut pas même la pensée qu'il pouvoit s'enrichir : il auroit cru que c'étoit vendre ses services. Loin que sa fortune augmentât, elle fut diminuée par la révolution du système; on ne l'entendit jamais s'en plaindre. Il s'oublia lui-même pour ne s'occuper que des autres, et donna en tout l'exemple à la nation. Il n'a laissé d'autre fruit de ses épargnes que sa bibliothèque, encore n'y mettoit-il qu'une certaine somme par an. Son esprit, solide dans tous les goûts, n'aimoit que les livres utiles; il méprisoit ceux qui n'étoient que rares.

Page lxxx. (29) M. d'Aguesseau aimoit son père, comme il aimoit la vertu, par tendresse et par admiration; ces deux ames, qui se connoissoient si bien, étoient étonnées l'une de l'autre, et s'inspiroient mutuellement du respect.

Anne Lefebvre d'Ormesson, mariée à M. d'Aguesseau en 1694, étoit digne de son époux et du nom qu'elle portoit; c'est à son sujet que M. de Coulange, esprit aimable et facile de ce temps-là, dit qu'on avoit vu, pour la première fois, les grâces et la vertu s'allier ensemble. Elle mourut à Auteuil le 1.er décembre 1735. La douleur de M. d'Aguesseau égala sa tendresse pour elle. Cependant à peine eût-il essuyé ses larmes, qu'il se livra aux fonctions de sa place. On craignoit que le poids des affaires, joint à celui de l'affliction, ne l'accablât. *Je me dois au public,* disoit-il, *et il n'est pas juste qu'il souffre de mes malheurs domestiques.*

Je ne dirai rien des enfans de M. d'Aguesseau; c'est au public qui les connoît à les louer : en ne rendant que justice, je craindrois de paroître flatteur, et c'est une tache que tout homme de lettres doit éviter.

Page lxxxj. (30) M. d'Aguesseau appeloit le temps de son séjour à Fresne, *les beaux jours de sa vie.* Il en employoit une partie à l'étude des livres savans, sur laquelle il fit des notes savantes, après avoir comparé les textes écrits en différentes langues; une autre partie à rédiger les vues qu'il avoit conçues sur la législation; une autre, à exercer lui-même ses enfans sur les belles-lettres et le droit, et à composer pour eux un plan d'études: tels étoient les trois objets de son travail. Les mathématiques, les belles-lettres et l'agriculture formoient ses délassemens: le chancelier de France se plaisoit quelquefois à bêcher la terre. Tous ceux qui excelloient dans les arts ou dans les sciences venoient en foule auprès de lui, pour profiter de son loisir et de ses réflexions. Il n'avoit que des vues grandes et nobles, et ce goût de grandeur perçoit jusque dans le plan qu'il fit pour embellir son parc.

Page lxxxij. (31) M. le chancelier jouit jusqu'à plus de quatre-vingt-un ans d'une santé vigoureuse, conservée par la sobriété et par l'égalité d'ame. Dans le cours de l'année 1750, des infirmités douloureuses l'obligèrent d'interrompre souvent son travail. Il résolut de quitter sa place, parce qu'il ne pouvoit plus remplir qu'une partie de ses devoirs. Il y avoit près de trente-quatre ans qu'il étoit chancelier. Il écrivit au roi pour lui demander la permission de se démettre de sa charge. Il dicta lui-même sa démission; il en signa l'acte le jour même qu'il finissoit sa quatre-vingt-deuxième année. Il le remit le lendemain à M. le comte de Saint-Florentin, secrétaire d'état, et ses deux fils allèrent avec ce ministre remettre les sceaux au roi, qui lui conserva les honneurs de chancelier de France, avec une pension de cent mille livres.

Page lxxxij. (32) On peut assurer que M. d'Aguesseau étoit un véritable philosophe chrétien : la religion étoit le fondement de toutes ses vertus. Jamais il ne passa un jour de sa vie sans lire l'Écriture sainte. Il éprouvoit ce qu'on a déjà dit de ce livre, qu'on ne pouvoit le lire sans devenir plus vertueux. Convaincu des vérités de la religion, fidèle à tous les devoirs qu'elle impose, zélé pour l'honneur de l'église, affligé de ses malheurs, il répandit autour de lui et parmi tous ceux qui l'approchoient, cet esprit de religion dont il étoit animé.

Idem. (33) M. d'Aguesseau mourut le 9 février 1751. Il porta même au-delà du tombeau l'horreur du luxe, et la simplicité qui fit son caractère. Il voulut que ses cendres fussent mêlées et confondues parmi celles des pauvres, dans le cimetière de la paroisse d'Auteuil, où son épouse étoit enterrée. Leurs enfans ont fait élever une croix au pied de leur sépulture, dont les marbres ont été donnés par le roi. Il est à remarquer que la France a perdu, dans l'espace de deux mois, le maréchal de Saxe et le chancelier d'Aguesseau, les deux plus grands hommes qu'elle eût alors dans deux genres différens.

ODE GRECQUE

EN L'HONNEUR

DE MONSIEUR LE CHANCELIER

D'AGUESSEAU.

Cette Ode fut composée, en 1702, en l'honneur de d'Aguesseau, alors Procureur-Général, par Antoine Coray, de l'île de Chios, et imprimée de format in-4°, avec des notes interprétatives du texte (en tout 16 pages). Cette pièce est aujourd'hui très-rare, et pour compléter notre édition, nous avons cru la devoir placer ici. Le texte grec s'y trouve d'après un exemplaire de l'édition originale, appartenant à la bibliothèque publique de Grenoble; la traduction française est littérale et fidèle: elle est faite par M. Nicolo-Poulo de Smyrne, littérateur plein de zèle pour la propagation des lumières dans la Grèce moderne.

Τῼ ΕΚΛΑΜΠΡΟΤΑΤῼ ΑΝΔΡΙ

ΕΡΡΙΚῼ ΦΡΑΓΚΙΣΚῼ

Τῼ ΔΑΓΕΣΣΕΙ,

Τῼ ΚΑΘΟΛΟΥ ΒΑΣΙΛΙΚῼ ΠΡΟΚΟΥΡΑΤΩΡΙ,

ῼΔΗ.

ΔΥΩΔΕΚΑΣ α΄.

Αἰθομέναισι μενοιναῖς
δαμνάμενον κέαρ, ὁρμᾷ
πνεῖν μέγ', ὦ Μοῖσα, ὀξείᾳ τε
χρὴ ὑπακουσέμεν ἀ-
νάγκᾳ, καὶ ὠκείᾳ φθάσαι
αἰετὸν ἱπτάμενον,
ἀλκᾷ νοὸς, ὄμματος ἀργοῦ ἅρπαγα,
ὃς τάχει τ' ἤλεγξε καμόντας ἀήτας,
κ' ὠχριάσαντα λίπεν
ὠκύπτερος φθόνῳ Φαέ-
θοντ', ὠκέης νικαφόρου θ'
ὁρμᾶς ἐποπτάν.

AU TRÈS-ILLUSTRE

HENRI FRANÇOIS

D'AGUESSEAU,

PROCUREUR-GÉNÉRAL DU ROI.

ODE.*

I.

ENTRAINÉE par des pensées brillantes, mon ame prend un vol audacieux; il faut, ô Muse, obéir à la nécessité pressante, et atteindre, par les vigoureux élans de mon génie, l'oiseau de Jupiter qui, traversant les plaines de l'air, éblouit par son vol rapide les regards des mortels, fatigue et surpasse les vents par la vitesse de sa course, fait pâlir d'envie le soleil, qu'il laisse spectateur de son impétuosité victorieuse.

---

* Cette traduction est littérale.

ΔΥΩΔΕΚΑΣ β'.

Ἀλλὰ τὺ, πότνια Μοῖσα,
ζεῦξον εὔπτερον ἄλκαρ
φροντίδων αἶψα τολμηρᾶν,
ὄφρα ΔΑΓΕΣΣΈΑ κε-
λεύθῳ διώξῳ ἐν φανῇ,
πτήσιϊ δαιδαλέῃ
ὕμνων. Ἀρετὰν δὲ σὺν ἁγνῷ θάρσεϊ
ὑμνέειν ἔξω πέλεν ὕβριος, ἐντὶ
δ' ἁμερίοις σφαλεραὶ
γνῶμαι, ξένην αἶσαν κλέους
λαμπρὰν φθονήεντι σκότῳ
σιγᾶς καλύπτειν.

ΔΥΩΔΕΚΑΣ γ'.

Ἦ ῥα κενόφρονες εὐχαὶ
ὀξυτάταις μανίαις θέλ-
γοντι θνατῶν φρένας, τυφλῷ
τ' ἤτορι ἐσλὰ ῥέοντ',
ὠχρόν τε πλοῦτον διψάσι
φροντίσιν ὑμνέομεν·
ὄλβος δ' ἀρετᾶς (σὲ μὲν ἁγνὰν ματέρα
Παλλὰς ἐσλῶν μαρτύρομαι) παρὰ θνατοῖς
ἔσχατος ἔσχε κλέους
μοῖραν, νεμεσσῶν ᾧ γ' ἐγὼ
σπεύδω ἐπασκῆσαι κλυταῖς
Ἥρωα τιμαῖς,

II.

Mais toi, Muse céleste, prépare à l'instant, pour mes pensées si hardies, un char ailé et vigoureux, afin que le vol sublime de mes hymnes puisse suivre d'Aguesseau dans sa brillante carrière. Oui! celui qui, plein d'une confiance pure, adresse des louanges à la vertu, ne craint point d'être insulté. Mais les mortels n'ont point de sentimens irréprochables : jaloux du bonheur et de la gloire des autres, ils aiment à couvrir des ténèbres du silence les vertus éclatantes.

III.

Oui, nous sommes insensés dans nos desirs, la fureur s'empare de notre ame, nous nous aveuglons au point de brûler notre encens sur l'autel de Plutus, qui fait pâlir ses adorateurs, en les tourmentant par la soif de l'or, et par les inquiétudes de tout genre. Mais la richesse de la vertu (j'en atteste Minerve, source pure de tout ce qui est beau et noble) n'excite que très-peu d'attention parmi les mortels. Indigné de leur injustice, je vais célébrer les hauts faits de mon héros,

ΔΥΩΔΕΚΑΣ δ'.

Ὅς νοὸς ὑψιβάτοιο
δεξιὸν ὄμμα τιταίνων,
ἥπτετο φρεσσὶ πυκναῖσιν
ἄντυγος οὐρανίου,
θυμῷ λιπὼν αἶαν, καὶ ἁ-
γνὸν φάος ἄντλεεν ἐκ
παγᾶς καθαρᾶς ἀκιχήτου λάμψιος·
ἴδρις ὑψηλᾶς σοφίας καὶ ἀφάντου,
ἅν γε φυλασσομένοις
ὄσσοισιν ὄπτονται βροτοὶ,
αἴγλης ἀγύμναστον βολαῖς
δαμέντες ἦτορ.

ΔΥΩΔΕΚΑΣ έ.

Κεῖθεν ἁγνᾶς νόον ἕρσας
ἐγκύμον' ἶφι ΔΑΓΕΣΣΕΥΣ
ὦρθ' ἑλὼν, γῆ τ' ἰάλλει ὄμβρον καθαρᾶς σοφίας,
τὰν Κελτικὰν τέρπων χυτᾷ
ἀμβροσίᾳ πραπίδων,
ᾗ ἀμφέβαλεν κλέος ὄλβου ἄφθιτον·
οἵῳ φαντὶ Ζῆνά ποτ' Ἀφροδίτας παῖδ',
εἰναλίαν γε Ῥόδον
στέψαι, βυθῶν εὖτ' εὐρέων
βλάστεν θαλάσσας, ἁλίῳ
φάνθη τε νύμφα·

IV.

Qui, laissant les biens de la terre, s'est élevé par les yeux de son ame sublime, jusqu'aux régions célestes, et a puisé dans la source pure de la lumière divine, la haute et suprême sagesse que les mortels ne sauraient regarder qu'avec une extrême précaution, n'ayant pas l'ame assez exercée pour soutenir son éclat.

V.

Delà, il est descendu avec un esprit plein de rosée divine; il verse sur la terre des torrens d'une sagesse pure et céleste, et par la douce ambroisie de ses conseils, il réjouit le pays celtique qu'il a couvert d'une gloire immortelle, et comblé de bonheur. C'est ainsi que jadis le père des Dieux couronna d'une félicité suprême Rhode, fille chérie de Vénus, lorsqu'elle sortit du fond de la mer, et parut devant le Soleil son illustre époux.

ΔΥΩΔΕΚΑΣ ϛ'.

Ζεὺς τότε ἧ νιφάδεσσι
στοίβασ' ἀγάνορα χρυσὸν,
ὄμβρον ὄλβοιο ἐν ξανθᾷ
τᾷ νεφέλᾳ πυκάσας,
νάσῳ τε ὤπασσεν τέχνας,
ὅσσα τε κυδιάνειρ'
ἄνδρεσσι φιλεῖ σοφίη τεύχειν γλυκέ',
ἀλλ' ἐὰν πάτραν καθαροῖσι ΔΑΓΕΣΣΕΥ͂Σ
νάμασι τέγξε κλέους,
χρυσοῖο πλούτῳ κρέσσονι
τὰν ὀλβίσας φήμας, ἀρε-
τᾶν τε κλεεννᾶν.

ΔΥΩΔΕΚΑΣ ζ'.

Ἑλλὰς ὅσ', Αὐσονίη τε
ἀγλαὰ ἄνθεμα γαῖα
δρέψατο γνώσεων τερπνᾶν,
λέξατο δ' ὅσσα γέης
φῦλ' ἔξορ', Αἰγυπτίς θ' ὅσας
ἔνθετο χεὶρ σανίσι,
καὶ πλαξὶ χάραξέ ποτ', εἰν αἰνίγμασι
νυκτὶ καὶ σεμνᾷ κεκαλυμμένας ὀμφάς·
θέσφατα δ' ὅσσα θέτο
αἰὼν, κυλίνδων ῥεύματι
θνητοὺς χρόνου, θεσμοῖσί τε
μέτροις τε ὡρᾶν,

VI.

Alors Jupiter envoya à l'île un blond nuage de félicité : l'or s'y répandit comme la pluie, et s'accumula comme la neige. Le maître du ciel lui donna aussi les arts et toutes les douceurs des sciences qui ennoblissent les humains. Mais d'Aguesseau a baigné sa patrie par les ondes pures de sa gloire, et l'a rendue heureuse par les richesses de sa haute renommée, et de ses vertus sublimes : ces richesses sont préférables à celles de l'or.

VII.

Toutes les brillantes fleurs des belles connaissances que cueillirent la Grèce, l'Ausonie et les nations lointaines, toutes les connaissances que les mains égyptiennes écrivirent sur des tablettes et gravèrent sur des marbres, les idées couvertes de la nuit imposante des énigmes, toutes les lois établies par le siècle qui; par la course du temps, par les lois et par les mesures des heures fait rouler les mortels :

ΔΥΩΔΕΚΑΣ ή.

Πεντάσιν ἑπτὰ ἐτῶν (οὐ
ψεύδεϊ τὰν φρένα τέγξω)
φέρβεται, πάνθ' ἑλὼν κόλποις,
καὶ ταμίευσε νόῳ
εὑρεῖ ΔΑΓΕΣΣΕΥ'Σ· οὔ τέ μιν
λάνθανε Σικελικαῖς
γραμμῶν ἴχνι' ἐν ψαμάθοις, νημερτέϊ
νῷ χαραχθέντ', οὐκ Ἰδεῶν φύγεν ὄχλος,
αἳ πέλον ἔμβρυα ἐ-
ναργῶν ἀμυδρὰ πραγμάτων,
ἀλλ' αἰπὺν ἥπλωσε νόον,
καὶ δρέψ' ἄωτον,

ΔΥΩΔΕΚΑΣ θ'.

Ὧν ἅπας ἴδμεναι ἔλδεν
ἔκ γε φυᾶς βροτός. Αὐτὰρ
μουσικὰν τοῖσι συζεύξας
ἀγλαΐαν, μέλετᾳ
τερπνᾷ, κλέη ἐσλῶν ἅπαντ'
ἤτορι ἀμφίεπεν.
Ἦ γὰρ πέλεν ὄλβιος, ὅς γ' οἶδεν βίον
μουσικαῖς ἁρμοζέμεν αἰὲν ἀνάγκαις.
Ἄκμονος ἐκ, Πυθαγό-
ρᾳ ἤλυθον σφυρήλατοι
ῥυθμοί, μέλος τε οἱ ἐχάλ-
κευσεν σίδηρος,

VIII.

D'Aguesseau à l'âge de trente-cinq ans (le mensonge ne souillera pas mon ame) possède tous ces biens impérissables et en recueille les doux fruits; il a tout concentré dans le vaste dépôt de son génie. Il connaît aussi à fond les lignes tracées par l'immortel mécanicien sur le sable de Sicile; il a embrassé la théorie des idées, qui sont les images sans forme des choses réelles; enfin, il a déployé son génie élevé et a cueilli la fleur

IX.

de tout ce que l'homme, par sa nature, desire de connaître. Ayant joint à toutes ces connaissances les grâces de la musique, il jouit de tous les genres de gloire et de bonheur : heureux le mortel qui sait toujours rendre sa vie conforme aux lois de l'harmonie. Des marteaux qui battoient le fer sur l'enclume apprirent à Pythagore les règles du rhythme et de l'harmonie.

ΔΥΩΔΕΚΑΣ ί.

Ἄπλετα χερσὶν ἀμούσως
τυπτόμενος. Πολύϊδρις
ἔπλεθ', ὃς θῆκεν ἐν φρεσσὶν,
ἀμερίου τε τύχας,
κ' αἴας παλιῤῥοιᾶν κέαρ
κρέσσον ἔχειν, διαφώ-
νοις ἔντε ῥοπαῖσι ταλαντεύσας νόου
ἆρεν ὑψοῦ θυμὸν ἐναρμόνιον. Τὺ
δ' εὐπραγίαισι κομῶν,
σεμνὸν, θαητόν τ' ὦ μέλημ'
ἄνδρεσσι, κῆρ εὔχορδον εἷς
ὤφθης κεράσσας

ΔΥΩΔΕΚΑΣ ιά.

Ἁρμονικαῖς χαρίτεσσι,
σοί τε ὁμόφρονα λεὼν
ἐμπεδώσας παθῶν, τεύξας
ἐνδόσιμον φίλοφρον
λαοῖσιν εἰράνας σεμνᾶς,
ἄρτια μηδόμενος,
ἐχθράν θ' ὕβριος τρίβον ἁγνοῖς ἴχνεσι
ψυχᾶς διώκων, μετανίσσεαι αἰῶν'
εὔδιον ἐν κλέεσι,
ὄλβῳ καὶ ὑψηλῷ, τὸν οὐ
μάρψει φθόνος θάλλοντα λυσ-
σάεντ' ὀδόντι.

X.

Le fer, battu sans ordre par les mains de l'ignorance, instruisit le philosophe de Samos. Celui-là est très-sage, qui, par la seule force de sa volonté, s'est rendu supérieur au flux et reflux de la fortune et de la vie humaine, et qui, ayant mis son esprit en équilibre, et son ame dans une parfaite harmonie, s'est élevé fort au-dessus de la vicissitude des choses de ce bas monde; d'Aguesseau! la Fortune t'a comblé de toutes ses faveurs; mais les hommes te révèrent, t'admirent et te chérissent, parce que ayant soumis ton bon cœur

XI.

aux grâces de l'harmonie, et forcé la foule des passions d'obéir à ton esprit calme et serein, tu as donné aux peuples le prélude aimable d'une vie sage et paisible : tes pensées sont toujours conformes à ton ame ainsi préparée : tu marches sur un chemin ennemi de l'insolence et de l'injustice, et tu y laisses les traces de ton ame pure : tu mènes une vie pleine de sérénité, de gloire, et d'une félicité sublime, vie florissante que la hideuse Envie, dont les dents sont armées de rage, ne mordra jamais.

ΔΥΩΔΕΚΑΣ ιϐ′

Ἅλιον ἰοϐόλῳ τίς
γάρ ποτε δάγματι βάψεν;
κινδύνου ἐντὶ γυμνὰ τεῦ
ἔργματα, ἠὲ Δίκας
κρανθέντα βουλαῖς, βάσσανος
ἀτρεκέων τελέθει,
καὶ θῆκέ σ' ἁγνὸν Θέμιδος Μύσταν ἔμεν·
Τὺ δ' εὐνόμῳ ἤτορι ἧς τ' ἄδυτ' εἰσδὺς
θέσφατα ἀμπέτασας
ἄμμιν νόμων, τοῖσι πτόλεις
ἤθη τε θάλλουσι βροτῶν,
ἐσλῶν ἐέρσαις.

ἈΝΤΏΝΙΟΣ ὁ ΚΟΡΑΗ͂Σ, ὁ Χῖος, ἐποίει.

XII.

Car qui a jamais pu rendre le Soleil livide par une morsure venimeuse ? oui, tes actions sont au-dessus du péril ; elles sont le résultat des conseils de la justice, et le modèle de l'amour du vrai : ce sont elles qui t'ont rendu l'adepte irréprochable de Thémis. Tu as pénétré, avec un cœur plein de vénération, dans le sanctuaire de cette auguste déesse, et tu nous as révélé les oracles des lois, qui font reverdir les villes et les mœurs des mortels, par la rosée des actions honnêtes et vertueuses.

Antoine Koraï, de Chios, *faciebat.*

ŒUVRES DE D'AGUESSEAU.

DISCOURS

POUR

L'OUVERTURE DES AUDIENCES DU PARLEMENT.

PREMIER DISCOURS,

PRONONCÉ EN 1693 :

L'INDÉPENDANCE DE L'AVOCAT.

Tous les hommes aspirent à l'indépendance ; mais cet heureux état, qui est le but et la fin de leurs désirs, est celui dont ils jouissent le moins.

Avares de leurs trésors, ils sont prodigues de leur liberté : et pendant qu'ils se réduisent dans un esclavage volontaire, ils accusent la nature d'avoir formé en eux un vœu qu'elle ne contente jamais.

Ils cherchent dans les objets qui les environnent, un bien qu'ils ne peuvent trouver que dans eux-mêmes, et ils demandent à la fortune un présent qu'ils ne doivent attendre que de la vertu.

Trompés par la fausse lueur d'une liberté apparente, ils éprouvent toute la rigueur d'une véritable tyrannie. Malheureux par la vue de ce qu'ils n'ont pas, sans être heureux par la jouissance de ce qu'ils possèdent ; toujours esclaves, parce qu'ils désirent toujours, leur vie n'est qu'une longue servitude, et ils arrivent à son dernier terme, avant que d'avoir senti les premières douceurs de la liberté.

Les professions les plus élevées sont les plus dépendantes : et dans le temps même qu'elles tiennent tous les autres états soumis à leur autorité, elles éprouvent à leur tour cette sujétion nécessaire, à laquelle l'ordre de la société a réduit toutes les conditions.

Celui que la grandeur de ses emplois élève au-dessus des autres hommes, reconnoît bientôt que le premier jour de sa dignité a été le dernier de son indépendance.

Il ne peut plus se procurer aucun repos qui ne soit fatal au public : il se reproche les plaisirs les plus innocens, parce qu'il ne peut plus les goûter que dans un temps consacré à son devoir.

Si l'amour de la justice, si le désir de servir sa patrie peuvent le soutenir dans son état, ils ne peuvent l'empêcher de sentir qu'il est esclave, et de regretter ces jours heureux, dans lesquels il ne rendoit compte de son travail et de son loisir qu'à lui-même.

La gloire fait porter des chaînes plus éclatantes à ceux qui la cherchent dans la profession des armes; mais elles ne sont pas moins pesantes ; et ils éprouvent la nécessité de servir, dans l'honneur même du commandement.

Il semble que la liberté, bannie du commerce des hommes, ait quitté le monde qui la méprisoit ; qu'elle ait cherché un port et un asile assuré dans la solitude, où elle n'est connue que d'un petit nombre d'adorateurs, qui ont préféré la douceur d'une liberté obscure, aux peines et aux dégoûts d'une illustre servitude.

Dans cet assujettissement presque général de toutes les conditions, un ordre aussi ancien que la magistrature, aussi noble que la vertu, aussi nécessaire que la justice, se distingue par un caractère qui lui est propre; et seul entre tous les états, il se maintient toujours dans l'heureuse et paisible possession de son indépendance.

Libre sans être inutile à sa patrie, il se consacre au public sans en être esclave; et condamnant l'indifférence d'un philosophe, qui cherche l'indépendance dans l'oisiveté, il plaint le malheur de ceux qui n'entrent dans les fonctions publiques, que par la perte de leur liberté.

La fortune le respecte; elle perd tout son empire sur une profession qui n'adore que la sagesse : la prospérité n'ajoute rien à son bonheur, parce qu'elle n'ajoute rien à son mérite; l'adversité ne lui ôte rien, parce qu'elle lui laisse toute sa vertu.

Si elle conserve encore des passions, elle ne s'en sert plus que comme d'un secours utile à la raison; et les rendant esclaves de la justice, elle ne les emploie que pour en affermir l'autorité.

Exempte de toute sorte de servitudes, elle arrive à la plus grande élévation, sans perdre aucun des droits de sa première liberté; et dédaignant tous les ornemens inutiles à la vertu, elle peut rendre l'homme noble sans naissance, riche sans biens, élevé sans dignités, heureux sans le secours de la fortune.

Vous qui avez l'avantage d'exercer une profession si glorieuse, jouissez d'un si rare bonheur; connoissez toute l'étendue de vos priviléges, et n'oubliez jamais que, comme la vertu est le principe de votre indépendance, c'est elle qui l'élève à sa dernière perfection.

Heureux d'être dans un état, où faire sa fortune et faire son devoir ne sont qu'une même chose; où le mérite et la gloire sont inséparables; où l'homme, unique auteur de son élévation, tient tous les autres hommes dans la dépendance de ses lumières, et les force de rendre hommage à la seule supériorité de son génie!

Ces distinctions qui ne sont fondées que sur le hasard de la naissance, ces grands noms dont l'orgueil du commun des hommes se flatte, et dont les sages même sont éblouis, deviennent des secours inutiles dans une profession dont la vertu fait toute la noblesse, et dans laquelle les hommes sont estimés, non par ce qu'ont fait leurs pères, mais par ce qu'ils font eux-mêmes.

Ils quittent, en entrant dans ce corps célèbre, le rang que les préjugés leur donnoient dans le monde, pour reprendre celui que la raison leur donne dans l'ordre de la nature et de la vérité.

La justice qui leur ouvre l'entrée du barreau, efface jusqu'au souvenir de ces différences injurieuses à la vertu, et ne distingue plus que par le degré du mérite, ceux qu'elle appelle également aux fonctions d'un même ministère.

Les richesses peuvent orner une autre profession; mais la vôtre rougiroit de leur devoir son éclat. Elevés au comble de la gloire, vous vous souvenez encore que vous n'êtes souvent redevables de vos plus grands honneurs, qu'aux généreux efforts d'une vertueuse médiocrité.

Ce qui est un obstacle dans les autres états, devient un secours dans le vôtre. Vous mettez à profit les injures de la fortune; le travail vous donne ce que la nature vous a refusé; et une heureuse adversité a souvent fait éclater un mérite, qui auroit vieilli sans elle dans le repos obscur d'une longue prospérité.

Affranchis du joug de l'avarice, vous aspirez à des biens qui ne sont point soumis à sa domination. Elle peut à son gré disposer des honneurs; aveugle dans ses choix, confondre tous les rangs, et donner aux richesses les dignités qui ne sont dues qu'à la vertu: quelque grand que soit son empire, ne craignez pas qu'il s'étende jamais sur votre profession.

Le mérite, qui en est l'unique ornement, est le seul bien qui ne s'achète point: et le public, toujours libre dans son suffrage, donne la gloire, et ne la vend jamais.

Vous n'éprouvez ni son inconstance, ni son ingratitude: vous acquérez autant de protecteurs que vous avez de témoins de votre éloquence; les personnes les plus inconnues deviennent les instrumens de votre grandeur; et pendant que l'amour de votre devoir est votre unique ambition, leurs voix et leurs applaudissemens forment cette haute réputation que les places les plus éminentes ne donnent point. Heureux de ne devoir ni les dignités aux richesses, ni la gloire aux dignités!

Que cette élévation est différente de celle que les hommes achètent au prix de leur bonheur, et souvent même de leur innocence!

Ce n'est point un tribut forcé que l'on paye à la fortune par bienséance ou par nécessité: c'est un hommage volontaire, une déférence naturelle que les hommes rendent à la vertu, et que la vertu seule a droit d'exiger d'eux.

Vous n'avez pas à craindre que l'on confonde, dans les honneurs que l'on vous rend, les droits du mérite avec ceux de la dignité, ni que l'on accorde aux emplois le respect que l'on refuse à la personne; votre grandeur est toujours votre ouvrage, et le public n'admire en vous que vous-mêmes.

Une gloire si éclatante ne sera pas le fruit d'une longue servitude: la vertu dont vous faites profession n'impose à ceux qui la suivent d'autres lois que celles de l'aimer; et sa possession, quelque précieuse qu'elle soit, n'a jamais coûté que le désir de l'obtenir.

Vous n'aurez point à regretter des jours vainement perdus dans les voies pénibles de l'ambition, des services rendus aux dépens de la justice, et justement payés par le mépris de ceux qui les ont reçus.

Tous vos jours sont marqués par les services que vous rendez à la société. Toutes vos occupations sont des exercices de droiture et de probité, de justice et de religion. La patrie ne perd aucun des momens de votre vie; elle profite même de votre loisir, et elle jouit des fruits de votre repos.

Le public, qui connoît quel est le prix de votre temps, vous dispense des devoirs qu'il exige des autres hommes; et ceux dont la fortune entraîne toujours après elle une foule d'adorateurs, viennent déposer chez vous l'éclat de leur dignité, pour se soumettre à vos décisions, et attendre de vos conseils la paix et la tranquillité de leurs familles.

Quoique rien ne semble plus essentiel aux fonctions de votre ministère que la sublimité des pensées, la noblesse des expressions, les grâces extérieures, et toutes les grandes qualités dont le concours forme la parfaite éloquence, ne croyez pourtant pas que votre réputation soit absolument dépendante de tous ces avantages; et quand même la nature vous auroit envié quelqu'un de ces talens, ne privez pas le public des secours qu'il a droit d'attendre de vous.

Ces talens extraordinaires, cette grande et sublime éloquence, sont des présens du ciel, qu'il n'accorde que rarement. On trouve à peine un orateur parfait dans une longue suite d'années; tous les siècles n'en ont pas produit; et la nature s'est reposée longtemps, après avoir formé les Cicéron et les Démosthène.

Que ceux qui ont reçu ce glorieux avantage jouissent d'une si rare félicité; qu'ils cultivent ces semences de grandeur qu'ils trouvent dans leur génie, qu'ils joignent les vertus acquises aux talens naturels; qu'ils dominent dans le barreau, et qu'ils fassent revivre dans nos jours la noble simplicité d'Athènes, et l'heureuse fécondité de l'éloquence de Rome.

Mais si les premiers rangs sont dus à leurs grandes qualités, on peut vieillir avec honneur dans les seconds : et dans cette illustre carrière, il est glorieux de suivre ceux même qu'on n'espère pas d'égaler.

Disons enfin à la gloire de votre ordre, que l'éloquence même, qui paroît son plus riche ornement, ne vous est pas toujours nécessaire pour arriver à la plus grande élévation : et le public, juste estimateur du mérite, a fait voir par d'illustres exemples, qu'il savoit accorder la réputation des plus grands avocats, à ceux qui n'avoient jamais aspiré à la gloire des orateurs.

La science a ses couronnes aussi bien que l'éloquence. Si elles sont moins brillantes, elles ne sont pas moins solides; le temps, qui diminue l'éclat des unes, augmente le prix des autres. Ces talens stériles pendant les premières années, rendent avec usure, dans un âge plus avancé, ce qu'ils refusent dans la jeunesse; et votre ordre ne se vante pas moins des grands hommes qui l'ont enrichi par leur érudition, que de ceux qui l'ont orné par leur éloquence.

C'est ainsi que par des routes différentes, mais toujours également assurées, vous arrivez à la même grandeur; et ceux que les moyens ont séparés, se réunissent dans la fin.

Parvenus à cette élévation qui, dans l'ordre du mérite, ne voit rien au-dessus d'elle, il ne vous reste plus, pour ajouter un dernier caractère à votre indépendance, que d'en rendre hommage à la vertu, de qui vous l'avez reçue.

L'homme n'est jamais plus libre que lorsqu'il assujettit ses passions à la raison, et sa raison à la justice. Le pouvoir de faire le mal, est une imperfection, et non pas un caractère essentiel de notre liberté; et elle ne recouvre sa véritable grandeur, que lorsqu'elle perd de cette triste capacité, qui est la source de toutes ses disgrâces.

Le plus libre et le plus indépendant de tous les êtres, n'est tout puissant que pour faire le bien; son pouvoir infini n'a point d'autres bornes que le mal.

Les plus nobles images de la divinité, les rois que l'écriture appelle les dieux de la terre, ne sont jamais plus grands que lorsqu'ils soumettent toute leur grandeur à la justice, et qu'ils joignent au titre de maître du monde, celui d'esclave de la loi.

Dompter par la force des armes ceux qui n'ont pu souffrir le bonheur d'une paix que la seule modération du vainqueur leur avoit accordée; résister aux efforts d'une ligue puissante de cent peuples conjurés contre sa grandeur; forcer des princes jaloux de sa gloire d'admirer la main qui les frappe et de louer les vertus qu'ils haïssent; agir également partout, et ne devoir ses victoires qu'à soi-même, c'est le portrait d'un héros, et ce n'est encore qu'une idée imparfaite de la vertu d'un roi.

Être aussi supérieur à sa victoire qu'à ses ennemis; ne combattre que pour faire triompher la religion; ne régner que pour couronner la justice; donner à ses désirs des bornes moins étendues que celles de sa puissance; et ne faire connoître son pouvoir à ses sujets, que par le nombre de ses bienfaits; être plus jaloux du nom de père de la patrie que du titre de conquérant, et moins sensible aux acclamations qui suivent ses triomphes qu'aux bénédictions du peuple soulagé dans sa misère, c'est la parfaite image de la grandeur d'un prince. C'est ce que la France admire; c'est ce qui fait son indépendance dans la guerre; et qui fera un jour son bonheur dans la paix.

Tel est le pouvoir de la vertu : c'est elle qui fait régner les rois, qui élève les empires, et qui, dans toutes sortes d'états, ne rend l'homme parfaitement libre, que lorsqu'elle l'a rendu parfaitement soumis aux lois de son devoir.

Vous donc qui, par une heureuse prérogative, avez reçu du ciel le riche présent d'une entière indépendance, conservez ce précieux trésor; et si vous êtes véritablement jaloux de votre gloire, joignez la liberté de votre cœur à celle de votre profession.

Moins dominés par la tyrannie des passions que le commun des hommes, vous êtes plus esclaves de la raison; et la vertu acquiert autant d'empire sur vous, que la fortune en a perdu.

Vous marchez dans une route élevée, mais environnée de précipices; et la carrière où vous courez est marquée par les chutes illustres de ceux qu'un sordide intérêt et un amour déréglé de leur indépendance, a précipités du comble de la gloire à laquelle ils étoient parvenus.

Les uns, indignes du nom d'orateur, ont fait de l'éloquence un art mercenaire; et, se réduisant les premiers en servitude, ils ont rendu le plus célebre de tous les états, esclave de la plus servile de toutes les passions.

Le public a méprisé ces ames vénales ; et la perte de leur fortune a été la juste punition de ceux qui avoient sacrifié toute leur gloire à l'avarice.

D'autres, insensibles à l'amour des richesses, n'ont pu être maîtres d'eux-mêmes. Leur esprit, incapable de discipline, n'a jamais pu se plier sous le joug de la régle. Non contens de mériter l'estime, ils ont voulu l'enlever.

Flattés par la grandeur de leurs premiers succès, ils se sont aisément persuadés que la force de leur éloquence pouvoit être supérieure à l'autorité de la loi.

Singuliers dans leurs décisions, pleins de jalousie contre leurs confrères, de dureté pour leurs cliens, de mépris pour tous les hommes, ils ont fait acheter leur voix et leurs conseils au prix de toute la bizarrerie d'un esprit qui ne connoît d'autres règles que les mouvemens inégaux de son humeur, et les saillies déréglées de son imagination.

Quelque grande réputation qu'ils aient acquise par leurs talens extraordinaires, la gloire la plus solide a manqué à leurs travaux ; s'ils ont pu dominer sur les esprits, ils n'ont jamais pu se rendre maîtres des cœurs. Le public admiroit leur éloquence, mais il craignoit leur caprice ; et tout ce que l'on peut dire de plus favorable pour eux, c'est qu'ils ont eu de grandes qualités, mais qu'ils n'ont pas été de grands hommes.

Craignez ces exemples fameux, et ne vous flattez pas de pouvoir jouir de la véritable liberté à laquelle vous aspirez, si vous ne méritez ce bonheur par le parfait accomplissement de vos devoirs.

Vous êtes placés pour le bien du public, entre le tumulte des passions humaines et le trône de la justice ; vous portez à ses pieds les vœux et les prières des peuples ; c'est par vous qu'ils reçoivent ses décisions et ses oracles ; vous êtes également redevables et aux juges et à vos parties ; et c'est ce double engagement qui est le principe de toutes vos obligations.

Respectez l'empire de la loi ; ne la faites jamais servir par des couleurs plus ingénieuses que solides, aux intérêts de vos cliens ; soyez prêts de lui sacrifier, non-seulement vos biens et votre fortune, mais ce que vous avez de plus précieux, votre gloire et votre réputation.

Apportez aux fonctions du barreau un amour de la justice digne des plus grands magistrats ; consacrez à son service toute la grandeur de votre ministère ; et n'approchez jamais de ce tribunal auguste, le plus noble séjour qu'elle ait sur la terre, qu'avec un saint respect qui vous inspire des pensées et des sentimens aussi proportionnés à la dignité des juges qui vous écoutent, qu'à l'importance des sujets que vous y traitez.

Vous ne devez pas moins de vénération aux ministres de la justice qu'à la justice même ; travaillez à mériter leur estime ; considérez-les comme les véritables distributeurs de cette gloire parfaite qui est l'objet de vos désirs, et regardez leur approbation comme la plus solide récompense de vos travaux.

Egalement élevés au-dessus des passions et des préjugés, ils sont accoutumés à ne donner leur suffrage qu'à la raison, et ils ne forment leurs jugemens que sur la lumière toujours pure de la simple vérité.

S'ils sont encore susceptibles de quelque prévention, c'est de ce préjugé avantageux que la probité reconnue de l'avocat fait naître en faveur de sa partie. Servez-vous de cet innocent artifice pour concilier leur attention, et pour attirer leur confiance.

Ne vous flattez jamais du malheureux honneur d'avoir obscurci la vérité ; et, plus sensibles aux intérêts de la justice, qu'au désir d'une vaine réputation, cherchez plutôt à faire paroître la bonté de votre cause que la grandeur de votre esprit.

Que le zèle que vous apporterez à la défense de vos cliens, ne soit pas capable de vous rendre les ministres de leurs passions, et les organes de leur malignité secrète, qui aime mieux nuire aux autres que d'être utile à soi-même, et qui est plus occupée du désir de se venger, que du soin de se défendre.

Quel caractère peut être plus indigne de la gloire d'un ordre qui met tout son bonheur dans son indépendance, que celui d'un homme qui est toujours agité par des mouvemens empruntés d'une passion étrangère, qui s'apaise et s'irrite au gré de sa partie, et dont l'éloquence est esclave d'une expression satirique, qui le rend toujours odieux et souvent méprisable à ceux-mêmes qui lui applaudissent ?

Refusez à vos parties, refusez-vous à vous-mêmes le plaisir inhumain d'une déclamation injurieuse; bien loin de vous servir des armes du mensonge et de la calomnie, que votre délicatesse aille jusqu'à supprimer même les reproches véritables, lorsqu'ils ne font que blesser vos adversaires, sans être utiles à vos parties : ou si leur intérêt vous force à les expliquer, que la retenue avec laquelle vous les proposerez, soit une preuve de leur vérité, et qu'il paroisse au public que la nécessité de votre devoir vous arrache avec peine ce que la modération de votre esprit souhaiteroit de pouvoir dissimuler.

Ne soyez pas moins éloignés de la basse timidité d'un silence pernicieux à vos parties, que de la licence aveugle d'une satire criminelle; que votre caractère soit toujours celui d'une généreuse et sage liberté.

Que les foibles et les malheureux trouvent dans votre voix un asile assuré contre l'oppression et la violence; et dans ces occasions dangereuses, où la fortune veut éprouver ses forces contre votre vertu, montrez-lui que vous êtes non-seulement affranchis de son pouvoir, mais supérieurs à sa domination.

Quand, après avoir passé par les agitations et les orages du barreau, vous arrivez enfin à ce port heureux, où, supérieurs à l'envie, vous jouissez en sûreté de toute votre réputation, c'est le temps où votre liberté reçoit un nouvel accroissement, et où vous devez en faire un nouveau sacrifice au bien public.

Arbitres de toutes les familles, juges volontaires

des plus célèbres différends, tremblez à la vue d'un si saint ministère; et craignez de vous en rendre indignes, en conservant encore ce zèle trop ardent, cet esprit de parti, cette prévention autrefois nécessaire pour la défense de vos cliens.

Laissez, en quittant le barreau, ces armes qui ont remporté tant de victoires dans la carrière de l'éloquence; oubliez cette ardeur qui vous animoit, lorsqu'il s'agissoit de combattre, et non pas de décider du prix, et quoique votre autorité ne soit fondée que sur un choix purement volontaire, ne croyez pas que votre suffrage soit dû à celui qui vous a choisi, et soyez persuadés que votre ministère n'est distingué de celui des juges, que par le caractère, et non par les obligations.

Sacrifiez à de si nobles fonctions tous les momens de votre vie : vous êtes comptables envers la patrie de tous les talens qu'elle admire en vous, et tant que vos forces peuvent vous le permettre, c'est une espèce d'impiété de refuser à vos concitoyens un secours aussi utile pour eux, qu'il est glorieux pour vous.

Enfin, si dans une extrême vieillesse, votre santé affoiblie par les efforts qu'elle a faits pour le public, ne souffre pas que vous lui consacriez le reste de vos jours, vous goûterez alors ce repos durable, cette paix intérieure, qui est la marque de l'innocence, et le prix de la sagesse.

Vous jouirez de la gloire d'un orateur et de la tranquillité d'un philosophe; et si vous êtes attentifs à observer le progrès de votre élévation, vous reconnoîtrez que l'indépendance de la fortune vous a élevés au-dessus des autres hommes, et que la dépendance de la vertu vous a élevés au-dessus de vous-mêmes.

Les Procureurs n'ont pas l'avantage d'exercer une profession si éclatante; mais quelque différence qu'il y ait entre leurs fonctions et celles des avocats, ils peuvent s'appliquer les mêmes maximes; et s'ils veulent jouir de la liberté qui peut convenir à leur état, ils ne doivent la chercher que dans une exacte observation de leurs devoirs. Etre soumis à la justice, et fidèles à leurs parties, c'est à quoi se réduisent toutes leurs obligations. Nous voyons avec plaisir l'application qu'ils ont donnée à la réformation des abus qui s'étoient glissés dans leur corps, et nous les exhortons à faire de nouveaux efforts pour éviter les justes reproches du public, et pour mériter cette protection favorable, que la cour ne refuse jamais à ceux qui se distinguent par leur droiture et leur capacité.

DEUXIÈME DISCOURS,

PRONONCÉ EN 1695 :

LA CONNOISSANCE DE L'HOMME.

C'EST en vain que l'orateur se flatte d'avoir le talent de persuader les hommes, s'il n'a acquis celui de les connoître.

L'étude de la morale et celle de l'éloquence sont nées en même temps ; et leur union est aussi ancienne dans le monde, que celle de la pensée et de la parole.

On ne séparoit point autrefois deux sciences, qui par leur nature sont inséparables : le philosophe et l'orateur possédoient en commun l'empire de la sagesse ; ils entretenoient un heureux commerce, une parfaite intelligence entre l'art de bien penser, et celui de bien parler ; et l'on n'avoit pas encore imaginé cette distinction injurieuse aux orateurs, ce divorce funeste à l'éloquence, de l'esprit et de la raison, des expressions et des sentimens, de l'orateur et du philosophe.

S'il y avoit quelque différence entre eux, elle étoit toute à l'avantage de l'éloquence : le philosophe se contentoit de convaincre, l'orateur s'appliquoit à persuader.

L'un supposoit ses auditeurs attentifs, dociles, favorables : l'autre savoit leur inspirer l'attention, la docilité, la bienveillance.

L'austérité des mœurs, la sévérité du discours, l'exacte rigueur du raisonnement, faisoient admirer le philosophe : la douceur d'esprit ou naturelle ou étudiée, les charmes de la parole, le talent de l'insinuation, faisoient aimer l'orateur.

L'esprit étoit pour l'un, et le cœur étoit pour l'autre. Mais le cœur se révoltoit souvent contre les vérités dont l'esprit étoit convaincu; l'esprit, au contraire, ne refusoit jamais de se soumettre aux sentimens du cœur: et le philosophe, roi légitime, se faisoit souvent craindre comme un tyran; au lieu que l'orateur exerçoit une tyrannie si douce et si agréable, qu'on la prenoit pour la domination légitime.

Ce fut dans ce premier âge de l'éloquence, que la Grèce vit autrefois le plus grand de ses orateurs jeter les fondemens de l'empire de la parole sur la connoissance de l'homme, et sur les principes de la morale.

En vain la nature, jalouse de sa gloire, lui refuse ses talens extérieurs, cette éloquence muette, cette autorité visible qui surprend l'ame des auditeurs et qui attire leurs vœux avant que l'orateur ait mérité leurs suffrages; la sublimité de son discours ne laissera pas à l'auditeur transporté hors de lui-même, le temps et la liberté de remarquer ses défauts : ils seront cachés dans l'éclat de ses vertus; on sentira son impétuosité mais on ne verra point ses démarches; on le suivra comme un aigle dans les airs, sans savoir comment il a quitté la terre.

Censeur sévère de la conduite de son peuple, il paroîtra plus populaire que ceux qui le flattent : il osera présenter à ses yeux la triste image de la vertu pénible et laborieuse; et il le portera à préférer l'honnête difficile, et souvent même malheureux, à l'utile agréable, et aux douceurs d'une indigne prospérité.

La puissance du roi de Macédoine redoutera l'éloquence de l'orateur athénien; le destin de la Grèce demeurera suspendu entre Philippe et Démosthène; et comme il ne peut survivre à la liberté de sa patrie, elle ne pourra jamais expirer qu'avec lui.

D'où sont sortis ces effets surprenans d'une éloquence plus qu'humaine? Quelle est la source de tant de prodiges, dont le simple récit fait encore, après tant de siècles, l'objet de notre admiration?

Ce ne sont point des armes préparées dans l'école d'un déclamateur : ces foudres, ces éclairs qui font trembler les rois sur leur trône, sont formés dans une région supérieure. C'est dans le sein de la sagesse qu'il avoit puisé cette politique hardie et généreuse, cette liberté constante et intrépide, cet amour invincible de la patrie ; c'est dans l'étude de la morale qu'il avoit reçu des mains de la raison même, cet empire absolu, cette puissance souveraine sur l'ame de ses auditeurs. Il a fallu un Platon pour former un Démosthène, afin que le plus grand des orateurs fît hommage de toute sa réputation au plus grand des philosophes.

Que si, après avoir porté les yeux sur ces vives lumières de l'éloquence, nous pouvons encore soutenir la vue de nos défauts, nous aurons du moins la consolation d'en connoître la cause, et d'en découvrir le remède.

Ne nous étonnons point de voir en nos jours cette décadence prodigieuse de la profession de l'éloquence; nous devrions être surpris au contraire, si elle étoit florissante.

Livrés dès notre enfance aux préjugés de l'éducation et de la coutume, le désir d'une fausse gloire nous empêche de parvenir à la véritable : et par une ambition qui se précipite en voulant s'élever, on veut agir avant d'avoir appris à se conduire ; juger avant d'avoir connu; et, si nous osons même le dire, parler avant d'avoir pensé.

On méprise la connoissance de l'homme comme une spéculation stérile, plus propre à dessécher qu'à enrichir l'esprit; comme l'occupation de ceux qui n'en ont point, et dont le travail, quelque éclatant qu'il soit par la beauté de leurs ouvrages, n'est regardé que comme une illustre et laborieuse oisiveté.

Mais l'éloquence se venge elle-même de cette témérité; elle refuse son secours à ceux qui la veulent réduire à un simple exercice de paroles ; et les dégradant de la dignité d'orateurs, elle ne leur laisse que le nom de déclamateurs frivoles, ou d'historiens souvent infidèles du différend de leurs parties.

Vous qui aspirez à relever la gloire de votre ordre, et à rappeller en nos jours au moins l'ombre et l'image de cette ancienne éloquence, ne rougissez point d'emprunter des philosophes ce qui étoit autrefois votre propre bien; et, avant d'approcher du sanctuaire de la justice, contemplez avec des yeux attentifs ce spectacle continuel que l'homme présente à l'homme même.

Que son esprit attire vos premiers regards, et attache pour un temps toute votre application.

La vérité est son unique objet; il la cherche dans ses plus grands égaremens; elle est la source innocente de ses erreurs; et même le mensonge ne sauroit lui plaire, que sous l'image et sous l'apparence trompeuse de la vérité.

L'orateur n'a qu'à la montrer, il est sûr de la victoire; il a rempli le premier et le plus noble de ses devoirs quand il a su éclairer, instruire, convaincre l'esprit, et présenter aux yeux de ses auditeurs une lumière si vive et si éclatante, qu'ils ne puissent s'empêcher de reconnoître à ce caractère auguste, la présence de la vérité.

Qu'il ne se laisse pas éblouir par le succès passager de cette vaine éloquence qui cherche à surprendre les suffrages par des grâces étudiées, et non pas à les mériter par les beautés solides d'un raisonnement victorieux : l'auditeur flatté sans être convaincu, condamne le jugement de l'orateur dans le temps qu'il loue son imagination; et, lui accordant à regret le triste éloge d'avoir su plaire sans avoir su persuader, il préfère sans hésiter, une éloquence grossière et sauvage, mais convaincante et persuasive, à une politesse languissante, énervée, et qui ne laisse aucun aiguillon dans l'ame des auditeurs.

Celui qui aura bien connu la nature de l'esprit humain, saura trouver un juste milieu entre ces deux extrémités. Instruit dans l'art difficile de montrer la vérité aux hommes, il sentira que, même pour leur plaire, il n'est point de moyen plus sûr que de les convaincre : mais il saura ménager la superbe délicatesse de l'auditeur, qui veut être respecté dans le temps même qu'on l'instruit, et la vérité ne dédaignera pas d'emprunter dans sa bouche, les ornemens de la parole.

Il la dévoilera avec tant d'art, que ses auditeurs croiront qu'il n'a fait que dissiper le nuage qui la cachoit à leurs yeux; et ils joindront au plaisir de la découvrir, celui de se flatter en secret qu'ils partagent avec l'orateur l'honneur de cette découverte.

Persuadé que sans l'art du raisonnement, la rhétorique est un fard qui corrompt les beautés naturelles, le parfait orateur en épuisera toutes les sources; et il découvrira tous les canaux par lesquels la vérité peut entrer dans l'esprit de ceux qui l'écoutent; il ne négligera pas même ces sciences abstraites que le commun des hommes ne méprise, que parce qu'il les ignore.

La connoissance de l'homme lui apprendra qu'elles sont comme des routes naturelles, et si l'on peut s'exprimer ainsi, les avenues de l'esprit humain. Mais attentif à ne pas confondre les moyens avec la fin, il ne s'y arrêtera pas trop long-temps. Il se hâtera de les parcourir avec l'empressement d'un voyageur qui retourne dans sa patrie; on ne s'apercevra point de la sécheresse des pays par lesquels il aura passé; il pensera comme un philosophe, et il parlera comme un orateur.

Par un secret enchaînement de propositions également simples et évidentes, il conduira l'esprit de vérités en vérités, sans jamais lasser, ni partager son attention; et dans les temps même que ses auditeurs s'attendent encore à une longue suite de raisonnemens, ils seront surpris de voir que, par un artifice innocent, la simple méthode a servi de preuve, et que l'ordre seul a produit la conviction.

Mais ce sera peu pour lui de convaincre : il voudra persuader, et il découvrira d'abord dans l'étude du cœur humain les caractères différens de la conviction et de la persuasion.

Pour convaincre, il suffit de parler à l'esprit; pour persuader, il faut aller jusqu'au cœur. La conviction agit sur l'entendement, et la persuasion sur la volonté: l'une fait connoître le bien; l'autre le fait aimer : la première n'emploie que la force du raisonnement; la dernière y ajoute la douceur du sentiment; et si l'une règne sur les pensées, l'autre étend son empire sur les actions même.

Tous les cœurs sont capables de sentir et d'aimer; tous les esprits ne le sont pas de raisonner et de connoître.

Pour apercevoir distinctement la vérité, il faut quelquefois autant de lumière, que pour la découvrir aux autres. La preuve devient inutile, si l'esprit de celui qui l'écoute, n'est pas capable de la comprendre; et un grand orateur demande souvent un grand auditeur, pour suivre le progrès de son raisonnement.

Mais pour régner par la force ou par la douceur du sentiment, il suffit de parler devant des hommes : leur amour-propre prête à l'orateur des armes pour les combattre : sa première vertu est de connoître les défauts des autres, sa sagesse consiste à découvrir leurs passions, et sa force à savoir profiter de leur foiblesse.

C'est par-là qu'il achève de surmonter les obstacles qui s'opposent au succès de son éloquence : les ames les plus rebelles, ces esprits opiniâtres, sur lesquels la raison n'avoit point de prise, et qui résistoient à l'évidence même, se laissent entraîner par l'attrait de la persuasion. La passion triomphe de ceux que la raison n'avoit pu dompter; leur voix se mêle avec celle des génies d'un ordre supérieur : les uns suivent volontairement la lumière que l'orateur leur présente; les autres sont enlevés par un charme secret, dont ils éprouvent la force sans en connoître la cause : tous les esprits convaincus, tous les cœurs persuadés, payent également à l'orateur ce tribut d'amour et d'admiration, qui n'est dû qu'à celui que la connoissance de l'homme a élevé au plus haut degré de l'éloquence.

Maîtres dans l'art de parler au cœur, ne craignez pas de manquer jamais de figures, d'ornement, et de tout ce qui compose cette innocente volupté, dont l'orateur doit être l'artisan.

Ceux qui n'apportent à la profession de l'éloquence qu'une connoissance imparfaite, pour ne pas dire une ignorance entière de la science des mœurs, peuvent craindre de tomber dans ce défaut; destitués du secours des choses, ils recherchent ambitieusement celui des expressions, comme un voile magnifique, à la faveur duquel ils espèrent de cacher la disette de leur esprit, et de paroître dire beaucoup plus qu'ils ne pensent.

Mais ces mêmes paroles, qui fuient ceux qui les cherchent uniquement, s'offrent en foule à un orateur qui s'est nourri pendant long-temps de la substance des choses mêmes. L'abondance des pensées produit celle des expressions; l'agréable se trouve dans l'utile; et les armes qui ne sont données au soldat que pour vaincre, deviennent son plus bel ornement.

Avouons néanmoins qu'il est une science de plaire, différente de celle d'émouvoir les passions. L'orateur ne touche pas toujours : son sujet y résiste souvent; mais l'orateur doit toujours plaire, l'intérêt de sa cause le demande toujours.

Telle est la nature de l'esprit humain, qu'il veut que la raison même s'assujettisse à lui parler le langage de l'imagination. La vérité simple et négligée trouve peu d'adorateurs : le commun des hommes la méconnoît dans sa simplicité, ou la méprise dans sa négligence : leur entendement se fatigue en vain à tracer les premiers traits du tableau qui se peint dans leur ame, si l'imagination ne lui prête ses couleurs. L'ouvrage de l'entendement n'est souvent pour eux qu'une figure morte et inanimée ; l'imagination lui donne la vie et le mouvement. La conception pure, quelque lumineuse qu'elle soit, fatigue l'attention de l'esprit : l'imagination le délasse, et revêt tous les objets des qualités sensibles, dans lesquelles il se repose agréablement.

Il s'élève presque toujours contre ceux qui osent prendre une route nouvelle, et qui veulent aller à l'entendement, sans passer par l'imagination. Accoutumé à ne recevoir les impressions de la vérité que quand elles sont accompagnées de ce plaisir secret qu'il prend pour un de ses caractères, il préfère souvent un mensonge agréable à une austère vérité; et son imagination indignée du mépris de l'orateur qui s'est contenté de parler à l'intelligence, s'en venge souvent sur l'orateur même, et détruit en secret cette conviction qu'il se flattoit d'avoir su produire.

Que cette disposition est favorable aux orateurs, et qu'il est vrai de dire que c'est l'imagination qui a élevé l'empire de l'éloquence, et qui lui a soumis tous les hommes !

C'est par son moyen que l'orateur sait approcher si près de notre ame les images de tous les objets, qu'elle les prend pour les objets mêmes. Elle substitue, pour ainsi dire, les choses aux paroles; ce n'est plus l'orateur, c'est la nature qui parle. L'imitation devient si parfaite, qu'elle se cache elle-même; et par une espèce d'enchantement, ce n'est plus une description ingénieuse, c'est un objet véritable que l'auditeur croit voir, croit sentir et se peindre à lui-même.

Ces miracles de l'art sont des effets de ce pouvoir naturel que la connoissance de l'imagination donne à l'orateur sur l'imagination même. Il n'appartient qu'à lui de faire ce choix si difficile entre des beautés différentes; de savoir quitter le bien pour prendre le mieux; d'enlever, pour ainsi dire, et de cueillir la première fleur des objets qu'il présente à l'esprit; et d'attraper dans la peinture qui se fait par la parole, ce jour, cette lumière, ce moment heureux que le grand peintre saisit, et que le peintre médiocre cherche inutilement après qu'il a passé.

Il possède le talent encore plus rare de connoître jusqu'où il faut aller, de savoir garder la modération dans le bien même; de ne passer jamais les bornes presqu'imperceptibles qui séparent ce qui convient de ce qui ne convient pas, et d'observer en tout l'exacte rigueur de la bienséance.

C'est cette dernière science qui embellit tout ce que l'orateur touche; qui donne des grâces à sa négligence même, et qui fait aimer jusqu'à ses défauts; c'est une secrète sympathie qui attachant l'ame à tous les objets extérieurs, lui fait apercevoir tous les rapports qui les unissent, et toutes les différences qui les séparent; ou si l'on veut, c'est une justesse d'oreille que la moindre dissonance blesse, et qui goûte toute la beauté de l'harmonie : une convenance que l'on sent mieux qu'on ne peut la définir; que l'on trouve en soi-même, et que l'on perd souvent en voulant la chercher; et pour tout dire en un mot, c'est le chef-d'œuvre de l'art des rhéteurs; et c'est néanmoins ce que l'art des rhéteurs ne sauroit apprendre.

La nature donne à l'orateur ce génie heureux, cet instinct secret, ce goût sûr et délicat qui sent comme par inspiration, ce qui sied et ce qui ne sied pas.

La morale y ajoute la connoissance des sujets sur lesquels il doit exercer ses talens naturels : et après lui avoir découvert les préceptes généraux de la rhétorique dans l'étude de l'homme en général, elle lui présente l'homme en particulier, comme un second tableau dans lequel il doit chercher les règles particulières de la bienséance.

Attentif à se connoître lui-même, s'il veut prévenir la censure du public, qu'il soit le premier censeur de ses défauts. Le caractère le plus ordinaire de ceux qui déplaisent aux autres, est de se plaire trop à eux-mêmes. Heureux celui qui a commencé par se déplaire pendant long-temps, qui a pu être frappé plus vivement de ses défauts que ses propres ennemis, et qui a éprouvé, dans les premières années de sa vie, l'utile déplaisir de ne pouvoir se contenter lui-même! Il semble que la nature ne lui donne cette inquiétude, que pour lui faire mieux goûter le plaisir du succès; et que ce soit à ce prix qu'elle lui fasse acheter la gloire qu'elle lui prépare.

Il joint à ce dégoût de lui-même une heureuse défiance de ses forces : sa modestie fait sans peine ce discernement si pénible à l'amour-propre, des sujets qui lui sont proportionnés; ou plutôt, par un amour-propre plus éclairé, pour réussir dans tout ce qu'il entreprend, il n'entreprend rien qui soit au-dessus de lui : et il n'oublie jamais que quelque grand que l'on soit, on paroît toujours médiocre quand on est inférieur à son sujet; et qu'au contraire on paroît toujours assez grand, quand on a pu remplir toute l'étendue de sa cause.

Si le caractère de son esprit lui refuse la hardiesse des expressions, la véhémence des figures, la rapidité de la déclamation, il ne préférera point, vainement ambitieux, un sublime mal soutenu, à une sage et précieuse médiocrité : la justesse d'esprit, la pureté du discours, la dignité de la prononciation seront son partage; l'égalité de son style suppléera ce qui manque à son élévation; il s'insinuera par la douceur dans l'ame de ceux qui se révoltent contre la fierté dominante des orateurs véhémens; il saura mettre à profit jusqu'à ses imperfections; elles ne serviront qu'à rendre l'auditeur moins défiant et plus facile à être touché; sa foiblesse deviendra sa force, et fera partie de son éloquence.

Il n'affectera point la gloire d'une vaste érudition, si la multitude de ses occupations ne lui a pas permis de l'acquérir; ou s'il est assez heureux pour l'avoir acquise, elle perdra dans sa bouche cet air sauvage et impérieux que les savans lui prêtent, pour reprendre ce caractère de douceur et de modestie que la nature lui avoit donné; et par une adroite dissimulation de ses forces, il jouira du précieux avantage d'avoir su mériter l'estime, sans exciter la jalousie ; et de s'être fait aimer des hommes, dans le temps même qu'il les forçoit à l'admirer.

Cette noble modestie relèvera l'éclat de toutes ses vertus : c'est elle qui embellit pour ainsi dire, la beauté même ; qui répand une bienséance générale sur toutes les paroles de l'orateur ; et qui intéresse si fortement ceux qui l'écoutent, au succès de son action, qu'au lieu d'en être les juges, ils en deviennent les protecteurs. Ornement naturel de ceux qui commencent, plus estimable encore dans ceux qui sont plus avancés, elle est la vertu de tous les temps et de tous les âges, qui doit accompagner l'orateur dans tout le cours de sa réputation, quoique la même éloquence ne lui convienne pas toujours, et que le progrès de son style doive imiter celui de ses années.

La jeunesse peut se permettre pour un temps l'abondance des figures, la richesse des ornemens, et tout ce qui compose la pompe et le luxe de l'éloquence : cette heureuse témérité, ces efforts hardis d'une éloquence naissante, sont les défauts de ceux qui sont destinés aux grandes vertus. Un style sec et aride est odieux dans la jeunesse, par la seule affectation d'une sévérité prématurée. Malheur à ces génies ingrats et stériles qui prennent la sécheresse pour la justesse d'esprit, la disette pour la modération, la foiblesse pour le bon usage de ses forces, et qui croient que la vertu consiste seulement à n'avoir point de vices !

Il viendra un âge plus avancé qui retranchera cette riche superfluité : le style de l'orateur vieillira avec lui ; ou pour mieux dire, il acquerra toute la maturité de la vieillesse, sans perdre la vigueur de la jeunesse. Il ne manquera pas même alors de grâces et d'ornemens ; mais ces grâces seront austères, ces ornemens seront graves et majestueux.

Ainsi, suivant toujours les règles de la plus exacte bienséance, il sentira que le moyen le plus sûr de plaire aux autres, est de ne sortir jamais de son propre caractère, et de ne parler que d'après soi-même,

Mais obligé par la nature de son ministère, de parler aussi d'après ses parties, il ne s'appliquera pas moins à les connoître, s'il veut remplir les devoirs de l'avocat, et mériter la gloire de l'orateur.

Etudier les inclinations de ses parties, pour les suivre si elles sont justes, et pour les réprimer si elles sont déréglées; connoître leur vertu pour prévenir les juges en leur faveur, et leurs défauts pour détruire ou pour affoiblir le préjugé qui leur est contraire; examiner avec attention leur naissance et leur état, leur réputation et leur dignité, pour ménager avec art ces avantages équivoques qui peuvent exciter ou la faveur ou l'envie, souvent plus à craindre pour ceux qui les ont, qu'à désirer pour ceux qui ne les ont pas; c'est le devoir commun de tous ceux qui portent le nom d'avocat : mais ce n'est encore qu'une légère idée des obligations de l'orateur.

S'il veut être toujours sûr de plaire et de réussir, il faut que, sans prendre ni les passions ni les erreurs de ses parties, il se transforme pour ainsi dire, en elles-mêmes; et que les exprimant avec art dans sa personne, il paroisse aux yeux du public, non tel qu'elles sont, mais tel qu'elles devroient être.

Qu'il imite l'adresse de ces peintres qui savent prêter des grâces à ce que la nature a de plus affreux; et qui, diminuant les défauts sans toucher à la ressemblance, donnent aux personnes les plus difformes la joie de se reconnoître et de se plaire dans leurs portraits.

C'est par le moyen de cette fiction ingénieuse, et sous cette personne empruntée, que l'orateur animé, pénétré, agité des mêmes mouvemens que sa partie, ne dira jamais rien qui ne lui convienne parfaitement : il réunira la douceur et la sagesse de la raison avec la force et l'impétuosité de la passion; ou plutôt la passion de la partie deviendra raisonnable dans la bouche de son défenseur; et se renfermant dans l'usage auquel la nature l'avoit destinée, elle saura toucher le cœur, sans offenser l'esprit.

Ce ne sera plus un seul homme dont le style toujours le même, ne fait que changer de sujet, sans changer de tour.

Il se multipliera pour ainsi dire; il empruntera autant de formes différentes, qu'il aura de causes et de parties d'un caractère différent.

Tantôt sublime et pompeux, son style imitera la rapidité d'un torrent impétueux, ou la majesté d'un fleuve tranquille : tantôt simple et modeste, il saura descendre sans s'abaisser; et par des grâces naïves et des ornemens naturels, délasser l'attention de ceux qui l'avoient à peine suivi dans son élévation.

Il refusera d'orner ce qui ne demande que d'être expliqué; après avoir porté la lumière dans les longues obscurités d'une procédure ennuyeuse, il se contentera d'arracher les épines qui lui sont naturelles, sans vouloir y mêler mal à propos des fleurs étrangères.

Souvent la véhémence et la triste sévérité de son discours protégera la vertu opprimée, et fera trembler le vice triomphant. Quelquefois plus facile et plus doux en apparence, mais plus redoutable en effet, il ne s'attachera pas tant à rendre le vice odieux, qu'à le rendre méprisable : mais la nécessité autorisera son ironie, ou du moins l'utilité la fera excuser; la vérité lui servira toujours de fondement, et la sagesse en saura modérer et adoucir l'usage.

Ainsi prenant successivement toutes sortes de caractères, né pour tous, et réunissant dans chacun comme s'il n'étoit né que pour celui-là seul, il ne lui restera plus qu'à souhaiter que ce personnage étranger que la nécessité de son ministère lui impose, n'exige jamais rien de l'avocat qui soit contraire au devoir de l'homme de bien.

Mais s'il éprouve quelquefois ce combat intérieur entre lui-même et sa partie, sa vertu seule le décidera, ou plutôt elle saura le prévenir. Elle rougiroit d'avoir pu hésiter un moment entre l'honnête et l'utile. Jaloux de sa réputation, il l'estimera trop pour la sacrifier à sa partie; et sagement infidèle, il acquerra plus de vraïe et de solide gloire par un silence judicieux, qu'il n'auroit fait par tous les efforts de son éloquence. Plus heureux en cet état que les anciens orateurs, il n'aura pas besoin de connoître le caractère particulier de ses juges pour être assuré de leur plaire.

Dans ce temps d'une liberté ennemie de la justice, où la qualité de juge étoit un présent de la naissance plutôt que le prix du mérite; dans ces assemblées tumultueuses où la raison vaincue par le nombre, devoit s'estimer heureuse si elle n'étoit que méprisée sans être punie, l'orateur qui comptoit souvent ses propres ennemis dans le nombre de ses juges, ne pouvoit presque espérer un succès favorable, s'il ne s'appliquoit à découvrir les erreurs du peuple, pour le tromper; ses passions, pour le séduire; ses caprices, pour le flatter; son foible, pour l'entraîner.

Et lorsque la fortune, lasse de présider aux jugemens populaires, voulut remettre l'empire du monde entre les mains d'un seul, pour régner par un homme sur tous les autres hommes, l'orateur trouva souvent tous les défauts du peuple réunis dans son juge avec une autorité encore plus absolue.

Ce fut à la vérité un jour de triomphe, non-seulement pour l'orateur, mais encore pour l'éloquence même, que celui où la fortune prit plaisir à commettre deux héros d'un caractère différent; ces grands hommes qui ont eu tous deux pour but de régner et de vaincre, l'un par la force des armes, l'autre par les charmes de la parole.

Le conservateur de la république, celui que Rome libre appela le père de la patrie, parle devant l'usurpateur de l'empire et le destructeur de la liberté. Il défend un de ces fiers républicains qui avoient porté les armes contre César, et il a César même pour juge.

C'est peu de parler pour un ennemi vaincu en présence du victorieux; il parle pour un ennemi condamné, et il entreprend de le justifier devant celui qui a prononcé sa condamnation avant que de l'entendre, et qui, bien loin de lui donner l'attention d'un juge, ne l'écoute plus qu'avec la maligne curiosité d'un auditeur prévenu.

Mais il connoît la passion dominante de son juge; et c'en est assez pour le vaincre. Il flatte sa vanité, pour désarmer sa vengeance; et malgré son indifférence obstinée, il sait l'intéresser si vivement à la conservation de celui qu'il vouloit perdre, que son émotion ne peut plus se contenir au-dedans de lui-même. Le trouble extérieur de son visage rend hommage à la supériorité de l'éloquence; il absout celui qu'il avoit déjà condamné; et Cicéron mérite l'éloge qu'il donne à César, d'avoir su vaincre le vainqueur, et triompher de la victoire.

Quels éloges auroit-il donnés à la modération d'un prince aussi grand que César, mais plus maître de lui-même; qui se rend, non à l'éloquence, mais à la justice; et qui ne partage avec personne la gloire de savoir se vaincre lui-même, sans trouble, sans efforts, par la seule supériorité d'une vertu qui a tellement dompté les passions, qu'elle règne sans violence, et qu'elle triomphe sans combat!

Heureux les orateurs qui parlent devant des juges animés de cet esprit, et soutenus par ce grand exemple!

Vous savez qu'ils sont juges, et c'est en savoir assez pour les connoître parfaitement. Ils n'ont point d'autre caractère que celui qu'ils portent dans le tribunal de la justice souveraine : aucun mélange de passions, d'intérêt, d'amour-propre, n'a jamais troublé la pureté des fonctions de leur ministère : on les a définis quand on a défini la justice; et la personne privée ne se laisse jamais entrevoir sous le voile de la personne publique.

Ne travaillez donc point à concilier leur attention par les vaines figures d'une déclamation étudiée : un motif plus noble et plus élevé, une vue plus sainte et plus efficace les rend attentifs. Ne recherchez point leur faveur par des artifices superflus; la raison seule peut la mériter : la bienséance à leur égard est la même chose que le devoir; et rien n'est plus éloquent auprès d'eux que la vertu.

Assurés de leur approbation, ne doutez point de celle du public.

Ce peuple, cette multitude qui dans le temps qu'elle exerçoit elle-même les jugemens, se faisoit craindre aux parties par son caprice, n'est plus terrible qu'aux orateurs, par la juste sévérité d'une censure rigoureuse. Ceux qui abusoient de leur ministère dans le temps qu'ils étoient juges, ne se trompent presque plus, depuis qu'ils sont devenus simples spectateurs, et le caractère de l'infaillibilité est presque toujours attaché au sentiment de la multitude.

C'est elle qui fait le partage de la réputation entre les grands hommes, et qui, par un juste discernement du mérite, donne des éloges différens aux différentes qualités de ceux de vos confrères dont vous regrettez la perte.

Elle loue dans l'un l'étendue de la science et la profondeur de l'érudition (1); dans l'autre, une parfaite intelligence des affaires, et une expérience consommée (2). Elle plaint une justesse d'esprit, une force de raisonnement peu commune, dans celui qu'une mort précipitée a enlevé au milieu de sa course (3): et elle admire dans le dernier (4), ce mérite qui n'a paru que parfait; cette élévation dont on n'a remarqué ni le commencement ni le progrès; cette réputation subite, qui est sortie toute éclatante de l'obscurité de sa retraite laborieuse.

C'est donc ce jugement, cette approbation du public qui donne le privilége de l'immortalité à vos ouvrages. Vous jouissez auprès de lui du même avantage qu'auprès de vos juges. Incapable d'être corrompu, il n'applaudit constamment qu'au véritable mérite; mais il lui applaudit toujours. Un grand orateur n'accuse jamais son siècle d'injustice: il sait toujours le rendre juste. La connoissance de l'homme

(1) M. Chuppe. (2) M. Billard. (3) M. de Tessé. (4) M. Husson.

lui fait mépriser ces goûts passagers, qui n'entraînent que les orateurs et les auditeurs médiocres. Elle lui inspire ce goût général et universel, ce goût de tous les temps et de tous les pays : ce goût de la nature, qui malgré les efforts d'une fausse éloquence, est toujours sûr d'enlever l'estime des hommes, et de forcer leur admiration.

La chaste sévérité de son éloquence se contente de ne pas déplaire à l'auditeur, en attaquant avec violence une erreur qui le flatte ; mais elle ne cherche jamais à lui plaire par des vices agréables : elle trouve une route plus sûre pour arriver à son cœur ; et redressant son goût sans le combattre, elle lui met devant les yeux de véritables beautés, pour lui apprendre à rejeter les fausses.

C'est ainsi que la connoissance de l'homme rend l'orateur supérieur aux jugemens des hommes : c'est par-là qu'il devient l'arbitre du bon goût, le modèle de l'éloquence, l'honneur de son siècle, et l'admiration de la postérité : enfin, c'est par-là que son cœur aussi élevé que son esprit, réunit la science de bien vivre à celle de bien parler, et qu'il rétablit entr'elles cette ancienne intelligence, sans laquelle le philosophe est inutile aux autres hommes, et l'orateur à soi-même.

TROISIÈME DISCOURS,

PRONONCÉ EN 1699 :

DES CAUSES DE LA DÉCADENCE DE L'ÉLOQUENCE.

La destinée de tout ce qui excelle parmi les hommes, est de croître lentement, de se soutenir avec peine pendant quelques momens, et de tomber bientôt avec rapidité.

Nous naissons foibles et mortels ; et nous imprimons sur tout ce qui nous environne le caractère de notre foiblesse, et l'image de notre mort. Les sciences les plus sublimes, ces vives lumières qui éclairent nos esprits, éternelles dans leur source, puisqu'elles sont une émanation de la Divinité même, semblent devenir mortelles et périssables par la contagion de notre fragilité : immuables en elles-mêmes, elles changent par rapport à nous ; comme nous, on les voit naître, et comme nous, on les voit mourir. L'ignorance succède à l'érudition, la grossièreté au bon goût, la barbarie à la politesse. Les sciences et les beaux-arts rentrent dans le néant dont on avoit travaillé pendant une longue suite d'années à les faire sortir, jusqu'à ce qu'une heureuse industrie, par une espèce de seconde création, leur donne un nouvel être et une seconde vie.

Ce torrent d'éloquence, ces sources de doctrine qui ont inondé autrefois la Grèce et l'Italie, qu'étoient-elles devenues pendant plusieurs siècles ? Nos aïeux les ont vu renaître ; l'âge de nos pères a admiré leur éclat ; le nôtre commence à les voir diminuer : et qui sait si nos enfans en verront encore les foibles restes ?

Nous avons vu mourir de grands hommes, et nous n'en voyons point renaître de leurs cendres. Une langueur mortelle a pris la place de cette vive émulation qui nous a fait voir tant de prodiges dans les sciences, et tant de chefs-d'œuvres dans les arts; et une molle oisiveté détruit insensiblement l'ouvrage qu'un travail opiniâtre avoit à peine élevé. Que nous serions heureux, si nous n'avions à déplorer que les pertes des autres professions; et si dans le déclin de la littérature, l'éloquence et l'érudition s'étoient réfugiées dans votre ordre, comme dans leur temple naturel, pour y recevoir à jamais le juste tribut des louanges et de l'admiration des hommes!

Mais, après avoir flatté l'ardeur que nous avons pour votre gloire par des souhaits ambitieux, ces souhaits mêmes se tournent contre nous. En nous montrant ce que nous devrions être, ils nous forcent de reconnoître combien nous en sommes éloignés; et ils nous obligent de faire une triste comparaison entre ce que nous avons été, et ce que nous sommes.

Vous le savez, vous qui dans un âge avancé vous souvenez encore avec joie, ou peut-être avec douleur, d'avoir vu l'ancienne dignité de votre ordre. Rappelez la mémoire de ces jours heureux qui éclairoient encore ce barreau, lorsque vous y avez été reçus : quelle multitude d'orateurs! Quel nombre de jurisconsultes! Combien d'éloquence dans les discours, d'érudition dans les écrits, de prudence dans les conseils!

On n'entendoit dans cet auguste tribunal que des voix dignes de la majesté du sénat, qui, après avoir essayé dans les tribunaux inférieurs les forces timides de leur éloquence naissante, regardoient l'honneur de parler devant le premier trône de la justice, comme le prix le plus glorieux de leurs travaux.

Après les avoir admirés dans le tumulte et les agitations du barreau, on les respectoit encore plus, lorsque dans un repos actif et dans un loisir laborieux, ils jouissoient du noble plaisir d'être la lumière des aveugles, la consolation des malheureux, l'oracle de tous les citoyens. On approchoit avec une espèce de religion de ces hommes vénérables. Toutes les vertus présidoient à leurs sages délibérations. La justice y tenoit la balance, comme dans les plus saints tribunaux : la patience y écoutoit avec une scrupuleuse application toutes les raisons des parties qui les consultoient : la science y plaidoit toujours la cause de l'absent, et ne rougissoit point d'appeler quelquefois à son secours une lenteur salutaire : la prudence y donnoit en tremblant un conseil assuré; et la modeste timidité avec laquelle ces sages vieillards proposoient leurs sentimens, étoit presque toujours un caractère infaillible de la sûreté de leur décision.

Tels ont été vos pères, tel est l'état dont nous sommes déchus. A ce haut degré d'éloquence nous avons vu succéder une médiocrité louable en elle-même; mais triste et ingrate, si on la compare avec l'élévation qui l'a précédée. Ne craindrons-nous point de le dire, et ne nous reprochera-t-on pas ou la bassesse ou la force de nos expressions? Ce pilier fameux, où se prononçoient autrefois tant d'oracles, est presque muet aujourd'hui : il gémit, comme ce barreau, de se voir menacé d'une triste solitude : un petit nombre de têtes illustres sont, dans l'opinion publique, les dernières espérances et l'unique ressource de la doctrine, comme de l'éloquence; et si quelque malheur nous affligeoit de leur perte, peut-être serions-nous réduits à regretter inutilement cette même médiocrité que nous déplorons aujourd'hui.

Qui pourra découvrir, et qui entreprendra d'expliquer dignement les véritables sources d'une si sensible décadence?

Nous plaindrons-nous d'être nés dans ces années stériles, où la nature affoiblie par de grands et continuels efforts, touche au terme fatal d'une languissante vieillesse? Mais jamais l'esprit n'a été un bien plus commun et plus universel.

Nous aspirons à la même gloire qui a couronné les travaux de nos pères; et nous y aspirons avec plus de secours. Nous avons joint nos propres trésors aux richesses étrangères. Sans perdre les anciens modèles, nous en avons acquis de nouveaux ; et les ouvrages que l'imitation des anciens a produits, ont mérité à leur tour d'être l'objet de l'imitation de tous les siècles suivans.

Il semble même, que pour nous rendre inexcusables, le caprice du sort ait pris plaisir à nous offrir les matières les plus illustres, et des sujets véritablement dignes de la plus sublime éloquence. Combien de causes célèbres renfermées dans le cercle étroit d'un petit nombre d'années ! La poésie a-t-elle jamais rien hasardé de plus étonnant sur la scène, que ces révolutions imprévues, ces événemens incroyables qui ont excité depuis deux ans l'attention et la curiosité du public ? La fable la plus audacieuse n'auroit jamais eu la hardiesse d'inventer ce que la simple vérité nous a fait voir ; et le vrai a été beaucoup au-delà du vraisemblable.

Que nous reste-t-il donc, si ce n'est de nous accuser nous-mêmes, et de mériter au moins la gloire de la sincérité, si nous ne pouvons plus parvenir à celle de l'éloquence, en nous redisant tous les jours : N'admirons plus avec étonnement la chute de notre ordre ; soyons plutôt surpris de voir qu'il conserve encore quelques restes de son ancienne grandeur. Comment se consacre-t-on à une si glorieuse, mais si pénible profession ? et quelle est la conduite de ceux qui s'y sont consacrés ?

A voir cette multitude prodigieuse de nouveaux sujets qui se hâtent tous les ans d'entrer dans votre ordre, on diroit qu'il n'y a point de profession dans laquelle il soit plus facile d'exceller. La nature accorde à tous les hommes l'usage de la parole : tous les hommes se persuadent aisément qu'elle leur a donné en même temps le talent de bien parler. Le barreau est devenu la profession de ceux qui n'en ont point : et l'éloquence qui auroit dû choisir avec une autorité absolue des sujets dignes d'elle dans les autres conditions, est obligée au contraire de se charger de ceux qu'elles ont dédaigné de recevoir.

Combien en voit-on qui luttent pendant toute leur vie contre un naturel ingrat et stérile, qui n'ont point de plus grand ennemi à combattre qu'eux-mêmes, ni de préjugé plus difficile à effacer dans l'esprit des autres, que celui de leur extérieur? Encore s'ils travailloient sérieusement à le détruire, ils n'en seroient que plus louables, lorsque par un pénible travail ils auroient pu triompher de la nature, et la convaincre d'injustice. Mais la paresse se joint en eux au défaut de talens naturels; et flattant leurs imperfections, au lieu de les corriger, on les voit souvent, et même dans la première jeunesse, lecteurs insipides, et récitateurs ennuyeux de leurs ouvrages, ôter à l'orateur la vie et le mouvement, en lui ôtant la mémoire et la prononciation. Et quelle peut être l'impression d'une éloquence froide, languissante, inanimée, qui dans cet état de mort où on la réduit, ne conserve plus que l'ombre, où, si l'on ose le dire, le squelette de la véritable éloquence?

Que ce succès est digne des motifs qui font entrer dans le barreau ce grand nombre d'orateurs qu'il semble que la nature avoit condamnés à un perpétuel silence!

Ce n'est point le désir de s'immoler tout entier au service du public dans une profession glorieuse; d'être l'organe et la voix de ceux que leur ignorance ou leur foiblesse empêche de se faire entendre; d'imiter la fonction de ces anges que l'écriture nous représente auprès du trône de Dieu, offrant l'encens et les sacrifices des hommes; et de porter comme eux les vœux et les prières des peuples aux pieds de ceux que la même écriture appelle les dieux de la terre.

Des motifs si purs et si élevés ne nous touchent plus guères; on ne sacrifie aujourd'hui qu'à l'intérêt. C'est lui qui ouvre presque toujours l'entrée de votre ordre, comme celle de tous les autres états : la plus libre et la plus noble de toutes les professions, devient la plus servile et la plus mercenaire. Que peut-on attendre de ces ames vénales, qui prodiguent, qui prostituent leur main et leur voix à ceux que l'ordre des professions rend leurs inférieurs, ou qui pour un vil intérêt adoptant des ouvrages qui le déshonorent, vendent publiquement leur réputation, et trafiquent honteusement de leur gloire ?

L'éloquence n'est pas seulement une production de l'esprit ; c'est un ouvrage du cœur. C'est là que se forment cet amour intrépide de la vérité, ce zèle ardent pour la justice, cette vertueuse indépendance dont vous êtes si jaloux, ces grands, ces généreux sentimens qui élèvent l'ame, qui la remplissent d'une noble fierté et d'une confiance magnanime, et qui portant encore plus loin votre gloire que l'éloquence même, font admirer l'homme de bien en vous, beaucoup plus que l'orateur.

Ne croyez pourtant pas qu'il vous suffise d'avoir joint la noblesse et la pureté des motifs à la grandeur des talens naturels ; et sachez que la plaie la plus profonde, et peut-être la plus incurable de votre ordre, est l'aveugle témérité avec laquelle on ose s'y engager, avant que de s'en être rendu digne par une longue et laborieuse préparation.

Quels trésors de science, quelle variété d'érudition, quelle sagacité de discernement, quelle délicatesse de goût ne faudroit-il pas réunir pour exceller dans le barreau ! Quiconque osera mettre des bornes à la science de l'avocat, n'a jamais conçu une parfaite idée de la vaste étendue de votre profession.

Que les autres étudient l'homme par parties ; l'orateur n'est point parfait, si par l'étude continuelle de la plus pure morale, il ne connoît, il ne pénètre, il ne possède l'homme tout entier.

Que la jurisprudence romaine soit pour lui une seconde philosophie, qu'il se jette avec ardeur dans la mer immense des canons ; qu'il ait toujours devant les yeux l'autorité des ordonnances de nos rois, et la sagesse des oracles du sénat ; qu'il dévore les coutumes, qu'il en découvre l'esprit, qu'il en concilie les principes ; et que chaque citoyen de ce grand nombre de petits états que forme dans un seul la diversité des lois et des mœurs, puisse croire en le consultant, qu'il est né dans sa patrie, et qu'il n'a étudié que les usages de son pays.

Que l'histoire lui donne une expérience, et si l'on peut s'exprimer ainsi, une vieillesse anticipée; et qu'après avoir élevé ce solide édifice de tant de matériaux différens, il y ajoute tous les ornemens du langage, et toute la magnificence de l'art qui est propre à sa profession. Que les anciens orateurs lui donnent leur insinuation, leur abondance, leur sublimité; que les historiens lui communiquent leur simplicité, leur ordre, leur variété; que les poètes lui inspirent la noblesse de l'invention, la vivacité des images, la hardiesse de l'expression, et surtout ce nombre caché, cette secrète harmonie du discours, qui sans avoir la servitude et l'uniformité de la poésie, en conserve souvent toute la douceur et toutes les grâces. Qu'il joigne la politesse françoise au sel attique des Grecs et à l'urbanité des Romains. Que, comme s'il s'étoit transformé dans la personne des anciens orateurs, on reconnoisse en lui plutôt leur génie et leur caractère, que leurs pensées et leurs expressions; et que l'imitation devenant une seconde nature, il parle comme Cicéron lorsque Cicéron imite Démosthène, ou comme Virgile, lorsque par un noble mais difficile larcin, il ne rougit point de s'enrichir des dépouilles d'Homère.

Notre imagination prend ici plaisir à former un souhait accompli, et à se perdre dans un songe délicieux qui lui montre une image de la perfection à laquelle nous aspirons. Ouvrons enfin les yeux, et laissons disparoître ce fantôme agréable que nos désirs avoient élevé. Que trouverons-nous à sa place: et quel triste spectacle nous offrira la vérité!

Les sciences négligées, la paresse victorieuse de l'application, le travail regardé comme le partage de ceux qui n'ont point d'esprit, et dédaigné par ceux qui croient en avoir: l'ignorance insulte à la doctrine; la science, timide et tremblante, est obligée d'emprunter de l'art le secret de se cacher. Ceux qui ont commencé à élever la gloire du barreau, vouloient paroître tout savoir : nous faisons gloire de tout ignorer. Ils portoient souvent jusqu'à l'excès l'amour d'une vaste érudition ; rougissant de penser et de parler d'eux-mêmes, ils croyoient que les anciens avoient pensé et parlé pour eux ; ils travailloient plus à les traduire qu'à les imiter ; et ne permettant rien à la force de leur génie, ils mettoient toute leur confiance dans la profondeur de leur doctrine. Grâces au retour du bon goût, dont nous avons vu luire quelques rayons, on a senti le vice et l'esclavage de cette savante affectation. Mais la crainte de cet excès nous a fait tomber dans l'extrémité opposée : nous méprisons l'utile, le nécessaire secours de l'étude et de la science ; nous voulons devoir tout à notre esprit, et rien à notre travail. Et qu'est-ce que cet esprit dont nous nous flattons vainement, et qui sert de voile favorable à notre paresse ?

C'est un feu qui brille sans consumer ; c'est une lumière qui éclate pendant quelques momens, et qui s'éteint d'elle-même par le défaut de nouriture ; c'est une superficie agréable, mais sans profondeur et sans solidité ; c'est une imagination vive, ennemie de la sûreté du jugement, une conception prompte, qui rougit d'attendre le conseil salutaire de la réflexion ; une facilité de parler, qui saisit avidement les premières pensées, et qui ne permet jamais aux secondes de leur donner leur perfection et leur maturité.

Semblable à ces arbres dont la stérile beauté a chassé des jardins l'utile ornement des arbres fertiles ; cette agréable délicatesse, cette heureuse légèreté d'un génie vif et naturel, qui est devenue l'unique ornement de notre âge, en a banni la force et la solidité d'un génie profond et laborieux : et le bon esprit n'a point eu de plus dangereux ni de plus mortel ennemi, que ce que l'on honore dans le monde du nom trompeur de bel esprit.

C'est à cette flatteuse idole que nous sacrifions tous les jours par la profession publique d'une orgueilleuse ignorance. Nous croirions faire injure à la fécondité de notre génie, si nous nous rabaissions jusqu'à vouloir moissonner pour lui une terre étrangère. Nous négligeons même de cultiver notre propre bien ; et la terre la plus fertile ne produit plus que des épines, par la négligence du laboureur qui se repose sur sa fécondité naturelle.

Que cette conduite est éloignée de celle de ces grands hommes, dont le nom fameux semble être devenu le nom de l'éloquence même !

Ils savoient que le meilleur esprit a besoin d'être formé par un travail persévérant et par une culture assidue ; que les grands talens deviennent aisément de grands défauts, lorsqu'ils sont livrés et abandonnés à eux-mêmes ; et que tout ce que le ciel a fait naître de plus excellent, dégénère bientôt, si l'éducation, comme une seconde mère, ne conserve l'ouvrage que la nature lui confie aussitôt qu'elle l'a produit.

Ne compter pour rien les travaux de l'enfance, et commencer les sérieuses, les véritables études dans le temps où nous les finissons ; regarder la jeunesse, non comme un âge destiné par la nature au plaisir et au relâchement, mais comme un temps que la vertu consacre au travail et à l'application ; négliger le soin de ses biens, de sa fortune, de sa santé même, et faire de ce que tous les hommes chérissent le plus, un digne sacrifice à l'amour de la science et à l'ardeur de s'instruire ; devenir invisible pour un temps, se réduire soi-même dans une captivité volontaire, et s'ensevelir tout vivant dans une profonde retraite, pour y préparer de loin des armes toujours victorieuses : voilà ce qu'ont fait les Demosthenes et les Cicérons ; ne soyons plus surpris de ce qu'ils ont été ; mais cessons en même temps d'être surpris de ce que nous sommes, en jetant les yeux sur le peu que nous faisons pour arriver à la même gloire à laquelle ils sont parvenus.

Et que seroit-ce encore, si après avoir plaint la témérité de ceux qui entrent dans votre ordre sans autres dispositions que le simple désir d'être avocats, sans autre motif qu'un vil et sordide intérêt, sans autre préparation qu'un excès de confiance dans leur esprit, nous envisagions la négligence d'une partie de ceux qui y sont entrés; et si, pourtant de tous cotés les regards pénétrans d'une salutaire censure, nous y découvrions partout de nouvelles plaies et de nouvelles sources de sa décadence ?

Que ne pourrions-nous point dire d'abord de ceux qui ne perdent la gloire à laquelle ils aspirent, que par l'aveugle impatience qu'ils ont de l'acquérir; et qui prévenant par une ardeur indiscrète la maturité de l'âge et celle de la doctrine, se hâtent d'exposer avant le temps les fruits précoces de leurs études mal digérées! Ces premières semences de mérite et de réputation qu'ils avoient à peine commencé de cultiver, sont ou étouffées par les épines des affaires, ou dissipées par les grands efforts d'un esprit qui s'épuise par son ardeur, et qui se consume par sa propre activité. La confiance prévient en eux le mérite, au lieu d'en être l'effet. Ils ne sont jamais grands, parce qu'ils ont trop tôt cru l'être. Impatiens de jouir de la gloire prématurée d'un mérite avancé, ils sacrifient l'utile à l'agréable; et l'automne n'a point de fruit, par l'empressement qu'ils ont de cueillir toutes les fleurs dans le printemps.

Que l'on donne quelques années, si l'on veut, à cette première soif de gloire et de réputation, qui s'éteindroit peut-être bientôt, si elle n'étoit excitée et comme irritée par le succès; que l'on acquierre dans la jeunesse ce que la jeunesse seule peut donner, la sûreté de la mémoire, la facilité des expressions, la hardiesse et la liberté de la prononciation : mais contens d'avoir acquis ces premiers avantages, ne rougissez point de rentrer dans le sein de l'étude dont vous êtes sortis. Vous savez parler, mais vous n'êtes pas encore orateur; il faut achever ce grand ouvrage, dont vous n'avez pu tracer qu'une ébauche légère; il faut former cette statue dont vous n'avez pu montrer au public qu'une première idée et qu'un modèle imparfait. Peut-être qu'après avoir été exercés, non dans l'ombre de l'école, mais dans la vive lumière du barreau, vous condamnerez la légèreté de vos premières études; et joignant l'expérience aux préceptes, et l'usage à la doctrine, vous rentrerez dans la carrière plein d'une nouvelle vigueur, assurés de surpasser en un moment ceux qui croyoient vous avoir laissés bien loin après eux.

Tel fut le sage et utile conseil d'un de ces illustres magistrats (1), dont la mémoire honorée des savans, précieuse aux gens de bien, chère à la compagnie, est déjà en possession de l'immortalité. Ce grand homme dans lequel le ciel avoit joint l'éclat de la réputation à celui de la naissance, et l'élévation du génie à la profondeur de la doctrine, vit croître avec plaisir un de ces rares sujets qui s'élèvent de temps en temps parmi vous, pour la gloire de votre ordre et pour l'ornement de leur siècle; il applaudit le premier à ce mérite naissant : mais au lieu de lui donner des éloges stériles, il lui imposa l'heureuse nécessité de se dérober pendant quelque temps aux louanges et aux acclamations des hommes, pour apprendre à les mieux mériter.

Le succès passa ses espérances; et M.e Michel Langlois fut obligé de reconnoître pendant tout le cours d'une longue et glorieuse carrière, qu'il étoit redevable de toute sa grandeur au salutaire retardement que son illustre protecteur avoit apporté à son élévation.

Que cet exemple fameux a eu peu d'imitateurs ! Non-seulement on se hâte de s'embarquer avant le temps, sur la mer orageuse du barreau, mais un aveugle intérêt, un amour déréglé de la gloire, une vivacité d'esprit ardente, inquiète, empressée, plonge dans le courant des affaires tous ceux qui pourroient exceller dans votre profession; et cette multiplicité infinie d'occupations différentes, qui servent d'aliment et de nourriture à l'ardeur de leur génie, ne leur laisse ni la liberté de digérer le présent, ni le loisir de se préparer pour l'avenir.

(1) Le P. P. de Lamoignon.

De là cette négligence à s'instruire des faits qui doivent servir de matière aux décisions de la justice ; cette honte de ne pas savoir ce que l'on entreprend d'expliquer aux autres, ou cette hardiesse d'expliquer ce qu'on ne sait pas, et de n'achever d'apprendre sa cause qu'en achevant de la plaider.

De là cette ignorance du droit, ou du moins cette science superficielle, toujours douteuse et toujours chancelante, qui se sert des richesses qu'elle emprunte, non avec la noble sécurité d'un possesseur légitime, mais avec la timide et incertaine défiance d'un voleur mal assuré, qui craint d'être surpris dans son larcin.

De là cette longueur fatigante, ces répétitions ennuyeuses, ce mépris de ses auditeurs, cette espèce d'irrévérence pour la sainteté de la justice et pour la dignité du sénat ; enfin pour cette bassesse de style, et cette familiarité indécente du discours, plus convenable à la liberté d'une conversation particulière, qu'à la majesté d'une audience publique.

Heureuse l'utile défiance de l'orateur sagement timide, qui dans le choix et dans le partage de ses occupations, a perpétuellement devant les yeux ce qu'il doit à ses parties, à la justice, à lui-même ! Toujours environné de ces censeurs rigoureux, et plein d'un saint respect pour le tribunal dans lequel il doit paroître, il voudroit, suivant le souhait d'un ancien orateur, qu'il lui fût permis, non-seulement d'écrire avec soin, mais de graver avec effort les paroles qu'il doit y prononcer. Si quelquefois il n'a pas la liberté de mesurer le style et les expressions de ses discours, il en médite toujours l'ordre et les pensées ; et souvent même la méditation simple prenant la place d'une exacte composition, et la justesse des pensées produisant celle des paroles, l'auditeur surpris croit que l'orateur a travaillé pendant long-temps à perfectionner un édifice dont il a eu à peine le loisir de tracer le premier plan. Mais bien loin de se laisser éblouir par l'heureux succès d'une éloquence subite, il reprend toujours avec une nouvelle ardeur le pénible travail de la composition. C'est-là qu'il pèse scrupuleusement jusqu'aux moindres expressions dans la balance exacte d'une sévère critique : c'est là qu'il ose retrancher tout ce qui ne présente pas à l'esprit une image vive et lumineuse; qu'il développe tout ce qui peut paroître obscur ou équivoque à un auditeur médiocrement attentif; qu'il joint les grâces et les ornemens à la clarté et à la pureté du discours; qu'en évitant la négligence, il ne fuit pas moins l'écueil également dangereux de l'affectation; et que prenant en main une lime savante, il ajoute autant de force à son discours, qu'il en retranche de paroles inutiles; imitant l'adresse de ces habiles sculpteurs, qui travaillant sur les matières les plus précieuses, en augmentent le prix à mesure qu'ils les diminuent, et ne forment les chefs-d'œuvres les plus parfaits de leur art, que par le simple retranchement d'une riche superfluité.

Mais cette exactitude de style et cette élégance de composition, sont des vertus que l'on connoît à peine dans la première jeunesse, et que l'on méprise dans un âge plus avancé : bientôt on laissera aussi la science en partage à la jeunesse; et les anciens orateurs dédaigneront d'apprendre ce qu'ils devroient rougir de ne pas savoir.

Où sont aujourd'hui les avocats capables d'imiter la sagesse de cet ancien législateur qui regardoit la vie comme une longue éducation, dans laquelle il vieillissoit en acquérant toujours de nouvelles connoissances? Combien en voyons-nous au contraire qui se contentent de conserver les premières notions qu'ils ont apportées en entrant dans le barreau? Leur doctrine et leur capacité demeurent toujours, si l'on ose le dire, dans une espèce d'enfance; et tout ce qu'ils ont de plus que le reste des hommes, lorsqu'ils arrivent à la vieillesse, est le talent de former des doutes, et souvent la dangereuse habitude de proposer les opinions les plus douteuses comme des décisions certaines et infaillibles. C'est alors que l'on commence à sentir, mais trop tard, la nécessité de se soustraire à la multitude des occupations, pour joindre l'assiduité de l'étude à l'exercice de la parole : c'est en cet état que l'orateur regrette vivement sa grandeur passée, lorsqu'il voit son mérite vieillir avec lui, sa réputation s'user avec ses forces, et l'éclat de son nom s'éteindre avec le son de sa voix : malheureux de survivre à sa gloire, et d'être forcé d'apprendre par une triste expérience, combien l'avocat est au-dessus de l'orateur !

Ce n'est pas ainsi qu'a vécu dans votre ordre ce modèle accompli d'un sage et savant avocat (1), que nous avons pleuré avec vous, et que nous pleurerions encore, si nous n'espérions de le voir revivre dans la personne d'un fils vraiment digne de lui, auquel il ne manque que des années pour lui ressembler parfaitement. Quelle étendue de lumières naturelles ! Quelle droiture d'esprit ! Quelle justesse, nous oserions presque dire, quelle infaillibilité de raisonnement ! Il n'y avoit rien au-dessus de la bonté de de son esprit, que celle de son cœur : on voyoit en lui une vive image et une noble expression de la candeur de nos pères, et de l'ancienn simplicité. Sa probité reconnue étoit une des armes les plus redoutables de son éloquence ; et son nom seul étoit un préjugé de la justice des causes qu'il défendoit. Né avec ces avantages naturels, il les a surpassés par son travail et par son application. L'exercice continuel de la parole ne l'a point empêché d'amasser pendant toute sa vie ces trésors de science qu'il a distribués si libéralement dans sa vieillesse : et quelle vieillesse a jamais été plus honorée ? Sa maison sembloit être devenue une heureuse retraite, où la doctrine, l'expérience, la sagesse, et surtout une libre et sincère vérité, s'étoient retirées avec lui ; un tribunal domestique, où il prévenoit de loin avec autant de certitude que de modestie, les sages décisions de la justice ; une espèce de temple où se traitoient souvent les plus importantes affaires de la religion, et où les ministres

(1) M. Nouet.

des autels étoient tous les jours surpris de trouver dans un séculier, non-seulement plus de lumières et plus de connoissances, mais plus de zèle pour la pureté de la discipline, plus d'ardeur pour la gloire de l'église, que dans ceux qui approchent le plus près du sanctuaire. Heureux d'avoir joui pendant sa vie de cette vénération que les plus grands hommes n'obtiennent souvent qu'après leur mort; et plus heureux encore d'avoir mérité d'être toujours proposé pour modèle à ceux qui voudront exceller dans votre profession!

Que pourrions-nous ajouter après cela, qui ne fût au-dessous d'un si grand exemple? Puisse-t-il ranimer votre courage, et dissiper ces vains prétextes dont un amour-propre ingénieux se sert souvent pour pallier les maux de votre ordre, au lieu de les guérir! Les grands travaux, il est vrai, doivent être inspirés, soutenus, animés par de grandes récompenses, mais quelle récompense peut flatter plus dignement la juste ambition d'une ame vertueuse, que celle qui vous est préparée, si vous osez marcher sur les traces encore récentes de votre illustre confrère?

Etre grand, et ne devoir sa grandeur qu'à soi-même, jouir d'une élévation qui jusqu'à présent a seule résisté à l'usurpation générale de la fortune; être considéré par ses concitoyens comme leur guide, leur flambeau, leur génie, et si l'on ose le dire, leur ange tutélaire; exercer sur eux une magistrature privée, dans la possession de cet empire naturel que la raison remet entre les mains de ceux que leur éloquence et leur capacité élèvent au dessus des autres hommes; voilà le digne, le glorieux prix de vos travaux, que personne ne pourra jamais vous ravir. Vous seuls pouvez le perdre, vous seuls pouvez le mériter. Puissiez vous sentir toute la douceur d'une si pure récompense! Puissent les difficultés qui vous arrêtent, vous inspirer une nouvelle ferveur, et devenir les instrumens de votre élévation, au lieu d'en être les obstacles! Puisse cet illustre barreau, qui a toujours fait et qui fera toujours notre gloire et nos délices, rétabli dans son ancienne splendeur, se distinguer autant des autres professions par sa doctrine et par son éloquence, qu'il en est déja distingué par sa droiture et par sa probité ! Puissions-nous nous-mêmes profiter des instructions que notre place nous oblige de vous donner ; et après avoir été réduits à la pénible nécessité de ne vous parler aujourd'hui que des défauts de votre ordre, n'être plus occupés qu'à louer et publier ses vertus !

Les Procureurs doivent se renfermer dans les bornes de leur état, s'ils aspirent à lui donner le degré de perfection qui peut lui convenir.

Qu'ils craignent de s'abaisser en voulant s'élever; et qu'ils sachent que lorsqu'ils entreprennent sur les fonctions des avocats, ils perdent presque toujours le mérite qui est propre à leur profession, sans acquérir celui d'un ordre supérieur.

Qu'en évitant cet abus, ils s'appliquent encore plus à retrancher la longueur et l'immensité des procédures, qui faisant passer souvent entre leurs mains tout le fruit de la victoire de leurs parties, les exposent justement aux reproches du public.

Enfin qu'ils continuent de travailler à rétablir l'ordre et la discipline dans leur corps; et que prévenant nos exhortations, et surpassant nos espérances mêmes, ils tâchent de mériter toujours l'approbation de la cour, sans exciter jamais la censure de notre ministère.

MERCURIALES.

PREMIÈRE MERCURIALE,

PRONONCÉE A LA SAINT-MARTIN, 1698 :

L'AMOUR DE SON ÉTAT.

Le plus précieux et le plus rare de tous les biens, est l'amour de son état. Il n'y a rien que l'homme connoisse moins que le bonheur de sa condition. Heureux s'il croyoit l'être, et malheureux souvent parce qu'il veut être trop heureux; il n'envisage jamais son état dans son véritable point de vue. Le désir lui présente de loin l'image trompeuse d'une parfaite félicité; l'espérance séduite par ce portrait ingénieux, embrasse avidement un fantôme qui lui plaît. Par une espèce de possession anticipée, l'ame jouit d'un bien qu'elle n'a pas encore; mais elle le perdra ausitôt qu'elle aura commencé de le posséder véritablement, et le dégoût abattra l'idole que le désir avoit élevée.

L'homme est presque toujours également malheureux, et par ce qu'il désire, et par ce qu'il possède. Jaloux de la fortune des autres dans le temps qu'il est l'objet de leur jalousie; toujours envieux et toujours envié, s'il fait des vœux pour changer d'état, le ciel irrité ne les exauce souvent que pour le punir. Transporté loin de lui par ses désirs, et vieux dans sa jeunesse, il méprise le présent; et courant après l'avenir, il veut toujours vivre, et ne vit jamais.

Tel est le caractère dominant des mœurs de notre siècle : une inquiétude généralement répandue dans toutes les professions; une agitation que rien ne peut fixer, ennemie du repos, incapable du travail, portant partout le poids d'une inquiète et ambitieuse oisiveté; un soulevement universel de tous les hommes contre leur condition; une espèce de conspiration générale, dans laquelle ils semblent être tous convenus de sortir de leur caractère; toutes les professions confondues, les dignités avilies, les bienséances violées; la plupart des hommes hors de leur place, méprisant leur état et le rendant méprisable. Toujours occupés de ce qu'ils veulent être, et jamais de ce qu'ils sont, pleins de vastes projets, le seul qui leur échappe est celui de vivre contens de leur état.

Que nous serions heureux, si nous pouvions nous oublier nous-mêmes dans cette peinture! Mais oserons-nous l'avouer publiquement! Et dans ce jour que la sagesse de nos pères a consacré à une triste et austère vérité, nous sera-t-il permis de parler le langage de notre ministère, plutôt que celui de notre âge; et ne craindrons-nous point de vous dire que la justice gémit du mépris que les juges ont conçu pour leur profession; et que la plaie la plus sensible qui ait été faite à la magistrature, elle l'a reçue de la main même du magistrat?

Tantôt la légèreté l'empêche de s'attacher à son état, tantôt le plaisir l'en dégoûte; souvent il le craint par mollesse, et presque toujours il le méprise par ambition. Après une éducation, toujours trop lente au gré d'un père aveuglé par sa tendresse, ou séduit par sa vanité, mais toujours trop courte pour le bien de la justice, l'âge plutôt que le mérite, et la fin des études beaucoup plus que leur succès, ouvrent à une jeunesse impatiente l'entrée de la magistrature. Souvent même prévenant les momens de maturité si sagement marqués par les lois, et juges plusieurs années avant que d'être hommes, le mouvement soudain d'une secrète inquiétude, ou l'impression fortuite d'un objet extérieur, sont les seuls principes de leur conduite. Leur esprit est un feu qui se détruit par sa propre activité, et qui ne pouvant se renfermer dans sa sphère, se dissipe en cherchant à se répandre, et s'évapore en voulant s'élever. Toujours oisifs sans être jamais en repos, toujours agissans sans être jamais véritablement occupés ; l'agitation continuelle que l'on remarque en eux jusque dans les tranquilles fonctions de la justice, est une vive peinture du trouble et de la légèreté de leur ame.

S'ils ne dédaignent pas encore de remplir les devoirs de la magistrature, ils les placent à regret dans le court intervalle qui sépare leurs plaisirs ; et dès le moment que l'heure des divertissemens s'approche, on voit un magistrat sortir avec empressement du sanctuaire de la justice, pour aller s'asseoir sur un théâtre. La partie qui retrouve dans un spectacle celui qu'elle avoit respecté dans son tribunal, le méconnoît ou le méprise ; et le public qui le voit dans ces deux états, ne sait dans lequel des deux il déshonore plus la justice.

Retenu par un reste de pudeur dans un état qu'il n'ose quitter ouvertement, s'il ne peut cesser d'être magistrat, il veut au moins cesser de le paroître. Honteux de ce qui devroit faire toute sa gloire, il rougit d'une profession qui peut-être a rougi de le recevoir ; il ne peut souffrir qu'on lui parle de son état ; et ne craignant rien tant que de passer pour ce qu'il est, le nom même de juge est une injure pour lui. On reconnoît dans ses mœurs toutes sortes de caractères, excepté celui du magistrat. Il va chercher des vices jusque dans les autres professions ; il emprunte de l'une sa licence et son emportement, l'autre lui prête son luxe et sa mollesse. Ces défauts opposés à son caractère acquièrent en lui un nouveau degré de difformité. Il viole jusqu'à la bienséance du vice, si le nom de bienséance peut jamais convenir à ce qui n'est pas la vertu. Méprisé par ceux dont il ne peut égaler la sagesse, il l'est encore plus par ceux dont il affecte de surpasser le déréglement. Transfuge de la vertu, le vice même auquel il se livre ne lui sait aucun gré de sa désertion ; et toujours étranger partout où il se trouve, le monde le rejette, et la magistrature le désavoue.

Heureux dans son malheur, si le ciel lui envoye

d'utiles ennemis, dont la salutaire censure lui apprenne de bonne heure que si les hommes sont quelquefois assez aveugles pour excuser le vice, ils ne sont jamais assez indulgens pour pardonner le vice déplacé; et que si le monde le plus corrompu paroît d'abord aimer les magistrats qui le cherchent, il n'estime jamais véritablement que ceux qui regardent l'obligation de le fuir, comme une partie essentielle de leur devoir.

Qu'il se hâte donc d'éviter cette mer dangereuse, où sa sagesse a déjà fait naufrage; qu'il se renferme dans son état, comme dans un port favorable, pour y recueillir les débris de sa réputation : mais qu'il se souvienne toujours que c'est à la vertu seule qu'il appartient d'inspirer cette fuite généreuse.

Si l'inconstance, si l'ennui, si la satiété des plaisirs, sont les seuls guides qui conduisent le magistrat dans la retraite, il y cherche la paix, et il n'y trouve qu'un repos languissant, une molle et insipide tranquillité.

Bien loin d'avoir assez de courage pour réprimer ses passions, il n'en a pas même assez pour les suivre; et le vice ne lui déplaît pas moins que la vertu.

S'il demeure encore dans son état, ce n'est point par un attachement libre et éclairé; c'est par une aveugle et impuissante lassitude.

La coutume et la bienséance le conduisent encore quelquefois au sénat; mais il y paroît avec tant de négligence, qu'on diroit que la justice a fait asseoir la mollesse sur son trône. S'il fait quelqu'effort pour soutenir un moment le travail de l'application, il retombe aussitôt de son propre poids dans le néant de ses pensées, jusqu'à ce qu'une heure favorable, et toujours trop lente pour lui, le délivre du pesant fardeau d'une fonction importune, et le rende à sa première oisiveté.

C'est là que livré à son ennui, et réduit à la fâcheuse nécessité d'habiter avec soi, il n'y trouve qu'un vide affreux et une triste solitude; toute sa vie n'est plus qu'une longue et ennuyeuse distraction, un pénible et difficile assoupissement, dans lequel, inutile à sa patrie, insupportable à lui-même, il vieillit sans honneur, et ne peut montrer la longueur de sa vie que par un grand nombre d'années stériles et de jours vainement perdus.

Si l'ambition vient le tirer de cette profonde létargie, il paroîtra peut-être plus sage; mais il ne sera pas plus heureux.

Attentif à remplir ses devoirs, et à faire servir sa vertu même à sa fortune, il pourra éblouir pour un temps les yeux de ceux qui ne jugent que sur les apparences.

Comme il ne travaille qu'à orner la superficie de son ame, il étale avec pompe tous les talens que la nature lui a donnés. Il ne cultive en lui que les qualités brillantes; il n'amasse des trésors que pour les montrer.

L'homme de bien au contraire, se cache pendant long-temps, pour jeter les fondemens solides d'un édifice durable. Sa vertu patiente, parce qu'elle doit être immortelle, se hâte lentement, et s'avance vers la gloire avec plus de sûreté, mais avec moins d'éclat. Semblable à ceux qui cherchent l'or dans les entrailles de la terre, il ne travaille jamais plus utilement que lorsqu'on l'a perdu de vue, et qu'on le croit enseveli sous les ruines de son travail. Il cherche moins à paroître homme de bien, qu'à l'être effectivement; souvent on ne remarque rien en lui qui le distingue des autres hommes; il laisse échapper avec peine un foible rayon de ces vives lumières qu'il cache au-dedans de lui-même; peu d'esprits ont assez de pénétration pour percer ce voile de modestie dont il les couvre; plusieurs doutent de la supériorité de son génie, et cherchent sa réputation en le voyant.

Ne craignons pourtant pas pour l'homme de bien; la vertu imprime sur son front un caractère auguste, que sa noble simplicité rendra toujours inimitable à l'ambitieux. Qu'il retrace, s'il est possible, qu'il exprime dans sa personne les autres qualités du sage magistrat ; il n'approchera jamais de cette douce et profonde tranquillité qu'inspire à une ame vertueuse l'amour constant de son état : la nature se réserve toujours un degré de vérité au-dessus de tous les efforts de l'art, un jour, une lumière que l'imitation la plus parfaite ne sauroit jamais égaler. Le temps en fait bientôt un juste discernement ; et il ajoute à la réputation du vertueux magistrat, ce qu'il retranche à celle du magistrat ambitieux.

L'un voit croître tous les ans sa solide grandeur ; l'autre voit tomber chaque jour une partie de ce superbe édifice qu'il n'avoit bâti que sur le sable.

L'un ne doit souhaiter que d'être connu des hommes ; l'autre ne craint rien tant que de se faire connoître.

Le cœur du sage magistrat est un asile sacré que les passions respectent, que les vertus habitent, que la paix, compagne inséparable de la justice, rend heureux par sa présence. Le cœur du magistrat ambitieux est un temple profane : il y place la fortune sur l'autel de la justice ; et le premier sacrifice qu'elle lui demande, est celui de son repos : heureux, si elle veut bien ne pas exiger celui de son innocence! Mais qu'il est à craindre que des yeux toujours ouverts à la fortune, ne se ferment quelquefois à la justice, et que l'ambition ne séduise le cœur pour aveugler l'esprit !

Qu'est devenu ce temps où le magistrat jouissant de ses propres avantages, renfermé dans les bornes de sa profession, trouvoit en lui le centre de tous ses désirs, et se suffisoit pleinement à lui-même? Il ignoroit heureusement cette multiplicité de voies entre lesquelles on voit souvent hésiter un cœur ambitieux ; sa modération lui offroit une route plus simple et plus facile ; il marchoit sans peine sous la ligne indivisible de son devoir. Sa personne étoit souvent inconnue, mais son mérite ne l'étoit jamais. Content de montrer aux hommes sa réputation, lorsque la nécessité de son ministère ne l'obligeoit pas de se montrer lui-même, il aimoit mieux faire demander pourquoi on le voyoit si rarement, que de faire dire qu'on le voyoit trop souvent; et dans l'heureux état d'une vertueuse indépendance, on le regardoit comme une espèce de divinité que la retraite et la solitude consacroient, qui ne paroissoit que dans son temple, et qu'on ne voyoit que pour l'adorer; toujours nécessaire aux autres hommes sans jamais avoir besoin de leur secours, et sincèrement vertueux sans en attendre d'autre prix que la vertu même. Mais la fortune sembloit disputer à sa vertu la gloire de le récompenser; on donnoit tout à ceux qui ne demandoient rien; les honneurs venoient s'offrir d'eux-mêmes au magistrat qui les méprisoit; plus il modéroit ses désirs, plus il voyoit croître son pouvoir; et jamais son autorité n'a été plus grande, que lorsqu'il vivoit content de ne pouvoir rien pour lui-même, et de pouvoir tout pour la justice.

Mais depuis que l'ambition a persuadé au magistrat de demander aux autres hommes une grandeur qu'il ne doit attendre que de lui-même; depuis que ceux que l'Écriture appelle les dieux de la terre se sont répandus dans le commerce du monde, et ont paru de véritables hommes, on s'est accoutumé à voir de près, sans frayeur, cette majesté qui paroissoit de loin si saintement redoutable. Le public a refusé ses hommages à ceux qu'il a vus confondus avec lui dans la foule des esclaves de la fortune; et ce culte religieux qu'on rendoit à la vertu du magistrat, s'est changé en un juste mépris de sa vanité.

Au lieu de s'instruire par sa chute, et de prendre conseil de sa disgrâce, il se consume souvent en regrets superflus. On l'entend déplorer l'obscurité de ses occupations, se plaindre de l'inutilité de ses services, annoncer lugubrement le déshonneur futur de sa condition, et la triste prophétie de sa décadence.

Accablé d'un fardeau qu'il ne peut ni porter ni quitter, il gémit sous le poids de la pourpre, qui le charge plutôt qu'elle ne l'honore : semblable à ces malades qui ne connoissent point d'état plus fâcheux que leur situation présente, il s'agite inutilement; et se flattant de parvenir au repos par le mouvement, bien loin de guérir ses maux imaginaires, il y ajoute le mal réel d'une accablante inquiétude. Qu'on ne lui demande point les raisons de son ennui; une partie de ses maux est d'en ignorer la cause : qu'on n'en accuse pas les peines attachées à son état; il n'en est point qui ne lui fût également pénible, dès le moment qu'il y seroit parvenu : la fortune la plus éclatante auroit toujours le défaut d'être la sienne. Le supplice de l'homme mécontent de son état, est de se fuir sans cesse, et de se trouver toujours lui-même, et portant son malheur dans toutes les places qu'il occupe, parce qu'il s'y porte toujours lui-même; si le ciel ne change son cœur, le ciel même ne sauroit le rendre heureux.

Réduit en cet état à emprunter des secours étrangers pour soutenir les faibles restes d'une dignité chancelante, le magistrat a ouvert la porte à ses plus grands ennemis. Ce luxe, ce faste, cette magnificence, qu'il avoit appelés pour être l'appui de son élévation, ont achevé de dégrader la magistrature, et de lui arracher jusqu'au souvenir de son ancienne grandeur.

L'heureuse simplicité des anciens sénateurs, cette riche modestie qui faisoit autrefois le plus précieux ornement du magistrat, contrainte de céder à la force de la coutume et à la loi injuste d'une fausse bienséance, s'est réfugiée dans quelques maisons patriciennes, qui retracent encore, au milieu de la corruption du siècle, une image fidèle de la sage frugalité de nos pères.

Si le malheur de leur temps leur avoit fait voir ce nombre prodigieux de fortunes subites sortir en un moment du sein de la terre, pour répandre dans toutes les conditions, et jusque dans le sanctuaire de la justice, l'exemple contagieux de leur luxe téméraire; s'ils avoient vu ces bâtimens superbes, ces meubles magnifiques, et tous ces ornemens ambitieux d'une vanité naissante, qui se hâte de jouir, ou plutôt d'abuser d'une grandeur souvent aussi précipitée dans sa chute que rapide dans son élévation, ils auroient dit avec un des plus grands hommes que Rome vertueuse ait jamais produits dans le temps qu'elle ne produisoit que des héros : « (1) Laissons » aux Tarentins leurs dieux irrités ; ne portons à » Rome que des exemples de sagesse et de modestie, » et forçons les plus riches nations de la terre de » rendre hommage à la pauvreté des Romains ».

Heureux le magistrat qui, successeur de la dignité de ses pères, l'est encore plus de leur sagesse ; qui, fidèle comme eux à tous ses devoirs, attaché inviolablement à son état, vit content de ce qu'il est, et ne désire que ce qu'il possède !

Persuadé que l'état le plus heureux pour lui, est celui dans lequel il se trouve, il met toute sa gloire à demeurer ferme et inébranlable dans le poste que la république lui a confié : content de lui obéir, c'est pour elle qu'il combat, et non pour lui-même. C'est à elle de choisir la place dans laquelle elle veut recevoir ses services ; il saura toujours la remplir dignement. Convaincu qu'il n'en est point qui ne soit glorieuse dès le moment qu'elle a pour objet le salut de sa patrie, il respecte son état, et le rend respectable. Prêtre de la justice, il honore son ministère, autant qu'il en est honoré. Il semble que sa dignité croisse avec lui, et qu'il n'y ait point de places qui ne soient grandes, aussitôt qu'il les occupe ; il les transmet à ses successeurs, plus illustres et plus éclatantes qu'il ne les a reçues de ceux qui l'ont précédé ; et son exemple apprend aux hommes, qu'on accuse souvent la dignité lorsqu'on ne devroit accuser que la personne ; et que, dans quelque place que se trouve l'homme de bien, la vertu ne souffrira jamais qu'il y soit sans éclat. Si ses paroles sont impuissantes, ses actions seront efficaces ; et si le ciel refuse aux unes et aux autres le succès qu'il pouvoit en attendre,

(1) *Tit. Liv. Lib. XXVII.*

il donnera toujours au genre humain le rare, l'utile, le grand exemple d'un homme content de son état, qui se roidit par un généreux effort contre le torrent de son siècle. Le mouvement qui le pousse de toutes parts, ne sert qu'à l'affermir dans le repos, et à le rendre plus immobile dans le centre du tourbillon qui l'environne.

Toujours digne d'une fonction plus éclatante, par la manière dont il remplit la sienne, il la mérite encore plus par la crainte qu'il a d'y parvenir. Il n'a point d'autre protecteur que le public. La voix du peuple le présente au prince; souvent la faveur ne le choisit pas, mais la vertu le nomme toujours.

Bien loin de se plaindre alors de l'injustice qu'on lui a faite, il se contente de souhaiter que la république trouve un grand nombre de sujets plus capables que lui de la servir utilement: et dans le temps que ceux qui lui ont été préférés rougissent des faveurs de la fortune, il applaudit le premier à leur élévation; et il est le seul qui ne se croie pas digne d'une place que ses envieux même lui destinoient en secret.

Aussi simple que la vérité, aussi sage que la loi, aussi désintéressé que la justice, la crainte d'une fausse honte n'a pas plus de pouvoir sur lui que le désir d'une fausse gloire: il sait qu'il n'a pas été revêtu du sacré caractère du magistrat, pour plaire aux hommes, mais pour les servir, et souvent malgré eux-mêmes; que le zèle gratuit d'un bon citoyen doit aller jusqu'à négliger pour sa patrie le soin de sa propre réputation; et qu'après avoir tout sacrifié à sa gloire, il doit être prêt de sacrifier, s'il le faut, sa gloire même à la justice. Incapable de vouloir s'élever aux dépens de ses confrères, il n'oublie jamais que tous les magistrats ne doivent se considérer que comme autant de rayons différens, toujours faibles, quelque lumineux qu'ils soient par eux-mêmes, lorsqu'ils se séparent les uns des autres; mais toujours éclatans, quelque foibles qu'ils soient séparément, lorsque réunis ensemble ils forment par leur concours ce grand corps de lumière qui réjouit la justice, et qui fait trembler l'iniquité.

Les autres ne vivent que pour leurs plaisirs, pour leur fortune, pour eux-mêmes : le parfait magistrat ne vit que pour la république. Exempt des inquiétudes que donne au commun des hommes le soin de leur fortune particulière, tout est en lui consacré à la fortune publique : ses jours, parfaitement semblables les uns aux autres, ramènent tous les ans les mêmes occupations avec les mêmes vertus ; et par une heureuse uniformité, il semble que toute sa vie ne soit que comme un seul et même moment, dans lequel il se possède tout entier pour se sacrifier tout entier à sa patrie. On cherche l'homme en lui, et l'on n'y trouve que le magistrat ; sa dignité le suit partout, parce que l'amour de son état ne l'abandonne jamais ; et toujours le même en public, en particulier il exerce une perpétuelle magistrature, plus aimable, mais non pas moins puissante, quand elle est désarmée de cet appareil extérieur qui la rend formidable.

Enfin, si dans un âge avancé, la patrie lui permet de jouir d'un repos que ses travaux ont si justement mérité, c'est l'amour même de son état qui lui inspire le dessein de le quitter : tous les jours il sent croître son ardeur, mais tous les jours il sent diminuer ses forces ; il craint de survivre à lui-même, et de faire dire aux autres hommes, que s'il n'a pas encore assez vécu pour la nature, il a trop vécu pour la justice. Il sort du combat couronné des mains de la victoire. Sa retraite n'est pas une fuite, mais un triomphe. Toutes les passions qui ont essayé vainement d'attaquer en lui l'amour de son état, vaincues et désarmées, suivent comme autant de captives le char du victorieux. Tous ceux qui ont goûté les fruits précieux de sa justice, lui donnent par leurs regrets, la plus douce et la plus sensible de toutes les louanges. Les vœux des gens de bien l'accompagnent ; et la justice qui triomphe avec lui, le remet entre les bras de la paix dans le tranquille séjour d'une innocente solitude. Et soit qu'avec ces mêmes mains qui ont tenu si long-temps la balance de la justice, il cultive en repos l'héritage de ses pères; soit qu'appliqué à former des successeurs de ses vertus, et cherchant à revivre dans ses enfans, il travaille aussi utilement pour le public, que lorsqu'il exerçoit les plus importantes fonctions de la magistrature; soit enfin qu'occupé de l'attente d'une mort qu'il voit sans frayeur approcher tous les jours, il ne pense plus qu'à rendre à la nature un esprit meilleur qu'il ne l'avoit reçu d'elle; plus grand encore dans l'obscurité de sa retraite, que dans l'éclat des plus hautes dignités, il finit ses jours aussi tranquillement qu'il les a commencés. On ne l'entend point, comme tant de héros, se plaindre en mourant, de l'ingratitude des hommes, et du caprice de la fortune. Si le ciel lui permettoit de vivre une seconde fois, il vivroit comme il a vécu; et il rend grâces à la Providence, bien moins de l'avoir conduit glorieusement dans la carrière des honneurs, que de lui avoir fait le plus grand et le plus inestimable de tous les présens, en lui inspirant l'amour de son état.

DEUXIÈME MERCURIALE,

PRONONCÉE APRÈS PAQUES, 1699 :

LA CENSURE PUBLIQUE.

La plus glorieuse, mais la plus pénible de toutes nos fonctions, c'est le ministère important de la censure publique. Nous sommes nés dans un siècle où la généreuse liberté de nos pères est traitée d'indiscrétion ; où le zèle du bien public passe pour l'effet d'un chagrin aveugle et d'une ardeur téméraire ; et où les hommes étant devenus également incapables de supporter et les maux et leurs remèdes, la censure est inutile, et souvent la personne du censeur odieuse.

Ces grands noms de vengeurs de la discipline, d'organes de la vérité, de sévères réformateurs, uniquement occupés de la grandeur et de la dignité sénat, ne sont plus que des titres magnifiques, et des qualités imaginaires dont nous nous honorons vainement. Nos pères les méritoient, et nous les avons perdues, depuis que plus attentifs à plaire qu'à être utiles aux hommes, nous avons préféré la gloire frivole d'un applaudissement passager à l'honneur solide d'une censure durable, souvent amère à ceux qui la reçoivent, mais toujours salutaire à la magistrature.

La vérité n'ose plus paroître, même dans le temple de la justice, que sous le voile trompeur et sous les ornemens empruntés d'une fausse éloquence. On la méconnoît dans cet indigne déguisement ; ce n'est plus cette vérité mâle et intrépide, redoutable par la seule simplicité, qui, pour condamner les hommes, se contentoit de les peindre tels qu'ils étoient. C'est une vérité foible, timide, chancelante, qui craint le jour et la lumière, qui se cache sous les couleurs de l'art, et qui, contente d'avoir peint l'homme en général, n'ose jamais aller jusqu'à le caractériser en particulier. Tremblante devant ceux qu'elle devroit faire trembler, toujours foible parce qu'elle veut toujours ignorer sa force, elle mérite la censure qu'elle devroit faire.

Heureux si nous pouvions tirer la vérité de cette triste servitude où elle gémit depuis si long-temps! Mais plus convaincus encore de notre propre foiblesse que de celle des autres, il nous semble que nous entendons la voix secrète de ce censeur domestique que nous portons tous au-dedans de nous-mêmes, qui nous avertit continuellement que la censure ne peut être dignement confiée qu'à ceux qui ne la sauroient craindre; que pour réformer l'homme, il faudroit être au-dessus de l'homme même, et que c'est à Caton seul qu'il a été permis de briguer la censure.

Notre siècle aussi fécond autrefois en vertus, qu'il l'est à présent en vices a eu la gloire de produire plusieurs Catons. Que ne nous est-il permis de les ranimer aujourd'hui, et de les faire parler pour nous avec cette noble fermeté que l'amour constant de la vertu inspire à ceux qui ont commencé par eux-mêmes la réforme du public!

Que vous diroient-ils, ces graves magistrats, si pour votre bonheur et pour le nôtre, ils pouvoient encore se faire entendre dans ces places importantes que nous remplissons aujourd'hui avec le même zèle, mais avec un mérite bien différent?

Quelle seroit leur surprise, s'ils apprenoient qu'au lieu de cette docilité, de ce respect, de cette déférence avec laquelle les jeunes magistrats écoutoient de leur temps les suffrages de ceux qui avoient vieilli avec honneur dans la magistrature, on ne trouve plus aujourd'hui parmi ceux qui entrent dans le sanctuaire de la justice, qu'indocilité, que présomption, que jalousie de leurs sentimens, que mépris de ceux des anciens sénateurs!

Autrefois, vous diroient ces grands hommes, le partage de la jeunesse étoit la pudeur, la retenue, l'application; attentifs à s'instruire des maximes par les avis de ceux qu'une longue expérience faisoit regarder comme des oracles, les jeunes sénateurs croyoient que les commencemens de la magistrature devoient ressembler à cette école de philosophes où l'on achetoit par l'utile silence de quelques années, le droit de parler sagement pendant tout le reste de sa vie.

Ils respectoient ceux que l'âge ou la dignité avoient élevés au-dessus d'eux, comme les premiers et les plus dignes interprètes de la loi. Recevoir leur doctrine avec une sainte avidité, embrasser leurs avis avec une louable prévention, ne les contredire qu'en tremblant, et ne marquer jamais plus de respect pour leur personne que lorsqu'on se croyoit obligé de combattre leurs sentimens : tel étoit le caractère de ceux que la vertu seule avoit initiés dans les mystères de la justice. C'est ainsi que se formoient ces savans, ces vertueux magistrats dont nous admirons encore aujourd'hui les précieux restes. Les vieillards voyoient croître avec plaisir une jeunesse capable de consoler un jour la patrie de leur perte; ils se flattoient de revivre dans les successeurs de leurs vertus; et si les hommes étoient mortels, ils espéroient au moins que la dignité de la compagnie seroit immortelle.

Mais qui peut remarquer sans douleur combien leurs espérances sont trompées.

A cette modeste timidité qui faisoit autrefois la principale recommandation d'un mérite naissant, on a vu succéder une hardiesse téméraire, une hauteur, une intrépidité de décision qui fait souvent trembler les parties, et gémir la justice. Le privilége de bien juger n'est plus le fruit d'une longue étude, ou l'effet d'une sérieuse méditation; c'est le présent fortuit d'une dangereuse vivacité, c'est le don de ceux qui croiroient faire injure à la pénétration de leurs lumières, s'ils se permettoient de douter un moment. Tel est le changement que l'esprit a produit dans le monde depuis qu'il en a chassé la raison. Avec elle on a vu sortir l'amour de l'ordre et de la discipline, on a secoué le joug importun du respect, de la discrétion, de la modestie; des hommes nouveaux auxquels la sévérité de nos pères a long-temps interdit l'entrée de la magistrature, y ont introduit avec eux cette confiance aveugle en soi-même, ce mépris injuste des autres hommes, qui naît dans le sein de l'opulence, qui ne mesure le mérite que par la grandeur des richesses, et qui estime les hommes, non par ce qu'ils sont, mais par ce qu'ils possèdent.

Accoutumés à voir dès l'enfance l'exemple contagieux de l'utile, de la féconde ignorance de leurs pères, ils dédaignent de se rabaisser jusqu'à vouloir arracher avec peine les ronces et les épines qui environnent une science honorable à la vérité, mais toujours stérile et toujours infructueuse.

Ils ont plus de biens que les autres; ils croient avoir aussi plus d'esprit, plus de lumière, plus d'autorité; et comme si tout devoit céder à l'empire des richesses, ils se persuadent vainement qu'ils ont acheté avec elles le droit d'être savans sans étude, habiles sans expérience, et prudens sans réflexion.

Quelle matière fut jamais plus propre à la censure? Mais elle mériteroit un discours tout entier. Passons à d'autres points qui n'exciteroient pas moins le zèle des anciens censeurs, et ne suivons point d'autre ordre que celui de l'importance des sujets, dans une remontrance qui doit être beaucoup plus une effusion du cœur qu'un ouvrage de l'esprit.

Après avoir méprisé l'âge des anciens, et la dignité des supérieurs, qu'il est à craindre que l'on ne porte la prévention pour son avis particulier, jusqu'à mépriser l'avis du plus grand nombre des juges, et à ne pas sentir combien l'on doit respecter la règle immobile de la pluralité des suffrages!

Ce seroit renverser les plus solides fondemens de

l'autorité des juges, et rompre les liens les plus sacrés qui unissent les grandes compagnies, que d'altérer par une négligence inexcusable, ou une liberté criminelle, la moindre partie d'un jugement que le suffrage du plus grand nombre des sénateurs a consacré pour ainsi dire à l'immutabilité.

Avant l'arrêt, loin de défendre le combat des sentimens, la loi le permet, l'intérêt des parties le désire, la vérité même le commande, puisqu'elle est souvent le prix et la récompense du combat. Mais à peine l'arrêt est-il formé, qu'une soumission respectueuse doit succéder à cette contrariété d'opinions; l'avis du plus grand nombre des magistrats devient le sentiment de tous; la raison avoit divisé les suffrages, l'autorité les réunit, et la vérité adopte éternellement ce que la justice a une fois décidé.

Malheur à ceux qui osent se charger seuls d'un fardeau, qui, quoique partagé entre plusieurs, est capable de les faire trembler tous, et peut-être de les accabler. Un digne ministre de la justice trouve dans la pluralité des suffrages son instruction, sa décharge, sa sûreté. Fidèle dans l'explication des faits qu'il propose aux autres juges, plus fidèle encore, s'il se peut, dans le soin qu'il prend de recueillir leurs décisions, il sait qu'un oracle perd toute sa force, lorsque le prêtre qui l'écrit, ose le profaner, en mêlant témérairement les paroles de l'homme à celles de la divinité. Il respecte la grandeur et la sainteté du dépôt qui lui est confié, il craint de l'altérer par sa précipitation, de le perdre par sa négligence, de le violer par son affectation.

Ce sont, messieurs, les inconvéniens que vous avez voulu prévenir par le réglement que vous avez fait touchant les arrêtés des procès qui se voient de grands commissaires. Ne souffrez pas qu'un réglement si utile s'efface jamais par l'oubli, ou s'abolisse par l'inexécution. Vous avez été les législateurs, soyez vous-mêmes les protecteurs et les rigides observateurs de la loi que vous vous êtes imposée.

Que la diligence avec laquelle vous donnerez la dernière forme à vos arrêts, égale celle avec laquelle vous avez résolu de rédiger les arrêtés qui les précèdent. Ne permettez pas que la longueur du temps obscurcisse la clarté de vos décisions, et que confondant peu à peu la vivacité et la distinction des premières images, elle donne des armes à la malice des plaideurs, et commette l'autorité des jugemens les plus équitables.

Que la justice, au lieu d'exercer tranquillement la fonction de juger et de condamner les hommes, ne soit jamais réduite à la triste nécessité de se défendre elle-même. Un juge souvent soupçonné peut n'être pas coupable, mais il est rare qu'il soit entièrement innocent. Et que lui sert devant les hommes la pureté de son innocence, s'il est assez malheureux pour ne pas conserver l'intégrité de sa réputation?

Ce n'est point à ceux qui sont élevés à la dignité des juges souverains, qu'il est permis de se contenter du témoignage de leur conscience. Jaloux de leur honneur autant que de leur vertu même, qu'ils sachent que leur réputation n'est plus à eux, que la justice la regarde comme un bien qui lui est propre, et qu'elle consacre à sa gloire; qu'ils trahiroient ses intérêts s'ils négligeoient les jugemens du public, puisque telle est la délicatesse de ce censeur inflexible, qu'il impute au corps les fautes des membres, et qu'un juge suspect répand souvent sur ceux qui l'environnent, la contagion funeste de sa mauvaise réputation.

Heureux au contraire le magistrat dont la vertu reconnue honore le tribunal qui a le bonheur de le posséder! Les méchans le craignent, les bons le désirent; mais ceux qui le fuient et ceux qui le cherchent, rendent tous également hommage à sa sévère probité.

Il se souvient toujours que le premier soin du juge doit être de rendre la justice, et le second de conserver sa dignité, de se respecter soi-même, et de révérer la sainteté de son ministère.

Que ce talent est rare en nos jours! Où trouve-t-on des magistrats attentifs à montrer aux autres hommes l'exemple du respect que l'on doit à la magistrature? Vous le savez, messieurs, et nous le savons tous : on accuse souvent des causes étrangères et peut-être innocentes, de la décadence extérieure de notre profession. Pour nous, si nous voulons travailler sérieusement à renouveler son premier lustre, n'en accusons jamais que nous-mêmes. C'est nous qui abolissons ces anciens honneurs que la vénération des peuples rendoit à la justice dans la personne de ses ministres. Nous effaçons de nos propres mains, ces marques de respect qu'un culte volontaire déféroit autrefois à la sagesse des magistrats; et commençant les premiers à nous mépriser nous-mêmes, nous nous plaignons vainement du mépris des autres hommes. Méritons leur estime, et nous serons alors en droit de l'exiger, ou plutôt nous serons toujours assurés de l'obtenir.

Malgré toutes les révolutions qui changent souvent la face extérieure des dignités, il est une grandeur solide et durable que les hommes ne mépriseront jamais, parce que, quelques corrompus qu'ils soient, ils ne mépriseront jamais la vertu. C'est cette véritable dignité que la fortune ne sauroit ôter, parce que la fortune ne la donne point; dignité inviolable, qui a sa source et son principe au-dedans de nous, mais qui se répand au-dehors, et qui imprime sur toute la personne du magistrat un caractère de majesté, qui attire infailliblement le juste tribut de l'admiration des hommes.

Mais comment trouveroit-on ce caractère respectable dans une jeunesse imprudente, qui se hâte d'avancer sa ruine, et qui insulte elle-même à la chute d'une dignité qu'elle déshonore? Confondant son ministère avec sa personne, elle lui rend une espèce de justice lorsqu'elle le méprise, et jusqu'où ce mépris n'a-t-il pas été porté?

Autrefois on ménageoit encore, on respectoit au moins les dehors et les apparences d'une dignité que l'on n'osoit profaner ouvertement; et le vice rendoit hommage à la vertu par le soin qu'il prenoit de se cacher en sa présence. Mais aujourd'hui tout le zèle de la justice ne va pas même jusqu'à faire des hypocrites. On a vu de jeunes magistrats, indignes de ce nom, se faire un faux honneur d'en prodiguer publiquement la gloire et la dignité, se signaler par l'excès de leurs déréglemens, et trouver dans l'éclatant scandale de leur conduite une distinction qu'ils n'ont pas voulu chercher dans la voie honorable de la vertu.

Qu'il nous soit permis de gémir au moins une fois pendant tout le cours de l'année, sur des désordres qui font rougir le front de la justice. Ceux que leur conscience condamne en secret, nous accuseront peut-être d'en avoir trop dit; mais nous craignons bien plus, que ceux qui sont véritablement sensibles à l'honneur de la compagnie, ne nous reprochent de n'en avoir pas dit assez, et c'est à ces derniers que nous voulons plaire uniquement; leur exemple est une censure infiniment plus forte que la nôtre, à laquelle nous renvoyons les premiers.

C'est là qu'ils apprendront qu'au milieu de la dépravation des mœurs et de la licence de notre siècle, la vertu se conserve toujours un petit nombre d'adorateurs, dont la sagesse instruit ceux qui osent l'imiter, et condamne ceux qui ne l'imitent pas.

Dociles aux avis et aux instructions des anciens sénateurs, ils ont mérité d'instruire à leur tour les jeunes magistrats qui ont le courage de marcher sur leurs traces.

Soumis inviolablement à la loi nécessaire de la pluralité des suffrages, ils se sont accoutumés de bonne heure à respecter le jugement du plus grand nombre des juges, comme celui de Dieu même.

Jaloux de leur réputation, attentifs à conserver leur dignité, ils ont rendu encore plus d'honneur à la magistrature qu'ils n'en avoient reçu d'elle.

Enfin la pureté de leurs mœurs, l'uniformité de leur vie, la gravité de leur conduite est la terreur du vice, le modèle de la vertu, la condamnation de leur siècle, et la consolation de la justice.

Heureux nous-mêmes, si nous pouvions suivre de si grands exemples avant que de vous les proposer; et si une fonction prématurée ne nous imposoit la nécessité de censurer les autres, dans un âge où nous ne devrions nous occuper que de la crainte de mériter la censure !

TROISIÈME MERCURIALE,

PRONONCÉE A LA SAINT-MARTIN, 1699:

LA GRANDEUR D'AME.

Il n'y a point de vertu plus rare et plus inconnue dans notre siècle, que la véritable grandeur d'ame: à peine en conservons-nous encore une idée imparfaite, et une image confuse. Nous la regardons souvent comme une de ces vertus qui ne vivent que dans notre imagination, qui n'existent que dans les écrits des philosophes; que nous concevons, mais que nous ne voyons presque jamais; et qui s'élevant au-dessus de l'humanité, sont plutôt l'objet d'une admiration stérile, que celui d'une utile imitation.

Cette supériorité d'une ame qui ne connoît rien au-dessus d'elle que la raison et la loi; cette fermeté de courage qui demeure immobile au milieu du monde ébranlé; cette fierté généreuse d'un cœur sincèrement vertueux, qui ne se propose jamais d'autre récompense que la vertu même, qui ne désire que le bien public, qui le désire toujours, et qui par une sainte ambition veut rendre à sa patrie encore plus qu'il n'a reçu d'elle, sont les premiers traits et les plus simples couleurs dont notre esprit se sert pour tracer le tableau de la grandeur d'ame.

Mais étonnés par la seule idée d'une si noble vertu, et désespérant d'atteindre jamais à la hauteur de ce modèle, nous la regardons comme le partage des héros de l'antiquité: nous croyons que, bannie de notre siècle, et proscrite du commerce des vivans, elle n'habite plus que parmi ces illustres morts, dont la grandeur vit encore dans les monumens de l'histoire.

Triste et funeste jugement que nous prononçons

contre notre âge, et par lequel nous nous condamnons nous-mêmes à une perpétuelle foiblesse ! Il semble que le privilége d'être véritablement grand ait été réservé au sénat de l'ancienne Rome; et que la solide, la sincère grandeur d'ame, attachée à la fortune de l'empire romain, ait été comme enveloppée dans sa chute, et ensevelie sous ses ruines.

Nos pères, à la vérité, en ont vu luire quelques rayons éclatans, qui sembloient vouloir se faire jour au travers des ténèbres de leur siècle, mais la maligne foiblesse du nôtre ne peut plus même supporter les précieux restes de cette vive lumière; toujours dominés par la vue de nos intérêts particuliers, nous ne saurions croire qu'il y ait des ames assez généreuses pour n'être occupées que des intérêts publics : nous craignons de trouver dans les autres une grandeur que nous ne sentons point en nous; sa présence importune seroit un reproche continuel qui offenseroit la superbe délicatesse de notre amour-propre; et persuadés qu'il n'y a que de fausses vertus, nous ne pensons plus à imiter, ni même à honorer les véritables.

La grandeur d'ame ne reçoit des hommages sincères que dans les siècles où elle est plus commune.

Il n'appartient qu'aux grands hommes de se connoître les uns les autres, et de s'honorer véritablement. Le reste des hommes ne les connoît pas; ou s'il les connoît, il s'en défie souvent, et il les craint presque toujours. Leur simplicité, que nous ne saurions croire véritable, ne peut nous rassurer contre leur élévation qui condamne et qui désespère notre foiblesse. Au milieu de ces préventions si contraires au véritable mérite, heureux le magistrat qui ose apprendre aux hommes que la grandeur d'ame est une vertu de tous les siècles comme de tous les états; et que si la corruption de nos mœurs la fait paroître plus difficile, il ne sera jamais en son pouvoir de la rendre impossible à l'homme de bien !

Né pour la patrie beaucoup plus que pour lui-même, depuis ce moment solennel, où, comme un esclave volontaire, la république l'a chargé de chaînes honorables : il ne s'est plus considéré que comme une victime dévouée non-seulement à l'utilité, mais à l'injustice du public. Il regarde son siècle comme un adversaire redoutable, contre lequel il sera obligé de combattre pendant tout le cours de sa vie : pour le servir, il aura le courage de l'offenser; et s'il s'attire quelquefois sa haine, il méritera toujours son estime.

Qu'il ne se laisse pas détourner d'un si noble dessein, par les fausses idées de ceux qui déshonorent la justice en lui arrachant la grandeur d'ame qui lui est si naturelle, pour en faire le glorieux apanage de la vertu militaire.

Que nous serions à plaindre s'il falloit toujours acheter le plaisir de voir de grandes ames, par les larmes et par le sang qui accompagnent le char des conquérans; et que la condition des hommes seroit déplorable, s'ils étoient obligés de souhaiter la guerre, ou de renoncer à la véritable grandeur!

Que ce pompeux appareil qui environne la gloire des armes, éblouisse les yeux d'un peuple ignorant, qui n'admire que ce qui frappe et qui étonne ses sens; qu'il n'adore que la vertu armée et redoutable, qu'il la méprise tranquille, et qu'il la méconnoisse dans sa simplicité.

Le sage plaint en secret l'erreur des jugemens du vulgaire. Il connoît tout le prix de cette grandeur intérieure qui ne partage avec personne la gloire de régner et de vaincre; et qui, tenant de la nature des choses divines, vit contente de ses seules richesses, et environnée de son propre éclat.

Il est, n'en doutons point, des héros de tous les temps et de toutes les professions. La paix a les siens comme la guerre; et ceux que la justice consacre, ont au moins la gloire d'être plus utiles au genre humain, que ceux que la valeur a couronnés. Le plus parfait modèle de la véritable grandeur, Dieu même qui en possède la source et la plénitude, n'est pas moins jaloux du titre de juste juge, que de celui de

Dieu des armées. Il permet la guerre, mais il ordonne la paix : et si le conquérant est l'image terrible d'un dieu vengeur et irrité, le juste est la noble expression d'une divinité favorable et bienfaisante.

Car qu'est-ce qu'un magistrat, et quelle est l'idée que la vertu en offre à notre esprit ? Heureux, si une sensible expérience la rendoit toujours présente à nos yeux !

C'est un homme toujours armé pour faire triompher la justice, protecteur intrépide de l'innocence, redoutable vengeur de l'iniquité ; capable, suivant la sublime expression de la sagesse même, de forcer et de rompre avec un courage invincible ces murs d'airain et ces remparts impénétrables qui semblent mettre le vice à couvert de tous les efforts de la vertu. Foible souvent en apparence, mais toujours grand et toujours puissant en effet, les orages et les tempêtes des intérêts humains viennent se briser vainement contre sa fermeté.

Enfin, c'est un homme tellement uni, et, si nous l'osons dire, tellement confondu avec la justice, qu'on diroit qu'il soit devenu une même chose avec elle. Le bonheur du peuple est non-seulement sa loi suprême, mais son unique loi. Ses pensées, ses paroles, ses actions sont les pensées, les paroles, les actions d'un législateur ; et seul dans sa patrie, il jouit du rare bonheur d'être regardé par tous ses concitoyens, comme un homme dévoué au salut de la république.

Que si les grandes ames ne demandent au ciel que de grands travaux à soutenir, de grands dangers à mépriser, de grands ennemis à combattre ; quels travaux, quels dangers, quels ennemis plus dignes des généreux efforts de l'homme de bien, que ceux que la vertu prépare au magistrat dans le cours d'une longue et pénible carrière !

Plus avare pour lui que pour le reste des hommes, à quel prix ne lui fait-elle pas acheter la grandeur qu'elle lui destine ! Occuper un esprit né pour les grandes choses, à suivre scrupuleusement les détours artificieux et les profonds replis d'une procédure embarrassée ; voir la justice gémir sous le poids d'un nombre infini de formalités captieuses, et ne pouvoir la soulager ; se perdre et s'abîmer tous les jours de plus en plus, dans cette mer immense de lois anciennes et nouvelles, dont la multitude a toujours été regardée par les sages, comme une preuve éclatante de la corruption de la république ; avoir continuellement devant les yeux le triste spectacle des foiblesses et des misères humaines, plus puissant pour les condamner que pour les prévenir, toujours obligé de punir les hommes sans espérer presque jamais de pouvoir les corriger, et demeurer inviolablement attaché au culte de la justice, dans un temps où elle n'offre que des peines à ses adorateurs, et où il semble que ce soit prendre une route opposée à la fortune, que s'engager dans celle de la magistrature, c'est le premier objet que la vertu présente à la grandeur d'ame du magistrat.

La jeunesse n'a point pour lui de plaisirs, la vieillesse ne lui offre point de repos. Ceux qui mesurent la durée de leur vie par l'abondance et par la variété de leurs divertissemens, croient qu'il n'a point vécu ; ou plutôt s'ils regardent sa vie comme une longue mort, dans laquelle il a toujours vécu pour les autres, sans vivre jamais pour lui ; comme si nous perdions tous les jours que nous donnons à la république, et comme si ce n'étoit pas au contraire l'unique moyen d'enchaîner la rapidité de nos années, et de les rendre toujours durables, en les mettant comme en dépôt dans le sein de cette gloire solide qui consacre la mémoire de l'homme juste à l'immortalité.

Heureux au moins, si forcé de suivre une route pénible et laborieuse, il pouvoit y marcher avec assurance! ou plutôt, pour parler toujours le langage de la vertu, heureux de trouver de nouveaux motifs pour redoubler sa vigilance et son activité, dans des dangers qui ne sont pas moins dignes de la grandeur de son ame, que les travaux de son état !

Telle est la glorieuse nécessité que la justice impose au magistrat, lorsqu'elle imprime sur son front le sacré caractère de son autorité. Image vivante de la loi, il faut qu'il marche toujours, comme elle, entre deux extrémités opposées; et que s'ouvrant un chemin difficile entre les écueils qui environnent sa profession, il craigne de s'aller briser contre l'un, en voulant éviter l'autre.

C'est, à la vérité, un grand spectacle et un objet digne des regards de la justice même, que l'homme de bien accompagné de sa seule vertu, aux prises avec l'homme puissant soutenu de ce que la faveur peut avoir de plus redoutable. Qu'il est beau de convaincre la fortune d'impuissance, de lui faire avouer que le cœur du magistrat est affranchi de sa domination; et que toutes les fois qu'elle a osé attaquer sa vertu, elle n'est jamais sortie, que vaincue, de ce combat!

La gloire de ce triomphe semble même obscurcir l'éclat des autres victoires du magistrat : c'est par-là seulement que le commun des hommes lui permet de s'élever jusqu'au rang des héros, et d'entrer avec eux en partage de la grandeur d'ame.

N'attaquons point ici l'excès de cette prévention. A Dieu ne plaise que nous voulions jamais diminuer le prix de ces grandes actions, où l'on a vu de sages, d'intrépides magistrats sacrifier, sans balancer, leurs plus justes espérances; devenir avec joie les victimes illustres de la droiture et de la probité; et renonçant aux promesses de la fortune, se renfermer glorieusement dans le sein de leur vertu!

Avouons-le néanmoins, et disons comme ces grands hommes l'auroient dit eux-mêmes : Que ce que les ames communes regardent comme une illustre, mais dure nécessité pour le magistrat, est une rare félicité.

Quel est l'homme de bien qui ne porte envie à une si heureuse disgrâce, et qui ne soit prêt à l'acheter au prix de la plus haute?

Disons-le donc hardiment : il est plus honteux de céder à la faveur, qu'il n'est glorieux de lui résister. La véritable grandeur d'ame rougit en secret des applaudissemens, qu'elle est forcée de recevoir, lorsqu'elle a goûté le plaisir si pur de triompher de la faveur, en s'immolant à la justice. Elle rejette avec une espèce d'indignation ces éloges injurieux à sa probité, et il lui semble qu'on la loue de n'avoir pas fait un crime.

Si quelqu'ennemi lui paroît redoutable, c'est ce désir naturel à toutes les grandes ames, de soutenir toujours le pauvre et le foible contre le riche et le puissant.

Tentation dangereuse, séduction d'autant plus à craindre pour l'homme de bien, qui semble qu'elle conspire contre lui avec ses propres vertus. Elle lui fait prendre pour un excès de force, ce qui n'est qu'un excès de foiblesse ; il adore une fausse image de grandeur, et il offre à l'iniquité le sacrifice qu'il croit présenter à la justice.

Il s'élève du fond de notre cœur une secrète fierté et un orgueil, d'autant plus dangereux, qu'il est plus subtil et plus délicat, qui nous révolte contre le crédit et l'autorité ; ce n'est point l'amour de la justice qui nous anime, c'est la haine de la faveur. On regarde ces jours éclatans, où l'on voit les plus hautes puissances abattues, consternées, captives sous le joug de la justice, comme le triomphe de la magistrature. C'est alors que le magistrat recueille avec plaisir les louanges d'un peuple grossier, qui ne lui applaudit que parce qu'il croit que l'injustice est la compagne inséparable de la faveur ; et goûtant avec encore plus de satisfaction les reproches des grands qu'il a sacrifiés à sa gloire, il se flatte du faux honneur de mépriser les menaces de la fortune irritée, dans le temps qu'il ne devroit songer qu'à apaiser la justice.

Mais savoir s'exposer, non pas à la haine et à la vengeance des grands, mais à la censure et à l'indignation des gens de bien même qui se laissent quelquefois entraîner par le torrent des jugemens populaires ; aimer mieux être grand que de le paroître ; n'être sensible, ni à la fausse gloire de s'élever au-dessus de la plus redoutable puissance, ni à la fausse honte de paroître succomber à son crédit ; et se charger volontairement des apparences odieuses de l'iniquité, pour servir la justice au prix de toute sa réputation, par une constante et glorieuse infamie : c'est ce qui n'est réservé qu'à un petit nombre d'ames généreuses, que leur vertu élève au-dessus de leur gloire même.

Ennemies de la fausse gloire, elles fuient encore plus l'esprit de hauteur et de domination, écueil souvent fatal à la plupart des grandes ames.

Qu'il est rare de trouver des génies assez supérieurs pour tempérer par leur modestie, l'éclat de la supériorité de leurs lumières ; et pour adoucir, par leur sagesse, l'empire d'une raison dominante qui se sent née pour être souveraine !

Qu'il est difficile de savoir conserver la modération dans le bien même, et d'éviter l'excès jusque dans les avantages de l'esprit ! Et quelle grandeur d'ame ne faut-il pas avoir pour échapper à ce péril, puisqu'il faut être grand pour pouvoir même y succomber !

C'est à cette rare sagesse que le vertueux magistrat aspire continuellement. S'il plaint la basse timidité de ces ames pusillanimes qui se laissent ébranler par la moindre contradiction, et qui n'abandonnent leur premier suffrage que parce qu'il est combattu, il ne condamne pas moins la fierté présomptueuse de ces génies indociles, qui soutiennent leurs avis, moins parce qu'ils sont justes, que parce qu'ils les ont proposés ; et qui, sans respecter souvent ni la prérogative de l'âge, ni celle de la dignité, veulent que tout genou fléchisse, et que toute langue rende hommage à la hauteur de leur esprit. Attentif à ménager la foiblesse du cœur humain, qui dans le temps même qu'il a le plus besoin d'être gouverné, ne craint rien tant que de sentir qu'on le gouverne, il appréhende encore plus de déshonorer la raison, en lui prêtant cet extérieur tyrannique qui ne convient qu'à la passion : et jusqu'à quel point ne portera-t-il pas sa timide retenue, lorsqu'il pensera qu'un ton trop décisif, un air trop plein de confiance, ont souvent nui à la justice même; que les esprits les plus modérés se soulèvent presque toujours contre ceux qui pensent moins à les convaincre qu'à les subjuguer; et que, par un de ces mouvemens secrets qui se glissent en nous malgré nous-mêmes, ils font porter à la justice la peine des manières indiscrètes de celui qui la leur montre!

S'il règne souvent sur les opinions des autres juges, c'est par la seule évidence de ses raisons, et par la sage modestie avec laquelle il les insinue. Il semble qu'il s'instruise lui-même, dans le temps qu'il les instruit; l'on diroit qu'il ne fait que les suivre, lorsque c'est lui qui leur trace le chemin; et il posséde si parfaitement l'art de conduire les hommes dans la voie de la vérité, que ceux qu'il conduit ne s'en aperçoivent jamais que par les chutes qu'ils font lorsqu'il ne les conduit pas.

Avec de si heureuses dispositions, que l'on ne craigne rien de la grandeur et de l'étendue de ses talens. La justice ne sera jamais réduite à redouter la force et l'élévation de son génie. On n'appréhendera point qu'il tourne contre la loi, les armes qu'elle ne lui a données que pour la défendre, et qu'il usurpe sur elle un empire dont il n'est le dépositaire que pour la faire régner.

Loin du sage magistrat l'indigne affectation de ces juges dangereux, qui dédaignent la gloire facile d'avoir suivi le bon parti; qui soutiennent le parti contraire, parce qu'il est plus propre à faire paroître la vivacité et la supériorité de leur génie; qui se déclarent les protecteurs de toutes les affaires déplorées, et qui croient que la grandeur de l'esprit humain consiste à paroître supérieur à la raison et à la vérité.

D'autant plus soumis qu'il est plus éclairé, le magistrat qui aspire à être véritablement grand, dépose toute sa grandeur au pied du trône de la justice. Heureux, quand il a pu la connoître lui-même! plus heureux encore, quand il a eu l'avantage de la faire connoître aux autres! Aussi simple que religieux adorateur de la loi, on ne le voit jamais s'exercer vainement à en combattre la lettre par des inconvéniens imaginaires, à en éluder l'esprit par des interprétations captieuses, pour en détruire l'autorité par une feinte et apparente soumission.

Quels dangers pourroient ébranler une ame si forte et si généreuse?

Sera-t-elle sensible aux charmes de l'amitié, elle qui a résisté aux caresses de la fortune?

Se laissera-t-elle éblouir par l'éclat de sa dignité; et croira-t-elle que tout doit céder à son crédit, et plier sous le poids de ce pouvoir étranger, que la crainte de l'autorité du magistrat, beaucoup plus que l'estime de sa vertu, lui donne quelquefois sur l'esprit des autres hommes? Mais elle a toujours regardé avec indignation ces ministres infidèles, qui considèrent leur dignité comme un bien qui leur appartient; qui cherchent à jouir de leur élévation, comme s'ils étoient juges pour eux-mêmes et non pour la république; et qui veulent s'approprier une grandeur que la patrie ne leur prête que pour les rendre esclaves de tous ceux qui réclament leur autorité.

Enfin sera-ce le dégoût de son état, qui répandra un poison secret sur toutes ses occupations? Il en connoîtra tous les dangers; mais ces dangers mêmes seront les liens qui l'attacheront encore plus étroitement à sa profession. Au lieu de s'en dégoûter, parce qu'elle est difficile, c'est au contraire parce qu'elle est difficile, qu'il sentira combien elle doit paroître honorable aux plus grandes ames. S'il ne peut aimer la place à laquelle il est attaché, il aimera le bien qu'il y fait. On pourra ne le pas élever, mais on ne pourra l'empêcher d'être grand; et cette grandeur immuable que l'homme de bien reçoit des mains de la vertu même, est celle qui fait son unique ambition.

Vainqueur de tant de dangers qui naissent, pour ainsi dire, sous ses pas dans la carrière de la magistrature, il sera trop élevé pour craindre les attaques des ennemis qui l'environnent.

Les plaisirs respecteront la sainte rigueur de son austère sagesse : les passions timides et tremblantes se tairont, ou s'enfuiront devant lui : une seule de ses paroles fera plus d'impression que les plus longs discours des autres magistrats : le déréglement ne pourra pas même soutenir la censure muette de son visage sévère, et le vice redoutera jusqu'à ses regards.

L'ambition pourra se flatter d'abord de remporter sur lui une victoire plus facile : mais elle éprouvera bientôt qu'il n'est pas plus sensible à la soif des honneurs qu'à l'ardeur des plaisirs : elle cherchera souvent à se venger de ses mépris ; mais elle sera confuse de n'avoir pu troubler la tranquillité de son ame ; et bien loin d'avoir excité ses plaintes et ses murmures, elle avouera avec regret, qu'elle n'a pu même arracher un soupir du fond de son cœur.

Enfin, jamais l'intérêt ni l'avarice n'entreprendront de déshonorer les suites d'une vie si glorieuse. Les fonctions les plus infructueuses de la justice sont celles qu'il remplira avec le plus d'empressement, il suivra avec peine l'usage établi dans les autres : et conservant jusqu'à la fin de sa vie cette timide et louable pudeur qui semble le partage de la première jeunesse, il croira avoir perdu son travail dès le moment qu'il en aura reçu quelque récompense.

C'est ainsi que la grandeur d'ame rend le magistrat également supérieur aux travaux, aux dangers, aux ennemis de son état.

Mais qui sont ceux qui osent aujourd'hui aspirer à la possession d'une si haute qualité? Ne craignons point de le dire encore une fois ; on la regarde comme une vaine spéculation, comme le modèle d'une perfection imaginaire ; et peut-être que, dans le temps même que nous parlons, une partie de ceux qui nous écoutent nous reprochent en secret de tomber dans l'excès de ces peintres audacieux, qui voulant surpasser la nature au lieu de l'imiter, attrapent le grand, mais perdent le vraisemblable.

S'il nous reste encore un souvenir confus de la

véritable grandeur, c'est une lueur trompeuse qui ne sert qu'à nous égarer. Nous ne mesurons l'étendue de notre ame, que par celle de nos désirs : et telle est la corruption de nos mœurs, que l'ambition même nous paroît une vertu.

Combien voyons-nous de magistrats se flatter de devenir grands en briguant avec avidité le frivole, le dangereux honneur de vivre avec les grands ! Pour parvenir à cette fausse grandeur, ils arrachent les bornes que la sagesse de nos pères avoit établies ; ils confondent les limites de deux professions dont les mœurs sont absolument incompatibles ; et que peuvent-ils mettre de leur part, dans ce commerce inégal où ils se flattent de voir rejaillir sur eux, une portion de cet éclat qui environne les grands ? Quel est le prix auquel ils achètent une illustre et pesante amitié ?

Ne disons point ici qu'il est à craindre que, prodigues de leur dignité, ils ne s'accoutument insensiblement à n'être pas plus avares de leur devoir, et qu'ils ne chargent quelquefois la justice de les acquitter de cette espèce de dette qu'ils contractent envers les grands.

Ne peignons point les hommes plus foibles ou plus corrompus qu'ils ne le sont ; et craignons de dire ce que nous rougirions même de penser. Disons seulement que l'on sacrifie toujours une partie de cette constante et intrépide liberté qui est le plus ferme appui de la grandeur du magistrat. Il devient indépendant de ceux que l'état de leurs affaires met presque toujours dans sa dépendance. S'il se sent assez fort pour résister au crédit et à l'amitié réunis contre lui, pourra-t-il s'assurer d'être toujours assez heureux pour échapper aux artifices secrets de cette prévention presque imperceptible qui se cache au fond de notre cœur, et qui aveugle notre esprit avant même qu'il ait eu le loisir de penser à s'en défendre ? Enfin, quand il espéreroit de n'être pas moins au-dessus de la prévention que de la foiblesse, pourquoi s'exposer à des combats dont le péril est certain, dont le succès est douteux, et où la victoire même, toujours fatale au vainqueur, fait succéder à une amitié feinte, une haine véritable, et à une protection passagère une vengeance immortelle ?

D'autres esprits, encore plus foibles que les premiers, cherchent une élévation imaginaire dans le spectacle qu'ils donnent au public de leur somptueuse magnificence : toute leur vie n'est qu'une longue représentation, dans laquelle on admire en public l'éclat de leur grandeur fastueuse, mais on déplore en secret la vanité de leur superbe foiblesse.

La véritable grandeur gémit de cette pompe qui ne sert qu'à la déguiser ; et craignant d'être confondue avec les vices qui accompagnent presque toujours le faste et le luxe, elle s'échappe du sein de l'abondance, pour se retirer dans le vertueux séjour de la médiocrité.

C'est là qu'elle se plaît à former un cœur vraiment digne d'elle.

Elle ne se contente pas d'avoir donné au magistrat ce fonds de grandeur intérieure qui n'est parfaitement connu que de Dieu seul ; elle répand sur tout son extérieur quelques rayons éclatans de cette vive lumière qu'il renferme au-dedans de lui-même.

La simplicité de son cœur, l'égalité de son ame, l'uniformité de sa vie, sont des vertus que sa modestie ne sauroit cacher. Une douce et majestueuse tranquillité, une autorité visible et reconnoissable l'accompagnent toujours ; sa propre grandeur le trahit, et le livre malgré lui aux louanges qu'il méprise.

Au-dessus de l'admiration des hommes, il n'exige pas même leur reconnoissance. Heureux s'il peut leur cacher le bien qu'il leur fait, et être l'auteur inconnu de la félicité publique !

Supérieur à tous les événemens, il semble que les ayant tous prévus, il les ait tous également méprisés. Jamais la colère n'a troublé la sérénité de son visage : jamais l'orgueil n'y a imprimé sa fierté : jamais l'abbattement n'y a peint sa foiblesse.

Enfin, toujours grand sans faste, sans ostentation,

souvent même sans le savoir, le dernier caractère de sa grandeur est de l'ignorer.

Il est regardé comme le terme de la sagesse humaine. Les pères le montrent à leurs enfans comme le plus parfait modèle qu'ils puissent jamais imiter : si l'on demande un homme de bien, tous ses concitoyens se hâteront à l'envi de le nommer.

On ne pourra plus peindre la vertu, sans paroître avoir voulu faire son portrait. Le poète proteste inutilement qu'il n'a pensé qu'à tracer en général le caractère d'un homme de bien ; tout le peuple se récrie qu'il a voulu peindre Aristide : et quittant la fiction pour la vérité, il oublie le héros fabuleux que le théâtre lui offre, pour admirer un plus grand spectacle que la vertu d'un simple particulier lui présente.

Tels sont les fruits précieux de cette grandeur d'ame qui est propre au magistrat. C'est par elle que ce sage Athénien mérita autrefois le titre glorieux d'homme juste ; et c'est elle que nous proposons aujourd'hui pour modèle à ceux qui sont tous appelés par le bonheur de leur état à porter ce grand nom. Heureux, si nous pouvons ne perdre jamais de vue une si rare vertu dans le cours de nos occupations ; et si nous méritons de parler de la grandeur d'ame, en nous exerçant à la pratiquer !

QUATRIÈME MERCURIALE,

PRONONCÉE A LA SAINT-MARTIN, 1700 :

LA DIGNITÉ DU MAGISTRAT.

Souffrez que nous suspendions durant quelques momens les sévères fonctions de la censure publique, pour n'envisager que la perte qu'elle vient de faire.

La voix qui devoit se faire entendre aujourd'hui, s'est éteinte avant le temps, par une mort précipitée, et la censure, presque réduite au silence, semble ne devoir être occupée qu'à regretter la mort du censeur (1).

Compagnons de sa dignité et coadjuteurs de ses travaux, nous avons vu, nous avons connu de plus près, dans ce sage magistrat, ce fonds de droiture et de probité qui paroissoit tellement né avec lui, qu'on eût dit qu'il étoit vertueux non-seulement par choix, mais par une heureuse nécessité; ces inclinations bienfaisantes qui tempéroient la rigueur de son ministère; ce caractère de candeur et de sincérité que la nature avoit gravé sur son front comme une vive image de celle de son ame; cette douceur et cette affabilité qui rassuroit les foibles, qui consoloit les malheureux, qui guérissoit les plaies que sa justice avoit faites, et qui donnoit des grâces jusqu'à ses refus; enfin cette religion si pure et si sincère qui s'est toujours également soutenue dans une longue suite de dignités, et qui l'ayant accompagné depuis sa plus tendre jeunesse jusqu'au dernier moment de sa vie, a fait respecter en lui le chrétien encore plus que le magistrat.

(1) M. de la Briffe, procureur-général.

Tristes et inutiles honneurs que nous rendons à sa mémoire ! Cherchons dans l'accomplissement de nos devoirs la seule consolation qui convienne à la sévérité de notre ministère; et souvenons-nous que si les censeurs sont mortels, la censure doit être immortelle.

Avouons-le néanmoins, et disons à la gloire de la magistrature, que jamais la justice n'a eu la satisfaction de voir dans ses ministres tant de droiture et tant d'intégrité. Des mains pures et innocentes offrent un culte agréable à ses yeux. La probité est devenue si commune, qu'elle n'est plus regardée comme une distinction. On rougiroit de n'être point vertueux; on ne se glorifie point de l'être : et le vice, non-seulement condamné, mais inconnu dans cette auguste compagnie, est réduit à se cacher dans des tribunaux obscurs, éloignés de la lumière du sénat.

Mais que sert à la gloire du magistrat cette innocence dont il se flatte, si sa vertu renfermée au-dedans de lui-même ne jette aucun éclat au-dehors; et si pendant qu'il révère la sainteté de la justice, il ne craint point d'avilir la dignité du magistrat ?

C'est à cette dignité, que la vertu même doit une partie de sa gloire. Par elle la justice cesse d'être invisible; elle se rend sensible; elle se communique aux yeux des mortels : et si elle reçoit leurs hommages, c'est la dignité seule qui lui concilie cette espèce d'adoration. Le public, accoutumé à juger sur les apparences, croit qu'il n'y a point de vertu solide, où il ne voit pas de véritable dignité. Et qui sait en effet combien le magistrat conservera encore cette sévérité intérieure, dans laquelle il met toute sa confiance ? Il porte déjà l'extérieur du relâchement, il livre à son ennemi les dehors de son ame, et peut-être il le recevra bientôt dans le fond de son cœur.

Ainsi périt tous les jours la gloire du magistrat, ainsi s'efface l'éclat de cette dignité dont le dépôt sacré est remis entre ses mains, pour donner du crédit aux lois et du poids à la justice.

En vain ceux qui ont vu l'ancienne gloire du sénat, veulent chercher dans nos mœurs les traces de notre première dignité. A peine en conserve-t-on une image légère dans les fonctions publiques de la magistrature ; et cette image même, toute foible qu'elle est, ne se trouve plus dans la vie privée du magistrat.

Ennuyé des plaisirs passés, ou impatient d'en goûter de nouveaux, fatigué de sa propre paresse et chargé du poids de son inutilité, on voit un jeune magistrat monter négligemment sur le tribunal. Il y traîne avec tant de dégoût les marques extérieures de sa dignité, qu'on diroit que, comme un captif, il gémit du lien auquel il se voit attaché.

Livré aux caprices de ses pensées et à l'inquiétude d'une imagination vagabonde, il ne se contente pas d'errer dans le vaste pays de ses distractions, il veut avoir des compagnons de ses égaremens ; et plaçant une conversation indécente dans le silence majestueux d'une audience publique, il trouble l'attention des autres juges, et déconcerte souvent la timide éloquence des orateurs : ou s'il fait quelque effort pour les écouter, bientôt l'ennui succède à la dissipation ; et le chagrin qui est peint sur son visage fait trembler la partie, et glace son défenseur. On le voit inquiet, agité, prévenir les suffrages des autres juges par des signes indiscrets, et accuser en eux une lenteur salutaire qu'il devroit imiter.

Une molle indolence pourra seule fixer cette agitation importune : mais quelle peut être la dignité de celui qui ne doit sa tranquillité apparente qu'à une langueur véritable ?

Il semble que le tribunal soit pour lui un lieu de repos, où il attend entre les bras du sommeil l'heure de ses affaires, ou celle de ses plaisirs. C'est ainsi que l'arbitre de la vie et de la fortune des hommes se prépare à porter un jugement irrévocable. La justice, il est vrai, conservera toujours ses droits ; nous le présumons ainsi de la sagesse de ses ministres ; un moment d'attention réparera une longue négligence ; il sortira du trône de la justice un de ces rayons lumineux qui percent les plus profondes ténèbres, et qui, dissipant les vapeurs du sommeil, éclairent le juge le moins attentif dans le moment fatal de la décision. Mais la dignité du magistrat sera blessée, quand même la justice ne le seroit pas; et le témoignage de sa concience ne sauroit le mettre à couvert de la maligne censure du public qui voit son indolence, et qui ne peut être témoin de l'heureuse certitude de son jugement.

Mais ne nous arrêtons pas plus long-temps à l'envisager dans l'éclat et dans le grand jour de l'audience. Pleins de cette généreuse liberté qu'inspire l'amour du bien public, osons lever ce voile respectable qui sépare le sanctuaire du reste du temple, et qui le cache aux profanes.

Que nous serions heureux, si saisis d'une sainte frayeur en entrant dans ce sanctuaire vénérable, étonnés de la majesté des sénateurs qui l'habitent, nous pouvions imiter cet ancien philosophe qui se récria à la vue du sénat romain, qu'il avoit vu une assemblée, une multitude de rois!

Nous savons qu'il en est encore qui pourroient attirer les regards de Cinéas, et le remplir de l'admiration de leur dignité. Malgré la décadence extérieure dont nous nous plaignons, nous avons la consolation de voir dans ce sénat des magistrats dignes d'être choisis par Caton pour entrer dans le sénat de l'ancienne Rome, des sénateurs qui gémissent avec nous des malheurs de la magistrature; mais qui ne se contentent pas de pleurer vainement sur les ruines du sanctuaire, qui s'appliquent à les réparer; et dont la vie honorable à la magistrature, précieuse à la justice, est la censure de leur siècle, et l'instruction des siècles à venir.

Mais elle diminue tous les jours, cette troupe choisie qui renferme dans son sein nos dernières espérances. La justice voit croître sous ses yeux un peuple nouveau, ennemi de l'ancienne discipline, et de cette contrainte salutaire qui conservoit autrefois la dignité du magistrat.

Les jeunes sénateurs commencent à mépriser les

anciens. Les inférieurs se révoltent contre les supérieurs; chaque membre veut être chef; chaque magistrat s'érige un tribunal séparé, qui ne relève que de ce qu'il appelle sa raison. L'esprit divise les hommes, au lieu de la réunir. La diversité des opinions allume dans le sein de la justice une espèce de guerre civile, qui remplit les juges d'aigreur, et les jugemens de confusion. A peine la voix de la vérité peut-elle se faire entendre dans le tumulte d'un combat. Et quel spectacle pour les parties! Quelle idée peuvent-elles concevoir de la magistrature, lorsqu'elles voyent que la discorde règne dans l'empire de la justice, et que les juges ne peuvent conserver entre eux cette paix qu'ils sont chargés de donner aux autres hommes!

Puisse la dignité de la magistrature se soutenir sur le penchant, et s'arrêter sur le bord du précipice! Puissions-nous même ne trouver ici aucune créance dans les esprits, et mériter qu'on nous reproche l'amertume de notre censure! Mais qui peut assurer si la licence de quelques jeunes magistrats continue à croître sans mesure, que les yeux de la justice ne soient pas blessés par des emportemens encore plus indécens que ceux que l'opposition des sentimens a fait naître? Déja de tristes préludes ont semblé nous annoncer ce malheur. Hâtons-nous de tirer le rideau sur un spectacle si humiliant. A quoi serviroient ici nos paroles? On entend jusqu'à notre silence.

Mais si la discorde dégrade honteusement le magistrat, et triomphe publiquement de sa gloire, il y a d'autres passions plus délicates et souvent plus dangereuses, qui effacent en secret jusqu'aux moindres traits de sa dignité.

Tel est le caractère de la plupart des hommes, qu'incapables de modération, un excès est presque toujours pour eux suivi d'un excès contraire. Les premiers feux d'une jeunesse impétueuse n'inspirent au magistrat que du dégoût pour les affaires: il rougit de son état et met une partie de sa gloire à mépriser sa dignité.

Attendons quelques années, et nous verrons peut-être ce magistrat autrefois si dédaigneux, devenu un homme nouveau, avoir pour les affaires une avidité dont il seroit lui même surpris, s'il conservoit encore le souvenir de ses premières inclinations. Attentif à les prévoir avant qu'elles soient formées, annonçant leur naissance, se réjouissant de leurs progrès, heureux quand il les voit arriver au point de maturité dans lequel il se flatte de s'en rassasier; assidu courtisan de ceux qu'il considère comme les distributeurs de sa fortune, jaloux de ceux qu'il croit plus accablés de travail que lui, il regarde avec un œil d'envie l'utile douceur de leurs fatigues : content, s'il pouvoit seul porter tout le poids qu'il partage à regret avec les compagnons de sa dignité.

A peine peut-on l'arracher de ce séjour autrefois si craint et maintenant si chéri. L'amour du plaisir l'en éloignoit dans un temps, l'intérêt l'y ramene dans un autre. Il faisoit injure à ses fonctions lorsqu'il les dédaignoit, il ne les déshonore pas moins lorsqu'il les recherche; et la justice qui condamnoit autrefois sa paresse, rougit à présent de son avidité.

Et que peut-on penser lorsqu'on le voit, indifférent pour les fonctions honorables de la magistrature, en remplir les devoirs utiles avec une exacte, mais servile régularité; si ce n'est que, comme un vil mercenaire, il mesure son travail à la récompense qu'il en reçoit? Créancier importun de la république, il ignore la douceur de cette gloire si pure que l'homme de bien trouve à pouvoir compter la patrie au nombre de ses débiteurs. Il veut que chaque jour, chaque heure, chaque moment lui apporte le salaire de ses peines : malheureux de se croire ainsi payé de ses travaux, et véritablement digne de n'en recevoir jamais qu'une si basse récompense!

Où trouverons-nous donc la dignité du magistrat? L'extérieur du tribunal, l'intérieur du sénat, tout semble nous menacer de sa perte : et comment pourroit-elle se conserver hors du temple, si dans le temple même et à la face de ses autels elle n'a pu se soutenir?

Aussi ne devons-nous presque plus la chercher dans la vie privée du magistrat.

Toutes les passions qui ont conspiré contre sa grandeur, l'attendent à la porte du temple, pour partager entr'elles le malheureux emploi de profaner sa dignité.

A peine en sera-t-il sorti, que séduit par les conseils imprudens d'une aveugle jeunesse, il ne connoîtra peut-être plus d'autre école que le théâtre; d'autre morale que les maximes frivoles d'un poëme insipide, d'autre étude que celle d'une musique efféminée, d'autre occupation que le jeu, d'autre bonheur que la volupté. Ou s'il est assez heureux pour conserver encore, malgré la licence qui l'environne, cette première fleur de dignité qui se flétrit si aisément au milieu des plaisirs : il la sacrifiera bientôt à l'intérêt; et, par un malheur qui n'est que trop commun dans la magistrature, il perdra peut-être dans ses affaires particulières, cette réputation de droiture et d'équité qu'il avoit acquise dans les fonctions publiques.

Telle est la peine fatale des magistrats qui vont demander aux autres juges une justice qu'ils devroient se rendre à eux-mêmes. Il semble souvent qu'ils ayent déposé sur le tribunal, non-seulement leur dignité, mais leur vertu, lorsqu'ils en descendent pour se rabaisser au rang des parties.

Tantôt foibles et timides cliens, on les voit trembler, gémir, supplier auprès de leurs égaux; oublier qu'eux-mêmes accordent tous les jours la justice, non aux prières, mais aux raisons des parties; ne point rougir d'emprunter la voix d'une sollicitation étrangère; et par là faire dire, à la honte de la magistrature, qu'un secours qui paroît nécessaire aux magistrats mêmes, ne peut pas être inutile auprès d'eux.

Tantôt fiers et impérieux, et souvent plus injustes que le plaideur le moins instruit des règles de la justice, ils consacrent jusqu'à leur caprice, et érigent toutes leurs pensées en oracles. Les plus vaines subtilités reçoivent bientôt entre leurs mains le caractère de l'infaillibilité. Il n'est plus pour eux de règles certaines et inviolables : ils rappellent, comme parties, dans l'empire de la justice, les maximes qu'ils en avoient proscrites, comme juges. On les voit se perdre et s'égarer volontairement dans les chemins tortueux d'une procédure artificieuse, marcher avec confiance dans des voies obliques qu'ils ont tant de fois condamnées dans les autres plaideurs, et ne montrer qu'ils sont juges, que parce qu'ils possèdent mieux la science si commune en nos jours, d'éluder la justice et de surprendre la loi.

Et que sera-ce encore si l'intérêt, après avoir soumis à ses lois la vie privée du magistrat, veut l'introduire dans les voies difficiles de l'ambition, et l'initier dans les mystères de la fortune ?

C'est alors qu'insensible à la gloire de sa profession, il commencera pour son malheur, à distinguer sa propre grandeur de celle de la magistrature. Peu content de s'élever avec les compagnons de sa dignité, il n'aspirera qu'à s'élever au-dessus d'eux : leur foiblesse pourra même flatter sa vanité, et leur bassesse fera sa grandeur. Il verra avec indifférence, et peut-être avec joie, la magistrature humiliée, pourvu que sur les ruines de son état il puisse bâtir le superbe édifice de sa fortune. Mais dédaignant la grandeur que la justice lui donne, il méritera de ne pas obtenir celle que la fortune lui promet ; et peut-être il aura la disgrâce, après avoir dégradé sa dignité, d'avilir encore plus sa personne.

Enfin le dégoût sera son supplice et le dernier de ses malheurs. Il lui persuadera qu'il n'est plus pour le magistrat de véritable dignité ; que nous courons inutilement après une ombre qui nous fuit ; que c'est un fantôme que la simplicité de nos pères a adoré, mais dont un goût plus solide et plus éclairé a connu le néant et la fatigante vanité.

Ainsi parle le dégoût, et la paresse le croit, mais à dieu ne plaise que nous portions jamais un si triste jugement contre notre condition.

Nous savons qu'il y a une dignité qui ne dépend point de nous, parce qu'elle est en quelque manière hors de nous-mêmes. Attachée dans le jugement du peuple à la puissance extérieure du magistrat, avec elle on la voit croître, avec elle on la voit diminuer, le hasard nous la donne, et le hasard nous l'enlève. Comme elle ne s'accorde pas toujours au mérite, on peut l'acquérir sans honneur, on peut la perdre sans honte: et reprocher au magistrat de ne pas conserver cette espèce de dignité, ce seroit souvent lui imputer l'injustice du sort, et le crime de la fortune.

Mais il est une autre dignité qui survit à la première, qui ne connoît ni la loi des temps, ni celle des conjonctures; qui loin d'être attachée en esclave au char de la fortune, triomphe de la fortune même. Elle est tellement propre, tellement inhérente à la personne du magistrat, que comme lui seul peut se la donner, lui seul aussi peut la perdre. Jamais il ne la doit à son bonheur, jamais son malheur ne la lui ravit. Plus respectable souvent dans les temps de disgrâce que dans les jours de prospérité, elle consacre la mauvaise fortune; elle sort plus lumineuse du sein de l'obscurité dans laquelle on s'efforce de l'ensevelir; et jamais elle ne paroît plus sainte et plus vénérable, que lorsque le magistrat dépouillé de tous les ornemens étrangers, renfermé en lui-même, et recueillant toutes ses forces, ne brille que de sa lumière, et jouit de sa seule vertu.

Vivre convenablement à son état, ne point sortir du caractère honorable dont la justice a revêtu la personne du magistrat; conserver les anciennes mœurs, respecter les exemples de ses pères; et adorer, si l'on peut parler ainsi, jusqu'aux vestiges de leurs pas; ne chercher à se distinguer des autres magistrats que par ce qui distingue le magistrat des autres hommes, former son intérieur sur les conseils de la sagesse, et son extérieur sur les règles de la bienséance; faire marcher devant soi la pudeur et la modestie; respecter le jugement des hommes, et se respecter encore plus soi-même; enfin mettre une telle convenance et une proportion si juste entre toutes les parties de sa vie, qu'elle ne soit que comme un concert de vertu et de dignité, et comme une heureuse harmonie dans laquelle on ne remarque jamais la moindre dissonance, et dont les tons, quoique différens, tendent tous à l'unité : voilà la route qui dans tous les temps nous sera toujours ouverte pour arriver à la véritable dignité. On est toujours assez élevé quand on l'est autant que son état. Les fonctions de la magistrature peuvent diminuer, mais la solide grandeur du vertueux magistrat ne diminuera jamais.

Fidèle observateur de ses devoirs, et timide dépositaire de sa dignité, il ne la confie qu'au secret de la retraite et au silence de la solitude.

Il sait que l'on méprise souvent de près, ceux qu'on avoit révérés dans l'éloignement; que le magistrat doit paroître étranger dans le pays de la fortune; qu'il lui est glorieux d'en ignorer les lois, et souvent jusqu'à la langue même; que c'est une terre qui dévore ses habitans, et surtout ceux qui la préfèrent au repos de leur patrie; que le magistrat y devient odieux s'il en condamne les mœurs, méprisable s'il les approuve, coupable s'il les imite; et que le seul parti qui lui reste, est de les censurer par sa retraite, et de les combattre en les fuyant.

On ne le verra donc point, frivole adorateur de la fortune, aller avec tant d'autres magistrats brûler un encens inutile sur ses autels. Si la fortune peut se résoudre à se servir d'un homme de bien, il faudra qu'elle aille le chercher dans l'obscurité de sa retraite. Mais à quelque degré d'élévation qu'elle le fasse parvenir, elle ne pourra jamais lui faire perdre l'ancienne gravité de ses mœurs, et cette austérité rigoureuse, qui sont comme les gardes fidèles de sa dignité.

Disons-le hardiment : Comme il n'y a qu'une vie dure et sévère qui assure parfaitement l'innocence du magistrat, elle seule peut aussi conserver l'éclat pur et naturel de la simple majesté.

C'est dans le séjour laborieux de l'austère vertu,

que les enfans reçoivent de leurs pères bien moins les dignités que les mœurs patriciennes.

Là, se conservent encore, dans le déclin de notre gloire et au milieu de ce siècle de fer, les restes précieux de l'âge d'or de la magistrature.

Là, tous les objets qui frappent les yeux, inspirent l'amour du travail et l'horreur de l'oisiveté.

Là, règne une vertueuse frugalité, image de celle des anciens sénateurs : une modération féconde qui s'enrichit de tout ce qu'elle ne désire point, et qui trouve dans le simple retranchement du superflu, la source innocente de son abondance.

Loin de cette heureuse demeure l'excès d'une magnificence inconnue à nos pères, et dont nous rougirions nous-mêmes si les mœurs n'avoient prescrit contre la raison. Le séjour du sage magistrat n'est orné que de sa seule modestie. Si le prince veut renfermer le luxe dans des bornes légitimes, sa maison pourra servir de modèle à la sévérité des édits, et l'exemple d'un particulier méritera de devenir une loi de la république.

Accoutumé à porter de bonne heure le joug de la vertu, élevé dès son enfance dans les mœurs rigides de ses ancêtres, le magistrat comprend bientôt que la simplicité doit être non-seulement la compagne inséparable, mais l'ame de sa dignité ; que toute grandeur qui n'est point simple, n'est qu'un personnage de théâtre, et si l'on peut s'exprimer ainsi, qu'un masque emprunté, qui tombe bientôt pour laisser voir à découvert la vanité de celui qui le portoit ; que quiconque affecte de jouir de sa dignité, l'a déjà perdue ; et que telle est la nature de ce bien, qu'il fuit ceux qui le cherchent avec art, pour s'offrir à ceux qui, marchant dans la simplicité de leur cœur, sans faste, sans ostentation, ne travaillent qu'à être vertueux, sans penser à le paroître.

Une égalité parfaite, une heureuse uniformité sera le fruit de la simplicité dont il fait profession, et le dernier caractère de sa grandeur. Chaque jour ajoute un nouvel éclat à sa dignité ; on la voit croître avec ses années : elle l'a fait estimer dans sa jeunesse, respecter dans un âge plus avancé, elle le rend vénérable dans sa vieillesse.

Mais ce n'est ni le nombre de ses années, ni les rides que l'âge a gravées sur son front, qui lui attirent cette espèce de culte qu'on rend à sa gravité. Le souvenir de ses longs travaux, l'image toujours récente de ses grands services, l'idée de cette dignité toujours soutenue avec une constance invariable pendant tout le cours de sa vie, l'environnent toujours et lui concilient cette autorité qui est le dernier présent, et comme la suprême faveur de la vertu.

Telle est la douce récompense qu'elle prépare aux travaux d'une partie des magistrats qui nous écoutent. C'est sur le modèle de leur conduite, que nos foibles mains ont essayé de former le véritable caractère de la dignité du magistrat.

Puissions-nous suivre de si grands exemples dans la place à laquelle la bonté du Roi nous appelle, et retracer dans nos actions, les vertus que nous venons de peindre par nos paroles !

Pénétré d'une juste reconnoissance des grâces dont le Roi vient de m'honorer, avec quelle effusion de cœur ne devrois-je pas lui offrir ici un encens qui ne peut jamais être rejeté lorsqu'il est offert par les mains de la gratitude ? Mais ne dois-je pas craindre que sa bonté n'ait surpris en cette occasion l'infaillible certitude de son jugement, et que le choix qu'il a fait n'ait plus besoin d'apologie que d'éloge ? Retenons donc nos paroles : un silence respectueux peut seul exprimer et la grandeur du bienfait, et l'impuissance de le reconnoître : ou si quelque choix excite aujourd'hui nos louanges, que ce soit celui qui nous donne pour successeur (1) un magistrat plus digne de nous précéder que de nous suivre. Et vous, Messieurs, qui avez rassuré les timides démarches de notre première jeunesse, vous qui nous avez toujours animés par votre présence, instruits par

(1) M. le Nain.

vos exemples, éclairés par vos oracles, achevez votre ouvrage, et soutenez avec moi un fardeau que sans vous je n'aurois jamais porté.

Le public témoin depuis dix ans de votre indulgence pour moi, le sera éternellement de ma reconnoissance pour vous, et de mon zèle pour la dignité d'une compagnie où j'ai presque eu le bonheur de naître, et où la bonté du Roi m'assure par ses bienfaits, l'honneur de passer avec vous tous les jours d'une vie dont je ne souhaite la durée que pour la consacrer plus long-temps à votre gloire.

CINQUIÈME MERCURIALE,

COMPOSÉE POUR PAQUES, 1702 :

L'AMOUR DE LA SIMPLICITÉ.

Dans un temps où l'ancienne sévérité des lois semble se ranimer pour proscrire le luxe et la fausse grandeur, la magistrature, dont un des principaux devoirs a toujours été le sage éloignement de ces vices, ne doit-elle pas par sa conduite prêter de nouvelles forces à l'autorité de la loi qui les condamne, et par la voie moins rigoureuse, mais plus persuasive des exemples, rétablir, s'il est possible, la simplicité dans les mœurs ?

Qu'il nous soit donc permis en ces jours solennels, destinés à nous retracer l'image de nos devoirs, de rappeler au magistrat l'idée de cette vertu, précieuse dans tous les temps, et qui fait le bonheur de toutes les conditions.

Ennemie de l'artifice, de la pompe et de l'ostentation, elle consacre l'homme à la vérité, et l'attache à son devoir par des liens indissolubles ; elle l'éclaire sur la véritable grandeur ; elle lui fait connoître que ce n'est qu'à sa foiblesse qu'il faut imputer la recherche de ses dehors brillans, inventés pour le déguiser aux yeux des autres, et pour le dérober, s'il se pouvoit, aux siens propres ; que l'éclat extérieur n'augmente pas le prix des talens et de la raison ; que la sagesse l'a toujours dédaigné, et qu'il est le partage de ces mérites superficiels qui se repaissent du vain plaisir d'en imposer au vulgaire.

Ce n'est pas que par un caprice farouche la simplicité de mœurs méprise l'estime du public ; elle en connoît les avantages utiles à la vertu même, mais elle cherche à la mériter et non à la surprendre; elle ignore l'art de se faire valoir; elle ne pense qu'à faire le bien, et ne s'occupe pas à le faire remarquer aux autres; elle se montre telle qu'elle est et néglige les secours et les ornemens étrangers.

Semblable à ces personnes que la nature elle-même a ornées d'une beauté vraie, qui méprisent un éclat emprunté : peu attentives aux grâces qui les parent, elles plaisent sans chercher à plaire, et même sans paroître le savoir; et remportent sur l'art et sur l'affectation une victoire qui ne leur coûte ni soins ni désirs.

Telle se montre à nos yeux une noble et vertueuse simplicité : non contente de conduire le cœur et d'éclairer l'esprit, elle règle encore l'extérieur dont elle écarte tout le faste; elle se peint dans tous les traits de l'homme de bien, et se fait sentir dans toutes ses paroles; elle bannit les expressions trop recherchées; enfin elle imprime aux moindres actions ce caractère aimable de vérité qui fait toute la sûreté et toute la douceur de la société civile.

Mais si la raison ramène tous les hommes à la simplicité de mœurs, la justice en fait une loi encore plus indispensable au ministre qu'elle choisit pour prononcer ses oracles.

Il doit se regarder quelquefois comme le protecteur et toujours comme le père de ceux qui recourent à son autorité. Loin de les éloigner de lui par un appareil fastueux, son premier devoir est de rassurer leur timidité et d'exciter leur confiance; il faut que tout annonce en lui un ministre de paix et de justice; qu'il soit à portée de toutes les conditions; que le foible et l'opprimé puissent espérer que leurs plaintes seront portées directement à celui qui peut les faire finir; que rien n'arrête et n'étouffe la voix du pauvre qui implore son secours; et que né pour le peuple, son extérieur ne soit pas moins populaire que son cœur même.

Dépositaire public de toutes les vertus, c'est par leur éclat seul qu'il doit briller; le luxe, le faste et la vanité ne lui offrent que des objets frivoles, incapables d'éblouir une ame qui se sent destinée à de grandes choses; le bien public est son objet unique; il ne trouve de véritable plaisir qu'à être utile à sa patrie.

Toutes les fonctions de la magistrature sont toujours respectables à ses yeux; si elles ne lui semblent pas également augustes, aucune ne lui paroît pouvoir être méprisée; il n'imite point ces hommes fastueux dont l'attention se prête avec plaisir à ces contestations célèbres qui leur paroissent faire honneur à leur pouvoir, où être véritablement dignes de leur application, et se refusent à ces causes légères et à ces détails rebutans en eux-mêmes, qui entrent essentiellement dans l'ordre de la justice. Il sait que la destinée des pauvres y est presque toujours attachée, et que le véritable honneur du magistrat n'est pas de prononcer entre les grands ou sur des difficultés importantes, mais de retracer dans ses jugemens l'image fidèle et vivante de la loi même qui établit des règles invariables sans distinguer les personnes et les conditions.

Ennemi de toute affectation, il ne fait sentir aux autres aucune supériorité, ni de naissance, ni de talens; toujours prêt de faire à la justice un sacrifice de ses opinions les plus chéries, les contradictions l'instruisent loin de le révolter; une éloquence douce et vraie semble couler de ses lèvres; la candeur et la modestie qui se montrent dans son extérieur, découvrent la pureté de son cœur. C'est ainsi qu'il mérite la confiance des autres ministres de la justice, et que la vérité qu'il a trouvée, parce qu'il la cherchoit sans prévention, triomphe parce qu'il la défend sans aigreur.

Loin de lui les soins inquiets qui captivent les autres hommes. Le luxe étale en vain en d'autres lieux tout ce qu'il peut avoir de plus séduisant, il n'en est point ébloui; il lui préfère l'ancienne simplicité qu'il aime à conserver, à retenir du moins autant qu'il est en son pouvoir; les seules vertus lui paroissent les seuls ornemens dignes de son état; sa vie uniforme, mais toujours vénérable, se passe ou dans une heureuse ignorance de ce qu'on appelle les avantages de la fortune, ou (ce qui est plus estimable encore,) dans une noble disposition de cœur à n'en être point touché. Une vie simple en apparence, mais vraiment digne d'un magistrat, a été dans tous les temps le caractère et l'heureux partage des plus illustres ministres de la justice.

Cette vertu éloignée de toute affectation, lui attire bientôt une considération supérieure à celle de la plus brillante fortune; mais cette considération même ne diminue rien de la simplicité de ses mœurs, il est surpris de ce qu'on lui fait un mérite de cet attachement invariable à ses devoirs; il ignore seul qu'il est digne de louanges, et il semble quelquefois que l'estime et la reconnoissance publique, biens sur lesquels il a un droit si légitime, le gênent et l'embarrassent.

Pour conserver cette précieuse simplicité, le magistrat évite avec soin de se laisser surprendre au vain éclat des objets extérieurs; il sait que d'un sage mépris pour ces objets dépend tout son bonheur, et qu'en se livrant à la jouissance de ces faux biens, on perd peu-à-peu le goût qui nous attachoit aux véritables.

Artisans de nos propres malheurs, nous prêtons nous-mêmes les plus fortes armes aux ennemis de notre raison; nous commençons par traiter de grossiers, ces temps heureux où l'on ne connoissoit point le luxe ni un vain faste; il semble que nous ignorions à quel point il est dangereux de se familiariser avec des séducteurs qui deviennent ensuite des tyrans domestiques. L'admiration commence à séduire notre ame; elle est bientôt suivie de nos désirs : un malheureux rafinement nous les présente de jour en jour sous de plus flatteuses images, et nous croyons perfectionner notre goût, lorsque nous ne faisons qu'affoiblir notre vertu.

On se persuade que l'attachement aux avantages extérieurs n'a rien de contraire à l'esprit de justice qui doit animer le magistrat, qu'il en fera dans les occasions un sacrifice éclatant à son devoir. Mais que c'est peu connoître notre cœur! il ne partage pas si long-temps ses affections. Ou la raison y règne en souveraine, et alors elle le détache de tous les autres objets : ou par des combats continuels elle le fatigue, elle vient à lui paroître importune et trop sévère, il ne la suit plus qu'à regret; et dans la fausse idée d'acheter son repos, il cesse enfin d'écouter une voix qui le trouble sans le déterminer.

Il n'en est pas ainsi du sage magistrat qui joint à l'éloignement de ces vices, l'heureux secours de l'habitude. Loin de voir diminuer peu à peu sa vertu, il éprouve au contraire qu'elle acquiert tous les jours de nouvelles forces; elle devient inébranlable, et le soutient contre le torrent qui entraîne les autres hommes; les mœurs simples sont les seules digues insurmontables aux passions.

L'ambition écartera-t-elle de son devoir un magistrat qui n'est point sensible aux récompenses qu'elle promet? Plus attentif aux devoirs qu'exigent les dignités, qu'à l'éclat qu'elles répandent : il craint de nouveaux honneurs, loin de s'empresser à les chercher. Il se borne à remplir les obligations de son état. Un nouveau joug ne lui paroît pas mériter les soins qu'il faut prendre pour se l'imposer.

Quelle différence de sentiment entre le magistrat ambitieux, et celui qui se dévoue à une vertueuse simplicité! L'un fait servir ses devoirs à ses projets; l'autre, sans être distrait par des projets, n'envisage que son devoir. Les talens de l'un ne sont utiles au public, que quand il croit qu'ils peuvent être utiles à ses desseins; les services de l'autre sont dégagés de tout désir de récompense, et il s'en trouve assez payé par la satisfaction intérieure de faire le bien. De secrètes inquiétudes, des attentions incommodes, des agitations continuelles, des mouvemens souvent inutiles troublent toute la vie de l'un; l'autre voit couler ses jours dans une heureuse paix, et ne craint que ce qui pourroit donner atteinte à sa vertu. L'un, après l'accomplissement de ses plus ardens désirs, voit son bonheur lui échapper dans le sein de la possession même : il forme de nouveaux vœux. Ce qu'il n'a point encore, efface dans son esprit ce qu'il a eu tant de peine à obtenir, et pour tout fruit de ses travaux il ne sent souvent que le poids accablant des remords ; l'autre toujours heureux, toujours tranquille, se renferme dans sa vertu, et content de servir sa patrie dans les fonctions dont elle l'a chargé, il lui fait sans regret le sacrifice d'une fortune à laquelle il auroit pu aspirer. Enfin l'un est consumé par l'ennui d'un tumultueux esclavage qui avilit la noblesse de sa profession ; l'autre goûte le plaisir d'une heureuse indépendance des passions, qui l'élève au-dessus de sa dignité même.

La simplicité de mœurs fait encore ignorer au magistrat ces timides ménagemens, ces retours secrets d'amour-propre, ces vues de fortune pour soi, ou pour sa famille, qui portent l'ame à désirer que la cause la plus accréditée soit la plus juste, et la séduisent quelquefois jusqu'à lui faire croire ce qu'elle désire. Peut-on seulement soupçonner que de tels sentimens trouvent entrée dans un cœur qui ne connoît que le devoir ; qui ne regarde les plus illustres cliens qu'avec les yeux de la justice, devant qui toutes les conditions disparoissent ; et qui, peu touché d'un éclat extérieur, n'est conduit que par la lumière pure de la raison et de la vérité.

Le luxe en multipliant les besoins, allume la soif des richesses, et entretient dans le cœur un fonds de cupidité ; la simplicité des mœurs en détachant le magistrat des objets extérieurs, est comme un rempart impénétrable qui défend sa vertu.

Nous ne parlons point de cette indigne corruption qui n'ose pénétrer dans ces lieux sacrés ; elle y seroit regardée comme ces monstres, horreur de la nature, qu'on prend soin d'étouffer dès leur naissance ; mais il est des mouvemens d'intérêt plus imperceptibles, et qu'on se cache à soi-même, qui font qu'on voit avec moins de peine des incidens qui rendent la décision d'une contestation plus lente et plus ruineuse ;

qu'on s'oppose avec moins de fermeté à cette multiplication immodérée d'écritures inutiles; qu'on a moins d'attention à ménager ces instans si précieux aux parties; qu'on semble même regarder comme une possession et comme une espèce de patrimoine, un procès considérable; et qu'on s'afflige comme d'une perte domestique, d'une sage conciliation qui, en modérant la rigueur des prétentions qui divisoient les parties, rapproche en même temps et les intérêts et les cœurs.

On ne craindra point ces foiblesses dans un magistrat qui se renferme dans les bornes que lui prescrit une modeste simplicité. Content des dons qu'il a reçus de la fortune, ou si elle le traite en mère injuste, riche au moins par sa modération, il est possesseur d'un bien supérieur à cette opulence à laquelle il ne porte point envie. Heureux si laissant à ses descendans le patrimoine de ses pères, accru seulement de sa réputation, il peut leur transmettre le mépris du luxe et du faste, et leur apprendre par son exemple plus encore que par ses discours, combien la simplicité de mœurs est utile à la conservation des vertus de son état!

Offrons à ce sage magistrat un motif encore plus grand et véritablement digne de l'animer, le bien de l'état même.

Il sait qu'il doit au public non-seulement la dispensation de la justice, mais encore l'exemple de la vertu; le peuple devient aisément imitateur de ceux qu'il respecte. Les foiblesses des personnes que leur état expose à un plus grand jour, sont plus dangereuses que les vices mêmes de ceux que leur sort cache dans l'obscurité. Plus le pouvoir s'accroît, plus l'attention à fuir l'erreur doit redoubler; et les peuples sont véritablement heureux, lorsque des vertus sans nombre accompagnent une puissance sans bornes.

Après l'exemple de ceux en qui réside la suprême puissance, il n'en est point qui fasse plus d'impression sur l'esprit des peuples que celui des magistrats. Le ministre de la justice est par état l'ennemi des vices qui peuvent troubler la société civile; l'interprète des

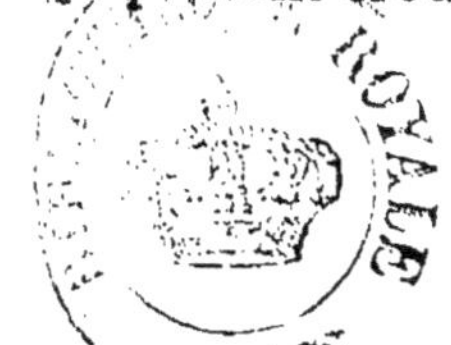

lois est en même temps le censeur des désordres qu'elles condamnent.

De tous les vices contre lesquels il doit s'armer, il n'en est point de plus pernicieux que le faste et la fausse grandeur. L'esprit de simplicité prévient tous les maux que ces passions entraînent avec elles; il peut seul arrêter ce poison subtil qui se communique peu à peu à toutes les parties du corps de l'état, et qui par un feu caché le mine et le détruit.

Il n'en faut point douter; ces jalousies odieuses entre les professions qui ne cherchent à s'élever à l'envi les unes au-dessus des autres, que par un vain éclat extérieur; ces efforts pour soutenir un pompeux appareil que souvent la fortune ne permet pas, et que la raison condamne toujours; ces chagrins renfermés dans le secret du domestique, mais vifs et cuisans, qu'inspire l'impuissance de briller au gré de sa vanité; cet oubli criminel du bien public toujours sacrifié à des vues particulières; cet indigne empressement à chercher les routes de la fortune, quelquefois aux dépens de son innocence; cet esclavage honteux où l'on captive jusqu'à ses lumières, où l'on désapprend à penser pour s'attacher aux idées fausses de ceux dont on attend des secours ou des bienfaits; enfin cet esprit général de servitude si différent de la noble obéissance: tous ces vices, la ruine des familles, la perte des vertus, et par une suite nécessaire l'affoiblissement de l'état, doivent leur naissance à l'amour du faste, et ne peuvent être réprimés que par l'exemple des personnes publiques, et la simplicité respectable de leurs mœurs.

Cet éclat extérieur dont les yeux étoient éblouis, commence à paroître frivole, lorsqu'on voit qu'il est négligé par les sages; on cesse de l'admirer quand on ne le trouve point dans ceux qu'on révère: le désir du bien public succède insensiblement à la recherche de ces faux biens; le service de l'état devient alors l'affaire de toutes les conditions; il n'est personne qui ne mette son bonheur à travailler dans sa profession à la grandeur de son prince et de sa patrie; et le public, juste dispensateur de la gloire, proportionne l'honneur aux services qu'on s'empresse à lui rendre.

C'est ainsi que s'est accrue cette puissance si redoutable des Romains; la simplicité des mœurs de leurs premiers citoyens les a rendus plus recommandables encore que leurs victoires, ou plutôt elle produisoit en même temps et leur grandeur et leurs succès; la magnificence et le faste ont préparé leur ruine, et la décadence de leur empire a été présagé par leur éloignement de la simplicité des mœurs anciennes.

Sans chercher des exemples étrangers, nos anciens héros qui ont chassé de l'intérieur du royaume les fiers ennemis de l'état, et porté le nom français jusqu'aux extrémités du monde, n'ont-ils pas puisé leur valeur, et cet amour éclatant pour leur patrie, dans le sein de la vie simple et frugale? Et après avoir rempli l'univers du bruit de leurs exploits, ils venoient jouir de leur gloire dans ces mêmes retraites qui leur avoient donné la naissance, et dont la simplicité blesse aujourd'hui les yeux de leurs superbes descendans.

Ces chefs illustres des compagnies, ces sénateurs vénérables qui les secondoient, choisis quelquefois par des souverains étrangers pour être les arbitres de leurs différens; ces magistrats, l'honneur de ce tribunal auguste, qui par des décisions respectées dans tous les siècles, ont transmis jusqu'à nous le dépôt inviolable de ces maximes adoptées par les ordonnances de nos rois, ou consacrées par l'usage de tous les temps, ont-ils dû leur gloire au luxe et à la somptuosité? et notre délicatesse au contraire ne seroit-elle pas blessée du seul récit de ce que les histoires particulieres nous apprennent de la simplicité de leurs mœurs?

Jusqu'à nous la magistrature s'étoit préservée de la corruption générale; elle a été long-temps l'unique asile où la simplicité de mœurs sembloit s'être retirée, et avec elle toutes les vertus qui l'accompagnent.

Des prétextes frivoles ont enfin altéré cette innocence digne des premiers temps, et balancé dans quelques esprits ces puissans motifs de l'intérêt du magistrat, de l'utilité publique, et de l'exemple de tous les siècles.

Plusieurs de ceux qui sortent de la vie privée pour être admis dans le sanctuaire de la justice, confondent le faste avec la dignité; ils ignorent encore les vraies prérogatives de leur état destiné à l'amour du peuple et à l'utilité publique. Ils affectent en toute occasion d'en faire sentir la supériorité. Tout, jusqu'à leur accueil, leur paroît devoir changer; ils croient surtout que la simplicité dans les mœurs les aviliroit aux yeux des hommes; qu'elle est l'obscure vertu de l'homme privé; et que l'extérieur brillant est le véritable apanage des fonctions publiques.

D'autres se persuadent que ces marques de grandeur servent à faire respecter la justice et le souverain dont ils exercent l'autorité.

Mais peut-on regarder comme un véritable respect qui puisse nous flatter, ces apparences de soumission qu'attirent des dehors fastueux, que le besoin arrache, et que le cœur dément toujours? Jaloux de son indépendance, plus on affecte l'air de domination, plus sa liberté s'en offense; et pour se dédommager de l'effort qu'il se fait en dissimulant, il se livre au plaisir d'abaisser en secret ceux qui exigent ces vains honneurs.

Il n'en est pas ainsi de l'hommage sincère qu'on rend sans contrainte à la simplicité des mœurs; c'est un tribut légitime dont personne ne veut se dispenser; moins on paroît empressé à le recevoir, plus le public s'efforce à le payer par un respect intérieur, seul digne d'un magistrat, et infiniment préférable à cette impression d'étonnement que laisse la magnificence.

Loin de nous ces ames timides dans la pratique du bien, qui sans entrer dans l'examen de la vérité, se font des idées des vertus au gré de leurs penchans, ou de leur indolence, et se représentent la simplicité de mœurs sous une image qui les rebute; ils se persuadent qu'elle est toujours accompagnée d'une effrayante sévérité, qu'elle écarte tous les amusemens, et que se consacrer à cette vertu, c'est se dévouer à la tristesse et à l'ennui.

Le magistrat, il est vrai, conduit par la sagesse, évite tout ce qui pourroit altérer la simplicité de ses mœurs, et affoiblir sa vertu. En s'écartant d'une route dont la raison lui montre les périls, il s'épargne la fatigue du combat, et n'en mérite pas moins l'honneur de la victoire; il sait que l'éclat bruyant de la vanité en frappant l'imagination, peut faire illusion à l'esprit, et qu'un des plus grands philosophes de l'antiquité avouoit, qu'en quittant les lieux où régnoit la magnificence, s'il n'en sortoit pas moins vertueux, il en sortoit moins content et moins tranquille.

Mais n'est-il point d'autres plaisirs que ceux que procure un luxe somptueux ? Le magistrat simple dans ses mœurs sait en trouver de plus doux, et de moins sujets aux importuns retours du repentir.

L'amitié des gens vertueux, les agrémens d'une société d'autant plus aimable que la ressemblance des mœurs et des sentimens en fait le lien : les amusemens de la vie champêtre dans ces intervalles où il lui est permis de les goûter, et de cesser d'être homme public : les délices qu'il sait se procurer à lui-même dans ces momens d'un précieux loisir qu'il restitue aux lettres et aux sciences, momens qu'il se reprocheroit comme autant d'infidélités, s'il les prenoit sur le temps qui est consacré à ses devoirs, et qui appartient à l'état; enfin tout ce qui est capable de faire le délassement d'une grande ame, et de la rendre plus propre aux nouveaux travaux qu'exige le bien public, forme les plaisirs innocens de la vie simple.

Une trop grande austérité peut être quelquefois l'effet du caractère et non de la simplicité de mœurs. La modération l'accompagne : éloignée de tout ce qui peut blesser l'amour-propre des autres, elle se fait aimer et honorer en même temps, parce qu'elle ne parle que le langage de la raison.

Que celui qui redoute cette vertu, cesse donc de se trahir lui-même; que ses yeux dessillés s'ouvrent enfin à la lumière de la vérité; qu'instruit par l'expérience de tous les temps, il se persuade que la magistrature ne sera jamais plus respectée que lorsqu'elle sera dégagée de toute pompe extérieure; et que le magistrat, s'il est véritablement digne de l'être, doit regarder sa dignité comme un titre qui le dévoue à la simplicité de mœurs.

Heureux si après avoir reçu de nos prédécesseurs le dépôt précieux des vertus qu'elle renferme, comme autrefois les mains les plus pures recevoient ce feu sacré auquel la destinée de l'empire étoit attachée : nous pouvons le transmettre sans aucune diminution, à ceux qui viendront après nous; et cependant retracer à notre temps les mœurs de ces illustres personnages dont l'histoire nous a conservé la mémoire pour être le modèle et l'admiration de tous les siècles!

SIXIÈME MERCURIALE,

PRONONCÉE A LA SAINT-MARTIN, 1702 :

LES MOEURS DU MAGISTRAT.

A la vue de cet auguste sénat, au milieu de ce temple sacré, où le premier ordre de la magistrature s'assemble en ce jour, pour exercer sur lui, non le jugement de l'homme, mais la censure de Dieu même; par où pouvons-nous mieux commencer les fonctions de notre ministère, qu'en vous adressant ces nobles et sublimes paroles que l'Écriture consacre à la gloire et à l'instruction des magistrats : *Juges de la terre, vous êtes des Dieux, et les enfans du Très-Haut.*

Puisse le magistrat conserver toujours cette haute idée de la grandeur de son caractère ! Image de la divinité, puisse-t-il ne déshonorer jamais cette glorieuse resemblance ! Mais oserons-nous le dire, et nous sera-t-il permis de juger de l'avenir par le passé? A peine cette assemblée si respectable sera-t-elle séparée, que nous verrons peut-être *les enfans du Très-Haut* confondus dans la foule des enfans des hommes, déposer les mœurs de la magistrature avec les marques de leur dignité, et mériter que nous leur appliquions ces sévères et redoutables paroles de la même écriture : *Je vous ai dit que vous êtes des Dieux, mais vous mourrez comme les autres hommes.*

Loin du sage ministre de la justice cette indigne alternative de grandeur et de bassesse, de vie et de mort; c'est en vain que l'on cherche à distinguer en lui la personne privée et la personne publique ; un même esprit les anime, un même objet les réunit; l'homme, le père de famille, le citoyen, tout est en lui consacré à la gloire du magistrat. Sa vie privée nous cache un spectacle moins éclatant, mais non pas moins utile que celui que sa vie publique nous montre; et l'image de ses mœurs est aussi respectable que celle de sa justice.

Quel plaisir de le contempler, lorsqu'éloigné de cette foule de cliens qui l'environne presque toujours, déchargé du poids de ses fonctions publiques, et déposant, si l'on peut parler ainsi, les rayons de sa gloire, le magistrat nous laisse voir l'homme tout entier, et nous le montre dans cet état où il est véritablement lui-même.

Nous ne le trouverons point occupé à délibérer sérieusement sur le choix de ses plaisirs, ou à tracer laborieusement le plan de sa fortune. Renfermé au-dedans de lui-même, jouissant en paix de cette douce et innocente volupté que donne à l'homme de bien le spectacle de son cœur, il cherche continuellement, non ce qui peut le faire paroître plus grand, mais ce qui doit le rendre meilleur; il cultive les semences de vertu que la nature lui a données; il arrache tous les jours ces épines malheureuses que la même nature fait croître tous les jours dans la terre la plus fertile, pour exercer la pénible industrie du laboureur.

Quelquefois s'élevant au-dessus de lui-même, il porte la sainte, la rapide audace de ses regards jusqu'au trône de la divinité, pour y contempler la justice dans la justice même, et pour former ses mœurs sur ce grand modèle.

Que ne lui est-il permis de demeurer dans ce séjour lumineux, et de se livrer à la douceur de cette haute spéculation ! Mais la voix de la société le rappelle sur la terre, pour se dévouer dans une vie active et laborieuse, au salut de la république. Ses yeux accoutumés à contempler la justice dans sa plénitude, découvrent sans peine cette multitude infinie de devoirs que le magistrat impose à l'homme, et que l'homme à son tour exige du magistrat : il joint l'expérience aux préceptes, et l'usage à la raison. Peu content des exemples vivans, il cherche dans les monumens des grands hommes, ces restes de sagesse et de vertu qu'on ne voit presque plus sur la terre, et qui respirent encore dans leurs cendres.

Qu'on ne demande point dans quel temps il peut amasser ces trésors, et s'approprier les vertus de tous les siècles ! Ses jours sont plus longs que ceux des autres hommes. Attentif à ménager le court intervalle qui sépare ses occupations publiques, il fixe ces momens rapides, il enchaîne ces heures fugitives que le commun des magistrats laisse échapper vainement, et se perdre sans retour par une fuite éternelle.

Il n'est point de jour de sa vie à la fin duquel il ne puisse dire avec joie : *J'ai vécu.* Si le ciel veut ajouter encore un jour à ceux qu'il m'a donnés, ce jour sera semblable à celui qui l'a précédé ; la religion, la justice, le public en partageront tous les momens ; heureux si je puis dire, en le finissant avec autant de paix qu'aujourd'hui : *J'ai vécu !*

Tels ont été vos pères ; ainsi se sont formés les illustres auteurs de ces races patriciennes où nous respectons encore leurs noms. Puissions-nous y trouver toujours leur esprit !

La retraite conservoit les vertus qu'elle avoit formées ; la sévérité de leurs mœurs avoient mis comme une barrière de pudeur et de modestie entre la corruption de leur âge et la sainteté de leur état. Il sembloit alors que le magistrat vivoit dans un autre siècle ; qu'il étoit citoyen d'un autre pays ; qu'il avoit d'autres sentimens, d'autres mœurs, qu'il parloit même une autre langue. Il n'étoit pas nécessaire de le connoître pour le distinguer des autres hommes ; l'étranger comme le citoyen le reconnoissoit à la gravité de ses mœurs, et le caractère de sa dignité étoit écrit dans la sagesse de sa vie.

Heureux les anciens sénateurs qui ont vu ce siècle d'or de la magistrature ; plus heureux encore ceux qui n'ont point survécu à sa gloire, et qui l'ont vue sans tache autant qu'ils ont vécu !

Que diroient aujourd'hui ces graves magistrats, s'ils

voyoient comme nous, un peuple nouveau entrer en foule dans le sanctuaire de la justice, et y porter ses mœurs, au lieu d'y prendre celles de la magistrature ?

A la vue d'un si triste spectacle, leurs entrailles seroient émues, leur zèle s'allumeroit, bien moins contre ce peuple étranger, que contre une partie de leur nation même, ou si l'on ose le dire, contre leurs propres enfans.

Epargnons, vous diroient-ils, ceux qui ne sont que la moindre cause de nos disgrâces, excusons ceux qu'une naissance différente a privés des avantages d'une éducation patricienne ; on n'a pu les tourner de bonne heure vers les images de leurs ancêtres, et faire croître leur vertu à l'ombre des exemples domestiques. Ils n'ont rien vu dans leur enfance qui pût exciter en eux cette noble émulation qui a formé tant de grands hommes, et souvent, dans toute la vie de leurs pères, ils n'ont trouvé à imiter que leur fortune.

Mais vous, généreux sang des anciens sénateurs; vous que la justice a portés dans son sein, qu'elle a vu croître sous ses yeux, et qu'elle a regardés comme ses dernières espérances ; vous, pour qui la sagesse des mœurs étoit un bien acquis et héréditaire que vous aviez reçu de vos pères, et que vous deviez transmettre à vos enfans, qu'est devenu ce grand dépôt que l'on vous avoit confié ! Enfans des patriarches, héritiers de leur nom, successeurs de leur dignité, qu'avez-vous fait de la plus précieuse portion de leur héritage, de ce patrimoine de pudeur, de modération, de simplicité, qui étoit le caractère et comme le bien propre de l'ancienne magistrature ? Faut-il que cette longue suite, cette succession non interrompue de vertueux magistrats, qui devoit faire toute votre gloire, s'arrête en votre personne; et que l'on puisse dire de vous, ils ont cessé de marcher dans la voie de leurs pères ; ils ont abandonné la trace de leurs pas; ils ont effacé cette distinction glorieuse; ils ont confondu ces limites respectables qui devoient séparer à jamais les véritables enfans de la justice, de ceux qu'elle n'a adoptés qu'à regret. Malheureux d'attirer sur leur tête les malédictions que l'Écriture prononce contre les enfans qui osent arracher les bornes que la sagesse de leurs pères avoient posées !

Ainsi parle encore aujourd'hui la voie éclatante de l'exemple de vos aïeux. Mais où sont les jeunes magistrats qui l'entendent ; et comment pourroient-ils l'écouter ? Ennemis de la réflexion, ils ne s'écoutent pas eux-mêmes.

Une dissipation éternelle, tout au plus un cercle et un enchaînement de devoirs frivoles, dont une fausse bienséance a fait une espèce de nécessité ; un commerce d'inutilité, une société d'amusemens, où tout ce qui est solide déplaît, et où tout ce qui ne l'est pas est bien reçu ; dont le jeu est l'occupation la plus sérieuse, et où les hommes, comme dans un séjour enchanté, ne travaillent qu'à se procurer le délicieux oubli de leur condition : voilà l'image de la vie d'un magistrat ; voilà le digne sujet de ses veilles ; et ce sont-là les grandes occupations qui ne lui permettent de se livrer au sommeil qu'à l'heure à laquelle ses pères entroient au sénat.

La mollesse succède à la dissipation, et achève d'affoiblir le cœur du magistrat ; dangereuse ennemie de la vertu, vice dominant de notre siècle, elle a respecté long-temps le laborieux séjour de la magistrature ; mais enfin elle a su y répandre son poison léthargique ; elle a rompu peu à peu les chaînes honorables de cette salutaire contrainte qui conservoit autrefois la sagesse du magistrat ; elle lui a inspiré un dégoût général pour toutes les marques extérieures de sa dignité. La pourpre qui l'honoroit autrefois, n'est plus aujourd'hui qu'un fardeau qui l'accable. Disons mieux, c'est un témoin importun, c'est une censure muette, dont on craint la présence. On veut cacher ses mœurs à sa dignité, et l'homme cherche à fuir la vue du magistrat.

Dispensez-nous, messieurs, de suivre ce transfuge

de la vertu jusque dans le camp du vice, où la dissipation et la mollesse vont enfin le conduire. Ne perçons point ce nuage épais qui le dérobe à nos yeux, laissons-le jouir de cette obscurité dans laquelle il s'enveloppe. Puisse-t-il rougir encore du vice, dans un temps où la jeunesse ne rougit presque plus que de la vertu !

Nous savons que la justice peut avoir quelqu'indulgence pour ceux qui lui sacrifient les prémices de leur liberté, et les plus beaux jours de leur vie; qu'il est même des momens où la plus sévère vertu ne rougit point de dérider son front, et de se rabaisser aux loix communes de l'humanité.

Les grâces, n'en doutons point, peuvent entrer quelquefois dans la maison du magistrat, mais ce ne sont pas des grâces molles et licencieuses, ce sont des grâces modestes; et si l'on peut parler ainsi, des grâces austères qui tempèrent l'éclat de sa majesté, mais qui ne l'obscurcissent pas, qui ornent même sa dignité, et qui la font aimer.

Que des plaisirs purs, préparés par la nécessité, modérés par la sagesse, consacrés par l'utilité, réparent ses forces épuisées par un long travail, et détendent les ressorts de son ame, fatigués par une trop grande contention.

Que l'utile douceur de l'agriculture, et les charmes de la vie rustique, en délassant son esprit, lui inspirent en même temps le goût de la retraite et l'amour de la simplicité.

Qu'il cherche dans le séjour des muses, et dans le sein de la philosophie, cette chaste et sévère volupté, qui fortifie l'ame au lieu de l'affoiblir, et qui charme l'esprit sans corrompre le cœur.

Enfin, si le ciel lui a donné des enfans, qu'il ne trouve point de plaisir plus doux, ni de joie plus pure, que celle de voir croître sous ses lois une famille innocente; et que joignant la sagesse du père de famille aux mœurs de l'homme de bien, il s'applique à former ce peuple naissant dont il doit être le premier législateur.

A peine ses enfans auront-ils commencé à ouvrir les yeux, qu'il leur montrera de loin la sainteté de la justice dont ils doivent être les ministres; il voudra que le premier sentiment raisonnable qui se forme dans leur cœur soit l'amour de leur état; il saura plier de bonne heure sous le joug de la vertu, leur esprit encore souple et docile. Une éducation simple, frugale, laborieuse, endurcira leur corps, et fortifiera leur esprit. Loin d'une si sage demeure le moindre souffle de cet air empoisonné que l'on respire dans le reste du monde; l'ignorance du vice n'y conserve pas moins l'innocence, que la connoissance de la vertu.

Ici, messieurs, nous commençons à tracer un tableau dont nous trouvons l'original dans les siècles précédens, mais dont nous ne voyons presque plus de copies dans le nôtre.

Il semble que les magistrats mêmes aient oublié qu'ils doivent à leurs enfans, une seconde vie beaucoup plus précieuse que la première. Bien loin de s'appliquer au pénible travail de former leurs mœurs, ils se donnent à peine le loisir de les voir: leur présence importune; leur souvenir même est amer: il corrompt toute la douceur d'une vie molle et délicieuse; ils croissent inconnus à leurs père, et ne les connoissent pas eux-mêmes; ce sont des plantes que l'on jette au hasard dans le champ de la république; une heureuse nature en sauve quelques-unes, le reste périt par le défaut de nourriture, ou est entraîné par le torrent de la corruption commune.

Combien y a-t-il même d'enfans pour qui la maison paternelle n'est plus un asile favorable, mais un séjour dangereux, et souvent fatal à leur innocence? Le premier exemple qu'on auroit dû leur cacher est celui de leur père: on diroit que la qualité de magistrat n'est unie à celle de père, que pour donner plus de crédit au vice, et de nouvelles armes à la corruption. Des enfans plus malheureux que coupables ne craignent point de s'égarer sur les traces d'un père et d'un magistrat; ils imitent ce qu'ils révèrent, et ils pêchent à l'exemple des dieux. Heureux les enfans que leur père conduit à la perfection, bien moins par la voie longue et difficile des préceptes, que par le chemin court et facile des exemples. Image vivante de la vertu, il la rend sensible à leurs yeux. Ce n'est plus cette vertu élevée au-dessus de l'humanité; que les philosophes nous représentent assise sur un rocher escarpé, au bout d'une rude et pénible carrière; c'est une vertu présente, accessible, et si l'on ose le dire, familière, que ses enfans apprennent comme par goût et par instinct, qu'ils croient voir et sentir, et qui semble emprunter une forme corporelle pour s'accommoder à la foiblesse de leur raison naissante, et pour exciter en eux non pas une admiration stérile, mais une utile imitation. Il conserve son ouvrage avec autant de soin qu'il l'a formé; son attention redouble dans le temps qui voit cesser celle des autres pères. Cet âge dangereux où le cœur hésite encore entre le vice et la vertu, cette saison incertaine, où le calme est toujours proche de la tempête, ces jours critiques qui décident souvent de toute la vie du magistrat, ont fait trembler de loin la timide tendresse du sage père de famille, il les voit approcher avec encore plus de frayeur. C'est alors que voyant la vertu de ses enfans aux prises avec la corruption de leur siècle, il leur apprend à soutenir les premières, et souvent les plus rudes attaques d'un ennemi si redoutable; et son active vigilance ne se repose jamais, jusqu'à ce qu'une entière victoire ait enfin terminé ce dangereux combat en faveur de la vertu.

Plus heureux encore le père dont les enfans remportent cette victoire sans effort, et triomphent sans combat! telle a été la rare félicité du sage magistrat (1), dont la perte, commune à cette auguste compagnie, est pour nous le sujet d'une douleur particu-

(1) M. Joly de Fleury, conseiller de grand'chambre, père de M. Joseph-Omer Joly de Fleury, avocat-général au parlement, et de M. Guillaume-François Joly de Fleury, avocat-général à la cour des aides, et après la mort de son frère, avocat-général au parlement, depuis procureur-général.

lière. Heureux d'avoir pu se rassasier pendant sa vie du spectacle délicieux de la gloire de ses enfans ; une mort lente, et qui s'est approchée comme par degrés, lui a fait sentir jusqu'où alloit pour lui leur tendresse. Content d'avoir vu leurs vertus privées égaler leurs vertus publiques, père aussi fortuné que digne magistrat, il est mort entre les bras de la paix; et s'il reste encore après la vie quelque sentiment de ce qui se passe sur la terre, il jouira du plaisir de voir croître tous les jours leur mérite et leur réputation, et de se croire surpassé par eux, pendant qu'ils mettront toute leur gloire à égaler sa vertu.

C'est-là l'unique objet de l'ambition du véritable magistrat. S'il élève les mains au ciel pour ses enfans, il ne demande pour eux que ce qu'il a demandé pour lui-même, un esprit droit, un cœur simple, une ame forte et généreuse, qui ne craigne que le vice, qui ne désire que la vertu. Il sait qu'il doit transmettre à ses enfans encore plus de sagesse qu'il n'en a reçu de ses pères, mais non pas plus de fortune; et qu'après tout c'est leur laisser un assez grand trésor, que de remettre entre leurs mains des richesses bornées, mais innocentes, un bien acquis lentement, mais justement, une fortune médiocre, mais assurée.

Avec de telles dispositions, que l'on ne craigne point qu'il imite ces ministres infidèles, qui comptent leur crédit et leur autorité parmi les revenus de leur charge; qui se croient dispensés de se rendre justice, parce qu'ils la rendent aux autres; ou plutôt qui se font de la qualité même de juge, une espèce de rempart inaccessible à la justice.

Nous savons quel est le malheur des temps, et nous voudrions pouvoir l'ignorer; mais nous savons aussi que pendant qu'on le déplore, on porte plus loin que jamais l'excès d'un luxe téméraire qui semble insulter à la misère publique, et qui croît dans la même proportion que la pauvreté.

On ne connoît plus son état, on ne se connoît plus soi-même; le fils dédaigne d'habiter la maison de ses pères; il rougit de leur ancienne simplicité. Ce patrimoine amassé pendant tant d'années par les mains de la tempérance et de la frugalité, est bientôt sacrifié au spectacle enchanteur d'une vaine magnificence : ou si par un malheur encore plus grand, l'avarice se trouve jointe à l'amour du luxe, qui sait si l'on ne verra pas l'avide magistrat chercher avec ardeur à multiplier ses revenus par des voies honteuses à la magistrature, et souvent fatales à sa famille; ne point rougir d'apprendre le malheureux art de donner à un métal stérile une fécondité contraire à la nature; et devenu semblable aux enfans de la fortune, insulter à la sainte délicatesse des sages magistrats, qui croient encore que la magistrature doit regarder ce vice comme une espèce de monstre qui dévore la substance du pauvre, qui arme les passions d'une jeunesse imprudente, et qui flatte l'avidité d'une insatiable vieillesse.

Nos pères redoutoient les piéges qu'il tendoit à leurs enfans; ils ne prévoyoient pas un malheur encore plus grand pour la magistrature. On s'est familiarisé avec le monstre, et la justice qui croyoit n'avoir à regretter que la perte des magistrats qu'il ruine, sera bientôt réduite à déplorer encore plus la honte de ceux qu'il enrichit.

A la vue de tant de disgrâces le sage magistrat n'a plus de goût que pour la solitude; de quelque côté qu'il tourne ses yeux, il ne voit que des sujets d'affliction; désespérant de réformer son siècle, heureux s'il pouvoit l'oublier, il ne pense plus qu'à se réformer lui-même, et à faire de sa maison un asile sacré, où la vertu bannie du commerce des hommes, et contrainte de céder au torrent du vice, puisse se retirer avec lui.

On n'en approche qu'avec un saint respect et une espèce de religion : on la regarde comme un de ces anciens temples, monumens de la piété de nos pères, que la fureur de la guerre a épargnés, pendant qu'elle ravageoit le reste de la terre. La modestie en garde les portes, et elle les ouvre jour et nuit aux prières des malheureux. Jamais le triste suppliant n'est obligé de corrompre un ministre intéressé, pour en acheter l'entrée. Il y trouve une divinité bienfaisante, toujours prête à écouter ses vœux. Il n'est point de lieu dans ce temple, qui ne soit plein de la majesté du dieu qui l'habite; il se peint; il se retrace lui-même dans tout ce qui l'environne; on diroit que tous ceux qui l'approchent se transforment en lui, et qu'il ait gravé sur eux le caractère et comme le sceau de la sagesse.

La douceur de sa sollicitude, et le juste dégoût qu'il conçoit pour son siècle, ne lui font point oublier les engagemens d'un citoyen. Nul ne sait mieux que lui retrancher les devoirs inutiles, nul ne sait mieux remplir les devoirs nécessaires.

Il ne connoît les grands que par la justice qu'il leur rend. Il mérite leur estime, mais il ne recherche point leur amitié; il craint même leurs caresses; et sage aux dépens des autres magistrats, il fuit avec soin le dangereux honneur de leur familiarité.

Loin du séjour tumultueux des passions humaines, il se renferme dans le cercle étroit d'un petit nombre d'amis, dont les mœurs sont la preuve des siennes. Il les choisit avec discernement, il les cultive avec fidélité, il les aime avec persévérance; il les préfère à lui-même, non à la justice; l'amitié le conduit jusqu'au pied des autels; mais soumise à son devoir, elle ne l'accompagne que pour augmenter le mérite de son sacrifice.

Enfin un caractère de bienséance et de dignité, qui donne de la grâce à ses plus grandes actions, et de la grandeur aux plus petites, est et le plus précieux ornement, et le dernier fruit de la sagesse.

Et soit que cette rare qualité ne soit qu'une espèce de pudeur inspiré par la nature, et augmentée par la vertu; soit qu'elle consiste dans l'heureux concert et dans la parfaite harmonie des pensées et des sentimens, des actions et des paroles; soit que l'on ne puisse distinguer la bienséance de la cause qui la produit, et qu'elle ne soit autre chose que le dehors éclatant, et, si l'on peut s'exprimer ainsi, la surface lumineuse de la vertu; disons au moins que c'est à la sagesse des mœurs qu'il est réservé de répandre sur toute la personne du magistrat ce charme secret et imperceptible qui se sent, mais qui ne peut s'exprimer; qu'on admire, mais qu'on ne sauroit imiter. Un mélange de sévérité et de douceur, de grâce et de majesté lui soumet tous les esprits et lui gagne tous les cœurs. Les fruits de sa justice sont bornés, et quelquefois amers à ceux qui les cueillent; mais ceux de sa sagesse sont infinis, et leur douceur égale toujours leur utilité.

Puissions-nous exprimer dans notre conduite cette image de la vie privée du magistrat, dont nous avons essayé de tracer le modéle!

Puissions-nous regarder la sagesse des mœurs, comme le plus précieux de tous les biens de la magistrature; bien solide et durable que la vertu nous donne, et que la fortune ne peut jamais nous ôter!

SEPTIÈME MERCURIALE,

PRONONCÉE A LA SAINT-MARTIN, 1704 :

DE L'ESPRIT ET DE LA SCIENCE.

Tous les hommes désirent d'avoir de l'esprit; mais ce bien qui est l'objet de leurs souhaits, est le présent le plus dangereux que la nature puisse faire au magistrat, si trop sensible à cet avantage, et dédaignant le secours de la science, il est assez malheureux pour n'avoir que de l'esprit.

Tel est cependant le malheur d'un grand nombre de magistrats. Sous les yeux de la justice et au milieu de son empire, s'élève une secte contagieuse que son esprit éblouit, et que ses lumières aveuglent; qui est née dans le sein de la mollesse, dont le caractère est la présomption, et dont le dogme dominant est le mépris de la science et l'horreur du travail.

Le magistrat, nous l'entendons dire tous les jours, n'a besoin que d'un esprit vif et pénétrant. Le bon sens est un trésor commun à tous les hommes. Emprunter les lumières d'autrui, c'est faire injure aux nôtres. La science ne fait souvent naître que des doutes : c'est à la raison seule qu'il appartient de décider; que manque-t-il à celui qu'elle éclaire? C'est elle qui a inspiré les législateurs; et quiconque la possède est aussi sage que la loi même.

Ainsi parle tous les jours une ignorance présomptueuse. Et qu'est-ce que cet esprit, dont tant de jeunes magistrats se flattent vainement?

Penser peu, parler de tout, ne douter de rien; n'habiter que les dehors de son ame, et ne cultiver que la superficie de son esprit; s'exprimer heureusement; avoir un tour d'imagination agréable, une conversation légère et délicate, et savoir plaire sans savoir se faire estimer ; être né avec le talent équivoque d'une conception prompte, et se croire par-là au-dessus de la réflexion ; voler d'objets en objets, sans en approfondir aucun ; cueillir rapidement toutes les fleurs, et ne donner jamais aux fruits le temps de parvenir à leur maturité, c'est une foible peinture de ce qu'il plaît à notre siècle d'honorer du nom d'esprit.

Esprit plus brillant que solide, lumière souvent trompeuse et infidèle, l'attention le fatigue, la raison le contraint, l'autorité le révolte ; incapable de persévérance dans la recherche de la vérité, elle échappe encore plus à son inconstance qu'à sa paresse.

Tels sont presque toujours ces esprits orgueilleux par impuissance, et dédaigneux par foiblesse, qui désespérant d'acquérir par leurs travaux la science de leur état, cherchent à s'en venger par le plaisir qu'ils prennent à en médire.

Nous savons qu'il est une science peu digne des efforts de l'esprit humain ; ou plutôt, il est des savans peu estimables, en qui le bon sens paroît comme accablé sous le poids d'une fatigante érudition. L'art qui ne doit qu'aider la nature, l'étouffe chez eux, et la rend impuissante. On diroit qu'en apprenant les pensées des autres, ils se soient condamnés eux-mêmes à ne plus penser, et que sa science leur ait fait perdre l'usage de leur raison. Chargés de richesses superflues, souvent le nécessaire leur manque ; ils savent tout ce qu'il faut ignorer, et ils n'ignorent que ce qu'ils devroient savoir.

A Dieu ne plaise qu'une telle science devienne jamais l'objet des veilles du magistrat ! Mais ne cherchons point aussi à faire des défauts de quelques savans, le crime de la science même.

Il est une culture savante ; il est un art ingénieux, qui loin d'étouffer la nature et de la rendre stérile, augmente ses forces et lui donne une heureuse fécondité ; une doctrine judicieuse, moins attentive à nous tracer l'histoire des pensées d'autrui, qu'à nous apprendre à bien penser ; qui nous met, pour ainsi dire, dans la pleine possession de notre raison, et qui semble nous la donner une seconde fois, en nous apprenant à nous en servir; enfin une science d'usage et de société, qui n'amasse que pour répandre, et qui n'acquiert que pour donner. Profonde sans obscurité, riche sans confusion, vaste sans incertitude, elle éclaire notre intelligence, elle étend les bornes de notre esprit, elle fixe et assure nos jugemens.

Notre ame enchaînée dans les liens du corps, et comme courbée vers la terre, ne se releveroit jamais, si la science ne lui tendoit la main pour la rappeler à la sublimité de son origine.

La vérité est en même temps sa lumière, sa perfection, son bonheur. Mais ce bien si précieux est entre les mains de la science : c'est à elle qu'il est réservé de le découvrir à nos foibles yeux. Elle dissipe le nuage des préventions; elle fait tomber le voile des préjugés : elle irrite continuellement cette soif de la vérité que nous apportons en naissant; elle forme dans notre ame l'heureuse habitude de connoître, de sentir sa présence, et de saisir le vrai comme par goût et par instinct.

En vain nous nous glorifions de la force et de la rapidité de notre génie : si la science ne le conduit, son impétuosité ne sert souvent qu'à l'emporter au-delà de la raison. La nature la plus heureuse se nuit à elle-même par sa propre fécondité : plus elle est abondante, plus elle est menacée de tomber dans une espèce de luxe, qui l'épuise d'abord et la fait bientôt dégénérer, si une main savante ne retranche cette superfluité dangereuse, et ne coupe avec art ces rameaux inutiles qui consument vainement le plus pur suc de la terre.

C'est ainsi qu'une adroite culture sait augmenter les forces de notre ame; elle l'empêche de se dissiper par une agitation frivole, de s'épuiser par une ardeur imprudente, de s'évaporer par une vaine subtilité. Ce feu qui, dispersé et répandu hors de sa sphère, n'avoit pas même de chaleur sensible, renfermé dans son centre et réuni comme en un point, dévore et consume en un moment tout ce qui s'offre à son activité.

Par cet innocent artifice, combien a-t-on vu d'esprits médiocres atteindre et souvent surpasser la hauteur des génies les plus sublimes ! Une heureuse éducation leur a appris dès l'enfance, à mettre à profit tous les momens de leur attention; et en leur inspirant le goût d'une véritable et solide doctrine, elle leur a donné la méthode de l'acquérir; présent que la science seule peut faire, et qui est encore plus précieux que la science même.

Avec ce rare talent, la justice n'a plus pour eux de mystère caché, ni de profondeur impénétrable : ils parlent, et les ténèbres se dissipent, le chaos se débrouille, et l'ordre succède à la confusion.

C'est par de semblables prodiges que l'art a la gloire de vaincre la nature, que le bonheur de l'éducation l'emporte sur celui de la naissance, et que la doctrine ose s'élever au-dessus de l'esprit même.

Mais c'est peu pour elle de l'éclairer, elle doit encore l'étendre et l'enrichir; et c'est le seul avantage que ses ennemis même sont forcés de lui accorder.

Par elle, l'homme ose franchir les bornes étroites dans lesquelles il semble que la nature l'ait renfermé: citoyen de toutes les républiques, habitant de tous les empires, le monde entier est sa patrie. La science, comme un guide aussi fidèle que rapide, le conduit de pays en pays, de royaume en royaume; elle lui en découvre les lois, les mœurs, la religion, le gouvernement : il revient chargé des dépouilles de l'orient et de l'occident; et joignant les richesses étrangères à ses propres trésors, il semble que la science lui ait appris à rendre toutes les nations de la terre tributaires de sa doctrine.

Dédaignant les bornes des temps comme celles des lieux, on diroit qu'elle l'ait fait vivre long-temps avant sa naissance. C'est l'homme de tous les siècles, comme de tous les pays. Tous les sages de l'antiquité ont pensé, ont parlé, ont agi pour lui : ou plutôt il a vécu avec eux, il a entendu leurs leçons, il a été le témoin de leurs grands exemples. Plus attentif encore à exprimer leurs mœurs qu'à admirer leurs lumières, quels aiguillons leurs paroles ne laissent-elles pas dans son esprit ? Quelle sainte jalousie leurs actions n'allument-elles pas dans son cœur ?

Ainsi nos pères s'animoient à la vertu. Une noble émulation les portoit à rendre à leur tour Athènes et Rome même jalouses de leur gloire ; ils vouloient surpasser les Aristides en justice, les Phocions en constance, les Fabrices en modération, et les Catons même en vertu.

Si les exemples de sagesse, de grandeur d'ame, de générosité, d'amour de la patrie, deviennent plus rares que jamais, c'est parce que la mollesse et la vanité de notre âge ont rompu les nœuds de cette douce et utile société que la science forme entre les vivans et ces illustres morts dont elle ranime les cendres pour en former le modèle de notre conduite.

Où sont aujourd'hui les magistrats qui travaillent à rétablir ce commerce si avantageux, si nécessaire à l'homme de bien ? Loin de chercher dans la science l'agréable et l'utile, on n'y cherche pas même l'essentiel et le nécessaire ; et il semble qu'on ignore qu'elle seule peut fixer l'incertitude de nos jugemens.

Sans elle, possesseur timide et chancelant de ses propres sentimens, le magistrat cède souvent l'empire de son ame aux premiers efforts de quiconque ose l'usurper ; ou s'il fait encore quelque résistance, il se défend plus par l'usage que par la raison ; il décide peut-être heureusement, mais il ne sauroit se rendre compte à lui-même de sa décision. Renfermé dans le cercle des jugemens dont il a été le témoin, il ne peut sortir de ses bornes étroites sans s'exposer à faire autant de chutes que de démarches ; et confondant les faits qu'il devroit distinguer, il substitue des exemples qu'il applique mal, à des lois qu'il ne lit jamais.

Ainsi s'égarent souvent ceux qui n'ont que l'usage pour guide.

Non que, pour relever l'éclat de la doctrine, nous voulions imiter ici l'orgueil de quelques savans qui, par une témérité que la science même condamne, méprisent le secours de l'usage.

Nous sentons tous les jours, et nous éprouverons encore long-temps la nécessité des leçons d'un si grand maître.

Mais ce maître, aussi lent que solide, ne forme ses disciples que par un secret et insensible progrès dans une longue suite d'années; et malheur au magistrat qui ne craint point de hasarder les prémices de sa magistrature, et de livrer à l'ignorance les plus beaux jours de sa vie, dans l'attente d'un usage qui est le fruit tardif d'une vieillesse éloignée, à laquelle il n'arrivera peut-être jamais!

La science nous donne en peu de temps l'expérience de plusieurs siècles. Sage sans attendre le secours des années, et vieux dans sa jeunesse, le magistrat reçoit de ses mains cette succession de lumières, cette tradition de bon sens, à laquelle le caractère de certitude, et, si l'on ose le dire, de l'infaillibilité humaine, semble être attaché. Ce n'est plus l'esprit d'un seul homme, toujours borné quelque grand qu'il soit; c'est l'esprit, c'est la raison de tous les législateurs, qui se fait entendre par sa voix, et qui prononce par sa bouche des oracles d'une éternelle vérité.

Loin du sage magistrat l'aveugle confiance de celui qui n'a pour garant de ses décisions que les seules lumières de sa foible raison; sa témérité sera criminelle, lors même qu'elle ne sera pas malheureuse, et la justice lui demandera compte, non-seulement de ses défaites, mais de ses victoires mêmes.

Flattons néanmoins sa présomption, et laissons-le se vanter de pouvoir découvrir les principes du droit naturel par les seules forces de son génie.

Mais ce droit naturel, qu'il prétend être du ressort de la simple raison, ne renferme qu'un petit nombre de règles générales. Le reste est l'ouvrage du droit positif, dont l'infinie variété ne peut être connue de l'esprit le plus sublime que par le secours de la science.

Chaque peuple, chaque province a ses lois, et, si on ose le dire, sa justice. Les montagnes et les rivières qui divisent les empires et les royaumes, sont aussi devenues les bornes qui séparent le juste et l'injuste. La différence des lois forme plusieurs états dans un seul. Il semble que, pour abattre l'orgueil des hommes, Dieu ait pris plaisir à répandre la même confusion dans leurs lois que dans leurs langues; et la loi, qui comme la parole, n'est donnée aux hommes que pour les réunir, est devenue comme la parole, le signe et souvent le sujet de leurs divisions.

A la vue de cette multitude de lois dont le magistrat doit être l'interprête, qui ne croiroit que, justement effrayé du poids de son ministère, il va consacrer tous les jous de sa vie à acquérir ce qui n'est que la science de son état? Triste, mais digne sujet de la censure publique! Ce sera au contraire à la vue de cette multitude de lois, qu'il prendra la téméraire résolution de n'en étudier aucune. L'étendue même de ses devoirs lui servira de prétexte pour ne les pas remplir; et il ne saura rien, parce qu'il doit beaucoup savoir.

Qu'a fait ce jeune sénateur pour parvenir à cette fermeté intrépide de décision, avec laquelle il tranche les questions qu'il ne peut résoudre, et coupe le nœud qu'il ne sauroit délier? Il ne lui en a coûté que de souffrir qu'on le fît magistrat. Jusqu'au jour qu'il est entré dans le sanctuaire de la justice, l'oisiveté et les plaisirs partageoient toute sa vie; cependant on le revêtit de la pourpre la plus auguste; et celui qui, la veille de ce jour si saint, si redoutable pour lui, ignoroit peut-être jusqu'à la langue de la justice, s'assied sans rougir sur le tribunal, content de lui-même et fier d'un mérite soudain qu'il croit avoir acheté avec le titre de sa dignité.

Il a changé d'état, il n'a pas changé de mœurs; les fonctions de la justice ne lui servent qu'à remplir le vide de quelques heures inutiles dont il étoit embarrassé avant que d'entrer dans la magistrature. Donner les premiers momens de la journée à la bienséance, et croire avoir acquis par-là le droit de perdre tout le reste; courir de théâtre en théâtre, voler rapidement en ces lieux où le monde se donne en spectacle à lui-même, pour partager ensuite les heures de la nuit entre le jeu et la bonne chère; voilà la règle et le plan de sa vie; et pendant que ce sont là ses plus sérieuses, et souvent ses plus innocentes occupations, il ose se plaindre de n'avoir pas le temps nécessaire pour s'instruire des devoirs de son état.

Quelle règle pourra suivre celui qui fait profession de n'en point apprendre? Et faudra-t-il s'étonner si la légèreté préside souvent à ses jugemens, si le hasard les dicte quelquefois, et presque toujours le tempérament? Puissances aveugles, et véritablement dignes de conduire un esprit qui a secoué le joug pénible, mais glorieux et nécessaire de la science.

Combien voyons-nous en effet de magistrats errer continuellement au gré de leur inconstance, changer tous les jours de principes, et faire naître de chaque fait autant de maximes différentes; auteurs de nouveaux systèmes, les créer et les anéantir avec la même facilité; aimer le vrai et le faux alternativement; quelquefois justes sans mérite, et plus souvent injustes par légèreté.

C'est ainsi que le magistrat qui ne veut relever que de sa raison, se soumet, sans y penser, à l'incertitude et au caprice de son tempérament.

Comme la science n'est plus la règle commune des jugemens, chacun se forme une règle, et si l'on ose le dire, une justice conforme au caractère de son esprit.

Les uns, esclaves de la lettre qui tue, sont sévères jusqu'à la rigueur; les autres, amateurs de cet esprit de liberté qui donne la mort à la loi même, portent l'indulgence jusqu'au relâchement. Les premiers ne voient point d'innocens; les autres ne trouvent presque jamais de coupables. Ils mesurent la grandeur des crimes, non par la règle uniforme et inflexible de la loi, mais par les impressions changeantes et variables qu'ils font sur leurs esprits. Quelle preuve peut soutenir leur indulgente subtilité ? Semblables à ces philosophes, qui par des raisonnemens captieux, ébranlent les fondemens de la certitude humaine, on diroit qu'ils veulent introduire dans la justice un dangereux pyrrhonisme, qui par les principes éblouissans d'un doute universel, rend tous les faits incertains, et toutes les preuves équivoques. Ils appellent quelquefois l'humanité à leur secours, comme si l'humanité pouvoit jamais être contraire à la justice ; et comme si cette fausse et séduisante équité, qui hasarde la vie de plusieurs, en épargnant celle d'un seul coupable, n'avoit pas toujours été regardée comme une compassion cruelle et une miséricorde inhumaine.

Ainsi s'effacent tous les jours ces règles antiques, respectables par leur vieillesse, que nos pères avoient reçues de nos aïeux, et qu'ils avoient transmises jusqu'à nous, comme les restes les plus précieux de leur esprit.

Vous le savez, vous qui êtes nés dans des jours plus heureux, et qui avez blanchi sous la pourpre ; vous le savez, et nous vous l'entendons dire souvent, il n'est plus de maxime certaine ; les vérités les plus évidentes ont besoin de confirmation ; une ignorance orgueilleuse demande hardiment la preuve des premiers principes. Un jeune magistrat veut obliger les anciens sénateurs à lui rendre raison de la foi de leurs pères, et remet en question des décisions consacrées par le consentement unanime de tous les hommes.

Ne portons pas plus loin la juste sévérité de notre censure : disons seulement que la justice, menacée de devenir souvent contraire à elle-même, redoute tous les jours cet esprit dont notre siècle est presque idolâtre. Plus le magistrat se flatte de ce dangereux avantage, plus elle craint de voir bientôt tous les jugemens rendus arbitraires, et l'indifférence des opinions devenir la religion dominante de ses ministres.

Heureux donc le magistrat, qui désabusé de l'éclat de ses talens, instruit de l'étendue de ses devoirs, étonné des tristes effets du mépris de la science, donne à notre siècle l'utile et le nécessaire exemple d'un grand génie qui connoît sa foiblesse, et qui se défie de lui-même !

Il marche lentement, mais sûrement. Pendant que la réputation de ceux qui ne sacrifient qu'à l'esprit, s'use par le temps, et se consume par les années, sa gloire augmente tous les jours, parce que tous les jours il fait croître sa science avec lui.

Attentif à lui attirer l'amour encore plus que l'admiration des hommes, il sait la réconcilier avec les partisans même de l'ignorance; elle perd en lui cet air de fierté et de domination qui lui fait tant d'ennemis; elle est simple, modeste et même timide; d'autant plus docile, qu'elle devient plus éclairée; cherchant à s'instruire par goût, et n'instruisant les autres que par nécessité.

Délices de l'intelligence, douce et innocente volupté de l'homme de bien, elle délasse le magistrat des fatigues de ses emplois; elle ranime ses forces abattues par un long travail; elle est l'ornement de sa jeunesse, sa force dans un âge plus mûr, sa consolation dans la vieillesse.

C'est alors qu'il recueille avec plaisir ce qu'il a semé avec peine; et que, goûtant en paix les fruits délicieux de ses travaux, il redit tous les jours à ses enfans qu'il voit marcher après lui dans la carrière de la justice : Instruisez-vous, juges de la terre. Ne comptez ni sur cet esprit qui vous éblouit, ni même sur ce zèle qui vous anime. En vain vous aimerez la justice, si vous ne vous appliquez à la connoître. Malheur au magistrat qui la trahit en la connoissant! Mais malheur aussi à celui qui l'abandonne, parce qu'il ne la connoît pas !

Heureux au contraire le magistrat qui apprend à la connoître parce qu'il l'aime, et qui l'aime parce qu'il la connoît ! Heureux enfin celui qui ne séparant point ce qui doit être indivisible, tend à la sagesse par la science, et à la justice par la vérité !

HUITIÈME MERCURIALE,

PRONONCÉE A PAQUES, 1706 :

L'HOMME PUBLIC OU L'ATTACHEMENT DU MAGISTRAT AU SERVICE DU PUBLIC.

Le repos dont nous venons de jouir dans ces jours précieux de retraite et de silence, n'est pas seulement commandé par la religion, il doit encore être consacré à la justice. Compagne inséparable de la piété du magistrat, plus elle le dispense d'exercer les fonctions extérieures de la magistrature, plus elle exige de lui le culte intérieur de son esprit; et elle ne lui permet de cesser de juger les autres hommes, que pour lui laisser le loisir de se juger lui-même.

C'est donc pour entrer dans l'ordre des desseins de la justice, que nous venons aujourd'hui demander compte au magistrat de l'usage qu'il a fait d'un loisir si nécessaire. Oubliant pour un moment notre propre foiblesse, nous ne sommes occupés que de la sainteté de la loi, au nom de laquelle nous avons l'honneur de vous parler. C'est elle qui remet entre nos mains cette balance rigoureuse, et ce poids du sanctuaire, auprès duquel la vertu qui paroît la plus solide, est souvent trouvée légère et défectueuse.

Animés de son esprit, c'est à la vertu, c'est à l'innocence même que nous adressons aujourd'hui nos paroles; heureux de pouvoir dire avec vérité, que de quelque côté que nous jettions les yeux sur cet auguste sénat, le vice n'y attire point nos regards! Nous n'y trouvons point de ces ministres infidèles qui violent la justice jusque sur ses autels, et qui la trahissent dans le lieu même où ils sont établis pour la défendre.

Mais n'y voyons-nous point de ces serviteurs inutiles, qui s'arrêtant à la première partie de la sagesse, se flattent d'être pleinement vertueux, parce qu'ils sont exempts de vice, et croyent accomplir toute justice, parce qu'ils évitent toute iniquité ?

Que ce soient là, si l'on veut, les bornes du mérite de ceux qui se renferment dans le cercle étroit d'une vie privée. Contens de leur innocence, cachés dans le sein d'une douce et vertueuse obscurité, qu'ils jouissent en secret du témoignage de leur conscience; inconnus à leurs concitoyens, et ne se souciant pas de les connoître ; nés pour eux-mêmes plutôt que pour leur patrie, on ignore également leur naissance et leur mort, et toute l'histoire de leur vie se réduit à dire qu'ils ont vécu.

A dieu ne plaise que le magistrat se contente de cette vertu stérile, qui se recueillant toute entière au-dedans d'elle-même, et trop avare d'un bien qui ne lui est donné que pour le répandre, veut goûter seule tout le fruit de ses travaux.

L'homme public n'a rien qui n'appartienne à la république. Vertueux pour les autres, autant que pour lui-même, qu'il ne prétende point s'acquitter de ce qu'il doit à la patrie, en lui offrant le tribut de son innocence ; il ne paye par-là que ce qu'il se doit à lui-même, mais il demeure toujours débiteur de la république ; et elle lui demandera compte, non-seulement du mal qu'il aura commis, mais même du bien qu'il n'aura pas fait.

Qu'il ne se contente donc pas de venir tous les jours, plus par habitude que par inclination, dans le temple de la justice ; et qu'il ne croie pas avoir rempli tous ses devoirs, lorsqu'il pourra se flatter d'en avoir rapporté toute son innocence.

Ministre, et si nous l'osons dire avec les lois mêmes, prêtre de la justice, qu'il y vienne avec un zèle toujours nouveau d'étendre son culte, et d'affermir son empire.

Plein de ces sentimens, et dévoré d'une soif ardente du bien public, on ne le verra point, plus sensible à ses propres intérêts qu'à ceux de la justice, négliger ces occupations plus honorables qu'utiles, où le magistrat a la gloire de rendre un service gratuit à sa patrie ; les regarder avec indifférence, et peut-être avec dégoût, comme le partage des jeunes magistrats ; et renversant l'ordre naturel des choses, préférer les affaires où son travail peut recevoir une légère et inégale récompense, à ces fonctions si précieuses à l'homme de bien, où l'amour désintéressé de la justice n'a point d'autre récompense que la justice même.

Arbitre souverain de la vie et de la mort, que l'habitude la plus longue ne diminue jamais l'impression qu'une fonction si redoutable doit faire sur son esprit ; qu'il n'en approche qu'avec tremblement ; et conservant cette louable timidité jusqu'à la fin de ses jours, que le spectacle d'un accusé, dont il tient la destinée entre ses mains, lui paroisse toujours aussi nouveau et aussi effrayant que lorsqu'il l'a vu pour la première fois.

C'est alors, que se tenant également en garde et contre l'excès d'une rigueur inhumaine, et contre une compassion souvent encore plus cruelle ; et tout occupé d'un jugement dans lequel il peut devenir aussi coupable que celui qu'il va juger, il recueillera toutes les forces de son ame, et s'affermira dans ce rigide ministère, par la seule considération de l'utilité publique.

Dépositaire du salut du peuple, il croira voir toujours devant ses yeux la patrie effrayée de l'impunité des crimes, lui demander compte du sang de tant d'innocens, auxquels la conservation d'un seul coupable aura peut-être été fatale. Il sentira combien il est important que le premier tribunal donne à tous les autres juges qui se forment sur son esprit, l'utile, le nécessaire exemple d'une rigueur salutaire, et que faisant descendre, comme par degrés, jusqu'aux tribunaux les plus inférieurs le même zèle dont il est animé, il rallume, il ressuscite leur ferveur presque éteinte, et répande dans toutes les parties du corps de la justice, ce feu toujours vivant, et cette ardeur toujours agissante, sans laquelle la cause du public est souvent la première abandonnée.

Mais son zèle croiroit se renfermer dans des bornes trop étroites, s'il ne le faisoit paroître que dans les occasions où le public a un intérêt si sensible et si éclatant.

Ingénieux à chercher à démêler ce même intérêt dans les causes les moins publiques, il n'attendra pas que les cris de la veuve et de l'orphelin viennent troubler son repos pour implorer le secours de sa justice contre l'oppression du riche et du puissant. Son cœur entendra la voix sourde de leur misère, avant que ses oreilles soient frappées du bruit de leurs plaintes, et il ne s'estimera jamais plus heureux, que lorsqu'il pourra jouir de la satisfaction d'avoir rendu justice à ceux mêmes qui n'étoient pas en état de la lui demander.

Il se hâtera de s'instruire de bonne heure des affaires dont il doit instruire les autres juges, et par cette préparation anticipée il sera toujours armé contre la profonde malice de cette chicane artificieuse qui se vante de disposer au moins du temps des jugemens, de les avancer, ou les retarder à son gré, de fatiguer le bon droit, de le faire succomber par lassitude, et de rendre quelquefois la mauvaise cause victorieuse par la fatale longueur d'une résistance opiniâtre.

Quel sujet peut jamais exciter plus dignement l'attention et la vigilance de l'homme public? Qu'il s'applique donc tous les jours à couper cette hydre de procédures qui renaît tous les jours; qu'après avoir exercé sa justice sur les plaideurs, il l'exerce encore plus sur ses défenseurs avides et intéressés qui les oppriment souvent, sous prétexte de les défendre, et dont la dangereuse industrie cherche à se dédommager de la diminution des affaires, en donnant à un fonds stérile une malheureuse fécondité qui achève d'épuiser le dernier suc et la dernière chaleur de la terre.

Que tous les ministres inférieurs de la justice

sachent que le magistrat a les yeux toujours ouverts sur leur conduite ; que peu content de réformer les jugemens qui se rendent dans les tribunaux subalternes, il s'applique encore plus à réformer les juges qui les rendent, et que, pour faire dignement une réforme si salutaire, il la commence toujours par lui-même.

Enfin que ce zèle qui anime les fonctions éclatantes de sa vie publique, le suive jusques dans l'obscurité de sa vie privée, et que dans les temps où il ne peut servir la patrie par ses jugemens, il la serve peut-être aussi utilement par ses exemples.

Que l'amour et le respect qu'il y conserve toujours pour la sainteté de sa profession, instruise et confonde ces magistrats qui, rougissant de leur état, voudroient pouvoir le cacher aux autres hommes, et qui font consister une partie de leur bonheur à oublier leur dignité.

Que sa modestie et sa simplicité condamnent l'excès de leur luxe téméraire, de ce faste onéreux à leur famille, injurieux à leur véritable grandeur, par lequel ils entrent dans un combat inégal avec les enfans de la fortune ; malheureux d'y être presque tous vaincus, et plus malheureux encore, s'ils ont quelquefois le déshonorant avantage d'y être victorieux.

Ce n'est point par des paroles qu'un tel excès peut être réprimé. Le luxe est une maladie dont la guérison est réservée à l'exemple.

Heureux les magistrats, si leur vie privée pouvoit rendre ce grand service à la république ; et si, après avoir essayé inutilement de la réformer par leurs discours, ils opposoient au déréglement de leur siècle, comme une censure plus efficace, la sagesse de leur conduite !

Ce seroit alors qu'ils exerceroient véritablement cette magistrature privée, qui n'a point d'autre fondement que la vertu du magistrat, d'autres armes que sa réputation, d'autre contrainte, que la douce et salutaire violence de son exemple.

Qu'ils n'écoutent donc pas les discours séduisans de ceux qui affoiblis par leur mollesse, ou aveuglés par leur intérêt, regardent l'amour du bien public, comme une vieille erreur dont ils se sont heureusement désabusés, et insultent à la simplicité de l'homme de bien, dont le zèle trop crédule se laisse encore éblouir par cette vaine et fatigante illusion.

Nous avouons, il est vrai, et nous voudrions pouvoir le dissimuler, que le service du public devient tous les jours plus difficile; mais ne croyons pas qu'il puisse jamais devenir impossible à l'homme de bien. Son pouvoir est plus étendu que souvent il ne le croit lui-même. Ses forces croissent avec son zèle, et en faisant tout ce qui lui est possible, il mérite enfin d'exécuter ce qui d'abord lui paroissoit impossible.

C'est cette sainte ambition qui doit nous soutenir dans l'exercice de ces fonctions aussi glorieuses que pénibles, où nous avons le bonheur d'être dévoués d'une manière singulière à la recherche du bien public.

C'est à nous-mêmes que nous devons appliquer tout ce que le devoir de notre ministère nous oblige de remettre devant vos yeux. Nous avons bien moins cherché dans toute la suite de ce discours à exciter l'ardeur des autres magistrats, qu'à ranimer la nôtre, et dans ce jour où nous exerçons l'office de censeur, c'est à nous principalement que nous adressons notre censure.

Chargés de la défense des intérêts publics, nous tremblons tous les jours à la vue d'un fardeau sous le poids duquel nous avouons que notre foiblesse succombe souvent. Heureux si cet aveu que nous en faisons aux yeux du sénat, pouvoit nous faire mériter son indulgence, et si en confessant nos fautes passées, nous pouvions commencer par-là, à accomplir le vœu que nous renouvelons en ce jour, de nous appliquer plus fortement que jamais à les réparer.

NEUVIÈME MERCURIALE,

PRONONCÉE A LA SAINT-MARTIN, 1706 :

L'AUTORITÉ DU MAGISTRAT,

ET SA SOUMISSION A L'AUTORITÉ DE LA LOI.

Pouvoir tout pour la justice, et ne pouvoir rien pour soi-même, c'est l'honorable, mais pénible condition du magistrat.

Que l'ambitieux se flatte du faux honneur de pouvoir tout ce qu'il désire; la gloire solide de l'homme juste est de confesser avec joie qu'il n'est le maître de rien.

Mais que la vertu lui fait acheter chèrement cette gloire, et qu'il en coûte à celui que sa dignité met au-dessus des autres hommes, pour s'élever par sa modération, au-dessus de sa dignité même.

Tout ce qui environne le magistrat semble conspirer à le séduire : tout ce qu'il voit autour de lui, lui offre d'abord l'image agréable, et, si l'on ose le dire, la trompeuse idole de son autorité.

L'éclat de la pourpre dont il est revêtu ; les honneurs que l'on rend à sa dignité et que son amour-propre ne manque guères de rapporter à sa personne; le silence majestueux de son tribunal; ce respect, cette sainte frayeur, et cette espèce de religion, avec laquelle on diroit que le timide plaideur y vient invoquer la puissance du magistrat; enfin, l'autorité suprême et le destin irrévocable des oracles qui sortent de sa bouche, tout semble l'élever au-dessus de l'homme, et l'approcher de la divinité.

Il parle, et tout obéit à sa voix : il commande, et tout s'exécute : devant lui tombent et s'anéantissent toutes les grandeurs de la terre : il voit tous les jours à ses pieds ceux mêmes dont on adore, ou dont on craint la fortune. D'autant plus soumis qu'ils sont plus élevés, de grands intérêts leur inspirent de grandes bassesses ; et devenant en apparence les humbles sujets, les esclaves rampans de la magistrature, le premier artifice qu'ils emploient pour se rendre les maîtres du magistrat, est de lui persuader qu'il est le maître de tout.

Malheur à celui qui, renversant les idées naturelles des choses, a commencé le premier à donner le nom de grâce à ce qui n'étoit que justice, et qui offrant un encens criminel au magistrat, lui a fait l'injure de le remercier d'un bien que le magistrat ne pouvoit lui refuser, et de le louer ne n'avoir pas fait un crime.

Non que le magistrat, jaloux de son autorité, soit toujours assez aveugle pour croire sur la foi du plaideur artificieux, que le ministre de la loi peut dominer sur la loi même.

Mais s'il rougiroit de succomber à une tentation si grossière, n'écoutera-t-il point les conseils dangereux de cet amour-propre plus délié, qui veut composer avec la règle, chercher un milieu entre le vice et la vertu, et qui insinue souvent au magistrat, que s'il ne lui est pas permis d'usurper l'empire de la justice, il ne lui est pas toujours défendu de le partager avec elle.

Ainsi se forme dans son cœur le coupable projet d'un partage téméraire entre le pouvoir de l'homme et celui de la loi.

Bientôt amateur de l'indépendance, et avide d'étendre sa domination, il lui échappera des désirs secrets de ne laisser à la justice que ces causes faciles, dont la décision est gravée avec des traits si lumineux dans les tables de la loi, qu'il n'est pas possible de la méconnoître; et se réservant toutes celles que le plaideur subtil aura su couvrir d'un nuage épais, il voudra peut-être que tous les doutes fassent partie de son domaine; ou du moins il se persuadera bientôt qu'il est des questions véritablement problématiques, où la justice incertaine, chancelante, et presque contraire à elle-même, abandonne sa balance à la volonté souveraine du magistrat.

Nous savons que la Providence permet quelquefois que des causes obscures fassent naître une espèce de guerre innocente entre les ministres de la justice où tous les avantages paroissent également partagés; où l'on voit combattre la vertu contre la vertu, la doctrine contre la doctrine, l'expérience contre l'expérience; et où l'orgueil de l'homme pleinement confondu, est obligé de reconnoître l'humiliante incertitude des jugemens humains.

Mais vouloir que l'esprit d'un seul magistrat, partagé comme par deux factions contraires, devienne le théâtre de cette guerre civile, et que dans ce combat qui se passe, pour ainsi dire, entre lui et lui-même, il ne puisse jamais savoir de quel côté penche la victoire, c'est se laisser surprendre par une douce imposture, que l'amour de l'indépendance se plaît à former.

Rentrons au-dedans de nous-mêmes, et interrogeons notre cœur : entre deux routes différentes qui s'ouvrent en même temps à nos yeux, il en est toujours une qui nous plaît plus que l'autre, et qui nous attire à elle comme par des chaînes invisibles, et par un charme secret que nous ne pouvons nous cacher à nous-mêmes, sans cela, notre esprit entraîné d'un côté par une pente naturelle, et retenu de l'autre par un égal contrepoids, demeureroit immobile; et ébloui plus qu'éclairé par deux jours opposés, son attention ne produiroit que le doute, et sa lumière ne seroit que ténèbres.

Que le magistrat convaincu de sa propre foiblesse, hésite avec tremblement, entre deux partis qui semblent d'abord lui offrir également l'image respectable de la vérité; nous n'en sommes pas surpris, et nous louons même sa sainte délicatesse. Mais s'il est de bonne foi, ce doute ne sauroit durer long-temps; un rayon de clarté, digne fruit d'une vive et persévérante attention, percera ces nuages qui troubloient la sérénité de son ame; un calme profond succédera à cet orage, et la tempête même le jettera dans le port

C'est alors que goûtant cette heureuse paix qui est réservée à l'homme juste, il apprendra à ne pas confondre ce doute innocent, qui est comme le travail pénible par lequel notre ame enfante la vérité, avec ce doute criminel qui craint la lumière, qui chérit ses ténebres, et qui se plaît à répandre une nuit favorable à l'autorité du magistrat, où son esprit frappé d'un aveuglement volontaire, veut souvent douter de tout, afin de pouvoir tout.

Mais que serviroit au magistrat d'avoir su éviter cet écueil, si, pour fuir l'illusion de ce doute imaginaire, il se précipitoit dans l'extrémité opposée d'une soudaine et présomptueuse liberté de décision; véritable caractère de ces esprits indépendans, qui regardent la domination de la loi comme un joug servile sous lequel la hauteur de leur raison dédaigne de s'abaisser.

C'est en vain que pour déguiser leur révolte contre la règle, ils osent quelquefois combattre la justice sous le voile spécieux de l'équité.

Premier objet du législateur, dépositaire de son esprit, compagne inséparable de la loi; l'équité ne peut jamais être contraire à la loi même. Tout ce qui blesse cette équité, véritable source de toutes les lois, ne résiste pas moins à la justice : le législateur l'auroit condamné, s'il l'avoit pu prévoir; et si le magistrat qui est la loi vivante, peut suppléer alors au silence de la loi morte, ce n'est pas pour combattre la règle, c'est au contraire pour l'accomplir plus parfaitement.

Mais cette espèce d'équité, qui n'est autre chose que l'esprit même de la loi, n'est pas celle dont le magistrat ambitieux se déclare le défenseur; il veut établir sa domination, et c'est pour cela qu'il appelle à son secours cette équité arbitraire dont la commode flexibilité reçoit aisément toutes les impressions de la volonté du magistrat. Dangereux instrument de la puissance du juge, hardie à former tous les jours des règles nouvelles, elle se fait, s'il est permis de parler ainsi, une balance particulière, et un poids propre pour chaque cause. Si elle paroît quelquefois ingénieuse à pénétrer dans l'intention secrète du législateur, c'est moins pour la connoître que pour l'éluder; elle la sonde en ennemi captieux, plutôt qu'en ministre fidèle; elle combat la lettre par l'esprit, et l'esprit par la lettre; et, au milieu de cette contradiction apparente, la vérité échappe, la règle disparoît, et le magistrat demeure le maître.

C'est ainsi que souvent l'autorité de la justice n'a point d'ennemi plus dangereux que l'esprit du magistrat; mais elle ne le redoute jamais davantage que lorsqu'établi pour exercer les vengeances publiques, il entreprend d'en régler les bornes, beaucoup moins en juge qu'en souverain.

Il est vrai que la loi positive, qui ne sauroit compter les degrés infinis de la malice des hommes, ne peut pas toujours marquer exactement la juste mesure des peines; mais si elle fait l'honneur au magistrat de remettre entre ses mains ce discernement si difficile, c'est à sagesse qu'elle le confie, et non pas à son caprice. Le salut du peuple est une loi suprême qui lui doit servir de règle lorsque la loi positive l'abandonne, et le laisse dans la main de son propre conseil. A la vue d'un si grand objet, le zèle du magistrat qui n'aspire qu'à établir le règne de la justice, s'allume au fond de son cœur; il cherche scrupuleusement cette proportion naturelle qui est entre le crime et la peine, et qui, sans attendre le secours de la loi, a droit de forcer les suffrages du juge, et de lui imposer une heureuse nécessité; il tend non-seulement au bien, mais au plus grand bien; et toujours déterminé par un motif si puissant, il ne se croit jamais moins libre que lorsqu'il paroît l'être davantage.

Plein de ces sentimens, et religieux adorateur de la loi, il n'imitera pas non plus ces magistrats qui, fidèles à la justice dans ce qui regarde le fond des jugemens, sont encore plus fidèles à leur autorité dans ce qui n'appartient qu'à la forme. Comme s'il suffisoit pour être innocent, d'avoir su éviter les plus grands crimes, ils croient pouvoir faire librement tout ce qui ne porte pas un coup mortel à la justice : ils se flattent qu'il viendra un jour où plus instruits de la vérité, ils corrigeront eux-mêmes l'erreur excusable de leurs premières démarches ; cependant, sur la foi de cette espérance trompeuse, ils donnent le présent à leur autorité, et ils ne laissent à la justice qu'un avenir incertain ; et souvent le plaideur fatigué succombe avant que d'avoir vu luire ce jour favorable qui devoit réparer tout le passé. La plaie que sa cause avoit reçue, paroissoit légère dans les commencemens, mais le temps l'a rendue incurable, et la justice impuissante pour le secourir, est réduite à déplorer tristement le dangereux et souvent l'irréparable effet des faveurs anticipées du magistrat.

Ne craignons donc pas de dire hautement, dans ce jour consacré à la plus exacte vérité, que nous ne connoissons pas d'actions indifférentes dans la vie publique du magistrat ; tout est commandé, tout est de rigueur dans le ministère redoutable qu'il exerce ; toutes ses fonctions ne sont pas également importantes, mais elles appartiennent toutes également à la justice. Son temps même n'est pas à lui ; c'est un bien consacré à la république, et qui, tenant de la nature des choses saintes, doit être distribué au poids du sanctuaire.

Que le magistrat orgueilleux se repaisse vainement du spectacle frivole de cette suite nombreuse de supplians qui n'approchent de lui qu'avec tremblement ; qu'il les regarde comme un peuple soumis à ses lois, et qu'il croie qu'il est de sa grandeur de les faire languir dans une attente inquiète, et dans le long martyre d'une fatigante incertitude.

Le fidèle ministre de la justice ne regarde qu'avec peine cette foule de cliens qui l'environnent ; il croit voir autour de lui une multitude de créanciers avides dont la présence semble lui reprocher sa lenteur ; et lorsqu'il ne peut satisfaire en même temps leur juste impatience, c'est le devoir, c'est l'équité seule qui régle leurs rangs, et qui décide entr'eux de la préférence.

Quelle joie pour le pauvre et pour le foible, quand il a la consolation de précéder le riche et le puissant, dans cet ordre tracé par les mains de la justice même; et quelles bénédictions ne donne-t-il pas au magistrat, quand il voit que le gémissement secret de sa misère est plus promptement et plus favorablement écouté, que la voix éclatante de la plus haute fortune.

Puisse le magistrat goûter toute la douceur de ces bénédictions, et préférer une gloire si pure à la vaine ambition de faire éclater son pouvoir sur ceux que leur intérêt seul abaisse à ses pieds!

C'est ainsi que celui qui ne se regarde que comme le débiteur du public, s'acquitte tous les jours d'une dette qui se renouvelle tous les jours. Pourroit-il donc se croire le maître de se dérober souvent aux yeux du sénat, à l'exemple de plusieurs magistrats, et d'attendre dans l'assoupissement de la mollesse ou dans l'enchantement du plaisir, que les prières des grands le rappellent au tribunal, et le fassent souvenir qu'il est juge? Toujours simple et toujours uniforme dans sa conduite, il ne sait ni chercher, ni éviter ces jours d'éclat et ces occasions délicates où le magistrat tient entre ses mains les plus hautes destinées: les chercher, c'est affectation; les éviter, c'est foiblesse; les regarder avec indifférence, et n'y envisager que le simple devoir, c'est la véritable grandeur de l'homme juste.

Mais qu'il est rare de trouver cette fermeté d'ame dans ceux mêmes qui font une profession publique de vertu!

Combien en voit-on qui croient avoir beaucoup fait pour la justice, parce qu'ils se flattent de n'avoir rien fait contre elle; qui rougissant de la combattre, et craignant de la défendre, osent encore se croire innocens, et se laver les mains devant tout le peuple, comme s'ils n'étoient pas coupables d'une injustice qu'ils ont commise en ne s'y opposant pas.

Qui n'est point pour la justice, est contr'elle; et quiconque délibère s'il la défendra, l'a déjà trahie. Malheur au juge prévaricateur, qui donne sa voix à l'iniquité! mais malheur aussi au tiède magistrat qui refuse son suffrage à la justice! Et qu'importe après tout, au foible qui est opprimé, de succomber par la prévarication, ou de périr par la lâcheté de celui qui devoit être son défenseur? Peut-être ce magistrat qui fuit aux premières approches du péril, auroit-il fait triompher le bon droit par son suffrage, ou si sa vertu avoit eu le malheur d'être accablée par le nombre, il auroit été vaincu glorieusement avec la justice, et il auroit fait envier aux vainqueurs mêmes la gloire d'une telle défaite.

Mais après avoir déploré la foiblesse de ces déserteurs de la justice, qui l'abandonnent au jour du combat, ne nous sera-t-il pas permis d'accuser ici l'aveugle facilité avec laquelle les magistrats violent tous les jours la sainteté d'un secret, qui est la force du foible et la sûreté de la justice? On ne respecte plus la religion d'un serment solennel; le mystère des jugemens est profané; la confiance réciproque des ministres de la loi est anéantie; la plus sainte de toutes les sociétés devient souvent la plus infidèle; le juge n'est pas en sûreté à côté du juge même; la timide vertu ne peut presque soutenir la crainte d'être trahie; le voile du temple est rompu, et l'iniquité voyant à découvert tout ce qui se passe dans le sanctuaire, fait trembler la justice jusque sur ses autels.

Cependant une infidélité si coupable, si dangereuse, est mise au rang de ces fautes légères qui échappent tous les jours à l'homme juste, tant il est rare de trouver un cœur entièrement dominé par la justice, qui ait toujours devant les yeux l'image sévère du devoir, et qui sache supporter avec joie, dans toutes les fonctions de son ministère, et sa propre impuissance et la toute-puissance de la loi.

Mais si sa domination paroît souvent trop pesante au magistrat dans la majesté même du tribunal, pourra-t-il en souffrir encore la contrainte, lorsqu'il ne sera plus dans le temple de la justice? Et ne croira-t-il pas au contraire être sorti heureusement d'un lieu de servitude, pour entrer dans une terre plus libre, et dans le séjour de l'indépendance.

C'est alors qu'impatient de jouir d'un pouvoir trop long-temps suspendu, il voudra commencer enfin à être magistrat pour lui-même après l'avoir été pour la justice.

Ardent à signaler son crédit, il envoye, pour ainsi dire, sa dignité devant lui; il veut qu'elle lui ouvre tous les passages, qu'elle applanisse toutes les voies, que tous les obstacles disparoissent en sa présence, que tout genou fléchisse, et que toute langue confesse qu'il est le maître. Combien de facilités aveugles, combien de complaisances suspectes, combien d'offices équivoques, exigés, ou, pour mieux dire, extorqués des ministres inférieurs de la justice! les moindres difficultés l'irritent; la plus légère résistance est un attentat à son autorité; il se croiroit déshonoré si on osoit lui refuser ce qu'il demande; malheureux de ne pas sentir que ce qui le déshonore véritablement, est de demander, sans rougir, ce qu'on devroit lui refuser!

Heureux le sort de Caton, disoit un de ses admirateurs, à qui personne n'ose demander une injustice! plus heureux encore d'avoir su parvenir à cette rare félicité, en ne demandant jamais que la justice! Tel est le grand modèle du sage magistrat : loin de se laisser prévenir en faveur de son autorité, il redoute son propre crédit, il craint la considération que l'on a pour sa dignité; et s'il conserve encore quelque prévention, ce n'est que contre lui-même. Toujours prêt à se condamner dans ses propres intérêts, et plus attentif encore, s'il est possible, sur les grâces qu'il demande, que sur la justice qu'il rend, il porte souvent sa scrupuleuse modération jusqu'à ne vouloir pas exposer la foiblesse de ses inférieurs à la tentation de n'oser lui résister.

La justice est pour lui une vertu de tous les lieux et de tous les temps; loin des yeux du public, et dans l'intérieur même de sa maison, s'élève une espèce de tribunal domestique, où l'honnête le plus rigide, armé de toute sa sévérité, dicte toujours ses justes mais austères lois : l'utile et l'agréable, dangereux conseillers du magistrat, sont presque toujours exclus de ses délibérations ; ou s'ils y sont admis quelquefois, ce n'est que lorsque l'honnête même leur en ouvre l'entrée.

C'est là qu'il se redit tous les jours, que cette autorité dont l'homme est naturellement si jaloux, n'a qu'un vain éclat qui nous trompe ; que c'est un bien dangereux, dont l'usage ne consiste presque que dans l'abus ; bien inutile à l'homme juste, bien fatal au magistrat ambitieux, qui ne l'élève que pour l'abaisser, et qui ne lui présente une fausse idée d'indépendance, que pour le rendre plus dépendant de tous ceux dont il attend sa fortune.

Combien de chaînes a brisées en un jour celui qui se charge volontairement de celles de la justice ! Par une seule dépendance il s'est délivré de toutes les autres servitudes ; et devenu d'autant plus libre qu'il est plus esclave de la loi, il peut toujours tout ce qu'il veut, parce qu'il ne veut jamais que ce qu'il doit.

Ses envieux diront sans doute, que c'est un homme inutile à ses amis, inutile à soi-même ; qui ignore le secret de faire des grâces, et qui ne sait pas même l'art de les demander. On fera passer sa justice pour rigueur, sa délicatesse pour scrupule, son exactitude pour singularité : et si nous étions encore dans ces temps où l'homme de bien portoit la peine de sa vertu, et où la patrie ingrate proscrivoit ceux qui l'avoient trop bien servie, peut-être, semblable en tout à Aristide, il se verroit condamné, comme lui, *à un glorieux Ostracisme*, par les suffrages de ceux que le nom de juste importune, et qui regardent son attachement invariable au devoir, comme la censure la plus odieuse de leur conduite.

Mais il a prévu ces reproches, il les a méprisés ; et s'ils étoient capables d'exciter encore quelques mouvemens humains dans son cœur, il ne pourroit craindre que la vanité. Quelle gloire en effet, de voir sa vertu consacrée par le soulèvement de l'envie, et comme scellée par l'improbation d'un siècle corrompu! Quel encens peut jamais égaler la douceur des reproches que reçoit un magistrat, parce qu'il est trop rigide observateur de la justice; qu'il réduit tout à la règle simple et uniforme du devoir; que destiné à être l'image visible et reconnoissable de la loi, il est sourd et inexorable, comme la loi même; et que dans l'obscurité de sa vie privée, il n'est pas moins magistrat, que dans l'éclat de sa vie publique!

Reproches précieux, injures honorables, puissions-nous ne les point craindre: puissions-nous même les désirer, et ne nous estimer jamais plus heureux, que lorsque nous aurons eu la force de les mériter!

DIXIÈME MERCURIALE,

PRONONCÉE A PAQUES, 1708 :

LA JUSTICE DU MAGISTRAT DANS SA VIE PRIVÉE.

Souffrez que sortant des bornes ordinaires de notre censure, et plus occupés des devoirs de l'homme que de ceux du magistrat, nous vous disions aujourd'hui : Ministres de la justice, aimez-la, non-seulement dans l'éclat de vos fonctions publiques, mais dans le secret de votre vie privée : aimez l'équité lorque vous êtes assis pour juger les peuples soumis à votre pouvoir ; mais aimez-la encore plus s'il est possible, quand il faut vous juger, et peut-être vous condamner vous-mêmes.

En vain vous vous honorez du titre glorieux d'homme juste, parce que vous croyez pouvoir vous flatter d'avoir conservé dans vos fonctions, toute l'intégrité de votre innocence. Sévère estimateur du mérite, le public veut vous faire acheter plus chèrement ce titre respectable, unique, mais digne récompense de vos travaux.

Il sait que dans le grand jour du tribunal, tout concourt à inspirer au magistrat l'amour de la justice et la haine de l'iniquité, un certain fonds de droiture naturelle qui domine aisément en nous, lorsqu'il ne s'agit que des intérêts d'autrui ; un reste de pudeur qui fait quelquefois au-dehors l'office de la vertu ; un désir purement politique de conserver cette fleur de réputation qui se flétrit au moindre souffle de la médisance ; la vue même de ce sanctuaire auguste, la présence du sénat, l'exemple de la justice animée qui y préside ; en un mot, tout ce qui environne l'homme public, semble le mettre dans une heureuse impuissance de s'écarter des sentiers de la justice, et rendre pour lui le vice plus difficile que la vertu.

Ce n'est donc pas sur la seule conduite du magistrat dans les fonctions de sa dignité, que le public, le moins flatteur et le plus fidèle de tous les peintres, trace le portrait de l'homme juste; il ne l'envisage pas seulement sur le tribunal, où le juge se présente presque toujours avec trop d'avantage, et où il ne montre au plus que la moitié de lui-même. Pour le mettre dans son véritable point de vue, et pour le peindre tout entier, le public le suit jusque dans cet intérieur, où le magistrat rendu à lui-même, laisse souvent éclater au dehors ces mouvemens dissimulés avec adresse, ou étouffés avec efforts dans l'exercice de la magistrature; et c'est de ces traits simples et naïfs, qui échappent à la nature, lorsqu'elle n'est plus sur ses gardes, que se forme cette parfaite ressemblance, cette vérité de caractère, que le public attrape presque toujours dans ses portraits.

Il est vrai, dit-il tous les jours, que ce magistrat fait paroître au-dehors une droiture inflexible lorsqu'il tient la balance entre le foible et le puissant; mais conserve-t-il au-dedans ce même esprit de justice? Soutient-il avec fermeté la rigoureuse épreuve de son propre intérêt? La conduite du père de famille ne dément-elle jamais en lui celle du magistrat? Ne se fait-il point deux espèces de morale, et, pour ainsi dire, deux sortes de justice; l'une qu'il montre au public, pour suivre la coutume et conserver un reste de bienséance; l'autre qu'il réserve pour ses intérêts particuliers; l'une, sur laquelle il condamne les autres hommes; l'autre, sur laquelle il s'absout lui-même?

Ici juge sévère, il s'élève dans le sénat contre ces débiteurs artificieux qui, par un prestige trop ordinaire, empruntent toutes sortes de formes, et changent tous les jours de figure, pour échapper à la juste poursuite d'un créancier légitime. Là, plus subtil souvent et plus dangereux encore, il imite, il surpasse dans sa vie privée, ces détours qu'il vient de condamner dans sa vie publique, si ce n'est que plus hardi peut-être, et fier de son autorité, il ne cherche pas même à pallier sa fuite, et à colorer ses retardemens. A l'abri de la magistrature, comme d'un rempart impénétrable, à couvert sous la pourpre dont il avoit été revêtu pour un plus noble usage, il se fera du caractère même de juge, un titre d'injustice, et souvent d'ingratitude; et il regardera comme un des apanages de la magistrature, l'odieux privilége de ne payer ses dettes que quand il plaît au magistrat.

Il est à la vérité des juges moins injustes, ou plus prudens, qui rougiroient d'abuser si grossièrement de leur dignité; mais ne veulent-ils pas au moins qu'elle soit comptée pour quelque chose, lorsqu'ils traitent avec les autres hommes? Savans dans l'art utile de mettre à profit toutes les facilités qu'elle leur ouvre, tous les obstacles qu'elle oppose à ceux qui peuvent avoir besoin d'eux, ils s'applaudissent en secret de posséder l'indigne, le méprisable talent de donner un prix à leur crédit, et de faire entrer peut-être en compensation de ce qu'ils doivent, la crainte que l'on a de leur autorité.

Faut-il s'étonner après cela, si nous vous entendons déplorer quelquefois la pénible nécessité d'être juges de ceux qui ont l'honneur d'être associés à votre dignité?

C'est alors que vous apprenez malgré vous, par une trop sûre expérience, à faire le discernement de la vraie et de la fausse justice: c'est alors que l'intérêt, infaillible scrutateur du cœur humain, vous montre à découvert cette injustice secrète que le magistrat cachoit peut-être depuis long-temps dans la profondeur de son ame, et qui n'attendoit qu'une occasion pour éclore aux yeux du public.

Devant ce sénateur qui paroissoit autrefois si équitable, mais que sa passion trahit aujourd'hui, tous les objets commencent à prendre une face nouvelle: il n'y voit plus ce qu'il y voyoit alors, et il y voit ce qu'il n'y avoit jamais vu. Ce qui lui paroissoit le plus injuste dans les autres hommes, semble être devenu juste pour lui : peu s'en faut même qu'il ne condamne ses premiers jugemens, et qu'il ne se repente de sa justice passée, pour excuser son injustice présente.

Celui qui s'armoit comme juge, d'une rigueur salutaire contre la lenteur affectée, et les coupables retardemens des plaideurs, a maintenant changé de morale. Ce temps qui lui sembloit autrefois si précieux ; ces momens critiques, après lesquels une justice trop lente dégénère souvent en une véritable injustice, ne lui paroissent plus dignes de l'attention des magistrats ; il fatigue la patience de ses parties, et il abuse de celle de ses juges.

Ministres de la justice, redoublez votre zèle : écoutez plutôt les cris du pauvre et du misérable qui vous demande une prompte expédition, que la voix de votre confrère qui veut vous en détourner. Mais c'est en vain que votre vertu vous rend sourds à ses prières ; il saura arracher malgré vous à votre fermeté, ce qu'il n'a pu obtenir de votre complaisance.

Semblable à ces transfuges, d'autant plus dangereux qu'ils connoissent plus parfaitement tous les endroits par lesquels on peut surprendre la place dont ils s'échappent, on diroit qu'il n'a été juge que pour mieux posséder ces voies obliques et ces chemins tortueux, par lesquels on peut se rendre maître de toutes les avenues de la justice ! Il sait que la forme en est la partie foible, si l'on ose s'exprimer ainsi ; et c'est par cet endroit qu'il l'assiége ordinairement ; content s'il pouvoit la tenir long-temps captive dans les liens de la procédure, et comme enchaînée dans ses propres lois.

Ou si tous ses efforts ne peuvent plus l'arrêter, s'il voit approcher enfin malgré lui, le moment fatal de la décision, à combien d'épreuves ne mettra-t-il pas alors la vertu de ses juges ? Combien de mouvemens secrets, d'insinuations délicates, de sollicitations séduisantes ! Dangereux instrument du crédit, dernière ressource du plaideur injuste, secours injurieux à la probité, humiliant pour la magistrature, un magistrat ne rougira pourtant pas de s'en servir; et à la honte du caractère de juge, dont il est revêtu, il osera faire parler en sa faveur une autre voix que celle de la justice?

Ne craignons pourtant pas pour la cause qu'il semble attaquer avec tant d'avantage; l'équité triomphera toujours. Nous attestons ici avec confiance la fermeté tant de fois éprouvée du sénat; mais heureux ceux qui l'auront condamné, s'il se contente de satisfaire son ressentiment par des reproches glorieux et par des injures honorables à leur vertu : heureux, si lorsqu'ils tomberont peut-être à leur tour entre ses mains, il ne les fait pas souvenir, par une injustice affectée, de la justice trop éclatante qu'ils auront exercée contre lui!

C'est ainsi que s'éteint insensiblement jusque dans les fonctions publiques, cet esprit de droiture que le magistrat n'a pas su conserver dans ses intérêts particuliers. Triste, mais infaillible progrès du relâchement de la vertu! Il n'est presqu'aucun magistrat qui n'aime la justice dans la ferveur naissante de son ministère; mais cette ardeur, compagne de la première innocence, se rallentit peu à peu à la vue des intérêts personnels du magistrat. Un reste d'honneur le soutient pendant quelque temps sur le tribunal; il n'est déjà plus vertueux, il veut encore le paroître; mais enfin le poison monte par degré jusqu'à la partie supérieure de son ame; il s'accoutume à soutenir sans horreur la vue de l'injustice; il se familiarise avec le monstre dans sa vie privée; il n'en sera bientôt plus effrayé dans sa vie publique.

Ce n'est donc pas sans raison que la voix de la renommée, toujours libre et toujours sûre dans ses jugemens, ne défère le nom de juste qu'à celui qui, après avoir soutenu ce noble caractère dans tous les états de sa vie, mérite de recevoir enfin cette couronne de justice que la vertu prépare à l'homme de bien, au bout d'une longue et pénible carrière.

Attentif à conserver jusqu'à la fin de ses jours, cette probité tendre et délicate qui s'effraie à la moindre apparence d'un intérêt douteux et équivoque; incapable de préventions, et toujours prêt à prononcer contre lui-même un jugement qui ne coûte aucun effort à sa vertu, il est rare qu'il soit obligé de recourir à un autre tribunal que celui de son cœur; ou si quelquefois une triste et inévitable nécessité l'y appelle, il approche, comme suppliant, des autels de la justice, avec autant de religion que s'il y alloit monter comme ministre. Content d'y avoir fait parler pour lui la voix toujours modeste et toujours soumise de la raison, sans y mêler jamais le langage violent et impérieux de la passion, il attend en repos un jugement qui doit, ou confirmer le sien, ou le redresser. Plus estimable encore lorsqu'il succombe, que lorsqu'il est victorieux, il fait servir heureusement son erreur passagère à l'instruction du public; et persuadé que l'injustice est une maladie de l'ame dont la justice est le seul remède, il apprend au plaideur, par son exemple, à bénir l'utile rigueur de la main qui ne l'a frappé que pour le guérir.

Mais ce seroit peu pour lui d'avoir écarté quelqu'une de ces injustices qui déshonorent souvent la vie privée du magistrat; il veut les attaquer toutes jusque dans leur source; et convaincu qu'elles n'en ont point de plus commune, que l'ardeur de s'enrichir par une industrie criminelle qui veut recueillir ce qu'elle n'a n'a pas semé, il n'aspire qu'à conserver en paix l'héritage de ses pères, par une modération féconde qui augmente ses revenus de tout ce qu'elle retranche à ses désirs.

Loin de lui cette somptuosité contraire à son état, qui naît ordinairement dans le sein de l'iniquité, et qui la produit souvent à son tour; ce luxe insatiable, qui après avoir dévoré la substance d'un magistrat, le force presque à relever par son injustice une fortune qu'il a renversée par sa vanité.

C'est alors que pou: [illegible] :uver quelques débris du naufrage, le sang le plu. pur et le plus précieux du sénat ne dédaigne plus de s'avilir par des alliances inégales. C'est alors que l'on mêle sans pudeur, le reste de ce patrimoine amassé lentement par une innocente frugalité, avec ces richesses subites, ouvrage aussi injuste que bizarre du caprice du sort : et l'on ne craint point d'attirer par ce mélange, sur les biens les plus légitimes, ce caractère de réprobation que la main invisible de la Providence a gravé sur les trésors acquis par l'iniquité.

L'esprit de désintéressement se perd aisément au milieu de cette abondance suspecte ; et, par une malédiction encore plus fatale, la contagion de l'injustice passe souvent des biens dont l'origine est infectée, jusqu'à la personne même de ceux qui les possèdent.

A la vue d'un malheur aujourd'hui si commun, qu'il nous soit permis, à l'exemple du sage, de demander au ciel pour le magistrat, qu'en lui faisant éviter l'écueil de la pauvreté, il le préserve de la tentation encore plus dangereuse des grandes richesses ; et qu'il lui fasse l'inestimable présent d'une précieuse médiocrité, source de la modération, mère de l'équité, et seule garde fidèle de cette justice entière et parfaite, qui fait respecter l'homme privé encore plus que l'homme public, dans le magistrat.

ONZIÈME MERCURIALE,

PRONONCÉE A LA SAINT-MARTIN, 1708 :

LA VRAIE ET FAUSSE JUSTICE.

VOULOIR paroître juste, sans l'être en effet, c'est le comble de l'injustice, et c'est en même temps le dernier degré de l'illusion. Il est des impostures qui éblouissent d'abord, mais il n'en est point qui réussissent long-temps ; et l'expérience de tous les siècles nous apprend que, pour paroître homme de bien, il faut l'être véritablement.

Ministres de la justice, à qui nous proposons aujourd'hui cette grande vérité, espérez encore moins que le reste des peuples, de surprendre le jugement du public. Élevés au-dessus des hommes qui environnent votre tribunal, vous n'en êtes que plus exposés à leurs regards. Vous jugez leurs différends, mais ils jugent votre justice. Le public vous voit à découvert au grand jour que votre dignité semble répandre autour de vous ; et tel est le bonheur ou le malheur de votre condition, que vous ne sauriez cacher ni vos vertus, ni vos défauts.

Non, de quelques couleurs que la fausse probité du magistrat ose se parer, elle n'a qu'un vain éclat qui disparoît bientôt aux premiers rayons de la vérité. Plus son imposture est commune dans le siècle où nous vivons, plus elle se découvre aisément. Accoutumés à la voir de près, et familiarisés, pour ainsi dire, avec le prestige, les hommes ne s'y trompent plus. Le monde même le plus corrompu, n'a pas l'esprit aveuglé comme le cœur. Il agit souvent mal, mais il juge presque toujours bien. Oserons-nous même le dire ? Les hommes les moins vertueux sont quelquefois ceux qui se connoissent le mieux en vertus. Au travers d'un dehors trompeur qui impose d'abord à la facile candeur de l'homme de bien, leur malignité plus pénétrante fait porter le flambeau dans les sombres replis d'un cœur hypocrite. Les uns par haine ou par intérêt, les autres par envie ou par ambition, tous par des motifs différens, entreprennent également de le dévoiler. Il n'est presqu'aucune passion qui ne s'arme contre l'hypocrisie ; et comme si le vice même combattoit pour la vertu, il la venge sans y penser, de l'injure que lui fait la fausse probité.

A ces ennemis étrangers se joignent bientôt des ennemis domestiques, plus redoutables encore que ceux du dehors ; et il semble que les passions mêmes du magistrat entretiennent une secrète intelligence avec celles des autres hommes, pour le livrer, malgré lui, à la censure qu'il évite.

En vain il se flatte de pouvoir les retenir sans les combattre, et les couvrir sans les étouffer. Il faudroit pour soutenir cet état, que l'homme fût toujours d'accord avec lui-même ; qu'une seule passion eût la force de subjuguer toutes les autres ; et que la vanité pût faire toujours l'office de la vertu. Mais la fierté du cœur humain, qui a tant de peine à plier sous le joug aimable de la raison même, ne sauroit s'abaisser longtemps sous la tyrannie d'une seule passion. Une ame livrée à l'iniquité, est un pays séditieux qui change souvent de maître. C'est une république divisée, où l'une des factions trahit toujours l'autre. Une passion découvre ce qu'une autre passion avoit caché. La volupté fait tomber le voile dont l'ambition du magistrat se couvroit, et l'intérêt lève le masque que l'amour de la gloire nous faisoit porter.

Laissons-le jouir néanmoins pour un temps, de cette douce et flatteuse illusion, qui lui fait espérer d'être toujours en garde contre la surprise des passions. Mais cette vanité qui lui doit tenir lieu de toutes les vertus, et sous laquelle il se flatte de cacher tous ses défauts, pourra-t-elle se cacher elle-même ; et le frivole d'un esprit qui ne cherche qu'à paroître ce qu'il n'est pas, ne se laissera-t-il pas entrevoir sous le nuage de sa dissimulation ?

Avide de dérober, pour ainsi dire, une gloire qu'il ne peut mériter, il se hâtera sans doute de signaler les commencemens de sa magistrature, par quelques traits éclatans d'une rigide vertu. Mais tout occupé du désir d'un faux honneur, ou de la crainte d'une fausse infamie (uniques fondemens de sa foible et chancelante probité), il prendra bientôt l'ombre pour le corps, l'apparence pour la vérité, et la gloire pour la vertu. Comme sa vanité est sans bornes, sa fausse sagesse sera d'abord sans mesure. Incapable de s'arrêter dans ce juste milieu, dont la solide vertu ne s'écarte jamais, il ira peut-être au-delà de la justice même : et dans ces occasions délicates où un devoir austère, opposé en apparence à la gloire du magistrat, exige de lui le magnanime effort d'oser être homme de bien, au péril de cesser de le paroître, on verra le vain imitateur de la vertu saisir l'image de la probité, pour la probité même ; et préférer le faux honneur de paroître juste sans l'être véritablement, au pénible, mais solide mérite de l'être en effet sans le paroître.

Ce ne seront-là néanmoins que les premiers efforts d'une hypocrisie naissante, qui veut acheter comme par un excès de justice, le droit d'en manquer impunément dans la suite : et bientôt cet excès passager sera suivi d'un défaut plus durable. Toujours mesurée dans ses démarches, et prudente dans les voies de l'iniquité, la vanité du magistrat gardera encore des ménagemens avec la vertu ; il craindra qu'une rupture trop ouverte ne lui fasse perdre une utile réputation de justice, dont il fera quelque jour le plus dangereux instrument de son iniquité ; et il affectera même de se déclarer hautement contre l'injustice, lorsqu'éclairé de toutes parts, il se verra forcé de combattre contre elle à la lumière du soleil.

Mais que son sort lui paroîtroit heureux, si la fortune faisoit tomber entre ses mains cet anneau mystérieux, qui répandoit une épaisse nuit autour de celui qui le portoit ; ou plutôt, pour parler sans figure, que la destinée de la justice sera malheureuse, lorsqu'il espérera de pouvoir la trahir, sans cesser de lui paroître fidèle. Il ne cherchera plus qu'à se rendre, pour ainsi dire, invisible ; et tel sera son aveuglement, qu'il se flattera enfin de le devenir, surtout si la nature lui a fait le présent dangereux d'un génie captieux et séduisant. Il entreprendra de cacher son injustice sous le faux brillant d'un esprit qu'il tourne et qu'il manie comme il lui plaît. On diroit en effet, qu'il le tienne dans sa main comme cet anneau fabuleux, pour se rendre, quand il veut, visible ou invisible ; appeler à son gré la lumière et les ténèbres ; montrer la vérité où elle n'est pas, et la cacher où elle est ; faire tomber ceux qui l'écoutent, dans le piége de son injustice, et leur paroître toujours juste : comme si la vérité et la justice n'étoient que des noms spécieux, que celui qui a le plus d'esprit, sait toujours mettre de son côté.

Mais à quoi se terminent enfin tous les artifices d'une si éblouissante subtilité ? Cet esprit si fécond en couleurs, ce génie si souple, et, pour nous servir de cette expression, si pliant et si versatile, ne sert qu'à avertir les autres sénateurs d'être sur leurs gardes. A peine ce magistrat si délié a-t-il commencé de parler, qu'une secrète défiance se répand comme naturellement dans leur esprit. Les maximes les plus certaines perdent quelque chose de leur crédit, lorsqu'il les avance ; on croit y sentir un venin caché ; et bien loin qu'il puisse réussir à faire passer le faux pour le vrai, on diroit que la vérité même périclite dans sa bouche.

Que l'esprit joue mal le personnage du cœur, et que c'est une entreprise téméraire, de prétendre allier une justice apparente avec une injustice véritable ! Ni la vertu, ni le vice même ne peuvent souffrir ce mélange. Donner l'intérieur à l'un, et l'extérieur à l'autre, c'est un partage aussi impossible qu'injuste. La crainte de la honte défend mal le dehors de notre ame, lorsque l'iniquité s'est une fois rendue maîtresse du dedans ; et celui qui ne rougit plus devant soi-même, cessera bientôt de rougir devant les autres hommes. Sa fausse justice succombera un jour avec éclat ; et une chute marquée sera tôt ou tard le triste dénouement, et comme la catastrophe honteuse du spectacle qu'il avoit donné pendant quelque temps au public.

Mais sans attendre même cette juste et inévitable révolution, une affectation inséparable de sa vanité révélera infailliblement le mystère de sa fausse vertu, dans les plus beaux jours même de son hypocrisie.

La nature a un degré de vérité dont tous les efforts de l'art ne sauroient approcher. Le pinceau le plus brillant ne peut égaler l'éclat de la lumière ; et l'affectation la plus parfaite n'exprimera jamais la lumineuse simplicité de la vertu.

L'homme de bien l'est sans art, parce qu'il l'est sans effort. Il n'a point de vice à cacher, et il n'affecte pas de montrer ses vertus. Content du témoignage de son cœur, et sûr de lui-même, il possède son ame en paix ; et il y a dans sa tranquille vertu une confiance modeste, et une espèce de sécurité qui lui fait attendre les jugemens des hommes sans inquiétude, comme sans empressement. Uniquement touché de l'amour du devoir, insensible à sa fortune, au-dessus de sa gloire même, il fait le bien sans faste, sans éclat, pour le plaisir de le faire, non pour l'honneur de paroître l'avoir fait ; et il parle si modestement des victoires les plus éclatantes de sa justice, qu'on diroit qu'il n'en connoît pas le mérite, et que lui seul ignore le prix de sa vertu : heureux de montrer aux hommes par son exemple, que le caractère le plus auguste de la véritable grandeur est de dire et de faire simplement les plus grandes choses.

Ne craignons donc pas que la basse et méprisable affectation du magistrat qui ne travaille qu'à orner la superficie de son ame, puisse jamais soutenir la comparaison, et, si nous l'osons dire, le contraste d'une si noble et respectable simplicité. Les efforts qu'il fait pour étaler avec art une vertu empruntée, montrent ce qu'elle lui coûte, et font voir qu'elle n'est chez lui qu'un ornement étranger. En vain son zèle imposteur paroît quelquefois plus vif et plus ardent que la modeste vertu de l'homme de bien; c'est un peintre qui outre tous les caractères, et qui perd le vrai de la nature, en cherchant le merveilleux de l'art. Il veut paroître trop vertueux, mais c'est parce qu'il ne l'est pas assez; et la probité est toujours dans sa bouche, parce qu'elle n'est jamais dans son cœur. Malheureux de ne pas sentir que plus il fait l'éloge de sa droiture, moins on la croit véritable; et que le nom sacré de la justice, qu'il met à la tête de tous ses discours, n'est regardé que comme une vaine préface, qui ne sert qu'à annoncer qu'il va être injuste.

Quand même son affectation seroit d'abord plus heureuse, pourroit-il soutenir long-temps ce personnage forcé, et passer toute sa vie dans l'état violent d'une dissimulation perpétuelle? Non; le vice coûteroit plus que la vertu, s'il falloit toujours le cacher, et l'hypocrisie trouveroit son supplice dans son crime même, si elle ne cessoit jamais.

Conserver toujours le même caractère, marcher d'un pas égal sur la ligne du devoir, et couronner d'honorables travaux par une persévérance encore plus glorieuse, c'est le privilége de la sincère vertu. Affermie sur des fondemens immuables, elle seule est au-dessus de l'inconstance, et de la vicissitude des passions. Celui qui a une fois goûté combien la justice est aimable, cesse rarement de l'aimer. La vertu dont il a éprouvé les précieuses faveurs dès sa première jeunesse, ne lui paroîtra pas moins désirable dans un âge plus avancé. Au contraire elle aura acquis en lui la force et le charme de l'habitude; et si l'amertume de sa racine lui a d'abord causé quelques peines, la douceur de ses fruits ne lui donnera plus que des plaisirs.

Mais cette félicité qui est assurée à l'homme juste, est un trésor caché pour celui qui ne sacrifie qu'à l'apparence de la justice. Dévoré par ses désirs, et toujours environné du tumulte des passions, il ne connoît point ces délices du cœur, et cette innocente volupté, que l'homme de bien goûte dans le calme profond de sa conscience. Privé des plaisirs de la véritable justice, et soutenu seulement par un effort d'ambition ou de vanité, il reconnoît bientôt le néant de cette fausse gloire, à laquelle il ne sauroit même parvenir. Fatigué de vouloir toujours embrasser un fantôme qui lui échappe, et dégoûté de cette illusion laborieuse, il se réveille comme d'un songe pénible; il retombe de son propre poids et par une espèce de lassitude, dans son état naturel; et déposant le personnage d'autrui, il se résout enfin à n'être plus que lui-même.

C'est alors que dépouillé des apparences honorables de la justice, et couvert de toute la honte de l'iniquité; réduit à envier le sort de ces pécheurs de bonne foi qui, plus simples dans le mal, ont toujours paru ce qu'ils étoient en effet; il éprouve qu'il est un dernier degré de confusion réservé pour l'hypocrite, une infamie durable qui le suit partout, et qui semble imprimer sur lui un caractère ineffaçable. Quand même il pourroit devenir sincèrement vertueux, ce changement heureux pour son innocence, seroit inutile pour sa réputation. Il a perdu la confiance publique, et c'est un bien qui se perd sans retour. Les hommes qu'il a une fois trompés par sa fausse probité, ne se fieroient pas même à sa véritable vertu: son déshonneur survivroit à son crime; et par un juste retour, après avoir voulu passer pour homme de bien sans l'être véritablement, il le seroit en effet sans le paroître.

Mais c'est cela même qui rend son mal presque incurable. Celui qui n'a pu être fidèle à la vertu, lorsqu'elle pouvoit encore lui attirer l'estime et l'admiration des hommes, pourroit-il se résoudre à devenir vertueux, lorsque par sa faute il ne pourra plus exercer qu'une vertu ignorée, ou méconnue même du public. La probité lui paroîtra sans attraits, parce qu'elle sera sans éclat ; et le vice devenant presque nécessaire pour lui, si le ciel ne fait un prodige en sa faveur, il tombera dans une espèce de désespoir et de paroître jamais, et d'être véritablement homme de bien.

Ainsi périssent les espérances de la fausse vertu. Ainsi la Providence se plaît à confondre les efforts de l'hypocrisie. Ainsi la honte devient tôt ou tard la compagne du vice, pendant que la gloire marche toujours sur les pas de la vertu. Etre connu, c'est la punition de l'hypocrite, et la récompense de l'homme de bien. Une affectation artificieuse pourra couvrir pour un temps les défauts de l'un ; une modestie profonde pourra cacher une partie des vertus de l'autre. Mais l'affectation et la modestie, contraires dans tout le reste, ont cela de commun, qu'elles se trahissent enfin elles-mêmes. Le désir d'un faux honneur se termine à une véritable confusion, et le mépris des louanges élève enfin l'homme de bien au-dessus des louanges mêmes. Il retrouve avec usure dans un âge plus avancé, cette gloire qu'il avoit négligée dans sa jeunesse. Quelquefois obscure dans ses commencemens, lente dans son progrès, elle n'en est que plus éclatante dans sa fin. La voie du juste n'est d'abord qu'une trace presque imperceptible de lumière, qui croît comme par degrés jusqu'à ce qu'elle devienne *un Jour parfait* (1). Aussi durable, aussi immortelle que la vertu qui la produit, elle accompagne l'homme de bien jusqu'à la fin de sa vie. Mais sa gloire ne s'éteint pas avec lui dans l'obscurité du tombeau. Il semble même qu'elle reçoive un nouvel éclat par sa mort. Victorieuse de l'envie, elle n'excite plus que l'admiration ; et consacrant la mémoire du juste à l'éternité, elle apprend à tous les magistrats, qu'on n'arrive à l'honneur, que par la vertu, et que quiconque y aspire par une autre voie, n'impose pas long-temps au public, et ne trompe enfin que lui-même.

(1) Prov. Cap. IV. ℣. 18.

DOUZIÈME MERCURIALE.

PRONONCÉE A PAQUES, 1709 :

LE MAGISTRAT DOIT SE RESPECTER LUI-MÊME.

Dans ce jour solennel que la sagesse de nos pères a consacré à la censure, nous avons eu souvent l'honneur de parler au magistrat au nom de la justice. Mais qu'il nous soit permis de lui parler aujourd'hui au nom de la place même qui le distingue des autres hommes, et de lui dire : Respectez votre état, respectez-vous vous-même : l'honneur que vous rendrez à votre caractère sera la mesure de celui que vous recevrez du public; et tel est le bonheur de votre condition, que vous serez toujours grand, si vous voulez toujours l'être.

Non, quoiqu'en puissent dire ceux qui sont plus ingénieux à peindre les malheurs de la magistrature, qu'attentifs à les réparer, la dignité qui est vraiment propre au magistrat, n'a encore rien perdu de cette élévation dont l'homme de bien doit être si jaloux.

Que la fortune se joue à son gré des honneurs qu'elle distribue; que le malheur des temps, et la loi impérieuse de la nécessité semblent diminuer l'éclat de la magistrature en augmentant le nombre des magistrats; que le bruit des armes fasse presque taire les lois, et que les hommes frappés du tumulte de la guerre, soient moins touchés du règne paisible de la justice, nous savons quel est le pouvoir du temps et de la fortune; mais nous savons aussi, et nous l'osons dire avec confiance, que malgré toutes ces causes extérieures, rien ne sera jamais plus respectable qu'un véritable magistrat.

Ne cherchons point à le relever ici par l'étendue de son pouvoir. Ne disons pas seulement, que dépositaire de la puissance du souverain, et exerçant les jugemens de Dieu même, il abaisse et il élève, il appauvrit et il enrichit, il donne la vie et la mort.

C'est mal définir la grandeur du magistrat, que de ne la faire connoître que par son pouvoir. Son autorité peut commencer ce tableau, mais sa vertu seule peut l'achever.

C'est elle qui nous fait voir en lui l'esprit de la loi, et l'ame de la justice; ou plutôt, il est, si l'on peut parler ainsi, le supplément de l'une et la perfection de l'autre. Il joint à la loi, souvent trop générale, le discernement des cas particuliers; il ajoute à la justice, cette équité supérieure sans laquelle la dureté de la lettre n'a souvent qu'une rigueur qui tue, et l'excès de la justice devient quelquefois l'excès de l'iniquité.

Choisi entre tous les hommes pour rendre un témoignage fidèle et incorruptible à la vérité, le titre précieux d'homme juste le met en possession de la confiance publique. Libre de préjugés, exempt de passions, et seul digne par là de juger celle de tous les hommes, il ne sort jamais de cette noble indifférence et de cet équilibre parfait où tous les objets se montrent à lui dans leur véritable point de vue; ou s'il permet encore à son cœur l'usage de quelques sentimens, ce sont ceux que la raison adopte, bien loin de les désavouer, et que la nature nous a donnés pour être les instrumens, et comme les ministres de la vertu; une soif ardente de la justice, une haine parfaite de l'iniquité; une compassion sage et éclairée pour le juste persécuté, une indignation vertueuse et raisonnable contre l'injuste persécuteur.

Tant que ces traits éclatans formeront le caractère du magistrat, non-seulement rien ne sera plus respectable, mais nous devons dire encore que rien en effet ne sera plus respecté.

Malgré le relâchement des mœurs et la corruption de notre siècle, le monde n'est ni aveugle ni injuste;

il sait connoître encore, il sait estimer le vrai mérite. La vertu du digne magistrat pourra souvent n'être pas récompensée, mais elle sera toujours honorée. Plus les hommes seront intéressés, plus ils admireront un magistrat qui les sert sans intérêt, qui se livre tout entier aux besoins de la société, et qui toujours occupé des misères d'autrui, procure aux autres hommes un repos qu'il se refuse à lui-même.

Que d'autres magistrats aspirent à s'élever au-dessus de leur état ; qu'ils gémissent en secret de se voir resserrés dans les bornes étroites d'une profession qui ne connoît presque plus d'autre fortune que de n'en point désirer, le sage ministre de la justice trouve son bonheur dans ce qui fait le tourment du magistrat ambitieux. Il se croit assez élevé pour se consoler de ne pouvoir croître. Son état souvent est fixé, mais c'est par là même qu'il lui plaît. Heureusement à couvert de l'illusion des désirs, et au-dessus des promesses infidèles de l'espérance, il goûte tranquillement dans la douce possession de la vertu et de son indépendance, un bien que les autres cherchent vainement dans le tumulte des passions et dans la servitude de la fortune.

Que ce caractère renferme de véritable grandeur ! Mais que cette grandeur est peu connue ! Quelques exemples illustres dont le nombre diminue tous les jours, nous en retracent encore l'image. Puissions-nous conserver long-temps ces restes précieux de l'ancienne dignité du sénat ! Puissent les magistrats qui ont le bonheur de croître à l'ombre de ces exemples domestiques, résister à la contagion des exemples contraires ! Et dans quel temps cette contagion a-t-elle été plus généralement répandue ?

Soit que le magistrat se laisse emporter au génie de la nation, ennemi de la contrainte, amateur de la liberté, et portant impatiemment le joug de la règle ; soit que la mollesse qui abat et qui énerve à présent toutes les conditions, ait versé la douceur mortelle de son poison jusque dans le sein de la magistrature ; soit enfin que les jeunes sénateurs, mêlés trop souvent avec une jeunesse militaire, ou avec les enfans de la fortune, imitent la licence des uns, le luxe des autres, et contractent avec tous une secrète horreur pour la sainte austérité de la vie d'un magistrat, on diroit qu'ils aient conspiré contre la gloire de la magistrature avec ses plus grands ennemis.

A peine daignent-ils s'asseoir le matin auprès de ces anciens sénateurs qui ont vieilli avec honneur dans la carrière de la justice; et fatigués d'avoir soutenu pendant quelques heures le dehors pénible d'un magistrat, ils cherchent à se venger d'une profession qui leur paroît si ennuyeuse, par le plaisir qu'ils prennent à la décrier dans le reste de leur vie.

On en voit même qui portent le mépris de leur état jusqu'à dédaigner de paroître dans le temple de la justice. Les mois, les années entières s'écoulent, sans que ni leur honneur, ni leur devoir, ni la coutume, ni la bienséance les rappellent à leurs fonctions. Des hommes qui n'étoient pas nés pour entrer dans le sanctuaire de la justice, et qui auroient dû s'estimer trop heureux de voir rejaillir sur eux quelques rayons de la majesté du sénat, semblent mépriser un rang dont ils n'étoient pas dignes; ils négligent également tous les devoirs de leur état; et l'on ne sait presque qu'ils sont sénateurs, que par le malheureux éclat que leur profession donne à leurs fautes, et par la peine qu'il faut encore que les premiers magistrats aient à sauver, non pas l'honneur d'un magistrat de ce caractère, mais celui de la magistrature, qu'il met tous les jours en péril.

Que ne pourrions-nous point dire encore de ces autres magistrats qui par une légèreté plus convenable à leur âge qu'à leur état; ou par une vanité mal entendue qui s'abaisse en voulant s'élever, semblent rougir de leur profession, vouloir la cacher aux autres hommes, et se la cacher, s'il étoit possible, à eux-mêmes. Ils affectent les mœurs, le langage, l'extérieur d'une autre profession. Malheureux d'avoir quelquefois le triste avantage de surpasser ceux qu'ils imitent ! Mais c'est par là même qu'ils se trahissent. Plus ils veulent déguiser leur état, plus on les reconnoît malgré eux, et c'est leur déguisement même qui le montre. Soutenant (si l'on peut parler ainsi) un caractère incertain, et jouant un personnage équivoque, on les voit errer continuellement entre deux professions incompatibles; destinés seulement à essuyer les mépris de l'une et de l'autre, et condamnés également des deux côtés, ils ne sont ni ce qu'ils doivent être en effet, ni ce qu'ils veulent paroître.

Ainsi la honte devient tôt ou tard la juste punition de celui qui en méprisant son état, apprend enfin au public à mépriser sa personne.

Mais que le magistrat ne s'y laisse pas tromper, et qu'il ne croie pas que pour être grand, il lui suffise d'avoir une haute idée de sa grandeur.

Il y a un égal danger à ne la pas connoître, et à la connoître mal ; et que serviroit au magistrat d'avoir su éviter le mépris par le soin qu'il prend de sa dignité, s'il avoit le malheur de s'attirer la haine par l'abus qu'il feroit de sa dignité même ?

Cette grandeur légitime, cette gloire solide et durable à laquelle nous aspirons tous, ne consiste point à être au-dessus des lois, à ne relever que de soi-même, et à ne dépendre que de la seule autorité. Vouloir s'affranchir des règles communes, et croire qu'il y a de la grandeur à se mettre toujours dans l'exception de la loi, c'est le goût du siècle présent, mais ce goût (qu'il nous soit permis de le dire) montre plus de bassesse de cœur que d'élévation d'esprit.

Une ame vraiment grande ne croit rien perdre de sa grandeur, lorsqu'elle n'obéit qu'à la justice, et qu'elle ne voit rien au-dessus d'elle que la loi. Elle sait qu'il faut que le jugement commence par la maison du magistrat, si le magistrat veut l'exercer avec succès dans le public; et qu'il n'est véritablement au-dessus des autres hommes, que lorsqu'il a su s'élever au-dessus de lui-même.

Pénétré de ces sentimens, et content d'être toujours dominé par la règle, sans être jamais tenté du désir téméraire de la dominer ; il trouve dans cette seule disposition le principe de tous ses devoirs, et le fondement de toute sa grandeur.

De là cette délicatesse de vertu qui ajoutant à la règle même, se fait de la plus exacte bienséance, une loi de pudeur et de modestie. De là cette gravité qui est comme l'expression simple et naturelle de la modération profonde du magistrat. De là cette régularité extérieure qui est en même temps la marque et la garde fidèle de sa dignité. De là enfin cet accord parfait et cette heureuse harmonie de toutes les vertus qui doivent se réunir pour former le grand caractère du véritable magistrat.

C'est alors qu'il entre pleinement dans la possession de la gloire solide de son état. Il voit croître sa dignité de tout ce qu'il a su refuser à sa personne. Moins il a voulu jouir de son pouvoir pour lui-même, plus il a acquis d'autorité pour le bien de la justice : autorité qui s'augmente avec ses années, et qui est comme le prix de ses longs travaux et la couronne de sa vieillesse : autorité douce et majestueuse qui règne sur les cœurs encore plus que sur les esprits : autorité visible et reconnoissable, à laquelle il suffit de se montrer pour inspirer au peuple le respect des lois, la crainte de la justice, et l'amour du magistrat.

Telle étoit l'impression que la présence des anciens sénateurs faisoit sur tous les hommes. Tel, cet auguste sénat vit autrefois à sa tête, ce ferme et inflexible magistrat (1) en qui le ciel avoit mis une de ces ames choisies qu'il tire des trésors de sa providence dans les temps difficiles, pour combattre, et si l'on ose le dire, pour lutter contre le malheur de leur siècle. Plein de cette grandeur d'ame que la vertu

(1) Mathieu Molé, premier président et garde des sceaux.

seule peut inspirer, et persuadé, comme il l'a dit lui-même, qu'il y a encore loin de la pointe du poignard d'un séditieux jusqu'au sein d'un homme juste; on l'a vu soutenir seul, et arrêter par la simple majesté de son regard vénérable, les mouvemens orageux de tout un peuple mutiné. On eût dit qu'il commandoit aux vents et à la tempête ; et que semblable à l'auteur de la nature, il dit à la mer irritée, vous viendrez jusque-là, et ici se brisera la fureur de vos flots impétueux. Heureux d'avoir montré aux hommes que la magnanimité est une vertu de tous les états, que la justice a ses héros comme la guerre; et qu'il n'y a rien dans le monde de si fort et de si invincible que la fermeté d'un homme de bien. Heureux encore une fois, d'avoir laissé un nom qui durera autant sur la terre que celui du courage et de la fidélité. Quand même le grand magistrat que nous regrettons (1), ne nous auroit pas rappelé la mémoire d'un caractère si respectable ; et quand nous ne le retrouverions pas encore dans le successeur de son nom et de sa dignité, qui seul pouvoit nous consoler de sa perte, le souvenir de cette ame magnanime ne s'effacera jamais. On la proposera toujours pour modèle aux plus grands magistrats ; ils apprendront par son exemple, que rien n'est plus élevé qu'un magistrat qui honore son état, et qui s'en tient honoré ; et que l'homme de bien qui ne tient à la grandeur que par le chemin de la vertu, ne trouve point de profession qui l'y conduise ni plus naturellement, ni plus infailliblement, que celle que nous avons tous le bonheur d'exercer.

(1) Louis Molé, président à mortier, né le 3 janvier 1709.

TREIZIÈME MERCURIALE,

PRONONCÉE A LA SAINT MARTIN, 1709 :

LA SCIENCE DU MAGISTRAT.

MÉPRISER la science et n'estimer que l'esprit, c'est le goût presque universel du siècle présent.

L'amour de la gloire inspiroit autrefois à l'homme le désir d'être savant ; mais on diroit aujourd'hui qu'une vanité plus commode ait entrepris de rendre l'ignorance honorable, et d'attacher une espèce de gloire à ne rien savoir. Nos pères croyoient s'élever en respectant la doctrine ; nous croyons nous élever encore plus en la méprisant ; et il semble que nous ajoutions au mérite de notre raison tout ce que nous retranchons à la gloire de la science.

La vanité a trompé l'esprit, et la mollesse a séduit le cœur. L'homme tout entier s'est laissé flatter par une fausse idée de supériorité et d'indépendance. L'oisiveté s'est annoblie, et le travail n'a plus été regardé que comme l'occupation ignoble et presque servile de ceux qui n'avoient point d'esprit.

Cet ancien domicile de la plus solide doctrine, ce temple qui n'étoit pas moins consacré à la science qu'à la justice, ce sénat auguste, où l'on comptoit autrefois autant de savans que de sénateurs, n'a pu se préserver entièrement de la contagion d'une erreur si commune; et nous ne craindrons point qu'on nous accuse d'avancer ici un paradoxe, si nous osons dire que le magistrat n'a point eu d'ennemi plus dangereux que son esprit.

Qu'y auroit-il néanmoins de plus propre à nous désabuser de l'esprit humain, que cet esprit même, si nous pouvions le voir avec d'autres yeux que ceux de notre vanité ?

Cet esprit qui embrasse tout, et à qui tout échappe; qui cherche naturellement la vérité, et qui par lui-même n'est presque jamais sûr de l'avoir trouvée, éprouve tour à tour les surprises des sens, le prestige de l'imagination, l'erreur des préjugés, la séduction de l'exemple : borné dans toutes ses vues, trouvant partout les limites étroites de son intelligence, et sentant malgré lui à chaque pas la trop courte mesure de sa raison.

Ainsi naissent presque tous les hommes; ainsi le reconnoissent souvent les génies même du premier ordre; tout nous parle, si nous voulons être attentifs à ce qui se passe au dedans de nous; tout nous avertit de la nécessité de la science. Nous la sentons dans les nuages qui obscurcissent notre esprit, dans les doutes qui le troublent, dans les erreurs même qui le trompent. Partout la voix intérieure de notre foiblesse nous apprend comme malgré nous, que la science peut seule nous mettre dans la pleine possession de notre raison; et que celui qui la méprise, ne jouit que de la moitié de soi-même, et n'est, si l'on peut parler ainsi, qu'un homme commencé.

Mais si la science a l'honneur d'achever dans l'homme l'ouvrage de la nature, elle jouit encore plus de cette gloire dans le magistrat.

Il est, à la vérité, des premiers principes du droit naturel que la raison du magistrat découvre sans le secours de la science; il est des lois que nous savons, et que nous n'avons jamais apprises; qui sont nées, pour ainsi dire, avec nous; et qui, au milieu de la dépravation du cœur humain, rendent encore un perpétuel témoignage à la justice pour laquelle il avoit été créé.

Mais ces maximes si connues et si générales, ne sont tout au plus que le premier degré de la science du magistrat. Leur simplicité pouvoit à peine suffire à l'innocence, au premier âge du monde. Mais la corruption des siècles suivans a bientôt exigé de plus grands secours. La sagesse du législateur a été obligée de faire le même progrès que la malice de l'homme; afin que chaque mal trouvât son remède, chaque fraude sa précaution, et chaque crime sa peine. La loi qui avoit d'abord été établie pour réprimer la violence, n'a presque plus été occupée qu'à désarmer la subtilité. Indocile à porter le joug de la règle, l'esprit humain a voulu s'échapper par mille détours secrets, dans lesquels il a fallu que la vigilance du législateur l'ait suivi. La vérité n'a plus été une, pour ainsi dire; elle a été obligée de se multiplier par une infinité de distinctions, pour se défendre contre les artifices non moins infinis de l'erreur; et dans ce combat perpétuel de l'homme contre la loi, et de la loi contre l'homme, la multitude des règles n'a pas moins été l'effet nécessaire, que la preuve sensible de notre déréglement.

Ces règles, il est vrai, ont presque toutes leur fondement dans le droit naturel; mais qui pourroit remonter par le seul effort d'une sublime spéculation, jusqu'à l'origine de tant de ruisseaux qui sont à présent si éloignés de leur source? Qui pourroit en descendre comme par degrés, et suivre pas à pas les divisions presque infinies de toutes les branches qui en dérivent, pour devenir en quelque manière, l'inventeur et comme le créateur de la jurisprudence?

De semblables efforts s'élèvent au-dessus des bornes ordinaires de l'humanité. Mais heureusement d'autres hommes les ont faits pour nous : Un seul livre que la science ouvre d'abord au magistrat, lui développe sans peine les premiers principes, et les dernières conséquences du droit naturel.

Ouvrage de ce peuple que le ciel sembloit avoir formé pour commander aux hommes, tout y respire encore cette hauteur de sagesse, cette profondeur de bon sens, et pour tout dire en un mot, cet esprit de législation qui a été le caractère propre et singulier des maîtres du monde. Comme si les grandes destinées de Rome n'étoient pas encore accomplies, elle règne dans toute la terre par sa raison, après avoir cessé d'y régner par son autorité. On diroit en effet que la justice n'ait dévoilé pleinement ses mystères, qu'aux jurisconsultes romains. Législateurs encore plus que jurisconsultes, de simples particuliers dans l'obscurité d'une vie privée, ont mérité par la supériorité de leurs lumières, de donner des lois à toute la postérité. Lois aussi étendues que durables, toutes les nations les interrogent encore à présent, et chacune en reçoit des réponses d'une éternelle vérité. C'est peu pour eux d'avoir interprété la loi des douze tables, et l'édit du préteur, ils sont les plus sûrs interprêtes de nos lois mêmes : ils prêtent, pour ainsi dire, leur esprit à nos usages, leur raison à nos coutumes ; et par les principes qu'ils nous donnent, ils nous servent de guides, lors même que nous marchons dans une route qui leur étoit inconnue.

Malheur au magistrat qui ne craint point de préférer sa seule raison à celle de tant de grands hommes ; et qui sans autre guide que la hardiesse de son génie, se flatte de découvrir d'un simple regard, et de percer du premier coup d'œil, la vaste étendue du droit sous l'autorité duquel nous vivons.

Au milieu d'un grand nombre de lois positives formées par les mœurs des peuples, ou par la volonté souveraine du législateur, ce droit a néanmoins ses règles et ses principes. Attendrons-nous, pour nous instruire, qu'une main subtile et intéressée nous en présente des fragmens imparfaits, détachés avec adresse, et déplacés avec art ; et le magistrat qui doit montrer la loi à tous les hommes, se bornera-t-il à ne l'apprendre que dans les écrits des plaideurs ? Qui sait même s'il ne saisira pas souvent au hasard, et comme par une inspiration soudaine, le sens qui s'offrira d'abord à son intelligence, et si la justice ne sera pas réduite à ne pouvoir compter que sur la justesse heureuse, quoique mal assurée, des premières pensées du magistrat ?

Il se flattera sans doute d'affermir tous les jours

sa raison par les leçons continuelles de l'expérience, dernière ressource de ceux qui ne veulent avoir que de l'esprit. Mais que le public est à plaindre lorsque le jeune magistrat attend le secours de l'usage, au lieu de le prévenir par la science!

Que lui sert en effet pour décider dans le moment présent, cet usage qu'il n'acquerra qu'après une longue suite d'années; et dans quelle source puisera-t-il les lumières qui lui manquent, si la mollesse le prive du secours de la doctrine, et sa jeunesse du secours de l'usage? Plus sage et plus prudent, sans être véritablement juste, s'il jugeoit au moins sur la foi des anciens sénateurs! Mais celui qui méprise les conseils de la science, ne respecte guère plus ceux de la vieillesse. Ce sera donc avec son esprit seul que le magistrat intrépide et content de lui-même attendra tranquillement les utiles, mais lentes instructions de l'usage. Il s'exposera sans frayeur à être long-temps injuste, parce qu'il se flatte que l'expérience lui apprendra un jour à être juste. Mais quand même il seroit assez heureux pour l'apprendre en effet, accoutumé à juger par les exemples plutôt que par les lois, sa raison toujours incertaine et chancelante, n'acquerra jamais l'immobile fermeté de ces esprits solides, qui ont fait servir la science de fondement à l'usage, et l'usage de supplément à la science.

Que le magistrat ne sépare donc point ce qui doit être indivisible; qu'il joigne la doctrine à la raison, et l'expérience à la doctrine. Mais qu'il ne s'y trompe pas, nous ne lui avons encore tracé qu'une légère idée de la science qu'il doit avoir.

Juges de la terre, que votre ministère est grand, mais qu'il est difficile! C'est peu pour vous, d'être les arbitres des familles et les pacificateurs de ces guerres privées que toutes les passions y allument. Placés entre l'église et l'état, et pour ainsi dire, entre le ciel et la terre, vous tenez la balance entre le sacerdoce et l'empire. Semblables à ces génies auxquels l'antiquité attribuoit la fonction de présider à la garde des bornes qui séparoient les peuples et les royaumes : vous êtes établis pour veiller à la conservation de ces limites plus immuables, que la main de Dieu même a marquées entre deux puissances qui portent toutes deux le caractère de la sienne.

L'église doit trouver en vous ses protecteurs. Conservateurs de sa discipline, vengeurs de ses canons, et surtout défenseurs invincibles de ses libertés, c'est à votre religion que ce grand dépôt a été confié. Mais qu'il nous soit permis de le dire, si la science ne le conserve, votre religion s'armera inutilement pour le défendre.

Il n'appartient qu'à la science de retracer aux yeux du magistrat cette innocente liberté de l'église primitive dont celle qu'on nous reproche si souvent, n'est qu'une foible image. Elle lui montre dans la pureté des anciennes mœurs, les fondemens de ces usages, qui, bien loin d'être des priviléges singuliers, ne sont que la simple et fidèle observation du droit commun. Elle lui découvre par quel secret progrès d'ignorance et de relâchement, la nouveauté est, pour ainsi dire, devenue ancienne, et l'antiquité a porté quelquefois le nom odieux de nouveauté; et au milieu du monde ébloui par ce changement, elle lui présente une seule nation saintement jalouse de sa première discipline, aussi modérée que ferme dans ses maximes, également éloignée de la licence et de la servitude : jamais sa soumission n'a diminué sa liberté, et jamais sa liberté n'a donné la moindre atteinte à sa soumission.

Quelle joie pour le savant magistrat de voir cet illustre sénat dans tous les temps attentif à maintenir une si sage et si vertueuse liberté, s'opposant comme un mur d'airain à toutes les nouveautés; éclairant les autres ordres du royaume par ses lumières, les animant par son zèle, les retenant par sa prudence, et les assurant par son autorité!

Mais cette étude si noble, si digne des veilles

de l'homme de bien, n'est encore qu'une partie de ce droit public dont la connoissance distingue les premiers magistrats, et les élève dignement au-dessus des ordres inférieurs de la magistrature. L'étude du droit privé peut former le juge, mais la science du droit public est le véritable caractère du sénateur. Heureux celui qui pour l'acquérir, a le courage de sortir des bornes de son siècle, de vivre avec les morts, de percer les ténèbres de l'antiquité, de puiser dans les sources de l'histoire; de pénétrer dans le mystère sacré des archives du sénat, et de se rassasier pleinement de la lecture de ces anciens monumens que l'on peut appeler véritablement les annales de la justice, et les fastes de la vertu.

Etude aussi utile qu'honorable, elle éclaire notre esprit, et elle forme notre cœur. Elle nous donne en même temps des maîtres et des modèles. A la vue des actions magnanimes de ces lumières de la justice, dont nous y admirons les grands exemples, l'amour que nous apportons en naissant, pour la vertu, se rallume et s'enflamme au dedans de nous. Nous voulons les suivre, les atteindre, les surpasser; et si nous ne pouvons nous élever au-dessus d'eux, ils nous apprennent à nous élever au-dessus de nous-mêmes.

Cette année fatale au mérite, et qui n'a pas même épargné les héros, nous a fait perdre deux grands magistrats qui tous deux animés de cette noble émulation, ont mérité de la faire naître à leur tour dans les siècles à venir.

L'un déjà célébré plus d'une fois par de justes louanges dans ce jour solennel, et pour ainsi dire, consacré avant sa mort à l'immortalité (1); mais toujours digne de recevoir de nous le tribut d'un nouvel éloge, mérita par de longs et honorables travaux, cette pourpre éminente qu'il pouvoit re-

(1) M. de Lamoignon, avocat général, et ensuite président du parlement, fils du P. P. de Lamoignon.

garder comme le bien de ses pères, et le patrimoine éclatant de sa famille. Régner par la parole dans le barreau, et par la raison dans le sénat, c'a été le partage glorieux de sa vie. Heureux fils, heureux père! Après avoir fait revivre en lui l'illustre chef de cette compagnie, dont il renouveloit tous les jours la mémoire par ses paroles, et encore plus par son exemple, il a eu la consolation de se voir aussi renaître dans deux enfans (1), successeurs de ses vertus autant que de ses dignités, mais dont la modestie semble avoir partagé entre eux le noble emploi d'exprimer le mérite d'un père que chacun d'eux auroit pu nous représenter tout entier.

Qui l'auroit cru, que sa perte dût être suivie si promptement de celle du magistrat (2), aussi aimable que respectable, qu'une mort prématurée vient d'enlever à la justice, au public, et (puisqu'il faut que nous prononcions cette triste parole) à nous-mêmes?

Comme si le ciel eût voulu proportionner la rapide perfection de son mérite à la trop courte durée de ses jours, il lui donna dès sa jeunesse, cette maturité de jugement qui dans les autres hommes est l'ouvrage des années, et souvent le dernier fruit d'une lente vieillesse.

Peu s'en faut que nous n'oubliions ici nos propres principes, et que nous ne disions que la force de sa raison auroit pu nous faire douter de la nécessité de la science, s'il ne l'avoit prouvé par son exemple. Il joignit au mérite de l'esprit, le don encore plus précieux de savoir s'en défier, et, ce qui est beaucoup plus rare, il sut s'en défier seul, chercher dans les autres les lumières qu'ils trouvoient en lui, consulter ceux dont il auroit pu

(1) M. Lamoignon, président du parlement, et M. de Lamoignon de Blancmenil, à présent chancelier.

(2) M. le Nain, avocat général.

être le conseil, et les instruire, malgré lui, en les consultant.

Que manquoit-il à un mérite si pur, que d'être parfaitement connu, et de se montrer dans une place (1) qui pût forcer le secret de sa sagesse, et lever le voile de sa modestie. Il est enfin appelé à cette place éclatante; et après avoir contribué long-temps de ses lumières, à former les oracles du sénat, il est jugé digne de les prévenir.

Que ne pouvons-nous employer les traits nobles et expressifs dont vous venez de nous le peindre à nous-mêmes, pour le représenter ici avec cette gravité naturelle et ce caractère de magistrat qu'il sembloit porter écrit sur son front; faisant tomber le nuage de l'erreur aux pieds du trône de la justice, et lui présentant toujours la pure lumière de la vérité? Au-dessus des plus grandes affaires par l'étendue de son génie, et se croyant presque au-dessous des plus petites, par l'exactitude de sa religion; esprit aussi lumineux que solide, les principes y naissoient comme dans leur source; et la même justesse qui les produisoit, les plaçoit sans effort dans leur ordre naturel. Ses paroles remplies et comme pénétrées de la substance des choses mêmes, sortoient moins de sa bouche, que de la profondeur de son jugement; et l'on eût dit en l'écoutant, que c'étoit la raison même qui parloit à la justice.

Avec quelle délicatesse savoit-il remuer les ressorts les plus secrets de l'esprit et du cœur, soit qu'il entreprît de former l'orateur dans le barreau, soit qu'au milieu du sénat assemblé, il voulût tracer l'image du parfait magistrat! Il devoit encore aujourd'hui faire entendre cette voix dont la douce insinuation sembloit donner du poids à la justice et du crédit à la vertu. Que ne nous est-il permis

(1) C'étoit M. d'Aguesseau lui-même qui l'avoit engagé à prendre sa place d'avocat général, lorsqu'*il* passa à celle de procureur général.

de le faire parler au lieu de nous ! Mais puisque nous sommes privés de cette satisfaction, que pouvons-nous faire de mieux que de vous parler de lui? Son éloquence même ne lui étoit pas nécessaire pour inspirer l'amour de la vertu. Il n'avoit, pour la rendre aimable, qu'à se peindre dans ses discours, et à parler d'après lui-même. Né dans le sein de la justice, digne fils d'un père (1) aussi heureux de lui avoir donné la vie, que malheureux de lui survivre; élevé sous les yeux d'un aïeul (2) vénérable; objet de la tendresse et de la complaisance de cet homme vrai, qui n'a point connu les foiblesses du sang, et qui dans ses propres enfans n'a jamais loué que la vérité : il avoit su allier heureusement à la vertu héréditaire de sa famille, des grâces innocentes qui, sans lui rien faire perdre de sa droiture inflexible, répandoient sur elle ce charme secret qui qui lui attire l'amour encore plus que l'admiration.

Quelle facilité dans le commerce! quel agrément dans les mœurs! quelle douceur! ce n'est pas assez dire, quel enchantement dans la société! Faut-il que nous rouvrions encore cette plaie? et ne pouvons-nous le louer, sans toucher ici la partie la plus sensible de notre douleur?... Vrai, simple, sans faste, sans affectation, aucun fard ne corrompoit en lui la vérité de la nature. Exempt de toute ambition, il n'en avoit pas même pour les ouvrages de son esprit; le désir de bien faire n'a jamais été avili dans son cœur par le désir de paroître avoir bien fait; et pour parvenir à la gloire, il ne lui en avoit pas même coûté de la souhaiter. On eût dit que son ame étoit le tranquille séjour de la paix. Nul homme n'a jamais mieux su vivre avec soi-même : nul homme n'a jamais mieux su vivre avec les autres. Content dans la solitude, content

(1) M. le Nain, doyen du parlement.

(2) M. le Nain, maître des requêtes.

dans la société, partout il étoit à sa place; et sachant toujours se rendre heureux, il répandoit le même bonheur sur tous ceux qui l'environnoient.

Le ciel n'a pas permis que nous ayons joui plus long-temps de ce bonheur : il a rompu les liens de cette union si douce, si intime, qui dans les peines et les travaux attachés à notre ministère, étoit notre force, notre sûreté, notre gloire, nos délices. Mais si la mort nous enlève avant le temps, un magistrat si digne de nos regrets, nous aurons au moins la consolation de ne le pas perdre tout entier. Gravé dans le fond de notre ame par les traits ineffaçables de notre douleur, il y vivra encore plus utilement par ses exemples. Nous n'aurons plus le plaisir de l'avoir pour collègue et pour coadjuteur de nos fonctions; mais nous l'aurons toujours pour modèle: et si nous ne pouvons plus vivre avec lui, nous tâcherons au moins de vivre comme lui.

Nous jouirons cependant de l'espérance de le retrouver dans le digne successeur (1) que le roi vient de lui donner : nous croyons en faire un éloge accompli, lorsque nous l'appelons le digne successeur du magistrat que nous pleurons. Ce nom seul lui ouvre une longue et pénible carrière, digne des rares talens de son esprit, digne de la droiture encore plus estimable de son cœur. Il marchera à grands pas dans cette carrière illustre où la voix du public, disons même celle de la nature, semblent l'avoir appelé avant le choix du roi. Il égalera, il surpassera l'attente du sénat. Mais pour le faire pleinement, qu'il se souvienne toujours du magistrat auquel il succède; et qu'au milieu de cette gloire que nous lui promettons avec une entière confiance, il n'oublie jamais le prix qu'il nous a coûté.

(1) M. Chauvelin.

QUATORZIÈME MERCURIALE,

PRONONCÉE A PAQUES, 1711 :

L'ATTENTION.

Nous avons dit il n'y a pas long-temps aux magistrats en leur parlant de la science : Instruisez-vous, ministres de la justice : nous sera-t-il permis d'y ajouter aujourd'hui, soyez attentifs, vous qui êtes destinés à juger la terre. Que vous sert cet esprit dont l'amour propre est si jaloux, ce bon sens qui se flatte de renfermer en soi la raison de tous les législateurs et la sagesse de toutes les lois, si vous n'en recueillez, et si vous n'en réunissez toutes les forces par l'attention.

Tel est cependant, si l'on ose le dire, le dangereux progrès de la négligence de quelques magistrats : Une paresse présomptueuse dédaigne d'abord le secours de la doctrine, parce qu'il en coûte trop pour l'acquérir. L'ignorance veut néanmoins se justifier à ses yeux, et elle se flatte de pouvoir suppléer par l'application seule au défaut de la science. Mais bientôt le travail de l'application même paroît encore trop pénible. On avoit voulu substituer l'attention à la doctrine ; mais qu'est-ce que le magistrat pourra substituer à l'attention, si ce n'est la hardïesse d'une décision d'autant plus intrépide qu'elle sera plus soudaine ? Et c'est ainsi qu'après s'être flatté de savoir tout sans science, on parviendra enfin à croire tout entendre sans attention.

Car qu'on ne pense pas que nous voulions parler ici de cette attention vive, mais peu durable, qui ne saisit que le dehors, et qui se contente de couler rapidement sur la surface de son objet ; ni de cette pénétration éblouissante qui voit trop dans le premier moment pour bien voir dans le second, et qui ne conçoit rien parfaitement, parce qu'elle croit d'abord avoir tout conçu.

A Dieu ne plaise que nous prenions ainsi l'ennemie de l'attention pour l'attention même.

Nous parlons de cette attention solide et infatigable, qui loin de s'arrêter à la première superficie, sait mesurer toute la hauteur, embrasser toute l'étendue, et sonder toute la profondeur de son sujet. Nous parlons de cette maturité de jugement, et si, nous l'osons dire, de cette utile pesanteur, qui se défie heureusement de ses découvertes ; à qui sa propre facilité est suspecte ; et qui sait que la vérité, rarement le prix de nos premiers efforts, ne révèle ses mystères qu'à l'efficace persévérance d'une sérieuse et opiniâtre réflexion.

Heureux le magistrat qui a reçu du ciel le rare présent d'une attention si nécessaire ; plus heureux encore celui qui la soutient et qui la nourrit, si l'on peut parler ainsi, par une méditation profonde et continuelle de ses devoirs !

S'il monte au tribunal dans la majesté de l'audience, il se remet toujours devant les yeux la facilité, la promptitude, la simplicité de cette auguste justice que le sénat y exerce à la vue du public. Il rappelle dans son esprit, non sans un secret mouvement d'envie, la félicité de ces siècles fortunés où l'on ne connoissoit point encore d'autre forme des jugemens, où le plaideur moins habile et plus heureux, venoit sans artifice et souvent sans défense déposer lui-même ses plaintes dans le sein de son juge, et où le juge toujours prêt à entendre la voix des misérables, goûtoit le plaisir d'essuyer leurs premières larmes, de finir leur misère dans le temps même qu'ils en achevoient le récit, de ne remettre aucune affaire au lendemain, et d'épuiser chaque jour, le fonds d'iniquité que chaque jour avoit produit.

Malgré le changement des mœurs, et le progrès infini, dirons-nous de la corruption du cœur ou de la subtilité de l'esprit, le spectacle de l'audience retrace encore à nos yeux l'image de cette ancienne et respectable simplicité. Là, le timide suppliant a encore la consolation de porter ses vœux jusqu'aux pieds du trône de la justice ; là, les plaideurs de bonne foi peuvent avoir la joie de voir naître et mourir leur discorde, jouir d'une prompte victoire, ou se consoler d'une prompte défaite ; et s'ils n'en sortent pas toujours chargés des dépouilles de leurs ennemis, en rapporter au moins le bien, souvent plus précieux, de la paix. Là, enfin, la justice toute pure, et toute gratuite, telle qu'elle descendit autrefois du ciel sur la terre, a la gloire de n'être payée du bien qu'elle fait, que comme Dieu même, par les louanges et par la gratitude des mortels. Tel fut encore une fois le premier âge, l'âge d'or de la justice. Ainsi tous les gens de bien voudroient-ils pouvoir la rendre toujours ; mais combien leurs vœux se redoublent-ils encore, lorsqu'ils voient la justice déjà languissante depuis long-temps sous le poids de la forme, expirer presque sous le fardeau encore plus accablant de ce qu'il en coûte malgré elle pour l'obtenir ? Qui ne sait qu'à présent plus que jamais différer la justice, c'est souvent la refuser ! Le bon droit succombe, et il ne plie sous le joug de l'iniquité, que parce qu'il n'a pas reçu une prompte décision ?

Triste, mais digne sujet de tremblement pour tous les juges ! Un degré d'attention de plus, un dernier effort de réflexion, auroit peut-être prévenu ce malheur : le plaideur attendoit le moment de sa délivrance ; mais cet heureux moment échappe à ses mains déjà prêtes à le saisir ; il ne le voit plus que de loin au bout d'une longue et pénible carrière où ses forces épuisées ne lui permettront peut-être jamais d'arriver.

Que si malgré tous les efforts d'une attention vive et persévérante, l'étendue ou l'obscurité de la matière vous obligent, malgré vous, à exiger du plaideur, une plus longue et plus onéreuse instruction, ministres de la justice, redoublez alors votre vigilance : vous, surtout, qui devez être l'interprète des parties, le guide des autres magistrats, le flambeau qui doit éclairer la lumière même du sénat ; quelle attention, quelle exactitude, quelle fidélité n'exige pas de vous un si saint ministère avant le jugement, dans le jugement même, et après le jugement !

Malheur à celui qui ne commence d'être attentif, que lorsqu'il approche du moment fatal de la décision. Pendant que le magistrat dort, la fraude et l'artifice veillent pour le surprendre. Il se réveille enfin, mais il est effrayé du changement qui se présente à ses yeux après un sommeil trop favorable à l'iniquité. A peine reconnoît-il encore quelques traits confus de la première image du différend des parties. Des préliminaires innocens en apparence, sont presque devenus des préludes d'injustice. Il découvre en tremblant les piéges que sans le savoir, il a lui-même creusés sous ses pas.

Il se flatte à la vérité de pouvoir réparer les surprises qu'on a faites à sa facilité, et nous présumons en effet, qu'elles seront encore réparables : Mais qu'il y a de différence entre prévenir le mal, et y remédier ! Le plaideur la sent bien cette extrême différence : et plût au ciel que le magistrat pût toujours l'envisager avec les yeux du plaideur !

Non qu'il doive imiter ces magistrats impatiens, qui voyent croître les procès sous leurs yeux avec une attention inquiète, et qui se laissant emporter à l'ardeur dévorante de leur génie, se hâtent de cueillir et de présenter aux plaideurs les fruits encore amers d'une justice prématurée. Le magistrat instruit de ses devoirs, sait qu'il y a quelquefois plus d'inconvénient à précipiter la décision, qu'à la différer. Egalement éloigné de ces deux extrémités, il ne voudra ni prévenir par impatience, ni laisser échapper par négligence ce point de maturité, dans lequel seul le plaideur peut recueillir avec joie ce qu'il a semé avec douleur.

Pourroit-il donc abandonner le choix de ce

moment critique à la discrétion d'un subalterne qui met souvent à prix sa lenteur ou sa diligence, et qui peut-être d'intelligence avec le plaideur riche ou puissant, possède l'art dangereux d'avancer, ou de retarder l'expédition à son gré? Le foible et l'indigent dont cet agent inférieur a rebuté cent fois la pauvreté, aura-t-il la douleur de le voir disposer souverainement des heures de la justice, et devenir par la négligence du magistrat, le maître du magistrat même?

Disons-le avec autant de simplicité que de vérité : le magistrat n'est souvent trompé que parce qu'il veut bien l'être; s'il étoit plus attentif, il n'auroit qu'à ouvrir les yeux, un seul de ses regards dissiperoit ces mystères d'iniquité. Le jugement commenceroit par la maison du juge. Loin d'être le dernier instruit d'un abus qui le déshonore, il préviendroit les plaintes du plaideur; et le public ne seroit pas quelquefois réduit à désirer qu'il voulût au moins l'écouter.

Enfin après une longue attente, le temps de la patience du pauvre est accompli; l'heure de la justice est venue; et le moment de la décision si craint d'un côté, si désiré de l'autre, est sur le point d'arriver. Les plaideurs inquiets attendent avec frayeur l'arrêt irrévocable qui doit fixer pour toujours leur destinée. Le magistrat qui doit le plus contribuer à former cet arrêt, sera-t-il seul tranquille, et portera-t-il sa redoutable sécurité jusque dans le sanctuaire? Cet œil par qui la justice devoit tout voir, n'aura-t-il rien vu lui-même? Ou croira-t-il avoir tout vu, parce qu'il aura parcouru rapidement cette ébauche imparfaite du différend des plaideurs, qu'une main ignorante, et quelquefois infidèle, en aura tracé grossièrement au magistrat? Cependant sur la foi de cette lecture superficielle, il ne craindra peut-être pas d'exposer témérairement aux yeux du sénat la production encore brute et informe de sa première appréhension.

Que deviendroit alors la destinée des parties, et la sûreté des jugemens, si tous ceux qui l'écoutent, et qui rougissent peut-être pour lui de sa négligence, ne mettoient la main à son ouvrage, pour donner à cette masse indigeste une forme plus régulière; et si, pour sauver l'honneur de la justice, ceux qu'il devoit éclairer, ne l'éclairoient lui-même, et ne devenoient les conducteurs de leur propre guide?

Celui qui aura su prévoir de loin le temps de la décision, et le prévenir par une préparation religieuse, n'éprouvera jamais une disgrâce si humiliante.

Prodigue de son application, il saura ménager celle des autres juges; prendre tout le travail sur lui, et ne leur laisser presque que le plaisir de suivre sans effort la pure lumière de la vérité; connoître la différente mesure des esprits, et par un juste discernement, se mettre également à la portée de tous ceux qui l'écoutent; ne rien dire d'obscur pour les foibles, ni d'inutile pour les plus forts; se faire suivre par les uns, sans peine, et se faire écouter par les autres, sans ennui.

Plus sa préparation aura été longue, plus le compte qu'il en rendra sera court. Avare surtout de ce temps dont toutes les heures sont si précieuses, parlons plus grossièrement, si chères aux parties, il gémira en secret sur la conduite de ces magistrats qui prodiguent sans pudeur le temps qu'ils devroient le plus ménager, et qui dissipent sans scrupule, ou dans l'indolence du sommeil, ou dans l'amusement d'une conversation inutile, des momens doublement perdus pour ceux qui ont le malheur de plaider. Comme si la différence des heures avoit la force de changer le tempérament de ces magistrats, et d'en faire d'autres hommes, ceux qui peuvent à peine supporter le nécessaire dans un temps, ne trouvent presque jamais de superflu dans l'autre. La justice est souvent troublée par leur impatience du matin; mais sera-t-elle plus édifiée de leur patience du soir, et faudra-t-il qu'ils aient la confusion de la scandaliser par leur exactitude même?

Loin du magistrat attentif cette véritable impatience, et cette fausse exactitude. S'il manque quelquefois d'attention, ce ne sera jamais que sur ses propres intérêts, ou plutôt il n'en connoîtra point d'autres que les intérêts publics.

Peu content de cette attention particulière qui se renferme dans le cercle étroit de la cause des plaideurs, la supériorité de son génie lui inspirera cette attention générale qui embrasse l'ordre entier de la société civile, et qui est presque aussi étendue que les besoins de l'humanité.

Être encore plus occupé du droit public, que du droit privé; avoir toujours les yeux ouverts sur la conduite des ministres inférieurs de la justice; venger le client trompé, de l'abus qu'on a fait de sa confiance, et punir l'avidité du défenseur infidèle, dans le temps que l'équité du magistrat fait éclater le bon droit de la partie; répandre un esprit de règle et de discipline dans tous les membres du vaste corps de la magistrature; arrêter l'injustice dans sa source; et par quelques lignes d'un réglement salutaire, prévenir les procès avec plus d'avantage pour le public, et plus de véritable gloire pour le magistrat, que s'il les jugeoit, voilà le digne objet de la suprême magistrature : c'est là ce qui couronne le mérite de son application dans le temps qu'elle exerce ses jugemens. Mais que le magistrat ne se repose pas encore à l'ombre d'une justice consommée, et qu'il sache qu'après le jugement même, il reste encore une dernière épreuve à sa vigilance.

La chicane vaincue a encore ses ressources. A peine se voit-elle accablée sous le poids de l'équité, qu'elle pense déjà à réparer ses pertes, et à relever les débris de son injustice. Il n'est rien que sa subtilité ne tente pour dérober au vainqueur tout le fruit de sa victoire; et qui sait si elle n'osera pas porter ses vues sacriléges jusque sur l'oracle même, pour y glisser, s'il étoit possible, des termes obscurs, des expressions équivoques dont elle puisse se servir un jour, pour en combattre la foi, ou pour l'éluder.

Efforts impuissans, artifices inutiles contre un

magistrat attentif! Il pèse toutes les paroles de son jugement avec autant de religion qu'il a pesé son jugement même; et par cette dernière attention il imprime, pour ainsi dire, le sceau de l'éternité sur tous les ouvrages de sa justice.

Que lui restera-t-il à souhaiter en cet état, si ce n'est d'y persévérer, et pour ne rien perdre de sa gloire, d'être toujours semblable à lui-même? Si son ardeur n'est fondée que sur l'activité naturelle de son esprit, ou sur les désirs ambitieux de son cœur, elle ne sera pas durable. Il pourra précéder les autres au commencement de la carrière, mais il restera après eux, parce qu'il rallentira sa course. Les objets qui avoient d'abord excité toute son attention, changeront de nature à ses yeux, et lui paraîtront peu dignes de l'occuper. Fatigué d'autant plus, qu'il deviendra moins laborieux; et d'autant plus dégoûté de ses fonctions, qu'il sera moins attentif à les bien remplir, il se persuadera peut-être que l'expérience peut lui tenir lieu de la réflexion; et se flattera d'avoir acquis par les services qu'il a déjà rendus à la justice, le droit de la servir à l'avenir avec négligence. Semblable à une lumière qui décline et s'abaisse après avoir brillé dans son élévation, il aura le malheur de voir sa réputation décroître, s'éteindre, et finir avant lui, et de se survivre à lui-même. Mais le magistrat vertueux, animé par un amour constant de ses devoirs, qui pénètre son ame toute entière, qui soutient ses efforts et renouvelle sans cesse son application, marche d'un pas égal dans les voies de la justice. Il acquiert des forces en avançant continuellement par un mouvement toujours réglé; il les réunit toutes par une attention qui n'est point partagée; il les conserve par une vie frugale et uniforme. Une heureuse habitude lui rend le travail moins pénible, sans le rendre moins exact. Il fait toujours des progrès, sans se lasser, parce qu'il ne s'arrête point dans sa route, et qu'il suit toujours la même ligne. Tous ses pas tendent au même but; il n'en connoît point d'autre que le service du public; et il en reçoit sans l'exiger le juste tribut de son amour et de sa confiance. Exempt d'agitation au dedans, révéré au dehors, honoré dans le sénat, son exemple sera à jamais pour tous les magistrats, ou une censure, ou un modèle. Il instruira même toutes les professions, et leur apprendra qu'une attention fidèle et persévérante dans les fonctions de son état, est la source pure et le fondement solide de la véritable grandeur.

QUINZIÈME MERCURIALE,

PRONONCÉE A LA SAINT-MARTIN, 1711 :

LA FERMETÉ.

C'EST en vain que le magistrat se flatte de connoître la vérité et d'aimer la justice, s'il n'a la fermeté de défendre la vérité qu'il connoît, et de combattre pour la justice qu'il aime.

Sans la fermeté, il n'est point de vertu solide; sans elle, nous ne savons pas même si nous avons de la vertu; l'homme de bien ne sauroit se fier à son propre cœur, si la fermeté éprouvée ne lui fait connoître la mesure de ses forces. Jusque-là le public, plus défiant encore, suspend son admiration, et il ne la laisse éclater que lorsqu'une vertu supérieure à tous les événemens, lui fait voir dans l'homme quelque chose de plus qu'humain.

Ce n'est donc pas seulement dans la guerre que la fermeté fait les héros; elle ne les fait pas moins dans l'ordre de la justice. Et qu'on ne croye pas que nous voulions en réduire l'usage à ces temps de trouble et de division, où la fermeté du fidèle magistrat est comme un rocher immobile au milieu d'une mer irritée. Nous savons quel est alors l'éclat de cette vertu. Nous admirons les magistrats qui en ont donné des exemples mémorables; et nous portons une sainte envie à la gloire de cet homme magnanime que nos pères ont vu conjurer les tempêtes des discordes civiles par la seule majesté de sa présence vénérable. En vain un coup fatal vient d'enlever avant le temps le principal appui de sa postérité (1); la mémoire de son nom qui semble

(1) Jean-Baptiste-Mathieu Molé, président à mortier, mort le 5 juin 1711, âgé de 36 ans.

être devenu celui de la fermeté même, survivra aux dignités de sa maison; et quelques grands exemples que ceux qui seront destinés à les remplir, trouvent dans leur famille, la justice leur remettra toujours devant les yeux ce nom respectable qui a été la force des gens de bien, la gloire de cette compagnie, la sûreté de l'état, le soutien de la monarchie.

Avouons-le néanmoins, sans craindre d'offenser les mânes d'un si grand homme : l'émotion passagère d'un peuple furieux n'a rien d'aussi redoutable pour la fermeté du magistrat que le soulèvement continuel de toutes les passions conjurées contre lui. Environné d'ennemis au dehors, et portant les plus dangereux dans son sein, toute sa vie n'est qu'une longue guerre où, combattant toujours contre les efforts de tous les hommes, il n'a souvent pour lui que sa seule vertu.

On ne le tentera pas, à la vérité, par l'appât grossier d'un vil et honteux intérêt. Une tentation si basse, réduite à se cacher dans les tribunaux inférieurs éloignés de la lumière du sénat, respectera l'élévation du magistrat supérieur; et, à Dieu ne plaise que nous fassions rougir ici sa fermeté, en lui proposant une victoire si peu digne d'elle.

Mais, rejettera-t-il avec une égale indignation ce poison mieux préparé que l'ambition lui présente; et, aura-t-il la force de ne jamais boire dans cette coupe enchantée qui enivre tous les héros de la terre? Parlons sans figure : ne sera-t-il point du nombre de ces magistrats qui aiment la justice, mais qui aiment encore plus leur fortune? Tant que ces deux mouvemens, qui partagent leur cœur, n'ont rien de contraire, ils suivent sans effort le penchant naturel qui les porte à la vertu; mais bientôt le hasard fait naître une de ces causes destinées à éprouver la fermeté du magistrat. Un vent de faveur s'élève, et répand un air contagieux jusque dans le sanctuaire de la justice. Non que la timide vertu du magistrat passe en un moment jusqu'à l'odieuse extrémité de sacrifier sans horreur son devoir à sa fortune : mais, tel est, si l'on n'y prend garde, le progrès insensible des mouvemens du cœur humain. Un désir secret de trouver le bon droit où l'on voit le crédit, s'élève dans l'ame du magistrat. Il ne se défie point d'un sentiment où il ne voit encore rien de criminel, et dont il se flatte qu'il sera toujours le maître. Cependant il se familiarise avec ce désir, il se prête avec plaisir à tout ce qui le favorise, il écoute avec une espèce de répugnance tout ce qui paroît le combattre; s'il ne décide pas encore suivant l'inspiration secrète de son cœur, il veut douter au moins, et souvent il a le malheur d'y réussir. Mais, dans ce doute recherché, l'esprit défend mal celui que son cœur a déjà trahi. La balance de la justice échappe enfin des mains du foible magistrat; il veut être ferme, ou du moins il croit vouloir l'être; mais il ne l'est jamais; et, toujours ingénieux à trouver des raisons pour justifier sa foiblesse, il ne trouve point d'occasions où il se croie obligé de faire usage de sa force.

Malheur au magistrat qui cherche ainsi à se tromper, et qui ne trompe en effet que lui-même! Telle est l'honorable rigueur de sa condition, qu'elle n'admet aucun mélange de foiblesse. Celui qui ne se sent pas assez de courage pour dompter les efforts de la fortune, et briser les remparts de l'iniquité, est indigne du nom de juge; et le magistrat qui n'est pas un héros n'est pas même un homme de bien.

Mais qu'il est rare de conserver cette rigueur de vertu au milieu des douceurs d'une vie molle et délicieuse! Semblable à ces héros que la fable nous représente emportés par les vents sur ces rivages dangereux, où le plaisir, répandant tous ses charmes, leur valeur endormie demeuroit comme captive dans les chaînes de la volupté, le magistrat, entraîné par ses passions dans le séjour des plaisirs, y voit languir chaque jour, et s'éteindre insensiblement toute la vigueur de son ame. Amollie par le plaisir, et comme plongée dans les délices, elle y perdit bientôt cette force, et, si l'on peut parler ainsi, cette trempe de fermeté qu'une vie plus sévère auroit rendue inflexible, elle y contracte aisément une coupable pudeur de n'oser résister à ceux qui font toute la douceur de sa vie. Celui qui se livre toujours au péril ne peut pas être toujours sur ses gardes. En vain il ose se promettre la durée d'une vertu qui n'a pas même assez de courage pour éviter le danger. Il laisse échapper enfin le secret de son cœur; le mystère de sa force est relevé; on sait par quel endroit le héros est vulnérable. On surprend un moment de foiblesse, et, une fois vaincu, ce sera une espèce de prodige, s'il ne l'est pas toujours.

Vous, qui voulez ne l'être jamais, et conserver votre fermeté toute entière, et qui fuyez sans déshonneur des ennemis qu'on ne combat que par la fuite, vous ne serez pas même encore sans péril. Il est un autre genre d'ennemis que vous ne fuirez point, et que vous ne devez point fuir, qui vous suivront dans votre retraite, et que vous trouverez souvent dans vos amis même.

Ministres de la justice, que votre état est élevé, mais qu'il est dangereux! Vous n'avez pas seulement vos passions à redouter; craignez celles de vos amis; craignez jusqu'à leur vertu. Accoutumés à vous y livrer sans précaution, comme sans réserve, le péril que l'amitié vous prépare, l'amitié même vous le cache; ou, si elle ne vous empêche pas de l'apercevoir, quels combats n'auriez-vous pas à soutenir! Que vous serez à plaindre, si, pour concilier les droits de l'amitié avec ceux de la justice, vous cherchez à vous persuader qu'il est des questions douteuses, des problêmes d'opinion que le ministre de la justice peut abandonner sans crime à l'empire de l'amitié. Vaine subtilité, flatteuse illusion que le magistrat ébranlé saisit avidement pour trouver, s'il étoit possible, le moyen d'être bon ami sans devenir mauvais juge! Le sacrifice de l'amitié immolée à la justice, auroit bientôt décidé la question et résolu le problême. Mais, que ce sacrifice coûte à une ame commune ! et cependant il est encore des victimes plus chères que la justice exige de la fermeté du magistrat.

C'est peu de cesser d'être ami ; il faudra souvent qu'il cesse d'être père, et que, comme si les liens même de la nature étoient rompus pour lui, il ait le courage de dire à sa famille : Je ne vous connois point ; je ne suis point à vous ; je suis à la justice.

Mais, pourra-t-il résister à l'impression continuelle d'une inclination d'autant plus séduisante, que le cœur d'un père la prend souvent pour une vertu. L'intérêt de ses enfans consacre à ses yeux l'avarice et l'ambition. Effrayé de la vue d'une nombreuse famille, et trop foible pour soutenir constamment l'attente d'un avenir qui ne lui présente que la triste image de la décadence de sa maison ; il croit pouvoir devenir intéressé par devoir, et ambitieux par piété. Combien ces surprises du sang ont-elles affoibli de fermes, d'intrépides magistrats ! On eût dit que la nature, en leur donnant des enfans, avoit donné pour eux des gages à la fortune. On les a vus éprouver pour leur famille une foiblesse qu'ils n'avoient jamais sentie pour eux-mêmes ; devenir timides et tremblans, lorsque, touchant déjà au terme de leur carrière, ils sembloient pouvoir désirer impunément la fortune ; et, pliant enfin cette roideur inflexible qui avoit fait la gloire de leurs premières années, laisser à la fin de leurs jours une réputation aussi équivoque que leur vertu.

A la vue de tant de dangers qui environnent le magistrat, le plaideur redouble ses efforts, et conçoit des espérances injurieuses à la justice. Peu content d'attaquer l'homme de bien par une seule passion, il sait les réunir toutes pour le vaincre ; persuadé qu'il n'y a aucune place qui ne se rende quand elle est bien assiégée, il n'est point de sentiers obliques, ni de routes souterraines qu'il ne tâche de surprendre pour pénétrer, s'il le pouvoit, jusque dans l'ame de son juge. Ainsi le pensent surtout ces esprits élevés dans l'école de l'ambition, à qui l'intrigue tient lieu de mérite, la fortune de loi, et la politique de religion. Ils jugent des autres par eux-mêmes. Ceux qui n'ont point de véritable vertu croient qu'il n'en reste plus sur la terre. On diroit, à les entendre, et encore plus à les voir agir, que ce qu'on appelle justice ne soit que le bien du plus fort. Ils intéressent le magistrat par ses défauts ; ils l'éblouissent par ses vertus ; ils voudroient, s'il étoit possible, le séduire, par sa religion même. Efforts inutiles et téméraires ! Nous le présumons ainsi de la fidélité des ministres de la justice. Mais, qu'ils seroient heureux, s'ils savoient prévenir ces efforts importuns, par la réputation entière et toujours égale de leur fermeté. Attaqué plusieurs fois inutilement, le ferme magistrat parvient enfin à ne l'être plus ; sa probité, toujours victorieuse, ôte toute espérance à la fraude et à l'artifice ; le public la connoît ; le plaideur qui l'a éprouvée l'annonce à celui qui voudroit en faire une nouvelle expérience ; à peine en cet état, l'homme de bien a-t-il encore besoin de la fermeté. Le seul bruit de son nom, la terreur innocente que répand sa vertu, combattent pour lui. Il suffit qu'il paroisse, les passions effrayées s'enfuient à son aspect, et la chicane, désespérée, se condamne quelquefois elle-même plutôt que de soutenir la vue de sa sévère gravité.

Vainqueur de tous ses ennemis, que lui restera-t-il à craindre, si ce n'est la gloire même de sa fermeté ? Cette vertu, qui coûte si cher au magistrat, a aussi de grands dédommagemens. Exciter l'admiration des hommes sans attirer leur envie ; acquérir la confiance du public à mesure que l'on perd la faveur des grands de la terre ; être regardé comme l'Aristide de son siècle ; porter en tous lieux le nom de juste, et le recevoir de la bouche de ses ennemis même, quelle fortune peut égaler le plaisir d'une réputation si flatteuse et si honorable.

Mais, qu'il est à craindre que la vanité de l'esprit humain ne prenne la récompense de la vertu pour la vertu même !

Que le désir d'un faux honneur ou la crainte d'une fausse infamie font quelquefois de héros imaginaires qui s'applaudissent de leur fermeté, pendant que la justice gémit de leur foiblesse !

La fierté naturelle de leur esprit se joint souvent en eux à ce désir immense de la gloire. Libres et indépendans par goût plutôt que par vertu, ils se révoltent généralement contre tout ce qui porte une apparence d'autorité. La dureté de leur tempérament, qui leur en impose sous le nom de fermeté, se fait un plaisir secret d'humilier tout ce qui s'élève, et de faire sentir aux grands que celui qui les juge est encore plus grand qu'eux.

La vertu même, qui le croiroit, ne sert souvent qu'à les endurcir dans une fausse et aveugle fermeté.

Parce que la fortune et la justice se trouvent rarement unies, leur esprit prévenu, croit qu'elles ne le sont jamais. La faveur, l'amitié, la tendresse du sang sont autant de couleurs odieuses, sous lesquelles ils méconnoissent la justice. Qu'on ne craigne point auprès d'eux l'effet des sollicitations les plus intéressantes, ou plutôt qu'on en craigne le contrecoup souvent inévitable. Le plaideur le plus habile est celui qui sait le mieux se ménager l'inestimable avantage de leur inimitié. La crainte d'un défaut les précipite dans un autre, et ils deviennent injustes par l'horreur même de l'iniquité.

Loin du sage magistrat ces vaines apparences de fermeté qui n'ont pour principe que l'amour de la gloire, la singularité du tempérament ou l'erreur de la prévention. La véritable valeur, sûre d'elle-même, et contente de son seul témoignage, s'expose sans émotion au péril de passer pour timide et d'être confondue avec la lâcheté. Humain et sensible par inclination, l'homme de bien n'est rigide et inflexible que par devoir. A ses yeux s'effacent et disparoissent les qualités extérieures de puissant et de foible, de riche et de pauvre, d'heureux et de malheureux, qui déguisent les hommes beaucoup plus qu'elles ne nous les font connoître. Il ne voit en eux que ce que la justice et la vérité lui montrent, et surtout il ne s'y voit jamais lui-même. La simplicité de son cœur triomphe presque sans combat; et, loin d'être obligé de faire un effort pour se défendre de l'injustice, il n'a jamais conçu qu'il fût possible à un magistrat de cesser d'être juste. Faire son devoir et abandonner à la Providence le soin de ses intérêts et celui de sa gloire même, c'est le véritable caractère de sa grandeur, et l'immuable appui de sa fermeté.

S'il ne reçoit pas des hommes la justice qu'il leur rend, si la patrie ne paye ses services que d'ingratitude, il saura jouir en paix de la fortune irritée. Content de se voir dans un état où, n'ayant plus d'espérance, il n'aura plus de désirs, il fera envier son bonheur aux auteurs même de sa disgrâce, et il les forcera d'avouer qu'il n'est point d'autorité sur la terre qui ait le pouvoir de rendre un homme de bien malheureux.

Ou, si la fortune peut se lasser d'être ennemie du mérite, disons mieux, si le prince, ami de la vertu, veut l'élever par degrés jusqu'au comble de la faveur, sa fermeté, long-temps exercée dans les voies laborieuses de la justice, soutiendra alors la modération naturelle de son ame. Il changera d'état sans changer de mœurs. Loin de se laisser éblouir par l'éclat d'un pouvoir qui remet entre ses mains les clefs de la fortune publique et particulière, il n'en connoîtra que le danger; il n'en sentira que le poids; il n'en souhaitera que la fin; et, grand par l'élévation de son ministère, il sera encore plus grand par la fermeté avec laquelle il saura en descendre.

Notre cœur trahit ici notre esprit, et en traçant l'image de la fermeté du magistrat au milieu des plus grandes prospérités, nous faisons presque le portrait de cet homme vénérable dont nous avons respecté l'élévation, admiré la retraite et pleuré la mort (1).

(1) M. le Pelletier, ministre d'état, qui avoit été contrôleur général et président à mortier, mort le 10 août 1711.

Nous l'avons vu rompre avec une sainte rigueur le reste des liens qui l'attachoient encore à la fortune, et sacrifier dans la solitude, non pas une ambition usée par le dégoût, et presque guérie par la disgrâce, mais une prospérité toujours égale, un état où le présent n'avoit rien que d'honorable pour lui, et où l'avenir lui offroit encore de plus hautes espérances. Nous l'avons vu commencer généreusement ce sacrifice, le soutenir, le consommer encore plus glorieusement. Il ne sentit point ce vide que ceux dont tous les jours ont été des jours pleins par la grandeur de ses occupations, éprouvent souvent malgré eux dans la solitude. Il sut se trouver seul avec lui-même, et n'en être point étonné. Ennemi de l'oisiveté au milieu de son loisir, sévère exacteur d'un travail volontaire qu'il regardoit comme le sel de sa solitude, il a donné à l'homme public le modèle parfait d'une retraite vertueuse, honorable, précieuse aux gens de bien, et plus digne de leur envie que l'exemple de sa fortune. Heureux en survivant, pour ainsi dire, à lui-même, d'avoir joui pendant sa vie de cette espèce de vénération que la vertu des autres hommes ne reçoit ordinairement qu'après leur mort! Plus heureux encore de laisser après lui sa justice, sa modération, sa sagesse, sa religion, dans cette place éminente où peut-être avant lui aucun père n'avoit eu la joie de voir lui-même élever son fils (1). Puisse-t-il lui laisser aussi cette plénitude de force qu'il a conservée jusqu'au dernier terme d'une longue vieillesse! C'est le seul souhait que cet heureux père ait pu faire en mourant, pour la prospérité de sa famille, le seul que nous ayons à faire après lui pour le bien de la justice; et nous espérons que le Ciel, comblant ses désirs et les nôtres, nous donnera la satisfaction de voir un fils si digne de lui, égaler le nombre de ses années, et surpasser, s'il est possible, celui de ses vertus.

(1) M. le Pelletier, alors premier président.

Faut-il que le malheur de la France nous oblige de proposer au magistrat des exemples moins proportionnés à son état? Mais, où pouvons-nous mieux prendre que sur l'autel de la justice, l'encens que nous devons brûler sur le tombeau d'un prince (1) qui, réunissant en lui deux qualités souvent incompatibles, a su se faire toujours admirer par sa fermeté et aimer par sa bonté.

Ferme dans les hasards de la guerre, oubliant seul le péril de sa tête sacrée, au-dessus des foiblesses de l'humanité pour lui-même, et ne les ressentant que pour ceux qu'il commandoit : aussi respectable et plus aimable encore par ses vertus privées que par ses vertus publiques, la bonté prenoit en lui tous les caractères du devoir, et répandoit tous les charmes de la société. Fils respectueux et fidèle, père tendre et généreux, maître indulgent et facile, ami sensible et solide, nom rare, nom précieux dans un prince, on eût dit qu'il déposoit tous les rayons de sa gloire pour se laisser voir de plus près à ceux qu'il honoroit de la qualité de ses amis. Mais, plus il accordoit de familiarité, plus il acquéroit de respect. Délices des grands, objet de la tendresse du peuple, les étrangers ont partagé avec nous la douleur de sa perte; et, regretté de nos ennemis mêmes, il a montré aux hommes que rien n'est plus auguste, et en même temps plus aimable sur la terre, que la suprême grandeur jointe à la suprême bonté.

Heureux néanmoins dans notre malheur, nous retrouvons encore cette union si précieuse dans la personne d'un prince (2) qui est à présent la première espérance de ce grand royaume! Dieu, qui lui destine la couronne de saint Louis, lui en a déjà donné la piété. De là ce mépris des plaisirs, si inoui dans un prince de son âge; cette modération si rare, même dans les fortunes particulières; cet oubli si

(1) Monseigneur le Dauphin, mort le........ 1711.

(2) M. le duc de Bourgogne.

généreux de lui-même, qui ne le rend sensible qu'aux biens et aux maux publics ; cette libéralité si digne d'un héros chrétien, qui, au milieu de l'abondance, lui fait éprouver une espèce de nécessité, pour soulager celle de tant de malheureux. Ainsi le Ciel accorde à la religion du Roi la consolation de voir croître à l'ombre du trône un prince qui doit un jour y faire revivre ses vertus. Puisse ce jour être reculé au-delà des bornes ordinaires de la nature ! Telle est la destinée de ce prince, qu'il ne sauroit ni régner trop tard, ni régner trop long-temps. Puisse-t-il cependant goûter le plaisir de voir le Roi son aïeul fermer les portes de la guerre, ouvertes depuis tant d'années, rappeler la paix du Ciel sur la terre, et y faire régner en même temps la justice, jusqu'à ce que, rassasié de gloire autant que d'années, il laisse son royaume encore plus heureux que puissant, entre les mains d'un digne successeur qui aura le bonheur d'assurer à nos neveux la durée de ces biens, et de perpétuer à jamais la félicité publique !

SEIZIÈME MERCURIALE,

PRONONCÉE A PAQUES, 1714 :

L'EMPLOI DU TEMPS.

La nature n'a rien donné à l'homme de plus précieux que le temps ; mais ce bien, si précieux, et le seul qui soit véritablement à nous, est aussi celui qui nous échappe le plus promptement. La main qui nous le donne nous le ravit au même instant, comme si elle vouloit nous avertir par cette rapidité même, de nous presser d'en jouir.

Qui ne croiroit, en effet, que, docile à cette voix de la nature, l'homme se hâteroit de saisir des heures qui volent, et de s'approprier des momens qui passent sans retour ? Mais, telle est au contraire l'erreur de l'esprit humain ; c'est parce que le temps se succède si rapidement, que l'homme se flatte de n'en manquer jamais. Dissipateur du présent, sur la foi de l'avenir, il s'afflige même quelquefois de ne pas le perdre assez promptement ; et, pendant qu'il punit ceux qui lui ravissent son bien, il récompense les coupables plus heureux, qui lui dérobent son temps.

Que ceux qui passent leurs jours dans l'obscurité d'une condition privée, se consolent ou se félicitent même de cette perte, nous en sommes moins surpris : ils ne vivent que pour eux, et ils ne perdent que leur bien. Mais l'homme public, dont la société réclame tous les momens, lui dérobera-t-il un bien dont il n'est que le dispensateur ; et, si elle lui demande par notre bouche le compte qu'il lui doit de l'usage de son temps, ne pourra-t-il lui offrir que des jours vides ou mal remplis, qui, presque également perdus, semblent ne différer entre eux que dans la manière de les perdre?

Une longue carrière s'ouvre d'abord aux yeux de la jeunesse. Le terme en est si éloigné, qu'il disparoît presque à sa vue. Peu d'occupations nécessaires, un excès de loisir cache, aux magistrats de cet âge, la valeur et le prix du temps. Semblables à ceux qui se trouvent d'abord dans une trop grande fortune, l'abondance les rend prodigues, et l'opinion qu'ils ont de leurs richesses, est la première cause de leur ruine. En vain l'ambitieuse et souvent aveugle impatience d'un père les a mis de bonne heure en possession d'une dignité qui prévient en eux le mérite encore plus que les années. La rigueur de la loi s'est laissée fléchir en leur faveur par le prétexte spécieux de les obliger à employer un temps que leur oisiveté alloit dissiper. Mais son indulgence n'aura servi qu'à les mettre en état de le perdre avec plus de liberté. Assis dès leur première jeunesse au rang des anciens sénateurs, ils semblent reprocher à la justice tous les momens qu'elle ravit à leurs plaisirs. Ils ignorent la science d'employer leur temps; ils ne savent pas même le donner avec choix; ils ne savent que le perdre. Le jour ne suffit pas au cercle de leurs passions; c'est par là seulement qu'ils sentent la rapidité du temps et la courte mesure de notre vie. La nuit prend la place du jour, et ces heures, autrefois consacrées aux veilles savantes du magistrat, sont souvent prodiguées à l'excès d'un jeu insensé, où il croit n'avoir rien perdu quand il n'a fait que la perte irréparable de son temps.

Il est, à la vérité, des magistrats plus ingénieux à se tromper sur l'usage qu'ils en font. Loin du tourbillon des passions violentes et des plaisirs tumultueux, leurs jours coulent sans remords, dans une vie douce et tranquille. Le goût plutôt que le devoir préside au choix de leurs occupations, et préfère toujours celles qui peuvent amuser leur vivacité sans effrayer leur mollesse. Si on entre dans un plus grand détail, que découvrira-t-on ? Des lectures plus agréables qu'utiles ; une curiosité louable en elle-même, si elle avoit un objet plus digne de leur état ; une recherche du superflu qui leur inspire le goût du nécessaire ; une vie qui paroît remplie, et qui n'est en effet qu'un loisir délicieux et une élégante oisiveté, où le magistrat croit être ménager de son temps, parce qu'il sait le dépenser avec art et le perdre avec esprit.

De là cette inclination que la mollesse de nos mœurs a rendue si commune ; cette passion qui, pour être plus douce, n'en est que plus durable ; cette délicatesse de goût pour la beauté d'un art qui ne mesure le temps que par la durée des sons et par la justesse de l'harmonie.

Il est des talens équivoques, plus à craindre qu'à désirer pour le magistrat ; et ce qui peut faire la gloire de l'homme privé, fait souvent le déshonneur de l'homme public. Dieu vous préserve, seigneur, disoit un célèbre musicien au roi de Macédoine, Dieu vous préserve de savoir mieux mon art que moi-même. Mais, seroit-il écouté, s'il vouloit aujourd'hui donner la même leçon à ces magistrats ; qui, trop occupés de cet art séducteur, et comme liés par une espèce d'enchantement, semblent n'avoir des yeux que pour un vain spectacle, et des oreilles que pour une dangereuse harmonie.

Ainsi périssent cependant les plus beaux jours de la jeunesse, ces jours critiques du mérite et de la vertu, que la nature même semble avoir destinés à l'étude et à l'instruction. En vain le magistrat voudra peut-être rappeler dans la suite ces momens perdus, et réparer l'erreur de ses premières années. Il faudroit être instruit ; il est trop tard de commencer à s'instruire ; le temps manque justement à celui qui n'a pas su d'abord en faire un bon usage ; et, par un enchaînement fatal, la perte du premier âge est presque toujours suivie, pour le magistrat, de celle du reste de sa vie.

Bientôt un âge plus mûr sera pour lui une nouvelle source de distractions peut-être encore plus dangereuses. L'ambition succédant aux passions de la jeunesse, usurpera au moins le temps du magistrat, si elle ne peut lui ravir encore la possession de son cœur. Que de jours, que d'années perdues dans l'attente d'un moment trompeur qui le fuit à mesure qu'il croit s'en approcher ! Transporté loin de lui par des désirs qui empoisonnent toute la douceur du présent, il ne vivra que dans l'avenir, ou plutôt il voudra toujours vivre, et il ne vivra jamais; trouvant des heures pour cultiver des amis puissans, et n'en trouvant point pour cultiver son ame; souvent avec la fortune, et presque jamais avec lui-même.

Mais, pourquoi ferions-nous ici le triste dénombrement des foiblesses humaines, pour y trouver toutes les causes des distractions du magistrat ?

Il est jusqu'à des vertus qui semblent se réunir avec ses passions pour conspirer contre son temps. La tendresse du sang, la douceur de l'amitié; une facilité de mœurs qui le rend toujours accessible; une fidélité à des engagemens que la société produit, que l'âge multiplie, et dont la bienséance fait une espèce de nécessité, lui déroberont, s'il n'y prend garde, une grande portion de sa vie; et, s'il n'est pas du caractère de ceux qui passent une partie de leurs jours à mal faire, ou qui en perdent encore plus à ne rien faire, il aura peut-être le malheur d'augmenter le grand nombre de ceux dont la vie se consume vainement à faire toute autre chose que leur devoir.

Les distractions, il est vrai, diminuent à un certain âge; les plaisirs se retirent, les passions se taisent et semblent respecter la vieillesse. Un calme profond succède à l'agitation des premières années, et la tempête nous jette enfin dans le port. L'homme commence alors à connoître le prix d'un temps qui n'est plus, et d'une vie toute prête à lui échapper. Mais à la vue d'une fin qui s'avance à grands pas, on diroit souvent qu'il pense plus à durer qu'à vivre, et à compter ses momens qu'à les peser ; ou si le magistrat les pèse encore à cet âge, sera-ce toujours dans la balance de la justice ? Ces heures stériles qu'il a la gloire de donner gratuitement à la république, ne lui paroîtront-elles point perdues ? et une passion plus vive que les autres, qui croît avec les années, qui survit à tous les désirs du cœur humain, et qui prend de nouvelles forces dans la vieillesse, ne lui fera-t-elle pas regarder comme le seul temps bien employé, celui qu'une coutume plus ancienne qu'honorable fait acheter si chèrement au plaideur ? N'abandonnera-t-il pas les prémices de ce temps doublement précieux, ou à une vaine curiosité de nouvelles inutiles, ou à l'indolence du sommeil, et ne regardera-t-il pas avec indifférence tant de momens perdus, et cependant comptés au plaideur ? C'est alors que patient sans nécessité, et indulgent sans mérite, il applaudira peut-être en secret à l'utile longueur de ceux qui abuseront de son temps, et qui exciteroient son impatience dans les heures dont le devoir seul pèse la valeur au poids du sanctuaire. Est-il donc un autre poids pour apprécier les heures de la justice ; et par quel charme secret changent-elles de nature selon que le magistrat en est le débiteur, ou qu'il croit en devenir le créancier ?

Ce n'est pas ainsi que le juste estimateur du temps de la justice sait en mesurer la durée. Redevable au public de toutes les heures de sa vie, il n'en est aucune où il ne s'acquitte d'une dette si honorable à celui qui la paye, et si utile à celui qui l'exige. Ce temps que nous laissons si souvent dérober par surprise, arracher par importunité, échapper par négligence ; il a su de bonne heure le recueillir, le ménager, l'amasser ; et mettant, pour ainsi dire, toute sa vie en valeur, ses jours croissent à mesure qu'il les remplit, il augmente en quelque manière le temps de sa durée, et faisant une fraude innocente à la nature, il trouve l'unique moyen de vivre beaucoup plus que le reste des hommes.

Il regarde surtout avec une espèce de religion, le temps qui est consacré aux devoirs de son ministère; et pour en mieux connoître le prix, il l'apprend de la bouche du plaideur, mais du plaideur foible et opprimé. Attentif à en prévenir les premiers soupirs, il se dit continuellement à lui-même : ce jour, cette heure que le magistrat croit quelquefois pouvoir perdre innocemment, est peut-être pour le pauvre et le misérable, le jour fatal, et comme la dernière heure de la justice. Nous croyons avoir toujours assez de temps pour la rendre, mais il n'en aura plus pour la recevoir; le temps seul aura décidé de son sort; et le remède trop lent ne trouvera plus le malade en état d'en profiter.

Que le magistrat se hâte donc pour la promptitude de l'expédition, mais qu'il sache se hâter lentement pour la plénitude de sa propre instruction.

Loin du sage dispensateur de son temps, l'aveugle précipitation de ces jeunes sénateurs qui se pressent de placer entre le plaisir qu'ils quittent, et le plaisir qu'ils attendent, une préparation toujours trop longue pour eux, et souvent trop courte pour la justice.

Loin de lui l'avidité non moins dangereuse de quelques magistrats d'un âge plus avancé, dont l'ardeur se reproche tous les momens qu'elle donne à l'ouvrage présent, comme si elle les déroboit à celui qui le doit suivre, et qui sont plus touchés du plaisir d'avoir beaucoup fait, que du mérite d'avoir bien fait.

Il joindra l'exactitude à la diligence. Attentif à réunir toute l'activité de son ame pour ne donner à chaque objet que la mesure du temps qu'il exige de ses talens, il ne saura pas moins se défier de la vivacité de ses lumières. Il sentira que l'esprit le plus pénétrant a besoin du secours du temps pour s'assurer par ses secondes pensées de la justesse des premières, et pour laisser à son jugement le loisir d'acquérir cette maturité que le temps seul donne aux productions de notre esprit, comme à celles de la nature.

Ne craignons point que la justice lui reproche une lenteur si utile; elle y gagnera, même du côté du temps.

Vous le savez, et vous sentez encore mieux que nous, la vérité de nos paroles, vous qui entrez tous les jours dans l'intérieur du sanctuaire. Combien de fois au milieu de l'obscurité et de la confusion d'un rapport, qui n'est long que parce qu'on n'a pas voulu se donner le loisir de le rendre plus court, vous est-il arrivé de regretter le temps que vous aviez été forcés d'employer à faire sortir la lumière du sein des ténèbres, et à débrouiller, pour ainsi dire, le chaos!

Mais quel est, au contraire, votre soulagement, quand vous avez le plaisir d'entendre un de ces magistrats en qui l'exactitude du jugement dispute avec la beauté du génie, l'application avec la vivacité, et le travail avec les talens. L'on diroit que l'inutile n'ait été que pour eux. Après l'avoir dévoré seuls dans une profonde méditation, ils ne vous présentent que l'utile dégagé, et comme épuré du superflu; et compensant ainsi la durée de leur préparation par la briéveté de leurs discours, ils sont d'autant plus ménagers du temps du sénat, qu'ils ont su être sagement prodigues de leur propre temps.

Mais ne nous y trompons pas, le magistrat ne remplira jamais dignement le temps de sa vie publique, s'il ne sait s'y préparer par le bon usage qu'il fera des heures de sa vie privée.

On ne l'entendra donc point se plaindre vainement de l'excès de son loisir dans un temps où les voies de la justice, devenue malgré elle trop onéreuse aux plaideurs, sont presque désertes. Il sera plutôt tenté de rendre grâces à la fortune irritée, qui lui donne le temps de s'instruire de ses devoirs; et loin de se jetter dans la dissipation, comme la jeunesse, ou de tomber dans l'ennui comme la vieillesse, il saura mettre à profit jusqu'aux malheurs de son siècle.

L'étude nécessaire des lois et des mœurs de son pays, l'utile curiosité des lois et des mœurs étrangères, l'immensité de l'histoire, la profondeur de la religion rempliront heureusement le vide de ses fonctions publiques ; et si la nature fatiguée par une trop longue application, exige de lui que par quelques délassemens il détende les ressorts de son esprit ; il saura instruire encore le genre humain par ses délassemens même.

Tantôt une utile société avec des amis savans et vertueux, redoublera dans son cœur le goût de la science et l'amour de la vertu.

Tantôt un commerce non moins délicieux avec les muses qu'il aura cultivées dès sa plus tendre jeunesse, charmera les peines de son état par une agréable et salutaire diversion.

Loin du tumulte de la ville, les plaisirs modérés d'une compagne vertueuse répareront de temps en temps les forces de son corps, et redonneront une nouvelle vigueur à celles de son ame. Les occupations d'une vie rustique seront pour lui une leçon vivante et animée, de l'usage du temps et de l'amour du travail. Il ne dédaignera pas même de s'y abaisser, et portant partout avec lui le désir d'être utile aux autres, il ne sera pas insensible au plaisir de travailler pour un autre siècle, et de donner un jour de l'ombre à ses neveux. Mais surtout il goûtera, non sans un secret mouvement d'envie, la profonde douceur de cette vie innocente, où malgré le luxe et la magnificence de notre siècle, se conservent encore la frugalité et la modestie des premiers âges du monde. Si la loi de son devoir le force à quitter cet heureux séjour, il en rapportera l'esprit ; et perfectionnant sa vertu par ses distractions même, il mêlera heureusement à l'élévation et à la dignité du magistrat, la candeur et la simplicité des anciens patriarches.

Ce n'est point ici une de ces fictions ingénieuses où l'esprit humain se plaît quelquefois à chercher le merveilleux plutôt que le vraisemblable : ainsi ont vécu nos pères : ainsi les anciens magistrats savoient user de leur temps. En étoient-ils moins heureux que nous, moins honorés du public, moins bien avec eux-mêmes ? Jugeons-nous au moins en ce jour, nous qui sommes destinés à juger les autres hommes, dans le reste de l'année ; et comparant la profusion que nous faisons de notre temps, avec la sainte avarice de nos pères, apprenons par leur exemple, qu'il n'y a que la vertu qui puisse donner à l'homme la longueur, la plénitude des jours, parce qu'il n'y a que la vertu qui lui enseigne à en faire un bon usage.

DIX-SEPTIÈME MERCURIALE,

COMPOSÉE POUR LA SAINT-MARTIN, 1714 (1):

LA PRÉVENTION.

Ne nous accusera-t-on point d'abuser de notre ministère, si c'est aux gens de bien même que s'adresse aujourd'hui notre censure? Mais dans un sénat si fécond en vertus, la censure peut-elle jamais être plus heureusement employée, que lorsqu'elle ose montrer aux hommes vertueux les défauts de leur vertu même? C'est donc uniquement à vous, fidèles ministres de la justice, que nous parlons en ce jour. Vous aimez la vérité et vous haïssez le mensonge : mais la prévention ne vous les fait-elle jamais confondre? Justes par la droiture des intentions, êtes-vous toujours exempts de l'injustice des préjugés; et n'est-ce pas cette espèce d'injustice que nous pouvons appeler l'erreur de la vertu, et si nous l'osons dire, le crime des gens de bien?

Par quelle illusion fatale, un esprit né pour la vérité et qui la cherche de bonne foi, rencontre-t-il le mensonge? Le vrai seul peut lui plaire, et c'est souvent le faux qui lui plaît. Mais tel est le prestige de la prévention, que comme si elle charmoit nos yeux, nous embrassons le mal sous l'apparence du bien, et nous saisissons l'erreur par l'amour même de la vérité. Mille fausses images répandues sur les objets extérieurs, les obscurcissent ou les défigurent. Mille mouvemens secrets qui nous échappent à nous-mêmes, nous surprennent

(1) Cette Mercuriale n'a pas été prononcée, à cause de la maladie de M. le premier président.

ou nous trahissent ; et, soit impression étrangère ou séduction domestique, nous voyons souvent ce qui n'est pas, et nous découvrons rarement ce qui est.

Si nous regardions sans prévention cette multitude de supplians qui viennent de toutes parts invoquer l'autorité du magistrat, nous n'y verrions que cette égalité parfaite que la nature avoit mise entre eux, et qu'ils ont encore aux yeux de la justice. Mais le premier artifice de la prévention, est de nous les faire envisager sous ce dehors emprunté qu'ils reçoivent des mains de la fortune. Maîtresse pour ainsi dire, de la scène du monde, elle y distribue les personnages; et, telle est souvent la foiblesse des spectateurs, que la figure leur impose, et que le masque fait sur eux plus d'impression que la personne.

Ferons-nous donc l'injure à l'homme de bien, de le confondre dans la foule de ceux qui se laissent entraîner à cette prévention populaire ? Croirons-nous qu'il puisse se trouver des ames vertueuses, mais foibles, des hommes justes, mais timides, et naturellement disposés à la servitude, qui se troublent à la vue du fantôme de la grandeur, et qui plient sans le vouloir, et sans le croire, sous le poids du crédit ?

Ames généreuses qui nous écoutez, ce doute même vous offense, et votre probité irritée le rejette avec indignation. Mais savez-vous vous défier de la noblesse même de vos sentimens, et ne devons-nous point craindre pour vous votre propre magnanimité? N'attache-t-elle jamais une idée de justice à la misère du pauvre, et une idée d'injustice à la fortune du riche; préjugé spécieux, prévention presque générale que la conduite ordinaire des grands semble justifier? La gloire même du juge est intéressée à la suivre. Le public lui décerne le triomphe de la probité, s'il se déclare pour le foible; et celui qui prend le parti du puissant est regardé comme un esclave attaché au char de la fortune. Ainsi les honneurs de la vertu l'emportent sur la vertu même, et l'homme de bien cesse d'être juste, parce qu'il veut devenir le héros de la justice.

Avouons-le néanmoins; l'artifice de la prévention seroit trop grossier, si elle ne nous tentoit que par l'illusion de ces qualités extérieures. Elle sait faire agir des ressorts plus intimes, et nous émouvoir par des qualités plus intéressantes. Ce que nous avons de plus cher semble se prêter à ses surprises. Le sang conspire avec elle contre le sang, et l'ami n'est point en sûreté avec son ami. Les liaisons les plus vertueuses forment souvent les plus dangereuses préventions. Séduits par les charmes innocens d'une amitié bien placée, nous nous accoutumons insensiblement à voir par les yeux de nos amis, à penser par leur esprit, et à sentir pour ainsi dire, par leur cœur. Une aversion naturelle ou une haine juste, si la haine peut l'être jamais, nous fait prendre une habitude contraire. Nous décidons par goût et par sentiment, plutôt que par lumière et par conviction. Il nous échappe de ces jugemens que l'on peut appeler les arrêts du cœur, ou si l'esprit y a encore quelque part, c'est parce que notre esprit devient aisément le complice de notre cœur.

Respecterons-nous davantage cette prévention opposée, qui jette quelquefois le magistrat dans l'injustice, pour éviter l'écueil de la haine ou de l'amitié? Un excès de probité l'a fait naître, mais l'homme juste ignore l'excès jusque dans la vertu même. Ne vous flattez donc point de sa faveur, vous qu'il honore de sa confiance; mais ne craignez pas non plus votre propre félicité. La justice n'acquittera point les dettes de l'amitié; mais aussi la crainte de passer pour bon ami, ne le portera pas à cesser d'être bon juge : et vous que sa vertu a peut-être rendus ses ennemis, vous ne serez réduits ni à redouter sa haine, ni à la désirer. Le juge ne vengera point les injures de l'homme; mais le désir de paroître magnanime aux yeux même de ses ennemis, ne l'empêchera pas d'être juste ; et jamais la crainte de passer pour prévenu, ne deviendra pour lui un nouveau genre de prévention.

N'y aura-t-il donc point de qualités personnelles pour qui la justice même puisse avoir des yeux ? La vertu reconnue du plaideur sera-t-elle pour lui un préjugé inutile, et l'injustice de la personne ne sera-t-elle pas au contraire une espèce de présage de celle de la cause ? Mais ce présage n'est pas infaillible, et notre prévention veut presque toujours en tirer un augure certain. C'est une voie abrégée de résoudre les doutes les plus difficiles. Il en coûteroit trop pour approfondir la cause ; il est plus court de s'arrêter à la personne ; et c'est ainsi qu'à la décharge de l'application du juge, la réputation des parties tranche le nœud que la justice de leur cause devoit délier.

Être exempt de toute acception de personnes, c'est une vertu plus rare qu'on ne pense ; mais ce n'est pas encore assez pour le magistrat. Les causes mêmes portent avec elles leur prévention. Nous en sommes frappés selon que le premier coup d'œil leur est contraire ou favorable, et souvent nous en jugeons, comme des personnes, par la seule physionomie.

Qui croiroit que cette première impression pût décider quelquefois de la vie et de la mort ; et pouvons-nous assez déplorer ici les tristes et funestes effets de la prévention ? Un amas fatal de circonstances qu'on diroit que la fortune a rassemblées pour faire périr un malheureux ; une foule de témoins muets, et par là plus redoutables, semblent déposer contre l'innocence. Le juge se prévient, son indignation s'allume, et son zèle même le séduit. Moins juge qu'accusateur, il ne voit plus que ce qui sert à condamner, et il sacrifie aux raisonnemens de l'homme celui qu'il auroit sauvé, s'il n'avoit admis que les preuves de la loi. Un événement imprévu fait quelquefois éclater dans la suite l'innocence accablée sous le poids des conjectures, et dément ces indices trompeurs dont la fausse lumière avoit ébloui l'esprit du magistrat. La vérité sort du nuage de la vraisemblance; mais elle en sort trop tard : le sang de l'innocent demande vengeance contre la prévention de son juge; et le magistrat est réduit à pleurer toute sa vie un malheur que son repentir ne peut plus réparer.

Etrange condition de la vérité parmi les hommes! Condamnée à combattre toujours contre l'apparence, il est rare qu'elle soit pleinement victorieuse; et, quand elle a effacé les premières impressions des personnes et des causes, elle dépend encore de la manière dont elle est présentée à notre esprit. Ce n'est plus cette vérité invisible, spirituelle qui, dans le premier ordre de la nature, devoit faire les délices de notre raison. Il faut que pour se proportionner à notre foiblesse, elle devienne une vérité sensible et presque corporelle, qui parle à nos yeux, qui intéresse nos sens, et qui, pour nous persuader, apprenne, si on l'ose dire, la langue de notre imagination.

De là cette prévention favorable pour ceux dont les talens extérieurs semblent porter avec eux un caractère de vérité. L'expression nous trompe, le tout nous surprend, le ton même nous impose. Il est des sons séducteurs et une voix enchanteresse; il est des hommes si favorisés des grâces de la nature, que, comme on l'a dit d'un ancien orateur, ils semblent avoir la déesse de la persuasion sur leurs lèvres. Daigne le ciel inspirer ceux qui sont nés avec ces talens! Ils sont presque sûrs de nous persuader tout ce qu'ils pensent.

Mais la vérité même semble partager les disgrâces de l'extérieur du magistrat; son mérite obscurci et comme éclipsé ne se fait jour qu'avec peine, au travers du nuage qui le couvre. Peu d'esprits ont assez de patience pour attendre une lumière qui se manifeste si lentement. La prévention le condamne avant que de l'avoir entendu, et préfère le magistrat qui parle mieux qu'il ne pense, à celui qui pense mieux qu'il ne parle.

Ainsi la vérité s'altère presque toujours dans les canaux qui la font passer jusqu'à nous; elle en prend, pour ainsi dire, la teinture, et elle se charge de toutes leurs couleurs.

Est-elle plus heureuse, quand nous nous la découvrons à nous-mêmes ; et les préventions qui naissent dans notre ame, lui sont-elles moins fatales que les impressions qui viennent du dehors ?

Sommes-nous toujours en garde contre celles que la nature a comme cachées dans le fond de notre tempérament, qui sont nées, pour ainsi dire, avec nous, et qui ont coulé dans nos veines avec notre sang ? Faut-il que le plaideur attentif à étudier le caractère de ses juges, puisse quelquefois y lire par avance la destinée des jugemens ; et qu'il y lise au moins avec vraisemblance, si ce n'est pas toujours avec vérité ? Une dureté naturelle arme le cœur de ce magistrat ; il se déclarera sans effort, et peut-être sans mérite pour la rigueur de la loi. Un esprit plus humain et plus facile se retracera lui-même dans ses avis, et il fera céder sans peine la justice à l'équité. Celui qui est sévère dans ses mœurs, sera sans miséricorde pour des foiblesses qu'il n'a jamais éprouvées ; mais le magistrat qui les a senties plus d'une fois, aura aussi plus d'indulgence pour les foibles. Il excusera et peut-être il aimera en eux ses propres défauts ; et pourroit-il se résoudre à punir dans les autres, ce qu'il se pardonne tous les jours à lui-même ?

A la vue de ces différens caractères de ceux qui tiennent son sort entre leurs mains, le plaideur inquiet conçoit des craintes et des espérances ; mais comment pourroit-il observer le cours irrégulier de ces préventions soudaines qui naissent en nous de la situation même où chaque moment nous trouve ?

Du fond de notre tempérament il s'élève quelquefois, dirons-nous, un nuage, ou pour parler plus clairement, une humeur tantôt douce et légère, tantôt farouche et pesante, qui change en un moment toute la face de notre ame. Les divers événemens de la vie y répandent encore une nouvelle variété. Un mouvement de joie nous dispose à accorder tout, un mouvement de tristesse nous porte à tout refuser. Il est des jours clairs et sereins dont la lumière favorable embellit tous les objets à notre vue. Il en est de sombres et d'orageux où une horreur générale semble succéder à cette douce sérénité. Parlons sans figure : il est, si nous n'y prenons garde, des jours de grâce et de miséricorde, où notre cœur n'aime qu'à pardonner ; il est des jours de colère et d'indignation où il semble ne se plaire qu'à punir ; et l'inégale révolution des mouvemens de notre humeur, est si impénétrable, que le magistrat étonné de la diversité de ses jugemens, se cherche quelquefois, et ne se trouve pas lui-même.

L'éducation qui devroit effacer les préventions du tempérament, et nous préserver de celles de l'humeur, y en ajoute quelquefois de nouvelles.

Ceux qu'on a laissés croître presque sans culture, à l'ombre de la fortune de leurs péres, sont ordinairement prévenus en faveur des lumières naturelles, et dédaignent le secours des lumières acquises. Ne pouvant s'élever jusqu'au rang des savans, ils veulent les faire descendre jusqu'à leur degré ; et pour mettre tous les hommes au niveau de leur ignorance, ils réduisent la justice à ne prononcer que sur des faits, et renvoient toutes les questions de droit à l'oisiveté de l'école.

Des esprits mieux cultivés se flattent d'être plus heureux dans la recherche de la vérité ; mais la science a ses préventions, et quelquefois plus que l'ignorance même. Moins occupé de ce qui est que de ce qui a été, le magistrat savant s'accoutume à décider par mémoire plutôt que par jugement, et plus attentif au droit qu'il croit savoir, qu'au fait qu'il devroit apprendre, il travaille bien moins à trouver la décision naturelle, qu'à justifier une application étrangère.

Nos préventions ne seroient pas néanmoins sans remède, si nous pouvions toujours les apercevoir ;

mais leur trahison la plus ordinaire est de se cacher elles-mêmes. Il n'en est presque point qui n'ait au moins une face favorable, et c'est toujours la seule qu'elle nous présente. Notre amour-propre s'applaudit d'avoir entrevu la vérité, et il se contente de l'entrevoir ; il sait même nous intéresser au succès de nos préjugés, et pour les rendre sans remède, il les met sous la protection de notre vanité. Ce n'est plus la cause du plaideur, c'est celle de notre esprit qui nous occupe ; le magistrat oublie qu'il est juge, il plaide pour lui-même, et il devient le défenseur, et pour ainsi dire, l'avocat de sa prévention.

C'est alors que sa raison n'a point de plus grand ennemi que son esprit. D'autant plus dangereux qu'il y a plus de lumières, il s'éblouit le premier, et bientôt il éblouit aussi les autres. Son mérite, sa réputation, son autorité, ne servent souvent qu'à donner du poids à ses préventions. Elles deviennent, pour ainsi dire, contagieuses ; et la justice est réduite à redouter des talens qui auroient dû faire sa force et son appui.

Le dirons-nous enfin ? C'est peu d'abuser de l'esprit du magistrat. Habile à changer toutes nos vertus en défauts, le dernier effort de la prévention est de faire combattre la probité même contre la justice.

Ennemi déclaré du vice, l'homme de bien le cherche quelquefois où il n'est pas. Aveuglé par une prévention vertueuse, il croit que sa conscience est engagée à attaquer tous les sentimens des magistrats dont la probité lui est devenue suspecte ; et l'on diroit qu'il se forme entr'eux et lui une espèce de guerre de religion. Il les a surpris quelquefois dans l'injustice, et c'en est assez pour les croire toujours livrés à l'iniquité. Il semble qu'ils portent malheur au bon droit, quand ils le soutiennent, et que la vérité devienne mensonge dans leur bouche, prévention dont les yeux les plus droits ont été souvent éblouis. Aristide même cesse d'être juste, lorsque Thémistocle se déclare pour la justice, et l'ami de la vérité passe dans le parti de l'erreur ; parce que le partisan ordinaire de l'erreur a passé par hasard ou par intérêt, dans celui de la vérité.

Heureux donc le magistrat, qui, sagement effrayé des dangers de la prévention, trouve dans sa frayeur même sa plus grande sûreté, et rend son ennemi moins redoutable, parce qu'il le craint.

Il n'attend pas que l'illusion des objets extérieurs ait pénétré jusque dans la partie la plus intime de son ame ; et pour en prévenir la surprise, il les arrête, pour ainsi dire, sur la première surface. C'est là qu'il les dépouille de toutes ces apparences trompeuses, que la fortune, que nos passions, que nos sens y attachent : et que, leur ôtant ce fard ajouté qui les déguise, il les oblige à se montrer à lui dans la première simplicité de la nature.

Plus timide et plus défiant encore à l'égard des ennemis domestiques, il sonde tous les sentimens de son cœur, et il pèse toutes les pensées de son esprit. Dans le calme des passions et dans le silence de l'imagination même, il parvient à cette tranquillité parfaite, où, loin des nuages de la prévention, une raison épurée découvre enfin la pure vérité ; il se défie même de cette ardeur impatiente de la connoître, qui devient quelquefois la prévention de ceux qui n'en ont point d'autre. Il sait que le vrai qui se dérobe presque toujours à l'impétuosité de nos jugemens, ne se refuse jamais à l'utile pesanteur d'une raison modeste qui s'avance lentement, et qui passe successivement par tous les degrés de lumière dont le progrès insensible nous conduit enfin jusqu'à l'évidence de la vérité.

Docile à toutes ses impressions, il n'aura pas moins de plaisir à les recevoir qu'à les donner. La main la plus vile lui deviendra précieuse lorsqu'elle lui montrera la vérité ; et, content du bonheur de l'avoir connue, il renoncera sans peine à l'honneur de l'avoir connue le premier.

C'est ce goût et cette docilité pour le vrai qui a

fait le caractère de ce vertueux magistrat (1), que sa droiture naturelle, sa candeur, sa noble simplicité dans la seconde place de cette compagnie, feront toujours regretter aux gens de bien. Les souhaits qu'il avoit faits en mourant, et qu'il avoit confiés à des mains aussi généreuses que fidèles, ont été exaucés. L'héritier de son nom est devenu, par la bonté du Roi, le successeur de sa dignité. Heureux, s'il peut y faire revivre un jour les vertus de ses pères, et y mériter, comme eux, la confiance, nous pouvons dire même la tendresse d'une compagnie qui ne chérit que la vertu !

(1) M. le président de Bailleul.

DIX-HUITIÈME MERCURIALE,

PRONONCÉE A PAQUES, 1715:

DE LA DISCIPLINE.

Nous ne craindrons point de faire dégénérer la censure en un éloge trop flatteur, si nous appliquons à ce sénat auguste ce qu'un historien vraiment digne de la majesté romaine, a dit autrefois de sa république (1), qu'il n'y en a jamais eu qui ait conservé plus long-temps sa grandeur et son innocence, où la pudeur, la frugalité, la modestie, compagnes d'une généreuse et respectable pauvreté, aient été plus long-temps en honneur, et où la contagion du luxe, de l'avarice et des autres passions qui accompagnent les richesses ait pénétré plus tard, et se soit répandue plus lentement.

La sévérité de la discipline avoit élevé cette grandeur vertueuse qui s'est soutenue pendant tant de siècles. L'affoiblissement de la discipline a commencé à l'ébranler. Les mœurs se sont relâchées insensiblement; et, par les mêmes degrés la dignité s'est avilie, jusqu'à ce que la décadence entière de la discipline ait fait voir enfin ces temps malheureux où les hommes ne peuvent plus souffrir ni les maux ni les remèdes.

Ainsi parloit des Romains un des plus grands admirateurs de leur république; ainsi osons-nous parler au sénat par le zèle même que nous avons pour sa

(1) *Nulla unquam respublica nec major, nec sanctior, nec bonis exemplis ditior fuit, nec in quam tàm serò avaritia luxuriaque immigraverint, nec ubi tantus ac tandiù paupertati ac parcimoniæ honor fuerit.* Tit. Liv. Hist. Lib. I.

gloire. Heureux si nos paroles pouvoient faire sentir toute l'ardeur de ce zèle dans un discours où nous souhaitons de parler au cœur beaucoup plus qu'à l'esprit ! En vain nous regrettons souvent l'ancienne dignité du sénat ; en vain nous aspirons à la rétablir, si le renouvellement de la discipline ne devient le présage favorable, ou, pour mieux dire, la cause infaillible d'une si heureuse révolution.

Cette dignité, qui est le plus précieux ornement de l'homme de bien ; cet éclat simple et naturel qu'il répand presque malgré lui au dehors, et que tout ce qui l'environne réfléchit, pour ainsi dire, sur lui ; cet hommage de respect et d'admiration que le cœur de l'injuste même se sent forcé de rendre à l'homme juste, est, à la vérité, un présent de la vertu ; mais la magistrature ne le reçoit pleinement que par les mains de la discipline.

Jalouse de la véritable dignité du sénat, elle lui assure l'intégrité de sa réputation, non moins délicate que celle de sa conscience. La voix de la médisance est forcée de se taire, parce que la discipline, plus attentive encore et plus pénétrante que la médisance même, ne lui laisse plus de défauts à relever. Ces ombres, qui obscurcissent toujours la lumière du corps, quand même elles serviroient de contraste aux vertus des particuliers, disparoissent aux premiers regards de la discipline. Tout le corps devient lumineux, et l'éclat de la vertu même se renouvelle. La dignité de chaque magistrat s'accroît de celle de toute la compagnie, et la dignité de la compagnie s'enrichit à son tour de celle de chaque magistrat.

Une étroite union, formée par les liens de la discipline, s'augmente dans le sénat en même temps que sa dignité. Si quelquefois une inquiétude naturelle à l'esprit humain ; une délicatesse dont les ames les plus justes ne sont pas toujours exemptes ; un désir légitime, mais peut-être trop jaloux de conserver les bornes que la sagesse de nos pères a posées entre les fonctions des différens ordres du sénat, y laisse entrevoir une première apparence de division, la discipline en devient bientôt la médiatrice; et, si elle ne peut pas toujours prévenir la guerre, elle est toujours au moins l'arbitre de la paix. Un nuage léger, et presque aussitôt dissipé que formé, ne sert qu'à faire éclater encore plus l'union du sénat, union précieuse, concorde désirable, douce aux particuliers, honorable à la compagnie, utile et nécessaire à la justice même.

C'est alors que, par le concert et l'harmonie de toutes les voix du sénat, une heureuse conformité de maximes, et, si l'on peut parler ainsi, une parfaite consonnance assure en même temps et le repos des familles, et l'honneur de ceux qui doivent s'en regarder comme les pères autant que les juges. On ne voit plus se former comme des sectes différentes de doctrine, entre les tribunaux qui n'en doivent faire qu'un seul par l'unité du même esprit; on n'entend plus dire, à la honte de la magistrature, que ce qui est juste dans l'un est injuste dans l'autre; que ce court intervalle qui les sépare devient la séparation, et comme les limites de l'erreur et de la vérité; et que le sort qui décide du lieu où les plaideurs seront jugés, décide en même temps de leur jugement.

Etrange condition de la justice sur la terre! Divine dans sa source, elle devient en quelque manière humaine parmi les hommes, et elle porte, malgré elle, l'impression de leur inconstance et la marque de leur instabilité.

Il n'appartient qu'à la discipline de la ramener à la noblesse de son principe, et de l'affranchir des foiblesses de l'humanité. Par elle, la justice même des hommes devient une justice uniforme, immuable et éternelle. Les oracles que le sénat prononce aux plaideurs sont des lois irrévocables pour le sénat même; et, s'assujettissant aux règles qu'il impose, il commande une fois, et il obéit toujours.

Ne croyons pas enfin que le fruit d'une discipline si féconde en vertus se renferme dans les bornes du sénat, ni même dans le cercle plus étendu de ceux qui invoquent son autorité. La discipline en forme le modèle de toutes les compagnies, l'exemple de tous les ordres du royaume ; et, qui sait si ce grand exemple ne deviendroit pas encore la plus douce et la plus utile réforme des mœurs publiques !

Mais cet exemple même, dût-il être inutile, qu'il seroit digne au moins de la grandeur du sénat, de résister seul au torrent qui entraîne le reste des conditions, et d'être regardé comme un peuple choisi, comme une nation distinguée qui conserve ses lois, ses mœurs, son caractère, au milieu de la corruption des autres peuples, et qui, dans ce déluge de vices dont elle est environnée, devient comme le vaisseau sacré qui porte les restes de l'innocence, la ressource de la vertu, et les dernières espérances du genre humain !

La sagesse de nos pères et l'autorité de la loi avoient voulu assurer éternellement la durée d'une discipline si glorieuse. Ces assemblées, autrefois salutaires (1), où le juste venoit rendre compte de sa justice même, et où l'attention à relever les fautes légères, faisoit que les plus grandes étoient inconnues, devoient être dans l'intention de la loi, les fidèles dépositaires, et comme les gardes immortels de la discipline du sénat.

Mais ces assemblées, si sagement établies, que sont-elles devenues, et à quoi les réduisons-nous aujourd'hui ? A peine en conservons-nous encore le nom et l'apparence. Les fonctions les plus sérieuses de la magistrature ont dégénéré en une vaine cérémonie. La gloire de l'orateur nous fait presque oublier le devoir du censeur, et la censure elle-même semble n'être plus que l'ornement et comme la décoration de la pompe du sénat. Si nous osons encore y faire des portraits du vice, nous les traçons d'une main si timide, et avec des couleurs si foibles, que l'auditeur trop ménagé ne s'y reconnoît plus. La délicatesse d'un pinceau flatteur en fait perdre la

(1) Les Mercuriales.

ressemblance; l'injuste, plus ébloui qu'effrayé, applaudit le premier au tableau de l'injustice; et nous ne rougissons point de nous applaudir nous-mêmes, lorsque nos travaux sont payés par quelques louanges stériles, au lieu d'être dignement récompensés par une réforme salutaire.

Oserons-nous néanmoins, après avoir tourné notre censure contre nous-mêmes, excuser et justifier presque la tiédeur de notre zèle par son inutilité? Que servent les discours? que servent même les lois, si les mœurs n'y répondent, et si la discipline n'achève au dedans du sénat l'ouvrage que notre foible voix aura commencé au dehors? Non, nous savons nous rendre justice, et ne pas apprécier notre ministère au-dessus de sa juste valeur; le sénat ne sera jamais réformé que par le sénat même. Mais un si grand ouvrage demande une attention suivie, et une vigilance continuelle, la prévoyance de la loi l'avoit senti, lorsque, non contente de pourvoir au maintien de la discipline par la voie éclatante de ces nombreuses assemblées où le sénat paroît dans toute sa grandeur, elle avoit institué des conseils moins nombreux et plus fréquens, des assemblées moins solennelles, mais souvent aussi efficaces, où l'élite du sénat devoit veiller sur le sénat entier, et être, pour ainsi dire, l'ame de ce grand corps.

Savoir tout ce qui se passe dans le secret de la compagnie, et ne pas tout relever; maintenir le joug de la discipline sans l'appesantir, l'adoucir même par son uniformité, et le rendre léger en le faisant porter à tous également; recourir rarement à la peine, se contenter plus souvent du repentir, et ne perdre ni l'autorité par trop d'indulgence, ni l'affection par un excès de sévérité; telle devroit être la noble fonction des arbitres et des vengeurs de la discipline; et c'est ainsi que le sénat régneroit sans envie sur ceux mêmes qui ne peuvent soutenir ni une entière contrainte, ni une entière liberté.

Le déréglement ou l'indigence des mœurs trouveroit dans ces sages conseils un frein de pudeur et de bienséance. La honte seule d'y être cité comme au tribunal de la vertu, imprimeroit une frayeur qui deviendroit le commencement de la sagesse. Ceux mêmes qui n'auroient pas encore assez de courage pour rompre entièrement avec l'iniquité, chercheroient à en éviter l'éclat. Malheureux, à la vérité, de commettre encore leur innocence, ils ne commettroient plus au moins la réputation du sénat; ou si le vice, ne gardant plus de mesures avec la vertu, méprisoit les avis secrets, et abusoit d'une trop longue indulgence, pourroit-il soutenir le grand jour de l'assemblée entière du sénat où il se verroit enfin obligé de paroître, et où la confusion d'un seul deviendroit la gloire et le salut de tous?

A la vue d'une discipline si sainte, et en même temps si redoutable, l'ambition de ceux qui oublient assez ce qu'ils sont ou ce qu'ils ont été, pour vouloir faire une espèce de violence au sanctuaire, et entrer dans le ministère de la justice, malgré la justice même, demeureroit heureusement confondue. Saisis d'une frayeur religieuse à l'aspect de ce tribunal, ils condamneroient eux-mêmes la témérité d'un vol trop élevé; et, renonçant à un honneur qui bientôt leur seroit à charge par sa stérile rigidité, ils chercheroient ailleurs une fortune plus utile et plus convenable à leur caractère.

Ainsi se rétabliroit insensiblement l'ancienne splendeur du sénat. Toutes les vertus y recevroient un nouvel accroissement avec l'amour de la discipline. Des avances de respect et de docilité de la part des jeunes sénateurs, attireroient du côté des anciens un retour de tendresse et d'instruction sur ceux qu'ils regarderoient comme destinés à consoler un jour la république de leur perte. Les inférieurs se distingueroient par leur subordination et leur déférence; les supérieurs par leur prudence et par leur modération; et tous, comme par une conspiration vertueuse, concourroient unanimement à réprimer le mal, à perfectionner le bien, et à n'augmenter l'autorité du sénat, qu'en augmentant sa vertu.

Projets plus flatteurs que solides, dessein trop élevé pour pouvoir jamais être accompli! Ce sera sans doute la réflexion de ceux qui, donnant le nom de prudence à la paresse, regardent les idées de réforme tout au plus comme une fiction agréable, et si l'on peut parler ainsi, comme le songe de la vertu.

Un sénat moins nombreux et formé avec plus de choix, un sénat qui n'étoit presque autrefois qu'une assemblée vénérable d'hommes parfaits, pouvoit, nous diront-ils, faire respecter les lois de la plus exacte discipline, et en maintenir l'autorité.

Mais depuis que l'entrée du temple de la justice a été livrée aux richesses, et que le nombre des véritables sénateurs est devenu aussi rare que celui des sénateurs s'est augmenté; depuis que les mœurs mêmes sont changées, et que la discipline domestique a presque péri avec la discipline publique; peut-on concevoir encore des projets de réforme; et ne vaut-il pas mieux éviter de commettre l'autorité du sénat contre des abus désormais trop invétérés, que de montrer pour tout fruit de notre zèle, qu'il y a des vices plus forts que nous, et que la vertu même ne pourroit attaquer qu'avec des armes inégales?

A Dieu ne plaise que la grandeur du mal nous fasse ainsi condamner l'usage des remèdes dont elle nous montre au contraire la nécessité.

Cette multitude qui nous effraye n'a besoin que d'un ordre certain qui la réunisse sous les lois d'une discipline inviolable. Un peuple de guerriers ne devient presque que comme un seul homme; et tout ce qui est ordonné, quelque nombreux qu'il soit, se réduit enfin à l'unité.

Ce relâchement des mœurs que nous déplorons, n'est pas si général qu'il n'y ait encore des ames privilégiées qui retracent à nos yeux l'innocence des premiers âges du sénat, au milieu de la corruption de notre siècle. Il est et il sera toujours dans cette auguste compagnie des vertus capables de fortifier les ames les plus foibles, d'animer les plus indifférentes, de faire rougir les moins vertueuses, de donner de la terreur à la licence, et du crédit à la discipline.

Mais nous sera-t-il permis de le dire, la volonté nous manque souvent beaucoup plus que le pouvoir. Rien n'est impossible à la vertueuse et persévérante opiniâtreté de l'homme de bien. Osons faire l'essai de nos forces, ou plutôt de celles du sénat; osons entreprendre un ouvrage qu'il est glorieux même de commencer. Le succès surpassera peut-être notre attente. Nous aurons mérité du moins l'honneur que Rome malheureuse rendit à un de ses généraux pour n'avoir pas désespéré de la république; et que peut-il y avoir de plus flatteur pour de vertueux magistrats, que de travailler à leur propre gloire en relevant celle d'une compagnie qui n'en connoît point sur la terre ni de supérieure en dignité, ni, malgré le relâchement même des mœurs, d'égale en vertu?

DIX-NEUVIÈME MERCURIALE,

PRONONCÉE A LA SAINT-MARTIN, 1715 :

L'AMOUR DE LA PATRIE.

Après toutes les pertes que notre ministère, que ce sénat auguste, que toute la France a faites dans le cours de cette année, pouvons-nous vous parler aujourd'hui un autre langage que celui de la douleur; et ne devons-nous pas faire grâce aux vices en faveur de tant de vertus dignes d'être louées par la voie même de la censure?

Qu'il nous soit donc permis de sentir d'abord les pertes de notre ministère. Celui (1) qui en diminuoit le poids par ses travaux, et qui en augmentoit la dignité par ses talens, a été moissonné dans sa fleur par une mort précipitée. Un silence éternel a éteint cette voix éloquente, dont les charmes puissans portoient dans tous les cœurs l'amour de la justice et l'impression lumineuse de la vérité. Quelle grâce dans les expressions, quel ordre dans les choses! Quelle dignité dans l'extérieur, quelle sûreté dans le fond de la décision! Le succès de ses premières années avoit déjà consommé sa réputation. Mais tout devoit être rapide en lui, et, par une espèce de fatalité, sa vie même a suivi le cours prématuré de sa gloire.

Heureuse dans son malheur, une famille qui trouve dans son propre fonds de quoi réparer de si grandes pertes! A peine croirons-nous avoir perdu le magistrat que nous regrettons. Le même sang nous

(1) M. Chauvelin, avocat général.

redonne encore les mêmes talens. Le frère (1) recueille cette succession de gloire et de réputation que le frère a laissée, et y ajoute ses propres richesses. Puissent-elles être plus durables ! C'est le seul souhait que nous pouvons former pour un magistrat qui a déjà surpassé nos vœux par les preuves qu'il a données dans une autre carrière, de l'élévation de son esprit ; et, ce qui est encore plus propre à soutenir nos espérances, de la fermeté de son cœur.

N'étoit-ce pas assez pour la compagnie d'avoir perdu une lumière qui prévenoit presque toujours celle de la justice même ; et falloit-il encore qu'après quelques jours d'intervalle, elle vît tomber une de ces têtes illustres (2), qui doivent bien moins leur éclat à la noble origine d'une maison aussi ancienne que le sénat, ou à l'éminence d'une pourpre héréditaire et toujours méritée, qu'à cette profondeur de réflexion, à cette maturité de jugement qui leur donne un empire naturel sur les esprits, beaucoup plus estimable que celui qu'elles empruntent de leur dignité ? A ces traits nous croyons voir encore, nous croyons entendre ce magistrat respectable, dont toutes les paroles, chargées pour ainsi dire de sens, et comme pénétrées de raison, sembloient avoir le privilége de rendre raisonnables tous ceux qui traitoient avec lui. Respecté au dehors comme au dedans du sénat, il portoit l'autorité de sa personne dans les lieux où il déposoit celle de sa dignité. Une sage liberté le suivoit jusque dans le pays de la servitude ; et sa raison se faisoit rendre hommage par ceux mêmes qui n'adorent que la fortune. Faut-il qu'un mérite si rare ait été enlevé au milieu de sa course ; et que ceux que ce grand magistrat a honorés, comme nous, de son amitié, soient réduits à la seule espérance de le voir revivre dans un fils déjà sûr de

(1) M. Chauvelin, maître des requêtes, succéda à M. son frère dans la charge d'avocat général.

(2) M. le président de Longueil de Maisons.

perpétuer sa dignité dans la compagnie; et ce qui sera plus pénible, mais plus glorieux pour lui, chargé d'y soutenir tout le poids de sa réputation.

Tant de pertes particulières étoient donc le triste présage du malheur public dont toute la France étoit menacée. Déjà la mort se destinoit en secret une plus illustre victime; et bientôt elle met sous ses lois un prince (1), qui, presque dépouillé de toute sa grandeur, nous a paru encore plus grand avec sa seule vertu.

Que d'autres comptent, s'ils le peuvent, bien moins les années que les merveilles d'un règne qui auroit pu faire la gloire de plusieurs rois, et qui n'est que la gloire d'un seul. Ces faveurs immenses de la fortune, cette plénitude de jours et de gloire, cette rare félicité dont les ombres mêmes n'ont fait qu'augmenter l'éclat, peuvent bien être des récompenses de la vertu, mais elles ne sont pas la vertu même; et le monarque que nous avons perdu, étoit plus digne de nos éloges, lorsque, dans un royaume tranquille, il nous faisoit voir la tyrannie du faux honneur abattue, et la noblesse sauvée de sa propre fureur; le foible protégé contre le puissant; la loi contre la violence; la religion contre l'impiété : le roi toujours au-dessus de tout; et Dieu toujours au-dessus du roi : lorsque la terreur marchoit devant lui, que les plus fermes remparts tomboient au seul bruit de son nom, et que toute la terre se taisoit en sa présence, par admiration ou par crainte. Plus heureux d'avoir senti la vanité de cette grandeur, que d'en avoir joui; plus grand encore dans les revers, que les succès ne nous l'avoient fait voir; la fortune contraire a plus fait pour lui que la fortune favorable. C'est elle qui a caractérisé sa véritable grandeur; et la main même de la mort y a mis le dernier trait. On eût dit qu'elle l'attaquoit lentement, et qu'elle en approchoit par degrés, comme pour

(1) Louis XIV, mort le 1.er septembre 1715.

faire durer l'utile, le grand spectacle d'une vertu ferme sans effort, magnanime sans faste, sublime par sa simplicité même et vraiment héroïque par religion.

Qu'un spectacle si touchant soit toujours devant les yeux de l'auguste enfant qui en a été le temoin, et en qui nous révérons à présent notre maître. Puisse-t-il dans les plus beaux jours de sa vie, et au comble de la gloire que nous lui souhaitons, se rappeler l'image de ce monarque, autrefois le modèle, l'arbitre, le refuge des rois; qui dans le lit de la mort lui recommande de redouter les charmes de la victoire, et de n'être touché que de l'amour de ses peuples!

Paroles mémorables, qui renferment tous les devoirs des rois; puissent-elles allumer dans l'ame du prince à qui elles ont été dites, un amour ardent pour la patrie; puissent-elles ranimer le même amour dans le cœur de tous ses sujets!

Lien sacré de l'autorité des rois et de l'obéissance des peuples, l'amour de la patrie doit réunir tous leurs désirs. Mais cet amour presque naturel à l'homme, cette vertu que nous connoissons par sentiment, que nous louons par raison, que nous devrions suivre même par intérêt, jette-t-elle de profondes racines dans notre cœur? et ne diroit-on pas que ce soit comme une plante étrangère dans les monarchies, qui ne croisse heureusement, et qui ne fasse goûter les fruits précieux que dans les républiques?

Là, chaque citoyen s'accoutume de bonne heure, et presque en naissant, à regarder la fortune de l'état comme sa fortune particulière. Cette égalité parfaite, et cette espèce de fraternité civile, qui ne fait de tous les citoyens que comme une seule famille, les intéresse tous également aux biens et aux maux de leur patrie. Le sort d'un vaisseau, dont chacun croit tenir le gouvernail, ne sauroit être indifférent.

L'amour de la patrie devient une espèce d'amour-propre. On s'aime véritablement en aimant la république, et l'on parvient enfin à l'aimer plus que soi-même.

L'inflexible romain immole ses enfans au salut de la république. Il en ordonne le supplice; il fait plus, il le voit. Le père est absorbé et comme anéanti dans le consul. La nature s'en effraye; mais la patrie, plus forte que la nature, lui rend autant d'enfans qu'il conserve de citoyens par la perte de son propre sang.

Serons-nous donc réduits à chercher l'amour de la patrie dans les états populaires, et peut-être dans les ruines de l'ancienne Rome? Le salut de l'état est-il donc moins le salut de chaque citoyen dans les pays qui ne connoissent qu'un seul maître? Faudra-t-il y apprendre aux hommes à aimer une patrie qui leur donne, ou qui leur conserve tout ce qu'ils aiment dans leurs autres biens? Mais en serons-nous surpris? Combien y en a-t-il qui vivent et qui meurent sans savoir même s'il y a une patrie!

Déchargés du soin, et privés de l'honneur du gouvernement, ils regardent la fortune de l'état comme un vaisseau qui flotte au gré de son maître; et qui ne se conserve ou ne périt que pour lui. Si la navigation est heureuse, nous dormons sur la foi du pilote qui nous conduit. Si quelque orage imprévu nous réveille, il n'excite en nous que des vœux impuissans, ou des plaintes téméraires, qui ne servent souvent qu'à troubler celui qui tient le gouvernail; et quelquefois même, spectateurs oisifs du naufrage de la patrie, telle est notre légèreté, que nous nous en consolons par le plaisir de médire des acteurs. Un trait de satire, dont le sel nous pique par sa nouveauté, ou nous réjouit par sa malignité, nous dédommage de tous les malheurs publics; et l'on diroit que nous cherchions plus à venger la patrie par notre critique, qu'à la défendre par nos services.

A mesure que le zèle du bien public s'éteint dans notre cœur, le désir de notre intérêt particulier s'y allume. Il devient notre loi, notre souverain, notre patrie. Nous ne connoissons point d'autres citoyens que ceux dont nous désirons la faveur, ou dont nous craignons l'inimitié. Le reste n'est plus pour nous qu'une nation étrangère, et presque ennemie.

Ainsi se glisse dans chacun de nous le poison mortel de la société, cet amour aveugle de soi-même, qui, distinguant sa fortune de celle de l'état, est toujours prêt de sacrifier tout l'état à sa fortune.

C'est peu d'opposer ainsi son intérêt à celui du public. On désireroit même de pouvoir faire passer ses sentimens jusque dans le cœur du souverain; et par combien d'artifices n'essaie-t-on pas de lui persuader que l'intérêt du prince n'est pas toujours l'intérêt de l'état.

Malheur à ceux dont la coupable flatterie ose introduire une distinction injurieuse aux rois, souvent fatale à leurs peuples, et toujours contraire aux maximes d'une saine politique.

Faut-il qu'un succès trop heureux soit quelquefois la récompense de ceux qui, divisant ainsi deux intérêts inséparables, voudroient, s'il étoit possible, avilir la patrie aux yeux de celui qui en est le père? Cet intérêt imaginaire du prince, qu'on oppose à celui de l'état, devient l'intérêt des flatteurs, qui ne pensent qu'à en abuser. Ils augmentent en apparence l'autorité de leur maître, et en effet leur fortune particulière; ou plutôt ils s'approprient la fortune publique; et s'ils veulent que le pouvoir du souverain soit sans bornes, c'est afin de pouvoir tout pour eux-mêmes.

L'exemple devient contagieux et descend comme par degrés jusqu'aux dernières conditions. Chacun dans la sienne veut faire la même distinction entre l'intérêt de son état et celui de sa personne; et le bien commun est tellement oublié, qu'il ne reste plus dans un royaume que des intérêts particuliers, qui forment par leur combat une espèce de guerre civile et presque domestique, où le citoyen n'est pas en sûreté avec le citoyen, où l'ami redoute son ami; et qui rompant les nœuds de la société, semblent nous ramener à cet ancien état qui a précédé la naissance des républiques et des empires, où l'homme n'avoit point de plus grand ennemi que l'homme même.

A la vue d'une patrie livrée à l'avidité de ses citoyens, et presque devenue la proie de l'intérêt particulier, des esprits plus modérés, qui n'ont ni assez de foiblesse pour faire le mal, ni assez de force pour y résister, tombent dans une profonde indifférence, soit par leur pente naturelle, ou même par désespoir du bien public. La douceur de la paresse qui s'insinue jusque dans le fond de leur ame, leur tient lieu de fortune et même de vertu. Un loisir qui étoit peut-être à charge dans les commencemens, est enfin regardé comme le bien le plus solide. Dans le sein de la mollesse, ou dans un cercle d'amusemens, ils se font une espèce de patrie à part, où, comme dans une île enchantée, on diroit qu'ils boivent tranquillement les eaux de ce fleuve qui faisoit oublier aux hommes les biens et les maux de leur ancienne patrie.

Ceux mêmes qui donnent à ce dégoût de la république le titre spécieux de philosophie, sont-ils plus dignes de nos louanges? Insensibles aux besoins de leurs concitoyens, et sourds à la voix de la société qui les réclame, que cherchent-ils dans une retraite où ils fuient jusqu'à leur patrie; le même bien qui excite les désirs des ambitieux, et qui fait le bonheur des rois; vivre au gré de leurs désirs, et trouver une espèce de royauté dans l'indépendance de leur vie?

Commander à tous, ou n'obéir à personne; la fierté de leur cœur ne trouve point de milieu entre ces deux états. La fortune leur refuse le plus éclatant; leur orgueil embrasse le plus sûr; et ne pouvant se mettre au-dessus de leurs concitoyens par l'autorité, ils croient s'y placer au moins par le mépris.

Où trouverons-nous donc la patrie? L'intérêt particulier la trahit, la mollesse l'ignore, une vaine philosophie la condamne. Quel étrange spectacle pour le zèle de l'homme public! Un grand royaume, et point de patrie; un peuple nombreux, et presque plus de citoyens.

Le dirons-nous enfin? Nous-mêmes qui faisons gloire de nous dévouer à la patrie autant qu'à la justice, sommes-nous toujours dignes de cette gloire; et s'il ne nous est pas possible d'aspirer à l'éloge de celui qui, à la vue du sénat romain, s'écria qu'il voyoit un sénat de rois; pouvons-nous offrir à la république au moins un sénat de citoyens.

Rendre la justice avec une exacte équité, c'est le devoir commun de tous ceux qui se consacrent à son ministère. Mais si le magistrat suprême ne porte pas plus loin l'ardeur de son zèle, il demeure toujours débiteur de la patrie, qui, sans se contenter du bien particulier qu'il peut faire, exige encore de lui un compte rigoureux du bien public.

Protéger l'innocence, et ne faire trembler que l'iniquité; applanir, redresser les sentiers de la justice; les purger de ces guides infidèles qui en obsèdent tous les passages pour y tendre des piéges à l'ignorance ou à la crédulité; éclairer les tribunaux inférieurs, et y faire briller comme par une réflexion de lumière, une partie des vertus du sénat; réformer les mœurs publiques par son autorité; les condamner au moins par son exemple, et être comme la voix de la patrie, qui réclame toujours la règle et la loi, qui dans les temps difficiles proteste sagement pour le bien public, et dans les jours plus tranquilles rappelle le souvenir de l'ancien ordre de l'état, et ramène la patrie à ses véritables principes; telle est non-seulement la gloire, mais l'obligation d'une compagnie qui est comme la dépositaire des intérêts publics, et dont le caractère glorieux a toujours été de servir dignement son roi, en servant sa patrie.

Loin de la noblesse de ses sentimens tout mélange d'intérêt particulier, toute jalousie même de crédit et d'autorité : foiblesse indigne des grandes compagnies aussi bien que des grands hommes! Content du pouvoir que la patrie remet entre ses mains, l'homme de bien ne fait croître l'autorité de sa charge que par celle de son mérite. Le respect a encore plus de part que le devoir à la déférence qu'on a pour lui. On lui rend le même culte qu'à la vertu, et on lui obéit, pour ainsi dire, par admiration.

Si la patrie reconnoît ses services, il rougit presque de la récompense, et il lui semble qu'elle lui dérobe une partie du témoignage de sa vertu.

S'il n'éprouve que l'ingratitude des maîtres de la fortune, il jouira d'autant plus de sa réputation, que ce sera le seul bien qu'il aura acquis au service de l'état : heureux d'avoir plus fait pour la patrie, que la patrie n'aura fait pour lui, et de pouvoir mettre tous ses citoyens au nombre de ses débiteurs!

Avouons-le néanmoins; un cœur magnanime s'affranchit aisément de la servitude de son intérêt particulier. Mais il faut au moins qu'une douce et vertueuse espérance de procurer ce bien public, qui lui tient lieu de tout, l'anime, le soutienne, le fortifie dans l'honorable, mais pénible service de la patrie.

Quelle est donc sa consolation, lorsque, par un bonheur singulier, ou plutôt par une sagesse supérieure, il voit se former sous ses yeux un nouvel ordre du gouvernement, et comme une nouvelle patrie, qui semble porter sur son front le présage certain de la félicité publique! C'est alors que l'amour de la patrie se rallume dans tous les cœurs : les liens de la société se resserrent ; les citoyens trouvent une patrie et la patrie trouve des citoyens. Chacun commence à sentir que sa fortune particulière dépend de la fortune publique : et ce qui est encore plus consolant, l'intelligence qui nous gouverne n'est pas moins convaincue que le salut du souverain dépend du salut de ses peuples.

Vous conserverez à jamais dans vos annales, la mémoire de ce jour glorieux au sénat, précieux à la France, heureux même pour toute l'Europe, où un prince (1) que sa naissance avoit destiné à être l'appui de la jeunesse du roi, et le génie tutélaire du royaume, vint recevoir par vos suffrages la ratification du choix de la nature. Vaincre les ennemis de l'état par la force des armes, ç'a été le premier essai de son courage. S'attacher tout l'état par les charmes du gouvernement, c'est le chef-d'œuvre de sa sagesse. Par lui cet accord si désirable, mais si difficile, de la liberté et de l'autorité, se trouve heureusement accompli. Une autorité nécessaire tempère l'usage de la liberté, et la liberté tempérée devient le plus digne instrument de l'autorité. Que les génies médiocres redoutent les conseils : les grandes ames sont celles qui les désirent le plus : sûres d'elles-mêmes, elles ne craignent point de paroître gouvernées par ceux qu'elles gouvernent en effet ; et, dédaignant le faux honneur de dominer par l'élévation de leur dignité, elles règnent plus glorieusement par la supériorité de leur esprit.

Que de si heureux commencemens aient des suites encore plus heureuses ! Que tous les ordres de l'état, si sagement intéressés au succès du gouvernement, y contribuent également ou par un concert parfait, ou par une émulation encore plus désirable. Et pour renfermer tous nos souhaits dans un seul, fasse le ciel que la France respectée au dehors, paisible au

(1) M. le duc d'Orléans, régent.

dedans, puisse se consoler de ses pertes passées, réparer ses forces épuisées par de longues et sanglantes guerres; puissante sans inquiétude, heureuse sans envie, plus jalouse de la réputation de sa justice que de celle de sa grandeur, passer d'une régence tranquille à un règne pacifique, qui conservant toute l'harmonie d'un si sage gouvernement, nous assure la durée des biens dont la seule espérance fait déjà notre bonheur!

RÉQUISITOIRES
ET DISCOURS.

I.

RÉQUISITOIRE
SUR UN RÉGLEMENT ENTRE LE CHATELET ET LES JUGE ET CONSULS.

LE 7 AOUT 1698.

Ce jour, les gens du roi..... M. Henri-François d'Aguesseau, avocat dudit seigneur roi, portant la parole, ont dit : Que les obligations de leur ministère ne leur permettoient pas de demeurer plus long-temps dans le silence sur les contestations trop publiques, que l'intérêt de la juridiction a fait naître depuis quelque temps entre les officiers du châtelet, et les juge et consuls.

Que quelque soin que l'ordonnance de 1673 ait pris de marquer des bornes justes et certaines entre la juridiction des juges ordinaires et celle des juge et consuls, il faut avouer néanmoins que l'affectation des plaideurs a excité depuis long-temps une infinité de conflits, dans lesquels on s'est efforcé de confondre ce que l'ordonnance et les arrêts de réglement de la cour avoient si sagement et si exactement distingué.

Que jusqu'à présent ces conflits se passoient entre les parties; les juges ne paroissoient y prendre aucune part; et quelques inconvéniens particuliers ne sembloient pas demander un remède général. Mais qu'aujourd'hui les choses ne sont plus en cet état. On a vu afficher dans Paris, d'un côté une ordonnance des juge et consuls, de l'autre, une ordonnance du prévôt de Paris, pour soutenir les intérêts opposés de leur juridiction. Les parties menacées de condamnation d'amende, incertaines sur le choix du tribunal où elles doivent porter leurs contestations, attendent avec impatience que la cour, supérieure en lumières, comme en autorité, leur donne des juges certains, et rende l'accès des tribunaux inférieurs aussi facile et aussi sûr qu'il paroît à présent difficile et douteux.

Que s'il s'agissoit de prononcer définitivement sur l'appel de ces prétendus réglemens, il ne seroit peut-être que trop aisé de faire voir que l'un et l'autre renferment des nullités essentielles, et des défauts presque également importans.

Que d'un côté, quelque favorable que soit la juridiction consulaire, elle ne peut pourtant s'attribuer l'autorité de faire des réglemens; on n'y trouve ni un office et un ministère public qui puisse les requérir, ni des juges revêtus d'un caractère assez élevé pour pouvoir les ordonner, ni un territoire dans lequel ils puissent les faire exécuter.

Que d'ailleurs, l'ordonnance que les juge et consuls ont fait publier, n'est qu'une simple et inutile répétition de l'ordonnance de 1673, qui n'en contient que les termes sans en avoir l'autorité.

Que d'un autre côté, le réglement contraire qui a été affiché en vertu d'une ordonnance du prévôt de Paris, paroît d'abord plus favorable, non-seulement par les prérogatives éminentes qui distinguent sa juridiction de celle des juge et consuls, mais encore parce que les officiers du châtelet trouvent leur excuse dans la conduite des juges qu'ils regardent comme leurs parties. Ils n'ont point à se reprocher comme eux, d'avoir fait éclater les premiers une division et un combat de sentimens souvent contraire à l'honneur des juges, et toujours au bien public : ils n'ont fait que défendre leur compétence, et soutenir leur juridiction attaquée par l'ordonnance des juge et consuls.

Mais si la forme extérieure de cette dernière ordonnance paroît plus régulière que celle de la première, on est forcé néanmoins de reconnoître dans la substance même et dans la disposition de ce réglement, des défauts importans qui ne permettent pas qu'on en tolère l'exécution.

Qu'on y trouve d'abord cet exposé injurieux aux juge et consuls : « Que les marchands banqueroutiers, » pour être favorisés, et éviter la peine de mort » prononcée par les ordonnances pour le crime de » banqueroute, s'adressent à leurs confrères qui » homologuent très-facilement les contrats faits avec » des créanciers supposés » : comme s'il étoit permis à des juges, dans une ordonnance publique, d'accuser d'autres juges de connivence et presque de collusion avec des criminels, pour étouffer la connoissance d'un crime et le dérober à la vengeance publique !

Qu'on suppose ensuite dans cette ordonnance, que les juge et consuls n'ont point de sceau, et qu'ils doivent emprunter celui du châtelet ; quoiqu'ils soient dans une possession immémoriale d'avoir un sceau particulier, et que même dans ces derniers temps le Roi ait érigé en titre d'office un garde-scel de la juridiction consulaire.

Qu'on y insinue que le sceau du châtelet peut lui attribuer juridiction, même en matière consulaire ; que l'homologation des contrats passés entre un débiteur et ses créanciers appartient indistinctement, et dans tous les cas, au prévôt de Paris ; qu'il a droit de connoître de toutes les lettres de change entre toutes sortes de personnes, si ce n'est entre négocians : et l'on y avance plusieurs autres propositions, dont les unes paroissent directement contraires à la disposition des ordonnances, et les autres ne peuvent être admises qu'avec distinction.

Mais ce qui leur paroît encore plus important, c'est que l'on s'éloigne dans ce réglement, de l'esprit et de la sage disposition de l'ordonnance de 1673.

Cette loi a supposé que les sergens et les autres ministres inférieurs de la justice, étant tous dans la dépendance des juges ordinaires, il étoit inutile de leur faire des défenses rigoureuses de porter par devant les consuls les causes dont la connoissance appartient à la justice ordinaire.

On a cru au contraire que, toujours attentif à soutenir la juridiction de leurs supérieurs, ils seroient plus capables de priver les consuls de ce qui leur appartient, que de leur déférer ce qui ne leur appartient pas.

C'est pour cela que si l'ordonnance prononce des condamnations d'amende et contre les parties et contre les officiers qui leur auront prêté leur ministère, c'est uniquement contre ceux qui auront voulu dépouiller les consuls d'une partie de leur juridiction.

Cependant, contre l'intention et les termes de l'ordonnance, le nouveau réglement du châtelet impose des peines sévères à ceux qui portent dans le tribunal des juge et consuls des causes qui sont de la juridiction ordinaire.

La crainte de ces peines réduit souvent les parties dans l'impossibilité de trouver des sergens qui veuillent se charger de leurs assignations ; et le moindre inconvénient auquel cette nouveauté puisse donner lieu, est le retardement de l'expédition, qui dans ces sortes de matières encore plus que dans les autres, fait une partie si considérable de la justice.

Qu'au milieu de tant de moyens par lesquels on pourroit combattre ces deux ordonnances contraires, ils voient avec plaisir que les officiers de l'une et de l'autre juridiction n'en ont point interjeté d'appellations respectives ; ils ont conservé le caractère de juges, et n'ont point voulu prendre celui de parties; et sans quitter les fonctions importantes qu'ils remplissent avec l'approbation du public, pour venir dans ce tribunal défendre les droits de leurs siéges, ils se sont contentés de remettre leurs mémoires entre leurs mains, pour attendre ensuite avec tout le public, le réglement qu'il plaira à la cour de prononcer.

Qu'ils oseront prendre la liberté de lui dire, que le meilleur de tous les réglemens sera le plus simple; c'est-à-dire, celui qui en défendant également l'exécution des deux nouvelles ordonnances, que leur contrariété rend également inutiles et illusoires, remettra les choses dans le même état où elles étoient avant ces prétendus réglemens; et ordonnera purement et simplement l'observation de la loi commune de l'une et de l'autre juridiction, c'est-à-dire, l'ordonnance de 1673.

Mais que pour le faire d'une manière plus précise, qui prévienne et qui termine dans le principe toutes les contestations générales ou particulières qui pourroient naître à l'avenir, ils croient devoir observer ici, que les plaintes des juge et consuls contre les entreprises des officiers du châtelet, se réduisent à deux chefs principaux.

Le premier regarde les révocations des assignations données par-devant les juge et consuls.

Le second concerne l'élargissement des prisonniers arrêtés en vertu de jugemens rendus en la juridiction consulaire.

L'ordonnance de 1673 sembloit avoir suffisamment pourvu à l'un et à l'autre de ces chefs, en défendant à tous juges ordinaires de révoquer les assignations données par-devant les consuls, et de suspendre ou d'empêcher l'exécution de leurs ordonnances.

Qu'on a éludé la première partie de cette disposition, par la facilité que l'on a trouvée au châtelet, de révoquer les assignations données par-devant les juge et consuls, non pas à la vérité sous le nom des parties (ce seroit une contravention grossière à l'ordonnance), mais sous le nom de la partie publique, et à la réquisition des gens du roi : et comme ces sortes de réquisitions ne se refusent jamais, la sage disposition de l'ordonnance est devenue inutile, et les conflits se sont multipliés par l'assurance de l'impunité.

Qu'à l'égard de l'autre partie de l'ordonnance, il paroît qu'elle n'a pas toujours été régulièrement observée au châtelet, et que l'on y a quelquefois surpris des sentences portant permission d'élargir les prisonniers arrêtés pour des condamnations prononcées par les consuls.

Que pour opposer un remède aussi prompt qu'efficace à ces deux inconvéniens, ils ne proposeront à la cour que ce qu'ils trouvent écrit dans quelques-uns de ses arrêts de réglement ; et entr'autres en des arrêts rendus en 1611, 1615, 1648 et 1650 pour les consuls de Paris, et dans un arrêt de 1665 donné en faveur des consuls d'Orléans.

Qu'il a été défendu par ces arrêts, tant aux parties qu'aux substituts de monsieur le procureur général, de faire révoquer, casser et annuller les assignations données par-devant les juge et consuls, et de requérir aucune condamnation d'amende contre ceux qui se seroient pourvus en ce tribunal.

Que les mêmes réglemens défendent à tous juges de surseoir, arrêter ou empêcher l'exécution des sentences rendues par les juge et consuls, sauf aux parties à avoir recours à l'autorité de la cour, pour leur être pourvu.

Qu'ainsi la raison et l'autorité, le bien public et le particulier, l'intérêt des juges et celui des parties, tout concourt à les déterminer à demander à la cour qu'il lui plaise de suivre ici ses propres exemples (ils ne peuvent lui en proposer de plus grands), de prévenir par des défenses respectives les inconvéniens dans lesquels deux réglemens contraires peuvent jeter les parties; d'ordonner ensuite l'exécution pure et simple de l'ordonnance ; de condamner les voies indirectes par lesquelles l'artifice des parties a trouvé depuis quelque temps les moyens de l'éluder, et de faire ensorte que l'attention des juges qui sont soumis à l'autorité de la cour, n'étant plus partagée par des conflits de juridiction si peu dignes de les occuper, se réunisse désormais, et se consacre toute entière au service du public dans la portion de juridiction que la bonté du Roi veut bien leur confier.

C'est par toutes ces raisons qu'ils requièrent qu'il plaise à la cour recevoir monsieur le procureur général appelant desdites sentences en forme de réglement, rendues, l'une par les juge et consuls le 17 mars 1698, l'autre par le prévôt de Paris ou son lieutenant, le 23 avril suivant; faire défenses de les exécuter, jusqu'à ce que par la cour en ait été autrement ordonné. Cependant, que les édits, déclarations et arrêts de réglemens concernant la juridiction consulaire, notamment l'article XV du titre XII de l'ordonnance de 1673, seront exécutés selon leur forme et teneur : ce faisant, faire défenses au prévôt de Paris et à tous autres juges de révoquer, même sur la réquisition du substitut de monsieur le procureur général, les assignations données par-devant les juge et consuls, de casser et annuller les sentences par eux rendues, et de prononcer aucunes condamnations d'amendes pour distraction de juridiction, contre les parties qui auront fait donner, ou contre les sergens qui auront donné des assignations par-devant les juge et consuls, sauf aux parties à se pourvoir en la cour pour leur être fait droit, et au substitut de monsieur le procureur général à intervenir, si bon lui semble, même à interjeter appel, en cas de collusion ou de négligence des parties, pour l'intérêt de la juridiction du prévôt de Paris.

Faire pareilles inhibitions et défenses au prévôt de Paris, et à tous autres juges de surseoir, arrêter ou empêcher, en quelque manière que ce puisse être, l'exécution des sentences émanées de la juridiction consulaire, et de faire élargir les prisonniers arrêtés ou recommandés en vertu des sentences des consuls.

Comme aussi faire défenses aux juge et consuls d'entreprendre de connoître des matières qui sont de la compétence des juges ordinaires. Enjoint à eux de déférer aux renvois requis par les parties, dans les cas qui ne sont point de leur compétence, suivant l'ordonnance. Et que l'arrêt qui interviendra sur leurs conclusions, sera lu et publié, tant à l'audience du châtelet, qu'à celle des juge et consuls, et affiché partout où besoin sera.

Réglement sur le présent Réquisitoire.

Les gens du roi retirés, vu lesdites sentences en forme de réglement desdits jours 17 mars et 23 avril derniers, la matière mise en délibération :

La Cour a reçu le procureur général du roi appelant desdites sentences en forme de réglement, lui permet de faire intimer qui bon lui semblera pour procéder sur ledit appel, sur lequel il sera fait droit, ainsi que de raison; cependant fait défenses respectives de les exécuter. Ordonne que les édits et déclarations du roi, et les arrêts et réglemens de la cour concernant la juridiction consulaire, et notamment l'article 15 du titre XII de l'ordonnance de 1673, seront exécutés selon leur forme et teneur; et en conséquence, fait défenses au prévôt de Paris, et à tous autres juges, de révoquer, même sur la réquisition des substituts du procureur général, les assignations données par-devant les juge et consuls, de casser et annuller leurs sentences, d'en surseoir, arrêter ou empêcher, en quelque manière que ce soit, l'exécution; de faire élargir les prisonniers arrêtés ou recommandés en vertu de leurs jugemens; et de prononcer aucunes condamnations d'amende pour distraction de juridiction, tant contre les parties, que contre les huissiers, sergens, et tous autres qui auront donné ou fait donner des assignations par-devant lesdits juge et consuls, sans préjudice aux parties de se pourvoir en la cour par appel, pour leur être fait droit sur le renvoi par elle requis, et au substitut du procureur général du roi d'y intervenir, ou même d'interjeter appel de son chef pour la conservation de la juridiction, ainsi qu'il verra bon être.

Comme aussi fait inhibitions et défenses aux juge et consuls de connoître des matières qui ne sont pas de leur compétence. Leur enjoint dans ces cas, de déférer aux renvois dont ils seront requis par les parties. Ordonne que le présent arrêt sera lu et publié à l'audience du parc civil du châtelet, et à celle des juge et consuls de cette ville de Paris, et affiché partout où besoin sera. Fait en parlement le septième août mil six cent quatre-vingt-dix-huit. *Signé*, DONGOIS.

II.

RÉQUISITOIRE

Pour la suppression du libelle intitulé : Problême Ecclésiastique.

LE 10 JANVIER 1699.

Ce jour, les gens du roi sont entrés, et M.e Henri François d'Aguesseau, avocat dudit seigneur roi, portant la parole, ont dit à la Cour : Qu'ils ont appris que depuis quelques jours on a répandu dans Paris, par des voies indirectes, un écrit qu'on ne peut regarder que comme un libelle diffamatoire, imprimé sans aucun nom d'auteur ni d'imprimeur, sans privilége ni permission, dont le titre est conçu en ces termes : *Problême ecclésiastique proposé à M. l'abbé Boileau, de l'archevêché, à qui l'on doit croire, de messire Louis-Antoine de Noailles, évêque de Châlons en 1695, ou de messire Louis-Antoine de Noailles, archevêque de Paris?*

Que l'auteur de cette pièce, dont le titre seul est une injure, entreprend d'y faire un parallèle odieux de deux livres, l'un approuvé, et l'autre censuré par M. l'archevêque de Paris; le premier, dans le temps qu'il étoit encore évêque de Châlons; le second, depuis que, pour le bien général de l'église, et pour le bonheur de son diocèse, la piété et la sagesse du Roi l'ont élevé à la dignité d'archevêque de la capitale de son royaume.

Qu'après avoir fait une comparaison si injurieuse, celui qui a composé ce libelle se récrie, qu'*il n'est pas possible d'accorder ensemble l'évêque et l'archevêque*. Il appelle en jugement, non-seulement la foi et la religion, mais, si l'on ose le dire, la raison même et la sagesse de ce prélat. Il l'accuse tantôt d'hérésie, et tantôt de variation. D'un côté, il insinue qu'on le doit envisager comme un archevêque qui mérite d'être *mis au nombre des hérétiques convaincus d'une doctrine abominable et impie*, comme un *des plus déclarés jansénistes qui aient jamais été*, digne d'être placé *à la tête de cette secte* : et de l'autre, il le présente comme un prélat d'une doctrine chancelante, incertaine, contraire à elle-même; comme un juge qui approuve ce qu'il doit condamner, et qui condamne ce qu'il a approuvé; hérétique quand il approuve, et téméraire quand il condamne; également incapable de constance, et dans le parti de l'erreur et dans celui de la vérité.

Que c'est ainsi que, pendant que M. l'archevêque de Paris donne tous les jours à l'église des gages précieux de la sainteté et de l'uniformité de sa doctrine, par celle de sa vie, un simple particulier sans caractère, sans pouvoir, et peut-être sans capacité, s'érige un tribunal supérieur à celui d'un grand archevêque; et qu'au lieu de recevoir ses décisions avec déférence, il veut se rendre juge des juges même de la foi.

Que quelque respect qu'ils aient pour la personne du prélat que l'on attaque avec tant d'indignité, ils ne craindront point de dire qu'un intérêt encore plus grand, un motif plus pressant et plus élevé, excite leur zèle en cette occasion. Le public demande par leur bouche, que la cour, dépositaire de la justice souveraine d'un Roi qui s'honore moins de ce nom que du titre auguste de protecteur de l'église, emploie toute l'autorité qu'il lui plaît de confier à ses premiers magistrats, pour réprimer enfin la licence criminelle que l'on se donne depuis quelque temps, de semer adroitement des écrits injurieux à la dignité épiscopale : libelles véritablement séditieux, dont l'unique but est de troubler la paix de l'église; de renouveler témérairement ces disputes dangereuses que la prudence du Roi a heureusement proscrites de ses états; de diviser le pasteur et le troupeau; de décrier l'un, de révolter l'autre, et de rompre ces liens de respect, d'estime, de confiance, qui sont un des plus solides fondemens de la puissance ecclésiastique.

Que la voie dont on se sert pour répandre ces écrits, est aussi criminelle que les écrits mêmes. Les plus sages précautions des lois, la vigilance la plus infatigable de leurs ministres, sont éludées par la facilité que l'on trouve d'envoyer ces libelles dans des paquets cachetés, où l'on distribue, s'il est permis de parler ainsi, le poison tout préparé. Quelques esprits éclairés le rejettent; mais combien y en a-t-il de foibles, de prévenus, de mal intentionnés, qui le reçoivent avidement!

Qu'ils ignorent quels sont les auteurs et les complices de ce mystère d'iniquité; et que tout ce qu'ils en peuvent dire présentement, est qu'un archevêque du caractère de celui qui est l'objet d'une si noire calomnie, ne peut avoir d'autres ennemis que ceux de l'église. Mais si la personne du coupable est encore inconnue, son crime est toujours certain; le libelle porte avec soi et sa conviction et sa condamnation; et la justice peut imprimer dès à présent sur l'ouvrage, une note d'infamie qui rejaillisse un jour sur le front de son auteur. Les empereurs romains ont cru que le feu devoit consumer les libelles diffamatoires, pour abolir s'il étoit possible, et pour effacer jusqu'au souvenir de ces ouvrages de ténèbres. La cour qui a imité plusieurs fois la sainte et salutaire sévérité de ces lois, encore plus utiles que rigoureuses, ne le sauroit faire dans une conjoncture plus importante que celle qui se présente aujourd'hui; puisqu'il s'agit d'arrêter ce torrent de libelles téméraires qui ont inondé notre siècle; d'assurer l'honneur et le respect qui est dû aux supérieurs ecclésiastiques; de faire révérer l'autorité de leurs jugemens, et pour dire encore quelque chose de plus, d'affermir par un exemple éclatant, la paix et la tranquillité de l'église.

Et ont requis qu'il plût à la cour ordonner que ledit libelle diffamatoire sera lacéré et brûlé en la cour du palais, au pied du grand escalier d'icelui, par l'exécuteur de la haute-justice : faire défenses à tous imprimeurs et libraires de l'imprimer, vendre et débiter; et à toutes autres personnes, de quelque qualité et condition qu'elles soient, de le distribuer ou communiquer, sous les peines portées par les ordonnances : enjoindre à tous ceux qui en ont des exemplaires, de les apporter incessamment au greffe de la cour, pour y être supprimés. Ordonner qu'il sera informé, à la requête de M. le procureur général, par-devant tels des conseillers de la cour qui sera commis, tant contre ceux qui ont composé ledit libelle, que contre ceux qui l'ont imprimé, débité, distribué et envoyé dans les maisons; et à cette fin, qu'il lui soit permis d'obtenir et faire publier monitoires en forme de droit : pour, le tout fait, rapporté et à eux communiqué, être par eux pris telles conclusions qu'ils aviseront bon être.

Et après avoir laissé ledit libelle sur le bureau, ils se sont retirés.

Lecture faite dudit libelle, la matière mise en délibération :

LA COUR, faisant droit sur le réquisitoire des gens du roi, ordonne que ledit libelle sera lacéré et brûlé devant la principale porte de l'église de Paris, par l'exécuteur de la haute-justice. Fait défenses à tous libraires et imprimeurs de l'imprimer, vendre et debiter; à toutes personnes de le distribuer, soit manuellement, ou en l'envoyant par la poste, ou autrement dans des paquets, et en quelque autre manière que ce puisse être, sous les peines portées par les ordonnances. Enjoint à tous ceux qui en ont des exemplaires, de les remettre incessamment au greffe de la cour, pour y être supprimés. Ordonne qu'il sera informé, à la requête du procureur général du roi, par-devant l'un des conseillers de ladite cour qui sera commis, contre ceux qui ont composé, imprimé, distribué et envoyé ledit libelle en cette ville de Paris et ailleurs; lui permet d'obtenir à cet effet, et faire publier monitoires en forme de droit; pour ce fait, communiqué au procureur général du roi, être ordonné ce qu'il appartiendra; et que les ordonnances contre ceux qui composent, impriment et distribuent des libelles diffamatoires, seront de nouveau publiées à son de trompe et cri public par les carrefours de cette ville de Paris, et partout ailleurs où besoin sera.

III.

RÉQUISITOIRE CONCERNANT LE BARROIS.

LE 27 MAI 1699.

Ce jour les gens du roi sont entrés, et M.e Henri-François d'Aguesseau, avocat dudit seigneur roi, portant la parole, ont dit à la Cour : Que la vigilance et l'application infatigable avec lesquelles ils doivent soutenir les droits du Roi, dont la défense est la principale et la plus ancienne fonction de leur ministère, ne leur permettent pas de demeurer dans le silence sur un abus qui s'introduit depuis quelque temps dans les siéges du bailliage et de la prévôté de Bar. Comme si cette province avoit cessé de faire partie du royaume, on affecte de n'y plus parler du Roi avec la distinction qui lui est due par tous ceux qui ont l'avantage de vivre sous sa domination. Au lieu de lui donner le nom de Roi absolument et sans aucune restriction, on ajoute à cette qualité le surnom inutile parmi ses sujets, de Roi *Très-Chrétien;* et on trouve des Français qui, osant parler de leur véritable maître comme d'un prince étranger, n'augmentent ses titres que pour diminuer indirectement l'étendue de sa puissance. Que non-seulement on souffre dans une audience publique, que des avocats s'expliquent d'une manière qui blesse si évidemment les droits sacrés de la dignité royale; mais les juges mêmes se donnent cette liberté, et ils ne craignent point d'approuver par leur signature, ce que personne ne devroit prononcer impunément en leur présence.

Qu'ils ont eu d'abord de la peine à croire que des officiers qui voient tous les jours leurs jugemens réformés dans ce tribunal, que des juges qui éprouvent sur eux-mêmes des effets du pouvoir qu'il plaît au Roi de confier à son parlement, eussent pu oublier sitôt les sentimens de respect et de soumission que le bonheur de leur naissance devoit avoir gravé plus profondément dans leur cœur.

Mais qu'il ne lui est plus permis d'en douter, depuis qu'ils ont eux-mêmes lu le surnom de Roi *Très-Chrétien* écrit dans onze sentences du bailliage et de la prévôté de Bar, qui leur sont tombées depuis quelques jours entre les mains, et qu'ils apportent à la cour.

Que ce seroit faire tort à la certitude et à la justice des droits du Roi, que d'entreprendre de prouver ici ce que ses ennemis même n'ont jamais osé lui contester ouvertement. Et si les officiers de Bar avoient mieux consulté les actes les plus avantageux qu'ils puissent alléguer en leur faveur, ces titres qu'ils doivent respecter comme des monumens de la munificence et de la libéralité purement gratuite de nos rois, ils auroient aisément reconnu dans la réserve expresse de l'hommage-lige et du ressort; ce double caractère de supériorité d'un côté, de dépendance de l'autre, qui constitue toute l'essence de la souveraineté.

Qu'ils ne sauroient même croire encore que ces officiers refusent véritablement de le reconnoître; et qu'ils ne peuvent considérer ce qui s'est passé dans ces derniers temps au bailliage de Bar, que comme l'entreprise téméraire de quelques particuliers, qui n'aura point de suite, comme elle n'a n'a point eu de fondement. Mais pour étouffer cet abus dans sa naissance, ils croient que leur devoir les oblige de demander à la cour, qu'il lui plaise d'exercer en ce jour la plus auguste fonction de la justice souveraine du Roi, en l'employant toute entière à faire respecter la grandeur et l'autorité de celui qui la lui donne.

Que les habitans du Barrois instruits par l'arrêt que la cour va prononcer, reconnoissent avec joie qu'ils ont la gloire et le bonheur d'obéir au même maître que nous. Qu'ils respectent les plus nobles images de sa grandeur dans la personne de leurs ducs; mais qu'ils remontent jusqu'au principe et à la source de leur puissance, pour révérer avec nous, dans la personne de nos Rois, cette majesté suprême à laquelle les plus grands princes et les Rois même n'ont point rougi de rendre hommage, en s'avouant avec respect les vassaux et les hommes-liges de la couronne.

C'est dans cette vue, et pour satisfaire à la plus essentielle de leurs obligations, qu'ils requièrent qu'il plaise à la cour de faire défenses à tous avocats, procureurs, notaires et sergens du ressort du bailliage et de la prévôté de Bar, d'ajouter au nom du Roi le surnom de *Très-Chrétien*, tant dans les plaidoiries que dans les écritures ou autres actes qui sont de leur ministère; faire pareilles inhibitions et défenses à tous juges dans l'étendue desdits bailliage et prévôté de Bar, de se servir du surnom de *Roi Très-Chrétien* dans la prononciation et rédaction de leurs jugemens, ni de souffrir que les avocats et procureurs qui plaideront devant eux, s'expliquent en cette manière; leur enjoindre à tous de parler du Roi, comme il convient à des sujets de parler de leur souverain seigneur; le tout à peine d'interdiction, et de telle amende qu'il plaira à ladite cour d'arbitrer, même de plus grande peine, s'il y échet, en cas de récidive; et d'ordonner que l'arrêt qui interviendra sur leurs conclusions, sera enregistré, lu et publié au bailliage de Bar, et affiché partout où besoin sera, afin que personne n'en prétende cause d'ignorance.

Monsieur le premier président, après avoir loué le zèle des gens du roi pour le service dudit seigneur et la conservation des droits de la couronne, leur a dit que la cour alloit délibérer sur leur remontrance; et les gens du roi, après avoir laissé sur le bureau les onze jugemens dont ils ont parlé, se sont retirés.

Lecture faite desdits onze jugemens du bailliage et de la prévôté de Bar, la matière mise en délibération :

LA COUR faisant droit sur les conclusions du procureur général du roi, fait défenses à tous avocats, procureurs, notaires, sergens et praticiens du ressort du bailliage et de la prévôté de Bar, d'ajouter au nom du Roi le surnom de *Très-Chrétien* dans les plaidoiries, écritures et tous autres actes de leurs ministres; et au bailli de Bar et tous autres juges, de s'en servir dans la prononciation et la rédaction de leurs jugemens, ni de souffrir que les avocats et procureurs qui plaideront devant eux, s'expliquent de cette manière en parlant du Roi; leur enjoint à tous d'en parler dans les termes qu'il convient à des sujets de parler de leur souverain seigneur, à peine d'interdiction et d'amende, telles qu'il conviendra pour la première fois, et en cas de récidive, de plus grande peine. Ordonne que le présent arrêt sera lu et publié dans lesdits bailliage et prévôté de Bar, l'audience tenante, et enregistré dans leurs registres, pour être exécuté selon la forme et teneur; et afin que personne n'en prétende cause d'ignorance, affiché partout où besoin sera. FAIT en Parlement le vingt-sept mai mil six cent quatre-vingt-dix-neuf. *Signé* BERTHELOT.

IV.

RÉQUISITOIRE SUR LES PRISES A PARTIE.

LE 4 JUIN 1699.

Ce jour, les grand'chambre et tournelle assemblées, les gens du roi sont entrés, et M.e Henri-François d'Aguesseau, avocat dudit seigneur roi, portant la parole, ont dit à la Cour :

Que comme le zèle dont elle est animée pour tout ce qui regarde l'honneur des juges, ne se renferme pas dans les bornes de la compagnie, et qu'il se répand sur tous ceux qui ont une portion de ce caractère éminent dont elle possède la plénitude, ils croient devoir lui proposer aujourd'hui d'autoriser par un réglement général, et de confirmer pour toujours un ancien usage digne de la sagesse des premiers magistrats, et de la protection qu'ils doivent donner aux juges subalternes dont l'honneur est remis entre leurs mains.

Que cet usage, qui a paru si favorable qu'il s'est introduit sans le secours d'aucune loi, ne permet pas que l'on intime aucun juge en son propre et privé nom, ou qu'on le prenne à partie, sans en avoir auparavant obtenu la permission de la cour. C'est à elle seule qu'il appartient de donner aux parties la liberté d'attaquer leurs propres juges, et elles doivent garder un silence respectueux sur la conduite des ministres de la justice, jusqu'à ce que la justice elle-même ouvre la bouche à leurs plaintes.

Que quoique les arrêts de la cour aient presque

toujours maintenu cette maxime dans toute sa pureté, il faut avouer néanmoins qu'elle a souffert quelques atteintes dans des espèces particulières, parce qu'il n'y a point eu jusqu'à présent de véritable réglement qui l'ait rendue absolument inviolable. Et comme ils ont l'honneur de parler aujourd'hui dans le tribunal qui représente toute la majesté du parlement, et auquel seul il appartient de faire des réglemens, ils demandent à la cour qu'il lui plaise de prêter le secours nécessaire d'une autorité solennelle à un usage que la raison seule a établi; et pour mieux marquer encore combien l'honneur des juges inférieurs lui est précieux, ils lui proposèrent de renouveler par ce réglement les défenses qu'elle a si souvent faites à tous les plaideurs de se servir jamais d'aucunes expressions injurieuses, capables de blesser la dignité des juges qui auront la disgrâce d'être pris à partie. Qu'ils se contentent de jouir de la liberté que l'ordre public leur accorde, de faire descendre leur juge de son tribunal, et de le rendre égal à eux en l'obligeant à devenir leur partie; mais qu'ils respectent toujours le caractère, dans le temps même qu'ils croient avoir droit de se plaindre de la personne : et qu'ils n'oublient jamais que celui qu'ils attaquent a été autrefois leur juge, toujours digne de respect, par l'honneur qu'il a de porter ce nom, quand même il auroit été assez malheureux pour en abuser.

Par ces considérations ils ont requis qu'il plût à la cour faire défenses à toutes personnes, de quelque état et qualité qu'elles soient, de prendre à partie aucuns juges, ni de les faire intimer en leur privé nom sur l'appel des jugemens par eux rendus, sans en avoir auparavant obtenu la permission nommément et expressément par un arrêt de la cour, à peine de nullité des procédures, et de telle amende qu'il plaira à ladite cour arbitrer; enjoindre à tous ceux qui croiront devoir prendre des juges à partie, de se contenter d'expliquer simplement, et avec la modération convenable, les faits et les moyens qu'ils estimeront nécessaires à la décision de la cause sans se servir de termes injurieux et contraires à l'honneur et à la dignité des juges, à peine de punition exemplaire, et ordonner que l'arrêt qui interviendroit sur leurs conclusions, seroit lu et publié dans tous les bailliages, sénéchaussées et siéges du ressort.

Les gens du roi retirés, la matière mise en délibération :

Ladite cour, faisant droit sur les conclusions du procureur général du roi, fait défenses à toutes personnes de quelque état et qualité qu'elles soient, de prendre à partie aucuns juges, ni de les faire intimer en leur propre et privé nom, sur l'appel des jugemens par eux rendus, sans en avoir auparavant obtenu la permission expresse par arrêt de la cour, à peine de nullité des procédures, et de telle amende qu'il conviendra. Enjoint à tous ceux qui croiront devoir prendre des juges à partie, de se contenter d'expliquer simplement, et avec la modération convenable, les faits et les moyens qu'ils estimeront nécessaires à la décision de leur cause, sans se servir de termes injurieux et contraires à l'honneur et à la dignité des juges, à peine de punition exemplaire. Ordonne que le présent arrêt sera envoyé aux bailliages et sénéchaussées du ressort, pour y être lu et publié. Enjoint aux substituts du procureur général du roi d'y tenir la main, et d'en certifier la cour dans un mois. Fait en parlement le quatre juin mil six cent quatre-vingt-dix-neuf. *Signé,* Dongois.

V.

RÉQUISITOIRE

Pour l'enregistrement de la bulle contre le livre des Maximes des Saints.

LE 14 AOUT 1699.

Ce jour, les grand'chambre et tournelle assemblées, les gens du roi sont entrés, et M.e Henri-François d'Aguesseau, avocat dudit seigneur roi, portant la parole, ont dit :

Messieurs,

Nous apportons à la cour des lettres patentes, par lesquelles il a plu au Roi d'ordonner l'enregistrement et la publication de la constitution de N. S. P. le pape, qui condamne le livre intitulé: *Explication des maximes des saints sur la vie intérieure*, composée par messire François de Salignac de Fénélon, archevêque de Cambrai : et nous nous estimons heureux de pouvoir vous annoncer en même temps la conclusion de cette grande affaire, qui, après avoir tenu toute l'église en suspens pendant plus de deux années, lui a donné autant de joie et de consolation dans sa fin, qu'elle lui avoit causé de douleur et d'inquiétude dans son commencement.

Ce saint, ce glorieux ouvrage, dont le succès intéressoit également la religion et l'état, le sacerdoce et l'empire, est le fruit précieux de leur parfaite intelligence. Jamais les deux puissances suprêmes que Dieu a établies pour gouverner les hommes, n'ont concouru avec tant de zèle, disons même avec tant de bonheur, à la fin qui leur est commune, c'est-à-dire, à la gloire de celui qui prononce ses oracles par la bouche de l'église, et qui les fait exécuter par l'autorité des rois.

Des ténèbres d'autant plus dangereuses qu'elles empruntoient l'apparence et l'éclat de la plus vive lumière, commençoient à couvrir la face de l'église. Les esprits les plus élevés, les ames les plus célestes, trompées par les fausses lueurs d'une spiritualité éblouissante, étoient celles qui couroient avec le plus d'ardeur après l'ombre d'une perfection imaginaire : et si Dieu n'avoit abrégé ces jours d'illusion et d'égarement, les élus mêmes, s'il est possible, et s'il nous est permis de le dire après l'écriture, auroient été en danger d'être séduits.

La vérité s'est fait entendre par la voix du pape, et par celle des évêques : elle a appelé la lumière, et la lumière est sortie du sein des ténèbres. Il n'a fallu qu'une parole pour dissiper les nuages de l'erreur ; et le remède a été si prompt et si efficace, qu'il a effacé jusqu'au souvenir du mal dont nous étions menacés.

Un des plus saints pasteurs que Dieu, dans sa miséricorde, ait jamais donnés à son église ; un pape digne par son éminente piété d'être né dans ces siècles heureux où le ciel mettoit au nombre de ses saints tous ceux que Rome avoit élevés au rang de ses pontifes, est celui que la providence a choisi pour faire ce discernement si nécessaire, mais si difficile, entre la vraie et la fausse spiritualité. La gloire en étoit due à un pontificat si pur, si désintéressé, si pacifique ; il semble que Dieu, dont les yeux sont toujours ouvert sur les besoins de son église, ait prolongé les jours de notre saint pontife, qu'il ait ranimé sa vieillesse comme celle de l'aigle, pour parler encore le langage de l'écriture, et qu'il lui ait inspiré une nouvelle ardeur à l'extrémité de sa course, pour le mettre en état d'être non-seulement l'auteur, mais le consommateur de ce grand ouvrage.

L'église gallicane représentée par les assemblées des évêques de ses métropoles, a joint son suffrage à celui du saint siége : animée par l'exemple et par les doctes écrits de ces illustres prélats qui se sont déclarés si hautement les zélés défenseurs de la saine doctrine, elle a rendu un témoignage éclatant de la pureté de sa foi. La vérité n'a jamais remporté une victoire si célèbre ni si complète sur l'erreur; aucune voix discordante n'a troublé ce saint concert, cette heureuse harmonie des oracles de l'église. Et quelle a été sa joie, lorsqu'elle a vu celui de ses pasteurs dont elle auroit pu craindre la contradiction, si son cœur avoit été complice de son esprit, plus humble et plus docile que la dernière brebis du troupeau, prévenir le jugement des évêques, se hâter de prononcer contre lui-même une triste, mais salutaire censure; et rassurer l'église effrayée de la nouveauté de sa doctrine, par la protestation aussi prompte que solennelle d'une soumission sans réserve, d'une obéissance sans bornes; et d'un acquiescement sans ombre de restriction!

Que restoit-il après cela, si ce n'est qu'un roi dont le règne victorieux n'a été qu'un long triomphe, encore plus pour la religion que pour lui-même, voulut toujours mériter le titre auguste de protecteur de l'église et d'évêque extérieur, en joignant les armes visibles de la puissance royale à la force invisible de l'autorité ecclésiastique?

C'est lui qui, après avoir donné aux évêques la sainte consolation de traiter en commun des affaires de la foi suivant la pureté de l'ancienne discipline, met aujourd'hui le dernier sceau à leurs délibérations, en ordonnant que la constitution du pape, acceptée par les églises de son royaume, sera reçue, publiée, et exécutée dans ses états.

Nous avons vu avec plaisir les évêques renouveler en faveur de ce grand prince, ces saintes acclamations, ces vœux si tendres et si touchans que les pères des conciles généraux ont faits autrefois en faveur des empereurs romains. Qu'il nous soit permis d'emprunter aussi leurs éloquentes expressions, et de dire après eux avec encore plus de vérité : Grâces immortelles au nouveau David, au nouveau Constantin, illustre par ses conquêtes, plus illustre encore par son zèle pour la religion. Vainqueur des ennemis de l'état, il triomphe avec plus de joie de ceux de l'église. Destructeur de l'hérésie, vengeur de la foi, auteur de la paix, plein de ce double esprit qui forme les grands rois et les grands évêques, roi et prêtre tout ensemble, ce sont les termes du concile de Chalcédoine, que la Providence, qui lui a donné ce cœur royal et sacerdotal, le conserve long-temps sur la terre pour la gloire de la religion, et pour notre bonheur : que le Dieu qu'il fait régner en sa place, étende le cours de sa vie au delà des bornes de la nature : et que le roi du ciel protège toujours celui de la terre. Ce sont les vœux des pasteurs, ce sont les prières des églises ; et nous osons dire, messieurs, que ce sont encore plus, s'il est possible, et vos souhaits et les nôtres.

Ne craindrons-nous point de mêler à des applaudissemens si justement mérités, les protestations solennelles que le public attend de nous en cette occasion, contre les conséquences que l'on pourroit tirer un jour de l'extérieur et de l'écorce d'une constitution qui ne renferme rien dans sa substance, que de saint et de vénérable.

Mais sans attester ici avec nos illustres prédécesseurs, la foi de ce serment inviolable qui nous a dévoués à la défense des droits sacrés de l'église et de l'état, ne nous suffit-il pas de pouvoir nous rendre ce témoignage à nous-mêmes, que nous marchons avec autant de confiance que de simplicité, dans la route que nos pasteurs nous ont tracée ?

Comme eux nous adhérons à cette doctrine si pure que le chef de l'église, le successeur de saint Pierre, le vicaire de Jésus-Christ, le père commun de tous les fidèles, vient de confirmer par sa décision.

Mais comme eux aussi, et nous devons dire même,

encore plus qu'eux; nous sommes obligés de conserver religieusement le dépôt précieux de l'ordre public, que le Roi veut bien confier à notre ministère; et de le transmettre à nos successeurs, aussi pur, aussi entier, aussi respectable que nous l'avons reçu de ceux qui nous ont précédés.

Après cela, nous ne nous engagerons point dans de longues dissertations, ni sur la forme générale de la constitution dont nous venons au nom du Roi requérir l'enregistrement, ni sur les clauses particulières qu'elle renferme.

Nous savons que le pouvoir des évêques et l'autorité attachée à leur caractère d'être juges des causes qui regardent la foi, est un droit aussi ancien que la religion, aussi divin que l'institution de l'épiscopat, aussi immuable que la parole de Jésus-Christ même.

Que cette doctrine établie par l'écriture, confirmée par le premier usage de l'église naissante, soutenue par l'exemple de ce qui s'est passé d'âge en âge et de génération en génération dans les causes de la foi, transmise jusqu'à nous par les pères et par les docteurs de l'église, enseignée par les plus saints papes, attestée dans tous les siècles par la bouche de ceux qui composent la chaîne indissoluble de la tradition, et surtout par les témoignages anciens et nouveaux de l'église de France; n'a pas besoin du secours de notre foible voix, pour être regardée comme une de ces vérités capitales que l'on ne peut attaquer sans ébranler l'édifice de l'église dans ses plus solides fondemens.

Que si des esprits peu éclairés avoient besoin de preuves pour être convaincus de cette grande maxime, il suffiroit de les renvoyer aux savans actes de ces assemblées provinciales que la postérité conservera comme un monument glorieux des lumières et de l'érudition de l'église gallicane.

C'est là qu'ils apprendront beaucoup mieux que dans nos paroles, quelle multitude de faits, quelle nuée de témoins s'élèvent en faveur de l'unité de l'épiscopat.

C'est là qu'ils reconnoîtront que si la division des royaumes, la distance des lieux, la conjoncture des affaires, la grandeur du mal, le danger d'en différer le remède, ne permettent pas toujours de suivre l'ancien ordre et les premiers vœux de l'église, en assemblant les évêques; il faut au moins qu'ils examinent séparément ce qu'ils n'ont pu décider en commun; et que leur consentement exprès ou tacite, imprime à une décision vénérable par elle-même, le sacré caractère d'un dogme de la foi.

Et soit que les évêques de la province étouffent l'erreur dans le lieu qui l'a vu naître, comme il est presque toujours arrivé dans les premiers siècles de l'église; soit qu'ils se contentent d'adresser leurs consultations au souverain pontife sur des questions dont ils auroient pu être les premiers juges, comme nous l'avons vu encore pratiquer dans ce siècle; soit que les empereurs et les rois consultent eux-mêmes et le pape et les évêques, comme l'orient et l'occident en fournissent d'illustres exemples; soit enfin que la vigilance du saint siége prévienne celle des autres églises, comme on l'a souvent remarqué dans ces derniers temps; la forme de la décision peut être différente, quand il ne s'agit que de censurer la doctrine, et non pas de condamner la personne de son auteur; mais le droit des évêques demeure inviolablement le même, puisqu'il est vrai de dire qu'ils jugent toujours également, soit que leur jugement précède, soit qu'il accompagne, ou qu'il suive celui du premier siége.

Ainsi, au milieu de toutes les révolutions qui altèrent souvent l'ordre extérieur des jugemens, rien ne peut ébranler cette maxime incontestable qui est née avec l'église, et qui ne finira qu'avec elle : que chaque siége, dépositaire de la foi et de la tradition de ses pères, est en droit d'en rendre témoignage, ou séparément, ou dans l'assemblée des évêques, et que c'est de ces rayons particuliers que se forme ce grand corps de lumière, qui, jusqu'à la consommation des siècles, fera toujours trembler l'erreur, et triompher la vérité.

Nous sommes même persuadés que jamais il n'a été moins nécessaire de rappeler ces grands principes de l'ordre hiérarchique, que sous le sage pontificat du pape qui nous gouverne.

Successeur des vertus encore plus que de la dignité du grand saint Grégoire, il croiroit, comme ce saint pape, se faire une injure à lui-même, s'il donnoit la moindre atteinte au pouvoir de ses frères les évêques : *Mihi injuriam facio, si fratrum meorum jura perturbo.* Il sait comme lui, que l'honneur de l'église universelle est son plus grand honneur; que la gloire des évêques est sa véritable gloire; et que plus on rehausse l'éclat de leur grandeur, plus on relève la dignité de celui que la Providence divine a certainement placé au-dessus d'eux.

Il aspire à être aussi saint, mais non pas plus puissant dans l'église, que ces fermes colonnes de la vérité, saint Innocent, saint Léon, saint Martin, et tant d'autres saints pontifes, qui, tous également assis dans la chaire du prince des apôtres, n'ont pas cru avilir la dignité du saint siége, lorsqu'ils ont jugé que le suffrage des évêques devoit affermir irrévocablement l'autorité de leur décision; et que c'étoit à ce caractère sensible d'une parfaite union des membres avec leur chef, que tous les chrétiens étoient obligés de reconnoître la voix de la vérité, et le jugement de Dieu même.

Nous pourrions donc dire avec confiance, qu'il ne seroit pas absolument nécessaire de protester ici en faveur du pouvoir et de l'autorité des évêques, si nous étions assurés d'obtenir toujours de la faveur du ciel un pape semblable à celui qu'il laisse encore à la terre.

Mais comme les temps ne seront peut-être pas toujours tranquilles, aussi éclairés, aussi heureux que ceux dans lesquels nous vivons, nous ne pouvons nous dispenser, Messieurs, de vous supplier ici de prévenir par une modification salutaire, les avantages que l'ignorance ou l'ambition des siècles à venir pourroit tirer un jour de ce qui s'est passé touchant la constitution du pape que nous avons l'honneur de vous présenter.

Dispensateurs d'une portion si considérable de l'autorité du Roi, consacrez-la, comme lui, à la défense et à la gloire de l'église; conciliez par un sage tempérament, les intérêts du pape avec ceux des évêques; recevez son jugement avec une profonde vénération, mais sans affoiblir l'autorité des autres pasteurs. Que le pape soit toujours le plus auguste, mais non pas l'unique juge de notre foi; que les évêques soient toujours assis après lui, mais avec lui, pour exercer le pouvoir que J. C. leur a donné en commun d'instruire les nations, et d'être dans tous les temps et dans tous les lieux les lumières du monde.

Après avoir envisagé la constitution que nous apportons à la cour, par rapport à la forme générale de la décision, deux clauses particulières qui y sont insérées, attirent encore l'attention de notre ministère.

L'une est la clause qui porte, que la constitution est émanée *du propre mouvement de sa Sainteté*.

Clause qui ne s'accorde ni avec l'ancien usage de l'église, suivant lequel les décisions du pape devoient être formées dans son concile; ni avec la discipline présente, dans laquelle cet ancien concile est représenté par le collége des cardinaux.

Clause que les docteurs ultramontains ont même regardée comme peu honorable au saint siége; puisque, selon eux, dans sa première origine, elle faisoit considérer la décision du pape, plutôt comme l'ouvrage d'un docteur particulier, que comme le jugement du chef de l'église.

Clause enfin contre laquelle nos pères se sont élevés en 1623 et en 1646, et qui, quoique beaucoup plus innocente dans la conjoncture de cette affaire, ne doit jamais être approuvée parmi nous, quand même on ne pourroit lui opposer que la crainte des conséquences.

L'autre clause est celle qui prononce une défense générale de lire le livre condamné, *même à l'égard de ceux qui ont besoin d'une mention expresse.*

Il seroit inutile de s'étendre ici sur la nouveauté et sur les inconvéniens de cette clause. Vous savez, MESSIEURS, de quelle importance il est de ne se relâcher jamais de l'observation exacte de ces grandes maximes que les papes eux-mêmes nous ont enseignées, lorsqu'ils ont reconnu qu'il y a des personnes qui ne sont jamais comprises ni dans les décrets du saint siége, ni dans les canons des conciles, quelque générale que soit leur disposition, si elles n'y sont nommément et expressément désignées.

Nous sommes convaincus que l'on n'abusera jamais de ce style nouveau, qui semble donner atteinte indirectement à cette maxime inviolable; et trop de raisons nous empêchent de craindre un pareil abus, pour vouloir en relever ici les conséquences.

Mais quelque assurance que nous ayons sur ce sujet, nous manquerions à ce que nous devons au Roi, au public, à nous-mêmes, si nous ne déclarions au moins que nous ne pouvons approuver une clause qu'il nous suffit de regarder comme nouvelle, pour ne la pas recevoir.

Telles sont, MESSIEURS, toutes les observations que notre devoir nous oblige de faire, et sur la forme générale, et sur les clauses particulières de la constitution. Nous n'avons eu qu'un seul but en vous les expliquant; et tout ce que notre ministère exige de nous, après l'acceptation solennelle des églises de France, se réduit à vous proposer aujourd'hui d'imiter cette simple, mais utile protestation que nous trouvons dans les souscriptions d'un ancien concile d'Espagne *salvâ priscorum Canonum auctoritate.*

C'est sur ce modèle que nous avons cru devoir former les conclusions que nous avons prises par écrit en la manière accoutumée; nous les déposons entre vos mains, et nous les soumettons avec respect à la supériorité de vos lumières.

C'est par vos yeux que le Roi veut examiner l'extérieur et la forme du bref que nous vous apportons; c'est à vous qu'il confie la défense des droits sacrés de sa couronne, et ce qui ne lui est pas moins cher, la conservation des saintes libertés de l'église gallicane, persuadé que, bien loin d'altérer cette heureuse concorde que nous voyons régner entre l'empire et le sacerdoce, vous l'affermirez par la sagesse de vos délibérations, afin que les vœux communs de l'église et de l'état soient également exaucés; et que, ne séparant plus les ouvrages de deux puissances qui procèdent du même principe, et qui tendent à la même fin, nous respections en même temps, selon la pensée d'un ancien auteur ecclésiastique, et la majesté du Roi dans les décrets du souverain pontife, et la sainteté du souverain pontife dans les ordonnances du Roi : *Ità sublimes istæ personæ tantâ unanimitate jungantur, ut Rex in romano pontifice, et romanus pontifex inveniatur in Rege.*

C'est dans cette vue que NOUS REQUÉRONS qu'il plaise à la cour ordonner que les lettres patentes du Roi en forme de déclaration, et la constitution du pape, seront enregistrées, lues et publiées en la manière ordinaire, aux charges portées par les conclusions que nous remettons entre ses mains avec les lettres patentes et la constitution.

APRÈS ce discours, les gens du roi ont laissé sur le bureau lesdites lettres patentes, avec ladite constitution en forme de bref, la lettre de cachet du roi et les conclusions prises par écrit par le procureur général du roi, et ils se sont retirés.

Et ensuite toutes les chambres ayant été assemblées, lecture a été faite de la lettre de cachet, desdites lettres patentes en forme de déclaration, données à Versailles le quatrième du présent mois d'août, signées, LOUIS; et plus bas, par le Roi, PHELYPEAUX, et scellées du grand sceau de cire jaune;

par lesquelles pour les causes y contenues, ledit seigneur roi auroit dit, déclaré et donné, veut et lui plaît que la constitution de notre saint père le pape en forme de bref, du 12 mars dernier, attachée sous le contre-scel desdites lettres, portant condamnation du livre intitulé, *Explication des maximes des saints sur la vie intérieure*, composé par le sieur de Salignac de Fénélon, archevêque de Cambrai, acceptée par les archevêques et évêques du royaume, y soit reçue et publiée, pour y être exécutée, gardée et observée selon sa forme et teneur, et auroit ledit seigneur Roi exhorté, et néanmoins enjoint à tous lesdits archevêques et évêques, conformément aux résolutions qu'ils en avoient prises eux-mêmes, de la faire lire et publier incessamment dans toutes les églises de leurs diocèses, enregistrer dans les greffes de leurs officialités, et de donner tous les ordres qu'ils estimeroient les plus efficaces pour la faire exécuter ponctuellement. Ordonné en outre que ledit livre, ensemble tous les écrits qui ont été faits, imprimés et publiés pour la défense des propositions qui y sont contenues, et qui ont été condamnées, seroient supprimés, avec défenses à toutes personnes, à peine de punition exemplaire, de les débiter, imprimer et retenir : enjoint à ceux qui en ont, de les rapporter aux greffes des justices de leur ressort, ou en ceux des officialités pour y être supprimés ; et à tous les officiers du roi et autres de police, de faire toutes les diligences et perquisitions nécessaires pour l'exécution desdites lettres. Défenses pareillement de composer, imprimer et débiter à l'avenir aucuns écrits, lettres ou autres ouvrages, sous quelque prétexte et forme que ce puisse être, pour soutenir, favoriser, et renouveler lesdites propositions condamnées, à peine d'être procédé contr'eux, comme perturbateurs du repos public, ainsi que le contiennent plus au long lesdites lettres à la cour adressantes, avec ordre que s'il lui apparoissoit qu'il n'y eût rien dans ladite constitution de contraire aux saints décrets, constitutions canoniques, aux droits et prééminences de la couronne, et aux libertés de l'église gallicane, elle eût à faire lire, publier et enregistrer lesdites lettres, ensemble ladite constitution, et le contenu en icelles garder, et faire observer dans l'étendue du ressort de ladite cour, et en ce qui dépendoit de l'autorité que ledit seigneur roi lui donnoit; ensemble de ladite constitution attachée sous le contre-scel desdites lettres; et des conclusions par écrit du procureur général du roi. La matière mise en délibération :

LA COUR a arrêté et ordonné que lesdites lettres et ladite constitution en forme de bref seront registrées au greffe de ladite cour, pour être exécutées selon leur forme et teneur, et copies collationnées envoyées aux bailliages et sénéchaussées du ressort, pour y être lues, publiées et registrées; enjoint aux substituts et procureur général du roi d'y tenir la main, et d'en certifier la cour dans un mois. Sans que ce qui s'est passé au sujet de ladite constitution puisse préjudicier à l'ordre établi pour les jugemens ecclésiastiques, ni à la juridiction ordinaire des évêques; comme aussi sans approbation de la clause portant que ladite constitution est donnée du propre mouvement du pape, et de la défense qu'elle contient de lire le livre qui y est condamné, même à l'égard des personnes qui ont besoin d'une mention expresse, et sans que lesdites clauses puissent être tirées à conséquence en d'autres occasions. FAIT en parlement, le quatorzième août mil six cent quatre-vingt-dix-neuf. *Signé*, DONGOIS.

RÉCIT FAIT AU PARLEMENT

AU MOIS D'AOUT 1699,

En conséquence d'une délibération par laquelle les gens du roi avoient été chargés de porter à Sa Majesté l'arrêt du 14 août 1699, qui avoit ordonné l'enregistrement des lettres patentes sur la bulle contre le livre des Maximes des Saints, *avec plusieurs clauses pour la conservation des libertés de l'église gallicane.*

Nous avons exécuté les ordres que la Cour nous avoit donnés vendredi dernier. Le Roi en ayant été informé, nous avoit fait dire de nous trouver dimanche à Versailles, à l'issue de son dîner.

Nous nous y sommes rendus à l'heure qui nous avoit été marquée, et, ayant été introduits dans son cabinet, nous eûmes l'honneur de lui dire :

Que la compagnie nous avoit chargé de lui rendre de très-humbles actions de grâces de la bonté qu'il avoit eue de lui confier l'examen de la constitution du pape sur le livre de M. l'archevêque de Cambrai, et de mettre son parlement en état de lui donner de nouvelles preuves du zèle ardent qu'il auroit toujours pour la défense des droits sacrés de sa couronne et des libertés de l'église gallicane.

Que la cour avoit cru en même temps qu'il étoit de son devoir, de son respect et de sa reconnoissance de lui rendre un compte exact de l'usage qu'elle avoit fait du pouvoir qu'il avoit bien voulu lui conserver, et que, dans cette vue, elle nous avoit ordonné d'avoir l'honneur de lui présenter une copie de l'arrêt d'enregistrement, par lequel il connoîtroit beaucoup mieux que par nos paroles, les sages tempéramens que le parlement avoit cru devoir prendre pour le bien de son service dans une affaire de cette importance.

Nous ajoutâmes enfin que la compagnie osoit l'assurer qu'elle tâcheroit toujours de mériter, par son attachement et son application infatigable à servir un si bon maître, la continuation des marques d'estime et de confiance dont il avoit bien voulu l'honorer en cette occasion.

Le Roi nous fit l'honneur de nous répondre : Qu'il avoit cru ne pouvoir mieux faire, que de remettre entre les mains de son parlement de Paris l'examen d'une affaire qui regardoit le bien de l'église et l'ordre public de son royaume ; qu'il savoit qu'il n'y a point de compagnie où il puisse trouver ni plus de lumière et de capacité pour connoître ses véritables droits, ni tant de fermeté, et en même temps de prudence pour les soutenir ; que tout ce qu'il désiroit n'étoit pas tant d'être servi avec ardeur, que de l'être dans les règles les plus exactes ; et que, comme il avoit toujours été beaucoup plus jaloux de la justice que de son autorité, il n'avoit jamais exigé, et qu'il n'exigeroit jamais de ses officiers que ce que leur honneur et leur conscience demanderoient d'eux avant lui ; qu'il voyoit avec plaisir combien son parlement étoit entré dans ses sentimens ; qu'il étoit persuadé qu'il en useroit toujours de la même manière, et que, de son côté, il seroit très-aise de lui donner toujours de nouveaux témoignages de son approbation et de la satisfaction qu'il avoit de ses services.

Nous l'assurâmes du profond respect et de la parfaite reconnoissance avec laquelle la compagnie recevroit ce qu'il nous auroit ordonné de lui dire de sa part ; et, après lui avoir fait aussi nos très-humbles remercîmens, nous nous retirâmes.

VI.

DISCOURS

Sur la présentation des lettres de M. le chancelier de Pontchartrain.

LE 18 JUIN 1700.

LA cérémonie de ce jour, profanée souvent par la flatterie, et presque toujours consacrée à la vanité, devient aujourd'hui véritablement auguste par le culte religieux que l'éloquence rend à la sévère modestie de M. le chancelier.

Aussi constant à refuser les louanges qu'attentif à les mériter, il ne cherche dans la vertu que la vertu même. Élevé à la suprême magistrature, il veut que la modestie et la simplicité montent avec lui sur le trône de la justice; et, bien loin de se laisser éblouir par une flatterie ingénieuse, la vérité même lui devient suspecte dès le moment qu'elle ose le louer. Mais c'est en vain qu'il étouffe aujourd'hui la voix de l'éloquence, et qu'il veut faire céder un usage aussi ancien que solennel, à la loi nouvelle d'une inflexible modestie. Il ne paroît jamais plus digne de louanges que lorsqu'il les évite; sa modestie même le trahit; elle excite les éloges qu'elle condamne, et le mépris de la gloire l'élève, malgré lui, jusqu'au comble de la gloire même.

Que les orateurs ne se plaignent donc plus de la violence qu'il fait à leur zèle; leur silence l'honore encore plus que leurs paroles. Entrons nous-mêmes avec respect dans les sentimens de M. le chancelier; écoutons, s'il se peut, jusqu'à la loi secrète de ses désirs. Que le serviteur fidèle ne prenne devant son maître que la qualité de serviteur inutile; que, plein de la grandeur des services qu'il espère de lui rendre, il compte pour rien tous ceux qu'il lui a rendus; que le soin même qu'il prend de taire le passé fasse croître notre attente pour l'avenir; et qu'il ajoute à nos espérances tout ce qu'il retranche à nos éloges.

Mais si la modération de M. le chancelier ne nous permet pas de parler ici de tout ce qu'il a fait pour le Roi, son devoir et le nôtre nous ordonnent également de publier avec joie ce que le Roi a fait pour lui.

Joignons donc notre reconnoissance à celle de M. le chancelier. Son élévation est un bien qui nous est encore plus propre qu'à M. le chancelier même. Que la pompe de ce jour ne soit pas seulement consacrée au culte de la modestie; qu'elle devienne encore le triomphe de la reconnoissance. Cherchons-en les justes motifs dans les lettres mêmes que l'on vient de publier : c'est au Roi qu'il est réservé d'égaler par ses paroles la sagesse de son choix; et l'auteur du bienfait est seul capable de nous en faire sentir toute l'étendue.

Quelle joie pour ceux qui ont la gloire de servir un si grand prince, de voir que dans sa bouche les morts ne sont pas moins honorés que les vivans; qu'ils vivent dans son cœur par leurs services, et dans son esprit par leur réputation; que le Roi se charge même d'acquitter les dettes de ses prédécesseurs, et veuille achever de récompenser la vertu des ancêtres de M. le chancelier, en leur accordant après leur mort la plus glorieuse et la plus rare de toutes les récompenses, le souvenir et la reconnoissance d'un roi qu'ils n'ont pas eu le bonheur de servir.

C'est donc à nous, pour entrer dignement dans les intentions du Roi, de lui rendre aujourd'hui de publiques actions de grâces d'avoir choisi le chef de la justice entre les descendans de ces hommes illustres, dont les services ont mérité la gloire de renfermer successivement dans une seule famille ce qui auroit pu en illustrer huit ; et de voir ces charges éminentes qui partagent l'intime confiance de nos rois, devenir pour eux presque héréditaires, sans cesser jamais d'être une preuve éclatante du discernement du prince et de la vertu du sujet.

Qu'il est glorieux à cette auguste compagnie de voir le Roi commencer ensuite l'énumération des dignités dont il a revêtu M. le chancelier, par l'honneur que ce grand magistrat a eu autrefois d'entrer dans un sénat accoutumé depuis long-temps à être le séminaire des chanceliers de France !

La fortune, pleine des grands desseins qu'elle avoit déjà conçus pour M. le chancelier, se hâta de lui ouvrir avant le temps l'entrée des dignités ; et la justice, qui compte les années des autres hommes, ne voulut peser que le mérite de M. de Pontchartrain.

Qu'on ne demande point ici quelle secrète loi parut fixer ensuite la rapidité de ses premières démarches, et suspendre pour un temps le cours de ses hautes destinées.

Il falloit que le chef de la justice pût croître pendant long-temps à l'ombre de la justice même ; il falloit que le premier parlement eût seul la gloire d'avoir formé le premier magistrat du royaume, et que celui dont la suprême justice devoit se répandre un jour dans toutes les parties de l'état en eût puisé les saintes maximes pendant seize années dans leur source la plus pure, ou plutôt dans la plénitude de cette mer dont toutes les autres juridictions ne sont qu'un écoulement précieux, et qu'une riche émanation.

Bientôt la justice, contente de son ouvrage et sûre du mérite de M. de Pontchartrain, se livrera avec joie à l'impétuosité de sa fortune. On le verra marcher de dignités en dignités, et commencer cette course rapide qui ne s'arrêtera que lorsqu'elle l'aura élevé au plus haut degré de la magistrature. Bientôt digne chef d'un parlement considérable, il méritera que le Roi lui confie en même temps l'administration d'une de ses plus grandes provinces. Bientôt la France, jalouse du bonheur de la Bretagne, ne voudra plus souffrir qu'elle possède seule une vertu dont tout le royaume devoit jouir; bientôt enfin arrivera ce moment honorable à M. de Pontchartrain et glorieux au Roi même, où il faudra que la sagesse du souverain fasse une espèce de violence à la modération du sujet, pour l'obliger à se charger de l'administration des finances; accomplissant ainsi ce que le plus grand des philosophes a dit autrefois, que les dignités ne seroient jamais mieux remplies que lorsque les princes seroient assez sages pour ne les donner qu'à ceux qu'il faudroit forcer de les recevoir.

Que ne pouvons-nous sortir des bornes étroites dans lesquelles nous nous sommes renfermés; et que ne nous est-il permis de vous représenter ici M. de Pontchartrain égalant les dignités de ses pères, et surpassant leurs vertus; chargé du redoutable fardeau de l'administration des finances, sans en être accablé; rassuré, soutenu, consolé dans les conjonctures les plus difficiles, par la loi suprême du salut de la patrie; ferme génie dont on a vu croître la force et l'intrépidité avec les peines et les dangers; incapable de douter un moment de la fortune de l'état, parce qu'il envisageoit toujours la main qui la soutenoit; éclaircissant les matières les plus obscures, applanissant les plus difficiles, et perçant les plus profondes d'un seul de ses regards; plus instruit des affaires qu'il avoit eu à peine le loisir d'entrevoir, que ceux qui croyoient les avoir épuisées par une longue méditation: heureuse et sublime intelligence, mais aussi exacte que rapide, qui saisissoit jusqu'aux moindres circonstances; et qui, dévorant tous les objets d'une première vue, ne laissoit à la seconde que le plaisir de remarquer que rien n'avoit échappé à la première.

Nous retombons dans les louanges que nous voulons éviter; notre cœur séduit ici notre esprit, et le sentiment a plus de part que la réflexion aux éloges qui nous échappent.

Mais comment pourrions-nous louer la justice du choix du prince, sans louer le mérite de celui qu'il a choisi? Tel est le rare bonheur de M. le chancelier, qu'on ne peut en ce jour séparer son éloge de celui du Roi. Que sa modestie se sacrifie donc sans peine à la gloire de son maître, qu'il considère que c'est louer le Roi, que louer son ouvrage; et que, si une partie de notre encens semble s'échapper vers M. le chancelier, ce n'est que pour s'élever par lui jusqu'au prince qui nous l'a donné.

Disons plutôt, messieurs, qu'il nous l'a rendu. La justice s'en étoit privée à regret pour le prêter aux finances; les plus fortes et les plus impérieuses de toutes les lois, la nécessité, l'utilité publique, nous l'avoient arraché; et M. le chancelier n'avoit pas moins souffert de cette séparation, que la justice même.

Attaché à son culte dès sa plus tendre jeunesse, combien de fois a-t-il désiré de n'avoir à consulter que les lois simples et uniformes de cette justice immuable, qui n'est jamais forcée de changer avec le temps, de fléchir sous le poids des conjonctures, de céder à loi d'une dure nécessité, et d'acheter le bonheur public par le malheur des particuliers?

C'est le tranquille séjour de cette constante justice, que M. le chancelier a toujours regardé de loin comme sa véritable patrie: heureux d'avoir soutenu l'effort de la tempête qui l'en avoit écarté; et plus heureux encore d'entrer si glorieusement dans le port! La paix a réuni ce que la guerre avoit séparé; les vœux de la justice sont exaucés; et elle ne se plaint plus d'avoir perdu M. de Pontchartrain pendant quelques années, puisque c'est à cette perte même qu'elle doit presque le bonheur de l'avoir aujourd'hui pour son digne chef.

Quelle multitude de devoirs mutuels et d'engagemens inviolables, renfermés dans ce seul nom! Tout ce que la justice doit à M. le chancelier, tout ce que M. le chancelier doit à la justice, se présente ici à notre esprit : et nous ne craindrons point de manquer au respect que nous lui devons, quand nous oserons assurer que, quelque étendus que soient les engagemens de la justice, ceux de M. le chancelier nous paroissent encore plus grands.

La justice, il est vrai, se dépose toute entière entre ses mains ; elle lui promet un attachement fidèle, une confiance parfaite, une déférence respectueuse ; mais ce qu'elle attend de lui est encore au-dessus de tout ce qu'elle peut lui promettre.

La plus sainte et la plus inviolable portion de la justice, les lois qui doivent être les arbitres suprêmes de nos biens et de nos vies, s'adressent d'abord à lui, et implorent son secours, pour reprendre entre ses mains leur ancien éclat et leur première splendeur.

Leur antiquité, qui devoit les rendre plus vénérables, n'a servi souvent qu'à les faire tomber dans le mépris ; l'inconstance des mœurs les fait regarder comme impossibles ; leur diversité les rend incertaines, leur contrariété inutiles, et leur multitude presque inconnues.

Contraintes souvent malgré elles d'armer la malice du plaideur injuste, au lieu de servir d'asile à la simplicité de l'homme de bien ; gémissant de voir que leur nombre soit devenu moins une source de lumière pour les juges, qu'un prétexte spécieux qui sert quelquefois de voile à leur ignorance ; elles attendent depuis long-temps une main habile qui soulage la justice de ce poids immense d'une infinité de lois superflues, sous lequel tant de lois salutaires demeurent presque ensevelies ; qui rappelle les anciennes, qui perfectionne les nouvelles, qui éclaircisse ce qu'elles ont d'obscur, qui retranche ce qu'elles ont de contraire ; et qui, les renfermant dans des bornes légitimes, puisse exciter l'application et confondre la paresse, rendre la science facile et l'ignorance inexcusable.

Puissions-nous voir bientôt renaître sous les auspices de M. le chancelier, ces jours heureux où le magistrat n'étoit pas moins respecté que la loi même; où toutes les nations de la terre venoient admirer également, et la sainteté de nos lois, et la majesté de leurs ministres; et où les plus grands rois de l'Europe venoient reconnoître dans ce sénat d'autres souverains qui régnoient sur eux, par l'élévation de leurs lumières, et par la supériorité de leur sagesse!

Puissions-nous voir en même temps les sentiers de la justice applanis par la vigilante application de M. le chancelier! Puisse-t-il en arracher ces funestes épines que le malheur des temps y a fait naître, et retrancher enfin cette multitude de procédures ruineuses, qui souvent dépouillent les vaincus, sans enrichir les vainqueurs; et qui semblent réduire la justice à n'être plus que le partage du riche et du puissant, au lieu qu'elle se plaît à être l'asile du pauvre et du foible opprimé!

Que manquera-t-il alors au parfait bonheur des ministres de la justice? M. le chancelier leur épargnera jusqu'à la peine de former des vœux pour la conservation de leur dignité. Plus jaloux de l'honneur des magistrats, que les magistrats mêmes, il apprendra à ses successeurs que la personne des juges ne doit pas paroître moins sacrée à leurs supérieurs qu'à leurs inférieurs; qu'un chancelier s'honore lui-même, en honorant les coadjuteurs de son ministère; et que s'il est le juge de leur justice, il doit être encore plus le conservateur, et si l'on ose le dire, l'ange tutélaire de leur dignité.

Plein de ces grands sentimens, M. le chancelier ne se contentera pas d'être le défenseur des lois, l'appui de la justice, le protecteur des magistrats; il voudra que tout l'état recueille les fruits précieux de son heureuse magistrature.

Déjà par ses sages conseils, ou plutôt sous les ordres d'un Roi qui ne laisse à ses ministres mêmes que la gloire de l'obéissance, commence à tomber ce vice contagieux dont nous avons donné l'exemple à l'Europe, ce vice qui ne sortoit autrefois que du séjour de l'abondance, et qui naît aujourd'hui dans le sein même de la pauvreté. Ce luxe que les anciennes lois n'avoient fait qu'irriter, que les malheurs de la guerre avoient augmenté, que le retour de la paix sembloit avoir confirmé pour toujours dans la paisible possession où il étoit de confondre tous les rangs, et d'exercer sur les sages mêmes une espèce de tyrannie, est enfin obligé de céder aux ordres absolus et aux exemples encore plus souverains du suprême législateur. Premier observateur de sa loi, il commande par ses actions encore plus que par ses paroles; et pour confondre l'orgueil téméraire de ceux qui avoient porté l'excès de leur magnificence jusqu'à égaler celle du souverain, le souverain veut bien descendre jusqu'au rang de ses sujets, et n'exiger d'eux que ce qu'il se prescrit à lui-même.

Quels succès ne suivront pas de si utiles commencemens? Une première réforme sera une source féconde de réglemens encore plus salutaires; la loi sera la raison de ceux qui n'en ont point; la sagesse du prince deviendra celle de ses sujets. Attentif à prévenir leur ruine volontaire, et à conserver, souvent malgré eux, les débris de leur fortune, il ne sera pas moins le père de chaque famille particulière, que celui de la patrie.

Destiné à porter en tous lieux l'image et le caractère d'un si grand prince, dépositaire de ses sentimens, interprète de son amour et de sa tendresse pour ses peuples, M. le chancelier sera encore plus le ministre de sa bonté que le dispensateur de sa justice.

Quelle gloire pour lui, mais en même temps quel sujet de frayeur, quand il considère de quel prince il doit être l'image!

N'avoir plus de pensées qui ne soient dignes de la sagesse même; perdre heureusement sa volonté, pour n'en avoir plus d'autre que celle de la justice; parler comme la vérité, agir comme la prudence, dominer comme la raison, punir comme la loi, pardonner comme Dieu même; telle est la haute idée des devoirs de celui qui est destiné à être l'image du prince qui nous gouverne. Heureux, si fidèle à imiter de si grandes vertus, M. le chancelier peut ajouter chaque jour un nouveau trait à cette auguste ressemblance!

Que nous reste-t-il à souhaiter après cela, si ce n'est que ce bonheur soit aussi durable que l'âge de M. le chancelier semble nous le promettre; qu'il surpasse les années autant que les services de ses prédécesseurs; que le Roi, prévenant ses désirs, et répandant sur lui ses bienfaits avec profusion, lui fasse souvent éprouver que sa magnificence peut toujours accorder de nouvelles grâces à ceux auxquels il sembloit avoir tout donné; qu'il goûte toute la douceur de se voir renaître dans la personne d'un fils(1) héritier de sa vertu, encore plus que de sa dignité; que le ciel, qui lui fait déjà voir les enfans de ses enfans, lui accorde le plaisir de revivre plus d'une fois dans une longue suite de descendans, qui croissent sous ses yeux pour l'ornement de leur siècle, pour la gloire de leur maison, et pour le bien de l'état; que la justice lui soit encore plus chère que son propre sang; que l'on doute toujours s'il aime plus la magistrature, ou s'il en est plus aimé, et pour renfermer tous nos souhaits dans un seul, qu'il jouisse long-temps de sa fortune, et que le public jouisse toujours de sa vertu.

Nous n'empêchons qu'il soit mis sur le repli des lettres, qu'elles ont été lues, publiées et registrées, pour être exécutées selon leur forme et teneur.

(1) M. le comte de Pontchartrain, secrétaire d'état.

VII.

CONCLUSIONS

Données pour l'enregistrement des lettres de M. le chancelier VOISIN.

LE.... JUILLET 1714.

Nous apportons à la Cour les provisions de la charge de chancelier de France, que le Roi a accordées à M. Voisin, ministre et secrétaire d'état, avec la lettre de cachet qui les accompagne, et les conclusions par lesquelles nous en requérons l'enregistrement.

Notre ministre qui ne nous attache qu'aux intérêts publics, partage aujourd'hui nos sentimens, et les tient comme suspendus entre la douleur de ce que la justice perd d'un côté, et la joie de ce qu'elle gagne de l'autre.

Elle perd un protecteur qui ne faisoit sentir la supériorité de sa place, que par celle de son génie, et qui, ne regardant son pouvoir que comme le bien commun de la magistrature, n'en a usé que pour elle, et ne l'a jamais affligée que par sa retraite.

Heureux, si nous n'envisageons que sa personne, d'avoir su renoncer à l'honneur d'être au-dessus des autres par sa dignité, pour se réduire à la gloire plus pure d'être au-dessus de lui-même par sa vertu! Heureux de laisser ainsi à ses successeurs un exemple que ses prédécesseurs ne lui ont point donné, et d'avoir le courage de descendre du premier rang avant l'âge où plusieurs d'entr'eux y ont été élevés! Il sacrifie à la religion seule, non pas les tristes restes d'une vieillesse défaillante et d'une lumière qui s'éteint, mais des forces encore entières, une vigueur capable de porter tout le poids de sa dignité et de suffire à l'ambition même, s'il avoit pu en être touché.

Mais c'est cette vertu que nous admirons, et que les gens de bien ne sauroient regarder sans un secret mouvement d'envie ; c'est cette vertu même qui augmente nos regrets en excitant nos éloges. Elle ne sert qu'à nous faire mieux sentir toute l'étendue de notre perte ; et la magistrature privée d'un chef si magnanime, ne sauroit s'en croire dédommagée par la grande instruction qu'il lui donne en la quittant.

Hâtons-nous donc de jeter les yeux sur le digne successeur que la sagesse du Roi lui a donné. C'est là que la justice doit chercher sa véritable consolation.

Destiné par la Providence à donner un jour des leçons aux magistrats, il a commencé de bonne heure à leur donner des modèles. La pénétration naturelle de son esprit n'a servi qu'à redoubler l'effort de son application, et il a montré aux magistrats par son exemple, que si la félicité du génie peut commencer l'ouvrage de leur élévation, l'assiduité du travail peut seule l'achever.

La cour qui l'avoit vu croître sous ses yeux, et qui conserve encore le souvenir des premiers essais de son mérite, en a regardé le progrès avec une espèce d'amour-propre. Elle l'a vu avec joie porter dans les provinces dont le Roi lui a confié l'administration, cet esprit de justice qu'il avoit puisé comme à sa source, dans le sein de cette compagnie ; et, malgré le malheur des temps, mériter l'estime et la confiance des peuples, dans des emplois où il est si ordinaire de la perdre, et si rare de l'acquérir.

Rappelé près du Roi pour être admis dans son conseil, une place qui est souvent le dernier terme des autres magistrats, ne parut remplir ni toute l'étendue de son mérite, ni toute l'estime de son maître. Une fonction encore plus importante étoit destinée à faire éclater l'une et l'autre. La justice qu'il avoit suivie dans tous les degrés de sa vie, l'accompagna jusque dans la conduite des armes, où, sous le nom de la force, règne souvent l'injustice; et par le soin qu'il prit de maintenir l'ordre et la règle dans la guerre même, il montra dès-lors ce que l'on devoit attendre de lui dans la suprême magistrature de la paix.

Un choix qui achève son éloge, l'élève enfin à cette haute dignité; et de ministre de la puissance du Roi, il devient par un caractère encore plus glorieux, le dépositaire de sa justice. C'est elle qui par lui présidera à tous les conseils, dispensera tous les honneurs, et distribuera toutes les grâces.

L'amour qu'il a pour elle, se répandra sur tous ceux qui la rendent sous ses yeux. Il sentira que la dignité de la magistrature fait partie de la justice même, et que l'honneur des membres est encore plus la gloire de leur chef. Ainsi se resserreront toujours de plus en plus ces liens de respect et de confiance qui doivent les unir mutuellement; et nous espérons surtout que, conservant à cette auguste compagnie le rang qu'elle méritera toujours de tenir dans son cœur, il n'oubliera jamais que c'est par ses exemples qu'il a également appris à servir et à faire régner la justice.

PLAIDOYERS
DE M. D'AGUESSEAU.

PREMIER PLAIDOYER.

DU 19 FÉVRIER 1691,

Dans la cause des héritiers de la dame DE VAUGERMAIN, contre les religieuses du Saint-Sacrement.

Il s'agissoit d'un legs universel fait à un monastère par une personne âgée qui y avoit sa fille religieuse, qui y demeuroit elle-même depuis vingt ans, qui lui avoit déjà fait des donations, et qui avoit fait d'autres testamens précédens en faveur de ses héritiers. Il y avoit encore différentes questions sur des legs particuliers portés au même testament.

MESSIEURS,

TOUTES LES PARTIES qui paroissent dans votre audience, semblent également dignes de la faveur des lois, et de la protection de la justice.

Des héritiers présomptifs auxquels la nature et la loi avoient donné de justes espérances d'une succession future, se plaignent aujourd'hui d'en avoir été privés, non par la volonté de la testatrice, mais par le crédit et l'autorité de ceux qui ont abusé de la foiblesse de son esprit dans sa dernière maladie, pour la porter à laisser en mourant une loi si injuste et si odieuse à sa famille.

De l'autre côté, une communauté religieuse, que ce nom seul semble devoir exempter des moindres soupçons de suggestion et d'artifice; un monastère que son institution, que la fin à laquelle il est destiné, distingue de toutes les autres communautés ecclésiastiques, demande l'exécution d'un testament qu'il prétend être l'ouvrage d'une parfaite liberté.

Le public même n'est pas moins intéressé dans la décision de cette cause, que les particuliers; les héritiers soutiennent que la justice doit s'opposer à ces dispositions universelles qui tendent à enrichir les monastères des dépouilles des familles.

Les religieuses prétendent au contraire que la même utilité publique ne souffre pas qu'on donne atteinte à la liberté des testamens, à l'exécution des dernières volontés.

Au milieu de tous ces différens intérêts qui rendent cette cause douteuse et importante, nous avons au moins cet avantage que les faits sur lesquels on établit les principaux moyens des parties, ne peuvent être révoqués en doute. Ils sont tous écrits ou dans des actes publics, ou dans des pièces reconnues par les parties. Toute la difficulté consiste dans les inductions différentes que l'on en tire de part et d'autre.

La testatrice avoit épousé, en 1634, le sieur de Vaugermain. De tous les enfans issus de son mariage, il ne lui restoit qu'une fille qui embrassa la vie religieuse. Elle fit profession dans le monastère des religieuses Bénédictines de l'adoration perpétuelle du Saint-Sacrement. Sa mère lui constitua une dot de 7000 livres, une pension viagère de 400 livres; et, s'attachant tous les jours de plus en plus à sa fille, et au couvent dans lequel elle étoit religieuse, elle vint dès l'année 1670 établir sa demeure dans une maison dépendant de ce monastère. Après avoir passé plusieurs années dans cette retraite, elle forma la résolution de vivre dans une plus grande solitude; et, pour nous servir de ses expressions, elle se sentit *pressée intérieurement d'un grand désir de passer le reste de ses jours dans une séparation entière du siècle*. Elle demande d'être reçue dans l'intérieur du monastère : on lui représente qu'on ne pouvoit la recevoir qu'en qualité de bienfaitrice. Elle se résolut sans peine à acheter ce titre par une donation entre-vifs au profit des religieuses. Toutes les clauses de cet acte sont importantes; elle donne 8000 livres au monastère, à condition qu'on lui fera bâtir un petit corps de logis qui ne sera séparé des religieuses que par un mur dans lequel même on percera une porte de communication, dont les religieuses auront une clef, et la dame Vaugermain une autre.

On permet à la donatrice d'avoir avec elle une fille séculière; mais on veut qu'elle soit choisie avec l'agrément de la supérieure; qu'elle ne puisse se charger d'aucune commission pour les religieuses, sans s'exposer à être renvoyée.

Enfin, la donatrice dispose de sa sépulture; elle déclare qu'elle veut être ensevelie dans la sépulture des religieuses, et qu'aussitôt après son décès on avertisse ses héritiers de venir retirer ses titres et ses papiers, sans néanmoins qu'ils puissent en demander aucun compte aux religieuses.

Cette donation a été exécutée de part et d'autre. La donatrice a payé plus que les 8000 livres portées par la donation; il paroît par ses registres qu'elle en a donné douze : la maison a été bâtie. La dame de Vaugermain y est entrée en l'année 1681. La même année elle a donné 5000 livres au monastère pour le rachat de la pension viagère de sa fille, quoiqu'il n'en paroisse que 4000 livres dans le contrat, c'est une circonstance que nous apprenons encore de ses registres.

Depuis ce temps, l'on trouve quatre testamens faits par la dame de Vaugermain; les trois premiers, en faveur de ses héritiers naturels ; le dernier, en faveur du monastère. C'est dans ce testament, qu'après avoir donné à chacun de ses proches parens des marques de son souvenir ; après avoir fait plusieurs legs aux pauvres et à ses domestiques, elle nomme les religieuses du Saint-Sacrement ses légataires universelles : elle ajoute encore deux legs particuliers en faveur du monastère, l'un de 600 livres une fois payées au profit de trois religieuses que la testatrice nomme, pour être distribuées aux pauvres par leurs mains, sous le bon plaisir de la supérieure ; l'autre, d'une pension viagère de 500 livres, payable au couvent dans lequel sa fille demeurera.

La testatrice avoit à son service le nommé Thibaut, sa femme et sa belle-fille : elle laisse au père et à la mère 200 livres de pension viagère, et elle charge les religieuses de recevoir la fille pour rien dans leur chœur, ou de lui payer une pension viagère de 300 livres.

Enfin elle lègue à Marie et Antoinette Macé une pension viagère de 200 livres à chacune.

Tous ces legs sont contestés par les héritiers, mais par des moyens bien différens. Ils n'attaquent point en général le testament : ils consentent qu'il subsiste, qu'il soit exécuté en certains points ; mais ils prétendent lui donner atteinte en plusieurs autres.

A l'égard des legs qui ont été faits aux religieuses du Saint-Sacrement, les héritiers soutiennent que la seule qualité de religieuse s'oppose à leur prétention ; que quoique le droit civil ait été favorable dans les derniers temps à ces sortes de dispositions, notre usage les a toujours entièrement rejetées ; que nous avons suivi des maximes plus sévères et plus conformes à la pureté de la discipline, qui rendent les religieux incapables de legs universels : que telle est la loi générale du royaume, telles sont les dispositions particulières de vos arrêts ; que les exemples en sont récens, et qu'ils ne peuvent être inconnus dans votre audience, qui a souvent été témoin de cette juste sévérité.

On ajoute que les religieuses du Saint-Sacrement joignent à cette incapacité générale, une autre incapacité particulière qui ne les rend pas moins indignes de la libéralité de la testatrice : qu'elles avoient dans leur maison la fille de la dame de Vaugermain : que si l'on autorisoit le legs uiversel dont elles demandent la délivrance, on éluderoit impunément les dispositions des ordonnances et de la coutume, qui ne permettent pas que les religieux succèdent, ou le monastère pour eux : que l'autorité de la justice doit s'opposer à ces voies indirectes par lesquelles on prétend tromper la sage prévoyance du législateur.

Enfin, l'on soutient que lorsque l'ordonnance de 1539, lorsque la coutume de Paris ont déclaré nulles toutes les donations faites au profit des administrateurs, leur esprit et leur intention a été de comprendre les monastères dans leurs dispositions. C'est ce que l'on vous a prouvé et par l'autorité des arrêts, et par les circonstances qui accompagnent cette espèce. On vous a dit que jamais il n'y eut de dépendance plus parfaite, de soumission plus entière, de plus grand assujettissement que celui dans lequel la testatrice a vécu à l'égard des religieuses. Logée dans leur monastère, servie par une personne préposée par la supérieure, engagée tous les jours à faire de nouveaux présens, de nouvelles donations aux religieuses, elle est morte dans leur maison, enterrée dans leur sépulture; peut-on croire que, dans cet état, elle ait été capable de faire non pas un legs ou une donation particulière, mais un legs universel, que l'on doit regarder comme une institution d'héritier au profit des religieuses?

Ainsi, soit que l'on considère la qualité de religieuse, soit que l'on s'attache à la disposition de l'ordonnance et de la coutume, soit enfin que l'on examine les circonstances du fait, on soutient que les religieuses sont également incapables et indignes du legs universel qu'elles ont obligé la testatrice de faire en leur faveur.

On oppose les mêmes moyens aux legs particuliers qui ont été faits au profit des religieuses.

Mais à l'égard du legs qui a été fait au nommé Thibault et à sa femme, on les accuse d'avoir été les principaux instrumens de la séduction de la testatrice et de la ruine des héritiers; on leur oppose encore une autre indignité : on a rendu contre eux une plainte sur laquelle on a obtenu une permission d'informer des recélés et divertissemens dont on les accuse.

On attaque les legs de leur fille par les mêmes moyens. On en ajoute un dernier qui paroît considérable; on dit que c'est une charge du legs universel, et l'on prétend que lorsque le legs universel ne subsistera plus, toutes les charges seront détruites en même temps.

Enfin, à l'égard du legs de 200 livres de pension viagère que la testatrice a donnée à Marie et à Antoinette Macé, on ne l'attaque pas en lui-même : on consent qu'il soit exécuté; mais on prétend que ce legs, et une donation que la testatrice avoit faite long-temps auparavant aux mêmes personnes, ne doivent être considérés que comme un seul acte : au lieu que les légataires demandent au contraire l'exécution des donations et la délivrance du legs, comme de deux choses entièrement séparées.

Tels sont les moyens par lesquels les héritiers attaquent les legs universel et particuliers qui sont contenus dans le testament dont il s'agit.

De la part des religieuses, on vous a expliqué l'histoire de leur fondation, l'utilité de leur institut, la sainteté de la fin à laquelle elles sont destinées; on vous a dit qu'il n'y avoit aucune loi précise, aucune ordonnance expresse, aucun arrêt formel qui ait déclaré les communautés religieuses incapables de recevoir des dispositions universelles; que les héritiers avoient été obligés de convenir que le droit civil avoit entièrement favorisé ces sortes de dispositions; que bien loin d'avoir dérogé par vos arrêts à ces lois si équitables, vous en avez très-souvent suivi l'autorité; que, sans en chercher des exemples trop éloignés, il suffisoit de rapporter ici un arrêt solennel rendu en l'année 1683 en faveur des religieuses mêmes de l'adoration perpétuelle du Saint-Sacrement, établies dans la rue de Richelieu, par lequel, quoiqu'elles n'eussent point encore de lettres patentes, vous leur avez permis de recevoir une disposition universelle. La cause des religieuses dont il s'agit, est beaucoup plus favorable, puisque non-seulement elles ont des lettres patentes vérifiées en la cour; mais qu'il y a même une clause particulière dans ces lettres qui leur permet de recevoir tous dons et legs de quelque nature qu'ils puissent être. Que si l'on regarde la nature de ce legs universel qui attire tant d'envie aux religieuses du Saint-Sacrement, on prétend qu'il n'a que le nom de legs universel, et que, dans le fond, ce n'est qu'un legs particulier que les religieuses seroient prêtes d'abandonner pour une somme de 12,000 livres.

On ajoute que tous les moyens qu'on prétend tirer de la disposition des ordonnances et de la coutume, ne sont que de vaines couleurs qui disparoissent d'elles-mêmes lorsqu'on les compare avec la loi même de laquelle on veut les emprunter. Il ne faut pas confondre deux ordres de successions différens; la succession légitime, et la succession testamentaire. Il est vrai que les ordonnances ont rendu les monastères incapables des successions *ab intestat*. L'on convient encore que vos arrêts ont soumis à cette loi tous les ordres religieux qui prétendoient en être exempts par leurs priviléges. Mais que jamais cette prohibition ait été étendue aux successions testamentaires, qu'il y ait eu aucune loi qui ait défendu à une mère de laisser son bien à une communauté religieuse, parce que sa fille est dans cette communauté, c'est une proposition inouie dans notre usage, et qui résiste à l'équité naturelle.

Le dernier moyen que l'on appuie sur les termes de l'ordonnance de 1589, et sur l'interprétation que vos arrêts lui ont donnée, n'est pas plus considérable: il est vrai que toutes les donations qui sont faites au profit des administrateurs, ont toujours été déclarées nulles ; mais quelle application ces principes peuvent-ils avoir à l'espèce présente ? La testatrice étoit-elle soumise à l'autorité, au pouvoir, à l'administration des religieuses ? Elle demeuroit à la vérité dans leur clôture ; mais en étoit-elle moins libre ? Avoit-elle contracté aucun vœu, aucun engagement qui la rendît dépendante du monastère, et soumise aux volontés des religieuses ? Enfin, rapporte-t-on quelque preuve qui donne lieu de croire que les religieuses aient usé d'artifice, de menaces, d'impressions, pour extorquer à la testatrice, malgré elle, un legs universel ?

Mais quand on allégueroit des faits de cette qualité, en pourroit-on admettre la preuve contre la validité d'un testament ? On soutient qu'après les arrêts solennels qui sont intervenus dans cette matière, après les exemples récens que l'on vous a cités, on ne doit plus écouter dans cette audience des faits prétendus de suggestion ; qu'il faut rentrer dans les maximes générales qui ordonnent l'exécution des dernières volontés, qui défendent d'attaquer la réputation d'un testateur par des faits injurieux à sa mémoire.

Ainsi, toutes les lois et toutes les maximes du droit s'expliquent en faveur des religieuses. On ne peut leur opposer que des moyens vagues et généraux, incapables de former aucun obstacle aux dernières volontés de la testatrice.

A l'égard du nommé Thibaut, de sa femme et de sa fille, ils soutiennent qu'on ne peut trouver en leurs personnes aucune indignité ; que les prétendus recélés et divertissemens dont on les a accusés, ne sont prouvés en aucune manière ; qu'une accusation vague et générale, telle que celle que l'on veut former contre eux, en disant qu'ils ont suborné l'esprit de la testatrice en faveur des religieuses, est un moyen impuissant pour éluder les faits d'un testament.

Qu'enfin, le legs fait à la fille par la testatrice, est un legs favorable, accordé pour récompense des services qu'elle lui a rendus jusqu'à sa mort, dont tous les biens de la testatrice sont chargés, quoiqu'il paroisse être assigné particulièrement sur le legs universel; et qu'en un mot la pauvreté de ces parties les a rendues dignes et de la libéralité de la dame de Vaugermain, et de la protection de la justice.

Voila, Messieurs, quelles sont et les demandes respectives des parties, et les principaux moyens sur lesquels elles prétendent les appuyer.

A notre égard, soit que nous examinions le grand nombre de circonstances qui servent de fondement aux prétentions des héritiers, soit que nous considérions les questions sur lesquelles vous avez à prononcer, soit enfin que nous nous attachions à l'intérêt que le public doit prendre à la décision de cette cause; elle nous paroît également étendue et importante pour les parties.

Pour la traiter avec quelqu'ordre, nous croyons qu'il est de notre devoir de commencer par expliquer ici les principes que la disposition des lois, l'autorité des ordonnances, la jurisprudence de vos arrêts ont établis dans cette matière : nous tâcherons ensuite d'en faire l'application à cette cause, et de trouver dans les maximes du droit, et dans les circonstances du fait, les véritables raisons qui peuvent servir à sa décision.

Un legs universel dont une communauté religieuse demande la délivrance, forme la principale question, et la plus grande difficulté de cette cause. On soutient que les légataires portent avec elles une double incapacité qui les rend indignes de la libéralité de la testatrice; incapacité générale et commune à toutes sortes de communautés, qui résulte du titre même et de la qualité de religieuses; incapacité particulière aux religieuses du Saint-Sacrement, que l'on prétend fonder sur l'autorité des ordonnances, et sur la disposition de la coutume.

La jurisprudence romaine n'a pas été uniforme sur la première de ces deux incapacités.

Les anciens jurisconsultes (1), sévères dans leurs maximes, accoutumés à regarder toutes sortes de communautés comme des personnes incertaines qui ne pouvoient être l'objet de la volonté d'un testateur; persuadés d'ailleurs de quelle importance il étoit de ne pas ouvrir cette voie aux corps ou républiques pour s'enrichir des biens des particuliers, ont cru pendant long-temps que les colléges, les villes, et tout ce qu'ils appeloient du nom général d'*Université*, n'étoient pas capables de recevoir des dispositions ou particulières ou universelles : l'on observa avec tant d'exactitude ces principes rigoureux, que lorsque le roi Attalus institua le peuple romain son héritier, l'on crut qu'il étoit nécessaire d'interposer l'autorité du sénat pour accepter et pour confirmer cette institution. Les premiers empereurs respectèrent cette ancienne jurisprudence, et ce ne fut que sous l'empire d'Adrien, où même de Marc-Aurèle, que l'on commença à se relâcher de la sévérité du droit civil : on permit d'abord les legs particuliers; on autorisa ensuite les dispositions universelles (2). Tous les colléges licites, toutes les compagnies approuvées par les lois, furent comprises dans ce bienfait des empereurs : les seules églises des chrétiens, que les payens considéroient comme des assemblées profanes, furent exceptées de cette loi générale jusqu'au temps de Constantin. Mais cet empereur (3), après avoir rendu la paix à l'église, voulut encore l'enrichir et par ses libéralités et par celles de tous les fidèles. Il donna une entière liberté à toutes sortes de personnes, de quelque sexe, de quelque condition qu'elles fussent; de laisser en mourant tout leur bien aux églises. On reconnut bientôt que cette liberté excessive dégénéroit en un abus sensible; l'église

(1) *V. Vinnius ad* §. *Incertis* 25. *Instit. de Legat. Lib.* 2. *Tr.* 20.

(2) *L.* 1. *Cod. de Ep. et Cler. v. ibi. Dion. Gothofr.*

(3) *V. Lib.* 4. *Cod. Theod. de Ep. et Cler. L.* 16. *Tr.* 2. *et ibi Jacob. Gothofr.*

rougissoit de l'avidité de ses ministres. Les empereurs Valens et Valentinien essayèrent d'arrêter le progrès de ce désordre, en défendant aux veuves, aux pupilles, aux diaconisses, de disposer de leurs biens meubles ou immeubles, par donations entre-vifs, ou par donations testamentaires en faveur des ecclésiastiques ; Théodose réduisit la prohibition de cette loi aux seuls immeubles et aux donations à cause de mort.

Mais enfin l'empereur Marcien, et Justinien après lui, favorables l'un et l'autre à l'église et à la liberté des testamens, rétablirent la loi de Constantin, et renouvelèrent en même temps tous les abus qu'elle avoit introduits. Les fidèles donnèrent leurs biens à l'église avec profusion ; l'église s'enrichit des dépouilles des particuliers. Les plus grands évêques eurent la modération de refuser souvent des successions qui leur étoient offertes, lorsqu'ils reconnurent qu'ils ne pouvoient les accepter sans dépouiller, ou des enfans ou des proches parens, des biens qui leur étoient légitimement dus ; les autres acceptèrent indifféremment toutes sortes de legs : ce dernier exemple a eu dans les siècles suivans un plus grand nombre d'imitateurs. La France s'est opposée il y a long-temps à ce désordre ; et, sans examiner l'exemple du roi Chilpéric, qui pourroit être contesté, il est certain que nous trouvons une loi expresse dans les capitulaires de Charlemagne, qui fait défenses à toutes sortes d'ecclésiastiques de recevoir les biens qui leur sont offerts au préjudice des parens et des plus proches héritiers.

Vos arrêts ont suivi cette ancienne loi du royaume : vous avez toujours tenu pour maxime, que ces dispositions universelles, contraires aux droits du sang et de la nature, qui tendent à frustrer les héritiers d'une succession légitime, sont en elles-mêmes peu favorables; non que ce seul moyen soit peut-être suffisant pour anéantir un tel legs, jusqu'à ce qu'il ait plu au Roi d'en faire une loi expresse : mais lorsqu'il est soutenu par les circonstances du fait;

lorsque l'on voit une communauté riche et opulente préférée à des héritiers pauvres et dignes de la libéralité du testateur; lorsque la donation est immense, qu'elle est excessive, qu'elle renferme toute la succession, et que d'ailleurs le testateur n'est point un ecclésiastique qui ait voulu donner le nom spécieux de donation gratuite à ce qui n'étoit peut-être qu'une restitution légitime : dans toutes ces circonstances la justice s'est toujours élevée contre ces actes odieux; elle a pris les héritiers sous sa protection; elle a cassé ces donations inofficieuses, excessives et contraires à l'utilité publique.

Telles sont les maximes que vos arrêts ont établies. Si nous les comparons avec l'espèce présente, nous croyons que la cause des religieuses pourra paroître peu favorable. Ce n'est pas d'aujourd'hui qu'elles ont commencé à se ressentir des effets de la libéralité de la dame de Vaugermain : la date de ses bienfaits est beaucoup plus ancienne que celle de son testament; elle n'a laissé passer aucune occasion de leur faire des présens considérables. Si sa fille se fait religieuse, elle lui constitue une dot de 7000 livres, une pension viagère de 400 livres. Si elle veut, sur la fin de ses jours, se retirer dans leur monastère, elle donne 8000 livres aux religieuses; ou, si nous en croyons son livre journal, à la fidélité duquel les religieuses n'ont pas voulu jusqu'à présent donner atteinte, elle a donné 12,000 livres, quoiqu'il n'en paroisse que 8000 dans le contrat. Si les religieuses ont besoin d'argent, elle rachète la pension viagère de sa fille; mais elle donne 2000 livres de plus qu'il n'est porté par le contrat. Nous ne parlons point ici des transports faits au profit des religieuses, des lettres de change qui se sont trouvées entre leurs mains, qui, quoique peu considérables, ne laissent pas de faire voir quelle étoit l'application de la testatrice à leur faire du bien : nous ne relevons point plusieurs autres circonstances; mais les seules donations dont nous avons parlé, montent à près de 25,000 livres. Si nous joignons à cela le legs universel porté par le testament dont il s'agit, nous verrons d'un côté les religieuses, que leur qualité rend déjà peu favorables, qui recueillent une succession considérable; de l'autre, des héritiers en grand nombre, qui ne profitent que de quelques legs particuliers, quoique la voix de la nature et l'autorité de la loi s'expliquent en leur faveur. Nous ne tirons encore aucune conséquence de cette opposition, nous nous contentons de la remarquer ici, avant que de passer à la seconde question qui regarde l'incapacité particulière des religieuses du Saint-Sacrement.

On a prétendu que lorsqu'un père ou une mère ont une fille religieuse dans un monastère, on ne peut autoriser une disposition universelle au profit de cette communauté, sans éluder la disposition des ordonnances, des coutumes, et de la loi générale du royaume, qui ne permettent pas que les religieux succèdent, ni le monastère pour eux.

Nous avons suivi dans les successions légitimes, comme dans les successions testamentaires, des règles beaucoup plus pures et plus exactes que celle du nouveau droit civil. Car, à l'égard de l'ancien droit, il étoit plus sévère, et Aulu-Gelle nous apprend que les vestales, le seul exemple que l'antiquité puisse opposer aux religieuses (1), ne succédoient point à leurs pères; on les considéroit comme affranchies de tous les liens de la puissance paternelle, et privées de tous ses avantages : Justinien a voulu depuis, que les biens de ceux qui faisoient profession de la vie religieuse, fussent acquis au monastère *tacito quodam jure*, et comme un pécule de celui qui se soumettoit à la servitude volontaire de la religion. Nous n'examinerons point ici si par les termes dont cet empereur s'est servi, il a donné un droit aux monastères, non-seulement sur les biens présens des religieux, mais sur les successions futures qu'ils pouvoient espérer : cette interprétation résisteroit entièrement à l'esprit de Justinien. Mais, sans entrer

(1) *Noct. Attic. Lib. I. Cap. XII.*

dans cet examen, il est certain que nos ordonnances et nos coutumes ont également rejeté et la loi et son interprétation : vos arrêts ont étendu la disposition des ordonnances à toutes sortes de communautés ecclésiastiques, quelques priviléges qu'elles pussent alléguer en leur faveur; et toute la difficulté se réduit à savoir, si le testament de la dame de Vaugermain doit être considéré comme fait en fraude de cette loi qui rend les monastères incapables de succéder *ab intestat.*

Si nous voulons pénétrer dans les raisons de cette loi, si nous examinons quels en ont été les motifs, nous trouverons que les grandes richesses des monastères, le zèle immodéré des fidèles, la crainte que l'on a eue de rendre les communautés religieuses héritières de tous les biens des particuliers, ont servi de fondement à cette disposition. L'on a considéré que nous n'étions plus dans ces temps heureux où la ferveur des moines, leur détachement des choses temporelles, la pauvreté évangélique qu'ils pratiquoient à la lettre, les mettoient à couvert des moindres soupçons d'avarice et de cupidité; qu'au milieu d'un grand nombre de saints religieux, il s'en trouveroit quelques-uns aussi attentifs aux choses périssables qu'aux biens éternels, qui dresseroient tous les jours des piéges à la liberté des enfans de famille, qui abuseroient de la foiblesse de leur âge, du crédit qu'un extérieur de religion peut donner sur un esprit encore tendre et susceptible de toutes sortes d'impressions; enfin, on a cru qu'il y auroit une espèce d'injustice de permettre aux religieux de succéder, puisque l'avantage ne seroit pas réciproque, et que, pendant que personne ne succéderoit aux monastères, les monastères, au contraire, recueilleroient autant de successions qu'ils auroient de religieux.

Mais ne trouvons-nous pas ces mêmes raisons de justice, d'intérêt de l'état, de politique? Le public, les particuliers ne sont-ils pas toujours exposés à la même ruine, soit qu'un religieux porte avec lui dans une communauté l'espérance d'une succession légitime, ou qu'il apporte l'espérance d'une succession testamentaire ? Manquera-t-on d'artifice, d'adresse et d'intrigue pour attirer une riche veuve dans l'enceinte du monastère; pour la porter à laisser tous ses biens à une maison qui possède sa fille ? Les vocations en seront-elles plus libres, les possessions plus volontaires, les religieuses moins attentives à engager des filles uniques à entrer dans leurs communautés ? Nous ne saurions même omettre ici un moyen important qui vous a été plaidé par M.e Chardon, et qui peut paroître considérable.

La loi du royaume exclut également les religieux et les bâtards, quoique par des raisons bien différentes, des successions légitimes. Quelle a été l'interprétation de cette loi à l'égard des bâtards ? On a douté, pendant quelques temps, s'il étoit permis à un père de faire des dispositions universelles en leur faveur; mais enfin l'autorité du droit civil, la sévérité des principes, l'utilité publique ont porté vos arrêts à déclarer ces institutions scandaleuses, absolument nulles, et contraires aux maximes du droit et de l'honnêté publique. Ainsi, celui qui ne peut point succéder à son père *ab intestat*, ne peut point espérer de devenir son héritier par son testament. Mais ne peut-on pas craindre également à l'égard des religieux, d'ouvrir une voie indirecte mais assurée, pour éluder impunément la disposition de la loi ? Le monastère à la vérité ne succédera point *ab intestat*: l'ordonnance s'y oppose manifestement; mais on engagera une mère à faire un testament en faveur de la communauté dans laquelle sa fille est religieuse, et par-là on conciliera deux intérêts qui paroissent inalliables, celui du public dans l'observation des ordonnances, celui du monastère dans l'avantage d'une succession.

Ajoutons même que cette raison paroît encore plus forte à l'égard des religieux qu'à l'égard des enfans naturels; les derniers ne sont point incapables de legs universels. Si l'on excepte la seule personne de leur père, ils peuvent être institués héritiers par toutes sortes de testateurs : mais à l'égard des communautés religieuses, si elles ne sont pas absolument incapables, elles sont au moins très-peu favorables; et l'on peut dire qu'elles réunissent, en quelque manière, deux sortes d'incapacités, l'une par rapport à toutes sortes de testateurs, l'autre par rapport à ceux en particulier dont ils ont reçu les enfans dans leur cloître.

Quelques fortes que paroissent toutes ces raisons, il faut avouer néanmoins qu'il n'y a point eu jusqu'ici d'arrêt qui ait décidé nettement cette question : ainsi, n'ayant point encore de préjugés que nous puissions suivre, et obligés à nous déterminer dans cette matière par la considération de l'utilité publique, nous croirons toujours, jusqu'à ce que vous l'ayez autrement décidé, que lorsqu'il paroît qu'une mère a donné tout son bien au monastère dans lequel sa fille est religieuse; lorsque le legs qui lui est fait comprend toutes les richesses de la testatrice, et que la communauté profite autant par la voie du legs universel, qu'elle auroit fait par celle de la succession légitime; lorsque, enfin, tous ces faits sont soutenus par des soupçons violens dont nous parlerons dans la suite, on ne peut confirmer de telles dispositions sans rendre la sage précaution des ordonnances inutile en plusieurs occasions, et sans attaquer les maximes les plus inviolables de notre jurisprudence.

Il ne nous reste plus à examiner que la troisième question qu'on a fait naître touchant l'interprétation de l'ordonnance de 1539, et de la coutume de Paris au titre des donations.

La loi voulant que les donations et les testamens fussent l'ouvrage d'une volonté libre et entière, n'a pas cru que la libéralité d'un pupille envers son tuteur, ou de toute autre personne envers ses administrateurs, ne pût porter avec elles ces caractères d'une parfaite liberté qu'elle demande dans tous les actes qui tendent à dépouiller des héritiers.

Mais parce que la raison de l'ordonnance est

générale, et qu'elle comprend également tous ceux qui peuvent avoir quelque empire sur l'esprit des donateurs, vos arrêts en ont étendu la disposition aux maîtres, aux médecins, aux confesseurs. Ces principes ne sont ni douteux, ni incertains, ni arbitraires : ils sont écrits dans les ordonnances, dans les coutumes, dans vos arrêts. Voyons maintenant quelle en peut être l'application à cette cause; entrons dans les circonstances du fait, examinons quelle a été la véritable disposition de la testatrice; si elle a été soumise à l'autorité, à la puissance des religieuses; et tâchons de la découvrir par ce qu'elle a fait, par ce qu'elle a dit, et enfin par l'état dans lequel elle a vécu, et dans lequel elle est décédée.

Quelle a été la conduite de la dame de Vaugermain à l'égard des religieuses du Saint-Sacrement? Donations continuelles, libéralités qu'elle a exercées envers elles avec profusion. Nous n'en répéterons point ici le détail, parce que nous l'avons déjà suffisamment expliqué; tant de donations, tant de libéralités ne font-elles pas naître une présomption violente, non-seulement d'affection pour les religieuses, mais de soumission, d'assujettissement, de dépendance pour leurs volontés, que la testatrice a conservée jusqu'à la mort? Mais ce qui marque encore plus la véritable cause qui a déterminé la testatrice dans son dernier testament, ce sont les trois autres testamens, qu'elle a faits avant celui dont il s'agit. Depuis l'année 1681, jusqu'en l'année 1689, la dame de Vaugermain a expliqué trois fois ses dernières volontés, et trois fois elle a établi dans sa famille une loi également juste et équitable; elle a distribué son bien entre ses héritiers légitimes. Elle n'a pas oublié les religieuses du Saint-Sacrement; mais elle l'a fait avec une modération qu'elle auroit dû garder jusqu'au dernier moment de sa vie : elle lègue, par ces trois testamens, une pension viagère de 200 livres à sa fille ou au couvent pour elle. Voilà une volonté constante de laisser tout son bien à ses héritiers, de rendre un dernier jugement conforme aux sentimens de la nature, et de ne laisser qu'une marque assez peu considérable de son amitié aux religieuses. Quelle est la cause, quel est le motif qui oblige la testatrice à changer tout d'un coup de volonté, à préférer des étrangers à ses héritiers, et à étouffer tous les mouvemens de tendresse qu'elle avoit eus pour eux jusqu'à ce dernier moment? Les héritiers sont en grand nombre, leur fortune est médiocre, leur personne n'est accusée d'aucune indignité; quel est donc le sujet d'un changement de volonté si soudain, si surprenant, si contraire aux premières intentions de la testatrice? Nous croyons qu'il est aisé de pénétrer et de développer ce mystère.

Mais quelles ont été les expressions de la dame de Vaugermain, qu'a-t-elle jugé elle-même, qu'a-t-elle pensé de sa disposition? en quels termes s'en est-elle expliquée? Et si l'on veut savoir quels sont les motifs qui la portent à se retirer dans le couvent des filles du Saint-Sacrement; le désir dont elle est pressée intérieurement depuis plusieurs années de passer le reste de ses jours dans une séparation entière du siècle; le dessein qu'elle a conçu de servir Dieu dans la solitude; le besoin qu'elle a des exemples, des prières, des secours d'une sainte communauté, l'engagent à entrer dans ce monastère. Si nous cherchons dans quelle vue elle désire d'être enterrée dans la sépulture des religieuses, et de mourir entre leurs mains, c'est afin d'être assistée comme une religieuse pour le spirituel, afin d'avoir les mêmes suffrages des morts que les religieuses. C'est parce qu'elle a contracté une parfaite union en Jésus-Christ avec la communauté, qu'elle veut mourir comme un de ses membres. Sont-ce là les expressions d'une séculière; et ne reconnoît-on pas à ce langage une personne dont le cœur et l'esprit sont entièrement consacrés à la vie religieuse? Mais pourquoi ne s'est-elle pas servie de toutes ces expressions lorsqu'elle a fait d'autres testamens en faveur de ses héritiers? On a cru peut-être par là justifier le choix qu'elle a fait des religieuses pour ses légataires universelles; mais c'est cet attachement même et cette dépendance qui la condamnent.

Enfin, en quel état a vécu la testatrice, et dans quel état est-elle morte? Vingt ans avant sa mort, elle demeure ou dans le dehors ou dans l'intérieur du monastère; les religieuses entrent librement dans son appartement : et c'est même une circonstance qui n'est pas tout à fait indigne de l'attention de la cour, que dans le temps que l'on a apposé le scellé sur les effets de la dame de Vaugermain, on a reconnu que la porte qui servoit à la testatrice pour entrer dans les lieux claustraux, n'étoit fermée que du côté des religieuses, et ne l'étoit point du côté de la dame de Vaugermain.

Les religieuses n'étoient seulement pas maîtresses de son corps, elles l'étoient encore de son esprit. Une des conditions expresses de la réception de la dame de Vaugermain dans le monastère, c'est que la fille qui la servira, sera choisie du consentement et avec l'agrément de la supérieure.

Enfin, les titres, les papiers, les contrats de la testatrice étoient dans l'intérieur du monastère, dans une tribune qui donnoit sur l'église. Les religieuses se chargent, par la donation, de les rendre aux héritiers après la mort de la dame de Vaugermain, mais sans que les héritiers puissent leur en demander aucun compte.

Réunissons toutes ces circonstances, et comparons tous ces différens faits. Une femme, âgée de plus de 76 ans, meurt dans un monastère, après y avoir demeuré près de vingt années : c'est une mère dont la fille est religieuse dans ce couvent, qui a mérité par ses donations le titre de bienfaitrice, qu'on a engagée, par ce nom spécieux, à passer le reste de ses jours comme religieuse pour le spirituel, comme membre de la communauté : c'est une testatrice dont le corps, l'esprit et les biens étoient dans la puissance et sous l'autorité de celles qu'elle a fait ses légataires universelles; qui, après avoir marqué par trois testamens consécutifs une volonté persévérante en faveur de ses héritiers, change tout d'un coup de sentiment, trois semaines avant sa mort, dans un temps où la vieillesse, l'extrémité de la maladie, les approches d'une mort certaine, l'état de dépendance dans lequel elle avoit vécu, ne lui laissoient qu'une liberté d'esprit très-imparfaite, et une volonté mal assurée : enfin une testatrice morte entre les bras des religieuses, ensevelie dans leur sépulture, dont les sentimens ont été étroitement unis à ceux de la communauté. Si l'ordonnance a défendu les donations faites au profit des tuteurs, curateurs, et autres administrateurs ; si vos arrêts ont compris dans cette disposition les maîtres, les médecins, les confesseurs, peut-on douter que les religieuses ne doivent être soumises dans cette espèce à la rigueur de l'ordonnance, et à la juste interprétation de vos arrêts?

Mais d'ailleurs cette espèce est-elle nouvelle? Est-il sans exemple que l'on ait étendu la disposition de l'ordonnance aux communautés ecclésiastiques? Nous trouvons au contraire que vous les avez assujetties à cette loi par un arrêt célèbre de l'année 1658, dans une espèce beaucoup plus favorable. Une fille séculière avoit fait une donation de 30,000 livres aux religieuses de Charonne, à condition qu'elle demeureroit dans leur monastère en qualité de bienfaitrice. Après sa mort, les héritiers s'opposèrent à cette donation ; elle fut déclarée nulle comme contraire aux ordonnances. Nous ne ferons point ici la comparaison de cette espèce avec la nôtre ; il seroit aisé de faire voir combien les circonstances en étoient plus favorables.

Nous nous contenterons d'ajouter une dernière observation que l'équité doit inspirer en faveur des héritiers. Soit que les biens de la testatrice soient aussi considérables que les héritiers le prétendent ; soit que la succession soit aussi modique que les religieuses le soutiennent, la cause des héritiers est toujours également favorable. Si le legs universel monte à la somme de 80,000 livres, pourroit-on souffrir qu'une communauté religieuse profitât d'une succession si considérable; qu'elle ajoutât une si grande libéralité à tant de donations? L'immensité seule de ce legs ne seroit-elle pas un moyen suffisant pour en établir la nullité? Si au contraire le legs n'est que de 12 ou 15,000 livres, comme on a voulu vous l'insinuer, les religieuses doivent-elles envier ce petit avantage à des héritiers légitimes, pendant qu'elles profitent des donations qui montent à plus de 30,000 livres et qu'elles sont, à proprement parler, les véritables héritières?

Passons maintenant aux legs particuliers, et commençons par ceux qui regardent les religieuses. Si nous examinons ces legs à la rigueur, et dans la sévérité du droit, nous trouverons qu'il y a lieu de croire que le même esprit qui a porté la testatrice à faire le legs universel, l'a en même temps déterminée à faire les legs particuliers; l'on pourroit même appliquer ici une partie des raisons que nous avons expliquées en parlant du legs universel. Mais lorsque nous considérons la qualité des parties et la faveur de ces legs, nous croyons qu'il peut être permis de s'écarter de la rigueur du droit, et de prononcer en faveur de l'équité. C'est une mère qui laisse en mourant une pension viagère à sa fille, qui dans tous ses autres testamens lui laisse une pareille pension, quoique moins considérable; elle a peut-être prévu que sa fille pourroit être envoyée en d'autres monastères, et que toutes les donations qu'elle avoit faites à celui du faubourg Saint-Germain, lui deviendroient inutiles. Rien n'est plus favorable que toutes ces circonstances.

A l'égard de l'autre legs, ce n'est à proprement parler, qu'une aumône, et non pas un véritable legs. La testatrice a voulu donner la consolation à trois religieuses du monastère dans lequel elle demeuroit, de distribuer elles-mêmes une somme de 600 livres aux pauvres : elles sont chargées par le testament de rendre compte de cette distribution à la prieure; nous ne croyons pas que les héritiers puissent contester un legs de cette qualité, et nous ne nous y arrêterons pas davantage.

Le second legs, qui peut recevoir quelque difficulté, est celui dont Thibaut et sa femme demandent la délivrance. On leur a objecté plusieurs choses :

1.° Gens sans nom certain, sans domicile, non mariés. Ces faits ne se trouvent pas véritables.

2.° Recélés et divertissemens, informations, interrogatoires. Les preuves de ces faits sont foibles, et ils s'expliquent par l'inventaire dans lequel Thibaut est établi gardien.

3.° Subornation de l'esprit de la testatrice, témoins entendus sur ce fait, qui déposent qu'ils ont empêché les parens et amis de la testatrice d'entrer dans sa chambre; on y implique les religieuses; on dit qu'elles ont fait emporter les clefs dans leur monastère, qu'elles y ont introduit leur confesseur. Les preuves des faits de ce genre ne doivent être admises que lorsqu'il y a des commencemens de preuves pas écrit, des enfans exhérédés, et d'autres circonstances qui ne se rencontrent pas dans cette espèce; et le jugement qui avoit admis cette preuve, étoit contraire à l'ordonnance. Ainsi, nulle difficulté à l'égard du legs de Thibaut.

Par rapport au legs des Macé, une même chose peut être léguée par une même disposition, ou par plusieurs testamens.

Au premier cas, *Si corpus legatum sit, semel debetur; si quantitas, legatario probandum incumbit testatorem summas multiplicare voluisse.*

Dans le second cas, *Probatio rejicitur in heredem L. planè, ff. de Legat.* 1. *l.* 12. *ff. De probationibus.*

Quòd si major quantitas codicillis quàm testamento legata sit, majori minor inesse intelligitur, nisi aliter probaverit legatarius L. libertis ff. de alim. et cib. legat.

Ainsi, par rapport à celle à qui *plùs legato, quàm donatione relictum est*, nulle difficulté que la donation ne soit comprise dans le legs; à l'égard de la seconde, *heredi probandum incumbit*, ce qu'il peut faire 1.° par le troisième testament; 2.° parce que cette conjecture de volonté étant admise à l'égard de l'une, on doit supposer la même volonté à l'égard de l'autre. 3.° *In dubio parcendum heredi; nec refert quod de donatione inter vivos agitur, tùm quia die mortis deberi incipit, tùm quia voluntatis semper quæstio est.*

Il ne reste plus que la requête présentée par la partie de M.e Veronneau; elle prétend que tout le testament doit être déclaré nul, parce qu'il est l'effet de la suggestion des religieuses; mais nous ne croyons pas que ce moyen soit suffisant. Ce qui nous détermine ici, n'est pas tant la suggestion, que la qualité des religieuses, et la situation dans laquelle la testatrice a vécu à leur égard.

Ainsi, Messieurs, pour reprendre en peu de mots toutes les circonstances de cette affaire, vous voyez qu'elle est plus étendue que difficile. La faveur des héritiers, la qualité des religieuses, l'immensité de la donation, l'état de la donatrice, la loi du royaume, l'utilité publique et particulière, toutes les maximes du droit, toutes les circonstances du fait s'opposent à la demande que l'on forme du legs universel. Les legs particuliers au profit des religieuses, sont beaucoup plus favorables; et quoique l'on pût à la rigueur leur donner atteinte, nous croyons que l'équité doit nous porter à les soutenir. A l'égard de Thibaut et sa femme, nous ne trouvons aucune indignité en leur personne; mais les principes du droit s'opposent à la délivrance du legs de leur fille, parce que c'est une charge du legs universel. La personne n'est pas assez favorable pour mériter une exception.

Enfin l'autorité des lois et les conjectures de la volonté de la testatrice, nous persuadent que quand elle a fait un legs de 200 livres de rente à Marie et à Antoinette Macé, elle n'a fait que confirmer la donation qu'elle leur avoit déjà faite; les autres legs ne sont point contestés, les héritiers ne veulent point en empêcher l'exécution. Dans ces circonstances, et par toutes ces considérations, nous estimons en tant que touche l'appel de la sentence des requêtes du palais, mettre l'appellation et ce au néant, émendant, déclarer le legs universel fait au profit des parties de M.e Robert nul, et néanmoins leur faire délivrance des legs particuliers de 600 livres une fois payées, et de 500 livres de pension viagère. Faisant droit sur le surplus des requêtes présentées par les parties, faire délivrance aux parties de M.e Tripaut du legs de 200 livres de pension viagère, les débouter du surplus de leurs demandes, faire pareille délivrance du legs de 200 livres aux parties de M.e Verdier, dans lequel néanmoins les donations à elles faites seront comprises; donner acte aux héritiers de ce qu'ils consentent au surplus l'exécution du testament, et en conséquence ordonner qu'il sera exécuté selon sa forme et teneur, sans s'arrêter à la requête de la partie de M.e Veronneau.

M. l'avocat général d'Aguesseau changea d'avis à l'audience, touchant le legs de Macé, parce que les héritiers ne firent pas la difficulté qu'il avoit prévue. Ils ne prétendirent point que la donation fût comprise et confuse dans le legs; mais seulement que les donataires n'avoient pas accompli la loi de la donation, parce qu'elles n'avoient pas servi la donatrice jusqu'à sa mort; ce moyen étoit mauvais et dans le fait et dans le droit.

Ainsi, on jugea selon ses conclusions, en ce qui concernoit le legs universel et celui de 600 livres faits aux religieuses, et encore les legs des Macé et de Dubois et sa femme; mais on cassa le legs de 500 livres de pension viagère fait à la fille de la testatrice, et on confirma au contraire celui de la fille Dubois.

L'arrêt prononcé par M. le premier président de Harlay, le 19 février 1691, est ainsi conçu :

Entre dame Camille-Espérance-Aurélie Bugy, épouse non commune en biens, et néanmoins autorisée de Lucius-Marius Lilius de la Vetera, héritière pour un quart de dame Marie

Bugy, au jour de son décès, veuve de Jean-Baptiste le Fèvre, écuyer, sieur de Vaugermain, conseiller, secrétaire du roi, créancière et légitime héritière de sa succession, et exerçant les droits de Charles Bugy, son débiteur, appelante d'une sentence rendue aux requêtes du palais, le 21 janvier 1690, qui fait délivrance aux intimées ci-après nommées, du prétendu legs universel fait par ladite dame de Vaugermain, par son testament du 27 janvier 1689, et de la pension viagère de cinq cents livres, aussi prétendue léguée par ladite dame de Vaugermain à dame Claude le Fèvre, sa fille, à présent religieuse professe au couvent ci-après désigné, et de tout ce qui s'en est ensuivi, d'une part;

Et les dames religieuses, prieure et couvent du Très-Saint-Sacrement, établies à Paris, faubourg Saint-Germain-des-Prés, rue Cassette, se disantes légataires de ladite dame de Vaugermain, intimées d'autre.

Et entre ladite dame Camille-Espérance-Aurélie Bugy, esdits noms, demanderesse aux fins de la commission par elle obtenue en chancellerie, le 11 février 1690, à ce que l'arrêt qui interviendroit sur son appel fût déclaré commun avec les défendeurs ci-après nommés; ce faisant, qu'en infirmant ladite sentence, avec dépens, sans avoir égard au prétendu legs universel fait auxdites religieuses, ni à celui fait aux nommés Thibaut et sa femme, qui seroient déclarés nuls, les biens de la succession de ladite dame de Vaugermain fussent partagés entre les cohéritiers d'icelle, et que toutes les contestations pendantes aux requêtes du palais, concernant ladite succession, fussent, en tant que besoin étoit ou seroit, évoquées en la cour, en conséquence dudit appel, et les contestans condamnés aux dépens d'une part; et Paul-François Bugy, chevalier des ordres de St.-Maurice et St.-Lazare de Savoie; Louis Bugy, conseiller du roi, correcteur ordinaire en sa chambre des comptes; Charles-Robert Bugy, écuyer, sieur de Poisfond, procédant, sous l'autorité d'Antoine Charesieux, audit nom; Henri Gibieuf, écuyer, sieur de la Faye, et dame Magdelaine Bugy, son épouse, présomptifs héritiers en partie de ladite Marie Bugy; Louis Thibaut, sieur Dubois, ancien élu en l'élection de Châteaudun, et Mathurine Bricard, sa femme, défendeurs d'autre.

Et entre lesdites dames religieuses du Saint-Sacrement, demanderesses en requête par elles présentée à la cour, le 2 mars audit an 1690, à ce qu'il plût à la cour déclarer l'arrêt qui interviendra sur l'appel de ladite Camille Bugy, commun avec les défendeurs ci-après nommés; et, en conséquence, ordonner qu'elles auroient délivrance de leur legs universel, porté par le testament de ladite défunte dame de Vaugermain, du 27 janvier 1689, qui sera exécuté selon sa forme et teneur, et iceux défendeurs condamnés aux dépens d'une part, et ledit sieur François Bugy, lesdits sieurs Bugy, Gibieuf et la dame son épouse; ledit Charesieux, audit nom, tous présomptifs héritiers de ladite défunte dame de Vaugermain, M.e Adrien Champain, prêtre, docteur en théologie, proviseur de la maison de Navarre, et M.e Denys le Maître, procureur au châtelet, exécuteur testamentaire de ladite défunte de Vaugermain, défendeurs, d'autre part.

Et entre ledit M.e Louis Thibaut, sieur Dubois, ci-devant élu en l'élection de Châteaudun, et Mathurine Bricard, sa femme, tant pour eux que pour Elisabeth Thibaut, leur fille, demandeurs en requête par eux présentée à la cour, le 26 avril audit an 1690, à ce qu'il leur fût donné acte de ce que, pour défenses contre la demande de ladite dame Camille-Espérance-Aurélie Bugy, contenue en sa commission et exploit des 11 et 17 février 1690, ils emploient le contenu en ladite requête, et de ce qu'en réitérant la demande par eux formée aux requêtes du palais, le 5 décembre 1689, sans avoir égard à celle de ladite Bugy, il fût ordonné que le testament et codicille de ladite défunte dame de Vaugermain seroit exécuté selon sa forme et teneur, et, en conséquence, que la délivrance leur sera faite esdits noms, de la pension viagère de deux cents livres, à eux léguée par ladite défunte dame de Vaugermain, à compter du jour de son décès, conformément audit testament et codicille, sauf à ladite Elisabeth Dubois, fille, de faire son option sur le legs à elle fait, et condamner ladite Bugy et autres contestans aux dépens, sans préjudice de leurs autres droits, prétentions, dommages, intérêts et dépens, d'une part, et ladite Camille-Espérance-Aurélie Bugy, défenderesse, d'autre part.

Et entre ladite défenderesse et demanderesse, en requête du 28 avril 1690, à ce qu'en infirmant ladite sentence par défaut des requêtes du palais, du 21 janvier audit an 1690, portant délivrance du prétendu legs universel fait par ladite défunte dame de Vaugermain aux dames religieuses du Saint-Sacrement, et déclarant le susdit legs nul; déclarer pareillement nul, tant le legs de cinq cents livres fait à sœur Anne de Jésus, que le legs de six cents livres fait aux sœurs de Sainte-Elisabeth, Sainte-Anne et de Saint-Joseph, et, en cas de contestation, condamner les religieuses aux dépens, d'une part; et lesdites religieuses, prieure et couvent de la rue Cassette, défenderesses, d'autre.

Et entre ledit Louis Thibaut, sieur Dubois, et Mathurine Bricard, sa femme, tant pour eux que pour Elisabeth Thibaut, leur fille, demandeurs en requête du 15 juin 1690, à ce qu'en venant plaider sur les appellations et demande de ladite dame Camille-Espérance-Aurélie Bugy, les parties viendront plaider sur la requête, et, en conséquence, déboutant ladite Bugy de sa demande, ordonner que les demandeurs auroient délivrance du legs à eux fait de deux cents livres d'une part, et de trois cents livres d'autre, avec les intérêts, comme stipulant les intérêts de leurdite fille, à compter du jour du décès de ladite défunte dame de Vaugermain, conformément à ses testament et codicille, et pour faciliter le paiement des arrérages desdits legs, ils seront payés sur les arrérages dus par les débiteurs de ladite succession, à quoi faire contraints, quoi faisant, déchargés, et condamner les contestans aux dépens, d'une part; et ladite Camille-Espérance-Aurélie Bugy, lesdites dames religieuses, Louis Bugy, Charles et Robert Bugy, Henri Gibieuf et sa femme; M.e Adrien Champain, et M.e Denys le Maître, et ledit Paul-François Bugy, défendeurs, d'autre.

Et entre lesdits sieurs Bugy, Gibieuf et sa femme, demandeurs en requête du 21 juillet 1690, à ce qu'il plût à la cour, en tant que besoin étoit ou seroit, les recevoir appelans de ladite sentence des requêtes du palais, du 21 janvier; faisant droit sur l'appel, mettre l'appellation et ce au néant, émandant, débouter lesdites dames religieuses de leur demande en délivrance dudit prétendu legs universel, avec dépens, d'une part; et lesdites dames religieuses, défenderesses, d'autre part.

Et entre lesdits sieurs Bugy, Gibieuf et sa femme, demandeurs, en autre requête du 21 juillet 1690, à ce qu'il leur fût donné acte de ce qu'ils consentoient l'évocation requise, et que l'arrêt qui interviendroit fût déclaré commun, et, en conséquence, qu'ils fussent maintenus et gardés en la possession et jouissance des biens de la succession de ladite défunte dame de Vaugermain, à l'exclusion desdits Paul Bugy et Camille-Espérance-Aurélie Bugy, défendeurs, d'autre.

Et entre damoiselle Catherine-Antoinette-Magdelaine et Françoise Macé, filles majeures, usantes et jouissantes de leurs droits, tant en leurs noms que comme héritières de damoiselle Marie Macé, leur sœur, donataire entre-vifs, et légataire de ladite défunte dame Marie Bugy, au jour de son décès, veuve du sieur de Vaugermain, opposantes et saisissantes entre les mains des sieurs Tissard et Hocquard, payeurs des rentes de l'hôtel-de-ville, suivant leur exploit du 22 novembre audit an 1690, demanderesses, suivant les demandes par elles formées aux requêtes du palais, énoncées en la sentence desdites requêtes du 5 décembre 1689, et en requête par elle présentée à la cour, le 14 décembre 1690, à ce qu'il lui plût renvoyer les parties aux requêtes du palais, si mieux n'aimoit la cour, en déboutant ledit sieur Bugy, correcteur des comptes, de son opposition, adjuger aux demanderesses leurs fins et conclusions; ce faisant, déclarer leur donation entre-vifs de cent livres de rente viagère, et de cinquante livres de rente, aussi viagère, exécutoire; et condamner les héritiers de ladite dame de Vaugermain au paiement des arrérages de ladite rente de cinquante livres, échus depuis le décès de ladite dame de Vaugermain, jusqu'au décès de ladite damoiselle Marie Macé, leur sœur; les arrérages de celle de cent livres jusqu'à présent, et continuer à l'avenir au profit de ladite Antoinette Macé, et faire délivrance des deux autres rentes de cent livres, pareillement viagères, auxdites Catherine et Antoinette Macé, ensemble des meubles mentionnés audit testament, et à leur autre sœur, comme héritière de ladite Marie Macé, leur sœur, conjointement avec ladite Catherine et Antoinette Macé, ensemble les arrérages de la pension viagère de cent livres, échus jusqu'au décès de ladite Marie Macé, au paiement de tous les arrérages desquelles rentes seront lesdits sieurs Tissard et Hocquard, payeurs des rentes de l'hôtel-de-ville, contraints, quoi faisant, déchargés, et condamner ledit sieur Bugy aux dépens, même en ceux faits tant au châtelet qu'aux requêtes du palais, d'une part.

Et ledit M.e Louis Bugy, sieur de Corbec, correcteur en la chambre des comptes, défendeur et demandeur, en requête du 29 décembre 1690, à ce qu'il fût reçu opposant à la procédure faite par lesdites damoiselles Macé, sur ladite requête du 14 décembre précédent, et qu'en conséquence il lui fût donné acte de ce qu'il consent de procéder en la cour sur toutes les contestations qui y sont pendantes au sujet de la succession de ladite défunte dame de Vaugermain, conjointement avec les dames religieuses du Saint-Sacrement, d'une part; et damoiselle Catherine-Antoinette-Magdelaine et Françoise Macé, demanderesses, d'autre part.

Et entre les directeurs de l'hôpital des Enfans-Trouvés de cette ville de Paris, demandeurs, en requête du 7 février 1691, à ce qu'ils fussent reçus parties intervenantes en la cause étant au rôle de Paris, sur l'appel de la sentence de délivrance de legs porté par le testament de ladite dame de Vaugermain; faisant droit sur ladite intervention, ordonner que les sentences des requêtes du palais, des 29 août 1689 et 17 février 1690, qui faisoient délivrance auxdits sieurs directeurs de leur legs, seront exécutées; ce faisant, qu'ils soient payés des sommes de mille livres, d'une part, et mille livres d'autre, léguées par ladite dame de Vaugermain à chacun des hôpitaux, avec intérêts et dépens, adjugés par lesdites sentences, ensemble de ceux de leur intervention, d'une part, et lesdits sieurs Paul Bugy, Camille Bugy, Louis et Charles-Robert Bugy, Henri Gibieuf et sa femme, défendeurs, d'autre.

Et entre lesdites religieuses du Saint-Sacrement, prétendues légataires universelles de ladite dame de Vaugermain, demanderesses, en requête du 9 février, en ce qu'en venant plaider la cause d'entre les demanderesses, et dame Camille-Espérance-Aurélie Bugy, et les sieurs Bugy et Baugy, les défendeurs ci-après nommés seroient tenus de venir conclure sur leur opposition à l'arrêt du 18 juillet aussi dernier, et plaider sur la demande des demanderesses, portée à la requête du 2 mars 1690, ensemble pour voir adjuger le profit dudit défaut renvoyé à l'audience par ledit arrêt, et que les conclusions prises par lesdites demanderesses leur seroient adjugées avec dépens, d'une part; et Charles-Robert Bugy, écuyer, sieur de Boisfoud, M.e Adrien Champain, et Denys le Maître, ès qualités qu'ils procèdent, Louis Thibaut et Mathurine Bricard, sa femme, défendeurs, d'autre.

Et entre dame Anne Philippe, veuve en secondes noces d'Antoine Bugy, écuyer, au nom et comme tutrice de ses enfans, demanderesse, en requête du 6 février 1691, à ce que sans approuver les qualités prises par ladite Camille Bugy, il lui fût donné acte de ce que, pour défense à sa demande portée dans sa commission du 11 février 1690, elle emploie le contenu en ladite requête, et incidemment demanderesse, à ce qu'en venant plaider sur les appellations interjetées par ladite Camille Bugy, sans avoir égard au prétendu testament de ladite défunte dame de Vaugermain, du 27 janvier 1689, qui sera déclaré nul, ordonner que le testament de ladite défunte, du 17 mai 1683, sera exécuté selon sa forme et teneur; ce faisant, que, conformément à icelui, la demanderesse sera payée de la somme de trois mille livres pour le legs fait à son défunt mari, par ledit testament, avec les intérêts à prendre sur les biens meubles et immeubles situés en la coutume de Paris, sauf à elle à venir en partage dans les biens situés dans les coutumes où la représentation a lieu en ligne collatérale à l'infini, et, en cas de contestation, condamner les contestans aux dépens, d'une part.

Et ladite Camille Bugy, lesdits Bugy et Paul Bugy, lesdites religieuses, Louis Thibaut et sa femme, et autres défendeurs, d'autre.

Et entre M.e Denys le Maître, procureur au châtelet, et M.e Adrien Champain, prêtre, docteur en théologie, proviseur de la maison royale de Navarre, exécuteur nommé par le testament de ladite dame de Vaugermain, demandeurs, en deux requêtes des 12 et 16 février 1691; la première, tendante à ce que le testament de ladite dame de Vaugermain, dudit jour 27 janvier 1689, fût exécuté, et suivant icelui, que délivrance fût faite audit le Maître de la somme de cinq cents livres pour un diamant à lui légué, aux offres de continuer l'exécution dudit testament, à l'effet de quoi il lui seroit mis deniers suffisans entre les mains.

Et la seconde, à ce que les dames religieuses du Saint-Sacrement, en qualité de légataires universelles de ladite dame de Vaugermain fussent condamnées à faire délivrance de pareille somme de cinq cents livres audit sieur Champain, à lui léguée par ladite défunte, avec les intérêts jusqu'au paiement, et qu'il seroit aussi payé et remboursé de tous les frais et dépens qu'il auroit été obligé de faire pour ladite exécution testamentaire, suivant la taxe qui en sera faite en la manière accoutumée, et ce, par privilége sur les deniers et autres effets qui se trouveroient entre les mains dudit le Maître, lequel seroit à ce faire contraint, quoi faisant, déchargé; et, en cas qu'il n'y eût deniers suffisans, que lesdites dames religieuses seroient condamnées à lui payer ledit legs, et aux dépens, d'une part; et lesdites dames religieuses du Saint-Sacrement, Paul Bugy, Camille Bugy, Louis Bugy, Henri Gibieuf et la dame son épouse, et Charles-Robert Bugy, défendeurs, d'autre, sans que les qualités puissent nuire ni préjudicier. Après que Pottier, pour ledit Baugy; Verdier, pour ledit Macé; Chardon, pour Paul et Camille Bugy; Robert, pour les religieuses du Saint-Sacrement; Tripault, pour lesdits Dubois; Comtet, procureur de l'hôpital général; Huot, pour les exécuteurs testamentaires; Veronneau, pour Anne Philippe, ont été ouïs pendant quatre audiences; ensemble d'Aguesseau, pour le procureur-général du roi.

LA COUR a reçu et reçoit les intervenans parties intervenantes, et y faisant droit, ensemble sur l'appel, a mis et met l'appellation et ce dont a été appelé au néant; émendant, sur la demande des religieuses du Saint-Sacrement, en délivrance du legs universel et de la pension viagère de cinq cents livres, met les parties hors de cour et de procès, ordonne que délivrance sera faite de tous les autres legs portés par le testament, et les donations faites aux nommées Macé, exécutées suivant la sentence du 5 septembre 1689, qui sera exécutée, tous dépens compensés. Fait en parlement, le dix-neuf février mil six cent quatre-vingt-onze (1).

(1) *Voyez* Journal des Audiences, tome IV de l'édition de 1733, liv. VI, chap. XI.

DEUXIÈME PLAIDOYER.

DU 19 MARS 1691.

Dans la cause des enfans du sieur DESNOTZ et de HENRIETTE D'AVRIL, contre une prétendue fille de PIERRE D'AVRIL ET D'ANNE DE LA VAL.

Quelles sont les preuves de l'état, et dans quelles circonstances la preuve par témoins peut être admise ou doit être rejetée ?

IL N'Y A POINT de causes qui méritent d'être examinées avec plus d'attention, et dont la décision soit plus difficile que celles dans lesquelles il s'agit d'assurer l'état, la qualité et la naissance des parties ; et la nature se cache dans ces sortes de causes sous tant de voiles différens, la vérité y est obscurcie par tant de nuages, que souvent les parties, même les plus intéressées, ne peuvent découvrir la véritable lumière qu'elles doivent suivre : incertaines de leur état, elles viennent en apprendre la destinée par vos jugemens, et recevoir, pour ainsi dire, des mains de la justice, un nouvel être et une seconde naissance.

C'est ainsi que, dans cette cause, une fille longtemps ignorée d'une partie de ses parens, inconnue presque à elle-même, désavouée en quelque manière par sa propre mère, implore la protection de la justice pour rentrer aujourd'hui dans une famille dont elle prétend que l'ambition de sa mère et l'erreur de ses parens l'ont exclue pendant les premières années de sa vie.

On rapporte de part et d'autre des présomptions différentes, des faits contraires, des déclarations opposées. La famille se trouve partagée : une partie des parens se déclare pour l'intimée, les autres la regardent comme une étrangère, et tous ensemble n'apportent aucun éclaircissement qui puisse assurer son véritable état.

Au milieu de cette incertitude, c'est à vous, Messieurs, à découvrir au travers des ténèbres qui environnent cette cause, la voix de la nature et la lumière de la vérité. Nous tâcherons de vous expliquer ici le plus sommairement que l'importance de la cause pourra nous le permettre, les principales circonstances du fait, les inductions et les moyens que l'on en tire de part et d'autre.

En l'année 1626, Pierre d'Avril épousa Anne de la Val. C'est de ce mariage que l'intimée prétend être issue. Il prend dans le contrat de mariage la qualité de secrétaire de M. de Châteauneuf, qui fut depuis garde des sceaux, qualité qu'il n'a pas conservée long-temps, puisqu'il ne la prend plus dans les actes passés en l'année 1630; il y prend celle de secrétaire de la chambre du Roi.

Sa mauvaise conduite, les dettes dont il se trouva chargé, les pertes qu'il fit au jeu, obligèrent sa femme à prendre ses précautions pour empêcher la dissipation entière de son bien. Elle obtint, dès l'année 1631, une sentence de séparation de bien, qui fut exécutée dans toutes les formes ordinaires.

Le mari, poursuivi par ses créanciers, voyant que ses affaires étoient dans le désordre, sort du royaume en l'année 1634, passe en Angleterre, laisse à sa femme une procuration générale, lui confie l'administration de son bien, et l'éducation de ses enfans. Il en avoit trois dans ce temps-là, Louis d'Avril, qui s'est fait religieux dans la suite; Jacques d'Avril, décédé en l'année 1639, et Henriette d'Avril, mère des appelans, dont nous aurons lieu de parler plus d'une fois dans la suite de cette cause.

Depuis l'année 1634, Pierre d'Avril a cessé de paroître dans le royaume. C'est sa femme qui passe les actes, qui procède en justice, qui marie ses enfans, qui les fait religieux; nulle mention du mari, nulle preuve de son retour en France.

Dans tous les actes passés depuis l'année 1634, jusqu'en 1646, Anne de la Val prend la qualité de femme séparée de biens, et de procuratrice de son mari. Depuis 1646 elle prend le titre de veuve: elle n'a point quitté ce nom jusqu'à sa mort arrivée en 1665.

On explique différemment les motifs de ce changement de qualité; c'est ce que nous examinerons dans la suite.

En l'année 1649, Louis d'Avril, après avoir pris d'abord le parti des armes, se détermina à embrasser la vie religieuse: il en fit profession dans le monastère de Breuil, près la ville de Dreux.

En l'année 1654, Henriette d'Avril épousa le sieur de Fontennes; ce mariage n'a pas duré long-temps. Le mari est mort en 1656, et sa veuve a contracté un second mariage avec le sieur Desnotz, gentilhomme de la province de Bretagne: c'est de ce mariage que sont issus les appelans.

Toutes les parties conviennent qu'en l'année 1661 Anne de la Val prit auprès d'elle l'intimée: elle avoit pour lors dix ou douze ans; elle a demeuré avec sa prétendue mère jusqu'à sa mort qui arriva en l'année 1665. C'est dans ce temps qu'Anne de la Val fit ce testament dont on vous a parlé, dans lequel elle donne à l'intimée le nom de Françoise Coulon. Elle lui lègue tous les meubles qui se trouveront dans sa chambre au jour de son décès, et les différentes sommes que le sieur Coulon, lieutenant-général au bailliage de Dreux, pouvoit lui devoir.

Henriette d'Avril, sa fille aînée, recueille sa succession; elle meurt elle-même en l'année 1670; son mari décède en 1674; ils laissent plusieurs enfans mineurs et orphelins.

L'intimée demeure dans le silence jusqu'en 1676. C'est alors qu'elle prétend que, mieux instruite de son état, elle a commencé à en ramasser des preuves de tous côtés pour en établir la certitude.

Le sieur Coulon, dit-elle, touché d'un remords de conscience, lui déclare qu'il croyoit qu'elle n'avoit point été baptisée; on consulte un docteur de Sorbonne, qui lui conseille de se faire baptiser sous condition. Sur cet avis, l'intimée présente une requête à M. l'archevêque de Paris, dans laquelle elle expose qu'après avoir fait examiner tous les registres baptistaires de Dreux, lieu de sa naissance, ceux de Paris, lieu de sa demeure, sans y trouver aucune mention de son baptême, elle a une juste raison de croire qu'elle n'a point été baptisée : elle demande la permission de recevoir le baptême. Sur une information, par laquelle on prétend qu'il est justifié qu'il n'y a aucune preuve du baptême de l'intimée, on ordonne qu'elle sera baptisée sous condition. On exécute cette ordonnance; on la baptise; elle prend le nom de Jeanne-Elisabeth d'Avril; elle a pour parrain François-Elisabeth d'Avril, qui se dit son cousin, et qui est aujourd'hui un des parens qui interviennent en sa faveur; elle déclare qu'elle est âgée de 27 ans ou environ. La date du baptême est importante; elle est du 20 mai 1687.

Quinze jours après, c'est à dire le 5 juin de la même année, l'intimée fait assigner au châtelet les enfans de Henriette d'Avril, ses prétendus cohéritiers : elle obtient des sentences par défaut, qui ordonnent qu'il sera procédé au partage de la succession commune. Le tuteur en interjette appel; l'intimée s'en désiste : elle intente de nouveau la même demande à fin de partage; elle demande qu'il lui soit permis de faire preuve de la vérité de son état. Ces procédures ont été interrompues plusieurs fois; enfin, en l'année 1689, l'intimée obtient les sentences dont est appel, par lesquelles on ordonne que le tuteur des parties de M.e de Vaux, qui alors étoient majeures, comparoîtra devant le commissaire Mazure, pour procéder au partage.

Les parties de M.e de Vaux ont interjeté appel

de ces sentences; on a formé plusieurs incidens en cause d'appel. Il y a eu un premier arrêt qui a adjugé une provision. Elle a présenté une requête qui fait une des principales difficultés de cette cause; elle demande qu'en cas que la cour ne trouve pas son état et sa naissance établis par les preuves qu'elle rapporte, il lui soit permis d'en faire preuve par témoins.

Dans la forme, il seroit difficile de soutenir les sentences dont est appel, sans entrer dans le détail des nullités qu'elles contiennent. Il suffit de remarquer qu'elles sont rendues contre un tuteur qui avoit cessé de l'être long-temps auparavant, dont les mineurs étoient parvenus à l'âge de majorité, dont la fonction étoit finie et le pouvoir expiré. On ne peut tirer aucun argument, aucun préjugé de ces sentences en faveur de l'intimée; et sans nous y arrêter davantage, nous croyons qu'il faut entrer dans le fond, et examiner quelles sont les preuves que l'intimée rapporte aujourd'hui pour établir qu'elle est fille de Pierre d'Avril.

Les appelans soutiennent que l'intimée leur fournit elle-même des armes pour la combattre; que sa propre conduite, que les preuves prétendues, que l'histoire qu'elle compose de sa vie, sont autant d'argumens qui servent à prouver la supposition.

Qu'a-t-elle fait, qu'a-t-elle dit depuis l'année 1665, depuis la mort de sa prétendue mère jusqu'en l'année 1676? Elle étoit âgée dans ce temps-là, suivant sa propre confession, de 15 ou 16 ans: elle étoit instruite de son état: cependant elle demeure dans un profond silence: elle accepte un legs qu'Anne de la Val lui laisse sous le nom de Françoise Coulon; elle ne se plaint pas de l'injustice de sa mère, qui la désavoue; et dans quel temps songe-t-elle à vouloir sortir de l'obscurité de sa naissance pour entrer dans une famille étrangère? Lorsque Henriette d'Avril et son mari sont décédés, lorsque les preuves qui auroient pu la convaincre d'imposture ont péri avec eux, lorsqu'il ne reste que des enfans mineurs peu instruits de l'état de leur famille, que leur âge et leur foiblesse exposent à toutes sortes de surprises.

Mais quelles sont les preuves qu'elle rapporte pour cet état inconnu depuis si long-temps? Un extrait baptistaire qu'elle a fait dresser comme elle a voulu, où elle prend le nom qui lui plaît, et par lequel elle pouvoit entrer en toute autre famille avec autant de facilité que dans celle de Pierre d'Avril; des certificats mendiés, dont une partie sont donnés par des gens qui les désavouent dans la suite, et qui en donnent de contraires, ou par des personnes étrangères, incapables de déposer dans une affaire qui ne peut être connue qu'à des parens, ou enfin par un frère que la foiblesse de son esprit et la corruption de ses mœurs rendent indigne de toute sorte de créance.

Que contiennent ces déclarations? Des suppositions, des faits qui se détruisent mutuellement. C'est ce que l'on vous a fait voir par un long détail que nous expliquerons plus exactement dans la suite.

Enfin, quelle est l'histoire que l'intimée raconte de sa vie, et qui sert de fondement à cette supposition? Elle prétend qu'elle est née en l'année 1649 ou 1650. Mais comment peut-on accorder ce fait avec une infinité d'actes dans lesquels Anne de la Val, sa mère prétendue, prend la qualité de veuve dès l'année 1646? Peut-on donner une preuve plus sensible de la fausseté de tout ce que l'intimée ose avancer? Et cette preuve est-elle détruite par le certificat anglais qu'elle rapporte aujourd'hui, et par lequel elle prétend montrer que Pierre d'Avril n'est décédé qu'en l'année 1656? Certificat informe qui n'est point légalisé, suspect par la voie par laquelle on prétend l'avoir obtenu, et qui a été traduit de l'anglais en français, sans y appeler les parties de M.e de Vaux.

Que si l'on compare ces prétendues preuves avec celles que les appelans rapportent au contraire; si l'on considère que l'état de la famille de Pierre d'Avril a toujours été certain, qu'on n'a jamais ouï dire qu'il ait eu plus de trois enfans; si l'on réfléchit sur son absence dès l'année 1634, sur sa mort, connue à sa veuve dès l'année 1646; si enfin on observe que loin d'avoir jamais été reconnue par ceux qu'elle a tort d'appeler son père et sa mère, Anne de la Val la désavoue au contraire en termes formels dans son testament : si l'on réunit toutes ces circonstances, les appelans soutiennent que non-seulement la cause de l'intimée paroîtra destituée de toute apparence, mais qu'il y aura même contre elle une preuve constante de fausseté et d'imposture.

On ajoute qu'elle n'est pas mieux fondée dans la requête par laquelle elle demande à faire preuve des faits qu'elle articule; que cette preuve est contraire au bien public, qu'elle tend à troubler le repos des familles, qu'elle est rejetée par le droit civil dont on vous a cité les textes, condamnée par les ordonnances qui ont établi une autre espèce de preuve pour les mariages et la naissance; et enfin par les dispositions de vos arrêts, qui ne l'ont jamais admise que quand il y avoit quelque commencement de preuve par écrit.

De l'autre côté, l'intimée vous a raconté l'histoire de sa vie ou plutôt de ses malheurs; elle vous a dit qu'elle a été dès son enfance la victime de l'ambition de sa mère, et de l'amour excessif qu'elle avoit pour sa fille aînée; que son père en mourant ne lui a laissé en partage que son infortune; qu'elle est née pendant le cours de ses disgrâces, vers l'année 1650; que Pierre d'Avril, attaché inviolablement aux intérêts de M. de Châteauneuf, a eu part à son adversité sans en avoir eu à sa prospérité; qu'il a été obligé dans ces temps de trouble et de confusion, de se cacher pour se dérober à la fureur de ses ennemis; que tantôt réfugié en Angleterre, tantôt déguisé et inconnu dans le royaume, après avoir mené une vie malheureuse, il est enfin mort en Angleterre en l'année 1656; que c'est un fait prouvé par son extrait mortuaire, extrait dont la vérité est attestée par deux notaires de

Londres, et qui répond à toutes les inductions que l'on a voulu tirer des actes dans lesquels Anne de la Val a pris la qualité de veuve.

Mais quoique Pierre d'Avril ne soit décédé effectivement qu'en l'année 1656, il y avoit néanmoins long-temps qu'il étoit mort au monde, à ses amis et même à sa famille.

On avoit répandu le bruit de sa mort pour mettre sa vie en sûreté, et l'intimée étant venue au monde dans le temps que son père passoit pour mort, sa mère fut incertaine pendant quelque temps entre le soin de son honneur et l'amour de sa fille. Enfin elle résolut de cacher sa naissance, et de la faire élever en secret, espérant qu'il viendroit peut-être un temps plus favorable où elle pourroit concilier les intérêts de sa réputation avec ceux de sa fille; mais dans le temps qu'elle auroit pu le faire, le désir de trouver un parti avantageux à sa fille aînée, l'a portée à taire la naissance de l'intimée.

Ainsi, elle est toujours demeurée dans l'obscurité de sa naissance. Elevée d'abord dans le même couvent où sa sœur aînée avoit été mise en pension, elle a demeuré ensuite avec sa mère qui l'a toujours traitée comme sa fille; il est vrai que les artifices de sa sœur aînée l'ont empêchée de la reconnoître en mourant, mais elle prétend que l'éducation qu elle lui a donnée, la qualité du legs qu'elle lui a fait, prouvent suffisamment qu'elle ne la regardoit pas comme une étrangère.

Sa mère est morte, et ne lui ayant laissé en mourant aucune connoissance certaine de son état, elle a passé encore plusieurs années dans le trouble et dans l'incertitude; mais enfin en l'année 1676, les ténèbres qui lui déroboient la connoissance de son état, ont commencé à se dissiper; elle a appris que, soit pour cacher sa naissance, soit parce que l'on attendoit un milord d'Angleterre, qui devoit la tenir sur les fonts de baptême, elle n'avoit point encore été baptisée; on a su qu'Anne de la Val avoit toujours déclaré en secret qu'elle la reconnoissoit pour sa fille; que sa sœur aînée avoit fait une semblable déclaration; que Louis d'Avril, son frère, étoit prêt à l'avouer pour sa sœur; qu'il se souvenoit parfaitement d'avoir vu sa mère grosse, d'avoir même été chercher son père dans une académie, pour l'avertir que sa mère étoit prête d'accoucher. Instruite de toutes ces circonstances, pour en établir la preuve, elle a obtenu des certificats qui s'accordent si parfaitement, qu'il est aisé de reconnoître que c'est le langage de la vérité : on a voulu décrier la conduite de Louis d'Avril, pour ôter toute croyance à sa déclaration; mais il est aisé de voir que l'attestation de vie et de mœurs de ce religieux est surprise par artifice, puisque le même supérieur qui l'a donnée, est celui qui permet au religieux de faire sa déclaration en faveur de sa sœur.

Mais enfin, quand tous ces témoignages des parens et des étrangers ne suffiroit pas pour établir la certitude de la naissance de l'intimée; quand le suffrage des principaux parens paternels ne seroit pas entièrement décisif, pourroit-on lui refuser la permission qu'elle demande, d'achever par la voie de témoins, ce qui manque à la preuve qu'elle rapporte aujourd'hui? On ne sauroit alléguer aucun texte précis de lois civiles, qui exclue la preuve testimoniale dans les questions d'état; il y en a au contraire un grand nombre qui l'admettent : les ordonnances ne l'ont point rejetée : vos arrêts l'ont souvent ordonnée. Et dans quelle espèce peut-elle être permise, qui soit plus favorable que celle dont il s'agit? Peut-on trouver des présomptions plus fortes que celles qui concourent en faveur de l'intimée! Une fille élevée par les soins de celle qu'elle prétend être sa mère, qui a demeuré avec elle jusqu'au jour de son décès, dont la naissance est précisément marquée par les dépositions qu'elle rapporte; une fille à laquelle sa mère fait en mourant un legs considérable, que sa sœur aînée, que son frère ont reconnue, comme les certificats en font foi; enfin, une fille en possession de son état depuis l'année 1677, sans qu'il paroisse qu'on ait fait aucunes poursuites pour lui faire quitter le nom d'Avril, si ce n'est en cause d'appel. Dans toutes ces circonstances peut-on envier à l'intimée les éclaircissemens qui lui sont nécessaires pour établir la vérité de sa naissance? Peut-on lui fermer la seule voie qui lui reste pour rentrer dans une famille dans laquelle la Providence l'avoit fait naître, et pour reprendre un nom qu'elle n'auroit jamais quitté, si sa fortune eût été aussi heureuse que sa naissance est certaine?

Telles sont les raisons que l'intimée emprunte et de l'autorité du droit et des circonstances du fait, pour la défense de sa cause.

A notre égard, MESSIEURS, nous ne saurions dissimuler ici, que quoique la décision de cette cause ne nous paroisse pas fort difficile, cependant, quand nous considérons qu'il s'agit ici donner ou d'ôter à une personne un état qui doit lui être plus cher que sa vie, nous ne vous proposons nos sentimens et nos réflexions qu'avec crainte : et, quoique l'on pût renfermer dans peu de paroles les principales raisons de décider qui nous déterminent, nous nous sommes fait néanmoins une espèce de religion d'examiner toutes les circonstances de cette cause, afin de n'avoir rien à nous reprocher dans une affaire de cette importance, de les expliquer toutes, et d'en tirer les inductions nécessaires. Nous ne croyons pas pouvoir suivre un ordre plus naturel que d'examiner d'abord quel est le poids et l'autorité des preuves dont l'intimée se sert pour établir la certitude de sa naissance; si elles ne nous paroissent pas suffisantes, nous passerons ensuite à la seconde question, qui consiste à savoir si l'on peut admettre dans cette espèce la preuve par témoins.

L'intimée ne rapporte ici qu'une espèce de preuve; toute sa cause roule sur des certificats de ses prétendus parens et de quelques étrangers. Supposons, pour un moment, que les lois permettent de prouver par de tels argumens la naissance et la filiation : examinons quelle doit être l'autorité de ces certificats, quelles sont les personnes qui les donnent, dans quels termes ils paroissent, quels sont les faits qu'ils contiennent.

La première de ces déclarations, la plus favorable à l'intimée, celle dont elle tire ses plus fortes inductions, est celle de Louis d'Avril, religieux bernardin; c'est un religieux qui parle, mais un religieux qui se reconnoît pour frère de l'intimée, qui fait en détail l'histoire de sa naissance, qui en rend un compte exact, qui n'omet aucune circonstance. Rien ne paroît plus spécieux ni plus vraisemblable que ce certificat; mais lorsque l'on s'applique à reconnoître le caractère de l'esprit de ce religieux, lorsque l'on est instruit de son inconstance, de sa facilité et de sa foiblesse, l'idée avantageuse que l'on avoit conçue de sa déclaration, se détruit et s'efface d'elle-même.

C'est un homme qui prend d'abord la profession des armes; il change ensuite de dessein, et veut embrasser la vie religieuse. Il entre dans un monastère; sa légèreté naturelle l'en fait sortir. Il y rentre une seconde fois; ce n'est qu'avec beaucoup de peine, et sur les instantes prières de sa mère qu'on lui permet de faire profession; ce sont des faits établis par des lettres écrites dès l'année 1649, et dont la vérité n'est point contestée par l'intimée. Quelle a été la conduite de ce religieux depuis qu'il est entré dans ce monastère? Conduite déréglée, indigne de sa profession. Adonné à la débauche, capable de faire toutes choses pour avoir du vin; c'est le témoignage qu'en rend son supérieur par devant le lieutenant-général de Dreux. On ne doit point opposer à ce témoignage la permission que le même supérieur a donné à Louis d'Avril d'aller à Dreux pour faire la déclaration que l'intimée lui demandoit; car, outre que cette permission est conçue en termes généraux, il est visible qu'un supérieur qui n'étoit pas instruit de ce qui se passoit, qui ne prévoyoit point la conséquence de cette déclaration, n'a pu refuser à ce religieux la permission d'aller rendre un témoignage favorable à sa sœur.

Mais quand même l'attestation de ce supérieur ne seroit point rapportée, quand il seroit demeuré dans le silence, la seule lettre que le sieur abbé de Clairvaux a écrite touchant ce religieux, seroit une preuve suffisante de sa mauvaise conduite. C'est une lettre écrite dès l'année 1657, dans un temps non suspect, dans un temps où l'on ne peut pas accuser les appelans d'avoir voulu surprendre une fausse attestation de vie et de mœurs. C'est une lettre conservée dans le monastère par l'ordre du sieur abbé de Clairvaux, qui a été remise successivement entre les mains de tous les supérieurs, pour être un témoignage toujours subsistant du caractère d'esprit de Louis d'Avril. On le juge par cette lettre, indigne d'être promu aux ordres sacrés; et l'on défend au supérieur du monastère de le présenter à l'évêque sans un ordre par écrit de M. l'abbé de Clairvaux.

Tant qu'on ne pourra rien opposer à cette lettre, pourra-t-on douter ou de la foiblesse d'esprit de Louis d'Avril, ou de la dépravation de ses mœurs, ou peut-être de tous les deux ensemble? Et prétendra-t-on établir sur un certificat donné par un religieux de ce caractère, une preuve assez considérable pour appuyer un chef aussi important que l'état d'une personne?

Les autres certificats que l'intimée rapporte, ne sont pas donnés par des personnes beaucoup plus favorables. Ce sont des gens de basse condition, des étrangers qui ne paroissent pas avoir une connoissance exacte de l'état de la famille de Pierre d'Avril; il y a même un de ces témoins qui a donné des certificats tous contraires.

Dans quel temps, dans quelles conjonctures paroissent ces déclarations? Lorsque le père et la mère, lorsque Henriette d'Avril et son mari, lorsqu'en un mot toutes les parties qui auroient pu en éclaircir les circonstances et assurer la vérité, sont décédées; lorsqu'enfin Louis d'Avril ne vit plus, lui qui donneroit peut-être, s'il étoit encore vivant, une déclaration contraire à celle qu'on lui a fait donner.

Les certificats, peu favorables par la qualité de ceux qui les ont donnés, et par le temps dans lequel on a attendu à les faire paroître, sont encore moins dignes de foi par toutes les circonstances qu'ils contiennent; ils sont pleins de contrariétés étonnantes, de suppositions manifestes, de faits inutiles, et quelquefois même désavantageux à l'intimée.

Si Louis d'Avril parle de son père dans sa déclaration, il assure qu'il est venu à Dreux vers l'année 1649 ou 1650; cependant il est constant, par une infinité d'actes, que dans ces années là, même dans celles qui les ont précédées et qui les ont suivies, Anne de la Val, sa femme, a toujours pris la qualité de veuve. C'est une contradiction visible que nous examinerons encore plus exactement, quand nous entrerons dans le détail des présomptions que l'on allègue de part et d'autre.

S'il marque le temps de la naissance de sa sœur, il est contraire à elle-même, et la fait plus âgée qu'elle ne l'a déclaré dans son extrait baptistaire. Il dit qu'elle est née dans le temps que M. de Broussel, conseiller en la cour, fut arrêté. Il est constant que cet événement arriva après la bataille de Lens en l'année 1648. Si Louis d'Avril est bien instruit du temps de la naissance de sa sœur, elle devoit avoir 29 ans en l'année 1677; et cependant si l'on en croit sa sœur même, elle n'avoit que 27 ans.

Il n'est pas plus heureux quand il marque le lieu dans lequel sa sœur est née. Il a assuré qu'elle est née à Paris, et l'intimée, contraire encore en ce fait à son prétendu frère, expose dans la requête qu'elle a présentée à M. l'archevêque de Paris, qu'elle est née à Dreux. Comment concilier deux langages si différens? Pourquoi ce prétendu frère s'accorde-t-il si mal avec sa sœur dans les circonstances les plus essentielles, puisque c'est sur ce fait supposé de la naissance de l'intimée à Paris, que roule une partie de la déposition de Louis d'Avril?

Pour rendre l'histoire plus vraisemblable, il suppose toujours que Pierre d'Avril n'a point paru en France, qu'il n'a vu sa femme qu'en secret, déguisé, inconnu à sa famille, et cependant il nous apprend qu'il demeuroit à Paris dans une académie en qualité de gouverneur du milord Plantagenete. Nous ne croyons pas qu'il soit fort aisé de se persuader qu'un homme qui cherche à se cacher, à se dérober aux yeux du public, entre auprès d'un jeune seigneur anglais en qualité de gouverneur, qu'il aille demeurer dans une académie, dans un lieu ouvert à tout le monde, où toutes sortes de personnes entrent librement; c'est une manière de se cacher qui paroît peu vraisemblable.

Cette dernière circonstance découvre encore la fausseté de l'histoire que compose Louis d'Avril. Il donne à son père, au commencement du certificat, la qualité de secrétaire de M. de Châteauneuf.

Il attribue tous les malheurs de son père à la disgrâce de M. de Châteauneuf; et dans le même temps qu'il suppose son père attaché à M. de Châteauneuf, enveloppé dans la même infortune, il veut qu'il soit gouverneur d'un milord anglais.

Achevons ce qui regarde ce certificat, dont l'explication fait une des principales parties de cette cause. Louis d'Avril marque en détail les soins que sa mère a pris de l'éducation de l'intimée, le monastère dans lequel elle a été élevée. Il prétend que les pensions ont été payées par Anne de la Val. Pourquoi, depuis cette déclaration, n'a-t-on pas éclairci ce fait par les quittances des prétendus paiemens faits par Anne de la Val pour l'intimée? Ne pouvoit-on pas au moins obtenir un certificat des religieuses, par lequel il paroîtroit que l'intimée a été mise dans leur couvent par Anne de la Val? Une telle négligence, dans une affaire si considérable, n'est-elle pas une preuve sensible de la fausseté de cette circonstance?

Enfin Louis d'Avril assure que sa mère lui a recommandé l'intimée en mourant, comme sa fille; et, d'un autre côté, il nous apprend qu'il sait qu'elle n'est point baptisée. Est-il vraisemblable que depuis l'année 1663 jusqu'en l'année 1676, un frère religieux, qui sait que sa sœur n'est point baptisée, et à qui sa mère l'auroit recommandée en mourant, ait si mal profité de ses propres connoissances et des dernières paroles d'une mère mourante, que de ne pas avertir sa sœur de recevoir le baptême ?

Si l'on entroit dans l'examen de toutes les circonstances que rapporte Louis d'Avril, il seroit aisé d'y faire remarquer plusieurs absurdités de cette nature; mais le détail en seroit infini : voyons en un mot ce que contiennent les autres certificats.

Ils répètent une partie des circonstances que nous venons d'examiner; ils ajoutent que le bruit commun étoit que l'intimée étoit la fille de Pierre d'Avril et d'Anne de la Val; que sa mère et sa sœur l'ont reconnue pour telle en présence de ceux qui donnent les certificats : mais de quelle utilité ces déclarations peuvent-elles être à l'intimée ? Comment Anne de la Val dit-elle qu'elle est sa fille ? Elle le dit comme un secret dont elle défend a celui à qui elle le confie de jamais parler : elle ne dit point que ce soit la fille de Pierre d'Avril, elle dit seulement que c'est sa fille. Henriette d'Avril prend les mêmes mesures et précautions quand elle parle de cette prétendue sœur ; elle dit qu'elle ne pouvoit déclarer publiquement ce qu'elle lui étoit, à cause de son mari. Quel avantage l'intimée espère-t-elle tirer de ces faits ? Prend-on toutes ces précautions pour cacher la naissance d'une fille légitime ? Une mère n'avoue-t-elle qu'en secret, qu'elle est sa fille ? Une sœur en fait-elle un mystère à son mari ? C'est ce qui ne paroîtra jamais vraisemblable. Nous répondrons dans peu de temps aux motifs par lesquels l'intimée prétend que sa mère et sa sœur ont voulu cacher sa naissance.

Mais supposons que ces certificats ont toutes les qualités qui leur manquent, que ceux qui les ont donnés sont gens sans reproche, des parens qui puissent déposer de l'état de leur famille; qu'il ne se rencontre aucune contradiction dans les faits qu'ils exposent, que la vérité et la vraisemblance règnent dans leurs dispositions, qu'ils paroissent dans la conjoncture la plus favorable que l'intimée puisse souhaiter : pourroit-on, sur des actes de cette nature, sur de simples déclarations données d'office par des gens qui n'ont point de foi en justice; établir une preuve assez forte, pour accorder à l'intimée ce qu'elle demande? N'est-ce pas ici le véritable cas de ces lois fameuses, qui ont été citées tant de fois dans votre audience (1), *non epistolis, non nudis asseverationibus, nec ementita professione, sed natalibus necessitudo consanguinitatis conjungitur?* Si, lorsqu'il n'étoit question que d'une simple dette, les lois romaines n'ont pas voulu que les registres particuliers (2), *instrumenta domestica*, pussent suffire pour une preuve entière, pourroit-on se contenter d'un pareil argument lorsqu'il s'agit de la chose du monde la plus précieuse, c'est-à-dire de l'état et de la filiation? Et ne peut-on pas dire avec plus de raison dans cette espèce que dans celle de la loi 7, au cod. *de Probat. Exemplo perniciosum est ut ei scripturæ credatur quâ unusquisque sibi annotatione propriâ (jus) constituit?* Nous n'expliquerons point ici toutes les suites dangereuses que de tels actes pourroient avoir; il est aisé d'en prévoir les conséquences, et nous croyons qu'il seroit assez inutile de s'étendre plus au long pour prouver que l'on ne doit avoir aucun égard à des déclarations mendiées, à des certificats étudiés, tels que sont ceux que l'intimée rapporte aujourd'hui.

Ainsi, la seule chose qui nous reste à examiner, est de savoir si ces actes ne peuvent pas, du moins, former une présomption assez forte pour faire admettre la preuve par témoins.

Si nous envisageons cette question dans la thèse générale, et par rapport aux principes du droit romain, nous trouverons que quoique la preuve de la naissance la plus ordinaire et la plus authentique fût, parmi les Romains comme parmi nous, celle qui se tire des registres publics, cependant il est difficile de se persuader que ce fût la seule preuve légitime.

(1) Lib. 13 et 14, Cod. *de Probat.*

(2) Lib. 5, ibid.

Il est vrai que la considération de l'utilité publique a porté les jurisconsultes à établir comme une maxime certaine, que dans les questions d'état la preuve par témoins ne pouvoit être admise qu'avec beaucoup de peine. Ils ont cru qu'il étoit dangereux de faire dépendre la destinée d'une famille, son repos, sa sûreté, de l'ignorance ou de la malice d'un témoin passionné, surpris ou corrompu par les parties intéressées.

Mais cependant il est aisé de faire voir par plusieurs lois du code et du digeste, que dans certaines circonstances, le droit civil admettoit la preuve par témoins, même pour établir la vérité de la naissance.

Les jurisconsultes ont toujours supposé, pourvu que la vérité fût constante, pourvu qu'elle fût prouvée par quelque voie que ce puisse être, que le juge devoit être satisfait, et qu'il ne devoit plus chercher de preuves par écrit. *Si res gesta sine litterarum consignatione, veritate factum suum præbeat, non ideò minùs valebit quòd instrumentum nullum de eâ intercessit.* C'est la loi 5. ff. *de fid. inst.*

De-là des empereurs ont conclu que quoique les actes par lesquels la naissance de quelqu'un étoit établie, eussent été perdus, on ne pouvoit, sans injustice, lui ôter la seule voie qui lui restoit pour prouver son état, c'est-à-dire, la preuve par témoins. C'est la disposition de la loi 6, au cod. *de fid. inst.* et de la loi 15. § 1. cod. *de test.*

Mais, quand il s'agit de prouver sa naissance, suffit-il d'alléguer la perte des registres ? Permettra-t-on à une partie, sans indices, sans présomptions, sans commencemens de preuves par écrit, de faire entendre des témoins pour déposer en sa faveur ?

C'est un doute qui est éclairci par la loi 2, au cod. *de testib.* Telle étoit l'espèce de cette loi : un affranchi prétendoit être né libre et dans l'état d'ingénuité : *Defende causam tuam instrumentis et argumentis quibus potes : soli enim testes ad ingenuitatis probationem non sufficiunt.* Voilà donc trois sortes de preuves que l'empereur distingue dans les questions d'état : les actes, les présomptions, les témoins. Il décide nettement que les témoins seuls ne peuvent pas suffire pour faire une preuve certaine. Il faut nécessairement que les dépositions des témoins soient soutenues ou par la foi des actes, ou par la force des présomptions, et par là on concilie l'intérêt du public avec celui des particuliers : l'utilité publique est satisfaite, en ce qu'on n'admet pas légèrement la preuve par témoins ; et les particuliers ne sauroient se plaindre, puisqu'on ne les réduit pas à l'impossibilité de prouver leur état, lorsque les actes qui ne pouvoient l'établir sont perdus.

Telle est la disposition du droit civil à laquelle nous ne voyons pas que les ordonnances, qui sont notre véritable droit, aient dérogé. L'ordonnance de Blois et celle de 1667 ont, à la vérité, ordonné que la preuve de la naissance se feroit par le registre baptistaire : mais, comme on l'a dit, en admettant cette espèce de preuve, elles n'ont pas exclu celle qui se fait par témoins; l'ordonnance de 1667 l'a même permise en un cas qui est un de ceux du droit civil, c'est-à-dire, lorsqu'on articule et que l'on prouve la perte des registres. Elle ne dit pas même qu'elle ne soit admissible que dans ce seul cas; mais, quand elle l'auroit ajouté, on pourroit dire que nous sommes aujourd'hui dans le cas de l'ordonnance, puisqu'on articule, non pas, à la vérité, la perte des registres, mais ce qui revient à la même chose, qu'il n'y a pas eu de baptême.

Si nous examinons donc les principes généraux de cette matière, nous ne saurions douter qu'ils ne soient favorables à l'intimée ; mais lorsque nous voulons les appliquer à l'espèce et aux circonstances de cette cause, cette faveur cesse et disparoît entièrement.

Si nous trouvions ici les présomptions qui se sont quelquefois rencontrées dans de semblables espèces; s'il nous paroissoit que la mère eût reconnu sa prétendue fille dans quelques occasions ; si tous les parens la reconnoissoient d'un sentiment unanime; si elle avoit une ressemblance parfaite avec ceux de la famille dans laquelle elle veut entrer, ou quelques-unes de ces marques extérieures qui ont souvent servi d'argument dans des causes pareilles; si enfin elle avoit été pendant quelques années en possession de son état, nous croirions que, quoiqu'il n'y eût point de commencement de preuves par écrit, néanmoins cet amas de circonstances favorables devroit lui faire accorder la preuve qu'elle demande. Mais, au contraire, nous ne trouvons dans sa cause aucune preuve, aucunes présomptions, non pas même des indices légitimes; tous les faits qu'elle articule sont ou supposés, ou contraires les uns aux autres. Le fondement de ses prétentions et la seule chose qui pourroit donner quelque couleur à sa demande, c'est l'histoire qu'elle vous a racontée des malheurs de son père, qu'elle prétend avoir été la suite de la disgrâce de M. de Châteauneuf. Mais, bien loin que ce fait puisse lui être favorable, il sert au contraire à former une présomption contre elle; elle est si peu instruite de l'état de la famille dans laquelle elle veut être reçue, qu'elle ignore que depuis l'année 1630, celui qu'elle appelle son père n'a plus été au service de M. de Châteauneuf; qu'il prend dans tous les actes, d'abord la qualité de secrétaire de la chambre du roi, et ensuite le seul titre d'avocat en parlement; qu'il a même été intéressé dans les fermes du roi, qu'il a été ensuite gouverneur d'un milord anglais. Et cependant elle suppose qu'il est toujours demeuré secrétaire de M. de Châteauneuf, et que l'attachement qu'il a eu à ses intérêts, l'a obligé de se cacher pendant les années 1649 et 1650.

L'autre déposition, dont l'intimée emprunte le dénouement de son histoire, n'est ni mieux inventée, ni plus vraisemblable. Elle prétend que sa mère ne l'a point fait paroître, afin de marier plus avantageusement sa fille aînée. Mais elle n'a pas considéré que celle qu'elle appelle sa sœur, étoit mariée dès l'année 1634 en premières noces, et en secondes noces, dès l'année 1657, et qu'il est peu vraisemblable que depuis ce mariage, dans un temps où la mère n'avoit plus rien à ménager, elle ait caché pendant huit ans la naissance de sa prétendue fille, et qu'elle l'ait traitée comme une étrangère. Non-seulement l'intimée ne peut alléguer aucunes présomptions en sa faveur, on lui en oppose, au contraire, qui nous paroissent invincibles; nous nous contenterons d'en rapporter deux, par lesquelles nous finirons cette cause.

Nous avons remarqué dans le fait, que dès l'année 1634, Pierre d'Avril avoit cessé de paroître dans ce royaume, et qu'en l'année 1649, sa femme a pris la qualité de veuve; elle l'a prise, et dans des actes faits avec sa famille, et dans des actes faits en jugement; elle l'a prise si constamment, qu'il est impossible de trouver un fait mieux établi.

Si Anne de la Val étoit veuve dès l'année 1646, si Pierre d'Avril étoit mort en Angleterre, comment l'intimée peut-elle prétendre être née en l'année 1650 du mariage de Pierre d'Avril et d'Anne de la Val? Qu'oppose-t-on à une présomption, ou pour mieux dire, à une preuve si forte? Un extrait mortuaire par lequel on prétend prouver que Pierre d'Avril n'est décédé qu'en l'année 1656. Mais sans nous arrêter ici à tous les défauts de formalité qui se trouvent dans cet acte, sans vous observer qu'il a été apporté en France par un inconnu, qu'il a été traduit de l'anglais en français sans y appeler les parties de Me de Vaux, et qu'enfin cet acte n'étant point légalisé par aucun magistrat d'Angleterre, il nous paroît qu'il est assez inutile, pour assurer l'état de l'intimée, d'examiner si Pierre d'Avril est mort dès l'année 1646, ou s'il n'est décédé que dix ans après; car enfin, quand sa femme a pris la qualité de veuve depuis l'année 1646, jusqu'à 1665 qu'elle est décédée, il faut nécessairement de deux choses l'une, ou qu'elle ait été veuve effectivement, ou qu'elle ait cru l'être; il n'y a point de milieu : car de prétendre, comme fait l'intimée, qu'elle a pris cette qualité pour faire croire que son mari étoit mort, c'est un fait supposé, comme nous l'avons déjà remarqué, avancé sans preuve, et que l'intimée a détruit elle-même, quand elle a dit que son père demeuroit à Paris dans une académie. Or, soit que Pierre d'Avril fût mort effectivement en 1646, soit que sa femme ait été trompée par une fausse nouvelle de sa mort, il est toujours également impossible que l'intimée soit une fille légitime. Si Pierre d'Avril est mort en 1646, comment peut-elle l'avoir eu pour père en 1650, et si Anne de la Val a cru son mari mort dès l'année 1646, sans avoir depuis changé de sentiment, l'intimée peut-elle se prétendre sa fille sans l'accuser d'un désordre visible, dont la honte retombe sur elle-même ? C'est un écueil que l'intimée n'a pu éviter dans cette cause ; et si, dans une affaire si obscure, il étoit permis de faire quelque conjecture, ce soupçon ne seroit peut-être pas tout à fait sans fondement.

Enfin, la dernière présomption à laquelle l'intimée n'a point répondu, est prise du testament de celle qu'elle prétend être sa mère. Dans ce testament, Anne de la Val, bien loin de la reconnoître pour sa fille, la traite comme une étrangère. Elle l'appelle Françoise Coulon, et par ce seul témoignage, elle détruit toutes les vaines présomptions que l'intimée allègue en sa faveur : *Numquid oblivisci potest mulier infantem suum, ut non misereatur filio uteri sui?* Peut-on croire qu'une mère ait perdu tous les sentimens de la nature, qu'elle ait étouffé tous les mouvemens de la tendresse maternelle jusqu'à un tel point, qu'elle puisse oublier sa fille en mourant, et qu'elle ne veuille pas la reconnoître? Non-seulement elle ne la reconnoît pas ; elle fait plus, elle la désavoue ; elle lui donne un nom étranger ; elle l'exclut pour toujours de sa famille. Mais dans quel tems prononce-t-elle un désaveu si formel ? Ce n'est point dans un moment de colère et d'indignation ; on ne peut le regarder comme ces déclarations que la loi appelle, *Professiones ab iratâ matre factæ*, qui ne peuvent préjudicier à l'état des enfans; c'est à l'article de la mort, dans un temps où les seuls remords de la conscience devoient l'obliger à rendre ce témoignage à la vérité; c'est dans un testament fait par la testatrice entre les mains de son curé, de son confesseur, et dans lequel bien loin de faire paroître aucun mouvement de haine contre l'intimée, elle lui fait un legs considérable. Croira-t-on que ce testament, au lieu d'avoir été dicté par la tendresse naturelle et par la vérité, n'ait été l'ouvrage que d'une dureté et d'une fausseté sans exemple? Toutes les raisons qu'Anne de la Val pouvoit avoir de cacher la naissance de l'intimée, cessoient entièrement dans le temps du testament; il ne s'agissoit plus de trouver un parti avantageux à une fille aînée : la testatrice n'avoit plus rien à ménager devant les hommes; elle alloit paroître devant un tribunal supérieur, où elle devoit rendre compte de l'éducation de tous ses enfans, tant de ceux qui ne paroissoient pas dans le public, que de ceux qui y paroissoient. On ne présume point qu'une mère désavoue sa fille en mourant, qu'elle fasse une action si contraire à la nature sans aucune raison, sans aucun motif apparent qui puisse l'y engager; et l'intimée n'en rapportant aucun, il suffit de lui opposer le suffrage de sa prétendue mère pour la condamner. Elle a reconnu elle-même l'autorité de cette loi, en acceptant le legs qui lui a été fait sous le nom de Françoise Coulon. Qui sait même, si ce n'est point avec justice, qu'Anne de la Val lui donne ce nom? Qui sait si ce n'a point été sous ce nom qu'elle a été baptisée, et que, si elle n'a pu trouver de preuves de son baptême, c'est qu'elle cherchoit dans les registres, le baptême d'une fille de Pierre d'Avril? Il falloit y chercher celui de Françoise Coulon, et peut-être que si l'on avoit pris cette précaution, on auroit trouvé des preuves certaines, mais fâcheuses à l'intimée, de son véritable état. Nous ne le proposons ici que comme une simple conjecture. Mais enfin, quand on considère qu'Anne de la Val demeuroit souvent dans une maison du sieur Coulon auprès de Dreux, que l'intimée est appelée Françoise Coulon dans le testament d'Anne de la Val, qu'on lui lègue les obligations dont le sieur Coulon étoit débiteur, et qu'enfin c'est à la sollicitation et par les amis du sieur Coulon que l'intimée a entrepris ce procès, peut-on s'empêcher d'avoir quelque soupçon contre la conduite d'Anne de la Val depuis le temps qu'elle s'est crue veuve, et de croire que ce n'est pas sans fondement que l'intimée prétend qu'elle est sa mère ?

Il ne nous resteroit plus qu'à examiner si l'intimée doit être considérée ici comme coupable d'une supposition calomnieuse, et si nous ne serions pas obligés de prendre des conclusions sévères contre elle pour le bien public. Si cette famille étoit illustre et considérable par sa noblesse ou par ses biens; s'il étoit constant que l'intimée eût inventé tous ces faits pour entrer par artifice dans une famille étrangère; s'il y avoit des preuves évidentes de fausseté et d'imposture, nous croirions qu'il seroit de notre devoir de requérir qu'il plût à la cour, en faisant défenses à l'intimée de reprendre le nom d'Avril, de la condamner en telles réparations qu'il lui plairoit d'arbitrer. Mais ici nous ne voyons rien de semblable : il n'y a aucune preuve d'artifice et de surprise de la part de l'intimée; elle a été trompée elle-même et séduite par les discours du sieur Coulon. On ne peut pas croire que l'intérêt l'ait fait agir; la modicité de la succession qu'elle demande à partager la justifie de cette suspicion : elle sera suffisamment punie, quand on l'obligera de quitter le nom qu'elle prétend porter, et de rentrer dans l'obscurité de sa naissance.

Nous estimons qu'il y a lieu de recevoir les parens de part et d'autre, parties intervenantes; faisant droit sur leur intervention, mettre l'appellation et ce au néant; émendant, débouter l'intimée de ses demandes et de la requête à faire preuves, lui faire défenses de prendre le nom d'Avril, et de se dire fille de Pierre d'Avril et d'Anne de la Val.

Jugé suivant les conclusions, par arrêt du 19 mars 1691, prononcé par M. le premier président de Harlay.

Entre Amaury Gougon, écuyer, sieur de Villetancy, Françoise-Michelle Desnotz, son épouse, Jeanne-Pelagie Desnotz de la Ville-Thibault, Jeanne-Pelagie Desnotz de Tierceville, Nicolas le Maréchal et Marie Desnotz, sa femme; lesdites Desnotz, filles de défunt messire Michel Desnotz, chevalier, seigneur de la Ville-Thibault, et dame Henriette d'Avril, leurs père et mère, et héritières de leurdite mère, laquelle étoit seule et unique héritière de défunte dame Anne de la Val, au jour de son décès, veuve de Pierre d'Avril, secrétaire, et M.e Etienne Auroux, ci-devant procureur au châtelet, tuteur desdites damoiselles Desnotz, appelant des sentences rendues par défaut au châtelet de Paris, les premier, vingt-quatre mars et huit juin 1689, et défendeur en deux requêtes, la première du cinq août audit an 1689, à fin de main-levée des saisies et arrêts faits ès mains des débiteurs et locataires de la succession de ladite de la Val, à la requête de la ci-après nommée; et la seconde du premier mars 1691, à ce qu'en venant plaider la cause qui est au rôle, elles viendront pareillement plaider sur ladite requête; ce faisant, leur donner acte du désistement fait par ladite Coulon, soi-disante Jeanne-Elisabeth d'Avril, des sentences par elles obtenues au Châtelet, les trois septembre 1681 et neuf janvier 1682; et faisant droit sur l'appel, mettre le tout au néant, émendant, débouter ladite Coulon de ses demandes en partages des successions de Pierre d'Avril et dame de la Val, aïeuls des demandeurs, leur faire main-levée desdites saisies, avec dommages et intérêts, et lui faire défenses de prendre le nom d'Avril, et de se dire fille desdits Pierre d'Avril et de la Val; la condamner à la restitution de la somme de deux cents livres qu'elle a touchée de provision, et en tous les dépens; et pour la réparation de la supposition, la condamner en telle amende qu'il plaira à la cour, sauf à M. le procureur-général à prendre telles conclusions qu'il avisera bon être, et défendeur d'une part; et Françoise Coulon, se disant Jeanne-Elisabeth d'Avril, femme non commune en biens de François Gerville, commis aux aides, son mari, autorisée par son contrat de mariage, intimée, défenderesse et demanderesse en requête du neuf mars 1691, à fin de faire preuve par témoins de son état, où la cour feroit difficulté de confirmer les sentences dont est appel, et cependant lui adjuger mille livres de provision sur les locataires et débiteurs de ladite succession, d'autre part. Et entre François d'Avril, écuyer, sieur de la Grange, garde de son altesse royale M. le duc d'Orléans, frère unique du roi; Pierre d'Avril, receveur au grenier à sel de Montargis; Jeanne d'Avril, femme du sieur du Temple; Paul d'Avril, procureur fiscal de Châteauneuf; Marguerite-Denise-Thérèse d'Avril, fille majeure dudit François d'Avril, demandeurs en requête d'intervention du premier mars 1691, faisant droit sur leur intervention, leur donner acte de ce qu'ils reconnoissent ladite Jeanne-Elisabeth d'Avril pour fille dudit Pierre d'Avril et Anne de la Val, et adhérant à ses conclusions d'une part, et lesdits Amaury Gougon et consorts, ladite Jeanne-Elisabeth, soi-disante d'Avril, défendeurs d'autre part. Après que Devaux, pour Gougon et consorts; Tribolet, pour la soi-disante Jeanne-Elisabeth d'Avril, et de Riancourt, pour les intervenantes, ont été ouïs pendant trois audiences, ensemble d'Aguesseau pour le procureur-général du roi :

LA COUR reçoit les intervenans parties intervenantes, sans avoir égard à l'intervention des parties de Riancourt, ayant égard à celle des parties de Devaux, a mis et met l'appellation et ce dont a été appelé au néant ; émendant, sur la requête de la partie de Tribolet, à fin de permission de faire preuve, met les parties hors de cour, lui fait défenses de prendre le nom d'Avril, et la condamne aux dépens, fait main-levée des saisies, les gardiens et dépositaires déchargés. Fait ce dix-neuf mai mil six cent quatre-vingt-onze (1).

(1) Voir le Journal des Audiences, tome IV de l'édition de 1733, liv. VI, chap. XVII.

TROISIÈME PLAIDOYER.

DU 3 AVRIL 1691,

A L'AUDIENCE DU MATIN.

Dans la cause de MARGUERITE D'HÉMERY, dame d'Espainville, femme non commune en biens du sieur DESHARBES, contre M. BAZIN, seigneur de Bandeville, maître des requêtes.

Il s'agissoit de plusieurs questions à l'occasion d'une saisie féodale.

1.° *Si une femme autorisée par justice, sur le refus fait par son mari de l'autoriser pour la poursuite de ses droits, et en particulier sur ce qui concernoit l'acquisition qu'elle avoit faite d'une terre pouvoit ester en jugement sur la saisie féodale de la même terre, sans une nouvelle autorisation ?*

2.° *S'il suffit pour la validité d'une saisie féodale, de faire donner assignation au principal manoir pour rendre hommage, ou si celui qui devient seigneur du fief dominant est tenu à quelque autre formalité ?*

3.° *S'il est dû un droit de rachat dans la coutume de Montfort, par une femme qui se marie, dans le cas où son contrat de mariage porte exclusion de communauté, et une réserve pour jouir seule des fruits de ses biens ?*

QUOIQUE cette cause paroisse fort étendue par les questions qui vous ont été proposées, par le nombre des coutumes et des arrêts qui vous ont été cités;

cependant si on la renferme dans les circonstances essentielles et dans les véritables principes, nous espérons que l'explication en deviendra sommaire, et la décision facile.

Par les pièces qui nous ont été communiquées, nous voyons que Marguerite d'Hemery, qui est appelante de l'ordonnance du lieutenant civil, acquit, en l'année 1659, le fief d'Espainville. Ce fief est situé dans l'étendue de la seigneurie de la Grande Baste, dont la dame de Bandeville étoit pour lors propriétaire.

Le nouveau vassal porta à son seigneur la foi et hommage en l'année 1661. Elle fit des offres en deniers à découvert de payer les droits seigneuriaux. Peu de temps après elle épousa le sieur Desharbes.

Les clauses du contrat de mariage méritent dêtre expliquées dans toute leur étendue; elles sont essentielles à la décision de la cause.

L'on stipule expressément qu'il n'y aura point de communauté entre les futurs conjoints, nonobstant toutes coutumes contraires, auxquelles les contractans dérogent expressément; en telle sorte que tout ce qui a été et ce qui sera acquis par l'un des futurs conjoints, lui demeurera propre sans que l'autre puisse y rien prétendre.

On ajoute que la future épouse aura la libre disposition de son bien; mais cependant, afin que ce bien soit conservé, et afin qu'il soit sagement administré, elle ne pourra vendre, aliéner disposer ou acquérir, sans l'autorité et consentement du futur époux, qui sera tenu de l'autoriser après avoir été dûment informé, comme aussi, pour faire poursuite dudit bien, intenter telle demande, et se défendre ainsi qu'il appartiendra : ce sont les termes du contrat de mariage. Il contient enfin une dernière clause qui peut être de quelque importance; le mari s'engage à nourrir et entretenir sa future épouse pendant le mariage.

Quoique l'appelante eût acheté la terre d'Espainville dès l'année 1659, comme nous l'avons déjà remarqué, cependant il paroît qu'elle n'en avoit pas encore la libre jouissance après son mariage, et en l'année 1663 il fallut faire un décret volontaire pour purger les hypothèques; il se trouva un grand nombre de créanciers, et ce décret ne put être consommé qu'en l'année 1668.

L'appelante eut besoin d'être autorisée par son mari pour la poursuite de ces procédures; il refusa de le faire : il donna un acte par lequel il déclare qu'il ne veut point autoriser sa femme pour quelque cause que ce soit, et nommément pour raison de l'acquisition qu'elle avoit faite du fief d'Espainville, circonstances et dépendances.

En conséquence du refus du mari, on ordonne qu'elle demeurera autorisée par justice pour la poursuite de ses droits et actions, ainsi qu'elle avisera bon être.

Depuis cet acte, elle a toujours pris le nom de femme autorisée par justice; en cette qualité elle a présenté un aveu et dénombrement de son fief à la dame de Bandeville. Il a été reçu en l'année 1667.

Elle a fait plus, car, sans même prendre cette qualité, elle a fait des baux de la terre d'Espainville, dans lesquels elle agit comme indépendante de l'autorité de son mari, et comme maîtresse absolue de son bien.

Le fief dominant a été vendu en l'année 1676. M. Bazin, maître des requêtes, s'en est rendu adjudicataire; il a voulu procéder à la confection d'un papier terrier; il en a obtenu des lettres en chancellerie, il les a fait signifier à ses vassaux, dans le nombre desquels l'appelante se trouve comme les autres. Il est vrai que la signification ne lui a pas été faite, mais à son mari, que l'on a cru, suivant l'usage ordinaire, être le seigneur du fief d'Espainville; le mari ni la femme n'ont point comparu sur l'assignation qui a été donnée; ils n'ont point fait la foi et hommage.

Dans cet état M. Bazin a obtenu une ordonnance

du lieutenant civil, par laquelle on lui permet de saisir féodalement le fief d'Espainville, faute d'homme, droits et devoirs non faits, non payés.

Cette ordonnance a été exécutée ; les héritages ont été saisis; la dame d'Espainville en a interjeté appel en la cour; l'affaire est devenue plus considérable en cause d'appel. M. Bazin, qui pouvoit attendre que son vassal vînt lui rendre la foi et hommage, s'est expliqué ouvertement ; il a présenté une requête, par laquelle il déclare qu'il prétend demander à la dame d'Espainville un droit de relief pour la mutation qui est arrivée par son mariage. Il demande que les fruits lui soient adjugés en pure perte, à compter du jour de la saisie féodale, jusqu'à ce que la foi et hommage lui aient été faits. Il prétend même que l'appelante n'est pas partie capable pour pouvoir contester avec lui; qu'elle est en puissance de mari ; qu'elle n'est point suffisamment autorisée, et que c'est une question préalable qu'il est nécessaire de décider, avant que d'entrer dans l'examen du fond.

L'appelante soutient que sa qualité est suffisamment établie par l'acte de l'année 1663, par lequel, sur le refus de son mari, la justice l'a autorisée généralement à la poursuite de ses droits et actions; que cet acte a toujours été exécuté; que, dans une infinité d'autres qui l'ont suivi, elle a toujours pris cette qualité, sans que personne l'ait jamais contestée, et que c'est inutilement que M. Bazin veut aujourd'hui lui ôter un titre dont elle est en possession depuis près de trente années.

Si l'on examine la saisie féodale, on trouvera qu'elle n'a pas plus de fondement que la première prétention de l'intimé; il n'a point satisfait aux solennités prescrites par la coutume. Il devoit non-seulement faire signifier à ses vassaux qu'il étoit nouveau seigneur; il falloit encore leur donner copie de son contrat d'acquisition, et justifier sa demande par des titres authentiques : sans cela l'ancien vassal a toujours une juste raison d'ignorer la mutation qui est arrivée dans le fief dominant ; il n'est point encore en demeure, il ne connoît point son seigneur, il n'est coupable d'aucune négligence.

Mais d'ailleurs, c'est au vassal que cette signification doit être faite, et non pas à une personne étrangère, et néanmoins, dans cette espèce, M. Bazin fait donner assignation au mari qui n'étoit ni le propriétaire, ni le possesseur, ni l'administrateur du fief. Il oublie son véritable vassal qui étoit l'appelante, il s'adresse à un étranger qui ne le reconnoît point pour son seigneur.

On prétend que toutes ces formalités sont de rigueur et qu'elles sont prescrites par les coutumes en faveur de l'ancien vassal. Elles n'ont pas voulu qu'il fût obligé de s'instruire par lui-même du changement de seigneur, et leur intention a été d'empêcher les nouveaux seigneurs de saisir facilement les terres des anciens vassaux, en les soumettant à toutes ces formalités.

On soutient que toutes ces raisons sont plus que suffisantes pour faire voir l'injustice et le peu de fondement de la saisie féodale.

A l'égard de la requête qui a été présentée en cause d'appel par M. Bazin, l'appelante lui oppose plusieurs fins de non-recevoir ; et dans la forme et dans le fond.

Le droit de rachat, qu'il demande est échu du temps de l'ancien seigneur : c'étoit un droit acquis, droit personnel qui n'a pu être transféré à son successeur, et qui n'est point compris dans l'acquisition de l'intimé.

La dame de Bandeville s'est opposée au décret du fief d'Espainville pour la conservation de ses droits ; jamais elle n'a prétendu celui de relief.

Elle a reçu l'appelante en foi et hommage, elle a approuvé son aveu et dénombrement sans aucune exception, sans réserve, sans restriction. M. Bazin, qui la représente, peut-il demander un droit auquel elle a renoncé par tant d'actes différens, ou pour mieux dire, qu'elle n'a jamais cru pouvoir demander.

Enfin, quand on n'opposeroit point à l'intimé toutes ces fins de non-recevoir, et par rapport à lui-même et par rapport à ceux qu'il présente, sur quoi est fondé ce droit de relief qu'il demande aujourd'hui? Sur une prétendue mutation à laquelle il soutient que le mariage de l'appelante a donné lieu. Il est vrai que la coutume de Montfort, dans laquelle les biens sont situés, donne au seigneur un droit de rachat même pour les premiers mariages. Mais dans quel cas cette coutume doit-elle avoir son effet? dans celui qui est le plus ordinaire, c'est-à-dire, lorsqu'il y a communauté entre les futurs conjoints, et que par là le mari devient le maître et le possesseur des propres de sa femme; mais lorsqu'au contraire on exclut toute sorte de communauté entre les futurs conjoints; lorsqu'ils sont séparés de biens par le contrat de mariage et qu'ils jouissent séparément de leurs terres, que la femme en retient la libre administration, le mari n'acquiert pour lors aucun domaine ni réel ni fictif sur les biens de sa femme; il n'y a point de mutation qui puisse servir de prétexte au seigneur pour demander un droit de relief: tel est le sentiment des docteurs, la jurisprudence de vos arrêts, et l'application en est aussi facile que naturelle à cette cause.

A NOTRE ÉGARD, vous voyez, MESSIEURS, par le récit que nous venons de vous faire des circonstances du fait, et des moyens des parties, qu'il y a trois questions différentes dans cette cause.

La première consiste à savoir si l'appelante est partie capable pour procéder en justice, et si l'autorisation qu'elle rapporte est suffisante pour établir la qualité qu'elle prend en votre audience.

Dans la seconde question nous aurons à examiner les formalités qui ont été observées dans l'assignation qui a été donnée au vassal, et dans la saisie féodale qui l'a suivie.

Enfin, la plus considérable et la plus difficile partie de la cause est la dernière dans laquelle vous déciderez s'il y a eu mutation par le contrat de mariage de l'appelante, si son mari est devenu le véritable vassal, et s'il a été chargé en même temps, par cette nouvelle qualité, de rendre la foi et hommage au seigneur dominant, et de lui payer un droit de relief.

A l'égard de la qualité de l'appelante, tous les principes sont certains; ils sont écrits dans les coutumes et dans le contrat de mariage de l'appelante.

On ne révoque point en doute qu'une femme ne soit obligée de se faire autoriser par son mari, ou par justice à son refus, lorsqu'il s'agit ou de l'aliénation de ses propres, ou de procéder en jugement. C'est une maxime si constante dans toutes les coutumes, qu'il seroit superflu d'en expliquer ici les raisons et les motifs; quand on pourroit en douter dans quelque occasion, ce ne seroit point dans cette espèce, puisque le contrat de mariage contient une clause expresse que la future épouse sera tenue de se faire autoriser par son mari, non-seulement pour la disposition et l'aliénation de ses biens, mais même pour la poursuite de ses droits et actions. Ainsi, nous ne sommes point dans le cas de la question qui a été traitée plusieurs fois par nos docteurs, pour savoir si une femme séparée de biens, et autorisée par son contrat de mariage, n'avoit pas besoin d'une nouvelle autorisation pour ester en jugement. Il s'agit uniquement d'examiner la qualité de l'autorisation que l'appelante a reçue de la justice en l'année 1663. Sur le refus de son mari, on l'autorise généralement pour la poursuite de ses droits et actions, et même pour ce qui regarde l'acquisition du fief d'Espainville, circonstances et dépendances. C'est de ce même fief dont il s'agit encore aujourd'hui.

On a douté autrefois si une autorisation générale,

portée par un contrat de mariage, pouvoit donner le droit à une femme d'aliéner ses propres sans un nouveau consentement de son mari; et vos arrêts ont décidé qu'une telle autorisation n'étoit pas suffisante. Ils ont suivi l'esprit du droit romain, qui veut que le tuteur donne son autorité, son approbation *in rem præsentem*, que son consentement ne puisse ni précéder, ni suivre, mais accompagner seulement l'action du pupille.

On a même cru que cette maxime étoit encore plus favorable à l'égard du mari, qu'à l'égard d'un tuteur, puisque l'aliénation des biens de la femme intéresse personnellement le mari, non-seulement à cause de la perte des fruits qui entrent dans la communauté, mais encore à cause du remploi qui doit être fait sur les biens du mari.

Enfin, l'autorité de la coutume est précise; elle décide nettement la question, quand elle déclare qu'il faut un consentement exprès de la part du mari. L'on ne peut appliquer un terme aussi précis à une autorisation vague et générale; il faut une autorité expresse et spéciale, *et ad rem quæ geritur accomodata.*

Ces maximes sont constantes; mais nous ne croyons pas qu'elles puissent être appliquées à l'espèce de cette cause, par plusieurs raisons qui nous paroissent également décisives.

Premièrement, il ne s'agit point ici de l'aliénation d'un immeuble; il s'agit uniquement de procéder en justice : il nous paroît que la coutume de Paris a mis une grande différence entre ces deux espèces, puisque lorsqu'il s'agit d'une aliénation des propres de la femme, elle demande un consentement exprès du mari, au lieu que, quand il est question de procéder en jugement, elle ne désire qu'un simple consentement, sans marquer si ce consentement doit être exprès et spécial, ou s'il peut être général et indéterminé.

Mais d'ailleurs, ne peut-on pas même considérer l'autorisation que l'appelante rapporte comme une autorisation spéciale, puisqu'on y marque nommément le fief d'Espainville et tout ce qui pourra suivre son acquisition? C'est ainsi qu'on l'a toujours interprété; et depuis vingt-huit ans que cette autorité a été accordée, l'appelante a toujours pris sur ce seul fondement la qualité de femme autorisée par justice.

Enfin, c'est un principe dont tous nos docteurs conviennent; mais ici le mari n'a nul intérêt. Il ne s'agit que d'un propre de sa femme, propre dont elle doit avoir la libre administration aux termes de son contrat de mariage. Si l'on a requis une fois son autorité, on ne l'a fait que pour satisfaire aux clauses de ce même contrat, et pour donner une qualité à sa femme; mais aussitôt qu'elle a eu cette qualité, elle peut agir librement. Le mari ne s'en plaint point; et il ne sauroit s'en plaindre, parce que ni la jouissance ni la propriété du bien dont il s'agit ne lui appartiennent en aucune manière.

En un mot, le mari a déclaré qu'il ne vouloit point autoriser sa femme pour quelque cause que ce fût; la justice l'a autorisée à son refus, même pour les dépendances de l'acquisition du fief d'Espainville; elle a joui librement de ce titre; il ne s'agit ici que des fruits de ce fief. Nous ne croyons pas que l'on puisse contester la qualité de l'appelante.

La seconde question ne nous paroît pas plus difficile à décider. Il s'agit de savoir si le nouveau seigneur a observé toutes les formalités requises dans l'assignation qu'il a fait donner à son vassal. C'est la coutume qui doit décider cette question. Celle de Montfort, dans laquelle les terres sont situées, est conforme à la coutume de Paris, et ces deux coutumes ne prescrivent point d'autres formalités, sinon que le seigneur fasse faire ou des proclamations à son de trompe, ou des significations à ses vassaux, ou à leur manoir, pour qu'ils aient à lui rendre la foi et hommage. Elles n'exigent point qu'ils fassent donner copie de leur contrat d'acquisition, il suffit qu'ils soient notoirement en possession du fief dominant. M. Bazin a donc satisfait aux termes de la coutume, quand il a fait donner assignation au principal manoir, au fermier de l'appelante; la coutume ne lui prescrivoit point d'autres formalités. On peut dire même qu'il a fait plus, puisqu'il a fait donner copie de ses lettres de terrier, entérinées au châtelet, qui étoient une preuve suffisante de son acquisition.

Mais, dit-on, l'assignation a été donnée au mari, et cependant le mari n'est point le vassal, c'est une personne étrangère qui n'a ni la propriété ni la jouissance du fief; ainsi, l'assignation a été donnée à une partie qui n'étoit pas capable d'y satisfaire, et la saisie qui l'a suivie, a été faite *super non domino*.

Si cette objection pouvoit être proposée, la condition des seigneurs, que les coutumes ont voulu traiter favorablement, nous paroîtroit assez malheureuse; il faudroit qu'ils entrassent dans le secret des familles, qu'ils examinassent les conventions particulières de leurs vassaux, leurs contrats de mariage avant que de pouvoir faire saisir féodalement. Un seigneur peût ignorer sans crime qu'une femme est séparée de biens, qu'elle n'est point commune avec son mari; il doit croire que l'on a suivi l'usage ordinaire; que le mari est le maître et l'administrateur du fief appartenant à la femme et qu'il est devenu son vassal par le contrat de mariage dont on ne peut lui reprocher d'avoir ignoré les conditions.

Il n'est point même nécessaire que l'assignation soit donnée à la personne du vassal; il suffit que ce soit au principal manoir; il suffit même, au terme de la coutume, qu'il y ait une proclamation faite à son de trompe pour tous les vassaux; en un mot, dès le moment qu'ils sont instruits du changement qui est arrivé dans le fief dominant, ils doivent aller porter la foi et hommage au nouveau seigneur.

Ainsi, nous ne doutons point que la saisie féodale n'ait été bonne et valable; l'appel qu'on en interjette n'est fondé sur aucun moyen raisonnable, ni dans la forme, ni dans le fond. Il ne nous reste plus qu'à examiner la requête par laquelle M. Bazin demande un droit de rachat, attendu qu'il y a eu mutation par le contrat de mariage.

Pour examiner cette question, nous croyons qu'il faut expliquer ici en peu de mots l'origine et le progrès de ce droit établi dans la plus grande partie de nos coutumes, que quand une femme qui est propriétaire d'un fief se marie, il y a mutation de vassal, et que le seigneur est bien fondé à demander un droit de relief.

Nous ne saurions attribuer la naissance de cette coutume qu'aux principes du droit romain, et à l'ancien usage des fiefs.

Les jurisconsultes ont appellé le mariage *omnis divini et humani juris communicatio;* ils ont cru que la femme passant sous l'autorité, sous le pouvoir du mari, ses biens devoient suivre la même destinée, et être réunis en quelque manière à ceux que le mari possédoit avant le mariage. Sans entrer ici dans une dissertation qui seroit peut-être plus curieuse qu'utile, touchant les différentes espèces de biens que pouvoit avoir une femme mariée; sans expliquer ce que c'étoit que les biens paraphernaux, et ceux que l'on appeloit *bona receptitia*, il est certain toujours que le mari devenoit le maître, le seigneur, le propriétaire de la dot, et que tous les biens acquis à une femme dans le temps de son mariage, étoient réputés dotaux, à moins que la femme ne les eût exceptés nommément, et qu'elle ne s'en fût réservée la disposition.

Le mari acquéroit donc une espèce de domaine sur la dot de sa femme, domaine introduit par une fiction de droit, et qu'on peut appeler un domaine civil, dont la durée étoit la même que celle du mariage, et qui revenoit à son état naturel aussitôt que le mariage étoit fini, ou par la mort, ou par le divorce : *Legum subtilitate transitus rerum dotalium in patrimonium mariti fieri videtur*, dit la loi 30, au Cod. *de jure dot.*

C'est une maxime si constante, qu'il seroit inutile de vouloir la prouver avec plus d'étendue.

Nous nous contenterons d'ajouter que cette observation suffit pour faire voir que ce n'est point la communauté qui sert de fondement aux prétentions des seigneurs dominans, puisqu'en pays de droit écrit, où tout le monde sait que le droit de communauté est inconnu, on ne laisse pas de soutenir qu'il y a mutation par mariage; que le mari acquérant le domaine des biens dotaux, devient le vassal, et qu'il est obligé de payer les droits seigneuriaux.

Notre usage a confirmé cette maxime; nous avons des coutumes qui en ont fait une loi expresse, et entr'autres celle de Tours en l'article 132 dit expressément, que lorsqu'une femme se marie, le mari doit un droit de rachat pour le fief qu'elle possédoit avant le mariage, soit qu'il y ait communauté, ou qu'il n'y en ait pas.

Et en effet, cette disposition de la loi est indépendante de la communauté, elle est fondée sur un droit plus ancien et plus inviolable, sur l'autorité du mari, sur la puissance que lui donne ce nom auquel la séparation de biens et l'exclusion de communauté ne sauroient donner atteinte.

Aussi tous nos auteurs ont cru que, sans examiner s'il y avoit communauté ou non entre les conjoints, le droit de relief étoit dû au seigneur. Ils en rendent une seconde raison tirée de l'ancien usage des fiefs. Personne n'ignore que le vassal étoit obligé de rendre certains services au seigneur, de le suivre à la guerre, de l'accompagner dans toutes les occasions dangereuses; et parce qu'il étoit impossible qu'une femme pût s'acquitter de tous ces devoirs que la qualité de vassal lui imposoit, il étoit nécessaire de considérer le mari comme le véritable vassal, et de l'engager, par ce titre, à rendre au seigneur tous les services que la femme ne pouvoit lui rendre.

Ainsi, soit que l'on considère les principes du droit romain, soit que l'on examine ceux de notre droit français, il est certain qu'indépendamment de la communauté, le seul nom de mariage, le domaine qui est transféré en la personne du mari, la puissance qu'il acquiert sur la personne et sur les biens de sa femme, et enfin l'utilité du seigneur, conspirent également à établir la vérité de cette maxime, qu'il y a mutation par le contrat de mariage.

Cependant il faut avouer que ce principe reçoit deux exceptions considérables : l'une particulière à certaines coutumes, l'autre générale, et qui doit être observée partout le royaume.

La faveur du premier mariage, l'intérêt que le public peut avoir à y porter les citoyens, ont déterminé les rédacteurs ou les réformateurs de quelques coutumes, et entr'autres de celle de Paris, à les exempter de la prestation du relief; non que l'on crût qu'il n'y eût point de mutation, mais parce que l'on a voulu faire une exception en considération des filles qui se marient pour la première fois.

Mais, parce que la même faveur ne se trouve pas dans les secondes, qu'elles sont au contraire odieuses aux législateurs, on les a soumises à la règle générale; on n'a pas cru qu'elles méritassent une exception particulière.

La plupart des coutumes, et celle de Montfort entr'autres, dont la disposition est absolument décisive dans cette cause, n'ont point admis cette distinction : elles ont compris indifféremment tous les mariages dans la loi commune, qui donne un droit de rachat au seigneur.

La seconde exception est beaucoup plus considérable, parce que la raison de droit et d'équité qui l'a fait admettre est générale, et vos arrêts l'ont étendue à toutes les coutumes.

Lorsque, dans un contrat de mariage, il y a non-seulement exclusion de communauté, mais encore une clause expresse que la femme aura la libre disposition de son bien, qu'elle en jouira comme avant le mariage, que le mari ne fera point les fruits siens, on convient, pour lors, qu'il n'est dû aucun droit au seigneur. La seule raison qui lui fait accorder ce droit, est que l'on suppose qu'il y a mutation par le contrat de mariage; mais il est visible qu'il ne peut y en avoir dans cette espèce.

Le mari ne peut acquérir par le mariage que, ou la propriété, ou la jouissance, ou l'administration des propres de sa femme; il n'acquiert aucun de tous ces droits dans le cas que nous venons de marquer.

Il ne devient point le maître ni le propriétaire du bien dotal, ni naturellement, ni civilement, puisqu'il est dit que la femme retiendra la libre disposition de son bien.

La jouissance ne lui est point acquise, puisqu'il ne fait point les fruits siens; il n'est pas même administrateur, puisque la femme se réserve la faculté d'administrer son bien; et, quand il le seroit, cette qualité ne nous paroîtroit pas suffisante pour établir une véritable mutation, puisque c'est une règle générale de notre droit français, marquée par M.e Antoine Loysel, dans ses instituts coutumiers, qu'un simple administrateur, que celui qui ne fait pas les fruits siens, n'est point tenu ni de porter la foi et hommage, ni de payer aucun droit au seigneur.

Il est donc vrai de dire que, suivant l'expression de M.e Charles Dumoulin, le domaine du bien dotal ne passe point dans cette espèce, *in personam mariti, nec verè, nec fictè, nec interpretativè.*

Cette opinion, fondée sur les maximes du droit, a l'avantage d'avoir pour elle, et les sentimens des docteurs, et la jurisprudence des arrêts; et nous pouvons dire qu'il n'y a guères de question où les opinions des plus fameux auteurs soient moins partagées. Nous croyons que, sans la prouver par aucun raisonnement, il suffit de dire que Pontanus, Dumoulin, M. d'Argentré, Loiseau, Chopin, M. Louet et M. le Prestre, s'accordent tous d'un consentement unanime à dire qu'il n'y point de mutation dans cette espèce.

Tous les anciens et les nouveaux arrêts ont confirmé leur sentiment. *Mediæ jurisprudentiæ aliter, placuit;* mais on a rectifié cette erreur, et l'on a rétabli par les derniers arrêts la pureté des maximes.

Voyons maintenant quelle peut en être l'application à cette cause.

Le contrat de mariage dont il s'agit porte tous les caractères que nos auteurs demandent pour établir qu'il n'y a point de mutation; non-seulement on dit précisément que les futurs conjoints ne seront point communs en biens, on ajoute que les biens demeureront propres à chacun des conjoints, sans que l'autre y puisse rien prétendre. Ce n'est pas tout; on ajoute que la femme aura la libre administration, la libre disposition de son bien. Si l'on veut que son mari l'autorise, ce n'est que pour l'aliénation de ses propres, et pour procéder en justice, et c'est plutôt un conseil qu'on lui donne pour la conservation, pour l'amélioration de ses biens, qu'une nécessité qu'on lui impose. Ainsi, on a satisfait à ce que les docteurs prescrivent en pareilles occasions; on a exclu tout droit de communauté : on a laissé à la femme la disposition de ses propres, sans que le mari puisse y rien prétendre; il est donc privé et de la jouissance et de l'amdinistration; il n'est point devenu vassal du seigneur dominant; il n'y a point de mutation, par conséquent le seigneur ne sauroit prétendre aucun droit de relief.

Il ne nous reste qu'une seule clause qui pourroit faire quelque difficulté : le mari s'engage à nourrir sa femme, donc, dit-on, il fait les fruits siens. On peut en conclure plutôt que les fruits ne lui étoient pas acquis; car s'ils eussent dû lui appartenir, à quoi auroit servi de marquer, par une clause particulière, une charge qui auroit été imposée de droit comme une suite de la jouissance des fruits.

Mais, sans entrer dans ces raisons de droit, il nous paroît, dans le fait, qu'il est difficile de répondre à une des fins de non-recevoir qu'on oppose à l'intimé.

Nous ne nous arrêterons point à ce que l'on dit,

qu'il s'agit de droits échus du temps d'un autre seigneur; cette objection est détruite par le contrat d'abandonnement, et par celui qui a été fait ensuite entre M. Bazin et les créanciers.

Il en est de même de la foi et hommage, elle a été faite avant le mariage; mais il n'en est pas ainsi des moyens que l'on tire du décret. S'il n'y avoit eu que la première opposition de la dame de Bandeville, comme elle l'avoit formée avant le mariage, on auroit raison de dire qu'elle n'a pu renoncer à un droit qui n'étoit pas encore acquis; mais il y a eu une nouvelle opposition en 1664, un an après le mariage; pourquoi la dame de Bandeville ne s'est-elle pas opposée pour le droit de rachat, comme elle faisoit pour les lots et ventes? *Remisisse intelligitur*, par la disposition de la coutume de Montfort, article dernier du titre des fiefs dont Loysel fait une règle générale du droit français, que lorsqu'un seigneur a reçu en foi et hommage sans réserve, on donne une quittance générale sans réserve, il ne peut plus faire saisir féodalement pour un droit qu'il n'a pas demandé; il n'a qu'une simple action.

Ici la dame de Bandeville a été payée du prix de l'acquisition; elle n'a rien demandé de plus; elle n'a point même requis une nouvelle foi et hommage depuis le mariage; elle a reçu l'aveu et dénombrement au nom de la femme comme étant en foi: la femme a fait des baux et a toujours agi comme propriétaire seule du fief.

Ainsi, l'appelante est capable d'ester en jugement. Il n'y a point de nullité dans la saisie féodale; mais la demande pour le rachat ne peut se soutenir.

Nous estimons qu'il y a lieu de mettre l'appellation au néant, ordonner que ce dont est appel sortira effet, débouter l'intimé de sa requête, en ce qui concerne le droit de relief; faisant droit sur le surplus, déclarer la saisie bonne et valable, adjuger à la partie de M.e Gueau les fruits du fief saisi, depuis le jour de la saisie féodale, jusqu'à ce que la foi et hommage ait été faite.

Jugé suivant les conclusions par arrêt du 3 avril 1691. Prononcé par M. le premier président de Harlay.

Entre dame Marguerite d'Hémery, dame et propriétaire du fief, terre et seigneurie d'Espainville, épouse de M. François Desharbes, bourgeois de Paris, son mari, non commune en biens d'avec lui, et autorisée par justice, à son refus, à la poursuite de ses droits, appelante de la permission de saisir du lieutenant civil du châtelet de Paris, du cinq septembre mil six cent quatre vingt-dix, commission du prévôt dudit châtelet, du premier, et exploit de saisie féodale faite en conséquence le six dudit mois de décembre suivant, et de tout ce qui a suivi, d'une part; messire François Bazin, chevalier, marquis de Bandeville, conseiller du roi en ses conseils, maître des requêtes ordinaire de son hôtel, ci-devant ambassadeur pour sa majesté en Suède, intimé, d'autre part; et entre ledit messire François Bazin, seigneur de Bandeville et du fief de la Baste, demandeur en requête par lui présentée à la cour le seize mars dernier; tendante à ce qu'il plût à la cour ordonner que ladite dame d'Hémery seroit tenue, pour la poursuite de l'appel par elle interjeté de ladite saisie féodale du fief d'Espainville, de se faire autoriser par son mari, ou, à son refus, par justice, pour procéder sur ledit appel, et jusqu'à ce qu'il seroit sursis à toutes poursuites, et, en cas de contestation, aux dépens; ladite dame d'Hémery, esdits noms, défenderesse, d'autre part; et encore entre ledit sieur Bazin, seigneur de Bandeville, demandeur en requête par lui présentée à la cour, le vingt-sept dudit mois de mars dernier, tendante à ce qu'il plût à la cour, en confirmant ladite saisie féodale faite à sa requête du fief et lieu d'Espainville, avec amende et dépens, et adjugeant les fruits échus depuis ladite saisie, et qui échoiroient jusqu'au jour que ledit Desharbes, mari de ladite dame d'Hémery, lui ait porté la foi et hommage, ordonner que ledit sieur Bazin, étant aux droits des directeurs des créanciers desdits sieur et dame de Bandeville, sera payé du droit de rachat dû à cause du mariage de ladite dame d'Hémery avec ledit Desharbes, condamner avec dépens, d'une part; et ladite dame d'Hémery, esdits noms de dame, propriétaire du fief d'Espainville, défenderesse, d'autre. Après que Rochebouet, pour ladite d'Espainville, et Gueau, pour Bazin, ont été ouïs pendant deux audiences, ensemble d'Aguesseau, pour le procureur-général du roi.

LA COUR, sur l'appel de la sentence du prévôt de Paris,

a mis et met l'appellation au néant ; ordonne que ce dont a été appelé sortira effet ; condamne l'appelant en l'amende de douze livres ; et ayant aucunement égard à la requête de la partie de Gueau, déclare les fruits à elle adjugés en pure perte pour la partie de Rochebouet jusqu'au jour que la foi et hommage sera faite ; et, sur la demande à fin de paiement de rachat, met les parties hors de cour, tous dépens compensés (1).

(1) *Voyez* le Journal des Audiences, tome IV de l'édition de 1733, liv. VI, chapitre XX. Les raisons qui ont été le motif de la décision de la première question agitée dans cette affaire n'y ont pas été rapportées exactement.

QUATRIÈME PLAIDOYER.

DU 3 AVRIL 1691,

A L'AUDIENCE DE RELEVÉE,

Dans la cause de MIRLAVAUD et de ses créanciers.

Sur l'exhérédation officieuse, et sur la question de savoir si elle peut être opposée à des créanciers antérieurs, et non suspects, lorsque la cause de prodigalité n'est pas comprimée ni constante.

LA principale question que vous avez à décider dans cette cause, consiste à savoir si une mère peut substituer toute la portion héréditaire de son fils; si elle peut le réduire à un simple usufruit pour lui tenir lieu de légitime, et si des créanciers du fils peuvent attaquer cette substitution, ou demander au moins la distraction de la légitime, lorsque leur débiteur acquiesce au jugement de sa mère, et se soumet à la loi qu'elle a prononcée contre lui.

Quoique cette question ait été traitée plusieurs fois dans votre audience, cependant la variété des circonstances a produit tant de diversités dans les arrêts, qu'il est difficile de trouver dans cette matière des préjugés certains et une jurisprudence constante.

Deux billets, ou plutôt deux promesses différentes font tout le sujet de cette contestation. L'une est le titre de la créance des parties qui attaquent la substitution; l'autre sert de prétexte à l'appelant pour éviter le paiement d'une dette certaine et légitime.

En l'année 1683, Catherine Baron, veuve de Salvatori, architecte, passa un billet au profit de Nicolas Mirlavaud, payable à lui ou à son ordre. Le même jour, Mirlavaud lui donne une reconnoissance par laquelle il déclare que la demoiselle Salvatori lui a passé ce billet pour leur faire plaisir à l'un et à l'autre; il promet de l'indemniser de tous troubles, de prendre tout en son nom, et de lui remettre le billet, ou la valeur entre ses mains.

Ce billet se trouve dans la suite endossé de plusieurs ordres. Le premier est mis par Mirlavaud au profit de Sola, maître tailleur; et après plusieurs autres ordres, ou véritables ou simulés, le billet est revenu au même Sola, par rétrocession.

Dans le même temps que Catherine Baron a passé ce billet, on prétend qu'elle a donné une promesse de mariage à Mirlavaud; on ajoute que, sur le refus qu'elle fit d'exécuter cette promesse, Mirlavaud la fit assigner à l'officialité. Elle y comparut d'abord; elle prétendit qu'on avoit surpris cette promesse par artifice, que Mirlavaud avoit eu l'adresse de lui faire donner un blanc-seing, et qu'aussitôt qu'il l'avoit eu, il l'avoit rempli d'une promesse de mariage. Il y a eu une première sentence à l'officialité, qui ordonne que la promesse sera mise au greffe. Catherine Baron ayant cessé de se défendre à l'officialité, Mirlavaud obtint une sentence qui ordonne qu'elle comparoîtra à jour précis; on lui permit même d'implorer le bras séculier pour l'obliger à comparoir. Dans cet état, Mirlavaud abandonne la poursuite qu'il avoit commencée pour l'inexécution de cette promesse; il paroît même qu'on y a eu si peu d'égard, que les deux parties, dans la suite, ayant eu d'autres vues, ont contracté des mariages comme libres, et sans qu'il y ait eu aucune opposition formée de la part de l'un ou de l'autre.

Peu de temps après les sentences de l'official, Catherine Baron obtint une sentence par défaut au châtelet, qui condamne Mirlavaud de lui rendre la promesse de 4500 livres et la prétendue promesse de mariage.

Cette sentence n'a point encore été exécutée. Cependant Sola, porteur du billet, a poursuivi Catherine Baron pour en avoir le paiement. Pendant le cours de l'instance, le désordre des affaires de la débitrice, l'obligea d'abandonner son bien à ses créanciers; ils intervinrent dans l'instance.

Ils rapportèrent l'indemnité que Mirlavaud avoit donnée à Catherine Baron, par laquelle il paroît qu'elle n'a jamais profité de ce billet. Cependant on le considéra comme un billet de change qui ne souffre point de contre-lettre, et on condamna, par arrêt contradictoire, les créanciers, conjointement avec Catherine Baron, à payer le contenu en la promesse. Les créanciers reviennent contre Mirlavaud, ils prétendent exercer leur recours contre lui, ils font saisir son bien, ils obtiennent au châtelet, plusieurs sentences par défaut, par lesquelles on condamne Mirlavaud à leur restituer le billet de 4500 livres, ou sa valeur, on déclare les saisies bonnes et valables, on ordonne que les deniers saisis seront délivrés aux créanciers. C'est de toutes ces sentences que Mirlavaud interjette appel en la cour. Sa femme intervient dans l'instance pour l'intérêt de ses enfans mineurs; le fondement de son intervention est une substitution dont il est nécessaire d'expliquer toutes les clauses, parce qu'elle fait la principale difficulté de cette cause.

Anne de Rainsy, mère de Nicolas Mirlavaud, passe un acte par devant notaires, en l'année 1687, par lequel elle déclare que, pour cause à elle très-particulière, elle substitue aux enfans qui naîtront du mariage de son fils, toute la portion héréditaire qui pourra lui appartenir dans ses biens, pour en jouir par eux en pleine propriété, après le décès de Nicolas Mirlavaud, leur père, auquel la jouissance en appartiendra sa vie durant, sans que ledit usufruit puisse être saisi et arrêté par aucun des créanciers de son fils, d'autant qu'il est destiné pour ses alimens. Ce sont les termes de la substitution.

Mirlavaud a eu des enfans, leur mère a été élue leur tutrice à l'effet de la substitution; elle demande, en cette qualité, que cet acte soit exécuté, qu'on lui accorde en conséquence main-levée des saisies qui ont été faites entre les mains des débiteurs de son mari.

Ainsi, MESSIEURS, vous voyez que vous avez à prononcer en même temps et sur l'appel des sentences du châtelet, interjeté par le père, et sur l'intervention que la mère forme en la cour pour l'utilité de ses enfans. Quoiqu'ils soient l'un et l'autre d'une intelligence parfaite dans cette cause, les moyens dont ils se servent sont pourtant fort différens.

A l'égard de Mirlavaud (1), A NOTRE ÉGARD, MESSIEURS, pour traiter cette cause avec quelque ordre, nous ne croyons pas pouvoir suivre une division plus naturelle, que celle qui se présente d'abord à l'esprit, lorsque l'on considère les différentes qualités des parties qui paroissent dans votre audience. Mirlavaud y paroît comme appelant de deux sentences du châtelet, sa femme intervient pour l'intérêt de ses enfans, pour l'exécution des dernières volontés de leur aïeule. Il est naturel d'examiner d'abord quels sont les moyens par lesquels on prétend donner atteinte aux sentences du châtelet, et d'établir, par cet examen, le titre de la créance des intimés, de passer ensuite à la substitution, et de la considérer et dans la forme et dans le fond, par rapport aux principes du droit, et à la jurisprudence de vos arrêts.

Par les sentences dont est appel, on condamne Mirlavaud à rendre un billet de 4500 livres, ou sa valeur, aux créanciers de Catherine Baron : le fondement de cette condamnation, le motif des premiers juges, est une contre-lettre, une indemnité donnée par Mirlavaud, par laquelle il reconnoît

(1) M. d'Aguesseau rendit compte en cet endroit des moyens des parties à l'audience, mais il ne les avoit point écrits.

que le billet appartient à Catherine Baron; il promet de le lui remettre entre les mains, ou de lui en rendre la valeur.

Qu'oppose l'appelant à une déclaration si claire, si certaine, si précise? Il se défend par deux moyens différens : il prétend que Catherine Baron a reçu la valeur de ce billet; que Sola, au profit duquel il a lui-même mis son ordre, a payé les 4500 livres à Catherine Baron, et qu'après avoir eu assez d'adresse pour exiger de lui une indemnité, elle a eu assez de mauvaise foi pour ne pas la déchirer, quand elle a touché la valeur de son billet; on prétend même que ce fait est prouvé par un interrogatoire sur faits et articles, que Sola a prêté au châtelet, qu'il a répondu nettement qu'il avoit payé les 4500 livres à Catherine Baron et à Mirlavaud conjointement; enfin, que lorsque l'on considère la qualité des parties, la jeunesse, le peu d'expérience de Mirlavaud, on ne peut s'empêcher de croire qu'il a été surpris par une personne qui avoit et plus d'âge et plus d'expérience, et dont la mauvaise conduite a été connue de tout le monde.

Le second moyen est fondé sur une promesse de mariage que l'on prétend avoir été donnée par Catherine Baron; promesse que l'on fait servir aujourd'hui de prétexte pour dire que Mirlavaud avoit pu demander des dommages et intérêts, et qu'il y a lieu de croire que Catherine Baron lui a laissé le billet dont il s'agit, pour lui tenir lieu de la réparation qu'il auroit pu, dit-il, demander en justice.

Nous ne doutons pas que la cour n'ait déjà prévu la foiblesse de ces moyens; il suffit de les exposer pour les détruire.

Une simple allégation de paiement peut-elle être capable de détruire un acte reconnu, dont la vérité n'est point contestée? La justice écoute-t-elle un débiteur qui oppose, à sa propre reconnoissance, des faits avancés sans preuve? On ne rapporte point aujourd'hui cet interrogatoire de Sola, par lequel on prétend qu'il déclare que Catherine Baron a reçu une partie de la valeur du billet de 4500 livres ; mais quand on le rapporteroit, le témoignage, la déclaration de Sola pourroit-elle charger un créancier; et dans le temps qu'on rapporte une preuve par écrit de la vérité et de l'existence de la dette, une preuve vocale sera-t-elle suffisante pour produire la libération d'un débiteur qui combat contre son écrit? Mais enfin, quand on rapporteroit cet interrogatoire, quand cette preuve pourroit être opposée à un acte véritable, il ne pourroit tout au plus que diminuer la dette; mais par la propre confession des parties les plus intéressées, il ne l'éteindroit pas entièrement, puisque Sola ne dit point que Catherine Baron ait reçu toute la valeur du billet : il prétend que Mirlavaud en a reçu une partie, et il seroit toujours débiteur des sommes dont il a profité.

Mais sans entrer dans cette discussion, et sans examiner ici des actes que nous ne voyons pas, il est certain que les créanciers ont un titre légitime, et que pour donner atteinte à leur titre, il faudroit faire voir, par des actes aussi légitimes, que Catherine Baron a reçu la valeur du billet.

Bien loin que la promesse de mariage que Mirlavaud fait servir aujourd'hui de couleur à sa demande, lui soit favorable, elle est au contraire une preuve de sa mauvaise foi, et de la vérité de la dette dont on lui demande le paiement.

Nous n'avons point vu cette promesse en original, elle est au greffe de l'officialité; mais ce que nous voyons, c'est que l'on convient qu'elle n'est point écrite de la main de Catherine Baron; qu'aussitôt qu'elle a été assignée à l'officialité pour l'exécution de cette promesse, elle a dit d'abord, sans hésiter, qu'elle avoit été surprise par artifice; que Mirlavaud lui avoit fait donner un blanc-seing, sous prétexte d'accommoder quelque affaire, et qu'aussitôt qu'il l'avoit eu en sa possession, il l'avoit rempli après coup d'une promesse de mariage; qu'elle a demandé, dans le même temps, au châtelet, la restitution de ce blanc-seing; qu'elle a obtenu une sentence qui condamne Mirlavaud à le lui remettre entre les mains (sentence dont on n'a interjeté appel que depuis peu de temps); enfin, que quoique Mirlavaud eût obtenu d'abord à l'officialité des sentences assez favorables, il n'a pourtant osé y continuer ses poursuites; qu'il les a interrompues, abandonnées jusqu'à un tel point, qu'il a laissé marier Catherine Baron sans former aucune opposition à son mariage.

Quand on réunit toutes ces circontances, peut-on s'empêcher de concevoir quelques soupçons contre la conduite de l'appelant; et ces soupçons ne sont-ils pas suffisans, non-seulement pour détruire les moyens que l'on tire de cette promesse, mais encore pour montrer que s'il y a eu de la surprise et de la fraude dans le billet de 4500 livres, on doit plutôt en accuser Mirlavaud que Catherine Baron? L'un et l'autre billets sont les ouvrages de la même main, et puisque, selon toutes les apparences, l'appelant a voulu tromper Catherine Baron dans l'un, il n'y a pas lieu de présumer qu'il ait été plus innocent dans l'autre.

On ne peut donc rien opposer au titre sur lequel est établie la créance des intimés : l'appelant ne peut alléguer en sa faveur ni preuves, ni présomptions; au contraire elles sont toutes contre lui.

Passons maintenant à la seconde partie de la cause, et voyons si la prétention de l'appelant devient plus favorable, quand il appelle à son secours ses enfans mineurs, et l'autorité d'une substitution.

Nous considérerons, en deux manières différentes, l'acte dont il s'agit : nous nous attacherons d'abord à la forme; nous l'examinerons ensuite dans le fond.

A l'égard de la forme, la première difficulté qui se présente à examiner, est prise de la nature même de l'acte dans lequel la substitution a été faite.

C'est un simple acte passé par-devant notaires, sans aucune autre formalité.

Quelques auteurs, et entr'autres Me Jean-Marie Ricard, ont cru qu'il n'y avoit que deux sortes de donations qui pussent être valables, donations entre-vifs, donations testamentaires; que les coutumes ne reconnoissoient que ces deux sortes de voies, par lesquelles on pût disposer de son bien; que toutes dispositions devoient porter le caractère de l'une ou de l'autre de ces donations, et que de vouloir établir une troisième espèce de donation qui ne seroit ni testamentaire, ni entre-vifs, ce seroit introduire une espèce d'acte informe, inconnu à notre droit français, et incapable de dépouiller les héritiers d'un bien que la loi leur défère.

Quoique M.e Ricard ait proposé cette maxime dans son traité des donations, nous ne voyons pas néanmoins que cette opinion ait jamais été suivie ni par les docteurs, ni par vos arrêts, et nous croyons qu'elle passera toujours pour une erreur dans l'esprit de ceux qui auront quelque teinture, et des coutumes et du droit romain (1).

Si nous nous attachons à la véritable nature de la substitution dont on attaque aujourd'hui la validité, il ne seroit peut-être pas fort difficile de faire voir qu'elle n'a que le nom et l'apparence d'une substitution; mais que dans le fond des choses, et dans la vérité, c'est une exhérédation officieuse, un acte dans lequel la mère fait ce que la loi auroit fait par elle-même, et sans son ministère.

Quelles sont les dispositions de cet acte? Il contient deux parties: dans l'une, la mère ôte la propriété de la légitime à son fils; dans l'autre, elle la

(1) Les donations, à cause de mort, sont autorisées expressément dans plusieurs pays par les lois ou coutumes, comme il est porté par l'article III de l'ordonnance du mois de février 1731, sur les donations; mais cet article les a assujetties à la même forme que les testamens et les codicilles; en sorte que quoiqu'il y ait plusieurs espèces de dispositions à cause de mort, il n'y a, depuis cette loi, que deux formes pour les actes de libéralité, celle des donations entre-vifs, et celle des testamens ou des codicilles. C'est ce que M. le chancelier d'Aguesseau expliqua à quelques parlemens qui avoient craint qu'on ne pût induire de cet article, que les dispositions du droit écrit, et de quelques coutumes sur les donations à cause de mort étoient abrogées.

donne à ses petits-enfans. Bien loin que l'on puisse considérer la première de ces deux parties comme une donation, c'est au contraire une exhérédation manifeste, *debitæ hereditatis ademptio*. Mais la seconde disposition ne porte pas non plus le caractère d'une véritable donation; la mère ne fait que retrancher son fils du nombre de ses descendans, l'exclure de sa famille, supprimer le premier degré; et au lieu que dans l'ordre naturel sa succession devoit passer par la personne de son fils, avant que d'être déférée à ses petits-enfans, elle la leur donne immédiatement: *Perempto primo gradu, à secundo hereditas exordium capit.* Peut-on croire qu'une semblable disposition puisse porter le nom d'une véritable substitution? Tout ce que la mère y fait, est d'ôter le premier degré, de retrancher la personne de son fils: la loi fait le reste; et dès le moment que le premier degré ne subsiste plus, que *Filius tollitur è medio*, elle admet les petits-enfans à la succession immédiate de leur aïeule. Nous avons des exemples d'une semblable interprétation dans les textes du droit romain: tout le monde sait que les lois civiles avoient ôté aux maris et aux femmes le pouvoir de se donner entre-vifs. On a demandé si, lorsqu'un testateur avoit institué le mari son héritier, et qu'il lui avoit substitué sa femme, le mari pouvoit répudier l'hérédité, et par sa renonciation faire place à sa femme. Il sembloit qu'une telle répudiation devoit être considérée comme une fraude à la loi; que c'étoit introduire une voie indirecte pour autoriser les donations entre conjoints. Cependant le jurisconsulte décide en faveur de la femme: il soutient qu'une telle renonciation ne peut point être appelée une véritable donation; que l'on ne peut accuser le mari que d'avoir négligé un avantage qui lui étoit offert, et que c'étoit la loi seule qui déféroit à la femme, dans cette espèce, la succession à laquelle son mari avoit renoncé.

Ne pourroit-on pas admettre le même raisonnement dans les circonstances de cette cause; et puisque la mère, à proprement parler, n'a fait, dans cette espèce, que priver son fils de la propriété de sa légitime, puisque le reste de l'acte est plutôt l'ouvrage de la loi que de la testatrice, pourquoi donneroit-on à cet acte le nom de donation? Pourquoi voudroit-on qu'il fût revêtu des formalités des donations entre-vifs ou testamentaires, puisqu'il n'a dans le fond aucun des caractères qui constituent l'essence de ces actes?

Ce n'est qu'une exhérédation, et une exhérédation officieuse. Si notre usage, contraire en cela aux lois romaines, permet à un père de déshériter entièrement son fils par un simple acte par-devant notaires: Si cette sentence rigoureuse, ce jugement sévère qu'un père prononce souvent contre son fils, dans un temps où la colère et la passion peuvent l'aveugler, est néanmoins exempt de toute autre formalité; pourroit-on prétendre qu'une exhérédation officieuse, qui n'a pour principe que la sage prévoyance d'un père qui veut mettre des bornes à la prodigalité de son fils, et conserver son bien dans sa famille, pût être soumise à des règles plus sévères, et à des formalités plus rigoureuses?

Il ne nous reste plus qu'à entrer dans la seconde question, et à examiner si cette substitution, ou plutôt cette exhérédation officieuse, à laquelle on ne sauroit donner atteinte dans la forme, sera plus favorable dans le fond; et si les créanciers ne peuvent point prétendre au moins la distraction de la légitime.

Personne n'ignore que la loi qui accorde la légitime aux enfans, peut être appelée *non scripta sed nata lex*, que la nature a gravée dans le cœur de tous les pères, et qu'elle ne permet pas qu'ils puissent mépriser impunément. Si les lois des douze tables, jalouses de la liberté des testamens, regardoient un père comme un législateur domestique, comme un arbitre souverain dans sa famille; si elles croyoient que celui qui avoit un pouvoir absolu de vie et de mort sur ses enfans, pouvoit, à plus forte raison, les exclure de sa succession par une exhérédation sans cause; cet excès d'autorité a été bientôt renfermé dans des bornes légitimes. On soumit le jugement du père à un tribunal supérieur : on introduisit la *querelle d'inofficiosité;* et lorsque le père avoit abusé de la puissance paternelle, lorsqu'il avoit lancé téméraiement la foudre de l'exhérédation, on regardoit son testament comme l'ouvrage d'une passion aveugle, ou comme l'effet de la foiblesse de son esprit.

Mais parce que ces plaintes devenoient trop fréquentes, on crut que comme on avoit accordé aux héritiers étrangers le bénéfice de la Falcidie et de la Trébellianique, il falloit aussi donner aux enfans, dans le bien de leur père, une certaine portion qui ne fût point sujette au changement de sa volonté, indépendante de la disposition de l'homme et déférée par le ministère de la loi.

Justinien ajouta de nouveaux priviléges à ce droit, qui étoit établi long-temps avant la réforme qu'il fit du droit civil; il ne voulut pas que la légitime pût dépendre de l'événement d'une condition, qu'elle pût être ou retardée par l'attente d'un jour certain, ou chargée d'aucune substitution, *sine conditione, sine mora, sine onere relinqui debet;* toute disposition contraire est déclarée nulle, *ipso jure*, par la loi *quoniam in priorib.* au code *de inoff. test.*

Enfin, dans la L. *Servius*, au même titre, le même empereur distingua la légitime de toutes les autres quartes introduites par le droit romain, quand il ordonna qu'elle fût laissée en corps héréditaires, *ex substantiâ patris,* qu'un simple usufruit ne pût jamais tenir lieu de légitime, et que les fruits ne pussent en faire partie.

Justinien augmenta les droits des enfans sans rien retrancher du juste pouvoir des pères. Quelque grande que fût la faveur de la légitime, il conserva aux pères la puissance qu'ils avoient d'en priver les enfans : mais au lieu que cette autorité n'étoit point limitée, que les pères n'étoient point obligés de rendre compte de leurs jugemens, qu'ils pouvoient déshériter sans cause, et exercer une autorité absolue contre laquelle on ne pouvoit opposer que la plainte d'inofficiosité, Justinien a voulu que toute exhérédation fût faite *cum elogio*, que la cause fût exprimée, qu'elle fût du nombre de celles qu'il marque dans sa Novelle, qu'enfin elle fût prouvée par l'héritier institué.

Tels sont les principes généraux de cette matière. Un père qui laisse la légitime à son fils, doit la laisser en corps héréditaires : l'usufruit ne suffit pas; il doit la laisser sans charge, sans condition, sans retardement.

Un père, qui prive son fils de sa légitime, doit rendre raison de sa conduite, et une raison approuvée par les lois.

Comparons ces principes avec l'espèce présente, et voyons quelle peut en être l'application.

On ne peut considérer l'acte dont il s'agit, que comme une substitution, ou comme une exhérédation.

Si c'est une substitution, elle résiste à toutes les lois qui, suivant en cela l'esprit de la nature, considèrent la légitime comme un bien propre aux enfans, dont le père ne peut disposer, auquel il ne peut imposer aucune condition, *Nemo rei alienæ legem dicere potest;* et une légitime substituée, une légitime laissée en usufruit, est un paradoxe dans la jurisprudence.

Si, au contraire, c'est une exhérédation, quelle est la cause qui a déterminé la mère? en a-t-elle exprimé aucune? Celle qu'on prétend avoir été le motif de sa disposition, est-elle comprise dans la Novelle? C'est ce qui ne peut être proposé.

Ainsi examinons cet acte à la rigueur, et par rapport aux premiers principes de droit. Or il semble qu'à cet égard on ne sauroit le soutenir.

Cependant il faut avouer que les jurisconsultes ont toujours distingué deux sortes d'exhérédation.

L'une est de rigueur; c'est l'effet de la justice et de la sévérité paternelle, qui déclare son fils indigne de sa succession, qui l'exclut de sa famille et du nombre de ses enfans ; et parce que cette exhérédation est odieuse, elle est assujettie scrupuleusement à toutes les formalités de la Novelle. Mais il y en a d'autres favorables, officieuses, faites *bonâ mente, bonâ gratiâ ; multi non notæ causâ filios exheredant, nec ut eis obsint, sed ut magis consulant.* Bien loin d'être considérées comme l'effet d'une passion aveugle, on les regarde au contraire comme une marque de la tendresse paternelle et de l'amour qu'il a pour son fils et pour ses petits-enfans. Nous avons emprunté les principes de cette exhérédation des lois romaines ; ils ont leur fondement dans la loi fameuse qui vous a été citée, la loi *si furioso*, §. *Potuit ff. de cur. furioso.*

Tout le monde sait les termes de cette loi : *Potuit tamen pater aliàs providere nepotibus suis, si eos jussisset heredes esse, et exheredasset filium, eique quod sufficeret alimentorum nomine legasset, additâ causâ necessitateque judicii sui.* Un père qui a le malheur d'avoir un fils prodigue, qui voit que ses biens seront dissipés s'il lui en laisse la libre disposition, peut déshériter son fils en faveur de ses petits-enfans ; et pourvu qu'il lui laisse des alimens, il a satisfait à tout ce que demande de lui, et la voix de la nature, et la prévoyance paternelle.

Si cette loi n'avoit point été reçue en ce royaume; si l'usage ne l'avoit point autorisée ; si les arrêts ne l'avoient point adoptée en quelque manière, il ne seroit peut-être pas difficile de faire voir que cette disposition ayant été faite dans un tems où les fruits s'imputoient sur la légitime, où un père pouvoit déshériter ses enfans sans aucune des causes marquées par la loi, elle a perdu toute sa force et son autorité par les lois postérieures, qui ont attribué de nouveaux priviléges à la légitime. On pourroit croire qu'elle a été abrogée par les dispositions du code, et par les Novelles de Justinien ; mais ce doute seroit contraire à l'autorité de vos jugemens, qui ont cru que le conseil du jurisconsulte, dans cette loi, étoit un conseil salutaire, un frein qu'on pouvoit opposer à la dissipation et à la prodigalité des enfans, un remède nécessaire pour conserver les biens dans les familles.

Mais parce que la disposition de cette loi est contraire, en quelque manière, au droit commun, et qu'elle s'oppose à la faveur de la légitime, on n'a pas voulu accorder un pouvoir absolu aux pères et mères, de prononcer de telles exhérédations; on n'a pas voulu qu'il fût facile, même en cette espèce, de priver les enfans de la légitime : on a soumis les pères à certaines conditions qui sont de rigueur, qui sont inviolables, et qu'on ne peut omettre sans rendre en même temps la substitution nulle et inutile.

Ces conditions sont écrites dans la loi, et confirmées par vos arrêts.

Le père, en déshéritant son fils, doit instituer ses petits-enfans; les collatéraux ne peuvent être admis à cette substitution, elle doit être faite en ligne directe; la seule faveur des petits-enfans du testateur, le seul intérêt de ses descendans, peut autoriser une telle disposition.

Ce n'est pas assez que les petits-enfans soient appelés; il faut encore que le père exprime non-seulement la cause, la nécessité de son jugement, *additâ causâ necessitateque judicii suî* : il doit rendre raison de sa conduite, et justifier ses dernières volontés; autrement on pourroit toujours soupçonner qu'un autre motif, ou de haine, ou de prévention, ou de colère, l'auroit fait agir. Une simple énonciation vague et générale ne peut suffire; la cause doit être expresse; c'est la condition essentielle de cette substitution; et nous croyons que ce seul défaut seroit capable à la rigueur de l'anéantir entièrement. Si néanmoins la cause marquée en général étoit suffisamment prouvée; si elle étoit établie d'une manière incontestable; si enfin il ne paroissoit point que l'on pût accuser le père d'avoir été poussé par quelque autre motif, nous croirions que l'on pourroit, en ce cas, négliger la formalité, pour s'attacher à l'essence de l'acte, et confirmer une exhérédation qui seroit constamment l'effet d'une sage prévoyance du père;

d'autant plus qu'il y auroit lieu de présumer, en pareil cas, que si le père n'a pas marqué expressément la cause de prodigalité et de dissipation, il l'a fait par tendresse pour son fils, pour épargner sa pudeur, pour ne pas donner atteinte à sa réputation.

Mais, quand nous proposons ce sentiment, nous sommes obligés d'avouer en même temps, que nous l'avançons sans autorité, et que nous n'avons point vu d'arrêts, dans le grand nombre de ceux qui ont jugé cette question, qui aient confirmé une pareille exhérédation, quand la cause n'a pas été nommément exprimée.

Si donc un père a observé toutes les formalités prescrites par cette loi; s'il a institué ses petits-enfans; s'il a marqué le motif de son jugement, ou du moins s'il est clairement établi, il est sans difficulté que le fils ne peut se plaindre de la disposition de son père; il ne peut attaquer son dernier jugement, qu'il a mérité par sa conduite. Il est même de l'intérêt public que cette exhérédation soit exécutée, et que les fils dissipateurs apprennent que les pères ont en mains un remède moins sévère que l'exhérédation de rigueur, mais toujours également salutaire pour les faire rentrer dans leur devoir.

Et d'ailleurs, lorsque la substitution est stipulée au profit des petits-enfans, de quoi le fils peut-il se plaindre? Au lieu de la propriété de la légitime à laquelle le père pouvoit le réduire, il a l'usufruit de toute la portion héréditaire, dont la propriété appartenoit à ceux qu'il auroit dû faire ses héritiers, si son père n'avoit prévenu sa disposition; et l'on peut lui dire avec justice :

Ereptas quid plangis opes, quas natus habebit?

Enfin il y trouve son intérêt. Si son père l'eût laissé le maître de ses biens, il les auroit en peu de temps dissipés par la débauche et le désordre; il se trouveroit réduit à une honteuse mendicité : et puisqu'il se seroit ruiné sûrement, si son père l'avoit livré à sa propre conduite, on peut dire que son père, en le déshéritant, l'a fait son héritier, et qu'au contraire il l'auroit déshérité s'il l'avoit institué.

Ainsi, si le fils seul se plaignoit, dans cette espèce, de la disposition de sa mère, sa cause ne nous paroîtroit pas favorable, et nous croirions même qu'il seroit de notre devoir de demander ici, pour le bien public, la confirmation de la substitution; mais ce sont des créanciers qui demandent la distraction de la légitime, et leur qualité change entièrement la face de cette cause.

On permet à un père d'exercer son pouvoir dans les bornes de sa famille, de réduire son fils à un simple usufruit; mais la loi qui lui donne cette autorité ne parle que des descendans du testateur, elle ne fait aucune mention des créanciers, et de là tous nos docteurs ont conclu qu'elle ne devoit point avoir lieu à leur égard.

En effet, pour priver des créanciers d'un droit qui leur est acquis, il faudroit que la loi les eût compris expressément dans sa disposition; sans cela ils peuvent toujours soutenir que la légitime est un bien propre aux enfans, qui leur est déféré par la loi sans le ministère de l'homme, auquel ils ne peuvent renoncer *in fraudem creditorum*, et dont le père ne peut les priver, sans observer les formalités les plus rigoureuses.

En un mot, ils sont antérieurs à la substitution; ils ont contracté de bonne foi, dans un temps où leur débiteur ne passoit point encore pour un prodigue et pour un dissipateur, et lorsqu'il avoit l'administration libre de tous ses biens. Ils ont eu en vue non-seulement les biens présens, mais encore les biens à venir, et la succession future d'un père ou d'une mère; c'est la remarque de M. Louet, qui a servi de motif à un des premiers arrêts qui aient jugé la question en faveur des créanciers.

Seroit-il juste que des créanciers pussent être privés de la seule ressource qui leur reste, pour être payés d'une dette légitime par un père auquel la loi ne donne ce pouvoir qu'à l'égard de ses enfans ?

Les arrêts ont toujours été contraires à cette injustice ; il seroit facile d'en rapporter un grand nombre, qui ont accordé la distraction de la légitime aux créanciers ; et une preuve manifeste que ceux qui sont instruits des maximes du droit civil, n'ont jamais douté de cette maxime, c'est que jamais la question n'a été formée en pays de droit écrit ; nous ne voyons au moins aucun arrêt rendu sur une pareille contestation. Si quelquefois l'on a porté la sévérité de cette loi jusqu'à l'étendre aux créanciers, nous ne croyons pas qu'on l'ait jamais pu faire, si ce n'est peut-être lorsque la cause étoit non-seulement écrite et prouvée, mais encore que les créanciers avoient été les auteurs, les complices, les instrumens de la débauche et des désordres du fils ; lorsque, enfin, sa prodigalité étoit si publique, sa dissipation si notoirement connue, que l'on pouvoit dire aux créanciers : *Perdituro pecuniam dedere ; sibi imputent.*

Mais hors de ces cas-là, nous croyons que la maxime est constante, que l'on doit accorder aux créanciers la distraction de la légitime.

Ainsi, pour reprendre en peu de mots les principes de cette matière,

La substitution doit être faite en ligne directe, et non pas en collatérale.

La cause doit être exprimée et prouvée : il faut que le fils seul se plaigne, et non pas des créanciers antérieurs à la substitution.

Si nous comparons ces maximes avec l'espèce de cette cause, nous trouverons que la substitution dont il s'agit renferme deux défauts, dont un seul seroit capable d'en empêcher l'exécution ; le premier est que la cause n'a point été exprimée ; la mère se contente de dire qu'elle substitue la portion héréditaire de son fils, pour causes à elle très-particulières.

Quand une telle expression pourroit être de quelque considération à l'égard des enfans du testateur, pourroit-on opposer une cause si vague, si générale, si indéterminée, à des créanciers légitimes? Est-il certain que le motif de la mère ait été la prodigalité, la dissipation de son fils? Mais cette cause même est-elle prouvée? On ne rapporte point d'autres dettes du fils qu'une seule de 2500 livres, dont M. de Bullion est créancier; car, à l'égard de celle dont il s'agit aujourd'hui, il y a grande apparence qu'elle n'est pas si réelle que le prétendent ceux qui soutiennent la substitution.

Catherine Baron passe un billet au profit de Mirlavaud, Mirlavaud met son ordre pour Sola, et, après plusieurs cessions différentes, le billet revient enfin à Sola, lequel obtient une condamnation contre Catherine Baron, ou ceux qui la représentent.

Il nous a paru, par toutes les pièces qui nous ont été communiquées, une grande intelligence entre Sola et Mirlavaud; les requêtes données par Sola en cause d'appel, contre les créanciers, se trouvent dans le sac de Mirlavaud. Il y a plus; nous avons observé dans le fait, que Catherine Baron a obtenu une sentence au châtelet, qui condamne Mirlavaud à lui rendre le billet de 4500 livres, ou la valeur; cette sentence n'a été signifiée qu'à celui contre lequel elle avoit été obtenue, c'est-à-dire à Mirlavaud. Cependant au châtelet on a trouvé cette sentence dans le sac de Sola : ce fait parut si considérable pour prouver l'intelligence qui étoit entre eux, que Sola dénia d'abord que cette pièce fût dans son sac; mais on le convainquit de fausseté par la copie collationnée de cette sentence, qui fut délivrée aux créanciers par le rapporteur du procès.

Toutes ces circonstances pourroient persuader que Sola et Mirlavaud sont la même personne; que la condamnation obtenue sous le nom de Sola, est en effet au profit de l'appelant, et que bien loin qu'il soit ici le débiteur, il est au contraire le créancier qui veut profiter d'une somme de 4,500 livres sous un nom interposé, contre la foi de l'indemnité qu'il a donnée.

Mais, sans entrer dans toutes ces circonstances, il est certain que les parties de M.e le Verrier sont des créanciers légitimes, créanciers antérieurs à la substitution; que les conditions marquées par la loi pour faire un acte de cette nature, n'ont point été observées; qu'ainsi cet acte, qu'on pourroit à peine opposer au fils, ne peut valoir contre des créanciers; que la mère n'ayant pas satisfait aux formalités prescrites par le droit et par vos arrêts, a été sans pouvoir; que la nature a repris ses droits, et a rendu au fils, ou, pour mieux dire, à ses créanciers, ce qui ne pouvoit leur être ôté; et qu'en un mot on ne peut confirmer une telle substitution sans attaquer les principes de droit les plus certains, et les maximes les plus inviolables.

Enfin Mirlavaud peut aisément satisfaire à la condamnation que vous prononcerez contre lui; ce n'est point absolument un paiement qu'on lui demande, c'est un billet qu'il a encore apparemment en sa puissance; il peut, sans toucher aux biens substitués, sans diminuer le patrimoine de ses enfans, s'acquitter de la dette dont on lui demande le paiement.

Ainsi l'appel au néant, ordonner que ce dont est appel, etc., recevoir la partie de M.e Duchesneau intervenante, la substitution confirmée, et faire distraction de la légitime.

Jugé suivant les conclusions, par arrêt du 3 avril 1691, par M. le président de Nesmond, qui ajouta en prononçant, *sans tirer à conséquence*, suivant l'avis de M. Talon, président à Mortier.

Entre Nicolas Mirlavaud, écuyer, appelant d'une sentence rendue par le prévôt de Paris ou son lieutenant civil, au profit de Catherine Baron, veuve d'André Salvatory, et à présent femme de Henri de Levy, le trente-un août mil six cent quatre-vingt-trois, et d'une ordonnance rendue par ledit lieutenant civil, le douze août mil six cent quatre-vingt-neuf, sur requête à lui présentée par M.e Louis le Verrier, avocat en la cour, et Antoine Boucher, créanciers et directeurs des droits des autres créanciers de ladite Baron, saisies et arrêts faites en conséquence, le cinq décembre audit an; et d'une autre sentence rendue par ledit lieutenant civil au profit desdits le Verrier et Boucher, le dix-sept septembre audit an mil six cent quatre-vingt-neuf, et de tout ce qui s'en est suivi, d'une part; et lesdits le Verrier et Boucher, esdits noms de créanciers et directeurs, intimés, d'autre; et encore entre damoiselle Louise-Antoinette Ducay, femme non commune en biens dudit Nicolas Mirlavaud, son mari, tutrice de ses enfans et d'elle, quant à la substitution faite à leur profit par Anne de Ravien, veuve de défunt Paul Mirlavaud, mère dudit Nicolas Mirlavaud, demanderesse en requête du seize mars mil six cent quatre-vingt-dix, tendante à ce qu'elle soit reçue partie intervenante en la cause pendante en la susdite cause d'appel d'entre lesdits le Verrier et Boucher, esdits noms, d'une part, et ledit Mirlavaud d'autre; faisant droit sur son intervention, ordonner que la substitution faite par ladite Ravien, mère dudit Mirlavaud, par acte du vingt-quatre août mil six cent quatre-vingt-huit, tant de ses meubles qu'immeubles, aux enfans nés et à naître de leur mariage, l'usufruit réservé audit Mirlavaud, sera confirmé, et, en conséquence, adjuger à ladite demanderesse, audit nom de tutrice; quant à ladite substitution, la propriété, tant des meubles que des immeubles, étant de la succession de ladite veuve Mirlavaud, sans avoir égard à la demande et saisies desdits directeurs, dont ils seront déboutés, avec main-levée desdites saisies faites ès mains des débiteurs de ladite succession, avec dépens, d'une autre part; et lesdits le Verrier et Boucher, esdits noms des créanciers et directeurs des autres créanciers de ladite Baron, et ledit Mirlavaud, défendeur, d'autre. Après que Duchesnau, pour ladite Ducay; le Verrier, pour lui et en son nom, et pour Boucher; et Marais, pour Mirlavaud, ont été ouïs pendant deux audiences, ensemble d'Aguesseau, pour le procureur-général du roi :

LA COUR a mis et met l'appellation au néant; ordonne que ce dont a été appelé sortira effet; condamne l'appelant en l'amende de douze livres et aux dépens, reçoit la partie de Duchesnau partie intervenante. Ayant égard à sa requête, ordonne que distraction sera faite de la légitime délaissée, au profit des créanciers, sans tirer à conséquence; dépens à l'égard des parties de Duchesnau compensés. Fait ce trois avril mil six cent quatre-vingt-onze.

CINQUIÈME PLAIDOYER.

DU 14 MAI 1691,

Dans la cause des sieurs GANTHERON et THOMASSIN, contre un ancien vicaire de la paroisse de Champigny, pourvu par dévolu de la chapelle de Notre-Dame, dans cette paroisse.

1.° *Quelles sont les conditions requises pour rendre un bénéfice sacerdotal ?*

2.° *Si l'on peut prescrire contre le titre de fondation, en ne satisfaisant pas aux obligations qu'elle impose aux titulaires pendant un long temps ?*

3.° *Si le défaut de date rend un acte nul, et s'il étoit d'usage de la marquer dans tous les actes au douzième et au treizième siècle ?*

4.° *Si la signature des actes étoit alors en usage, ou s'il suffisoit d'y apposer un sceau ; et si l'acte est valable lorsqu'il y est porté, qu'il a été scellé, et qu'il en reste des vestiges, quoique le sceau même ne subsiste plus ?*

L'ANTIQUITÉ des actes qui semblent favoriser les prétentions du dévolutaire, la longue possession qui sert de fondement aux défenses de l'ancien titulaire du bénéfice, forment toute la difficulté de cette cause.

Il y a deux chapelles en l'église paroissiale de Champigny, l'une dédiée sous l'invocation de la Vierge ; l'autre a pour patron Saint-Jacques et Saint-Jean. Quoiqu'il ne s'agisse que de la chapelle de Notre-Dame, il est cependant nécessaire d'expliquer en peu de mots la fondation de la chapelle de Saint-Jacques ; c'est de ce titre qu'on emprunte toutes les inductions différentes dont on se sert pour assurer la fondation de la chapelle contentieuse.

Il paroît que l'année 1202, plusieurs particuliers fondèrent une chapelle en l'honneur de Saint-Jacques et de Saint-Jean, dans l'église de Champigny; ils voulurent que le chapelain qui la desserviroit, fût obligé à la résidence, qu'il en fît un vœu solennel entre les mains du curé de la paroisse, lorsqu'il prendroit possession de la chapelle; ils le chargèrent de dire la messe tous les jours, d'assister au service divin avec le curé; ils lui attribuèrent un certain revenu pour acquitter toutes ces fondations.

L'acte qui contient toutes ces charges, est un acte authentique approuvé par l'évêque, scellé et daté; on ne peut lui donner atteinte dans la forme.

A l'égard de la chapelle Notre-Dame, on rapporte aujourd'hui un acte à peu près semblable à celui que nous venons de vous expliquer : chapelle fondée dans la même église avec les mêmes conditious; le chapelain obligé à la résidence, chargé de dire la la messe tous les jours, d'assister au service divin avec le curé, d'exercer même ses fonctions en cas qu'il soit absent pour cause légitime : clause expresse, que cette chapelle ne pourra être conférée qu'à un prêtre.

Mais cet acte paroît imparfait dans la forme; point de date, point de sceau, point de signature.

Quoique les fondations de ces deux chapelles ne soient pas également incontestables, elles ont été toutes deux également négligées, et la possession contraire aux titres les avoit presque entièrement effacés, lorsque le vicaire de Champigny, témoin continuel de la négligence des chapelains, instruit plus particulièrement de la fondation de ces deux chapelles, a jeté un dévolu sur l'une et sur l'autre. Il a obtenu des provisions en cour de Rome, avec la condition d'opter celui des deux bénéfices qu'il jugeroit à propos. Il en a pris possession; c'est ce qui a donné lieu à la complainte sur laquelle vous avez à prononcer. Il n'est point encore ici question de la chapelle de Saint-Jacques, il ne s'agit que de celle de Notre-Dame.

Elle étoit possédée, dans le temps que le dévolutaire a obtenu ses provisions, par un simple clerc appelé Gantheron ; la complainte a d'abord été portée aux requêtes du palais, les habitans de Champigny sont intervenus dans l'instance; ils ont demandé que les chapelains fussent tenus de résider et de célébrer les services auxquels on prétend que leur qualité les oblige, sinon qu'il sera fait un fonds de cent livres de rente sur le revenu des chapelles, pour être employées aux rétributions d'un prêtre qui dira la messe en leur place dans l'église de Champigny.

Pendant le cours de l'instance, Thomassin, qui est aujourd'hui l'appellant de la sentence des requêtes du palais, a été pourvu du bénéfice contentieux, non pas sur la résignation de Gantheron immédiatement, mais sur celle de Dohin, résignataire de Gantheron. Il n'est pas inutile d'observer que la résignation faite par Gantheron au profit de Dohin, est antérieure aux provisions du dévolutaire, mais elle n'a jamais eu d'exécution; il ne paroît pas que Dohin ait jamais pris possession du bénéfice, Gantheron en est toujours demeuré titulaire, et c'est en cette qualité qu'il a formé sa complainte contre le vicaire de Champigny.

La sentence des requêtes du palais n'a point décidé les contestations des parties; elle ne prononce qu'un appointement en droit. On interjette appel de cet appointement; on demande en même temps l'évocation du principal, et toutes les parties y consentent.

La décision de la cause dépend de l'examen du titre de fondation de la chapelle contentieuse, et de la possession.

L'appellante attaque le titre et soutient la possession; l'intimé au contraire prétend détruire la possession par le titre.

De la part de l'appellant, on prétend que jamais on n'a fait paroître dans votre audience un acte plus informe, plus rempli de nullités, moins digne de foi et d'autorité, que celui dont on se sert aujourd'hui pour donner quelque couleur au nom odieux de dévolutaire.

Que le seul défaut de date est une nullité essentielle, capable de rendre le titre dont il s'agit entièrement inutile. Sans cela rien n'est certain, rien n'est assuré ; on ouvre la porte aux faussetés, aux suppositions, on ôte à la vérité des actes la marque la plus infaillible, et le plus sûr caractère qui puisse la distinguer de l'erreur et du mensonge.

C'est pour prévenir tous ces inconvéniens, que tous les législateurs sont d'accord sur cette matière; qu'ils ont tous également défendu d'ajouter foi aux actes qui ne seroient point datés.

Les lois romaines ont considéré la date comme une formalité absolument nécessaire, non-seulement dans les actes des particuliers qui doivent être soumis aux solennités les plus rigoureuses; mais même dans les rescrits des empereurs que leur nom seul semble affranchir du pouvoir des lois, et exempter des règles ordinaires. C'est la disposition de la loi 4, au cod. *de divers. rescript.*

Le droit canon a suivi l'exemple du droit civil, il a prescrit la nécessité de la date. Enfin les ordonnances de nos rois, qui sont notre véritable droit, ont confirmé ces dispositions civiles et canoniques : si quelquefois on s'est écarté de la sévérité de ces maximes, on l'a fait lorsque l'on a trouvé dans un titre plusieurs circonstances favorables qui suppléoient le défaut de la date, qui indiquoient le temps dans lequel il avoit été fait, et qui en établissoient suffisamment la certitude.

On ne peut trouver dans l'acte dont il s'agit aucune de ces circonstances. La seule qui puisse avoir quelque apparence, est celle que l'on emprunte de la première lettre du nom de l'évêque de Paris qui a confirmé cette fondation. On prétend que Pierre, successeur d'Odon en l'année 1208, est celui qui est désigné par un P. dans le titre de la fondation : mais premièrement, qui peut assurer que c'étoit un Pierre plutôt que Paul ou Philippe, ou quelqu'autre nom qui commence par la même lettre; d'ailleurs, quelle preuve aura-t-on que ce Pierre, évêque de Paris, soit le successeur d'Odon.

Si la date ne peut être suppléée par aucune circonstance, il est inutile de dire que dans le douzième et le treizième siècle, l'on ne datoit point la plupart des actes. Avant que d'appliquer ce fait à l'espèce présente, il faudoit avoir prouvé que le titre dont il s'agit est fait en ce temps-là : mais tant que l'on ne rapportera aucune conjecture qui puisse assurer la date, cette observation sera entièrement superflue.

On ajoute qu'elle est détruite par les actes mêmes que le dévolutaire rapporte; que, quoique ces actes aient été faits dans le même temps que la fondation de la chapelle de Notre-Dame, suivant la supputation de l'intimé, ils sont néanmoins datés, ils sont revêtus de toutes les formalités nécessaires. Il ne faut donc point rejeter l'imperfection de ce titre sur la négligence ordinaire de tous ceux qui passoient des actes en ce temps-là, puisque l'on en trouve plusieurs de même temps qui ont toute la perfection qui leur est nécessaire : et en effet, quand on rapporteroit quelques actes du dix ou douzième siècle qui ne seroient point datés, quand on leur attribueroit quelque autorité, ce ne pourroit être que lorsque la solennité ou publicité des actes, pour ainsi dire, les met à couvert de toute sorte de soupçon; mais lorsqu'il s'agit d'un acte particulier qui ne renferme aucune circonstance qui puisse le rendre certain, la date est absolument essentielle.

Cette nullité est soutenue et fortifié par plusieurs autres semblables; on ne remarque point le lieu où l'acte a été passé; c'est l'évêque qui parle dans cet acte, c'est lui qui ratifie, qui approuve, qui confirme la fondation; et cependant ce titre ne se trouve point dans le trésor de l'évêché, mais dans les archives du prieuré de Saint-Martin-des-Champs.

Enfin, ce titre n'est point signé ni scellé; on ne peut savoir si la signature n'é oit point une solennité essentielle dans le temps que l'acte a été passé, puisque ce temps même est absolument incertain. Mais quand on supposeroit qu'il y a eu un temps où il n'étoit point nécessaire de dater les actes, que l'usage de ces mêmes siècles étoit de ne point les signer; il est du moins impossible de remarquer aucun temps pendant lequel on n'ait ni signé, ni scellé les actes; et tous ces défauts se trouvant réunis dans la pièce que nous examinons, quelle peut être son autorité? Si l'on trouve encore quelque reste de cordons auquel on prétend que le sceau ait été attaché, c'est un artifice grossier de ceux qui ont tenté inutilement de réparer un défaut qui étoit irréparable.

Cet acte imparfait, destitué de toutes les marques qui pourroient en assurer la vérité, est combattu et désavoué, pour ainsi dire, par un usage contraire et par une possession immémoriale.

On ne sauroit faire voir qu'il ait jamais été exécuté; on ne peut marquer un seul moment dans lequel ce titre ait été considéré comme un titre valable et authentique. On rapporte au contraire un bail de l'année 1534, par lequel il paroît que ce bénéfice étoit possédé par un simple clerc qui ne résidoit point à Champigny, qui croyoit satisfaire à toutes les charges de la fondation en faisant dire douze messes par an. Tous les derniers titulaires de cette chapelle, aussi bien que de celle de Saint-Jacques, ont été de simples clercs. Quand le titre de la fondation seroit incontestable, une si longue possession auroit pu ou en changer la nature, ou du moins donner un titre coloré à l'appelant; l'un des deux lui suffit pour être maintenu dans la possession de la chapelle contentieuse, sa personne est beaucoup plus favorable que celle du dévolutaire. Quand la chapelle seroit sacerdotale, qu'est-ce que l'intimé pourroit espérer de plus avantageux? L'appellant devroit être encore préféré, puisqu'il a la qualité de prêtre aussi bien que l'intimé, sans avoir comme lui le titre odieux de dévolutaire.

D'un autre côté l'intimé prétend que, etc....

Quant a nous, quoique la décision de cette cause puisse paroître douteuse et difficile, nous croyons néanmoins que les principes de cette matière sont certains et incontestables. Nous nous contenterons de les exposer ici en peu de mots, avant que d'entrer dans l'examen des circonstances particulières de cette affaire.

Tous les canonistes distinguent deux sortes de bénéfices sacerdotaux, *à lege et à fundatione*. Si la loi rend un bénéfice sacerdotal, il suffit que celui qui en est pourvu, reçoive l'ordre de la prêtrise dans l'année de ses provisions; si c'est au contraire la nature du fondateur qui établit la nature du bénéfice, il doit être prêtre dans le temps qu'il est pourvu. C'est la différence que tous les docteurs mettent entre ces deux espèces de bénéfices.

Ils établissent un second principe, que l'ancienne discipline de l'église n'auroit peut-être pas approuvé, mais que l'usage des derniers siècles a rendu si constant, qu'il seroit inutile de le combattre aujourd'hui.

Aucun bénéfice de droit commun, et par sa nature, n'est réputé sacerdotal : on présume toujours en faveur de la liberté; et comme si c'étoit une servitude que celle de recevoir les ordres sacrés pour desservir personnellement une chapelle, on n'y soumet point un titulaire, si la loi de la fondation ne l'a pas assujetti à cette nécessité. Quoiqu'il semble que l'obligation de dire des messes dût suffire pour faire considérer la chapelle comme un titre sacerdotal; quoique la distinction *vel per se, vel per alium*, paroisse entièrement contraire à la pureté des maximes et à l'intention des fondateurs, cependant l'on demande quelque chose de plus pour obliger un titulaire à être prêtre : il faut qu'il y ait une condition expresse dans la fondation; que le bénéfice ne pourra être conféré *nemini nisi sacerdoti;* sans cela l'on considère l'obligation de dire des messes plutôt comme une charge de la chapelle, que comme une nécessité imposée au titulaire Mais lorsque le fondateur a déclaré en termes formels que son intention étoit de former un titre sacerdotal, on ne doute point pour lors qu'il ne faille être prêtre pour pouvoir impétrer le bénéfice; et si l'on a négligé de recevoir cet ordre avant les provisions, le titre est absolument nul; il ne peut donner aucun droit, aucune couleur à celui qui l'a obtenu.

Le long temps qui s'est écoulé depuis la fondation, et la possession contraire, ne peuvent point affranchir un titulaire de cette obligation qu'il a contractée en acceptant le bénéfice; et c'est le troisième principe qu'il est nécessaire de supposer pour la décision de cette cause.

Personne n'ignore qu'en quelque matière que ce puisse être, séculière ou ecclésiastique, on ne peut prescrire contre son titre; que les fondations sont de droit public, incapables d'être effacées par le nombre des années, ou détruites par la longue possession; qu'on ne peut violer les sages dispositions d'un fondateur, et mépriser ses saintes intentions, sans commettre une espèce de sacrilège. L'église, la justice, le public, prennent sous leur protection les volontés des patrons, des fondateurs; et comme leur autorité réside en vos personnes, vous en devenez les conservateurs, vous les defendez de l'injure des temps, de la prévarication, ou du moins de la négligence des titulaires : vous vous chargez enfin de les faire exécuter dans un temps même où leur nom sera entièrement effacé de la mémoire des hommes; et bien loin que la possession puisse autoriser des usages contraires, elle ne sert qu'à vous les faire paroître plus odieux et plus illégitimes.

Tant que le titre est conservé, tant que la fondation subsiste, elle est, pour ainsi dire, un témoin continuel qui s'élève contre l'infidélité des titulaires, une voix éclatante qui interrompt le cours de la prescription.

L'obligation qui l'attache aux fondateurs se renouvelle toujours; la possession, la jouissance, la perception des fruits, sont autant de liens qui l'engagent de nouveau avec celui qui a fondé le titre; et cet engagement se fortifiant à tout moment, il est visible qu'il ne peut jamais s'éteindre.

Tels sont les principes qui doivent former la décision de cette cause.

Deux sortes de bénéfices sacerdotaux : ceux qui ne le sont point par la loi, ne peuvent le devenir que par la fondation; mais, quand la fondation leur a donné cette qualité, ils ne peuvent jamais la perdre par la possession, quelque longue qu'elle puisse être.

Cette cause se trouve donc réduite à une seule question de fait, qui consiste à savoir si, par la fondation de la chapelle de Notre-Dame, il est dit qu'elle est sacerdotale.

On y trouve cette clause expresse, *nemini nisi sacerdoti* : quand elle n'y seroit pas, on charge le chapelain d'assister au service divin avec le curé, de remplir ses fonctions en cas d'absence, ce qui emporte, selon tous les docteurs, la qualité de sacerdotal.

L'appelant a reconnu que tant que le titre subsisteroit, sa cause seroit mauvaise, c'est pourquoi il l'attaque; il vous a dit que c'étoit un acte sans date, sans signature, sans sceau, sans exécution, etc.

La raison et l'usage ont introduit et confirmé la formalité de la date dans tous les actes publics et particuliers; toutes les nations ont suivi cette coutume; et l'on a cru de tout temps qu'il étoit à propos de marquer l'année et le jour dans lequel les actes ont été faits.

Il seroit superflu de rapporter ici les autorités du droit, par lesquelles on peut prouver que cet usage a toujours été reçu chez les Romains; ce qui peut recevoir plus de difficulté, c'est de savoir si la date est une des formalités essentielles dont le défaut soit une nullité irréparable.

Si nous examinons les lois romaines sur cette question, il est certain qu'elles n'ont jamais imposé une nécessité absolue de marquer le temps de la passation des actes ; les mêmes lois qui nous apprennent que l'usage étoit de le faire, nous enseignent en même temps que l'omission de la date ne pouvoit pas donner atteinte à la validité d'un acte, de quelque nature qu'il pût être : *Non idcircò obligationem pignorum cessare, quòd dies et consules additi..... non essent.* Ce sont les termes de la loi *cum Tabernam*, 34, ff. §. 1. *de Pign. et hyp.* Les jurisconsultes n'ont point distingué les testamens des obligations. Quoique les Romains aient toujours eu un grand respect pour les dernières dispositions, quoiqu'ils les aient considérées comme une espèce de loi solennelle, dont ils ont prescrit exactement toutes les formalités, on ne trouve pourtant aucune loi qui impose la nécessité de dater les testamens. Le jurisconsulte Modestin nous apprend, au contraire, que ce défaut ne peut servir de prétexte pour attaquer un testament ; c'est dans un fragment de ses ouvrages qui a été donné au public par les soins de M. Pierre Pithou.

Constantin voulut le premier, rendre nécessaire ce qui n'avoit été jusqu'alors que d'usage ; il ne voulut pas qu'on ajoutât aucune foi aux rescrits des empereurs, lorsqu'ils ne seroient point datés. Cette loi se trouve dans le code Théodosien ; mais il ne paroît pas qu'elle ait jamais été observée : on pourroit au moins aisément prouver qu'elle n'étoit plus en usage du temps d'Honorius, si cette question ne nous engageoit dans une dissertation plus curieuse qu'utile. Il suffit d'observer que Justinien a entièrement changé cette loi, quand il l'a mise dans son code. Au lieu qu'elle étoit générale, il l'a restreinte aux seuls priviléges, aux grâces personnelles, *beneficia personalia*, qui sont accordées par le prince. Si le même empereur semble exiger la formalité de la date dans la Novelle 107, il ne la prescrit point à peine de nullité. Le droit romain n'a donc jamais considéré cette solennité comme une chose essentielle à la validité des titres : le droit canon ne s'est pas beaucoup écarté de ces règles ; et, quand il l'auroit fait, son autorité nous paroîtroit peu considérable dans une matière aussi civile et aussi séculière, pour ainsi dire, que la forme des actes.

A l'égard du droit français, il a suivi la loi des Lombards et des Allemands, qui prescrivent la nécessité de la date. Il ne paroît aucune loi jusqu'à l'ordonnance de Blois. Elle fait à la vérité mention de la date, mais sans imposer la peine de nullité ; et en effet, la raison apprend que cette solennité ne peut jamais être de l'essence de l'acte : c'est une circonstance qui est souvent très-utile, et qui devient même quelquefois nécessaire, comme lorsqu'il s'agit de deux testamens ou de deux actes dont on prétend que l'un est postérieur à l'autre ; mais ce n'est que par accident, et plutôt par rapport à l'exécution qu'à la substance de l'acte, que la date peut devenir essentielle. Mais ce n'est pas là l'espèce de cette cause. Il est assez indifférent d'examiner en quel temps la fondation a été faite ; pourvu que l'acte soit valable, qu'il soit authentique, qu'il soit revêtu de toutes les formalités essentielles, il doit être exécuté sans rechercher scrupuleusement quelle est son antiquité.

Nous pourrions nous contenter de ces observations générales ; et, après vous avoir fait voir que la date n'est point de l'essence des actes, que nous n'avons aucune loi qui l'établisse comme une formalité nécessaire, nous pourrions passer à l'examen des autres défauts que l'on prétend trouver dans l'acte dont il s'agit.

Cependant, afin de lever toutes les difficultés qui pourroient se rencontrer dans cette cause, nous croyons qu'il ne sera pas inutile d'observer ici quelques circonstances qui assurent entièrement la date de la fondation de la chapelle de Notre-Dame.

Nous ne nous arrêterons point à l'argument que l'on tire de ce que c'est Pierre, évêque de Paris, qui confirme cette fondation. Il y a sujet de présumer que c'est le successeur d'Odon, qui a gouverné l'église de Paris au commencement du treizième siècle; mais ce n'est encore qu'une présomption, et nous croyons qu'il y a des preuves convaincantes.

Nous les empruntons du nom et de la qualité des fondateurs de la chapelle de Saint-Jacques et de Saint-Jean. Nous avons déjà fait remarquer à la cour que la date de cette fondation est certaine, qu'elle est de l'année 1202, que l'acte qui la contient est authentique, que la vérité n'en peut être révoquée en doute. Si nous trouvons donc que les fondateurs de la chapelle de Notre-Dame sont les mêmes que ceux de la chapelle de Saint-Jacques, il est certain que la date de la fondation de la chapelle de Notre-Dame ne pourra plus être contestée, puisque, quoiqu'on n'en marque pas précisément l'année, il sera toujours certain qu'elle a été fondée au commencement du treizième siècle.

C'est ce qu'il est facile de prouver.

Quels sont les fondateurs de la chapelle de Saint-Jacques? Ce sont deux frères, Pierre et Jean, qui sont tous deux prêtres; nous trouvons les mêmes noms, les mêmes qualités dans la fondation de la chapelle de Notre-Dame. Il seroit déjà fort difficile de croire que deux chapelles se trouvant fondées dans la même église, toutes deux par deux prêtres, toutes deux par deux frères, toutes deux par deux personnes, dont l'un s'appelle Pierre et l'autre Jean, elles fussent néanmoins fondées par des fondateurs différens; que le seul hasard, le seul caprice de la fortune eût produit cette ressemblance si parfaite dans les noms, dans la parenté, dans la qualité de prêtre; cependant cela pourroit arriver absolument. Mais il y a plus, dans la fondation de la chapelle de Saint-Jacques, une Richolde, sœur des fondateurs, et une Constance, leur belle-sœur, approuvent la donation qui est faite par leurs parens. La même

Richolde et la même Constance paroissent encore dans la fondation de la chapelle de Notre-Dame, l'une en qualité de sœur, l'autre en qualité de belle-sœur des fondateurs. Enfin, en même temps que l'on nous a remis entre les mains les titres originaux de ces fondations, l'on nous a fait voir un acte de l'année 1224, par lequel Barthélemi, évêque de Paris, confirme un traité fait à l'occasion de la chapelle de Saint-Jacques, où l'on dit expressément que le fondateur de cette chapelle est *Petrus, succentor ecclesiæ parisiensis*, et ce *Petrus succentor* est aussi fondateur de la chapelle de Notre-Dame. Toutes ces circonstances forment, s'il est permis de parler ainsi, une espèce de démonstration morale à laquelle on ne peut rien opposer. Dans l'une et dans l'autre chapelle, c'est *Petrus succentor* qui est le fondateur; Jean son frère, Richolde sa sœur, et Constance sa belle-sœur, approuvent la donation qu'il fait, dans l'un et dans l'autre de ces actes. Seroit-il possible que l'on trouvât dans deux titres les mêmes noms de Pierre, de Jean, de Richolde, de Constance, les mêmes qualités de prêtres, de sous-chantre, de frère et de sœur, de beau-frère et de belle-sœur, et que ce ne fussent pas les mêmes personnes? Nous croyons qu'il suffit d'expliquer cette proposition pour en faire voir l'absurdité; et si ce sont les mêmes personnes qui ont fondé les deux chapelles, la date du titre dont il s'agit devient entièrement certaine; l'évêque de Paris qui a confirmé la donation, ne peut être que Pierre de Nemours, qui a succédé à Odon en l'année 1208; et parce qu'il est mort vers l'année 1220, il faut que ce soit dans l'espace de ces douze années d'épiscopat que l'acte dont il s'agit ait été fait; et s'il a été fait dans ce temps-là, il est certain encore que le défaut de date ne peut lui donner atteinte. Tous les auteurs qui ont examiné avec attention la forme des anciens titres, et entre autres le savant religieux (1) que sa modestie nous

(1) Dom Mabillon.

défend de nommer, qui en a fait un traité exprès, nous apprennent que dans le dix, le onze, le douze et le treizième siècle, on n'observoit pas exactement la formalité de la date; que souvent l'on se contentoit de marquer le nom du roi qui régnoit pour lors, quelquefois le nom de l'évêque, d'autre fois le jour du mois, sans marquer l'année, et d'autre fois aussi qu'on ne marquoit aucune date. Il en rapporte les exemples, et cet usage pourroit suffire pour répondre à tout ce que l'on vous a dit touchant la nécessité de la date.

Les autres nullités que l'on a observées ne nous paroissent pas plus considérables. Il est certain que pendant long-temps en France on ne signoit point les actes; on se contentoit de les sceller; ce seroit détruire la foi et l'autorité de tous les anciens titres, que de vouloir établir la maxime contraire.

A l'égard du sceau, on ne doute point encore qu'il ne fût essentiel dans ce temps-là; et si l'acte de fondation ne se trouvoit point scellé, nous ne croyons pas qu'il pût avoir aucun effet. Mais il paroît qu'il l'a été, on trouve encore les cordons qui ont servi à le soutenir autrefois : s'il ne paroît plus aujourd'hui, il faut en accuser l'injure du temps, et le grand nombre d'années qui se sont écoulées depuis la passation de cet acte Il suffit qu'il en reste aujourd'hui des vestiges, et qu'il soit dit expressément dans le corps de l'acte, qu'il a été scellé : *Et sigilli nostri fecimus impressione muniri.* Tant que l'on ne s'inscrira point en faux contre cet acte, la présomption sera toujours en sa faveur.

Après toutes ces réflexions différentes, nous croyons qu'il est inutile d'observer que ce titre a toujours été conservé dans un dépôt public, dans les archives de Saint-Martin-des-Champs; qu'il est imprimé depuis plus de trente ans dans l'histoire de ce prieuré: toutes ces circonstances suffiroient pour l'exempter de toute sorte de suspicion. Mais ce que nous avons dit, en établit évidemment l'antiquité et la certitude.

Il ne nous reste plus qu'à examiner si l'inexécution de ce titre, et la possession contraire, peuvent rendre la cause du titulaire favorable.

Quoique l'acte nous paroisse dans une forme authentique, quoique la prescription même ne puisse lui donner atteinte, nous croyons néanmoins que la longue possession rend cette cause fort douteuse et très-difficile à décider.

Non que nous puissions jamais croire que la possession puisse être opposée à de semblables titres; mais parce qu'un si long usage peut faire naître une forte présomption en faveur du titulaire. En effet, quand on voit que les revenus d'une chapelle sont fort médiocres; qu'ils ne sont pas suffisans pour exécuter les charges de la fondation; que, dès l'année 1534, celui qui en étoit pourvu ne résidoit point à Champigny; qu'il croyoit s'acquitter de toutes ses obligations quand il avoit fait dire douze messes dans sa chapelle; qu'il énonce même dans un bail des revenus de son bénéfice, qu'il le faisoit selon qu'il étoit porté plus au long dans la fondation: quand on réunit toutes ces circonstances, et que l'on considère ce nombre de douze messes que les chapelains ont toujours fait dire depuis très-long-temps, n'est-il pas naturel de croire que la fondation a été réduite par l'évêque, et qu'ainsi la possession n'est point contraire au titre? Quand même on n'admettroit pas tout à fait cette présomption, ne faudroit-il pas convenir du moins qu'une si longue possession excuse et justifie suffisamment le titulaire; que si elle ne peut lui donner un titre parfait, elle lui donne toujours un titre coloré; et que le dernier possesseur du bénéfice se trouvant prêtre, et réparant par-là les défauts qui peuvent se trouver dans son titre, il doit être préféré à la personne odieuse d'un dévolutaire. Ajoutons que tout semble concourir en sa faveur; il a non-seulement la possession et la bonne foi, il a encore le droit commun pour lui, puisque c'est une maxime constante parmi tous les canonistes, qu'un bénéfice n'est point réputé sacerdotal, s'il n'y en a une condition expresse dans la fondation. Il ignoroit cette fondation; il a cru être dans les termes du droit commun; et cette présomption se trouvant jointe avec la longue possession, n'est-elle pas suffisante pour donner une couleur favorable à son titre?

Voilà tous les moyens qui peuvent nous faire balancer entre l'appelant et l'intimé. Mais dans le doute, nous croyons qu'il faut s'attacher aux principes, et décider cette contestation par l'utilité publique.

Quelque longue que soit la possession, nous aurions peine à croire qu'elle pût faire présumer la réduction de la fondation. Quand le titre est authentique, qu'il s'explique clairement, qu'on ne peut le révoquer en doute, sera-t-il permis de lui donner atteinte par un acte qui ne paroît pas, par une simple présomption, par une foible conjecture?

Parce que les chapelains auront trahi leur devoir, parce que les héritiers des fondateurs auront négligé de faire exécuter les fondations, et qu'insensiblement le nombre des messes, qui devoient être célébrées tous les jours, aura été réduit à douze, on voudra croire qu'un abus aussi visible aura été introduit par l'ordinaire? L'évêque, qui devoit s'opposer à un tel désordre, l'aura autorisé le premier? Mais comment pourroit-on le prouver? C'est ce qui seroit absolument impossible.

Nous ne croyons pas non plus que la longue possession puisse donner un titre coloré à l'appelant.

Il est vrai que lorsque dans la fondation d'une chapelle, il ne paroît point de clause expresse par laquelle le fondateur déclare que le bénéfice ne pourra être conféré qu'à un prêtre, il n'est point présumé sacerdotal.

Dans l'acte de fondation, il est dit expressément que la chapelle de Notre-Dame ne pourra être conférée *nemini nisi sacerdoti*. Quand cette clause expresse n'y seroit pas comprise, il suffiroit d'observer quelles sont les obligations du ministre que l'on institue, pour juger qu'il doit être prêtre, afin de pouvoir desservir cette chapelle. On l'engage non-seulement à dire des messes, non-seulement à la résidence, mais encore à assister au service divin avec le curé, à faire ses fonctions, à remplir sa place quand il sera absent pour quelque cause légitime. Quand il n'y auroit que cette seule clause, l'intention du fondateur pourroit-elle être douteuse? Tous les auteurs, et Garcias entr'autres, n'enseignent-ils pas que cette condition suffit pour faire connoître que le bénéfice est sacerdotal? La seule induction que l'on pourroit tirer de cette opinion, c'est que l'appelant a été dans la bonne foi, qu'il a été trompé par le droit commun et par la longue possession.

Mais ne peut-on pas dire que cette raison seroit trop générale, qu'elle autoriseroit tous les abus que l'on peut commettre, en négligeant d'acquitter les fondations? Il n'y a point de titulaire qui ne pût alléguer ce prétexte en sa faveur, et ce seroit établir indirectement la prescription de fondations, que d'admettre une telle maxime.

D'ailleurs, la bonne foi ne peut jamais réparer le défaut et les nullités du titre; c'est un vice qui ne se couvre jamais. Nous supposerons, pour un moment, que Thomassin a ignoré le véritable état du bénéfice dans le temps qu'il en a été pourvu; mais quand il n'en auroit jamais eu aucune connoissance, cette ignorance le rendroit, à la vérité, plus excusable, mais elle ne donneroit pas à son titre les qualités qui lui manquent. Avant qu'un titre soit coloré, il faut qu'il soit valable; aucune couleur ne peut jamais faire valoir un titre nul.

Quand les canonistes veulent définir ce que c'est qu'un titre coloré, ils disent que c'est celui qui est donné *ab habente potestatem*. Voyons si, dans cette occasion, le collateur a eu le pouvoir de conférer la chapelle de Notre-Dame, l'intention et la volonté nécessaires avant le pouvoir. Nulle intention ni de conférer une chapelle sacerdotale qui obligeât à la résidence : clause expresse contraire, par conséquent point de pouvoir. Obreption dans le titre; il n'est donc point coloré, et le titulaire ne peut se servir du décret *de pacificis possessoribus.*

Soit que l'on considère Gantheron ou Thomassin, ils sont tous deux également défavorables.

Double défaut en Gantheron, défaut d'intention et de pouvoir dans le collateur, défaut de qualité dans le pourvu; c'est un simple clerc.

Double défaut en Thomassin : point d'intention *in collatore*, mauvaise foi dans les provisions, puisque depuis le procès mû entre l'intimé et l'appelant, il se fait pourvoir comme d'une chapelle qui ne requiert point de résidence : aucun moment de possession paisible; *non conjunguntur tempora inter resignantem et resignatarium in decreto de pacificis possessoribus*, moins favorables que Gantheron. Lorsqu'il a été pourvu, le droit étoit acquis au dévolutaire.

Ainsi, fondation certaine, authentique, incontestable, imprescriptible, rien qui puisse colorer le titre; parce qu'il est nul et obreptice, aucune faveur ni en lui ni en son auteur.

La seule difficulté qui pourroit rester dans cette cause, seroit les considérations d'indulgence et d'équité dans lesquelles la cour est souvent entrée, quand on a vu un titulaire de bonne foi qui avoit joui paisiblement, pendant long-temps, ignorant la loi de la fondation, qui, depuis le dévolu jeté, s'est fait prêtre, et offre de satisfaire aux charges auxquelles il est obligé. On lui a donné la préférence, on s'est écarté, des règles sévères, et c'est l'espèce de l'arrêt de M. Louet. Ainsi, il semble que la partie de M.e Nouet étant prêtre, on pourroit le maintenir dans la possession du bénéfice.

Mais on peut faire plusieurs réponses à cette difficulté.

1.° Cela s'est fait lorsque la fondation vouloit que

le pourvu se fît ordonner prêtre dans l'an, et non lorsqu'il doit être prêtre dans le temps des provisions. Le premier peut passer pour comminatoire; le second est de rigueur.

2.° Lorsque le titulaire avoit joui paisiblement pendant long-temps en vertu d'un titre antérieur au dévolu. Ici l'on voit tout le contraire; le titre est postérieur, point de possession paisible de sa part, et il ne peut tirer avantage de celle de son prédécesseur.

3.° L'équité et la haine du dévolu ont influé sur la décision. Il n'y a rien ici de semblable; l'équité même et la faveur de l'église appuient le dévolutaire. L'intention des fondateurs de donner une espèce de vicaire à la paroisse, ses offres d'accomplir la fondation, pendant que le titulaire ne veut être chargé que de douze messes, l'intervention des habitans, la personne du dévolutaire, ancien vicaire de la paroisse, qui sera obligé de l'abandonner si on ne lui donne ce bénéfice, le rendent favorable. Ainsi, les principes et l'équité, joints à l'utilité publique, se réunissent pour Michel Pâris.

Vous voyez donc, Messieurs, où se réduit cette cause. Il s'agit de l'exécution d'une fondation, vous en êtes les conservateurs, c'est à vous à les défendre de l'oubli et de la négligence des titulaires. Vous trouvez aujourd'hui une occasion favorable de rétablir une institution utile à une paroisse, et que la possession invétérée avoit presque effacée. Nous croyons qu'il est digne de votre justice d'abolir un usage contraire à l'intention des fondateurs, aux règles canoniques, et à l'utilité publique. Cette seule considération doit faire donner la préférence au dévolutaire, et nous croyons que l'appelant a prononcé lui-même sa condamnation, quand il n'a offert que les mêmes services auxquels la négligence de ses prédécesseurs avoit réduit la fondation.

Par toutes ces considérations, nous estimons qu'il y a lieu de recevoir les habitans de Champigny, parties intervenantes, faisant droit sur leur intervention, mettre l'appellation et ce dont est appel au néant, émendant, évoquant le principal, et y faisant droit, maintenir et garder l'intimé en la possession du bénéfice contentieux, à la charge d'acquitter les services portés par la fondation; faisant droit sur nos conclusions, ordonner qu'à l'avenir la chapelle de Notre-Dame ne pourra être conférée qu'à un prêtre, suivant la loi de la fondation.

Arrêt conforme aux conclusions, prononcé par M. le président de Harlay, le 14 mai 1691.

Entre Jacques Bresseau et Noël Mahieux, marguilliers en charge de l'œuvre et fabrique de l'église et paroisse de Saint-Saturnin de Champigny-sur-Marne, demandeurs aux fins de l'exploit du trente-un juillet mil six cent quatre-vingt-huit, tendant à ce que Pierre-François de Salles Gantheron, pourvu de la chapelle de Notre-Dame, desservie en ladite église de Champigny, fût tenu d'exécuter le titre de la fondation de la chapelle dont il est pourvu, et en attendant qu'il y ait un curé paisible pour décider de la question de résidence et d'assistance au service, et du nombre des messes qui doivent être dites par le chapelain de ladite chapelle, de sa capacité ou incapacité, qu'il sera fait un fonds de cent livres au moins, laquelle somme sera mise ès mains des demandeurs, pour fournir aux dépenses, frais et nourriture d'un prêtre qu'ils sont obligés de faire venir les dimanches et fêtes, de laquelle somme ils rendront compte par-devant le juge des lieux en présence dudit chapelain, ou lui dûment appelé, au paiement de laquelle somme sera ledit Gantheron et son fermier, contraints jusqu'à la concurrence de ce qu'il devra, et le condamner en outre aux dépens, d'une part; et maître Adrien Thomassin, prêtre, étant aux droits et ayant repris au lieu dudit de Salles Gantheron, l'instance comme étant pourvu de ladite chapelle de Notre-Dame, sur la résignation dudit Gantheron, défendeur, d'autre; et entre ledit maître Adrien Thomassin, ès noms et qualités qu'il procède, demandeur aux fins de l'exploit du vingt-sept septembre mil six cent quatre-vingt-huit, fait en vertu des lettres de *Committimus*, du vingt-huit août audit an, tendant à ce que ledit Gantheron, plus que triennal, paisible possesseur de la chapelle de Notre-Dame, desservie en l'église de Champigny, soit maintenu et gardé en la possession et jouissance d'icelle, que main-levée lui soit faite des assises et oppositions faites entre les mains du fermier de ladite chapelle, à la requête du défendeur ci-après nommé, sans titre, ni même sans aucune permission du juge; que défenses seront faites au défendeur ci-après nommé, de le troubler en la possession et jouissance de ladite chapelle de

Notre-Dame, et pour l'avoir fait, qu'il sera condamné en ses dommages et intérêts et dépens, sauf à prendre contre lui telles autres conclusions qu'il avisera bon être, et défendeur d'une autre part; et maître Michel Pâris, prêtre, pourvu de la chapelle de Notre-Dame, desservie en l'église de Champigny, défendeur et demandeur, suivant les défenses du vingt-trois mars mil six cent quatre-vingt-neuf, à ce que, sans s'arrêter à la demande dudit Gantheron, dont il sera débouté, il soit maintenu et gardé en la possession et jouissance de ladite chapelle de Notre-Dame; faire défenses audit Gantheron et tous autres de l'y troubler, et, pour l'avoir fait, qu'il sera condamné en ses dommages et intérêts et dépens d'autre part, et encore contre ledit maître Adrien Thomassin, ès noms et qualité qu'il procède, appelant d'une sentence rendue aux requêtes du palais, le onze avril mil six cent quatre-vingt-dix, et demandeur en requête du quatre avril mil six cent quatre-vingt-onze, tendante à ce qu'il plût à la cour, en venant plaider ledit appel, évoquer le principal, et y faisant droit, infirmant ladite sentence, adjuger audit Thomassin audit nom, les fins et conclusions par lui prises en cause principale, et condamner lesdits marguilliers et le sieur Pâris aux dépens, tant des causes principales que d'appel, d'une autre part; et lesdits marguilliers de l'église et paroisse de Champigny, ledit maître Michel Pâris, prêtre, chapelain de la chapelle de Notre-Dame, desservie en l'église de Saint-Saturnin de Champigny-sur-Marne, défendeur d'autre part. Après que Nouet le jeune, pour Thomassin; le Paige, pour Pâris; et le Verrier, pour les marguilliers, ont été ouïs pendant deux audiences, ensemble d'Aguesseau, pour le procureur-général du roi :

LA COUR a reçu les parties de le Verrier intervenantes, ayant aucunement égard à leur intervention, a mis et met l'appellation et ce dont a été appel au néant, émendant, évoquant le principal et y faisant droit, a maintenu et gardé la partie de le Paige en la possession et jouissance de la chapelle dont est question; à la charge, suivant ses offres, de résider sur les lieux, et de satisfaire à toutes les charges portées par la fondation, condamne la partie de Nouet aux dépens. Fait ce quatorze mai mil six cent quatre-vingt-onze.

SIXIÈME PLAIDOYER.

DU 17 MAI 1691.

Dans la cause de FRANÇOIS et GABRIELLE DE SENLIS, contre PIERRE SPARVUART, ayant repris l'instance, au lieu de la prétendue JACQUETTE DE SENLIS.

Il s'agissoit de savoir, 1.° si un créancier est partie capable pour soutenir l'état de sa débitrice, et reprendre l'instance à sa place après sa mort ?

2.° *Si un contrat de mariage, un acte de tutelle, et plusieurs autres circonstances suffisoient pour établir que le mariage dont elle prétendoit être née fût véritable, ou s'il étoit supposé ?*

3.° *Si celle dont elle disoit être fille étoit véritablement sa mère, ou s'il y avoit eu une supposition de part ?*

LA qualité des parties, la nature de la contestation, le nombre et la variété des circonstances, rendent cette cause singulière, importante et difficile.

Un étranger paroît en votre audience, en qualité de défenseur d'une inconnue, pendant que sa famille la désavoue, que tous ses prétendus parens la rejettent avec indignation.

Celle qui fait le sujet de cette cause, n'est plus en état de toucher les juges par le récit de ses malheurs, ou de les irriter par la fausseté de sa supposition; elle est morte incertaine de sa destinée, avant que d'avoir pu retrouver ses véritables parens, et elle seroit demeurée ensevelie dans un éternel oubli, si un créancier, intéressé à la défense de sa mémoire, ne la faisoit revivre aujourd'hui, pour la faire sortir de l'obscurité ou de la honte de sa naissance.

Son intérêt nous oblige nécessairement à entrer dans la plus importante de toutes les questions, c'est-à-dire, celle dans laquelle il s'agit d'assurer la naissance, l'état et la fortune des parties.

L'on compose de part et d'autre des histoires bien différentes, les conjectures, les présomptions, les dépositions des témoins, les actes mêmes sont presque également partagés entre les parties, et le grand nombre de circonstances que chacun veut expliquer en sa faveur, augmente les ténèbres qu'il semble que la nature ait pris plaisir de répandre sur la naissance de la prétendue Jacquette de Senlis.

Au milieu de cette incertitude, toutes les parties conviennent que Jacques de Senlis, celui que l'appelant fait passer pour le père de sa débitrice, partit de Paris, au mois de janvier 1653, pour aller à la Rochelle. Le sujet de son voyage n'est pas avantageux à sa mémoire. Ses débauches continuelles, la foiblesse et l'imbécillité de son esprit, avoient obligé sa mère à le faire renfermer à Saint-Lazare; il y avoit demeuré pendant trois mois, c'est un fait prouvé par les quittances du supérieur de cette maison. On reconnut apparemment que cette retraite forcée avoit été assez inutile. Soit que sa mère, désespérant de sa correction, eût dessein de le faire passer dans un autre monde, soit qu'il ait lui-même fait servir le voyage de Canada, de prétexte pour obtenir sa liberté, il est certain toujours qu'au commencement de l'année 1653, *profectus est in regionem longinquam, et ibi dissipavit substantiam suam vivendo luxuriosè.* Ses anciennes habitudes et ses premières inclinations le suivirent à la Rochelle. Il y fut d'abord séduit par les artifices d'Anne et Marie Baudet, personnes trop connues dans cette ville; ou attiré, comme le prétend l'appelant, par l'espérance d'un mariage avantageux.

Quoiqu'il en soit, on rapporte un contrat de mariage passé entre Jacques de Senlis et Anne Baudet, le 24 février de l'année 1653, un mois après son arrivée de Senlis à la Rochelle. Il paroît peu douteux que ce mariage ait commencé *ab illicitis*. La difficulté consiste à savoir s'il a été suivi d'une célébration. C'est ce que nous examinerons dans la suite de cette cause.

Jacques de Senlis, après avoir passé sa jeunesse dans le désordre, essuyé une prison de Saint-Lazare, trompé sa mère par l'espérance d'un voyage de Canada, dissipé son bien à la Rochelle, finit une misérable vie par une mort plus malheureuse.

Une jalousie ou d'amant ou de mari, excita une querelle entre le nommé Porte et lui; ils se battirent: Senlis fut tué en l'année 1654, et enterré dans une paroisse de la Rochelle.

Sa prétendue femme laissa sa mort impunie; elle se contenta de prendre la qualité de veuve dans plusieurs actes qu'il est important d'observer ici.

Le premier est un acte de tutelle par lequel, suivant l'avis des parens paternels et maternels, on défère la tutelle de la prétendue Jacquette de Senlis à Anne Baudet, que l'on dit être sa mère. On nomme Olivier de la Fuye, curateur aux causes de la mineure à laquelle on donne la qualité de fille posthume de Jacques de Senlis; elle n'avoit point encore en ce temps-là de nom de baptaime, parce qu'on prétend qu'elle n'étoit pas baptisée : en effet, on rapporte aujourd'hui son extrait baptistère, par lequel il paroît qu'elle n'a été baptisée qu'au mois de novembre de l'année 1656; qu'elle a reçu le baptême, non pas à la Rochelle, lieu de la demeure de sa prétendue mère, mais à Chatel-Aillon, village éloigné de la Rochelle d'environ trois lieues; que le sieur du Landas, ancien lieutenant-général du bailliage, a été son parrain; que la mère a déclaré qu'elle avoit environ deux ans.

On joint à ces pièces plusieurs actes, par lesquels on fait voir qu'Anne Baudet a toujours pris la qualité de veuve de Jacques de Senlis; que sa prétendue fille a toujours été connue à la Rochelle sous le nom de Jacquette de Senlis; que la mère a renoncé à la communauté portée par son contrat de mariage; que la fille a été élevée dans un couvent de la Rochelle ; qu'en l'année 1668 elle a tenu un enfant sur les fonts de baptême, sous le nom de Jacquette de Senlis.

Cependant l'une et l'autre sont demeurées dans le silence pendant près de trente années ; Anne Baudet ne l'a pas même encore rompu ; il ne paroît aucune demande formée par elle pour ses conventions matrimoniales.

Enfin, en l'année 1683, Jacquette de Senlis, âgée de près de trente ans, ou fondée sur l'autorité des titres et de la possession dans laquelle elle prétendoit être de son état, ou animée d'un esprit de fraude et d'imposture, a intenté une demande à fin de partage contre François de Senlis, son oncle prétendu. Elle prend dans son exploit, la qualité d'héritière par représentation de Jean de Senlis, son aïeul, et de Marie Huguet, sa femme.

François de Senlis la désavoue ; elle rapporte le contrat de mariage de sa mère ; il soutient que c'est une supposition, et que jamais il n'a été suivi d'aucune célébration. La demanderesse n'en rapporte point d'acte ; elle articule la perte des registres ; on lui permet d'en faire la preuve.

Appel de cette sentence par François de Senlis. Gabrielle, sa sœur, pour qui plaide M.e Dumont, est reçue partie intervenante dans l'instance ; ils obtiennent conjointement permission d'informer de la supposition de part dont ils accusent leur prétendue nièce. Après plusieurs procédures, après que l'intimée a obtenu une provision de 300 livres, la cour rend un dernier arrêt par lequel la sentence du prévôt de Paris est confirmée, et les parties renvoyées au châtelet pour y procéder à fins civiles, même sur la supposition de part. Le même arrêt convertit en enquêtes les informations que François et Gabrielle de Senlis avoient fait faire touchant la supposition de part ; on permet à la prétendue Jacquette de Senlis de faire une preuve contraire. L'arrêt a été exécuté, les enquêtes ont été faites de part et d'autre; sentence définitive au châtelet, rendue sur les conclusions de notre substitut. Après que le procureur de Jacquette de Senlis eut déclaré qu'il ne vouloit point conclure en ses défenses, on ordonna à la demanderesse de ne plus prendre le nom de Senlis, et on la condamna à restituer la provision qu'elle avoit reçue.

Elle interjeta appel de cette sentence : la mort l'a prévenue avant que d'avoir pu en obtenir le jugement.

Le procès paroissoit entièrement terminé ; l'on croyoit que toutes les contestations étoient assoupies, et que la mort avoit mis pour toujours l'appelante en possession de son véritable état, lorsque Pierre Sparvuart, son créancier, a repris l'instance en sa place, fondé sur une obligation de la somme de 6000 livres, passée à son profit par celle qu'il prétend être Jacquette de Senlis.

Quoiqu'il paroisse surprenant qu'un créancier entreprenne de faire juger une question d'état, cependant il prétend que sa qualité n'est pas moins favorable que celle de l'appelante, dont il exerce les droits; qu'il n'y eut jamais de dette plus légitime que celle dont il poursuit aujourd'hui le paiement; que celle qu'il appelle Jacquette de Senlis, persécutée par ses plus proches parens, disgraciée de la nature, affligée d'une maladie cruelle, abandonnée de tout le monde, eut recours à lui dans sa misère; qu'il lui accorda, non une compassion vaine et inutile, mais des assistances réelles, et des secours essentiels. Il fournit pendant plusieurs années aux frais de son logement et de sa nourriture. Il paya lui-même les médecins et les chirurgiens qui la traitèrent pendant sa maladie. Il fit toutes les avances nécessaires. Sa charité ne fut pas aussi heureuse qu'elle étoit sincère: ses remèdes, son argent, ses soins ne purent empêcher sa débitrice de succomber aux efforts d'une longue et douloureuse maladie. Elle n'oublia pas en mourant son bienfaiteur. N'étant pas en état de le rembourser de toutes les dépenses qu'il avoit faites, elle passa une obligation de 6000 livres au profit de Pierre Sparvuart : obligation qui ne peut être accusée d'artifice ni de suggestion, puisqu'elle est faite en l'absence du créancier, et dont la cause est suffisamment prouvée par les quittances dont l'appelant se sert aujourd'hui pour justifier que c'est lui qui a payé tous les frais de la maladie de la prétendue Jacquette de Senlis.

Pierre Sparvuart a eu pour elle la même fidélité après sa mort, qu'il avoit eue pendant sa vie ; il a payé les frais de son enterrement : et, quand il a voulu exercer ses droits sur les héritiers de la débitrice, les parens lui ont répondu qu'ils ne connoissoient point Jacquette de Senlis, que ce n'étoit qu'un vain fantôme dont ils avoient fait connoître l'erreur et l'imposture; et que sa prétention n'avoit ni plus de fondement, ni plus de solidité que le nom que sa débitrice avoit voulu faussement s'attribuer.

Obligé, par cette exception, de rétablir l'état et la naissance de Jacquette de Senlis, il prétend qu'on ne peut rien opposer à la force des actes qu'il rapporte aujourd'hui ; et que, soit qu'on les considère dans le droit ou dans le fait, ils établissent invinciblement la vérité de l'origine de Jacquette de Senlis.

Quelle est la voie que les lois prescrivent dans ces occasions pour assurer l'état et la naissance? Quelle espèce de preuves admettent les lois civiles et canoniques, les ordonnances de nos rois?

Croira-t-on des témoins intéressés, aveuglés par leur propre passion, ou par celle des parties, séduits par prières, corrompus par argent, intimidés par des menaces, et toujours ignorans et incertains de la vérité des faits de cette nature?

Ecoutera-t-on de vaines présomptions, des argumens recherchés, des discours où l'éloquence a beaucoup plus de part que la vérité?

N'est-il pas et plus juste et plus naturel de s'attacher aux actes, aux titres authentiques, et de les rendre maîtres de la destinée des hommes, plutôt que le caprice d'un témoin ou les artifices d'un orateur ?

Toutes les lois ont suivi cette maxime : *Argumentis et instrumentis defende causam tuam*, dit la loi 2. cod. *de Testibus*. Ce n'est qu'au défaut des preuves littérales, que l'on a recours à la preuve par témoins : les lois ne l'accordent même qu'à regret, et lorsqu'il y a des présomptions violentes qui font un commencement de preuves.

Si cette maxime est certaine, on prétend qu'elle peut suffire pour décider la contestation présente. Quelles sont les raisons qui sont plaidées de part et d'autre ? D'un côté, l'on voit paroître des actes authentiques, des preuves par écrit : de l'autre, des dépositions ou suspectes ou inutiles, et de foibles présomptions. Il suffit de comparer les armes que l'on emploie, pour voir quel doit être l'événement du combat.

On a passé de cette maxime générale à l'examen des titres que l'appelant propose aujourd'hui.

On vous a dit que pour établir la vérité de l'état de Jacquette de Senlis, il suffisoit de prouver qu'il y a eu un véritable mariage entre Jacques de Senlis et Anne Baudet, et que c'est de ce mariage qu'elle est issue.

La première proposition ne peut recevoir aucune difficulté. On rapporte le contrat de mariage de Jacquette de Senlis avec Anne Baudet, passé à la Rochelle en l'année 1653 ; la quittance qui le suit est une preuve indubitable du mariage. Il est dit expressément que Jacques de Senlis a reçu d'Anne Baudet, à présent sa femme, la somme de 2000 livres pour sa dot.

Ils ont vécu publiquement comme mari et femme, au vu et su de tout le monde de la Rochelle ; tous les témoins qui ont été ouïs en l'enquête que Jacques de Senlis a fait faire, déposent de ce fait unanimement.

Après la mort de Jacques de Senlis, sa veuve a renoncé à la communauté ; elle a été nommée tutrice de sa fille Jacquette de Senlis ; l'acte de renonciation, l'acte de tutelle, sont rapportés en bonne forme. Peut-on douter après cela, de la certitude du mariage d'Anne Baudet et de Jacques de Senlis? Croira-t-on que tous ces actes font autant de faussetés? Si on le croit, pourquoi ne prend-on pas la voie de l'inscription de faux; et si on ne la prend pas, peut-on éluder la force de ces actes par de vaines présomptions, ou la combattre par une preuve testimoniale? Il faudroit, pour le pouvoir faire, effacer cette maxime si constante dans le droit, *Contrà scriptum testimonium, non scriptum proferri non debet.*

Le défaut d'acte de célébration est un dernier retranchement des parties adverses, qui ne sert qu'à faire voir la foiblesse de leur cause. Ce moyen pouvoit paroître spécieux dans le tems que Jacquette de Senlis ne prouvoit pas la perte des registres; mais aujourd'hui que la preuve en est constante, que le certificat donné par le curé de Vérines ne permet pas d'en douter, il ne doit plus être permis aux intimés d'attaquer ce mariage par le défaut de célébration.

Si l'existence et la vérité du mariage est une fois établie, tous les moyens par lesquels on prétend en faire voir la nullité se détruisent et se dissipent d'eux-mêmes. Si l'on avoit eu soin de tenir des registres fidèles dans la paroisse de Vérines, on y verroit et la dispense des bans, et la permission du propre curé, peut-être y trouveroit-on aussi le consentement de la mère de Jacques de Senlis. Mais, quand elle n'y auroit point consenti, il étoit majeur; on n'a point réclamé contre son mariage, les parens ne s'en sont jamais plaints, la mère n'a point interjeté appel comme d'abus de sa célébration, il y a quarante ans qu'il est célébré sans qu'on lui ait jamais donné la moindre atteinte. Rien de moins favorable que les prétentions des intimés.

La seconde proposition n'est pas plus difficile à établir. Tous les actes prouvent également, et la certitude du mariage de Senlis, et la vérité de la naissance de sa fille. Son extrait baptistaire, la plus sûre et la plus forte de toutes les preuves, l'acte de tutelle, la déposition des témoins, la possession paisible et continuelle de son état, de son nom, de sa qualité, sont autant de voix qui s'expliquent en faveur de Jacquette de Senlis, et qui s'élèvent contre l'injustice des intimés.

Quelque grand que soit leur aveuglement, ils ont reconnu eux-mêmes que ces preuves étoient si fortes, qu'il seroit impossible de les détruire; et, suivant les mouvemens de leur intérêt, plutôt que ceux de la raison et de la vérité, ils ont inventé une autre accusation plus dangereuse que la première, pour accabler une fille malheureuse qu'ils vouloient exclure, à quelque prix que ce fût, de leur famille. Ils l'ont accusée de supposition de part; mais ils n'ont pas prévu que la honte de cette accusation retomberoit sur ceux qui en étoient les auteurs. Ils ont oublié que ces deux objections se combattoient et se détruisoient mutuellement? S'il n'y a point eu de mariage, pourquoi supposer un enfant? Si Anne Baudet n'étoit pas mariée, non plus que Marie Baudet sa sœur, pourquoi leur donner une fille, dont Marie étoit la mère? L'honneur de l'une étoit-il plus précieux que l'honneur de l'autre? Que si au contraire il y a eu une supposition de part, il y a donc eu un mariage. Sans le mariage, point de nécessité de supposer une fille; en établissant la supposition, on rétablit le mariage: c'est ainsi que le mensonge et la fausseté n'ont point de mesures et de règles certaines. Ce sont les seules armes que les intimés ont employées pour combattre l'autorité des pièces dont Jacquette de Senlis se sert pour établir sa naissance : bien loin que de tels artifices puissent lui donner atteinte, on espère qu'elles ne serviront qu'à vous faire concevoir une juste indignation contre la conduite des intimés, et qu'étant instruits de la vérité des faits vous rétablirez l'honneur, d'une fille qu'ils ont persécutée pendant sa vie, et dont ils veulent encore aujourd'hui troubler les cendres après sa mort (1).

(1) Les moyens des autres parties n'ont pas été écrits, mais ils furent rappelés lors de la prononciation de ce plaidoyer.

Quant a nous, avant que de tâcher de dissiper les ténèbres que l'ignorance ou la passion des parties intéressées ont répandues sur l'état de la prétendue Jacquette de Senlis, nous croyons qu'il est nécessaire d'examiner si l'appelant peut être considéré comme une partie légitime, et comme un véritable contradicteur, pour établir ou pour contester l'état de sa débitrice.

Il semble d'abord qu'on ne doive avoir aucun égard aux preuves qui sont rapportées par un créancier; on peut croire que, sans avoir recours à l'autorité de la justice, la comparaison des différentes qualités des parties doit décider une pareille contestation. Admettra-t-on les argumens d'un étranger peu instruit de l'état d'une famille, incapable de donner des marques certaines de la vérité des faits, qu'il avance contre le suffrage des parens, contre la voix de la famille, contre cette espèce de jugement domestique qu'elle a prononcé pendant la vie de l'appelant, et qu'elle confirme encore après sa mort?

Cependant, quand on considère que le titre de la dette est juste, légitime, favorable; que l'appelant est un créancier de bonne foi, qui, pendant que Jacquette de Senlis étoit abandonnée de ses parens ou prétendus ou véritables, l'a secourue dans ses longues infirmités; qu'il demande aujourd'hui son paiement sur les biens qui pouvoient appartenir à sa débitrice; que ces biens se réduisant à une prétention peut-être mal fondée, mais toujours spécieuse, il a voulu exercer ses droits, et reprendre la demande à fin de partage qu'elle avoit intentée; que ce n'est pas lui qui fait naître aujourd'hui la question d'état; qu'il se trouve au contraire engagé malgré lui à la soutenir, parce que les parens, désavouant tout de nouveau Jacquette de Senlis, lui ont opposé qu'elle n'étoit point de leur famille : quand on examine toutes ces circonstances, on ne sauroit trouver aucune irrégularité dans la conduite de l'appelant. S'il est moins favorable dans une question d'état que sa débitrice, il n'en est pas moins partie légitime;

et la cause se réduit à examiner deux questions principales qui en forment toute la difficulté.

La première consiste à savoir s'il y a jamais eu un véritable mariage entre Jacques de Senlis et Anne Baudet.

Dans la seconde, il s'agit d'examiner si la prétendue Jacquette de Senlis est issue de ce mariage.

Nous ne nous engagerons point ici dans une longue dissertation touchant les différentes espèces de preuves que le droit civil admettoit pour établir la vérité d'un mariage.

Quoiqu'il fût considéré, même parmi les païens, comme la plus sacrée et la plus inviolable de toutes les sociétés ; quoiqu'il fût appelé *omnis divini et humani juris communicatio*, cependant la plus grande de ses prérogatives ne leur étoit pas encore connue. Il n'étoit alors qu'une convention purement civile; et ce contrat que la nature avoit institué, que le droit avoit distingué par des formalités solennelles, n'a été sanctifié que dans la loi nouvelle qui l'a élevé au nom et à la dignité de sacrement. Par là, l'engagement que l'on y contracte est devenu plus solennel; le nœud qui le resserre, plus indissoluble; les formalités qui l'accompagnent, plus indispensables.

Il seroit dangereux d'appliquer à notre usage les principes que le droit romain a établis sur cette matière. Il suppléoit aisément toutes les formalités; les actes, les témoins, les présomptions mêmes, toutes sortes de preuves étoient reçues. La longue cohabitation, l'honneur que le mari avoit rendu à celle qu'on disoit être sa femme, le bruit public, l'opinion des voisins, paroissoient des argumens suffisans pour établir l'existence et la certitude d'un mariage : *An autem maritalis honor et affectio pridem præcesserit, personis comparatis, vitæ conjunctione consideratâ perpendendum esse*, dit Papinien dans la loi 31, ff. *de donat.*

Le droit canon même, imitateur perpétuel du droit civil, a autorisé pendant long-temps ces sortes de présomptions dans les questions de mariages; nous en avons plusieurs dispositions expresses, et entre autres celle du chapitre *illud*, aux décrétales *de præsumptionibus*.

Enfin le concile de Trente a réformé cet abus, quand il a prescrit la présence du propre curé et celle de trois témoins; quand il a imposé la nécessité de tenir des registres de mariages dans toutes les paroisses.

L'ordonnance de Blois et celle de Moulins ont confirmé cette disposition; elles ont rejeté ces présomptions que l'autorité du droit civil avoit fait tolérer pendant si long-temps; elles ont établi la véritable preuve des mariages, c'est-à-dire, celle qui se tire des registres publics.

L'ordonnance de 1639 a passé plus avant. Considérant les abus qui naissoient tous les jours des preuves que l'on prétendoit faire des mariages, le trouble des familles dont la destinée dépendoit du caprice d'un témoin, on crut qu'il falloit défendre absolument, même la preuve testimoniale qui paroissoit souvent suspecte, et toujours défectueuse.

L'expérience fit connoître, dans la suite, que la rigueur de l'ordonnance réduisoit les parties à l'impossibilité de prouver leur état; que des parties innocentes étoient exclues d'une famille dans laquelle la Providence les avoit fait naître, ou par un accident imprévu, ou par la négligence des curés. On a modéré cette sévérité, et l'ordonnance de 1667 a permis la preuve par témoins, lorsque la perte des registres étoit articulée et prouvée.

Telles sont les maximes que nos ordonnances ont établies. Jamais elles n'ont admis les présomptions en matière de mariages; elles n'écoutent même la preuve testimoniale que dans certains cas.

Si nous appliquons ces principes à l'espèce de cette cause, nous trouverons que les preuves testimoniales que rapporte l'appelant, sont fort équivoques; que les actes dont il se sert, ne peuve former que des présomptions, et qu'ainsi la vérité du mariage de Jacques de Senlis avec Anne Baudet, paroît fort douteuse et fort incertaine.

La sentence confirmée par arrêt avoit permis à la prétendue Jacquette de Senlis de prouver deux choses :

L'une, que les registres de l'église de Vérines, où elle prétendoit que sa mère avoit été mariée, étoient perdus.

L'autre, qu'il y avoit eu un mariage célébré entre Jacques de Senlis et Anne Baudet, ses prétendus père et mère.

Elle a satisfait à la première partie de la sentence, en rapportant un certificat du curé de Vérines, qui atteste que l'on ne tenoit point de registres de mariages en sa paroisse en l'année 1653.

Vous jugerez, MESSIEURS, par les dépositions des témoins, si la vérité du second fait est également prouvée.

Les plus favorables à la nommée Senlis, disent qu'Anne Baudet et Jacques de Senlis ont vécu publiquement comme mari et femme; que, pendant la vie de Senlis, on nommoit Anne Baudet la femme de Senlis; qu'après sa mort on la connoissoit sous le nom de sa veuve : il y a même un témoin qui ajoute que Senlis étoit un jeune homme de dix-huit à vingt ans, qui lui fut adressé par un marchand de Paris; que Senlis lui fit part du dessein qu'il avoit d'épouser Anne Baudet; qu'à la prière de ses parens il fit tout ce qu'il put pour l'en détourner, mais qu'il fut surpris un jour d'apprendre, par Senlis lui-même, qu'il étoit marié avec Anne Baudet.

Ce qui paroît même plus considérable, c'est que l'une et l'autre enquêtes sont conformes sur ce point, et il n'y a point de fait plus constant dans toute cette cause, que la cohabitation publique de Jacques de Senlis avec Anne Baudet.

Quelque forte que paroisse cette preuve introduite par le droit civil, et confirmée autrefois par le droit canon; quelque vraisemblance qu'elle ait, quelque impression qu'elle puisse faire sur les esprits, il faut avouer néanmoins que ce n'est qu'une présomption. Ce seroit attaquer l'esprit de nos plus saintes lois, et donner un prétexte pour troubler le repos des familles, et pour renverser les plus solides fondemens de la société civile, que de permettre de prouver, par raisonnemens et par conjectures, qu'il y a eu un mariage existant ; que de prendre dans une matière si délicate, la renommée pour juge, et le bruit public pour témoin.

Si de telles circonstances ont paru quelquefois considérables, si l'on a écouté de pareilles présomptions, le plus heureux succès qu'elles aient jamais pu avoir, c'est de faire obtenir la permission de faire preuve par témoins; et c'est aussi le fondement des arrêts par lesquels, dans cette affaire, l'on a permis cette espèce de preuve. Mais quand toutes les dépositions des témoins se réduisent au bruit public, à la commune renommée, à des discours vagues et généraux, de semblables témoignages ne peuvent former qu'une simple présomption et une preuve trop imparfaite pour pouvoir établir sur un fondement si léger la vérité d'un mariage.

Mais, allons plus avant, et supposons que cette présomption est souvent une preuve invincible. Auroit-elle ce caractère dans l'espèce présente? C'est ce que nous ne croyons pas qui puisse être proposé.

Quel est le fondement de cette présomption? Pourquoi donne-t-on tant d'autorité au bruit public et à la commune renommée? C'est qu'on ne suppose pas aisément qu'une femme ait assez de hardiesse pour vivre publiquement comme une personne mariée, pour prendre le nom de son mari sans être sa femme légitime, et sans avoir reçu ce nom à la face des autels. On ne doute point que, dans une ville bien policée, l'église, les magistrats, le peuple même ne se fussent élevés contre de tels désordres. L'on croit qu'ils ne pourroient être connus et demeurer impunis. Il suffit qu'ils soient publics, pour se persuader qu'ils ne sont plus, et que le mariage a rendu un tel commerce légitime. Mais lorsqu'il s'agit d'une femme débauchée, confirmée dans le crime, qui, y goûtant une paix profonde, a su se faire un front incapable de rougir, toutes ces raisons cessent, toutes ces conjectures se dissipent. On se persuade aisément qu'une femme de ce caractère abusera facilement du nom du mariage, pour pouvoir vivre sans crainte dans une licence effrénée; qu'un jeune homme, aveuglé par sa passion, entraîné par le plaisir présent, touché du même désir de liberté, consentira à ce commerce honteux, et prêtera son nom pour servir de voile à la débauche. C'est ce que les législateurs romains avoient prévu, lorsqu'ils ont établi la cohabitation publique, pour une des plus fortes preuves du mariage. Car, en même temps qu'ils admettoient cette présomption, ils exceptoient nommément les femmes accusées de désordre. C'est ce qui est décidé précisément par la loi 24, ff. *de ritu nupt. in liberæ mulieris consuetudine non concubinatus, sed nuptiæ intelligendæ sunt, si non corpore quæstum fecerit.*

L'application de ces principes n'est pas avantageuse à la mémoire de Jacquette de Senlis. Elle seroit plus heureuse, si l'on avoit enseveli avec elle le souvenir et la honte de la conduite scandaleuse de celle qu'elle prétend être sa mère; jamais fait ne fut plus constamment prouvé.

Nous ne retracerons point ici les peintures qui vous ont été faites de la maison d'Anne et de Marie Baudet, ce sont des tableaux devant lesquels il faut tirer le rideau; pour ménager le respect et la dignité de votre audience : nous nous contenterons de vous dire que l'on n'a rien avancé que de véritable, lorsque l'on vous a dit qu'à la Rochelle, sous l'autorité d'un magistrat considérable, on avoit élevé un temple au vice et à la débauche, dans lequel une mère esclave de son avarice sacrifioit tous les jours ses filles à des divinités qui ne sont que trop honorées par la jeunesse.

Voilà quel étoit le caractère d'Anne Baudet. Peut-on, après cela, tirer aucun argument de sa cohabitation avec Jacques de Senlis, et ne peut-on pas appliquer ici la décision de la glose dans la question que nous traitons aujourd'hui, *Jure canonico ex longa consuetudine non matrimonium sed fornicatio intelligitur?*

Il paroît même que ce seroit un argument bien foible, que la cohabitation à l'égard d'Anne Baudet; puisque, depuis la mort de Senlis, il est encore incertain si la liaison qu'elle a eue avec le sieur de Rode étoit un mariage ou un commerce honteux; c'est un fait que nous apprenons des dépositions des témoins, qui appellent Anne Baudet tantôt la femme et tantôt la concubine du sieur de Rode.

Achevons d'examiner les preuves de ce prétendu mariage, qui sont alléguées par l'appelant.

Il rapporte un contrat de mariage passé en l'année 1653, une quittance de la même année, un acte de tutelle, une renonciation à la communauté faite par Anne Baudet.

Nous pourrions nous contenter de dire ici que ce seroit attaquer l'autorité de vos arrêts, et combattre celle des choses déjà jugées, que d'examiner de nouveau ces preuves prétendues. La cour, après avoir vu tous ces actes, après les avoir examinés, en a tellement connu la foiblesse et la nullité, que, sans s'arrêter aux inductions que l'on pouvoit en tirer, elle a ordonné la preuve par témoins; ainsi, quand nous entrons dans ce détail, nous examinons une question préjugée par vos arrêts.

Mais, afin de ne laisser aucun doute dans une cause de cette nature, nous ferons ici quelques observations sur les actes dont on se sert pour prouver le mariage de Jacques de Senlis.

Le contrat de mariage que l'on rapporte contient deux parties, le contrat et la quittance.

A l'égard du contrat, nous croyons pouvoir dire avec Papinien et plusieurs autres jurisconsultes, qu'il ne fait ni l'essence ni la preuve même du mariage. Quand on demande, dans la loi 31, au digeste, *de Donat.*, quelles sont les présomptions que le droit civil reconnoît pour prouver un mariage? Papinien en établit plusieurs que nous avons déjà expliquées, la qualité des personnes, l'honneur que le mari a rendu à sa femme ; il ajoute enfin ces paroles remarquables : *Neque enim tabulas facere matrimonium.* Les empereurs ont confirmé cette disposition dans la loi *Nuque*, cod. *de nupt.*; et, sans avoir recours à tant d'autorités, il est visible que les conventions matrimoniales sont tout à fait distinctes et séparées du consentement des parties, qui, sanctifié par la bénédiction nuptiale, constitue l'essence du sacrement. L'usage apprend que les contrats se font avant la célébration; que souvent ils n'ont point d'exécution; et l'on peut dire qu'un contrat de mariage est la plus légère de toutes les présomptions pour prouver qu'un mariage a été célébré, puisqu'il précède et qu'il ne suit pas le mariage.

La quittance paroît beaucoup plus considérable; Jacques de Senlis y reconnoît qu'il a reçu la dot d'Anne Baudet, à présent sa femme. Cette énonciation, faite par-devant notaire, dans un acte authentique, peut faire quelque difficulté; mais les soupçons que l'on peut concevoir contre cette quittance, et toutes les circonstances de cette cause, détruisent aisément les conséquences que l'on pourroit tirer de cet acte.

Le nom de Senlis est écrit deux fois dans cette quittance, et deux fois il paroît écrit d'une autre encre ; il paroît même visiblement qu'il y avoit un autre nom qu'on a effacé pour mettre celui de Senlis. Le parchemin, usé en cet endroit, rend témoignage de ce fait, et la seule inspection de la pièce le découvre sensiblement. Mais, quelque soupçon que cette altération puisse faire concevoir, il seroit néanmoins assez difficile de pénétrer dans les motifs de ceux qui auroient fait cette fausseté; et d'ailleurs on n'a point encore formé d'inscription de faux contre cette pièce. Nous ne remarquons donc ici cette circonstance que comme un simple soupçon qui diminue toujours, en quelque manière, l'autorité de la pièce. Mais, sans approfondir cette circonstance, nous croyons que, quelque forte que paroisse cette énonciation, elle ne peut former qu'une présomption violente, à la vérité, mais qui n'a point la force d'une preuve, quand tous les faits que nous avons expliqués la détruisent invinciblement. Le désordre public d'Anne Baudet, la foiblesse d'esprit et la passion de Jacques de Senlis, le défaut de véritables preuves, nous paroissent capables de persuader qu'il n'y a jamais eu qu'un mariage simulé entr'eux; et, si ce fait pouvoit encore être douteux, nous croyons qu'une dernière réflexion doit achever d'en convaincre entièrement.

Elle a pour fondement l'histoire même que Jacquette de Senlis a composée du mariage de ceux qui lui ont donné la naissance. Elle a prétendu que son père et sa mère sortirent de la Rochelle, et qu'ils allèrent à Vérines pour se marier; mais elle n'a eu garde d'ajouter un fait important que nous apprenons de la bouche d'un des témoins qui ont déposé dans l'enquête qui a été faite à la requête de l'intimée.

La déposition de ce témoin est d'autant plus considérable, qu'il demeuroit, en 1653, chez le curé de Vérines, et il le servoit en qualité de clerc. S'il étoit vrai que le mariage eût été célébré dans cette paroisse, personne n'en pouvoit être mieux instruit que celui qui assistoit à tous les services qui se faisoient dans cette église.

Cependant il dépose que Jacques de Senlis et Anne Baudet s'adressèrent au curé de Vérines, qu'ils le prièrent de leur donner la bénédiction nuptiale; que le curé, instruit de son devoir, ne voyant ni publication, ni dispense de bans, ni permission du propre curé, refusa de les marier; que Senlis en conçut un tel dépit, qu'il tira son épée, et désespérant de devenir le mari d'Anne Baudet, il voulut cesser de vivre et se tuer de sa propre main; qu'on se saisit de sa personne, qu'on lui arracha son épée, et qu'on le ramena à la Rochelle. Le témoin ajoute qu'il a demeuré encore un an ou deux avec le même curé, sans jamais les avoir vu marier dans sa paroisse.

Ainsi, non-seulement il n'y a aucune preuve de célébration de mariage, il y a même une preuve contraire que ce mariage n'a jamais subsisté que dans l'opinion de ceux qu'Anne Baudet et Jacques de Senlis ont trompé par leurs artifices.

Car enfin, si l'on en croit Jacquette de Senlis, ou ses prétendus père et mère n'ont jamais été mariés, ou ils l'ont été en l'année 1653, dans la paroisse de Vérines.

Par la déposition d'un témoin digne de foi, témoin sans reproche, témoin oculaire, qui raconte toutes les circonstances, il est prouvé qu'en l'année 1653 et 1654, Jacques de Senlis et Anne Baudet n'ont point reçu la bénédiction nuptiale à Vérines. La conséquence naturelle (elle peut passer pour une démonstration) est que jamais Jacques de Senlis et Anne Baudet n'ont été mariés.

Que l'on produise désormais les actes les plus authentiques, dans lesquels Anne Baudet soit nommée femme de Senlis, le mensonge sera toujours visible, la fausseté évidente, et l'imposture manifeste. Bien loin que ces actes puissent mériter d'être opposés à la vérité des faits que nous venons d'établir, ils ne servent au contraire qu'à la confirmer. Nous ne doutons point qu'Anne Baudet, en l'absence des parens de Senlis, sans aucun légitime contradicteur, sans que personne ne pût ni voulût s'opposer à ses desseins pernicieux, n'ait profité de la liberté qu'elle avoit d'imaginer, de supposer tout ce qui lui plaisoit, de passer tous les actes qui pouvoient soutenir et fortifier sa supposition : ce n'est pas la première fois que le mensonge a emprunté les armes de la vérité; mais ce n'est pas aussi la première fois que ces armes se sont tournées contre lui-même, et n'ont servi qu'à le confondre.

C'est ce qui est arrivé dans l'acte de tutelle dont on vous a fait la lecture ; acte dans lequel Anne Baudet, en qualité de veuve de Senlis, se fait déférer la tutelle de sa prétendue fille, sur l'avis des parens paternels et maternels. On le répète deux fois dans l'acte, et cependant on est obligé de reconnoître aujourd'hui, que jamais les parens paternels n'ont été consultés.

Ce n'est pas tout; Olivier de la Fuye, curateur, dépose dans l'enquête : il n'en parle point, il dit au contraire que Jacquette de Senlis n'est pas fille d'Anne Baudet.

Ni la tutrice ni le curateur n'ont prêté le serment, ni signé l'acte de tutelle.

Tous ces caractères de fausseté, réunis dans un même acte, ne font-ils pas connoître l'esprit qui l'a dicté, et ne servent-ils pas non-seulement à le détruire, mais à renverser tous les actes qui ont été l'ouvrage de la même main?

Nous n'entrerons point dans le détail ni de la renonciation à la communauté, faite par Anne Baudet, ni des autres actes par lesquels il paroît qu'elle a pris la qualité de veuve.

Il suffit d'opposer à tous ces actes, que la question est préjugée par un arrêt, qui, malgré toutes les inductions qu'on en tiroit, a ordonné la preuve par témoins; que toutes ces pièces ne pourroient former qu'une présomption qui est détruite par des faits incontestables, et par la propre confession de la partie intéressée; enfin qu'ils sont remplis de nullités, et qu'on ne peut les considérer que comme un enchaînement continuel de faussetés et de suppositions.

S'il est vrai, comme nous croyons qu'on n'en sauroit douter, que Jacques de Senlis et Anne Baudet n'ont jamais été mariés, il paroît assez inutile d'entrer dans l'examen de la supposition de part dont on a accusé la prétendue Jacquette de Senlis; il est peu important de savoir si elle étoit fille de Anne ou de Marie Baudet. Dès le moment que vous jugerez qu'il n'y a point eu de mariage, l'un et l'autre lui deviennent également inutiles pour la demande à fin de partage qu'elle avoit intentée pendant sa vie, et que l'on poursuit encore après sa mort.

Cependant la qualité de cette cause, et la crainte que nous avons qu'il ne pût rester encore quelque incertitude touchant le mariage de Senlis, nous obligent à expliquer en peu de mots cette seconde question, et à faire valoir le plus sommairement qu'il nous sera possible, que, quand le mariage seroit aussi constant qu'il est douteux, la cause de l'appelant n'en sera ni meilleure ni plus favorable.

Jacquette de Senlis a rapporté, pendant sa vie, celle de toutes les preuves à laquelle les ordonnances et les arrêts ajoutent le plus de foi, lorsqu'il s'agit de la naissance ; un extrait baptistaire, preuve légitime, preuve prescrite par les lois à laquelle il semble qu'on ne puisse donner aucune atteinte. Cependant il est arrivé, par une fatalité ordinaire à tous ceux qui sont conduits par un esprit d'erreur et de mensonge, que les précautions que l'on avoit prises pour cacher la naissance de la prétendue Jacquette de Senlis, n'ont servi qu'à la faire éclater davantage. Le lieu où l'on donne le baptême, le prêtre qui l'administre, le temps de la naissance de l'enfant, le nom du parrain ; tout est suspect dans cet extrait baptistaire, toutes les circonstances fournissent autant de moyens différens pour le combattre.

Ce n'est point à la Rochelle, lieu du domicile des parties, que l'on baptise cet enfant ; on ne s'adresse point à des prêtres, qui, mieux instruits de la vérité, auroient découvert la foiblesse de cet artifice ; on affecte d'aller dans une paroisse étrangère, dans un village éloigné de la Rochelle d'environ trois lieues, où la solitude et l'ignorance des prêtres et des habitans favorisoient le concert de fraude que l'on commençoit à former dès-lors.

Ce n'est pas même le curé de cette paroisse qui donne le baptême à la prétendue Jacquette de Senlis ; c'est un prêtre qui ne prend ni la qualité de vicaire, ni celle de prêtre habitué dans cette église (1).

On ne marque point précisément ni le jour ni le temps de la naissance de l'enfant que l'on baptise; on reçoit aveuglément la déclaration d'une femme débauchée, qui assure que sa fille a deux ans ou environ.

Le parrain est le sieur du Landon, ancien lieutenant-général de la Rochelle, auteur, complice et protecteur de la débauche d'Anne et de Marie Baudet.

Une seule de ces circonstances pourroit paroître peu considérable; mais, quand on les trouve rassemblées dans un seul acte, peut-on ne pas concevoir des soupçons violens, des présomptions légitimes contre la vérité?

On ne s'étonne plus après cela des sentences et des arrêts qui, malgré l'autorité des pièces, malgré le témoignage d'un extrait baptistaire, malgré les autres actes par lesquels la prétendue Jacquette de Senlis entreprenoit de prouver qu'elle étoit en possession de son état, ont permis aux parties la preuve testimoniale.

L'on connoît qu'il faut retrancher de la cause toutes ces pièces inutiles, et se renfermer uniquement dans les dépositions de l'une et de l'autre enquêtes; c'est par là que cette dernière question doit être décidée.

Rien n'est plus vague, plus général, plus indéterminé que les faits qui sont portés par l'enquête faite à la requête de Jacquette de Senlis.

Rien n'est plus suivi, plus précis, plus circonstancié, que les dépositions des témoins contraires.

Les premiers se contentent de dire, les uns, qu'ils ont connu une grande fille qu'on appeloit Senet ou Senlis, qu'on disoit être fille d'Anne Baudet et de

(1) On a dit dans l'acte que le curé étoit malade.

Senlis; les autres, qu'ils ont ouï dire qu'Anne Baudet accoucha, après la mort de Senlis, d'une fille, qui fut nommée *Senet:* ceux qui parlent le plus fortement, disent qu'ils ont entendu cette fille appeler Anne Baudet, sa mère.

Les témoins de l'autre enquête déposent au contraire, non-seulement que le bruit public étoit que la prétendue Jacquette de Senlis n'étoit point fille de Senlis, mais de Rodembourg, Hollandois, et de Marie Baudet; ils y ajoutent des faits si précis, qu'ils ne souffrent aucune réplique, soit par la qualité des témoins, soit par la force des dépositions.

Ils disent que Marie et Anne Baudet vivoient dans un désordre public; qu'elles ont eu toutes deux plusieurs enfans avant que d'être mariées; que ce fut dans leur maison que Senlis fut tué par le nommé Porte; qu'Anne Baudet, qu'on disoit la veuve de Senlis, se trouva grosse; que s'étant blessée peu de temps après, la mère voulut profiter de cet accident, comme d'un moyen que la fortune lui envoyoit, pour cacher la honte de Marie Baudet sa seconde fille, qui avoit eu le malheur de devenir grosse comme sa sœur, mais qui n'avoit pas eu comme elle l'adresse de persuader au public qu'elle étoit mariée. Anne Baudet feignit d'être encore enceinte; on dissimula la grossesse de sa sœur jusqu'à ce qu'étant accouchée, Anne Baudet adopta sa nièce; que cette fille est la nommée Senlis, à laquelle le crime de l'une, et la supposition de l'autre, ont donné ce faux nom.

Ils ajoutent à ces faits importans, la propre reconnoissance des parties intéressées; que Senlis ellemême a souvent appelé Anne Baudet sa tante, qu'Anne Baudet, de son côté, l'a appelée sa nièce; nulle application ici de ce que la loi appelle, *professio ab irata matre facta.*

Que non-seulement Anne Baudet sa prétendue mère, l'a désavouée, mais que Marie Baudet l'a reconnue pour sa fille.

Enfin, Rodembourg a été reconnu pour le père de la prétendue Jacquette de Senlis ; la nature a servi de témoin de la vérité d'un fait que l'art a voulu en vain dissimuler. Un des témoins dépose qu'elle avoit la taille, les traits du visage, et la parole de Rodembourg. Tant de preuves qui ont trahi la prétendue Jacquette de Senlis pendant sa vie, achèvent de la convaincre de fausseté après sa mort ; et si la chose pouvoit encore être douteuse, nous croyons que ces deux dernières dépositions doivent former une entière conviction.

Ce sont les enfans de la nourrice de la nommée Senlis, qui déposent qu'Anne et Marie Baudet ont apporté dans la maison de leur mère, l'enfant qui devoit un jour servir de sujet à cette contestation ; qu'elles sont venues le voir plusieurs fois avec Rodembourg ; que toutes les fois qu'il y venoit, il donnoit toujours de l'argent à la nourrice ; qu'il a même donné une fois au déposant jusques à quatre-vingts livres ; qu'il recommandoit toujours à la nourrice d'en avoir un grand soin ; et que, par ses attentions paternelles, il a suffisamment justifié sa qualité de père, et prouvé invinciblement l'état de la prétendue Senlis.

Ajoutons à ces circonstances le témoignage authentique de tout un peuple assemblé dans une église de la Rochelle, qui ne put souffrir la hardiesse avec laquelle la prétendue Senlis osa nommer Marie Baudet, sa tante : la voix du peuple fut la voix de la vérité ; tout le monde s'écria qu'elle devoit appeler Marie Baudet sa mère, puisqu'elle avoit le malheur d'être sa fille.

Ainsi, MESSIEURS, ce mystère d'iniquité qui avoit été caché pendant tant d'années, est enfin développé. Le voile qui couvroit la naissance de Jacquette Rodembourg (car c'est ainsi que nous pouvons l'appeler désormais) est rompu ; les nuages qui obscurcissoient la vérité de son état, sont dissipés ;

elle a retrouvé ses véritables parens : son histoire est facile à composer, après tout ce que nous venons de vous dire.

Jacques Senlis, imbécille, débauché, abandonné par sa mère, passe par la Rochelle. Les enchantemens du plaisir, l'attrait de la volupté, le retiennent dans un engagement criminel, et l'empêchent de reconnoître les artifices de deux filles dont la vie étoit le scandale de la province. On le trompe par le nom d'un mariage ; il promet de le contracter, il se présente au prêtre, qui instruit de son état, l'empêche de commettre un sacrilège. Désespéré par ce refus, il est prêt d'être homicide de lui-même, si Anne Baudet n'avoit retenu la main qui alloit lui donner le coup mortel. Voyant qu'il ne pouvoit contracter un véritable mariage, il consentit à faire passer un commerce honteux pour une union qui n'a rien que de légitime. On tâche de tromper le public ; on veut lui faire croire qu'il y a un véritable mariage ; il se laisse éblouir pendant quelque temps : Senlis est tué dans cet état ; sa prétendue femme laisse sa mort impunie ; et ajoutant crime sur crime, elle se sert de son nom pour supposer une fille qui ne lui appartint jamais.

Enfin, ce long tissu de mensonges et de faussetés se développe ; on murmure dans la Rochelle, le peuple en est instruit ; mais comme la chose n'étoit pas assez importante pour être publiée en d'autres endroits, Jacquette Rodembourg croit pouvoir tromper la famille dans laquelle elle veut entrer au bout de trente ans. Elle forme une demande à fin de partage ; Dieu permet que la vérité se découvre ; que toutes ses démarches tournent à sa confusion. Elle ignore tellement l'état de la famille dans laquelle elle s'adopte elle-même, qu'elle ne croit avoir qu'un seul co-héritier, au lieu qu'elle en auroit eu six, si sa prétention pouvoit être admise. Elle a oublié le nom de son aïeule prétendue ; elle l'appelle Marie Huguet, quoique dans le prétendu contrat de mariage qu'elle rapporte elle-même, son véritable nom de Marie le Comte y soit exprimé. On plaide, on emploie toutes sortes de moyens pour faire réussir la fraude et l'imposture. Les actes paroissent suspects aux juges. Jacquette Rodembourg elle-même demande la preuve par témoins; et c'est cette preuve qui achève de la confondre : elle reconnoît si bien la fausseté de son histoire, que son procureur ne veut pas conclure, en ses défenses par devant les premiers juges. Elle a laissé en mourant son procès, pour tout bien, au créancier qui paroît aujourd'hui dans votre audience. Il est à plaindre de se trouver sans aucune ressource, après avoir prêté son argent de bonne foi; mais enfin, ce n'est point à Jacquette de Senlis qu'il l'a prêté, c'est à la fille de Rodembourg. La famille de Senlis ne peut être chargée du paiement des dettes d'une étrangère. Et pour finir enfin cette cause, que la multitude des faits a rendue plus longue que difficile, nous croyons que les observations que nous avons faites, établissent suffisamment la vérité des deux propositions qui vous ont été avancées par les intimés. Nulle preuve de mariage entre Jacques de Senlis et Anne Baudet. Quand il y auroit eu un véritable mariage, ce n'est point à ce mariage que Jacquette Rodembourg doit sa naissance; elle en est redevable au commerce criminel qui a été entre Rodembourg et Marie Baudet.

Ainsi, sans s'arrêter à la requête de Sparvuart, mettre l'appellation au néant, ordonner que ce dont est appel sortira effet.

Arrêt conforme aux conclusions, prononcé par M. le premier président de Harlay, le 17 mai 1691.

Entre Pierre Sperns, maître peintre, bourgeois de Paris, se disant créancier, et exerçant les droits de Jacquette Rodembourg, se disant fille majeure, et ayant repris en son lieu, appelant d'une sentence rendue au châtelet de Paris, le treize août mil six cent quatre-vingt-huit, d'une part; et François de Senlis, bourgeois de Paris, Gabrielle de Senlis, Gabrielle

Perrot, veuve de Jean de Senlis, et de demoiselle Marie Gabrielle de Senlis, veuve de M.e Jean Neveu, intimés. Après que le Gendre, pour l'appelant; Thibert, pour Gabrielle Perrot; et Dumont, pour François de Senlis et consorts, ont été ouïs pendant trois audiences, ensemble d'Aguesseau, pour le procureur-général du roi :

LA COUR a mis et met l'appellation au néant, ordonne que ce dont a été appelé sortira effet, condamne l'appelant en l'amende de douze livres et aux dépens. Fait ce dix-sept mai mil six cent quatre-vingt-onze.

SEPTIÈME PLAIDOYER.

DU 19 JUILLET 1691.

Dans la cause de PIERRE L'ESCUYER, ANNE POUSSE, sa première femme, et la fille dudit L'ESCUYER et de ladite ANNE POUSSE; la demoiselle de la SANSERIE, seconde femme; ANNE DE CORMEIL, troisième femme dudit L'ESCUYER, et la veuve L'ESCUYER, sa mère.

Il s'agissoit de savoir, 1.° *si le premier mariage de l'Escuyer, ayant été contracté, pendant sa minorité, avec une domestique, sans le consentement de ses père et mère, et sous un faux nom, étoit nul?*

2.° *Si l'Escuyer, ayant, depuis sa majorité, reconnu Anne Pousse pour sa femme légitime, par plusieurs actes publics, et son père, n'ayant pas attaqué ce mariage, sa mère et lui étoient recevables à l'attaquer après vingt-huit ans de possession?*

3.° *S'il étoit dû des dommages et intérêts à la troisième femme, qui avoit ignoré les précédens mariages?*

4.° *S'il y avoit lieu de faire le procès à l'Escuyer, comme coupable de polygamie?*

S'IL n'y a point de cause dans le ministère de la justice, dont la décision soit plus importante et plus difficile que celles dans lesquelles il s'agit d'assurer l'état d'une seule personne, peut-on entreprendre, sans crainte, de décider, par un même arrêt, celui de tant de parties qui attendent toutes de votre jugement la certitude de leur destinée, et la fin de leurs disgrâces.

La condition des différentes femmes qui demandent la confirmation de leur mariage, paroît également malheureuse, leur cause également favorable. Elles se plaignent toutes de l'inconstance et de la légèreté d'un mari, qui a violé la plus sainte de toutes les sociétés, et profané l'un des plus augustes sacremens.

La dignité du mariage, le nombre des enfans, la perfidie du mari, la bonne foi des femmes qu'il a trompées, sont des avantages communs qui parlent également en faveur de toutes les parties.

La première femme a pour elle la force d'un premier engagement, la longueur de sa possession, la confirmation réitérée des promesses de son mari.

La jeunesse de la seconde, son innocence et ses malheurs sembloient la rendre digne de la compassion du public, et de la protection de la justice, jusqu'à ce qu'elle se fût condamnée elle-même par l'acte que l'on vient de vous expliquer.

La troisième, distinguée par sa naissance, et plus distinguée encore par le suffrage de toute la famille de son mari, a l'avantage d'être la seule dont l'union, entièrement conforme aux lois de l'église et de l'état, paroisse l'ouvrage de la raison plutôt que celui d'une passion déréglée.

Quelques justes raisons qu'elles eussent toutes d'implorer la vengeance des lois contre la conduite criminelle de leur mari, aucune néanmoins ne demande sa perte : et conservant le caractère de modération qui convient à une femme légitime, elles ne nous permettent pas de juger de leur qualité par leurs sentimens.

Quel succès peuvent-elles se promettre d'un combat si douteux? Quel fruit espèrent-elles d'une victoire si incertaine? Ne seront-elles pas également à plaindre, soit qu'elles perdent un mari aux dépens de leur honneur, soit qu'en conservant leur honneur, elles recouvrent un mari tel que celui qui fait aujourd'hui l'objet de leurs différends ? Et, sans attendre l'événement de cette contestation, ne peut-on pas dire par avance, que la plus malheureuse de toutes, sera celle à qui vous accorderez la triste préférence qu'elle vous demande : *Quorum bello solùm id scires eum miseriorem esse qui vicisset?*

La variété des incidens et le nombre des circonstances, rendent l'explication de cette cause aussi étendue que le jugement en est difficile.

Pierre l'Escuyer et Anne Pousse sont tous deux nés en l'année 1638.

La naissance et la fortune avoient mis quelque différence entr'eux.

Le père de Pierre l'Escuyer étoit contrôleur des rentes sur l'hôtel-de-ville : on prétend qu'il avoit des biens assez considérables, et qu'il auroit même élevé sa famille à des emplois plus importans, si des accidens imprévus n'avoient trompé toutes ses espérances.

Anne Pousse au contraire, ne reçut en naissant que quelques agrémens naturels, qui ont été la cause de ses disgrâces, et dont il ne lui reste aujourd'hui que le souvenir.

La pauvreté de ses parens l'obligea bientôt à sortir de son pays pour chercher un sort plus favorable dans une province étrangère.

A l'âge de quatorze ans, étant venue de Sedan à Paris, elle se vit réduite à la dure nécessité de servir. Elle entra successivement dans plusieurs maisons. Le malheur de l'intimée la conduisit dans celle de Simon l'Escuyer, contrôleur des rentes.

Elle servit, pendant quelques mois, la dame Guerin, sa fille.

Pierre l'Escuyer, son fils, étoit de même âge qu'Anne Pousse, il demeuroit dans la même maison. Il eut le malheur ou d'être séduit par elle, ou de la séduire, ou peut-être la séduction fut réciproque. Cette inclination ne put être long-temps secrète.

La famille de l'Escuyer en fut avertie. Son père s'en aperçut, il rendit plainte, en l'année 1662, au lieutenant-criminel, du rapt de séduction commis en la personne de son fils par une servante. On décerne contre elle un décret d'*amener sans scandale*, suivant l'usage qui s'observoit encore; on la conduit aux prisons du châtelet. On l'interroge, elle instruit par ses réponses, de sa condition, de son état, de la nature de l'engagement qu'elle avoit contracté avec l'Escuyer, et des mesures qu'elle avoit prises pour lui donner le nom de mariage. Elle convient qu'elle avoit passé toute sa vie dans le service, qu'elle a consenti aux propositions de mariage qui lui ont été faites par l'Escuyer, sans néanmoins exiger de lui aucune promesse de mariage : qu'elle sait qu'il a fait publier un ban dans la paroisse de Saint-Roch, que même elle a fait sa communion pascale dans cette église, pour y acquérir un domicile. Elle finit toutes ses réponses par des protestations réitérées, qu'elle renonce pour toujours à l'espérance d'épouser l'Escuyer ; qu'elle consent à ne le voir jamais.

En conséquence de cette déclaration, le lieutenant-criminel ordonne qu'elle sera mise hors des prisons; et néanmoins il lui fait défenses de hanter ni fréquenter l'Escuyer, à peine de punition exemplaire.

Elle ne fut pas plutôt en liberté, que ses feux mal éteints se rallumèrent : les protestations qu'elle avoit faites devant le lieutenant-criminel furent bientôt vaincues par la force des sermens qui l'engageoient avec l'Escuyer.

Six mois après la sentence du lieutenant-criminel, Anne Pousse et Antoine l'Escuyer concertèrent ensemble ce mystère de fraude et de supposition, qui a répandu des ténèbres si grandes sur le mariage dont il s'agit, qu'une sentence de l'official n'a pas été capable de les dissiper entièrement. On ne fait point publier de bans dans la paroisse de l'Escuyer : on se contente d'en faire publier dans celle de Saint-Sulpice, où Anne Pousse demeuroit. On dissimule, dans ces bans, les véritables noms des parties, on y cache la qualité de l'Escuyer, on lui attribue un faux domicile; au lieu des noms de Pierre-Antoine l'Escuyer et Anne Pousse, on donne à l'un celui d'Antoine de la Rouvray, à l'autre celui d'Anne de la Ferrière. L'Escuyer étoit un fils de famille, en puissance de père et de mère : on publie ses bans comme s'il avoit été libre. On dit que son père et sa mère sont décédés. Il demeuroit dans la paroisse de Saint-Louis dans l'île; on le suppose domicilié dans celle de Saint-Sulpice. Les trois bans sont publiés, ils ne reçoivent aucune opposition.

Le 11 novembre 1662, on dresse des articles de mariage sous seing-privé. On stipule qu'il n'y aura point de communauté entre les futurs conjoints. On promet à la future épouse un douaire préfix de 600 livres de rente. Enfin, le futur époux lui fait une donation de 3000 livres en cas qu'elle le survive.

Le 13 novembre, ces deux mineurs, l'un en puissance de son père, l'autre accusée de séduction, se marient dans l'église de Saint-Sulpice. La même supposition de noms qui avoit favorisé la publication des bans, servit à cacher la célébration du mariage. L'Escuyer voulut concilier les intérêts de son devoir avec ceux de sa passion. On prétend qu'après son mariage, il demeuroit tantôt avec son père, et tantôt avec sa femme, se partageant entre l'une et l'autre, et remplissant alternativement les devoirs de fils et de mari.

En l'année 1663, il obtint une commission dans les aides de la province d'Anjou. Il fut obligé de s'y établir. Anne Pousse l'y suivit : elle y accoucha, en l'année 1668, d'une fille, qui fut baptisée dans la paroisse du Bourgneuf. La présence paternelle, la crainte des ressentimens d'une famille justement irritée, avoient empêché jusqu'alors l'Escuyer de publier son mariage. Il crut pouvoir rendre un témoignage sincère à la vérité dans une province éloignée de la demeure de son père. Il fit baptiser sa fille sous le nom de fille légitime de l'Escuyer et d'Anne Pousse. Le même jour qu'elle reçut le baptême, son père et sa mère, voulant assurer son état, et commençant dès-lors à établir la vérité de leur mariage, déclarent, par un acte authentique passé devant notaires, qu'en l'année 1662 ils ont été mariés dans la paroisse de Saint-Sulpice : que des considérations particulières les obligèrent pour lors de dissimuler leur véritable nom, pour emprunter celui de la Rouvray et de la Ferrière. Que, dans la crainte qu'ils ont que cette supposition ne pût un jour préjudicier à l'état et à la fortune de leurs enfans, ils avouent que leur véritable nom est celui de l'Escuyer et de Pousse : qu'ils ratifient et confirment d'abondant leur mariage, et qu'ils reconnoissent que c'est de ce mariage qu'est issue Antoinette l'Escuyer, baptisée le même jour que cet acte a été passé.

Après une reconnoissance si solennelle, il semble que ce mariage devoit être public, et qu'une confirmation si authentique achevoit d'en assurer la vérité. Cependant le mari et la femme changent de conduite en changeant de demeure. Ils reviennent en cette ville dès l'année 1669, et leur mariage, publié dans le pays du Maine, devient une seconde fois clandestin à Paris.

Anne Pousse accoucha d'une seconde fille en l'année 1671. Elle fut baptisée comme fille d'Antoine de la Rouvray et d'Anne de la Ferrière : c'est celle qui paroît aujourd'hui dans votre audience, et qui ne seroit pas incertaine de son véritable nom, si la fortune l'avoit fait naître dans une province éloignée de la famille de son père.

Jusqu'ici, MESSIEURS, vous n'avez vu qu'un seul mariage, plein de défauts dans son principe, ratifié par un acte public, et confirmé par une longue possession. Maintenant l'affaire change entièrement de face. L'Escuyer quitte une seconde fois le séjour de Paris, il vient à Dreux. Un nouvel objet lui fait prendre de nouveaux engagemens.

Nous n'entreprendrons point de faire le récit de

ce qui se passa à cette occasion. Le voile qui cache la vérité de ce second mariage n'est pas encore levé. Il semble même qu'il est inutile d'approfondir ce mystère, après le désistement solennel d'Elisabeth de la Sanserie. Nous nous contenterons d'observer, que par l'acte de célébration, qu'on accuse de fausseté, il paroît qu'en 1673, Pierre-Antoine l'Escuyer a été marié avec Elisabeth de la Sanserie, dans l'église paroissiale de Saint-Pierre de Dreux, après la publication d'un ban, dispense des deux autres; que le mariage ayant été célébré, l'Escuyer s'en est allé sans vouloir signer l'acte de célébration. On prétend qu'il retourna à Dreux, et qu'il confirma par ses actions un consentement qu'il n'avoit pas voulu autoriser par sa signature, supposé que l'acte qu'on rapporte aujourd'hui soit véritable.

Cependant, soit qu'il n'y ait jamais eu de mariage célébré entre l'Escuyer et la Sanserie, soit qu'il ne voulût pas reconnoître cet engagement pour un véritable mariage, il est certain que les parens de la fille intentèrent contre lui une accusation de rapt. Ils obtinrent un décret de prise de corps; ils le firent constituer prisonnier à Dreux; son procès fut instruit. Enfin, par sentence de l'année 1675, il fut déchargé de l'accusation; et néanmoins on lui enjoignit de reconnoître Elisabeth de la Sanserie pour sa femme, et les deux enfans, issus de son mariage, pour ses enfans légitimes.

L'Escuyer ayant obtenu sa liberté, écrit plusieurs lettres à sa première femme, qu'il lui adresse sous le nom de mademoiselle l'Escuyer, et par lesquelles il semble lui promettre qu'il terminera promptement les affaires que son second mariage lui avoit attirées.

Il revient à Paris, et pour assurer sa première femme de sa fidélité, il présente avec elle une requête à l'official, qui répare, à ce que l'on prétend, tous les défauts qui se trouvent dans la célébration de leur mariage.

On vous a lu, Messieurs, les termes de cette requête; vous vous souvenez qu'elle est signée par la femme et par le mari ; que l'un et l'autre pleinement majeurs, âgés de trente-huit ans, quatorze ans après la célébration de leur mariage, exposent qu'ils ont été mariés en l'année 1662 sous des noms supposés ; que les raisons qui les avoient portés à se servir de cette supposition ne subsistent plus ; que la nécessité de fixer enfin leur destinée, et d'assurer en même temps celle de leurs enfans ; les exhortations de leurs confesseurs, les scrupules et les remords de leur conscience, les obligeoient d'avoir recours à l'official, pour le supplier de réparer, par son autorité, l'erreur et la fausseté qui se trouvent dans les registres de la paroisse de Saint-Sulpice.

L'official ordonne qu'il sera informé des faits que cette requête contient. On fait entendre plusieurs témoins qui déposent, ou qu'ils ont été présens à la célébration du mariage de l'Escuyer et de Pousse, ou qu'ils les ont regardés comme étant mariés. Les uns les connoissent sous le nom de l'Escuyer, les autres sous celui de la Rouvray. Sur cette information l'official ordonne, que sans toucher au corps des registres, on écrira à la marge que le véritable nom des conjoints et de leurs enfans est celui de l'Escuyer et de Pousse.

Cette ordonnance a été exécutée. L'état de la mère et des enfans paroissoit entièrement assuré, lorsqu'une troisième femme a troublé le repos que les uns et les autres commençoient à se promettre.

Ce dernier mariage n'a aucun des défauts qui paroissent dans les deux premiers. L'un est accusé de séduction et de clandestinité : l'autre, de surprise et de violence : le troisième au contraire, porteroit tous les caractères d'une union légitime, s'il n'avoit été précédé par deux autres. C'est un homme majeur, âgé de quarante ans, qui épouse une fille majeure âgée de vingt-huit ans. Le père et la mère y consentent, les deux familles l'approuvent. La qualité des parties est presque égale. Le mariage est célébré dans la paroisse de Saint-Roch, par le propre curé, après trois publications de bans, au mois de février de l'année 1678. La première et la seconde femme demeurent dans le silence ; et ce qui est encore plus inconcevable, l'Escuyer, après ce troisième mariage, revient encore habiter avec sa première femme. Il a loué depuis ce temps, une portion de maison avec elle, et le propriétaire de la maison certifie qu'il y a demeuré jusqu'à la Saint-Martin 1679.

Ce fut alors que cet ouvrage d'iniquité commença à se découvrir. Trois femmes paroissent en même temps, et demandent toutes la confirmation de leur mariage. La demande d'Anne Pousse fut d'abord portée au châtelet ; mais les appels comme d'abus qui ont été interjetés de part et d'autre, en ont ôté la connoissance aux premiers juges, pour la réserver à un tribunal supérieur en lumière et en autorité.

La première femme est appelante comme d'abus de la célébration du second et du troisième mariage. Elisabeth de la Sanserie avoit d'abord renoncé à ses poursuites : elle avoit même transigé en l'année 1680 avec l'Escuyer. Elle déclaroit, par cet acte, qu'il n'y avoit jamais eu de véritable mariage entr'eux ; que celui dont ses parens avoient demandé la confirmation, n'étoit que l'ombre et l'apparence d'un mariage ; qu'elle consentoit que l'on rendît un arrêt, par lequel on déclareroit son prétendu mariage non valablement contracté.

Sur la foi de cette transaction, l'Escuyer croyoit n'avoir à combattre que la première femme. Cependant, depuis que la plaidoierie de la cause est commencée, Elisabeth de la Sanserie, plus instruite de ses intérêts, et ayant changé de sentiment, a renouvelé les appellations comme d'abus qu'elle avoit interjetées de la célébration du premier et du troisième mariage ; et pour détruire la transaction qu'on lui opposoit, elle a obtenu des lettres de rescision contre cet acte. Il semble que l'esprit de légèreté et d'inconstance soit répandu sur toutes les parties qui ont intérêt dans cette cause. Après avoir soutenu, pendant six audiences, la validité de son mariage, Elisabeth de la Sanserie y renonce encore aujourd'hui ; elle déclare qu'elle se désiste de son appel comme d'abus, et de ses lettres de rescision. Elle consent que la transaction qu'elle avoit faite en l'année 1680 soit exécutée. Nous examinerons dans la suite quelle peut être la force de ce désistement. Il suffit à présent d'observer, dans le reste de la procédure, que cet acte n'a été signé qu'hier au soir.

Enfin la troisième femme, de son côté, demande que le premier et le second mariage soient déclarés non valablement contractés.

Deux autres parties sont intervenues dans cette cause. L'un est le père de l'Escuyer, qui s'est déclaré pour le troisième mariage. Il ne se plaint que de la sentence de l'official qui a ordonné la réformation des registres. Il est mort dans le cours de l'instance, après avoir déshérité son fils, en cas que le premier mariage fût confirmé. Il a confié à sa femme, en mourant, le soin de sa vengeance. Elle paroît aujourd'hui en sa place pour défendre les droits de l'autorité paternelle, et soutenir la validité du troisième mariage.

L'autre est Geneviève de la Rouvray, qui se prétend fille de Pierre l'Escuyer. Elle demande d'être déclarée sa fille légitime, ou du moins elle prétend qu'on ne peut lui refuser une provision alimentaire sur ses biens, comme sa fille naturelle.

Telles sont toutes les circonstances de cette cause : telle est toute la procédure sur laquelle vous avez à prononcer. Nous pouvons dire qu'il est rare de trouver une cause plus variée dans ses incidens, plus remplie d'événemens inopinés, plus difficile par les différens moyens que l'on propose de part et d'autre.

Anne Pousse vous a expliqué les malheurs de sa jeunesse, les disgrâces qui l'ont accompagnée pendant le cours de sa vie, et dont sa vieillesse est encore aujourd'hui menacée. Heureuse au moins, dans le choix qu'elle a fait de son défenseur (1); elle a su intéresser toute la compagnie à la gloire de celui qui a soutenu ses intérêts. Quoique notre témoignage puisse paroître suspect en sa faveur, nous croyons néanmoins que la cour, qui a prévenu nos suffrages par son approbation, souffrira que nous disions de lui ce que Cicéron a dit autrefois d'un des plus grands orateurs de son temps. *Q. Hortensius causam primùm dixit, annos unde viginti natus, cujus ingenium simul aspectum et probatum est.*

Soit que l'on considère les différentes fins de non-recevoir qu'Anne Pousse oppose à ses parties adverses, soit que l'on examine les circonstances qui ont précédé, suivi, accompagné le premier mariage, l'on soutient que la seconde et la troisième femme qui le contestent, sont mal fondées; que le père qui s'en plaint, est non-recevable; que le mari qui le révoque en doute, est coupable d'une infidélité qui le rend odieux à la justice.

Jamais il n'y eut un si grand nombre de fins de non-recevoir, que celles qui se trouvent réunies dans cette cause : la longueur de la possession, la cohabitation paisible, publique, continuelle; le nombre des enfans, le silence du père et de la mère de l'Escuyer.

Possession écrite dans plusieurs actes publics et particuliers, prouvée par la déposition et le certificat de plusieurs témoins, établie par la propre reconnoissance de l'Escuyer.

Possession qui, bien loin d'être détruite par les prétendus mariages que l'Escuyer a contractés, n'a jamais paru si publique et si constante que dans le temps qu'on a voulu la troubler. S'il conçoit à Dreux une passion criminelle, il conserve toujours à Anne Pousse le nom et la qualité de femme légitime. S'il est contraint de donner un consentement sacrilége à un second mariage, le souvenir d'une première union que tant de circonstances avoient rendue inviolable,

(1) M. Joly de Fleury.

les remords de sa conscience qu'il n'avoit pas encore entièrement étouffés, l'horreur de l'impiété qu'il alloit commettre, arrêtent sa main, et l'empêchent de consommer son crime, en signant l'acte de célébration. Il désavoue aussitôt son consentement par sa fuite; et, par un désaveu si éclatant, il confirme la validité du nœud qui l'attache à sa première femme.

Si enfin les conseils dangereux d'une famille irritée l'obligent à se marier pour une troisième fois, il ne peut encore soutenir la honte de ce dernier engagement. Il abandonne sa troisième femme pour revenir demeurer avec la première, et la seule qui puisse être légitime.

L'intérêt des enfans, soit de ceux qui sont morts, ou de ceux qui sont encore en vie, s'explique aussi fortement en faveur du premier mariage. Les uns demandent d'être assurés dans la possession de leur état; et les autres qui en ont joui pendant leur vie, et dont il sembloit que la mort eût fixé pour toujours la destinée, appellent à leur secours la sage disposition des lois romaines, qui ne permettoient pas de troubler, après cinq ans, l'état de ceux qui sont décédés dans la possession paisible de leur condition; qui ne souffroient pas même que l'on formât aucune contestation sur l'état d'une personne vivante, *si quæstio hujus præjudicium faceret statui defuncti.* La faveur de ceux qui sont morts assure pour toujours l'état et la fortune des vivans.

Joignez à la cohabitation paisible, à la possession constante, à l'intérêt des enfans, la considération du silence profond du père et de la mère pendant dix-huit années. Et après cela, Messieurs, écouterez-vous une mère qui, après avoir renoncé en quelque manière au pouvoir que la loi lui confie, veut abuser aujourd'hui de la puissance paternelle, pour rompre des nœuds qu'elle n'a pu ignorer, pour dissoudre un mariage concordant, suivi de la naissance de plusieurs enfans, ratifié par le mari en pleine majorité, confirmé par une possession de dix-huit années.

Avouera-t-elle qu'elle a su ce mariage? Mais si elle en a eu connoissance, son silence est un consentement parfait.

Prétendra-t-elle l'avoir ignoré? Mais pourra-t-elle vous persuader que ce mariage si public, cette cohabitation si continuelle ne soit jamais parvenue à sa connoissance?. Une mère seroit-elle la seule qui auroit ignoré un fait dont les étrangers mêmes étoient instruits? Le long espace de temps, le nombre des années ne seroit-il pas un obstacle invincible à toutes ses prétentions?

Mais comment l'Escuyer lui-même a-t-il la témérité d'attaquer un mariage qu'il a contracté avec un consentement libre et volontaire, et qu'il a confirmé par tant d'actes différens, par une déclaration authentique faite en l'année 1668 par-devant un notaire du Bourg-neuf, par les lettres qu'il a écrites à sa première femme, par la requête qu'il a présentée à l'official, et qui est en quelque manière le dernier sceau et le gage le plus assuré de son consentement?

Encore que tant de fins de non-recevoir pussent suffire pour la défense d'Anne Pousse, elle a voulu néanmoins vous rendre un compte exact de sa conduite, et justifier son honneur, en établissant la validité de son mariage.

Elle a soutenu que les défenses du juge, que le défaut du consentement du père et de la mère de l'Escuyer, que la supposition de nom, n'étoient pas des moyens capables de donner atteinte à l'engagement dont elle demande aujourd'hui la confirmation.

Que quand la procédure du lieutenant-criminel auroit été aussi régulière qu'elle étoit nulle et vicieuse, on ne pourroit lui opposer ces défenses, comme un empêchement dirimant le mariage.

Que les dispositions des canons, et celles de vos arrêts, établissent également la vérité de cette maxime.

Que quoiqu'on ne puisse sans crime mépriser les défenses prononcées par l'église ou par la justice, ce mépris ne peut jamais donner lieu de révoquer en doute la validité du mariage.

A l'égard des mariages contractés sans le consentement des pères et mères, l'on convient que l'église déteste ces mariages, que l'état les défend, que l'honnêteté publique les rejette; mais on soutient qu'aucune loi précise ne les déclare nuls.

Bien loin que les canons contiennent une semblable disposition, le dernier concile prononce anathême contre ceux qui diront que le seul défaut du consentement des pères peut rendre le mariage nul.

Nos ordonnances ne sont point contraires à ce décret. Celle de 1556 ne permet à un père, dont l'autorité a été méprisée par son fils, que la peine de l'exhérédation. Celle de 1639 y ajoute la privation des effets civils; si elle paroît prononcer la peine de nullité, ce n'est que contre le rapt de violence ou de subornation.

Quelle preuve, quelle présomption, quelle apparence même de séduction dans l'espèce de cette cause?

Si l'Escuyer étoit mineur, Anne Pousse l'étoit aussi; et, dans un âge égal, elle étoit d'un sexe plus foible.

L'un accoutumé, dès son enfance, à la tromperie et aux artifices, a passé toute sa vie dans le désordre et dans la débauche. Il s'est fait un jeu des actions les plus saintes et des cérémonies les plus augustes de la religion.

L'autre, élevée dans la vertu, et fuyant jusqu'à l'apparence du crime, a conservé à son mari une fidélité qu'il n'avoit pas méritée.

Quels avantages a-t-elle retiré de ce mariage? Un douaire de 600 livres, une donation de 3000 livres en cas qu'elle survive son mari; une longue suite de disgrâces et un enchaînement de malheurs et de déplaisirs.

Si l'on a recours à la domesticité pour prouver la séduction, elle répond que la condition de l'Escuyer étoit si peu élevée, que la qualité de maître et de domestique ne pouvoit pas mettre une grande différence entre les parties : que d'ailleurs, la présomption seroit réciproque; et que s'il y a lieu de présumer qu'elle a abusé de la domesticité pour séduire l'Escuyer, on peut, avec autant de raison, accuser l'Escuyer de s'être servi des mêmes voies pour la corrompre. Ainsi, le soupçon est égal de part et d'autre; et les mêmes moyens par lesquels on établit la preuve de la séduction, servent en même temps à la détruire.

Que si l'on passe de l'examen de ce prétendu rapt de séduction, aux argumens que l'on tire de la clandestinité, l'on soutient que la supposition de nom qui se trouve dans ce premier mariage, est l'effet des artifices par lesquels l'Escuyer a surpris Anne Pousse, que c'est à lui à justifier son ouvrage, et à excuser cette fausseté; que d'ailleurs, le changement de nom ne peut donner atteinte à la validité d'un mariage, lorsque les personnes sont constantes, et qu'elles sont parfaitement instruites de leur nom, de leur état et de leur qualité; que cette supposition, dont la honte doit retomber sur l'Escuyer, qui en est seul coupable, a été réparée par la sentence de l'official, et par la réformation des registres qui l'a suivie; qu'enfin elle ne pourroit faire la preuve d'un mariage clandestin, puisque si l'on consulte les canons du concile de Trente, un mariage clandestin est celui qui n'a point été célébré dans l'église : et si l'on s'attache à l'idée que nous en donne l'ordonnance, un mariage clandestin est celui qui, après avoir été caché pendant toute la vie des parties, n'est devenu public qu'à l'article de la mort.

Que reste-t-il donc, lorsqu'on a dissipé toutes les fausses couleurs que l'infidélité du mari a répandues sur la cause de sa femme? Un mariage contracté dès l'année 1662, entre deux personnes dont la condition n'étoit pas fort inégale, et qui ont persévéré, pendant seize années entières, dans la même volonté; un mariage que la naissance de plusieurs enfans a confirmé, que les parties ont ratifié par des actes solennels, que la longue possession a rendu inviolable; un mariage, enfin, que l'église a consacré, que les lois de l'état ne condamnent point, et que l'Escuyer lui-même confirmeroit encore aujourd'hui, s'il écoutoit plutôt les remords de sa conscience que les mouvemens déréglés d'une passion criminelle. On espère que votre arrêt lui ouvrira les yeux, et que, reconnoissant enfin son erreur, il renoncera à ses égaremens passés, pour rendre à sa femme légitime un nom qu'elle a reçu à la face des autels, et qu'elle a mérité par sa constance et sa fidélité pour un mari qui en étoit si indigne.

Nous ne répéterons point ici les moyens qui vous ont été expliqués par M.e Thibert, pour la prétendue fille de l'Escuyer et d'Anne Pousse. Son intérêt et ses raisons sont les mêmes que celles de sa mère. La certitude de son état dépend entièrement de la validité du premier mariage.

Nous passerons d'abord aux moyens que la seconde femme vous a proposés.

Elle vous a dit que la conduite que l'Escuyer a tenue auprès d'elle, n'a été qu'une suite de fraudes, de surprises, et d'artifices; qu'il abusa de tous les avantages que la foiblesse de son âge, et sa simplicité, lui donnoient sur elle; qu'il n'eut pas de peine à l'obliger de consentir à son mariage, dans un temps où elle ne pouvoit plus lui refuser son consentement sans perdre son honneur.

Toute sa famille approuve son consentement par son suffrage. On publie un ban, on obtient dispense des deux autres. On célèbre le mariage; et lorsque, pour achever la cérémonie, il ne manque plus que la signature du mari, par une inconstance et une légèreté qui n'a point d'exemple, il abandonne sa femme aussitôt qu'elle a reçu ce nom.

Il reconnoît bientôt l'extravagance de ce mouvement bizarre. Il revient chez sa femme, qui auroit peut-être été plus heureuse, s'il n'avoit jamais réparé sa première faute. Deux enfans naissent de ce mariage; témoins trop sensibles du consentement de leur père. Cependant il persiste dans le refus qu'il avoit fait de signer les registres. Les parens de la fille le poursuivent extraordinairement; ils l'accusent de rapt, il est arrêté prisonnier; il ne recouvre sa liberté qu'à condition de recevoir Elisabeth de la Sanserie comme sa femme légitime. C'est la loi de la sentence qui ordonne qu'il sera mis hors des prisons. Il en interjette appel. Il porte sa femme à transiger; il lui fait entendre qu'il a contracté un premier mariage dès l'année 1662.

Surprise de cette nouvelle, elle ne voulut pas néanmoins exposer au dernier supplice un homme dont les intérêts lui étoient encore chers. Elle tourna toute sa vengeance contre elle-même. Elle résolut de sacrifier à la retraite le reste d'une vie si malheureuse; et consentant à tous les accommodemens qui lui furent proposés, elle renonça à la qualité de femme légitime, qu'elle ne crut pas pouvoir soutenir contre la force d'un premier engagement.

Mais, ayant appris dans la suite que ce premier mariage étoit plein de nullités, qu'il étoit contraire aux lois de l'église et de l'état, elle a demandé la confirmation de son mariage. Elle vous a représenté que la signature n'est pas de l'essence du contrat, qu'elle est la preuve du consentement des parties : preuve qui peut être suppléée par d'autres témoignages, et surtout par le suffrage irréprochable de deux enfans qui doivent leur naissance au consentement libre et volontaire de l'Escuyer.

Que le premier mariage ne pouvant subsister, le sien doit être préféré à celui qui l'a suivie.

Que l'on ne peut ni renoncer à son état, ni transiger sur la dissolution d'un mariage.

Que ces désistemens sont nuls, ces transactions inutiles et contraires aux bonnes mœurs, surprises et extorquées par les artifices, par le dol personnel de l'Escuyer; et qu'elle avoit lieu d'espérer qu'en entérinant les lettres de rescision qu'elle avoit prises contre ces actes, vous lui rendriez en même temps son état, son honneur et son mari.

Telles sont les raisons qu'elle vous a expliquées dans le temps qu'elle aspiroit encore à la qualité de femme légitime de Pierre l'Escuyer; mais elle y renonce aujourd'hui par un acte authentique. Nous n'aurons dans la suite qu'une seule question à examiner à son égard, dont la décision regarde plus l'intérêt public que son intérêt particulier. Elle consistera à savoir, si la seconde femme a eu un état certain, et si elle a pu y renoncer, soit par la transaction qu'elle a faite en l'année 1680, soit par le désistement qu'elle a fait signifier hier au soir.

A l'égard des autres parties, leurs intérêts sont tellement communs, que nous ne croyons pas devoir séparer l'explication de leurs moyens.

En même temps qu'ils attaquent la validité des deux premiers mariages, ils ne conviennent pas même de leur existence. Et, pour commencer par le prétendu mariage d'Anne Pousse avec l'Escuyer, ils soutiennent qu'il n'y eut jamais de preuves plus imparfaites que celles qu'on en rapporte. La vérité d'un fait si important, n'est fondée que sur une déclaration de l'Escuyer, par laquelle il reconnoît que c'est lui qui a été marié sous le nom de la Rouvray, avec Anne Pousse sous le nom de la Ferrière.

Combien de soupçons justes et légitimes peut-on concevoir contre une telle déclaration? On y reconnoît le langage d'un homme aveuglé par sa passion, séduit par les artifices d'une femme qui abuse de l'empire qu'une longue habitude lui a donné sur son esprit. Etablira-t-on, sur une preuve de cette qualité, la certitude d'un mariage qui peut-être n'a jamais été célébré? Mais quand il l'auroit été, les désordres qui lui ont servi de principe, et les nullités qu'il renferme, le rendroient aussi criminel qu'il est illégitime.

La séduction d'une servante domestique, l'aveugle facilité d'un mineur, ont fait naître cette passion dangereuse, dont les suites funestes ont déshonoré jusqu'à présent la vie de Pierre l'Escuyer. Le père s'aperçoit de ce déréglement, il s'en plaint à la justice. Anne Pousse convient de la séduction; elle obtient sa liberté par des protestations réitérées de rompre tout commerce avec l'Escuyer. Le juge prononce des défenses : et cependant, au mépris de l'autorité de la justice et des lois les plus saintes, une personne de la naissance la plus vile ose corrompre un jeune homme jusque dans le sein de sa famille, et l'arracher, pour ainsi dire, des bras de son père, pour le faire entrer dans une alliance honteuse. Vit-on jamais une preuve si forte, si sensible, si convaincante de la séduction? D'un côté, un fils de famille, mineur; de l'autre, une personne libre, mineure, à la vérité, mais qui, par les malheurs et les engagemens inévitables de la condition servile, avoit acquis une expérience anticipée et une malice qui surpassoit son âge. Un jeune homme d'une naissance honnête, riche, plein de grandes espérances; une fille née dans la dernière misère, sans biens, sans espérance d'en avoir; une servante domestique, et le fils de son maître. En un mot, inégalité dans la personne et dans les biens, artifices et séductions d'un côté, foiblesse et simplicité de l'autre : il n'y eut jamais de rapt plus qualifié. Le père s'en est plaint, la justice en a été instruite, et cependant on prétend avoir réparé ce crime par un mariage qui est encore plus criminel.

Ce n'est point ici la cause d'une famille particulière; c'est celle de toutes les familles, et de tous les pères, qui craignent avec raison de voir tous les jours leur honneur, celui de leurs enfans, et l'état de leur famille, exposés aux intrigues et à la séduction d'une servante artificieuse, si vous autorisez, par votre arrêt, un mariage que toutes les ordonnances condamnent également. Elles prononcent les mêmes peines contre le rapt de séduction, que contre celui de violence; et tous les deux sont également punis par la mort du coupable.

Ce mariage, que la séduction a commencé, que la supposition a achevé, est si rempli de nullités, qu'il suffit de l'exposer aux yeux de la vérité et de la justice, pour le détruire et le confondre entièrement : défaut de consentement dans le père, rapt dans la personne du fils, clandestinité dans la célébration du mariage.

On publie, par un artifice punissable, des bans

sous des noms supposés. Les mariés se présentent au prêtre sous le nom de la Rouvray et de la Ferrière. Ils soutiennent leur imposture à la face des autels. Quatre témoins affidés, complices et fauteurs du crime de rapt, bien loin d'assurer, par leur signature, la vérité de ce mariage, servent aujourd'hui d'un des plus puissans moyens pour le détruire. L'ordonnance veut que les témoins qui assisteront à la célébration du mariage, soient des témoins dignes de foi ; et ceux qui ont signé l'acte de célébration du mariage de l'Escuyer, sont convaincus, par leur propre témoignage, d'une fausseté manifeste. Ils attestent que l'Escuyer n'a plus de père ; qu'il est domicilié dans la paroisse de Saint-Sulpice ; qu'il s'appelle la Rouvray : trois faussetés dont toutes les parties sont obligées de convenir aujourd'hui, et qu'un de ces témoins même a reconnu dans l'information qui a été faite en conséquence de l'ordonnance de l'official.

Si la première femme oppose à tous ces moyens la naissance des enfans qui ont été le fruit de son crime, une possession prétendue d'état, et une cohabitation continuelle, on lui répond que ses enfans sont illégitimes, que sa possession est une suite et une continuation de désordres, sa cohabitation un concubinage honteux.

Qu'un crime ne devient pas permis, parce qu'il a été commis plusieurs fois, et que la malice des hommes renverseroit bientôt les lois les plus saintes, si l'on espéroit de trouver dans la longueur du temps un asile contre leur autorité :

Que d'ailleurs rien n'est moins prouvé que cette prétendue cohabitation qu'Anne Pousse allègue en sa faveur. Elle n'est établie que sur des certificats sous seing-privé, mendiés par artifices, accordés par foiblesse et par facilité. Il est prouvé, au contraire, par une infinité d'actes authentiques, que le domicile de l'Escuyer a toujours été chez son père. La profession qu'Anne Pousse articule, a tous les vices qui peuvent rendre une possession inutile. Elle est clandestine : jamais elle n'a été connue du public, encore moins de la famille de l'Escuyer. On peut dire même qu'elle est violente en quelque manière, puisque les lois comparent le rapt de séduction à celui de violence.

Enfin, elle est sans titre, et elle ne sert qu'à faire paroître la conduite d'Anne Pousse plus criminelle, et sa personne moins favorable.

Il est vrai que l'Escuyer a confirmé ce mariage depuis sa majorité. Mais quand ces ratifications ne seroient pas l'effet de la même passion, et l'ouvrage de la même main qui a conduit cette intrigue, jamais elle ne pourroit donner à un mariage la validité qu'il ne peut avoir que par le concours des solennités essentielles, avec le consentement des parties.

Que la sentence de l'official n'a fait qu'augmenter les abus de ce prétendu mariage, bien loin de les corriger; qu'on doit la considérer comme une entreprise sur la juridiction royale, et qu'on ne peut justifier la procédure d'un official, qui, sans consulter les parens, sans recevoir les suffrages de la famille, ordonne que des registres publics seront réformés, et confirme indirectement un mariage que toutes les lois divines et humaines condamnent également.

On prétend que, lorsque la loi rend un acte nul, la loi seule peut en réparer les défauts; que les mêmes formalités qu'elle demande pour la célébration d'un mariage, sont nécessaires pour sa réhabilitation; que, sans cela, tous les actes que l'Escuyer peut avoir faits dans le temps qu'il étoit encore dans la servitude de sa passion, sont des actes inutiles, qui ne peuvent rendre à son premier engagement la force qu'il n'a pas par lui-même.

Que jusqu'à ce que ces défauts soient réparés par une réhabilitation authentique, les parties sont encore libres, elles peuvent prendre de nouveaux engagemens. L'Escuyer a profité de sa liberté, il a contracté un dernier mariage conforme aux intentions de sa famille, à son honneur, aux lois de l'église et de l'état.

On peut encore moins lui opposer le prétendu mariage de Dreux, dont la nullité ne peut être contestée, si l'on considère que l'Escuyer n'y a point consenti, et dont la fausseté est attestée par la partie la plus intéressée à le soutenir, par Elisabeth de la Sanserie, qui a reconnu, étant pleinement majeure, que jamais il n'y avoit eu de mariage célébré entre elle et l'Escuyer.

Que les lettres de rescision qu'elle a obtenues contre cette déclaration, sont également insoutenables; et dans la forme, parce qu'elles sont prises après l'espace de dix années; et dans le fond, parce que la transaction contre laquelle on se pourvoit, ne contient pas une renonciation à l'état d'Elisabeth de la Sanserie, mais un témoignage sincère qu'elle rend à la vérité, par lequel elle reconnoît que ce prétendu mariage de Dreux n'est qu'une histoire fabuleuse qui n'a jamais eu ni de réalité ni d'exécution.

C'est ainsi que la troisième femme prouve, ou la nullité, ou la fausseté des deux premiers mariages. La loi condamne le premier. Le second est l'ouvrage de l'erreur et du mensonge; et tous deux doivent céder à la force d'un engagement solennel, que toutes les lois divines et humaines autorisent, dont les parties intéressées, dont toute leur famille, et dont l'intérêt public même vous demandent la confirmation.

Quant a Nous, après vous avoir expliqué les principaux moyens de toutes les parties, nous sommes obligés de répéter encore ici ce que nous avons dit en commençant ce discours : Que nous ne pouvons entreprendre sans crainte, de proposer nos sentimens sur une affaire si étendue dans son explication, si importante dans ses suites, si difficile dans sa décision.

De quelque côté qu'on la considère, on ne trouve qu'obscurité dans les faits, incertitude dans les questions, raison d'équité et d'utilité publique de part et d'autre.

Qui pourra dissiper ces ténèbres, concilier dans cette cause la rigueur des lois et de l'équité, rendre le mari à sa femme légitime, le père à ses véritables enfans, la paix et la tranquillité à une famille qui l'a perdue depuis si long-temps ?

C'est à vous, MESSIEURS, que cet ouvrage est réservé. Nous ne sommes pas assez téméraire pour nous flatter de pouvoir servir à former vos décisions; et si nous osons vous proposer ici nos foibles conjectures, c'est uniquement pour satisfaire aux obligations que notre ministère nous impose, et pour vous remettre devant les yeux les maximes que nous apprenons tous les jours par vos arrêts, et par l'exemple de cette justice exacte, mais équitable, que vous rendez à tout le monde.

Pour donner quelqu'ordre à une cause si étendue, nous nous arrêterons à la division qui se présente naturellement dans cette affaire. Nous examinerons séparément les différens mariages sur la validité desquels vous avez à prononcer; et, pour suivre l'ordre des temps, nous renfermerons ce qui concerne le premier mariage dans l'examen de trois questions.

La première que nous traiterons, sera de savoir s'il y a jamais eu un mariage entre Anne Pousse et Pierre l'Escuyer.

Nous examinerons ensuite si ce mariage a été contracté suivant les lois de l'état, et célébré suivant celles de l'église.

Enfin, nous nous attacherons à considérer les suites de ce mariage, les enfans qui lui doivent leur naissance, la possession qui semble l'avoir confirmé, la ratification qui paroît en avoir réparé toutes les nullités.

Il semble d'abord que rien ne soit moins certain que l'existence de ce premier mariage, qui fait néanmoins toute la difficulté de cette cause. On peut dire même que la preuve qu'on en rapporte auroit des conséquences si dangereuses, que l'intérêt public doit la faire rejeter entièrement.

Pierre de la Rouvray a épousé Anne de la Ferrière en l'année 1662. Sur ce fondement, on engage un homme aveuglé par sa passion à reconnoître que c'est lui qui a pris le nom de la Rouvray, et que sa prétendue femme a emprunté celui de la Ferrière. C'est le seul argument et l'unique preuve par laquelle on puisse établir la vérité du premier mariage.

L'utilité publique souffre-t-elle qu'on écoute de semblables argumens ? Fera-t-on dépendre la condition des enfans, l'honneur d'une famille, du caprice et de la facilité d'un homme qui aura déclaré, peut-être faussement, que c'est lui qui a été marié sous un nom supposé ?

On séduira l'esprit d'un mineur, on l'engagera dans le désordre et dans la débauche, il deviendra majeur, sans pouvoir rompre ses chaînes? et après qu'il aura passé la plus grande partie de sa vie dans un commerce criminel, on le portera à donner le nom de sacrement à ce qui n'aura été qu'un long concubinage ?

L'on profitera de l'absence ou de la mort de deux personnes inconnues, qui auront été mariées long-temps auparavant ? l'on supposera que l'on a pris leur nom pour contracter un mariage, et, sur ce fondement, on fera réformer les registres publics, et on les chargera d'une prétendue célébration qui n'aura jamais existé ?

Quoique ces raisons puissent être importantes dans certaines occasions, nous ne croyons pas néanmoins qu'elles puissent décider dans cette contestation.

Toutes les circonstances de cette cause prouvent invinciblement que ceux qui ont été mariés sous les noms supposés de Pierre de la Rouvray et d'Anne de la Ferrière, sont les mêmes personnes qui paroissent aujourd'hui dans votre audience sous ceux de Pierre l'Escuyer et d'Anne Pousse.

Nous ne vous dirons point ici que, par l'interrogatoire subi par Anne Pousse en 1662, il paroît que les parties avoient dessein de se marier sous des noms supposés, et qu'ayant vécu dans la suite comme mari et femme, il est naturel de présumer qu'ils ont exécuté ce qu'ils avoient tenté dès ce temps-là. Ce n'est qu'une présomption, et nous avons des preuves convaincantes de la vérité de ce mariage : preuves d'autant moins suspectes, que c'est l'Escuyer même qui les a fournies, quoiqu'il semble les démentir aujourd'hui, et s'accuser lui-même d'une imposture digne de châtiment.

Ce ne sont point des déclarations faites par un mineur aveuglé par les charmes d'une inclination nouvelle. Ce sont des actes authentiques passés par un majeur : l'un après six années, l'autre après quatorze années de mariage.

Quand il y auroit eu de la passion et de l'emportement dans le principe de ce mariage, la longueur de la possession auroit été capable de l'éteindre entièrement.

Ces actes ne peuvent donc être considérés que comme l'ouvrage de la liberté, de la réflexion, et peut-être de la conscience du sieur l'Escuyer. Il a voulu rendre un témoignage sincère à la vérité, reconnoître son état, et assurer celui de ses enfans. C'est ainsi qu'il explique lui-même les motifs de sa conduite.

Dans toutes ces circonstances, il déclare par-devant notaires, en 1668, qu'il a été marié en 1662 sous des noms supposés. Il expose, en 1676, le même fait, il demande que cette supposition soit réparée. Il obtient permission d'informer. L'information est faite à sa requête. Il prouve, par les dépositions des témoins, qu'il est celui qui a pris le nom de la Rouvray, et qu'Anne Pousse est celle qui a emprunté celui de la Ferrière. Il obtient la sentence qui ordonne la réformation des registres; il les fait réformer. Il n'est point encore aujourd'hui appelant de la sentence de l'official; et quoiqu'on ait affecté, en plaidant pour lui, de traiter ce premier mariage comme une histoire fort incertaine, on n'a pas néanmoins osé le nier entièrement.

Après une reconnoissance si solennelle, réitérée par tant d'actes authentiques, la mère sera-t-elle recevable à la révoquer en doute, lorsque son fils, pleinement majeur, en a reconnu librement et publiquement la vérité ?

Quelles raisons peut-elle alléguer pour faire naître quelque doute dans vos esprits ? Dit-elle qu'il y a un autre Pierre de la Rouvray, une autre Anne de la Ferrière, mariés en la même année et le même jour à Saint-Sulpice ? Fait-on paroître aujourd'hui quelqu'un qui prétende avoir été marié sous ce nom ?

Ainsi, d'un côté, on ne propose aucune raison, aucun soupçon qui puisse faire douter de l'existence du premier mariage ; et de l'autre, nous voyons une cohabitation qui le fait présumer, une possession qui l'assure, des actes authentiques qui le prouvent.

Mais ce mariage, dont l'existence ne peut-être contestée, porte-t-il le caractère d'une union légitime ? Est-il conforme aux canons, aux ordonnances du royaume, à la jurisprudence de vos arrêts ? C'est la seconde proposition que nous avons à examiner, et dans laquelle nous oublierons pour quelque temps tout ce qui a suivi ce mariage, la cohabitation, la naissance des enfans, le silence du père, la ratification du fils. Nous nous attacherons à le considérer dans son principe, dans ses commencemens, et nous le regarderons des mêmes yeux que l'on auroit fait, si l'on en avoit interjeté appel comme d'abus peu de temps après sa célébration.

Un fils de famille mineur, séduit par les artifices d'une servante, entraîné par sa passion, rebelle aux ordres de son père, méprisant les défenses du juge, déguisant son propre nom, contracte secrètement un engagement qui le déshonore.

Telle est l'idée générale qu'on a voulu vous donner de cette cause : telle est la peinture que l'on vous a faite de ce mariage.

Quoiqu'elle renferme plusieurs raisons par lesquelles on attaque sa validité, elles peuvent se réduire à deux moyens principaux qui comprennent tous les autres. Rapt de séduction, clandestinité : moyens qui ont cet avantage, que l'un et l'autre droit, que les canonistes, aussi bien que les jurisconsultes, les admettent également.

Les conjectures, les présomptions, les preuves du rapt de séduction se présentent en si grand nombre, qu'il est plus difficile de les choisir que de les trouver.

Défaut de consentement du père, plainte rendue, accusation de rapt intentée contre Anne Pousse, minorité, inégalité de condition, domesticité. Toutes ces circonstances semblent former une preuve entière de la séduction qui a servi de fondement à ce premier mariage.

S'il étoit nécessaire d'examiner le consentement du père, indépendamment des autres circonstances qui peuvent accompagner ce moyen, il ne seroit peut-être pas difficile de faire voir que la loi ne confirme point un mariage qui a été contracté au mépris de la puissance paternelle.

Que ce qui fait aujourd'hui la matière d'une question étoit autrefois si constant, que personne n'osoit le révoquer en doute.

Que jamais le droit naturel et positif, les lois civiles et canoniques, l'église et l'état n'ont été ni si long-temps, ni si parfaitement d'accord que sur cette matière.

Que les familles seroient plus heureuses, les fortunes plus assurées, les mariages plus exempts des sacriléges qui les déshonorent, si les canonistes de ces derniers temps avoient été aussi sévères dans leurs maximes, aussi jaloux de la juste autorité des pères que les jurisconsultes romains.

Les uns étoient persuadés que, bien loin que la puissance paternelle rendît le consentement des enfans moins volontaire, elle lui donnoit une liberté, une perfection dont il n'auroit pas été capable par lui-même.

Les autres, au contraire, abandonnant les enfans à leur propre volonté, et croyant les affranchir d'un pouvoir injuste, les rendent esclaves de leurs passions et de leurs inclinations corrompues.

Comme si le mariage demandoit moins d'examen, moins de maturité, moins de circonspection depuis qu'il a été élevé à la dignité de sacrement, et que l'auteur de la loi nouvelle eût voulu rompre les nœuds de la puissance paternelle, que l'amour même de l'auteur de la nature avoit formés.

On ajouteroit au sentiment des jurisconsultes le suffrage de toute l'église grecque, qui, suivant les traces de saint Basile (1), a canonisé les lois des empereurs, et consacré leurs sages dispositions.

Nous y joindrions l'autorité de l'église de France. Nous prouverions, par les canons de plusieurs conciles, tenus dans les sixième, septième, huitième et neuvième siècles, que, non-seulement elle a toujours détesté, condamné, défendu les mariages qui étoient contractés sans le consentement des pères, mais qu'elle les a même déclarés nuls. Elle a suivi les constitutions de nos rois, qui sont encore aujourd'hui dans les capitulaires, et qui prononcent la peine de nullité contre ces engagemens criminels, et ne font point de différence entre le rapt de séduction et le défaut du consentement des pères.

Enfin, l'on confirmeroit cette doctrine par des exemples fameux, par la soumission que les rois et les princes ont toujours eue pour ces maximes, et l'on feroit voir que c'est à ces règles austères que l'état a été quelquefois redevable de ses rois légitimes.

Si l'on passoit ensuite à l'examen des dernières ordonnances de nos rois, l'on pourroit montrer que, quoique celle de Henri II propose une autre peine, elle ne déroge pourtant point à la peine de droit, qui est la nullité. Que l'ordonnance de Blois et celle de 1639, joignant la publication de bans avec le consentement des pères et mères, et, commençant

(1) *Quæ sine iis qui habent potestatem, fiunt matrimonia, fornicationes sunt.* S. Basil. Epist. ad Amphiloch. Can. 42.

par prononcer la peine de nullité, elle doit être appliquée également à l'une et à l'autre. Qu'en déclarant les curés qui contreviennent à cette ordonnance, fauteurs du crime de rapt, elles marquent assez que le seul défaut du consentement des pères et mères est une preuve suffisante du rapt de séduction.

En un mot, que l'esprit des ordonnances a toujours été de déclarer ces mariages nuls, lorsqu'ils sont contractés par des mineurs. Que ceux qui se sont élevés contre l'ordonnance de 1639 l'ont entendue de cette manière; que l'usage l'a ainsi interprétée; que vos arrêts ont confirmé cette interprétation dans le temps que l'auteur même de cette ordonnance (1) vous expliquoit tous les jours, dans cette audience, les motifs et les intentions de la loi.

Qu'enfin, si l'ordonnance ne s'est pas expliquée plus clairement, on doit attribuer cette obscurité au respect que nos rois ont toujours eu pour l'église, à la crainte qu'ils ont eue de paroître entreprendre sur ses droits; sentimens dignes de leur piété et de leur religion, mais qui n'empêchoient pas autrefois les Constantins et les Valentiniens de prononcer la peine de nullité contre tous les mariages qui étoient contraires aux lois civiles.

Que, si l'on opposoit à ces maximes l'autorité du dernier concile, nous pourrions répondre d'abord que nous ne reconnoissons cette autorité que pour les dogmes de la foi, et non pas pour les règles de la discipline; mais l'on pourroit soutenir qu'il est aisé de réunir les deux puissances sur cet article, et de concilier l'empire avec le sacerdoce.

Que, suivant les sentimens du grand homme auquel la France est redevable de la loi la plus parfaite qu'elle ait sur le mariage, le concile a eu en vue de combattre l'erreur dans laquelle sont encore aujourd'hui les protestans; que, par le droit naturel, indépendamment de toute loi civile ou canonique,

(1) Jérôme Bignon.

les pères ont le pouvoir de rendre nuls les mariages de leurs enfans. Que c'est cette opinion que le concile condamne ; autrement il faudroit soutenir qu'il a voulu prononcer anathême, non-seulement contre les lois des plus pieux empereurs, mais contre les canons des conciles, contre les sentimens des pères, contre le consentement unanime des deux églises pendant dix siècles entiers (1).

On pourroit même prétendre que le concile de Trente a compris dans ses défenses portées par son décret, les mariages des enfans de famille, contractés sans le consentement de leurs pères, sous le nom de mariages clandestins ; qu'il a condamné également les uns et les autres, et que c'est ainsi que quelques-uns des docteurs qui ont assisté au concile ont expliqué ses sentimens.

Enfin, ces différentes interprétations, et plusieurs autres que nous ne rapporterons point ici, marquent suffisamment que le décret est fort obscur, que son sens est douteux, que son explication est incertaine, et que les pères du concile ont eu en vue de ne rien décider touchant ce point de discipline, et de laisser à chacun la liberté de suivre ses sentimens et l'usage des états dans lesquels il vivoit.

Nous sommes heureux de n'être point obligés de décider aujourd'hui une question qui a partagé les opinions de tant de personnes illustres. Les circonstances de cette cause nous délivrent de cette peine. Si l'on a pu douter que le seul défaut du consentement des pères et des mères soit un empêchement dirimant le mariage, on a été toujours obligé de reconnoître que c'est au moins une présomption violente du rapt de séduction, qui peut même devenir une preuve parfaite, si elle est soutenue par d'autres circonstances, et fortifiée par d'autres conjectures.

Il est difficile d'en trouver de plus fortes que celles

(1) Voyez le traité intitulé : *Justification des usages de France, sur les mariages des enfans de famille*, par M. le Merre, imprimé à Paris en 1687.

qui se rencontrent en foule dans l'espèce de cette cause.

La qualité des parties, la procédure qui en a été faite en l'année 1662, la fausseté et la supposition qui règnent dans la célébration du mariage, tout parle contre Anne Pousse; toutes ces circonstances sont autant de témoins qui s'élèvent aujourd'hui contre elle, et qui l'accusent de séduction.

L'Escuyer étoit mineur, susceptible de toutes sortes d'impressions, dans cet état que la loi appelle *multorum fraudibus et captionibus obnoxium.*

Quoique Anne Pousse fût aussi mineure, et qu'il semble que les preuves de la séduction étant réciproques, elles se détruisent mutuellement, cependant, quand on considère quelle étoit la condition d'Anne Pousse; une fille abandonnée par son père et par sa mère, sortie de son pays dès l'âge de quatorze ans, accoutumée à servir dans plusieurs maisons : quelle étoit, au contraire, la condition de l'Escuyer, un jeune homme nourri dans la maison de son père, élevé sous les yeux de sa famille; ne peut-on pas croire que, quoique leur âge fût égal, leur expérience ne l'étoit pas, et qu'Anne Pousse, à l'âge de vingt-quatre ans, devoit être considérée comme majeure.

Si l'on compare la naissance et la fortune des parties, le père de l'Escuyer étoit fils d'un riche marchand; il exerçoit la charge de contrôleur des rentes sur l'hôtel-de-ville. Il avoit donné une dot de vingt-quatre mille livres à sa fille; il jouissoit d'un revenu considérable; il n'avoit qu'un fils dans le monde. La naissance d'Anne Pousse est fort obscure; son père et sa mère sont également inconnus. La condition servile qu'elle avoit été contrainte d'embrasser est une preuve incontestable de sa pauvreté.

Nous n'entrerons point ici dans l'examen de la question qui vous a été proposée touchant l'inégalité des personnes.

Si nous parlions dans le sénat de Rome, nous

croyons que ce moyen auroit pu être capable de donner atteinte à la validité d'un mariage.

L'on y raconteroit les différens progrès du droit sur cette matière. L'on y remarqueroit sans doute le soin que les patriciens avoient eu autrefois de ne point se déshonorer par des alliances honteuses avec le peuple ; les séditions qu'excitèrent les lois qui autorisoient les mariages entre les familles patriciennes et plébéïennes. L'on n'y oublieroit pas les fameuses constitutions d'Auguste, qui défendoient aux sénateurs d'épouser les filles des affranchis, ou des femmes qui auroient paru sur le théâtre, et mérité le nom d'infâmes. Enfin, l'on y observeroit la différence des lois d'Auguste, et de celles de Justinien, qui voulut confirmer par une loi ce qu'il avoit déjà autorisé par son exemple.

Mais nous parlons dans un royaume chrétien. La sainteté du christianisme a enfin banni toutes ces différences que la fortune mettoit entre les hommes. La grâce ne connoît point la distinction des personnes ; elle se répand également sur l'esclave et sur l'homme libre ; et, quoique l'on ait suivi, dans les premiers siècles, les constitutions du droit civil, qui ne reconnoissoit point de véritable mariage parmi les esclaves, l'église a enfin changé cet usage, et elle n'a pas exclu de ses sacremens ceux que la profession d'une même foi, le culte d'une même religion, et l'espérance d'une même sanctification, rendent parfaitement égaux aux autres hommes.

Si l'inégalité des conditions ne peut plus donner atteinte à l'essence du mariage, elle sert toujours à faire présumer qu'un homme qui contracte un engagement indigne de sa naissance n'a pas été libre, et que son consentement n'a pas été volontaire.

Mais, lorsque ce moyen se trouve soutenu par celui que l'on tire de la domesticité ; lorsque le mariage n'est pas seulement contracté avec une personne inégale, mais encore avec une servante, ces deux circonstances ne forment-elles pas une preuve invincible de séduction, et n'attirent-elles pas sur le coupable toute la sévérité des lois?

Quel père sera en sûreté, s'il doit tout craindre de ses propres domestiques, si la maison paternelle n'est pas un asile suffisant pour mettre à couvert son honneur et celui de ses enfans; si l'on abuse de toutes les facilités que la domesticité peut donner pour corrompre le cœur d'un jeune homme, pour lui inspirer un attachement criminel, pour le porter à contracter un mariage inégal, pour l'enlever à son père, et le plonger dans la débauche et le libertinage?

Ce mariage, suspect par la qualité des parties, le devient encore plus par toutes les circonstances qui en ont précédé et accompagné la célébration.

On publie un ban dans une paroisse étrangère. Anne Pousse affecte d'y faire sa communion pascale, pour y acquérir un domicile. Le père en est averti; il accuse l'auteur de la séduction; il la fait interroger; elle convient de la passion de l'Escuyer pour elle, des démarches qu'il a faites pour la contenter; elle promet au père, elle promet à la justice de ne le voir jamais. Le père, vaincu par ses prières, trompé par ses espérances, consent à sa liberté. Il se contente d'obtenir des défenses du juge. Quoique ces défenses ne soient pas capables de faire un empêchement dirimant, suivant les dispositions canoniques, et les maximes établies par vos arrêts, elles sont néanmoins une preuve très-forte du rapt de séduction, et l'on ne peut considérer le mariage qui les a suivi six mois après, que comme l'effet des artifices d'Anne Pousse, de la foiblesse de l'Escuyer, de la négligence du père, qui s'est laissé surprendre par les protestations qui lui ont été faites à la face de la justice.

Si la séduction paroît constante, la clandestinité n'est pas moins établie.

Quelle est l'idée que le concile et les ordonnances nous donnent d'un mariage clandestin? Ce ne sont pas seulement ces mariages que l'église n'a point connus, qui n'ont point eu le prêtre ou pour ministre ou pour témoin, qui sont demeurés cachés dans les ténèbres et dans l'obscurité jusqu'à l'article de la mort. Si cette espèce de mariage clandestin est la plus criminelle, elle n'est pas la seule; et les autres, quoique moins coupables, sont néanmoins également condamnés.

La loi civile et la loi canonique ont eu également en vue de réprimer les fréquens abus des mariages clandestins. Elles établissent, pour les prévenir, la publication des trois bans, la nécessité de la présence du propre curé. L'ordonnance ajoute le consentement des pères et des mères. Tout mariage qui ne porte pas ces trois caractères de publicité, et qui n'est pas revêtu de ces formalités essentielles, est un mariage clandestin, également odieux à l'église et à l'état.

Il est vrai que, quoique l'ordonnance et le concile aient établi ces solennités dans toutes sortes de mariages, sans aucune distinction de personnes, d'âge et de condition, et que vos arrêts l'aient ainsi jugé dans le temps que l'on exécutoit à la rigueur une loi nouvelle; cependant il semble que l'usage n'ait appliqué particulièrement la disposition de l'ordonnance qu'aux mariages des mineurs. Mais il seroit inutile d'entrer aujourd'hui dans cette distinction, puisque les parties dont il s'agit étoient mineures dans le temps du mariage, et soumises, en cette qualité, à l'observation la plus rigoureuse de la loi.

Si l'on compare sa disposition avec les circonstances du mariage que nous examinons, peut-on douter qu'il ne renferme les preuves les plus fortes de clandestinité? Point de publication de bans dans la paroisse de l'Escuyer : bans publiés sous des noms supposés dans celle d'Anne Pousse. Le père, bien loin de consentir à ce mariage, s'y est opposé. Le propre curé de l'Escuyer n'en a pas été informé. Ce seroit éluder la sage disposition du concile et de l'ordonnance, que de soutenir qu'il suffit que le curé de la fille en ait eu connoissance. La loi ne se contente pas de la science d'un des curés des parties, elle demande que l'un et l'autre en soient instruits, que les deux paroisses en soient informées. L'on sait qu'il n'est pas nécessaire que les deux curés soient présens à la célébration d'un mariage ; mais il faut au moins que celui qui n'y assiste pas assure l'autre de la connoissance qu'il en a, et qu'il soit, en quelque manière, présent à la célébration par le certificat de la publication des bans.

Si l'on donnoit une autre interprétation à l'ordonnance, ce seroit inutilement qu'elle auroit confirmé cette solennité introduite par le concile. La loi ne veilleroit plus pour les pères. Ils seroient toujours obligés de s'informer à tous momens, et dans toutes les paroisses, si leurs enfans n'y ont point fait publier de bans, s'ils ne se sont point adressés au curé pour les marier. L'ordonnance a voulu les délivrer de cette inquiétude, en exigeant le consentement des deux curés pour la célébration du mariage.

La seule différence que l'on peut observer entre un mariage contracté hors de la présence de l'un des curés des parties, et un mariage célébré par le curé de l'un des contractans, sans la participation de l'autre, est que le premier est directement contraire à la disposition du concile, confirmée par l'ordonnance, et acceptée par vos arrêts ; au lieu que le second est contraire principalement aux lois, qui exigent que le mariage soit célébré publiquement. L'un est nul par l'absence du ministre ou du témoin nécessaire ; l'autre, par le défaut de solennité.

Voilà, Messieurs, toutes les réflexions que nous croyons devoir faire sur ce premier mariage, considéré en lui-même, et sans examiner tout ce qui l'a suivi.

Si tous ces moyens de nullité, si toutes ces raisons, tirées des dispositions civiles et canoniques, étoient proposés contre un mariage célébré depuis peu de temps, l'utilité publique ne nous permettroit pas de confirmer un engagement si criminel, et de récompenser par ce prix la séduction, la fraude, l'imposture, le mépris de l'autorité paternelle, et des lois les plus inviolables.

Mais, qu'il y a de différence entre prononcer sur la validité d'un mariage contracté depuis quelques mois, ou tout au plus quelques années, ou juger de la force d'un engagement qui dure depuis vingt-neuf ans, et que le temps paroît avoir confirmé !

Qu'il est difficile de rétracter un consentement réitéré tant de fois, de considérer comme libres ceux qui se sont crus engagés pendant tant d'années, et de regarder comme un concubinage honteux, ce qui a passé aux yeux des parties, du public et de l'église, pour un mariage légitime !

C'est ce qui fait la principale difficulté de cette cause, et c'est ce qui nous reste à examiner, par rapport aux différentes circonstances qui ont suivi le premier mariage. Mais, avant que d'expliquer toutes les inductions que l'on peut en tirer, nous croyons qu'il est nécessaire de supposer quelques principes généraux, qui nous paroissent fondés sur l'équité naturelle, sur l'utilité publique, et sur la jurisprudence de vos arrêts.

Le mariage doit son institution à la nature, sa perfection à la loi, sa sainteté à la religion.

Comme une union instituée par la nature, il consiste dans la foi mutuelle, dans le consentement libre et volontaire que les parties se donnent réciproquement.

Comme une obligation civile, non-seulement il demande la liberté du consentement, il faut encore que ce consentement soit légitime, c'est-à-dire, qu'il soit conforme aux lois de l'état.

Enfin, comme une société consacrée par la religion, il doit être revêtu de certaines formalités, sans lesquelles l'église ne l'élève point à la dignité de sacrement.

Quoique ces trois espèces de droits concourent à

établir la validité du mariage, on est obligé néanmoins de reconnoître une grande différence entre les conditions qu'ils prescrivent.

Les unes sont tellement essentielles au mariage, qu'elles ne peuvent jamais en être séparées. Elles sont générales pour tous les lieux, pour tous les temps, pour toutes les personnes. Leur défaut ne peut être réparé, parce qu'elles attaquent le lien du mariage dans ce qui en est le principe, la base et le fondement.

Les autres, au contraire, sont introduites plutôt par une loi positive et arbitraire, que par un droit naturel et immuable. Elles ne sont nécessaires que dans un certain temps, à l'égard de certaines personnes, et dans certaines circonstances. Elles sont plutôt des précautions salutaires, que des formalités essentielles; et, quoique la loi puisse déclarer un mariage nul dans son principe, par le défaut de ces conditions qu'elle établit, elles peuvent néanmoins être réparées.

La nature n'établit que deux conditions; elle ne demande que la capacité personnelle des contractans, et la liberté de leur consentement. Mais ces deux conditions sont tellement essentielles, que le défaut ne peut jamais en être suppléé.

Le droit civil ajoute d'autres conditions qui sont d'un ordre bien différent, et qui n'étant fondées que sur une loi positive, ne peuvent être considérées que comme des formalités nécessaires à la vérité en certains cas, mais qui ne sont point absolument irréparables.

Ainsi, quoique les lois aient établi le consentement des pères, comme une condition dont le défaut est quelquefois capable de donner atteinte à l'engagement d'un fils de famille mineur, vous avez néanmoins jugé, par plusieurs arrêts, que cette nullité pouvoit être réparée par le long silence du père, par la longue cohabitation du fils, et par le nouveau consentement qu'il donne à son mariage après sa majorité.

A l'égard du droit ecclésiastique, il a introduit deux sortes de conditions; les unes sont essentielles, et ne peuvent jamais être suppléées; les autres sont arbitraires, le temps et les différentes circonstances qui les suivent, peuvent ou couvrir ou réparer leur défaut.

Il est essentiel au mariage, considéré comme sacrement, que le consentement des parties ait l'église pour témoin; qu'il soit reçu par le prêtre qui la représente, afin que Dieu même confirme dans le ciel cette union qui se contracte sur la terre.

Mais la publication des bans (que nous pouvons regarder comme une formalité ecclésiastique, puisqu'en cela les ordonnances n'ont fait que suivre la disposition des canons), et les autres solennités que l'église a introduites, peuvent, à la vérité, faire déclarer un mariage nul en certains cas; mais, parce que les lois qui les ont établies, n'ont eu en vue que certaines personnes, et certaines circonstances; lorsque ces circonstances ne subsistent plus; lorsque l'état des personnes est changé, et que leur volonté est toujours la même, ce qui étoit nul dans son principe se ratifie dans la suite, et l'on n'applique point au mariage cette maxime, qui n'a lieu que dans les testamens: *Quod ab initio non valet, tractu temporis non convalescit.*

Si l'utilité publique veut que les lois soient observées à la rigueur; que l'on déclare nuls tous les mariages contraires à leurs dispositions; que l'on assure leur autorité par des exemples éclatans; la tranquillité publique, le repos des familles ne souffre point que, par le simple défaut de quelques formalités, on rompe un mariage qui a subsisté pendant tant d'années, sans que les parties intéressées aient réclamé contre leur engagement.

Si les lois civiles et canoniques n'établissent qu'un certain nombre d'années, pendant lesquelles un religieux peut réclamer contre ses vœux; si les nullités qui se trouvent dans une profession religieuse, n'empêchent pas qu'on ne la confirme, lorsque celui qui s'en plaint l'a ratifiée dans un temps non suspect, pourquoi sera-t-il permis à un mari de demander, après dix-huit années, la dissolution d'un engagement qu'il a contracté à la face de l'église, qu'il a confirmé non-seulement par ses actions, par sa conduite, par son silence, mais encore par plusieurs ratifications solennelles, dans un temps où il étoit également libre, et par rapport à sa passion, et par rapport à son père? Le public doit-il prendre moins de part à la validité d'un mariage, qu'à la validité des vœux; et, s'il est défendu à un religieux qui est le seul intéressé dans cette occasion, de rétracter un consentement imparfait dans son principe, mais confirmé dans la suite, permettra-t-on à un mari de changer par son inconstance, non-seulement son état, mais celui de sa femme, de ses enfans, et de toute sa postérité?

Ainsi, Messieurs, telles nullités que nous ayions observées dans le premier mariage, si nous le comparons avec les principes que nous venons d'établir, il semble qu'il est difficile de pouvoir lui donner atteinte après tout ce qui l'a suivi; et pour prouver cette dernière proposition, il suffit d'établir :

1.° Que le consentement des parties a été parfaitement libre.

2.° Que toutes les preuves de séduction sont détruites par la conduite que l'Escuyer a tenue depuis son mariage.

3.° Que ce consentement a été donné à la face des autels, qu'il est revêtu des formalités essentielles au contrat et au sacrement.

4.° Que la longueur du temps a effacé toutes les autres nullités, ou qu'elle a formé des fins de non-recevoir invincibles contre ceux qui pourroient aujourd'hui s'en servir pour attaquer le premier mariage.

Quoique l'on ait voulu révoquer en doute la cohabitation d'Anne Pousse et de l'Escuyer, il est difficile néanmoins de répondre aux preuves par lesquelles on l'établit.

L'on rapporte des baux de maisons, des quittances de loyers données à l'Escuyer, des certificats des propriétaires des maisons qu'ils ont occupées; une attestation du curé de Saint-Cosme, qui déclare qu'il les a vus vivre dans sa paroisse comme mari et femme, qu'il a même quelquefois terminé de petits différens qui troubloient leur union; des dépositions de témoins qui confirment la vérité du même fait; la propre reconnoissance de l'Escuyer, qui expose, dans la requête qu'il a présentée à l'official, qu'il a toujours demeuré avec Anne Pousse, comme avec sa femme légitime.

Il est vrai qu'on oppose à toutes ces preuves des actes encore plus authentiques qui justifient que l'Escuyer a toujours demeuré chez son père.

Ces preuves si différentes, ces faits qui paroissent si opposés, ne sont point contraires. Il est aisé de les concilier, en convenant que les uns et les autres sont également établis, et qu'il y a toute sorte d'apparence qu'un homme qui, dans la suite, n'a pas craint d'avoir trois femmes en même temps, ne faisoit pas difficulté d'avoir deux domiciles; et quoique celui de sa femme fût peut-être plus inconnu que celui de son père, il sert toujours également à prouver la cohabitation, la longueur de la possession, la liberté du consentement de l'Escuyer.

Un mariage qui n'est que l'effet de la séduction, un consentement que les artifices d'une des parties ont extorqué de la foiblesse de l'autre, ne sauroient subsister pendant tant d'années. Comme il n'a point d'autre fondement que la passion, aussitôt qu'elle cesse, il cesse en même temps. Les ténèbres qui cachoient à un homme la honte et la misère de son état, se dissipent, ses chaînes se brisent, le dégoût et le repentir éteignent l'ardeur d'une passion illégitime, et le temps seul est un remède à ses maux. Mais lorsque les réflexions, les remords, les années ne peuvent les guérir; lorsque les parties persévèrent dans les mêmes sentimens; lorsqu'elles réitèrent en pleine majorité, long-temps après le mariage, le même consentement : une séduction si longue perd le nom et l'apparence de séduction, pour prendre la qualité et le caractère d'une affection légitime, ou, pour mieux dire, cette suite, cette persévérance, cette continuation de volonté, dissipe tous les soupçons de la séduction.

Quel est le motif de la loi, lorsqu'elle condamne le rapt de la subornation, et qu'elle le juge même plus dangereux que celui de la violence ?

Elle suppose qu'un esprit aveuglé par sa passion, n'est pas en état de donner un consentement libre, et que le mariage ne pouvant subsister sans cette liberté, la subornation le rend aussi nul que la violence. On peut se défendre contre la force; mais un cœur entraîné par le plaisir, est sans armes et sans défenses, il trouve dans lui-même ses plus grands ennemis.

Mais, lorsqu'il y a des preuves certaines que le consentement a été l'effet d'une volonté libre, toutes ces présomptions se dissipent, elles cèdent à la force des argumens qui nous assurent de la liberté du consentement des parties.

On peut avoir des preuves de cette liberté. Il est difficile d'en avoir de parfaites de la séduction; c'est un secret dont les seules parties intéressées peuvent se rendre témoignage à elles-mêmes.

On n'a que des soupçons, des présomptions, des conjectures, sur lesquelles les juges sont obligés de prononcer. L'utilité publique veut qu'ils admettent cette espèce de preuve, quoique équivoque et incertaine, pour prévenir les malheurs qui suivent les rapts de séduction. Mais aussitôt qu'elle est combattue par une preuve véritable du consentement libre des parties, les soupçons s'évanouissent, les présomptions disparoissent, les conjectures cèdent à la vérité.

Ainsi, dans l'espèce de cette cause, lorsque nous l'avons examinée, par rapport à ses commencemens, nous avons cru devoir présumer le rapt de séduction par toutes les circonstances qui l'accompagnent. Elles sont en effet si fortes et si convaincantes, que si on les avoit expliquées vingt-huit ans plus tôt dans votre audience, et dans le temps qui a suivi immédiatement la célébration de ce mariage, on n'auroit pu se dispenser d'en prononcer la nullité. Mais, quelque grandes qu'eussent été les conjectures, elles n'auroient formé néanmoins qu'une présomption qui se seroit en effet trouvée fausse dans l'événement. Malgré la domesticité, l'inégalité des conditions, la minorité, le mariage auroit pu être volontaire, le consentement libre; l'Escuyer auroit pu être le séducteur, et Anne Pousse séduite. Cependant la présomption, qui est toujours favorable aux enfans de famille, vous auroit portés à condamner ce mariage; mais toutes ces conjectures sont détruites aujourd'hui par des preuves si fortes, qu'il suffit de les exposer pour en faire voir la validité.

L'Escuyer, peu de temps après son mariage, va exercer une commission dans la province d'Anjou; sa femme l'y suit. Les dépositions des témoins, qui ont été lues à l'audience, nous apprennent qu'ils y ont vécu publiquement pendant l'espace de six années, comme mari et femme. La naissance d'une fille confirme leur engagement. Ils la font baptiser sous leurs véritables noms; ils déclarent par un acte passé pardevant notaires, qu'ils ratifient leur mariage. Ils font cette déclaration étant pleinement majeurs, âgés l'un et l'autre de trente ans.

Ils reviennent à Paris, ils louent ensemble différentes maisons. Si l'Escuyer est obligé d'aller à Dreux, il confirme encore par ses lettres l'état de sa femme. Si on le force à contracter un nouvel engagement, il se sert, pour le rompre, de son premier mariage.

Enfin, après quatorze années de possession, à l'âge de trente-huit ans, il présente une requête à l'official, par laquelle il confirme tous les faits que nous venons de vous expliquer : il ratifie de nouveau son mariage; et, pour en assurer la vérité, il demande, il obtient la réformation des registres.

Après tant de ratifications tacites et expresses,

publiques et particulières, doutera-t-on de la liberté du consentement d'un homme qui l'a déclaré à la justice par l'acte qu'il a passé par-devant notaires, à l'église par la requête qu'il a présentée à l'official, au public par la longue cohabitation, et par la naissance de plusieurs enfans?

Si la séduction n'a point eu de part à ce mariage, s'il est certain que le consentement des contractans a été pleinement volontaire, il n'est pas moins constant que cet engagement a été contracté à la face des autels, que l'église l'a consacré par sa bénédiction, qu'il a eu le prêtre pour ministre et Dieu même pour témoin. La nature et la religion reconnoissent dans ce mariage les deux conditions essentielles qu'elles prescrivent. Nous n'avons plus à examiner que les conditions que la loi civile et ecclésiastique y ont ajoutées, et qu'elles semblent imposer, à peine de nullité, et qui se réduisent, dans cette espèce, au défaut de consentement du père, et à la clandestinité.

Quelque grande autorité que la loi donne aux pères sur leurs enfans, elle doit néanmoins être renfermée dans des bornes légitimes. Le défaut de leur consentement peut être un empêchement dirimant; mais toutes sortes de personnes ne peuvent pas opposer cette nullité; les pères mêmes ne peuvent pas s'en servir en tout temps, et en toutes sortes d'occasions.

Ainsi, ce moyen qui pourroit être d'une grande autorité, s'il étoit dans la bouche d'un père ou d'une mère, perd toute sa force quand il n'est proposé que par une troisième femme qui n'a ni caractère, ni qualité qui puisse le rendre favorable.

Il semble même que le père y ait renoncé, en déshéritant son fils. Nous savons que ces deux moyens ne sont point incompatibles, que l'appel comme d'abus, et l'exhérédation, sont deux sortes d'armes différentes que la loi met entre les mains d'un père; qu'il peut se servir de celle qu'il lui plaît, ou même les employer toutes deux contre un fils rebelle à ses volontés. Mais enfin, le père s'est contenté de l'exhérédation; il est mort sans interjeter appel comme d'abus du mariage de son fils ; il ne s'est plaint que de la sentence de l'official ; il semble avoir abandonné, en quelque manière, la voie que la loi lui ouvroit pour détruire cet engagement. Mais quand les choses y seroient entières, y seroit-il recevable?

Quelque sacrés que soient les nœuds de la puissance paternelle, il vient enfin un temps qui en affranchit les enfans. Le fils dont il s'agit aujourd'hui, est parvenu à cet âge, sans que son père eût formé aucune plainte contre son mariage ; il l'a confirmé en pleine majorité : après cela, permettra-t-on à un père de rompre, malgré un silence de plus de dix-huit années, un mariage concordant, de troubler le repos d'une famille, de détruire l'état des enfans? Le temps seul rend sa plainte inutile, et sa prétention défavorable.

Nous n'ignorons pas que l'on peut dire en faveur du père, que le mariage de son fils a toujours été clandestin, que la supposition des noms, l'obscurité dans laquelle a vécu sa première femme, les défenses du juge qu'il avoit obtenues, font en même temps la justification du père, et la condamnation d'Anne Pousse.

Mais peut-on présumer que, pendant tant d'années, il ait absolument ignoré ce mariage?

L'Escuyer lui-même nous apprend le contraire dans la requête qu'il a présentée à l'official. Il expose que les raisons qui l'avoient obligé de cacher son mariage ne subsistent plus. Quelles étoient ces raisons? En allègue-t-on d'autres que le défaut de consentement de son père? Et quand un majeur, dans une requête qui ne pouvoit être secrète, avance un fait de cette qualité, ne doit-on pas présumer qu'il est véritable, et que le défaut de consentement de son père (la seule raison qui ait pu l'obliger à dissimuler son mariage) avoit entièrement cessé?

Depuis cette requête, depuis la sentence de l'official, depuis la réformation des registres, on ne peut pas prétendre que l'Escuyer ait déguisé son nom, qu'il ait caché sa qualité, que son mariage ait été fort secret; la procédure de l'officialité l'avoit rendu public : il a vécu avec Anne Pousse sous le nom de l'Escuyer pendant deux années entières, avant la célébration du troisième mariage; comment son père a-t-il pu l'ignorer ?

En 1677, il est arrêté prisonnier en vertu d'une sentence des consuls; il s'adresse dans ce malheur, non pas à son père, quoique la dette qui donnoit lieu à la contrainte par corps, fût une dette commune avec lui : il écrit aussitôt à Anne Pousse, il lui mande de lui apporter de l'argent; il lui indique le lieu de sa maison où elle en trouvera; et, par cette lettre, il prouve en même temps et l'union qui étoit entre lui et sa femme, et la vérité de son domicile chez elle, et la connoissance que son père a eue de son mariage. Comment un père qui a les mêmes affaires, les mêmes intérêts que son fils, qui sait qu'il est emprisonné pour une dette commune, aura-t-il ignoré que c'est sa femme qui l'a secouru dans cette nécessité, qui lui a apporté de l'argent pour le faire sortir de prison? Si l'on réunit toutes ces circonstances, si l'on ramasse toutes ces conjectures, nous croyons qu'il est difficile de se persuader que le père n'ait jamais eu aucune connoissance du premier mariage.

Mais, sans entrer dans le détail de toutes ces présomptions, ou il a su le premier engagement de son fils, ou il l'a ignoré.

S'il l'a su, son silence est un consentement aussi fort qu'une approbation formelle.

S'il l'a ignoré, il est inexcusable. Un fils aura vécu publiquement, et dans le pays du Maine et dans Paris, pendant seize années avec une femme, comme avec sa femme légitime; il lui aura écrit plusieurs lettres sous le nom de l'Escuyer, il aura demandé publiquement la réformation de l'acte de célébration de son mariage, et le père prétendra qu'il a pu légitimement ignorer tout ce qui s'est passé ?

Si la mère, qui défend aujourd'hui ses intérêts,

avoue qu'il ne s'est jamais informé de la conduite de son fils; que, quoiqu'il eût plusieurs intérêts communs avec lui, quoiqu'il fût parfaitement instruit de toutes ses affaires, il n'a pourtant jamais su le lieu où il demeuroit quand il ne logeoit pas chez lui, ni les engagemens dans lesquels il vivoit: elle doit vous avouer en même temps, qu'il a en quelque manière abandonné son fils, qu'il a abdiqué sa puissance paternelle, et qu'il ne peut plus exercer aujourd'hui un pouvoir auquel il a renoncé.

Que si au contraire, il a eu encore quelque attention sur les actions de son fils, s'il a observé ses démarches, s'il n'a pas négligé entièrement sa conduite, il n'a pu ignorer au moins qu'il avoit un attachement criminel pour une concubine; et s'il a eu quelque connoissance de ce mauvais commerce, comment ses anciens soupçons contre Anne Pousse ne se sont-ils pas réveillés? Comment a-t-il pu oublier et la plainte qu'il avoit rendue, et la sentence qu'il avoit obtenue contre elle? Comment a-t-il pu ignorer qu'il y avoit dans ce commerce quelque chose de plus qu'un concubinage? Pourquoi n'a-t-il pas examiné, approfondi, pénétré ce mystère? Dira-t-il qu'il s'est reposé sur la foi des défenses prononcées par le juge? Mais a-t-il cru que la passion pût respecter de pareilles défenses; et ne devoit-il pas au contraire redoubler ses précautions, augmenter l'attention qu'il avoit toujours eue sur son fils; et l'ayant cru capable de contracter un tel mariage, les moindres apparences ne devoient-elles pas lui être entièrement suspectes?

Quelle peut donc être la force des moyens que l'on nous propose du chef d'un père, ou qui a consenti au mariage de son fils, ou qui, par sa négligence, par une ignorance inexcusable, par une abdication tacite de son pouvoir, s'est rendu indigne d'être entendu dans le tribunal de la justice, qui ne protège les pères, que quand ils savent user sagement de l'autorité qui leur est confiée?

Il ne nous reste donc plus à examiner que les

moyens qui paroissent avoir réparé le défaut de clandestinité.

L'esprit des lois qui ont défendu les mariages clandestins, a été de s'opposer aux abus qui en sont les suites ordinaires; de donner lieu à ceux qui peuvent savoir des empêchemens dirimans, de les proposer, d'avertir les pères du mariage de leurs enfans.

Quand la clandestinité n'a point servi d'occasion à tous ces abus, ou plutôt, lorsque ceux qui auroient eu un juste sujet de s'en plaindre dans le temps que le mariage a été contracté, sont déchus de ce droit par un silence de plusieurs années, par une ignorance volontaire, par une négligence criminelle, l'on peut dire que de toutes les nullités, c'est la plus facile à réparer. Elle n'empêche point la liberté du consentement. Elle n'attaque point le mariage dans son essence; et lorsque le mariage est devenu public, quoiqu'il ne l'ait été que long-temps après la célébration, on oublie aisément les défauts de solennité qu'il a pu avoir dans son principe.

Qui sont ceux qui se plaignent aujourd'hui de la clandestinité? C'est une mère, que sa qualité rend, à la vérité, favorable, mais que sa négligence, comme nous l'avons déjà observé tant de fois, rend absolument non-recevable. Et, dès le moment que les plaintes du père ou de la mère ne peuvent plus être écoutées, le fils doit être considéré comme un majeur, comme un homme libre, qui a contracté un engagement volontaire, auquel le seul vice de clandestinité ne pourroit pas donner atteinte.

Ce sont deux femmes qui ont contracté des engagemens postérieurs, incapables de détruire un mariage précédent.

C'est un mari qui s'accuse lui-même de fraude, de supposition, d'imposture.

Il n'y eut jamais de clandestinité réparée d'une manière plus solennelle, plus publique, plus éclatante, que celle du mariage que nous examinons. L'Escuyer ne s'est pas contenté de le rendre public par un acte passé par-devant notaires, par la qualité de femme qu'il a toujours donnée dans ses lettres à Anne Pousse ; il s'est adressé à l'official pour lui donner toute la solennité qui pourroit lui manquer. Nous n'ignorons pas les différens moyens par lesquels on a voulu vous faire voir que cette sentence est abusive.

Il semble d'abord qu'un official ne puisse, sans commettre une entreprise sur la juridiction séculière, ordonner la réformation d'un registre qui porte, pour ainsi dire, le sceau et le caractère de l'autorité royale. Quand même il auroit eu ce pouvoir, ne peut-on pas dire qu'il en a abusé, puisqu'il étoit nécessaire, avant toutes choses, de faire appeler les parens des parties, de s'informer des raisons qui avoient pu porter les contractans à dissimuler leurs noms, à cacher leur mariage? Cependant quand on considère que les parties, qui se sont adressées à l'official, étoient pleinement majeures, maîtresses de leurs actions, affranchies de la puissance paternelle ; que sa sentence ne fait aucun préjudice au droit de toutes les parties ; qu'elle laisse au père la liberté de se plaindre du premier mariage, qu'elle n'ôte point la preuve ni de la supposition, ni de la clandestinité: il semble qu'on ne doit la regarder que comme un acte par lequel les parties rendent public un mariage qui avoit été secret jusqu'alors. Et si cet acte est d'une extrême importance pour la décision de cette cause, c'est uniquement par les preuves qu'il nous fournit de la liberté du consentement de l'Escuyer, par la ratification qu'il y fait de son mariage, par la publicité qu'il lui donne, et non pas par la confirmation que l'on prétend en avoir été faite par l'official.

Vous voyez donc, MESSIEURS, que quelques nullités qui se trouvent dans le premier mariage, l'on peut dire qu'elles sont réparées par ce qui l'a suivi.

La volonté de l'Escuyer ne paroissoit pas libre dans le temps qu'il a contracté. Toutes les circonstances de cette cause sembloient établir la preuve d'un rapt de subornation ; mais la longue possession, la naissance des enfans, les ratifications publiques qu'il en a faites, le temps même, sont des preuves convaincantes que ce mariage, quelque inégal qu'il paroisse, a été l'ouvrage d'une volonté parfaitement libre; que c'est inutilement que l'Escuyer implore aujourd'hui la protection des lois qu'il a lui-même tant de fois violées; et que la bassesse de la naissance de celle qu'il a épousée, l'indignité de son premier mariage, après avoir autrefois augmenté son crime, servent d'instrumens à sa punition.

Son consentement ne paroissoit pas légitime dans son principe; la loi condamnoit l'engagement téméraire d'un fils de famille, qui disposoit de sa personne contre la volonté de son père. Mais il a confirmé cet engagement dans un âge où il n'étoit plus soumis à la puissance paternelle. Le père par son silence, par sa négligence, s'est privé du pouvoir que la loi lui avoit donné.

Son mariage n'étoit pas solennel; la supposition et la fausseté avoit consommé l'ouvrage que la passion avoit commencé. Mais ces moyens, que les lois ont établis principalement en faveur des pères, deviennent inutiles lorsque les pères ne peuvent plus s'en servir.

Nous n'ajouterons plus à toutes ces réflexions, qu'un dernier moyen, qui ne nous paroît pas moins décisif que ceux que nous avons eu l'honneur de vous proposer.

Quand on voudroit soutenir qu'après tout ce qui a suivi ce premier mariage, il n'étoit pas encore entièrement légitime ; que les ratifications de l'Escuyer étoient des actes incapables de lui donner la validité qu'il n'avoit pas dans son principe, peut-on douter, au moins, que ce mariage, tout imparfait qu'il est, ne fût un véritable engagement, une obligation que l'Escuyer seul ne pouvoit violer ?

Si nous reconnoissons que les voies de nullité n'ont point de lieu en France; qu'il faut que l'autorité royale intervienne pour résoudre une simple promesse; qu'il n'y a presque point d'obligation que l'on puisse annuler sans les lettres du prince, exceptera-t-on de cette règle générale, la plus indissoluble de toutes les obligations, et le contrat le plus important de la société civile? Permettra-t-on à un homme, qui se croit engagé, qui a persévéré dans cet engagement pendant tant d'années, de se rendre juge de la validité de son engagement, de rompre ses nœuds par son autorité particulière, et de contracter un second mariage, sans avoir fait déclarer la nullité du premier ?

Nous n'ignorons pas cependant que l'on a confirmé plusieurs mariages contractés au préjudice d'un premier engagement.

Mais dans quelle espèce a-t-on pu rendre de pareils jugemens ? Lorsque le premier mariage étoit tellement nul, que les parties ne pouvoient se croire véritablement engagées; lors, par exemple, qu'un fils de famille mineur, dont la séduction est constante, s'étant marié sans publication de bans, sans présence du propre curé, réclame aussitôt après son mariage l'autorité des lois et la protection de la justice. Quoiqu'il fût plus régulier d'attendre que le premier mariage fût déclaré nul, on excuse cependant la précipitation d'un homme qui s'engage avant la fin d'un procès dont l'événement ne peut être douteux.

Mais lorsque les parties ont cru leur engagement valable pendant le cours de seize années entières, lorsqu'ils l'ont déclaré par des actes publics, lorsque l'église les a reçus à la participation de ses sacremens, comme des personnes dont l'union étoit légitime; que le public les a toujours considérés comme mari et femme, qu'eux-mêmes se sont toujours donnés cette qualité mutuellement, ne doit-on pas rentrer dans le droit commun, et décider que ce premier mariage, défectueux à la vérité dans son commencement est néanmoins un empêchement capable de dirimer ceux qui l'ont suivi, et ne peut-on pas dire que la seconde et la troisième femme, sont ici sans intérêt, puisqu'indépendamment de la validité du premier mariage, il faudroit toujours prononcer la nullité des engagemens qu'elles soutiennent, et que, dans le concours d'un mariage douteux avec un mariage nul, le premier mériteroit toujours la préférence, surtout lorsque la longue possession, et autres circonstances que nous avons observées, semblent l'avoir entièrement affermi ?

Si le premier mariage ne peut plus désormais recevoir aucune atteinte, il est superflu d'entreprendre de dissiper les ténèbres qui environnent le mariage de Dreux ; il est inutile d'examiner si la surprise et la violence ont arraché à l'Escuyer un consentement involontaire, ou si c'est lui au contraire qui, après avoir enlevé une fille à ses parens, ne lui a laissé pour prix de sa complaisance, que le nom honteux de concubine. La transaction d'Elisabeth de la Sanserie n'est point contraire aux bonnes mœurs, son désistement est valable.

Nous ne vous dirons point non plus que le troisième mariage n'est pas aussi favorable qu'on a voulu vous le persuader ; que dans le temps que l'on prétend prouver, par des actes publics, que l'Escuyer demeuroit dans la paroisse de Saint-Louis en l'île, on le suppose néanmoins dans la publication des bans, domicilié dans celle de Saint-Roch ; qu'un prêtre inconnu assure le curé du consentement du père et de la mère de l'Escuyer ; que la procuration qu'on rapporte aujourd'hui, n'est point énoncée dans l'acte de célébration, qu'elle est sous signature privée ; que dans le temps de ce mariage, non-seulement l'Escuyer avoit perdu le souvenir de ses premiers engagemens, mais qu'il avoit même oublié le nom de son père, puisqu'au lieu de le nommer Adam-Simon l'Escuyer, on lui donne le nom de François l'Escuyer ; qu'enfin, depuis la célébration de ce prétendu mariage, l'Escuyer a encore demeuré, pendant plus d'une année, avec sa première femme ; qu'ainsi ce dernier engagement n'est pas exempt des soupçons de fausseté, de supposition, de clandestinité qui rendroient le premier nul, s'ils n'avoient été réparés dans la suite.

Sans entrer dans l'examen de toutes ces circonstances, dès le moment que le premier mariage subsiste, tous ceux qui l'ont suivi sont des engagemens illégitimes, auxquels on ne peut donner le nom de mariage, que pour convaincre l'Escuyer d'infidélité, d'imposture, ou du crime de polygamie.

Nous n'avons donc plus qu'une difficulté à examiner par rapport à l'intérêt des parties : elle consiste à savoir si les derniers mariages ne pouvant subsister, la troisième femme n'est pas bien fondée à demander au moins des dommages et intérêts.

Toutes les circonstances de cette cause nous persuadent qu'on ne peut lui refuser sans injustice une réparation très-considérable. C'est une fille d'une naissance élevée au-dessus de celle de l'Escuyer, plus malheureuse que coupable dans cette affaire. Elle n'avoit aucune connoissance des premiers engagemens de son prétendu mari. Elle a été trompée par le nom et par l'apparence de mariage. Sa bonne foi, la perfidie de celui qu'elle a cru avoir pour époux, doivent vous porter, Messieurs, à lui accorder cette triste consolation dans son malheur.

Jusqu'ici, Messieurs, nous n'avons parlé que de ce qui regarde l'intérêt des particuliers : nous vous avons expliqué les différentes raisons qu'on emploie de part et d'autre, nous y avons joint nos réflexions; et, quoique le premier mariage ne soit pas exempt d'abus, qu'il paroisse au contraire plein de nullités, nous avons cru qu'elles étoient réparées par tout ce qui les a suivies, et que les fins de non-recevoir devoient décider cette contestation. Mais nous ne pouvons finir ce discours, sans vous représenter ici que l'intérêt public exige aujourd'hui de votre justice ce que les parties qui plaident ne vous ont point encore demandé.

Vous avez reconnu, par toutes les circonstances de cette cause, le caractère de l'Escuyer; sa légèreté, son insconstance, la perfidie avec laquelle il a abusé de la facilité de trois femmes différentes, la profanation qu'il a faite des sacremens. La religion et la justice, l'église et l'état, l'intérêt public et particulier vous demandent également un exemple qui arrête par la crainte d'une juste punition, ceux que l'honneur et la conscience ne sauroient retenir dans leur devoir, et qui réprime ces excès si fréquens de nos jours, qu'ils ont presque désarmé la juste sévérité des lois.

Si nous regardons cette affaire par rapport à l'utilité des parties qui en attendent la décision, elle est pleine de doutes, d'obscurité, d'incertitude. Le combat perpétuel de la rigueur des lois avec l'équité, en rend la décision si difficile, que nous aurions souhaité plusieurs fois de n'être point obligés de nous déterminer dans une cause si douteuse.

Mais, à l'égard de l'intérêt public, elle ne peut recevoir aucune difficulté; et puisque le temps et le silence du père rendoient le premier mariage favorable, les obligations de la place que nous avons l'honneur d'occuper, nous imposent la nécessité de vous parler ici au nom du public. Nous croirions manquer à notre devoir, et trahir notre ministère, si nous ne représentions à la cour, que quelque parti qu'elle prenne dans cette cause, il est toujours également nécessaire de décerner une prise de corps contre l'Escuyer. Si elle juge dès à présent cette contestation, et qu'elle confirme, par son arrêt, le parti que nous osons lui proposer, elle le déclarera en même temps atteint du crime de polygamie; et lorsqu'il sera arrêté, il ne s'agira plus que de prononcer sa condamnation.

Si au contraire la grande difficulté de cette affaire vous oblige, Messieurs, à suspendre votre jugement pour balancer toutes les raisons différentes qui se rencontrent de part et d'autre, vous avez dès à présent assez de preuves du crime de l'Escuyer pour lui faire son procès. Quel que soit l'événement de cette contestation, il sera toujours coupable, et il a mérité, par sa conduite, d'être sacrifié à la tranquillité des familles, à l'observation des lois, et à la vengeance publique.

Ainsi, nous estimons qu'il y a lieu de recevoir la partie de M.e Chibert et celle de M.e de Retz, parties intervenantes, faisant droit sur leur intervention, donner acte à la partie de M.e Boischevrel, de ce qu'elle se désiste de l'appel comme d'abus qu'elle avoit interjeté de la célébration du premier et du troisième mariage, ensemble des lettres de rescision qu'elle avoit obtenues contre la transaction de l'année 1680. En conséquence, en tant que touchent les appellations comme d'abus interjetées par la partie de M.e Tévart, de la célébration du premier mariage, et par celle de M.e de Retz, de la sentence de l'official, la déclarer non-recevable; et, sur l'appel comme d'abus, interjeté par la partie de M.e Joly de Fleury, de la célébration du second et troisième mariage, dire qu'il y a abus, déclarer la partie de M.e Chibert, fille légitime de Pierre-Antoine l'Escuyer et d'Anne Pousse, condamner la partie de M.e Soucaville aux dommages et intérêts de la partie de M.e Tévart, qui nous paroissent devoir être fort considérables. Faisant droit sur nos conclusions, ordonner que l'Escuyer sera pris et appréhendé au corps, et conduit dans les prisons de la conciergerie, pour lui être son procès fait et parfait, à la requête de M. le procureur-général.

Arrêt prononcé par M. le président de Harlay le 19 juillet 1691.

Entre damoiselle Anne Pousse, femme du défendeur ci-après nommé, tant en son nom, que pour damoiselle Geneviève l'Escuyer, leur fille, appelante comme d'abus des célébrations de deux mariages par le défendeur contractés, l'un avec damoiselle Élisabeth de la Sanscrie, le six février mil six cent soixante-treize, et l'autre du vingt-huit février mil six cent soixante-dix-huit, avec damoiselle Anne de Corneille, depuis et au préjudice du mariage de ladite appelante avec ledit intimé ci-après nommé, d'une part; Antoine l'Escuyer, sieur de la Fernaye, mari de l'appelante, intimé, d'autre. Et entre ladite damoiselle Pousse, esdits noms, demanderesse aux fins de la commission par elle obtenue en chancellerie le vingt-un juin mil six cent quatre-vingt-un, suivant les exploits des vingt-trois dudit mois de juin et dix juillet ensuivant, à ce que l'arrêt qui interviendroit sur ledit appel fût déclaré commun avec elles; ce faisant, que défenses leur seroient faites de plus à l'avenir, prendre le nom des femmes dudit sieur l'Escuyer, et d'habiter avec lui, d'une part; et lesdites damoiselles de la Sanserie et de Cormeille, défenderesses, d'autre part. Et entre M.e Charles Nolson, licencié ès lois de la faculté de Paris, et damoiselle Geneviève l'Escuyer, fille dudit Pierre-Antoine l'Escuyer, et de ladite damoiselle Anne Pousse, sa femme, demandeurs en requête du quatorze décembre mil six cent quatre-vingt-neuf, signifiée le dix-neuf dudit mois, à ce qu'il plût à la cour les recevoir parties intervenantes en l'instance d'entre ladite damoiselle Pousse et lesdits l'Escuyer, de la Sanserie et de Cormeille; et y faisant droit, déclarer ladite damoiselle l'Escuyer, fille légitime dudit sieur Pierre-Antoine l'Escuyer, son père, et habile à succéder à ses biens, et ordonner que, sur iceux elle jouiroit, par manière de provision alimentaire, de la somme de mille livres par an, d'une part; et lesdits sieur l'Escuyer et damoiselles de la Sanserie et de Cormeille, défendeurs, d'autre. Et entre ladite damoiselle de Cormeille, demanderesse en requête du treize juin dernier, à ce qu'elle fût reçue appelante, comme d'abus de la célébration du mariage du sieur l'Escuyer avec ladite damoiselle Pousse, du treize novembre mil six cent soixante-deux, sous les noms de Nicolas de la Rouvraye et Anne de la Ferrière, et de tout ce qui a suivi; que ladite célébration fût déclarée nulle et abusive; que défenses fussent faites à ladite épouse de se dire femme dudit l'Escuyer, et qu'elle fût condamnée en ses dommages, intérêts et dépens, et ladite damoiselle Pousse, défenderesse, d'autre. Et entre damoiselle Elisabeth de la Sanserie, demanderesse, en requête du vingt dudit mois de juin, à ce qu'il plût à la cour la recevoir appelante, comme d'abus des célébrations des deux mariages de ladite damoiselle Pousse, du treize novembre mil six cent soixante-deux, et ladite damoiselle de Cormeille, du vingt-un février mil six cent soixante-dix-huit, avec ledit sieur l'Escuyer, dire et déclarer qu'il y a abus dans lesdites célébrations, faire défenses auxdites Pousse et de Cormeille de prendre la qualité de femmes dudit sieur l'Escuyer, et de le hanter et fréquenter, et les condamner aux dépens, d'une autre part; et ledit sieur l'Escuyer et lesdites Pousse et de Cormeille, d'autre. Et encore entre ladite damoiselle Pousse, demanderesse, en requête du onze du présent mois de juillet, d'une part, et ledit sieur l'Escuyer, son mari, et lesdites damoiselles de la Sanserie et de Cormeille, défendeurs, d'autre. Et entre damoiselle Catherine Génard, veuve d'Adam-Simon l'Escuyer, mère dudit sieur Pierre-Antoine l'Escuyer, aussi appelante, comme d'abus d'une sentence de l'officialité de Paris, du vingt-huit juillet mil six cent soixante-seize, d'une part, et ladite damoiselle Anne Pousse, intimée, d'autre, sans que les qualités puissent nuire ni préjudicier auxdites parties. Après que Joly de Fleury, pour Anne Pousse; Soucaville, pour l'Escuyer; Boischevrel, pour ladite de la Sanserie; Tévart, pour ladite de Cormeille; de Retz, pour ladite Génard; et Chibert, pour ledit Nolson et sa femme, ont été ouïs pendant six audiences; ensemble d'Aguesseau, pour le procureur-général du roi :

LA COUR reçoit les intervenans parties intervenantes; sur les appellations, comme d'abus, appointe les parties au conseil, et sur les demandes en droit et joint; faisant droit sur les conclusions du procureur-général du roi, ordonne que le nommé l'Escuyer sera pris et appréhendé au corps et constitué prisonnier à la Conciergerie du palais, pour être ouï et interrogé, et répondre aux conclusions que le procureur-général du roi voudra prendre contre lui, si pris et appréhendé peut être, sinon ajourné à comparoir suivant l'ordonnance; cependant sera payé à la partie de Joly la somme de douze cents livres de provision; et, en conséquence, de la déclaration de la partie de Boischevrel qu'elle ne veut point se servir du prétendu extrait de mariage d'entre elle et ledit l'Escuyer, ordonne que l'amende, pour raison de l'inscription de faux, sera rendue, à ce faire le receveur contraint; ce faisant, déchargé.

HUITIÈME PLAIDOYER.

DU 24 JUILLET 1691.

Dans la cause de M. le duc de BRISSAC, contre les cordeliers de BRESSEVIC, les créanciers de la maison du BELLAY.

Sur la prescription des rentes constituées, appelée le ténement de cinq ans, dans la coutume d'Anjou.

Cette prescription a-t-elle lieu, 1.° Contre les absens? 2.° Contre l'église? 3.° Pour une rente de don et legs?

LA décision de cette affaire dépend uniquement de l'interprétation de la coutume d'Anjou, dont les dispositions singulières à l'égard de la prescription, forment trois questions différentes, qu'il est nécessaire d'examiner dans cette cause.

La première consiste à savoir si les absens peuvent être exceptés de la loi générale dans la province d'Anjou, qui soumet aux ténemens de cinq et de dix ans toutes sortes de rentes constituées.

La seconde regarde l'intérêt de l'église, qui prétend qu'elle ne doit point être comprise dans cette prescription odieuse que la coutume d'Anjou a introduite, et qu'on ne peut lui opposer que la prescription de quarante ans, que les lois civiles et ecclésiastiques ont également accordée à l'église.

Enfin, la dernière question sur laquelle vous avez à prononcer, c'est de savoir quelle est la nature de la rente dont on demande aujourd'hui le paiement; si elle sera considérée comme une rente foncière, ou comme une simple rente constituée.

Voilà, MESSIEURS, l'idée générale des questions que vous avez à décider; mais, avant que de les expliquer en détail, il est nécessaire de reprendre en peu de mots le fait et les moyens des parties.

En 1510, Thibault de Beaumont, seigneur de Thouarcé, et de plusieurs autres terres situées dans le ressort de la coutume d'Anjou, fait un testament par lequel il charge ses héritiers de faire célébrer à perpétuité les services qu'il avoit accoutumé de faire dire un jour de la semaine dans le couvent de la Bassemet, près d'Angers, et dans le couvent des cordeliers de Bressevic. Il veut que les religieux de ces monastères aient ces jours-là leurs vivres et provisions en la manière qu'il avoit accoutumé de leur fournir. Ce sont les termes du testament. Les religieux de la Bassemet ont obtenu un arrêt des grands jours tenus sous François Ier en 1533, par lequel on condamne les héritiers du sieur du Bellay à exécuter le testament de Thibault de Beaumont Cet arrêt est suivi d'un autre en l'année 1567, par lequel on liquide les vivres et provisions légués aux cordeliers de la Bassemet à quarante sols par chaque semaine. Jusqu'ici il ne paroît point que les cordeliers de Bressevic aient encore fait aucune poursuite contre les sieurs du Bellay, héritiers de Thibault de Beaumont. Mais, en l'année 1597, ils ont demandé que les arrêts obtenus par les religieux de la Bassemet, fussent déclarés exécutoires à leur profit contre Eustache du Bellay, évêque de Paris. Cette requête ayant été présentée à la chambre des vacations, on a condamné par provision Eustache du Bellay à payer aux religieux de Bressevic, la rente de cent quatre livres par an, à laquelle on liquide les vivres et provisions léguées par Thibault de Beaumont. Cette rente, fondée par un testateur dès l'année 1510, liquidée par plusieurs arrêts, et confirmée par un dernier testament d'Eustache du Bellay, évêque de Paris, n'avait point encore été assignée sur aucune terre en particulier. Les cordeliers n'avoient qu'une hypothèque générale sur tous les biens de la maison du

Bellay. Mais, en l'année 1653, Charles du Bellay a passé une transaction avec les cordeliers, par laquelle, après avoir payé tous les arrérages qui pouvoient être dus de cette rente, on en assigne le paiement sur le marquisat de Thouarcé, sans préjudicier à l'hypothèque générale que les cordeliers avoient sur tous les autres biens de Thibault de Beaumont. Cette transaction a été exécutée de bonne foi de part et d'autre. Les cordeliers ont célébré les services, on leur a payé la pension jusqu'en l'année 1663. Les affaires de la maison du Bellay étant tombées dans le désordre, les créanciers ont été mis en possession de tous ses biens. La terre de Thouarcé a été adjugée à M. le duc de Brissac, à la charge des droits seigneuriaux, féodaux, cens et rentes foncières, même de celle de cent livres due au chapitre de Giseux, en cas qu'elle soit encore due; ce sont les termes de l'adjudication.

Depuis l'année 1663, jusqu'en l'année 1675, M. le duc de Brissac a joui paisiblement du marquisat de Thouarcé, sans trouble, sans interruption de la part des cordeliers. En l'année 1675, les cordeliers l'ont fait assigner aux requêtes de l'hôtel, pour être condamné à leur payer et continuer la rente de cent quatre livres; il ne paroît pas que cette assignation ait été suivie d'aucune procédure jusqu'en l'année 1680. Pendant ce temps, les affaires de M. le duc de Brissac ont eu la même destinée que celle de la maison du Bellay. Ses biens ont été mis en direction. Les cordeliers ont dirigé leur action contre ses créanciers. Cette requête a été dénoncée aux directeurs des créanciers du Bellay. La cour, sur toutes les demandes des parties, les a appointées en droit. Après les productions respectives des parties, les cordeliers ont fourni des contredits, contre lesquels il ne paroît point qu'il y ait eu de salvations produites. Il est même important de remarquer que depuis l'année 1682, jusqu'à l'année 1687, les parties sont demeurées dans le silence de part et d'autre.

En l'année 1687, par un acte passé entre M. le

duc de Brissac et ses créanciers, il est rentré dans la possession du marquisat de Thouarcé, déchargé de toutes hypothéques de ses créanciers, à la charge néanmoins de payer et acquitter à l'avenir toutes les rentes, charges foncières, réelles, et autres dont la terre peut être tenue. En conséquence de cet acte, M. le duc de Brissac a présenté le 24 mars de l'année 1687, une requête par laquelle il demande d'être reçu partie intervenante, attendu que, depuis la cession qui lui a été faite du marquisat de Thouarcé, il est seul partie capable pour contester avec les cordeliers. Sur cette requête on a mis un *viennent;* elle a été signifiée au procureur des cordeliers, et au procureur des directeurs des créanciers du Bellay.

On rend au préjudice de cette requête, l'arrêt contre lequel M. le duc de Brissac revient par opposition. On déclare, par cet arrêt, la terre de Thouarcé affectée et hypothéquée, au paiement de la rente de cent quatre livres, et sur la demande en sommation contre les directeurs des créanciers du Bellay, on met les parties hors de cour et de procès.

Cet arrêt a été suivi de plusieurs procédures dont le détail seroit inutile. Il suffit seulement d'observer que les directeurs des créanciers de M. de Brissac, ont ordonné que les cordeliers seroient payés sur un certain fonds. Madame la duchesse de Brissac a formé opposition à la délivrance des deniers; et c'est une des requêtes sur lesquelles vous avez à prononcer. Ainsi, pour reprendre en peu de mots les différens intérêts des parties qui plaident dans cette cause, M. le duc de Brissac est demandeur en opposition à l'arrêt du mois de décembre 1687, et demandeur en sommation contre les directeurs des créanciers du Bellay. Les cordeliers sont défendeurs à cette opposition; ils prétendent aussi exercer un recours contre les créanciers du Bellay. Ils demandent enfin main-levée de la saisie faite à la requête de Madame la duchesse de Brissac. La dernière partie qui paroît dans cette audience, ce sont les directeurs des créanciers du Bellay, défendeurs à l'opposition de M. le duc de Brissac, et aux sommations, tant de M. le duc de Brissac, que des cordeliers.

Les moyens par lesquels on veut donner atteinte à l'arrêt de 1687, paroissent considérables et dans la forme et dans le fond. Dans la forme, M. le duc de Brissac n'a point été partie dans l'arrêt dont il se plaint. Il avoit présenté une requête à fin d'intervention, qui n'a point été réglée, qui n'a pas été jointe, qui n'est pas même dans le vu de l'arrêt. Il prétend être dans le cas de l'ordonnance, qui permet de se pourvoir par simple requête à fin d'opposition contre les arrêts dans lesquels on n'a point été partie. C'est un tiers intéressé qui n'a point été entendu; mais il y a plus : il étoit le seul, le véritable contradicteur; et l'arrêt est rendu avec des parties qui n'avoient plus aucun intérêt, aucune qualité pour pouvoir former une contestation légitime. M. le duc de Brissac étoit rentré dans la possession du marquisat de Thouarcé dès le mois de janvier de l'année 1687. Le contrat qu'il avoit passé avec ses créanciers ne pouvoit être inconnu aux cordeliers, aux directeurs du Bellay. Il leur avoit été signifié. Ils savoient parfaitement que les créanciers avoient cessé d'être propriétaires de la terre de Thouarcé, et en même temps d'être capables de contester sur le fonds de la rente; les créanciers même de Brissac, depuis cet accommodement, n'avoient plus fourni de contredits ni de salvations. Cependant on surprend, par artifice, un arrêt que la cour n'auroit jamais rendu si sa religion avoit été plus instruite. Mais, dans le fond, on soutient que l'on n'a pu ordonner la continuation de la rente en faveur des cordeliers, sans attaquer et l'esprit et la disposition de la coutume d'Anjou : que cette coutume a introduit deux sortes de ténemens pour la prescription des hypothèques; l'un de cinq ans pour les rentes constituées depuis trente ans; l'autre de dix ans pour les rentes dont l'origine est plus ancienne : que de quelque manière que l'on considérât la rente dont il s'agit, comme constituée ou depuis ou avant trente ans, M. le duc de Brissac qui, par une possession paisible de douze années, réunissoit en sa faveur les deux ténemens de la coutume, avoit acquis une entière prescription; qu'il est vrai que quelques auteurs, trompés par l'autorité de Chopin, ont cru qu'il falloit doubler le temps de cinq et de dix ans en faveur des absens; mais que la coutume qui y soumet, sans distinction, sans restriction, sans réserve, toutes sortes de rentes constituées, résiste manifestement à cette interprétation; que vous l'avez ainsi jugé par deux arrêts, l'un de l'année 1609, rapporté par Mornac, Tronçon et Dupineau, l'autre de l'année 1650, rendu sur les conclusions de feu M. l'avocat général Bignon; et qu'après ces deux arrêts, il n'est plus permis de douter de la vérité de cette maxime, que lorsqu'il s'agit du ténement de cinq ans, les absens n'ont pas plus de privilége que les présens.

Mais, sans entrer dans un examen plus grand de la disposition de la coutume d'Anjou à l'égard des absens, on prétend que quelque événement qu'ait la demande des cordeliers, les directeurs du Bellay ne sauroient s'exempter d'acquitter M. le duc de Brissac de toutes les condamnations qui pourroient intervenir. Il suffit d'examiner les termes de l'adjudication qui a été faite de la terre de Thouarcé en faveur de M. le duc de Brissac, pour reconnoître que la rente prétendue par les cordeliers n'y a jamais été comprise. On se contente d'insérer cette clause générale, *à la charge des droits seigneuriaux, cens, rentes foncières dues sur ladite terre.* Une rente aussi considérable que celle de *cent quatre livres* par chacun an, méritoit une marque, une expression particulière, *speciali notâ indigebat.* On n'entend point par le terme de *rentes foncières*, une rente de cette qualité; et ce qui marque la mauvaise foi des vendeurs, et la surprise qui a été faite à M. le duc de Brissac, c'est que l'on a exprimé dans cette même adjudication, une rente de *cent livres*, au profit du chapitre de Giseux; et dans le bail judiciaire qui a précédé de trois années l'adjudication, l'on ne s'est pas contenté d'une expression vague et générale de rentes foncières, on a ajouté les dons et legs, et toutes autres charges. On prétend que cette différence qui se trouve entre le bail judiciaire et l'adjudication, est une preuve suffisante de la fraude des vendeurs, qui doit faire retomber sur eux toutes les condamnations que vous pourrez prononcer.

L'on a même rapporté un arrêt qui a jugé précisément dans la même espèce, qu'une rente de la même qualité que celle des cordeliers, devoit être exprimée et marquée nommément dans le contrat de vente ou dans l'adjudication; et M. le duc de Brissac, qui a été condamné par cet arrêt à acquitter l'acquéreur de la rente qui n'avoit pas été exprimée, a appris, par son expérience, combien il est nécessaire de marquer, par une dénomination particulière, les rentes considérables dont un héritage peut être chargé.

Enfin on a prétendu que la rente que les cordeliers demandent aujourd'hui, n'est point une rente foncière, et qu'elle n'a point été comprise par conséquent dans le terme de *rente foncière* dont on s'est servi dans l'adjudication.

M.[e] le Roi vous a expliqué les véritables principes qui regardent la nature des rentes foncières, tels qu'ils sont établis par Me Charles Loiseau, dans son traité de la distinction des rentes. Il a fait voir que la rente de *cent quatre livres*, n'avoit, etc. (1).

A NOTRE ÉGARD, nous croyons qu'avant que d'entrer dans l'examen des questions qui vous ont été proposées, il est nécessaire d'examiner d'abord toutes les difficultés qui peuvent se présenter dans la forme à l'égard de l'opposition formée par M. le duc de Brissac.

L'ordonnance a établi deux sortes de voies par

(1) Le surplus des moyens n'a pas été écrit.

lesquelles on peut faire rétracter un arrêt. Si celui qui se plaint de l'arrêt y étoit partie, il peut lui donner atteinte par des lettes en forme de requête civile : si au contraire il n'a point été partie, il peut se pourvoir par simple requête à fin d'opposition. Si M. le duc de Brissac n'avoit point de plus forts moyens pour soutenir ses prétentions, que celui qu'il tire de la disposition de l'ordonnance, nous aurions peine à croire que son opposition pût être reçue. Il seroit difficile de le considérer comme un tiers opposant qui n'a point été entendu, puisque l'arrêt dont il se plaint, a été rendu avec ses créanciers qui le représentoient, que l'on peut regarder comme une seule et même personne avec leur débiteur. Quand l'ordonnance a permis de revenir par opposition contre les arrêts dans lesquels on n'avoit point été partie, son esprit a été de n'accorder cette voie de droit qu'à ceux qui auroient un intérêt différent de celui des parties envers lesquels l'arrêt auroit été rendu. Mais, lorsque la partie qui veut se servir de cette disposition de l'ordonnance, a non-seulement le même intérêt, mais encore qu'elle est, à proprement parler, la même personne avec laquelle l'arrêt a été rendu, on ne pourroit admettre une telle opposition, sans ouvrir une voie assurée pour éluder l'autorité des choses jugées, et pour perpétuer la durée des procès. Et si les créanciers de M. le duc de Brissac avoient été parties capables de contester la rente prétendue par les cordeliers, jusqu'à la fin du procès, nous ne croirions pas que M. le duc de Brissac fût recevable dans sa demande. Mais il prétend que, dans le temps que l'arrêt a été rendu, les créanciers n'étoient plus propriétaires de la terre de Thouarcé; qu'ils l'avoient rendue à leur débiteur dès le mois de janvier 1687; qu'ils étoient par conséquent sans intérêt, incapables de pouvoir contester, et d'être parties dans cette cause.

Nous nous trouvons donc obligés d'entrer dans l'examen du fond, et d'expliquer ici ces trois questions qui renferment toute la décision de cette cause, comme nous l'avons remarqué en commençant : si l'absence, si la faveur de l'église, si la qualité de la rente, sont des raisons capables de combattre l'autorité de la coutume d'Anjou, et de modérer la rigueur de ses dispositions. Ainsi vous avez, pour ainsi dire, trois sortes de priviléges à examiner; privilége des absens, privilége de l'église, et enfin privilége de la rente dont on demande la continuation.

A l'égard de l'absence, quoique le droit romain, favorable aux créanciers, eût distingué les présens des absens dans la prescription des hypothèques; qu'il eût établi le terme fatal de dix ans contre les uns, et de vingt ans contre les autres, cependant quelques coutumes du royaume voulant prévenir la multitude infinie de procès que les hypothèques ont accoutumé de produire, ont établi un temps beaucoup plus court, après lequel la libération fut acquise à un héritage. Elles ont distingué la propriété de l'hypothèque. A l'égard de la première, elles ont suivi la disposition du droit romain; mais à l'égard de la seconde, elles ont voulu que si la rente étoit constituée depuis trente ans, elle fût prescrite par le ténement de cinq années; si au contraire son origine étoit plus ancienne, elles ont voulu que le ténement de dix ans fût nécessaire pour l'éteindre. Mais, dans l'un et dans l'autre cas, elles n'ont fait aucune distinction entre les présens et les absens. Telle est la disposition des coutumes d'Anjou, de Tours, du Maine; et de là tous les commentateurs ont pris occasion de chercher quel avoit été leur esprit, et si leur intention avoit été d'assujettir également toute sorte de personnes à cette prescription coutumière.

Me Charles Dumoulin, dans son apostille sur l'article 208 de la coutume du Maine, a cru que la disposition de ces coutumes étant singulière, odieuse et contraire au droit commun, l'absence étoit un juste sujet d'accorder aux majeurs mêmes le bénéfice de la restitution en entier contre cette espèce de prescription.

M.ᵉ René Chopin a porté plus loin cette opinion. Il a cru qu'il falloit doubler le temps prescrit par la coutume, lorsqu'il s'agit d'un absent, et son autorité a fait entrer quelques commentateurs dans le même sentiment.

Quelque respect que nous ayons pour les sentimens de ces grands hommes, et particulièrement pour ceux de M.ᵉ Charles Dumoulin auquel notre droit français n'est pas moins redevable que la jurisprudence romaine l'étoit à Papinien, nous croyons néanmoins devoir suivre ici une opinion contraire, ou, pour mieux dire, nous ne croyons pas que l'apostille de M.ᵉ Charles Dumoulin sur la coutume du Maine, puisse avoir aucune application à la coutume d'Anjou. Il seroit aisé de faire voir que la première de ces deux coutumes a des dispositions favorables aux absens, qui ont apparemment donné lieu à cet auteur de croire que la même faveur devoit régner encore dans ce qui regarde les prescriptions.

Et à l'égard de l'opinion de Chopin, elle a été rejetée par un arrêt solennel rendu en l'année 1650; et quoiqu'il paroisse avoir été rendu sur des circonstances particulières, cependant feu M. Bignon, qui y porta la parole, se détermina principalement par les raisons de droit, et nous croyons ne pouvoir mieux faire ici que d'emprunter de ce grand homme le raisonnement dont il s'est servi dans cette cause. Il dit que la coutume d'Anjou avoit traité la matière des prescriptions avec tant d'exactitude, qu'elle y avoit fait tant de distinctions différentes, qu'on ne pouvoit croire qu'elle eût omis de parler des absens par erreur ou par inadvertance.

En effet, quand on voit que la coutume distingue les laïcs et les majeurs, de l'église et des mineurs, la personne d'un acquéreur étranger, de celle d'un héritier présomptif de celui qui étoit obligé à la rente; quand on observe qu'elle établit exactement les différentes espèces de rentes, et par rapport à leur nature, et par rapport au temps de leur constitution, peut-on croire qu'au milieu de tant de précautions, la seule considération des absens ait échappé à la prévoyance de ceux qui ont rédigé cette coutume?

Mais il est inutile d'approfondir toutes ces raisons différentes, puisqu'il est aisé de faire voir que la coutume d'Anjou a compris expressément les absens dans sa disposition : l'article 437 qui établit le ténement de dix ans, se sert de ces termes, *entre présens et autres*; et si l'intention de la coutume a pu paroître douteuse, après des termes si clairs, on n'en doit accuser que l'infidélité des dernières éditions, dans lesquelles on a joint le terme d'*autres* avec ce qui suit, au lieu de le joindre avec celui qui précède. Ainsi, soit que l'on considère l'esprit de la coutume, soit que l'on s'attache à ses véritables termes, on reconnoîtra que la même loi qui soumet les présens au ténement de dix ans, y assujettit aussi les absens; et si le privilége de l'église ou de la rente dont il s'agit, n'étoit pas plus grand que celui de l'absent, l'opposition de M. le duc de Brissac nous paroîtroit aussi juste dans le fond que dans la forme.

Il ne nous reste donc plus qu'à examiner ces deux dernières questions. Elles nous paroissent décidées par les termes mêmes de la coutume.

Quoique la protection que les lois accordent justement à l'église, le fasse comparer aux mineurs en plusieurs occasions; quoique le droit romain l'ait traitée même plus favorablement que les mineurs, en ce qui regarde la prescription de trente ans; la coutume d'Anjou a néanmoins suivi une disposition contraire : elle a accordé plus de privilége en un certain cas aux mineurs, qu'à l'église. Jamais dans la coutume d'Anjou, si l'on excepte l'année fatale pour le retrait lignager, la prescription ne peut commencer à courir contre un mineur; mais, à l'égard de l'église, on introduit une distinction qui ne sauroit être admise que parce qu'elle se trouve écrite dans une coutume.

Comme si le privilége des choses consacrées à Dieu dépendoit de la longueur du temps pendant lequel l'église les a possédées, l'on distingue les acquêts faits par l'église depuis quarante ans, de ceux qui sont faits avant ce temps. A l'égard des premiers, la coutume n'accorde pas plus de privilége aux ecclésiastiques qu'aux séculiers ; elles les soumet aux mêmes prescriptions : mais, à l'égard des seconds, elle rentre dans le droit commun, elle autorise la prescription de quarante ans, fixée à ce temps par les lois civiles et canoniques en faveur de l'église. Quelque injuste que paroisse cette distinction, elle est écrite dans cette coutume; et il ne s'agit plus que d'examiner si la rente prétendue par les cordeliers, doit être considérée comme une rente de fondation ancienne, ou comme un nouvel acquêt. C'est une question de fait qui est décidée par toutes les circonstances que nous avons eu l'honneur de vous observer.

Nous avons remarqué que, dès l'année 1510, Thibault de Beaumont a voulu que ses héritiers donnassent certains jours de l'année, des vivres et des provisions aux cordeliers de Bressevic. L'on ne peut pas même considérer ce testament comme la première origine et le titre primordial de cette fondation ; car Thibault de Beaumont déclare qu'il y a long-temps que lui et ses prédécesseurs ont accoutumé de faire célébrer les mêmes services dont il ordonne la continuation. Mais, sans remonter plus loin pour chercher l'origine de cette rente, il est certain toujours que les cordeliers ayant obtenu, dès le siècle dernier, plusieurs arrêts qui condamnent les héritiers de Thibault de Beaumont au paiement de cette rente, ils ont acquis une hypothèque générale sur tous leurs biens, et sur la terre de Thouarcé qui en faisoit une partie. Quoique les cordeliers n'aient acquis une hypothèque spéciale, un assignat particulier sur cette terre, qu'en l'année 1653, ils avoient néanmoins une hypothèque générale, acquise dès le siècle dernier.

On ne peut donc considérer cette rente que comme un ancien acquêt, comme une ancienne fondation, qui n'est point sujette aux ténemens de cinq et de dix ans, et qui ne peut se prescrire que par une possession de quarante années.

Il semble après cela, qu'il est assez inutile d'examiner quelle est la nature et la qualité de la rente que les cordeliers demandent aujourd'hui; et si le privilége de la personne suffit pour empêcher la prescription, il paroît assez superflu d'examiner si le privilége de la rente doit produire le même effet. Cependant nous ne croyons pas pouvoir nous dispenser d'entrer dans l'examen de cette dernière question, non pas tant pour fortifier le parti que nous avons pris, que parce que c'est principalement de l'établissement de cette question que dépend la décision de la demande en garantie que M. le duc de Brissac a intentée contre ses vendeurs, c'est-à-dire, contre les créanciers du Bellay.

En effet, si la rente qui est due par M. le duc de Brissac, est considérée comme une véritable rente foncière; si elle en a tous les priviléges et tous les avantages, le recours que M. le duc de Brissac prétend exercer contre les directeurs du Bellay, se trouvera sans fondement; il ne pourra se plaindre que de lui-même, s'il n'a pas entendu par le terme de *rente foncière*, les rentes qui en ont la prérogative. Que si, au contraire, les rentes pour dons et legs, n'ont ni la nature ni le privilége des rentes foncières; si elles ne peuvent jamais être comprises sous ce terme, il semble que les principes du droit, et l'autorité de vos arrêts, concourent également à faire voir la justice de la demande de M. le duc de Brissac.

Quoique quelques auteurs aient cru que ces sortes de rentes pouvoient être considérées comme des rentes foncières, surtout lorsque leur origine étoit fort ancienne; cependant Dumoulin et Loiseau, les deux guides les plus assurés que l'on puisse suivre dans cette matière, ont établi par plusieurs raisons, dont le détail seroit ici superflu, que toutes les conditions qui doivent concourir pour donner à une rente le titre de rente foncière, ne se rencontrent point dans les rentes constituées par dons et legs.

Ce qui constitue l'essence d'une rente foncière, c'est qu'elle ait été imposée par celui qui a été autrefois le seigneur de la terre; qu'elle fasse partie du prix de l'aliénation, et qu'enfin elle ait été imposée dans le temps même que la chose a été livrée à l'acquéreur, *tanquam lex alienationi dicta in ipsa datione fundi.* Tous ces caractères essentiels à une rente foncière, ne se rencontrent point dans une rente pour dons et legs, ni par conséquent dans celle dont il s'agit.

On ne peut point dire qu'elle soit la condition et la loi, s'il est permis de parler ainsi, de l'aliénation; qu'elle ait été imposée *in ipsa datione fundi :* et c'est ce qu'il est aisé de prouver par les mêmes faits que nous avons déjà expliqués plusieurs fois. Lorsque Thibault de Beaumont a ordonné par son testament, que l'on continueroit de donner aux cordeliers les vivres et les provisions accoutumés, il n'en a point assigné le paiement sur la terre de Thouarcé, ni sur aucune autre terre particulière. Ainsi, jusqu'en l'année 1653, cette redevance est demeurée dans les simples termes d'une rente constituée. Il est vrai qu'en cette année elle a été assignée particulièrement sur le marquisat de Thouarcé; mais cet assignat, suivant les principes du droit et la doctrine de Loiseau, ne change point la nature ni du legs, ni de la rente : c'est toujours une simple rente constituée, qui ne peut être comparée, régulièrement parlant, aux rentes foncières.

Tels sont, à la rigueur, les véritables principes de cette matière. Mais cependant, la faveur de l'église, des legs pieux, et des fondations, ont porté nos auteurs à établir d'un commun consentement cette maxime générale, que toutes les fois qu'il s'agit de l'intérêt de l'église, les rentes pour dons et legs jouissent des mêmes prérogatives que les véritables rentes foncières. On a suivi en cela l'exemple et l'autorité du droit civil, qui, par une disposition conforme à l'équité naturelle, a voulu que lorsque le paiement des alimens légués par un testateur, auroit été assigné sur un certain fonds, cet assignat fût considéré comme une charge réelle, inséparable de la terre, *et fundo inhærens*. C'est la disposition expresse de la loi 2, au ff. *de alimentis* et *cibariis legatis*, qui assujettit toute sorte d'acquéreur, et même le fisc, au paiement d'un tel legs. Ce motif d'équité qui se rencontre dans les fondations, comme dans les alimens, a fait établir parmi nous la même jurisprudence; nous pouvons dire même que l'application de ce principe du droit civil est d'autant plus naturelle à cette cause, que la rente dont il s'agit, n'a été constituée que pour tenir lieu des vivres et des alimens que les seigneurs de Beaumont avoient accoutumé de fournir aux cordeliers de Bressevic.

Mais, parce que cette exception est contraire au droit commun, et qu'elle résiste à la nature des rentes constituées, aussitôt que la faveur de l'église cesse, on revient aux règles générales, et l'on ne compare plus ces sortes de rentes aux rentes foncières. C'est ce qui a été jugé par l'arrêt de Loisillon, rapporté par Dumoulin dans toute son étendue : Loiseau cite encore un autre arrêt qui a confirmé cette doctrine; et, après tant de raisons et d'autorités, elle ne nous paroît plus susceptible d'aucune difficulté. Voyons maintenant qu'elle doit être l'application de ces principes à l'espèce présente.

Nous ne nous arrêterons point à observer ici, que quand le privilége de l'église ne seroit pas suffisant pour excepter les cordeliers de la loi du ténement de cinq ans; les raisons que nous venons d'expliquer, les mettroient toujours à couvert de cette prescription, parce que, dès le moment que l'église se trouveroit intéressée dans cette affaire, la rente seroit réputée foncière, et par conséquent incapable d'être prescrite par les ténemens de cinq et de dix ans. Cette conséquence est naturelle, et nous croyons qu'il seroit superflu de l'expliquer plus au long.

Mais ce qui peut faire quelque difficulté, c'est de savoir si l'intérêt que l'église a dans cette affaire, doit faire réputer la rente foncière, non-seulement à son égard, mais encore en faveur des directeurs du Bellay. Il suffit de proposer cette question pour la décider; car enfin, dès le moment que les cordeliers seront payés de leur rente, dès le moment que la terre de Thouarcé sera déclarée affectée et hypothéquée au paiement de cette redevance, il est visible que l'église est absolument sans intérêts; qu'il est indifférent aux cordeliers, que M. le duc de Brissac ait un recours contre ses vendeurs ou qu'il n'en ait point. Ainsi, l'on ne peut plus alléguer la faveur de l'église : toutes les raisons qui soutenoient la fiction par laquelle on considéroit cette rente comme foncière, disparoissent entièrement; il ne s'agit plus que de l'intérêt des particuliers, et cet intérêt n'est pas suffisant pour faire donner à une rente une qualité qu'elle n'a point par sa nature.

En comparant ces principes avec l'adjudication faite de la terre de Thouarcé au profit de M. le duc de Brissac, il prétend qu'elle ne le charge que des droits seigneuriaux, cens et rentes foncières; que celle dont il s'agit, n'est point comprise dans ces expressions; que par conséquent il n'en est point chargé : d'où il conclut que si l'utilité de l'église fait déclarer sa terre hypothéquée au paiement de cette rente, on ne peut aussi lui refuser un recours contre ses vendeurs, sans attaquer tous les principes de droit : *Venditori placet pactionem obscuram nocere, in cujus potestate fuit legem apertiùs conscribere.*

Mais, malgré les raisons qu'on pourroit alléguer en sa faveur, il n'est pas justifié dans la forme, qu'il ait fait signifier qu'il étoit propriétaire de la terre de Thouarcé par le contrat d'abandonnement que ses créanciers lui en avoient fait. Ainsi, ses créanciers étoient parties capables. Il y a d'ailleurs plusieurs circonstances qui se réunissent pour faire présumer que, dans le temps de l'acquisition, M. le duc de Brissac n'avoit pas ignoré la rente dont la terre étoit chargée.

Ainsi, il y a lieu de le déclarer non-recevable dans son opposition.

Arrêt prononcé par M. le président Brissonnet, le 24 juillet 1691.

Entre messire Henri Cossé, duc de Brissac, pair de France, marquis de Thouarcé et de Stiffanges, demandeur, en requête par lui présentée à la cour les quatre avril et deux juillet mil six cent quatre-vingt-neuf, tendante à ce qu'il plût à la cour le recevoir opposant à l'exécution des arrêts des vingt-deux décembre mil six cent quatre-vingt-sept et deux mars mil six cent quatre-vingt-neuf, faisant droit sur lesdites oppositions, déclarer les procédures sur lesquelles lesdits arrêts sont intervenus, nulles, et au principal, débouter les religieux cordeliers de Bressevic de leurs demandes énoncées en leur requête du cinq juillet mil six cent quatre-vingt-neuf, avec dépens, et où la cour jugeroit que ladite terre de Thouarcé dût être déclarée affectée et hypothéquée à la rente foncière de 104 livres, due auxdits religieux cordeliers sur ladite terre de Thouarcé, condamner les créanciers et directeurs des créanciers de messire Charles du Bellay, d'acquitter, garantir et indemniser le demandeur des condamnations, tant du principal et arrérages que des dépens, même des dépens faits par les directeurs de ses créanciers, même de répéter ceux que les mêmes créanciers ont payé auxdits créanciers du Bellay, et les condamner en tous ses dépens, dommages et intérêts, lui faire pleine et entière mainlevée des saisies qu'ils ont fait faire sur lui avec dépens, tant en demandant, défendant, que de la sommation, d'une part; et messire Jean-Antoine de Mesmes, comte d'Avaux, conseillers du roi en ses conseils, père temporel et protecteur des religieux cordeliers de France, et en particulier des religieux cordeliers de Bressevic; et messire Louis de la Grange, conseiller du roi, ancien président aux requêtes du palais; et consorts, créancier et directeur des créanciers de la succession dudit messire Charles, marquis du Bellay, prince d'Yvetot, défendeur, d'autre. Et entre ledit messire Jean-Antoine de Mesmes, comte d'Avaux, père temporel et protecteur des religieux cordeliers de Bressevic, demandeur en requête du cinq juillet mil six cent quatre-vingt-neuf, tendante à ce qu'il plût à la cour lui donner acte de ce que, aux risques, périls et fortune dudit sieur de Brissac, il somme et dénonce auxdits créanciers et directeurs de la maison du Bellay, et aux créanciers et directeurs de la maison de Brissac, les oppositions formées par ledit sieur duc de Brissac, à l'exécution des arrêts desdits jours vingt-deux décembre mil six cent quatre-vingt-sept, et deux mars mil six cent quatre-vingt-neuf, par requêtes des quatre avril et deux juillet audit an mil six cent quatre-vingt-neuf, afin qu'ils aient à se joindre avec lesdits religieux cordeliers de Bressevic, pour faire débouter ledit sieur de Brissac de sesdites oppositions, avec dépens, sinon et à faute de ce faire, voir dire et ordonner, à l'égard desdits créanciers et directeurs des autres créanciers dudit sieur duc de Brissac, que l'arrêt dudit jour vingt-deux décembre mil six cent quatre-vingt-sept, l'exécutoire de la cour du douze août ensuivant, et autres arrêts intervenus en conséquence, seront contre eux exécutés selon leur forme et teneur, et qu'ils seront condamnés de payer ou faire payer auxdits demandeurs, par ledit sieur duc de Brissac, et par dame Elisabeth de Verthamon, duchesse de Brissac, son épouse, la somme de 2331 livres 19 sols 2 deniers, contenue en leur délégation du vingt-huit avril audit an mil six cent quatre-vingt-neuf, à prendre et recevoir les premiers sur la somme de 206,118 livres, prix de la terre de Stiffanges, ensemble tous les frais et mises d'exécution faits depuis ladite délégation. A l'égard desdits créanciers et directeurs de la maison du Bellay, en cas que la cour décharge, tant ledit sieur duc de Brissac, que ses créanciers, des condamnations portées par lesdits arrêts, exécutoire, et au contenu en ladite délégation, les condamner à payer tous les arrérages de ladite rente de 104 livres dont est question, échus et adjugés par lesdits arrêts; déclarer tous les biens abandonnés auxdits sieurs créanciers et directeurs des créanciers de la maison du Bellay, affectés et hypothéqués au paiement de ladite rente et arrérages d'icelle; ordonner que, sur lesdits biens, ils seront mis en ordre du jour et date du testament de Thibault de Beaumont, seigneur de Thouarcé, du vingt-huit janvier mil cinq cent dix, et condamner lesdits créanciers en tous les dépens adjugés auxdits demandeurs par ledit arrêt, et contenu audit exécutoire, frais et mises d'exécution, et aux dépens, tant en demandant, défendant, que de la présente instance, d'une autre part; et ledit messire Louis de la Grange et Consorts, créanciers et directeurs de la maison du Bellay, défendeurs, d'autre; et messire François de Neufville, duc de Villeroy, pair de France; Louis Charpentier, conseiller du roi, auditeur en sa chambre des comptes; Jean-Baptiste de Verneuil, et Jean Regnault, conseiller du roi, contrôleur des décimes du clergé de la généralité de Picardie, tous créanciers et directeurs, des créanciers dudit sieur duc de Brissac, défendeurs et défaillans, d'autre. Après que le Roi, avocat, duc de Brissac; de Rets, avocat des cordeliers, et de

Tessé, avocat de directeurs du Bellay, ont été ouïs, ensemble d'Aguesseau, pour le procureur-général du roi, en la cause plaidée pendant quatre audiences.

LA COUR, en la troisième des enquêtes, déboute la partie de le Roi de ses oppositions, ensemble de sa sommation contre la partie de Tessé; et, en conséquence, sur la sommation contre les directeurs des créanciers de la partie de le Roi, met les parties hors de cour; condamne ladite partie de le Roi en tous les dépens. Fait le vingt-quatre juillet mil six cent quatre-vingt-onze.

FIN DU TOME PREMIER.

www.ingramcontent.com/pod-product-compliance
Lightning Source LLC
Chambersburg PA
CBHW060845220326
41599CB00017B/2389

* 9 7 8 2 0 1 9 5 4 0 2 0 3 *